PRÁTICA PENAL

DELEGADO DE POLÍCIA

MÁRCIO ALBERTO GOMES SILVA

PRÁTICA PENAL

DELEGADO DE POLÍCIA

5ª edição
revista, ampliada e atualizada

2021

EDITORA JusPODIVM
www.editorajuspodivm.com.br

EDITORA *Jus*PODIVM
www.editorajuspodivm.com.br

Rua Território Rio Branco, 87 – Pituba – CEP: 41830-530 – Salvador – Bahia
Tel: (71) 3045.9051
• Contato: https://www.editorajuspodivm.com.br/sac

Capa: Ana Caquetti

Diagramação: Isabella Giordano *(giordano.bella@gmail.com)*

D346 Delegado de polícia / Márcio Alberto Gomes da Silva. – 5. ed. rev., ampl. e atual. – Salvador: JusPodivm, 2021.
656 p.

ISBN 978-65-5680-263-3.

1. Prática penal. 2. Direito Processual Penal. 3. Delegado de polícia. I. Cunha, Rogério Sanches. II. Noveli, Daniel. III. Silva, Márcio Alberto Gomes da. IV. Título..

CDD 341.4352

Dedico este trabalho à minha esposa Aline, meu amor,
minha companheira de todas as horas e a primeira a saber
e a incentivar todos os meus planos;
aos meus filhos Antônio Neto e Maria Carolina, meu maior tesouro;
aos meus pais Antônio e Edilde, fontes de inspiração;
e ao meu amigo Rogério Sanches,
por ter confiado a mim este importante projeto.

APRESENTAÇÃO

É com satisfação que apresentamos a *Série Prática Penal*, composta por obras voltadas àqueles que se preparam para o ingresso nas carreiras da Magistratura, do Ministério Público, da Defensoria Pública, da Advocacia Pública e de Delegado de Polícia.

Na esteira de outras coleções da editora, em que são abordadas questões objetivas e discursivas de diversos concursos públicos, esta nova coletânea pretende focar a avaliação prática, orientando a respeito dos passos que o candidato deve seguir para ter um bom desempenho no certame ao qual se submeterá.

Organizamos as obras para que – sem esgotar as manifestações possíveis aos órgãos das diversas carreiras – tragam inúmeras peças práticas que abordam as situações mais comuns enfrentadas pelos diversos operadores do Direito e que podem refletir na elaboração das provas em concursos.

As peças foram elaboradas de acordo com a detalhada sistemática exigida dos membros dos órgãos públicos no desempenho de suas funções para proporcionar ao leitor uma visão fiel a respeito do que lhe será exigido.

Esperamos, portanto, poder contribuir, em nova perspectiva, para facilitar essa importante fase de estudos, permitindo ao leitor que avance rumo ao seu objetivo.

Rogério Sanches Cunha e
Daniel Novelli Pagotto

NOTA DO AUTOR À 5ª EDIÇÃO

Caro leitor,

A quinta edição do *Prática Penal Delegado de Polícia* foi revista, ampliada e atualizada.

Destaco que a obra foi atualizada de acordo com a Lei 14.069/20 (Cadastro Nacional de Pessoas Condenadas por Crime de Estupro) e que a Lei 13.869/19 (Abuso de Autoridade) foi analisada com maior profundidade. Além disso, foram enxertados os novos entendimentos jurisprudenciais sobre os temas que impactam a obra e foram incluídas novas questões por mim elaboradas.

Decidi manter, pela sua importância, o capítulo relativo ao Pacote Anticrime (com a análise de todas as modificações operadas pela Lei 13.964/19 em nosso ordenamento jurídico).

Boa leitura!

NOTA DO AUTOR À 4ª EDIÇÃO

Caro leitor,

A quarta edição do *Prática Penal Delegado de Polícia* foi revista, ampliada e atualizada. Destaco duas novidades legislativas importantes: as Leis 13.964/19 (Pacote Anticrime) e 13.869/19 (a nova Lei de Abuso de Autoridade). Com o objetivo de facilitar a compreensão dos novos textos legais, foram enxertados no fim da obra dois capítulos com minhas impressões acerca dessas duas importantes leis.

Saliento que atualizei o corpo da obra de acordo com o texto do Pacote Anticrime aprovado pelo Congresso Nacional e sancionado pelo presidente da República (parte da Lei 13.964/19 foi suspensa por medida cautelar deferida pelo Ministro Luiz Fux, nos autos das ADIN 6.298, 6.299, 6.300 e 6.305 - a decisão e os dispositivos suspensos foram comentados no capítulo 6, que trata da novidade legislativa).

Há novos modelos de peças cautelares (decisão de não instauração de inquérito em face de atipicidade material do fato, portaria de instauração de inquérito policial em virtude uso de força letal por agente de segurança pública, despacho determinando atuação de agente policial disfarçado, decisão de decretação de medida protetiva pelo delegado de polícia, representação pela captação ambiental de sinais e infiltração policial virtual calcada na Lei 12.850/13).

Inseri questões dos concursos de Delegado de Polícia Federal e Delegado da Polícia Civil do Espírito Santo, além de novos quesitos por mim elaborados.

Boa leitura!

NOTA DO AUTOR À 3ª EDIÇÃO

Mais uma edição! A obra foi revista, ampliada e atualizada.

A terceira edição do *Prática Penal Delegado de Polícia* foi atualizada pelas Leis 13.505/17, 13.641/18, 13.654/18, 13.718/18 e 13.721/18. Também serviram para atualização do livro as decisões recentes dos tribunais superiores (destaco a questão de ordem na Ação Penal 937, a ADIN 5508 e as ADPF 395 e 444).

Em virtude do quanto decidido nas ADPF 395 e 444, excluí os modelos que tratavam da representação pela condução coercitiva em operações policiais independente de intimação prévia.

No quarto capítulo, incluí esqueleto para construção de representação na forma de petição para concursos públicos e novas peças por mim elaboradas (com análise de casos e sugestão de resposta).

Boa leitura!

NOTA DO AUTOR À 2ª EDIÇÃO

O presente trabalho é dirigido a estudantes que tencionam prestar concurso público na área policial e aos delegados de polícia e demais policiais.

A obra foi revista, ampliada e atualizada, sendo esta edição estruturada em quatro partes: a) o inquérito policial; b) provas; c) prisões cautelares; e d) peças práticas de concursos públicos.

O primeiro capítulo trata do momento anterior à instauração do inquérito policial (despacho negando instauração de inquérito policial em face de requisição, despacho em notícia de crime anônima ou incompleta), da instauração do procedimento inquisitivo (mais de 20 modelos de portarias), do trâmite do feito (modelos de despachos no curso do inquérito), das oitivas (da vítima, da testemunha, do investigado e do indiciado) e do fim do procedimento (modelos de relatórios).

O segundo capítulo trata das provas possíveis no curso do feito (reconhecimento de pessoa, coisa, por fotografia, quesitos em perícias, quebras de sigilo telefônico, telemático, bancário, fiscal, requisições diretas feitas pelo delegado de polícia, infiltração policial, colaboração premiada, busca e apreensão, dentre outras).

O terceiro capítulo trata das prisões cautelares. Há modelos de auto de prisão em flagrante delito, representações de prisão preventiva, temporária, de condução coercitiva e de medida protetiva da Lei Maria da Penha.

O quarto capítulo traz a formatação de representação (na forma de petição) voltada para concursos públicos e questões comentadas (tanto de concursos passados, quanto por mim elaboradas).

Boa leitura!

SUMÁRIO

Capítulo 1

INQUÉRITO POLICIAL

A voo de pássaro, inquérito policial pode ser conceituado como procedimento administrativo, sigiloso, escrito, investigativo ou apuratório[1], dispensável (mas obrigatório), indisponível, elaborado pela polícia judiciária (presidido por delegado de polícia de carreira), que tem por objetivo elucidar fato supostamente criminoso (não se pode perder de vista a possibilidade de, ao final do apuratório, restar demonstrado que não houve crime – quando se conclui, por exemplo, que a morte suspeita foi um suicídio). Caso se constate que o fato investigado é efetivamente criminoso, o inquérito deve ter em mira coligir indícios de autoria e prova da materialidade do delito.

Analisando os elementos do conceito acima rabiscado, temos:

> **Procedimento administrativo:** é administrativo em contraposição ao processo, que é judicial. É importante salientar que, em que pese ser o inquérito policial descrito e delineado pelo Código de Processo Penal, ele não conta com uma sequência de atos predeterminada pelo legislador, tal qual o processo. As diligências ordenadas pelo delegado de polícia são discricionárias (o que não retira da autoridade policial o dever de seguir o ritual imposto pelo CPP para produção da prova que tenciona coligir).
>
> **Sigiloso:** o sigilo deve ser mantido para facilitar as investigações, conforme determina o artigo 20 do CPP. Alhures, quando da análise de despacho que nega o acesso do feito ao advogado, farei estudo mais profícuo do sigilo, em especial do inciso XIV e dos §§ 10 a 12 do artigo 7º do Estatuto da Ordem dos Advogados do Brasil – Lei 8.906/94 e da Súmula Vinculante 14.

---

1 A doutrina tradicional afirma que o inquérito policial é inquisitivo. Opto, a partir dessa edição, por abandonar por completo essa nomenclatura, que remonta ao sistema processual inquisitivo (medieval, secreto, pautado pelo desrespeito aos direitos/garantias fundamentais da pessoa investigada, utilizado para perseguir mulheres apontadas como bruxas durante a Inquisição).

Escrito: todos os atos devem ser reduzidos à forma escrita, conforme determinado pelo artigo 9º do CPP. Nesta toada, o delegado de polícia deve cuidar de determinar que todos os atos praticados no curso do feito sejam documentados (apreensões e entregas de bens, vistas concedidas a advogados, dentre outros atos). A autoridade policial deve ter especial cuidado em relação às apreensões levadas a efeito no curso do feito. É importante que seja cuidadosamente documentado todo ingresso de itens no bojo do inquérito, o local onde os mesmos ficarão guardados até que se ultime a investigação (em geral nos depósitos das delegacias) e o destino final dos bens quando do encerramento do feito (se foram devolvidos a seus donos, se acompanharão o inquérito quando do seu envio à justiça, se serão objeto de destruição, etc.). Tudo por escrito.

Investigativo ou apuratório: no curso do inquérito policial não vigora o princípio do contraditório, presente apenas na fase processual. Em rápidas linhas, o direito ao contraditório se traduz na necessidade de audiência bilateral. Na oportunidade dada à parte de se manifestar acerca da prova produzida pela parte adversa. Em sede de inquérito policial, não há que se falar na existência de partes, nem na existência de acusação formal em face de alguém, daí porque desnecessário o contraditório.

Em que pese investigativo, admite-se que o investigado/indiciado indique ou solicite a juntada de provas ou documentos com o fito de comprovar suas alegações (artigo 14 do CPP). A efetiva produção da prova requerida ou a juntada de documentos solicitada pelo investigado/indiciado está na esfera da discricionariedade da autoridade policial, que pode julgá-las irrelevantes ou protelatórias. Em um caso ou em outro (admissão da prova ou rejeição da mesma), deve o delegado despachar de forma fundamentada.

De igual forma, o direito do investigado/indiciado de se fazer acompanhar por advogado ou defensor público é evidente. O que não se exige é a indispensabilidade da presença do causídico. Nesta toada, é importante a análise do inciso XXI do artigo 7º do EOAB, inserido pela Lei 13.245/16:

> Art. 7º. São direitos do advogado:
>
> (...)
>
> XXI – assistir a seus clientes investigados durante a apuração de infrações, sob pena de nulidade absoluta do respectivo interrogatório ou depoimento e, subsequentemente, de todos os elementos investigatórios e probatórios dele decorrentes ou derivados, direta ou indiretamente, podendo, inclusive, no curso da respectiva apuração:
>
> a) apresentar razões e quesitos;

A leitura do dispositivo deixa claro que é direito do advogado assistir a seu cliente no bojo do procedimento investigativo criminal. O direito não pode ser confundido com a necessidade de presença obrigatória de advogado em toda e qualquer oitiva na seara policial. O investigado/indiciado tem direito, como dito supra, de constituir, se quiser, advogado. Uma vez constituído, o delegado de polícia não pode impedir que o causídico acompanhe seu cliente na oitiva, sob pena de nulidade absoluta do ato, nos termos do dispositivo acima transcrito (e de eventual prática do crime de abuso de autoridade pelo delegado de polícia, na forma dos artigos 7º-B da Lei 8.906/94[2] e 20 da Lei 13.869/19, presente o especial fim de agir reclamado pelo § 1º do artigo 1º deste mandamento legal). É preciso salientar ainda que caso o cidadão seja investigado em mais de um procedimento, será necessário demonstrar a constituição de advogado em cada um dos feitos (caso se tencione a obrigatória participação do causídico em todos os apuratórios).

No curso da oitiva, fica claro que o advogado poderá apresentar razões (eventual petição explicitando a versão do seu cliente e indicando meios probantes que a sustentem – a efetiva materialização das diligências solicitadas pelo causídico, como já desenhado supra, será decidida fundamentadamente pelo delegado) e quesitos (sugestiono que o delegado faça as perguntas que entender pertinentes ao esclarecimento dos fatos e, ao final, permita que o advogado formule quesitos a seu cliente – caso a autoridade policial entenda que alguma pergunta é impertinente, pode indeferir a mesma, fazendo constar os motivos no termo).

Outro ponto: o delegado avaliará o pedido de adiamento da audiência previamente agendada em face da impossibilidade de comparecimento do advogado do investigado/indiciado. Caso se perceba que se trata de expediente procrastinatório, não vejo problema no seu indeferimento, dando-se ciência a ambos (investigado/indiciado e advogado). Em regra, não há problema em adiar a audiência e tal mudança de data não afeta sobremaneira o curso do procedimento investigativo.

Importante salientar que o artigo 14-A do Código de Processo Penal[3], com redação determinada pela Lei 13.964/19 (Pacote Anticrime) parece ter enxertado hipótese de participação obrigatória de advogado no

---

2 Com redação determinada pela Lei 13.869/19.

3 Art. 14-A. Nos casos em que servidores vinculados às instituições dispostas no art. 144 da Constituição Federal figurarem como investigados em inquéritos policiais, inquéritos policiais militares e demais procedimentos extrajudiciais, cujo objeto for a investigação de fatos relacionados ao uso da força letal praticados no exercício profissional, de forma consumada ou tentada, incluindo as situações dispostas no art. 23 do

curso do inquérito policial (quando a investigação versar sobre fatos relacionados ao uso de força letal praticados por servidores vinculados às instituições listadas no artigo 144 da Constituição Federal, no exercício profissional, de forma consumada ou tentada). É que referido dispositivo determinou a citação[4] do investigado acerca da instauração do inquérito, facultando-lhe a constituição de advogado no prazo de 48 horas. Caso não seja nomeado defensor pelo investigado, a autoridade policial deverá intimar a instituição a que estava vinculado o servidor à época dos fatos para que esta indique defensor para sua representação, também no prazo de 48 horas (o disposto no artigo também se aplica aos servidores militares listados no artigo 142 da Constituição Federal, quando os fatos investigados se relacionarem com missões para Garantia da Lei e da Ordem).

Penso que andou mal o legislador, ao determinar obrigatoriedade de constituição de advogado no bojo de inquérito policial (como dito supra, a constituição de advogado é direito conferido ao investigado/indiciado, não sendo o causídico um sujeito obrigatório ao curso da investigação). Outra falha: a citação do investigado acerca do início da investigação afeta a necessidade de sigilo interno para o tranquilo andamento do trabalho apuratório, podendo afetar a coleta de elementos informativos e provas de eventual prática delitiva.

Se o servidor vinculado às forças listadas no artigo 144 da Constituição Federal usar de força letal em evento não relacionado ao exercício das

---

Decreto-Lei nº 2.848, de 7 de dezembro de 1940 (Código Penal), o indiciado poderá constituir defensor.

§ 1º Para os casos previstos no caput deste artigo, o investigado deverá ser citado da instauração do procedimento investigatório, podendo constituir defensor no prazo de até 48 (quarenta e oito) horas a contar do recebimento da citação.

§ 2º Esgotado o prazo disposto no § 1º deste artigo com ausência de nomeação de defensor pelo investigado, a autoridade responsável pela investigação deverá intimar a instituição a que estava vinculado o investigado à época da ocorrência dos fatos, para que essa, no prazo de 48 (quarenta e oito) horas, indique defensor para a representação do investigado.

§ 3º (VETADO).

§ 4º (VETADO).

§ 5º (VETADO).

§ 6º As disposições constantes deste artigo se aplicam aos servidores militares vinculados às instituições dispostas no art. 142 da Constituição Federal, desde que os fatos investigados digam respeito a missões para a Garantia da Lei e da Ordem.

4 Trata-se de termo equivocado, vez que citação significa cientificar alguém da existência de uma acusação, chamando o citado a se defender. Na verdade, a natureza do ato "citatório" determinado pela lei é de notificação.

suas funções, não será preciso seguir a trilha determinada pelo artigo 14-A do Código de Processo Penal.

Dispensável (mas obrigatório): o titular da ação penal pode dispensar o inquérito policial como suporte à acusação, se tiver em mãos elementos que possibilitem o imediato oferecimento da peça inicial. Vários são os dispositivos legais que atestam a dispensabilidade do inquérito policial (artigos 12[5], 27, 39 § 5º e 46 § 1º, todos do CPP).

É preciso que se diga, entretanto, que o inquérito é dispensável ao titular da ação penal e não ao delegado de polícia (aquele pode dispensar o inquérito policial como fonte de material probante para manejar a inicial acusatória, mas a instauração do procedimento é obrigatória para a autoridade policial, em se tratando de crime que se processa mediante ação penal pública incondicionada). São realidades que não se chocam. Ao tempo em que o delegado de polícia é obrigado a instaurar apuratório inquisitivo sempre que tiver notícia da prática de crime de ação penal pública incondicionada (de ofício, inclusive – artigo 5º, I, do CPP), o Ministério Público (titular da ação penal pública) pode dispensar (se assim quiser) o inquérito policial como catalizador de indícios de autoria e prova da materialidade delitiva (e utilizar-se de outros elementos probantes). Essa é a leitura mais correta da legislação tupiniquim. Em síntese conclusiva, a polícia judiciária não escolhe o que investiga, o órgão é obrigado por lei a apurar todos os crimes de ação penal pública incondicionada (infelizmente a lei não outorga ao delegado de polícia a opção da seletividade – cuidar dos casos mais complexos em detrimento dos mais simples, com o fito de otimizar os recursos humanos e materiais do aparelho policial).

Dito isso, é preciso anotar que na prática, indubitavelmente, a maior parte das ações penais públicas se sustenta em inquéritos policiais.

---

5 O artigo 12 do Código de Processo Penal deverá ser lido em consonância com o novel artigo 3º-C, § 3º, do mesmo diploma (com redação determinada pelo Pacote Anticrime), caso o dispositivo seja entendido constitucional pelo Supremo Tribunal Federal (até o fechamento dessa edição, a entrada em vigor de parte da Lei 13.964/19 estava suspensa por decisão liminar do Ministro Luiz Fux, nos autos das ADIN 6.298, 6.299, 6.300 e 6.305). O artigo 3º-C determina em seu § 3º que os autos do inquérito policial fiquem acautelados na secretaria do juízo das garantias e não mais acompanhem o processo (ressalvados documentos relativos às provas irrepetíveis, medidas de obtenção de provas ou de antecipação de provas, que serão apensados ao feito). Os elementos informativos que interessarem às partes (inclusive o relatório final do inquérito policial), deverão acompanhar as suas peças e manifestações no curso do feito.

Indisponível: o inquérito policial não pode ser arquivado pelo delegado de polícia (esse é o comando expresso do artigo 17 do CPP). O Código de Processo Penal determinava que o arquivamento do inquérito policial fosse materializado por decisão do magistrado, em face de pedido do Ministério Público. Contudo, a Lei 13.964/19 alterou essa realidade, modificando a redação do artigo 28[6] do Caderno Processual Penal. Com o Pacote Anticrime, o arquivamento será determinado pelo Ministério Público, com comunicação à vítima, ao investigado e ao delegado de polícia e submissão da decisão à instância competente do órgão ministerial, conforme dispuser lei orgânica. Fica assegurado à vítima ou seu representante legal o direito de se insurgir contra o arquivamento, no prazo de 30 dias, submetendo pedido de revisão à instância competente dentro do órgão ministerial (em crimes praticados contra União, Estados e Municípios, a revisão pode ser provocada pela chefia do órgão a quem couber a sua representação judicial). A meu ver, a lista dos legitimados a apresentar razões para combater a decisão de arquivamento à instância de revisão no âmbito do Ministério Público merece ampliação por parte do intérprete. Penso ser possível ao delegado de polícia e ao próprio investigado remeter, no prazo de 30 dias, pedido de revisão da decisão de arquivamento do procedimento apuratório. A autoridade policial deverá demonstrar a existência de elementos que indiquem efetiva prática de crime a ser elucidado e a necessidade de continuidade do inquérito. Já o investigado deve ser legitimado, pois pode desejar a mudança do fundamento do arquivamento (para que fique claro na decisão, por exemplo, a atipicidade do fato).

A decisão do legislador (de outorgar a decisão acerca do arquivamento do inquérito policial ao Ministério Público) é polêmica, vez que o arquivamento não produzirá mais, em nenhuma hipótese, coisa julgada material (em algumas situações esta era possível na sistemática anterior, como no arquivamento calcado no reconhecimento da atipicidade da

---

6 Art. 28. Ordenado o arquivamento do inquérito policial ou de quaisquer elementos informativos da mesma natureza, o órgão do Ministério Público comunicará à vítima, ao investigado e à autoridade policial e encaminhará os autos para a instância de revisão ministerial para fins de homologação, na forma da lei.

§ 1º Se a vítima, ou seu representante legal, não concordar com o arquivamento do inquérito policial, poderá, no prazo de 30 (trinta) dias do recebimento da comunicação, submeter a matéria à revisão da instância competente do órgão ministerial, conforme dispuser a respectiva lei orgânica.

§ 2º Nas ações penais relativas a crimes praticados em detrimento da União, Estados e Municípios, a revisão do arquivamento do inquérito policial poderá ser provocada pela chefia do órgão a quem couber a sua representação judicial.

conduta, por exemplo). Não me parece possível reconhecer existência de coisa julgada material em sede de decisão prolatada pelo Ministério Público. Assim, diante de prova nova, na forma da Súmula 524 do Supremo Tribunal Federal[7], a vingar a nova sistemática implantada pelo Pacote Anticrime[8], será possível, em tese, propositura de ação penal em todos os casos criminais arquivados por decisão do Ministério Público (mesmo se o arquivamento for determinado por reconhecimento de atipicidade ou existência de causa excludente de antijuridicidade), caso não tenha se implementado a prescrição da pretensão punitiva.

Penso ser possível manejo de habeas corpus com o fito de trancar definitivamente o caso criminal em face de arquivamento do inquérito policial por decisão do Ministério Público (com isso, existirá decisão judicial, passível de consequente coisa julgada material). Outra possibilidade: defesa da impossibilidade de manejo de ulterior ação penal em face de arquivamento de inquérito por decisão do Ministério Público com base no princípio da unidade (a decisão de arquivar o feito não é do promotor que o arquiva e sim do Ministério Público – assim, se o órgão entendeu que o fato é atípico, por exemplo, não seria possível a outro promotor propor ação penal em face do mesmo caso criminal).

Elaborado pela polícia judiciária: a atribuição para confecção do inquérito policial é da polícia judiciária (Polícia Civil ou Federal). O procedimento investigativo é dirigido por delegado de polícia de carreira, nos termos do artigo 2º, § 1º, da Lei 12.830/13.

Destinado a elucidar fato supostamente criminoso: o inquérito tem por missão elucidar fato supostamente criminoso. Digo fato supostamente criminoso porque ao fim é possível que se detecte que o fato é atípico (pela aplicação do princípio da insignificância, por exemplo), que o investigado agiu acobertado por excludente de ilicitude, dentre outras possibilidades que demonstrem que crime, efetivamente, não houve. Repito, caso se constate que o fato apurado realmente é delituoso, o objetivo último do inquérito será coligir indícios de autoria e prova da materialidade. Daí concluo que o inquérito policial não é unidirecional (não tem natureza unicamente preparatória para propositura de ulterior ação penal, já porque o delegado de polícia pode concluir, diante do

---

7 Súmula 524/STF - Arquivado o inquérito policial, por despacho do juiz, a requerimento do promotor de justiça, não pode a ação penal ser iniciada, sem novas provas.

8 Saliento que o artigo 28 do CPP, com redação determinada pelo Pacote Anticrime, foi suspenso por decisão do Ministro Luiz Fux nos autos das ADIN 6.298,6.299,6.300 e 6.305.

cabedal probante produzido, que não houve crime ou que a punibilidade está extinta, por exemplo).

O delegado de polícia pode tomar conhecimento da prática de um delito, basicamente, de quatro formas:

Direta, espontânea, ou de cognição imediata: quando o próprio delegado toma conhecimento da ocorrência da infração penal em sua atividade rotineira (rondas, entrevista de informantes, informações policiais, pela televisão[9], por acaso).

Indireta, provocada, ou de cognição mediata: quando a vítima ou qualquer do povo comunica a ocorrência de crime à polícia (está hipótese é chamada de *delatio criminis*, que pode ser **simples**, quando há mera comunicação; ou **postulatória**, quando há requerimento para instauração de apuratório). Neste caso, via de regra, é lavrado um boletim de ocorrência, que deve conter o resumo do crime comunicado e todas as circunstâncias que facilitem a sua apuração (indicação de local, data, horário, testemunhas, vítima, dentre outros aspectos). Pode ser materializada ainda com a confecção de petição encaminhada à autoridade policial com todas as informações acerca da prática delitógena. A requisição do Ministério Público é espécie de notícia de crime indireta.

Coercitiva: quando ocorre apresentação de pessoa detida em suposta situação flagrancial à autoridade policial (tal comunicação pode resultar na lavratura de auto de prisão em flagrante e consequente deflagração de inquérito policial).

Inqualificada: quando a comunicação é apócrifa (anônima). A doutrina e a jurisprudência são uníssonas ao asseverar que é possível a deflagração de inquérito policial com base em notícia de crime anônima, desde que o início do procedimento inquisitivo seja precedido de diligências preliminares encetadas pelo aparelho policial com o fito de apurar a pertinência da mesma (vide artigo 5º, § 3º, do CPP) – a notícia anônima de crime só oportuniza imediata instauração de inquérito policial quando vem acompanhada ou indica onde está o próprio corpo de delito.

A notícia anônima pode decorrer, ainda, da atuação do *whistleblower* (soprador de apito)[10], figura regulamentada pela Lei 13.608/18. Trata-se de informante desvinculado da prática criminosa, que colabora

9 No informativo 652, o STJ entendeu válida a deflagração de investigação pré-processual em face de notícia veiculada em jornal, considerando dita comunicação como direta.

10 Caso o soprador de apito se identifique e deseje ser ouvido formalmente, a notícia de crime não será inqualificada, mas indireta.

voluntariamente com as investigações (é possível, inclusive, pagamento em dinheiro ao colaborador a título de recompensa pelo oferecimento de informações que sejam úteis para a prevenção, a repressão ou a apuração de crimes ou ilícitos administrativos). O Pacote Anticrime enxertou dispositivos no citado mandamento legal que permitem medidas de proteção ao soprador de apito e recompensa de até 5% do valor recuperado, caso as informações resultem em recuperação de produto de crime contra a administração pública.

Procedimento formal que é, o inquérito policial deve ser inaugurado por meio de peças predefinidas na legislação de regência. São duas as peças: portaria e auto de prisão em flagrante delito.

Portaria: peça que não ostenta forma rebuscada, onde o delegado declarará instaurado o inquérito, fazendo relato sucinto do fato apurado. É a peça primeira da investigação que se inicia com investigado solto. Mesmo em caso de requisição do Ministério Público, a peça inicial deve ser a portaria. A Lei 13.964/19 criou o juiz das garantias[11] e ressaltou que nosso sistema processual penal é acusatório. Há no Pacote Anticrime várias modificações na legislação processual penal que se destinam a garantir a inércia e a imparcialidade do magistrado. Nesta toada, penso que o juiz não está mais autorizado a requisitar instauração de inquérito policial (para garantir distanciamento do caso criminal, recebendo notícia de crime, o magistrado deve encaminhá-la, sem análise de mérito, ao Ministério Público ou ao delegado de polícia para efetiva avaliação jurídica, de forma a não antecipar qualquer juízo de valor sobre o caso).

Auto de prisão em flagrante: peça que documenta a prisão em estado flagrancial (artigos 301 e seguintes do CPP). Lavrado o auto, instaurado estará o inquérito policial.

O inquérito policial pode ser instaurado:

De ofício: quando o delegado de polícia toma conhecimento de uma infração penal de ação penal pública incondicionada e instaura o inquérito sem a necessidade de provocação (artigo 5º, I, do CPP). Saliento que em relação ao crime de ação penal pública incondicionada vigora o princípio da obrigatoriedade (existindo indício da prática delitiva, deve o delegado de polícia instaurar o inquérito de ofício).

Em face de requerimento do ofendido: quando a vítima ou seu representante legal formula requerimento à autoridade policial para

11 Saliento que até o fechamento dessa edição a implementação do juiz das garantias estava suspensa por decisão liminar da lavra do Ministro Luiz Fux, nos autos das ADIN 6.298, 6.299, 6.300 e 6.305.

instauração de apuratório. Esse requerimento é elaborado por meio de peça formal e pode ser indeferido, cabendo recurso ao chefe de polícia, nos termos do artigo 5º, II, primeira parte, do CPP e do § 2, do mesmo dispositivo. O chefe de polícia é o Superintendente da Polícia (ou Delegado-Geral), no âmbito das Polícias Civis (alguns entendem que seria o Secretário de Segurança Pública), e o Superintendente Regional ou Chefe de Delegacia descentralizada, no âmbito da Polícia Federal. Por óbvio, o despacho de indeferimento deve ser fundamentado. É de se anotar que o inquérito policial que apura crime de ação penal pública condicionada a representação ou ação penal privada só pode ser iniciado com autorização da vítima ou seu representante legal (artigo 5º, §§ 4º e 5º do CPP). Essa exigência ocorre também no caso de prisão em flagrante delito, que só poderá ser levada a efeito com autorização (ou representação) da vítima.

Requisição do Ministério Público: o delegado de polícia deve instaurar, via de regra, o inquérito policial diante da requisição do Ministério Público, porque nesta é narrado crime de ação penal pública incondicionada (artigo 5º, II, primeira parte, do CPP). Como o princípio que rege a instauração nesta situação é o da **obrigatoriedade**, o feito deve ser instaurado (não se deve instaurar inquérito policial, contudo, se o fato for evidentemente atípico, se estiver extinta a punibilidade pela morte do agente ou por qualquer outra causa, dentre outras hipóteses excepcionais). Saliento que não há subordinação hierárquica entre Ministério Público e delegado de polícia (a requisição é ordem *ex lege* e não do Ministério Público). Como ressaltei acima, com a edição do Pacote Anticrime, passo a interpretar que não é mais possível requisição do magistrado para instauração de inquérito policial (caso o STF entenda constitucional a criação do juiz das garantias).

Auto de prisão em flagrante: efetivado o flagrante, estará iniciado o inquérito.

Os prazos de conclusão do inquérito policial são:

Investigado/indiciado solto: o prazo é de 30 dias (contados excluindo o dia do começo – artigo 798, § 1º, do CPP), podendo ser prorrogado pelo juiz em casos de difícil elucidação, por quantas vezes for necessário para conclusão dos trabalhos (inteligência do artigo 10 *caput* e § 3º, do CPP). As prorrogações subsequentes não precisam ser feitas pelo prazo de 30 dias, podendo ser assinalado prazo maior que este, a depender do caso concreto (aliás, melhor estabelecer lapso temporal mais elástico, evitando desnecessário envio do apuratório não concluído a todo instante para Justiça apenas para pedido de novo prazo).

Indiciado preso (flagrante ou preventiva): antes do Pacote Anticrime, o prazo para conclusão do inquérito policial com indiciado preso em flagrante ou em razão de prisão preventiva era de 10 dias, contado do dia da efetivação da prisão (prazo improrrogável, nos termos do artigo 10 do CPP[12]). Com a Lei 13.964/19, o prazo para conclusão de inquérito policial com indiciado preso em flagrante ou em razão de prisão preventiva passou a ser prorrogável. A leitura atenta do § 2º do artigo 3º-B do Código de Processo Penal[13] revela que o prazo para conclusão do inquérito policial com indiciado preso (prisão em flagrante ou preventiva) passou a ser de 15 dias, admitida uma única prorrogação por até igual período (o Pacote Anticrime igualou os prazos de conclusão do apuratório que apura crime de competência da Justiça Estadual com indiciado preso em flagrante ou preventivamente à realidade já observada em relação aos crimes de competência da Justiça Federal – artigo 66 da Lei 5.010/66). É preciso ressaltar, contudo, que tal conclusão não será pacífica, vez que (a meu ver por falha), o legislador não alterou o artigo 10 do CPP (que, como dito, determina que o inquérito com indiciado preso seja finalizado em 10 dias). Pressinto duas interpretações possíveis em relação ao prazo de conclusão do apuratório inquisitivo: a) prazo de 10 dias, admitida uma única prorrogação de até 15 dias (compatibilizando o artigo 3º-B § 2º e o artigo 10); b) prazo de 15 dias, admitida uma prorrogação por até igual período (interpretação por mim sustentada nessa obra). O Pacote Anticrime deixou claro que se o inquérito não for concluído no prazo fatal (depois da única prorrogação admitida) a prisão deve ser relaxada. Saliento que a prisão temporária não interfere no prazo para conclusão do inquérito policial (que deve ser contado como se solto estivesse o investigado/indiciado, admitindo-se sucessivas prorrogações), porque o prazo avistável na Lei 7.960/89 e na Lei 8.072/90 é de duração da prisão temporária e não de conclusão do feito.

Prazos especiais: os inquéritos que apuram crimes de competência da Justiça Federal têm prazo de 15 dias, prorrogáveis por mais 15 dias em

---

12 Art. 10. O inquérito deverá terminar no prazo de 10 dias, se o indiciado tiver sido preso em flagrante, ou estiver preso preventivamente, contado o prazo, nesta hipótese, a partir do dia em que se executar a ordem de prisão, ou no prazo de 30 dias, quando estiver solto, mediante fiança ou sem ela.

13 Art. 3º-B (...)
§ 2º Se o investigado estiver preso, o juiz das garantias poderá, mediante representação da autoridade policial e ouvido o Ministério Público, prorrogar, uma única vez, a duração do inquérito por até 15 (quinze) dias, após o que, se ainda assim a investigação não for concluída, a prisão será imediatamente relaxada.

caso de indiciado preso em flagrante ou por prisão preventiva (artigo 66 da Lei 5.010/66) e de 30 dias em caso de investigado/indiciado solto; os inquéritos que apuram crimes descritos na lei antidrogas têm prazo de 90 dias para investigado/indiciado solto (apesar da lei informar que esse prazo pode ser duplicado, penso que, em verdade, são admitidas sucessivas prorrogações, já que o investigado/indiciado está solto) e de 30 dias prorrogáveis por mais 30 em caso de indiciado preso em flagrante ou por prisão preventiva (artigo 51 da Lei 11.343/06); os inquéritos que apuram crimes contra a economia popular têm prazo de conclusão de 10 dias, estando o indiciado preso ou solto (artigo 10, § 1º, da Lei 1.521/51).

O CPP descreve nos artigos 6º e 7º rol de diligências exemplificativo (há diversas outras em leis especiais - quebra de sigilo bancário, fiscal, das comunicações telefônicas, dentre outras). Como visto supra, o inquérito policial não tem sequência de atos predefinida na legislação de regência – a sequência atende à discricionariedade da autoridade policial e a necessidade de cada investigação, caso a caso:

Preservar o local do crime até a chegada dos peritos: trata-se da preservação do local do crime, de forma a não macular o corpo de delito até que seja ele periciado. Corpo de delito são todos os elementos sensíveis deixados pelo fenômeno delitógeno (qualquer alteração física perceptível no mundo dos fatos em face da ocorrência do crime) e exame de corpo de delito a perícia materializada nestes elementos sensíveis (que pode ser direto ou indireto, na forma do artigo 158 do CPP). A seguir destacarei que o Pacote Anticrime enxertou no CPP a cadeia de custódia, com regras que vão desde a preservação do local de crime para correta coleta dos vestígios até eventual descarte desses (artigos 158-A e seguintes).

Apreender os objetos que tiverem ligações com o crime depois de liberados pelos peritos: é sequência lógica do inciso anterior. Depois de liberado o local de crime (feito o exame de local), deve o delegado de polícia apreender os objetos que tiverem ligação com o delito.

Colher todas as provas que tiverem ligação com o crime: trata-se de permissão genérica de apreender qualquer meio de prova, ainda que não originário do local do crime (decorrente de buscas representadas e deferidas pela autoridade judiciária, objetos ou documentos fornecidos por pessoas físicas ou jurídicas atendendo à solicitação da autoridade policial, dentre outros).

Ouvir o ofendido (vítima): a vítima será ouvida em termo de declarações.

Ouvir o indiciado: é a oitiva do investigado (em termo de declarações) ou do indiciado (em termo de interrogatório). A diferença de nomenclatura se deve à existência ou não de despacho formal de indiciamento (artigo 2º, § 6º, da Lei 12.830/13).

Proceder reconhecimento de coisas e pessoas e acareação: o reconhecimento de coisas e pessoas deve seguir o quanto determinado pelos artigos 226 e seguintes do CPP. Acareação quer dizer colocar frente a frente pessoas que tenham versões diferentes – artigo 229 e 230 do CPP.

Realizar exame de corpo de delito e outras perícias: exame de corpo de delito, como dito supra, é a perícia materializada nos elementos sensíveis deixados pelo crime – diligência obrigatória nos crimes que deixam vestígio (não transeuntes), termos do artigo 158 do CPP.

Juntar folha de antecedentes, identificar o indiciado pelo processo datiloscópico: em caso de indiciamento formal, deve ser juntada a folha de antecedentes. A submissão do indiciado ao processo datiloscópico depende da observância do inciso LVIII do artigo 5º da CF e da Lei 12.037/09.

Pesquisar a vida pregressa do indiciado: é avaliar condições econômicas, vida social e familiar do indiciado. A providência tem interesse para os fins descritos no artigo 59, do Código Penal, na primeira fase de fixação de pena pelo magistrado.

Colher informações sobre a existência de filhos, respectivas idades e se possuem alguma deficiência e o nome e o contato de eventual responsável pelos cuidados dos filhos, indicado pela pessoa presa: inciso incluído pela Lei 13.257/16 – dispositivo importante para aferição da possibilidade de concessão de prisão domiciliar à mulher gestante, à mulher mãe ou responsável por crianças ou pessoas com deficiência e ao homem, caso seja o único responsável pelos cuidados do filho de até 12 (doze) anos de idade incompletos, nos termos do artigo 318, IV, V e VI (com a redação determinada pela citada Lei 13.257/16) e do artigo 318-A (com redação determinada pela Lei 13.769/18), ambos do CPP.

Realizar a reprodução simulada dos fatos: é a reconstituição da cena do crime (artigo 7º do CPP). A participação do investigado/indiciado na reprodução simulada dos fatos não pode ser imposta pelo delegado de polícia, em face do princípio do *nemo tenetur se detegere* (o investigado/indiciado não pode ser obrigado a produzir prova contra si). De igual sorte, não há como admitir, depois do julgamento das ADPF 395 e 444 pelo STF, condução coercitiva de investigado ou indiciado para comparecimento aos atos de reprodução simulada (se ele não compareceu, entende-se que é porque não quis participar da reconstituição). Saliento, por fim, que não pode ser materializada reprodução simulada dos fatos se esta contrariar a moralidade ou a ordem pública.

O inquérito policial deve ser formalmente finalizado com a confecção de relatório (peça que põe termo ao apuratório), da lavra do delegado de polícia. Na peça, a autoridade policial avalia as diligências e provas materializadas no curso do feito e conclui pela existência ou não de crime e acerca da autoria, determinando final encaminhamento do procedimento ao juízo das garantias competente.

Modelo 1 – Ofício restituindo requisição para instauração de inquérito policial elaborada pelo MP

Ofício nº ____ **(número do expediente)**

________ (local), __de ____de____ (data).

A Sua Excelência o Senhor

________ **(nome do membro do MP)**

Promotor de Justiça da Comarca de________ **(indicar localidade)**

Assunto: Restitui notícia de crime

Referência: ofício nº ______.**(número do ofício requisitório)**

Senhor Promotor,

Sirvo-me do presente para restituir a Vossa Excelência o ofício nº ____ **(número do ofício requisitório)**, que requisitou instauração de inquérito policial em face da suposta prática de crime de roubo majorado, tipificado no artigo 157, § 2º-A, I, do Código Penal.

Segundo se depreende do ofício requisitório, “A” teria subtraído de “B”, mediante grave ameaça exercida com arma de fogo de uso permitido, um cordão de ouro, no dia 12/09/2018. Ocorre que, segundo notícia recebida pelo aparelho policial, “A” teria sido morto por desafetos no dia 15/09/2018.

Com o fito de confirmar o informe, foi deslocada equipe à residência de “A”. Os policiais destacados atestaram o falecimento do autor do fato, evento confirmado por meio da certidão de óbito em anexo.

Destarte, constato que não há justa causa para instauração de inquérito policial, em face da extinção da punibilidade do autor do crime, nos termos do artigo 107, I, do Código Penal.

Assim é que faço retornar o expediente requisitório a Vossa Excelência, informando acerca da não instauração do procedimento inquisitivo requisitado, em face das breves razões acima desenhadas, salvo melhor juízo.

Atenciosamente,

Márcio Alberto Gomes Silva
Delegado de Polícia

Observações relevantes

O delegado de polícia pode deixar de instaurar inquérito mesmo diante de requisição confeccionada pelo MP (como dito supra, passo a entender que, em face do Pacote Anticrime, não é mais possível a requisição para instauração de inquérito policial elaborada pelo magistrado, de forma a preservar sua inércia), caso perceba que não há justa causa para tanto (implemento da prescrição da pretensão punitiva, atipicidade material do fato narrado, ocorrência da extinção da punibilidade por qualquer causa, dentre outras situações que se enquadrarem neste conceito).

A autoridade policial deve expor os fundamentos que a levaram a não instaurar o apuratório e devolver o expediente requisitório acompanhado de documentos que demonstrem sua argumentação (por meio de ofício). Caso a requisição seja reiterada, em face do princípio da obrigatoriedade (que determina instauração de inquérito policial em crime de ação penal pública incondicionada) é recomendável a instauração do inquérito (o melhor é que o substituto legal do delegado de polícia que entendeu pela não deflagração da investigação confeccione a portaria e presida o feito, com o fito de não atropelar o entendimento técnico-jurídico deste).

Modelo 2 – Ofício encaminhando notícia de crime eleitoral ao Ministério Público Eleitoral

Ofício nº____ (**número do expediente**)

_______ (local), __de ____de____ (data).

A Sua Excelência o Senhor

__________ (**nome do Promotor Eleitoral**)

Promotor Eleitoral titular da ___ Zona Eleitoral (**indicar zona eleitoral do MPE**)

Assunto: encaminha notícia de crime

Senhor Promotor Eleitoral,

Sirvo-me do presente para comunicar a Vossa Excelência a possível ocorrência do crime de corrupção eleitoral, tipificado no artigo 299 do Código Eleitoral (Lei 4.737/65).

Aportou na Polícia Federal notícia de crime prestada pelo eleitor ______ (**nome do noticiante**), que relatou suposta compra de votos realizadas pelo candidato ao cargo de prefeito do Município de _______ (**cidade**), ________ (**nome do suposto autor do fato**).

De acordo com a narrativa do noticiante, o autor do fato estaria promovendo reuniões em sua propriedade rural, recolhendo os números dos títulos dos munícipes e fornecendo-lhes dinheiro e outras benesses (tijolos, dentaduras, roupas, etc.) em troca de votos nas eleições que se avizinham.

Em levantamento de campo materializado com o fito de atestar a verossimilhança da notícia, o aparelho policial constatou que tais reuniões vêm, de fato ocorrendo e que há suspeita de distribuição de vantagens indevidas (vide informação em anexo).

Diante deste quadro, cumpre, nos termos do artigo 8º da Resolução 23.396, de 17 de dezembro de 2013, do TSE (alterada pela Resolução 23.424, de 27 de maio de 2014), encaminhar a presente notícia ao juízo Eleitoral para análise e eventual encaminhamento de requisição para instauração de inquérito policial.

Atenciosamente,

Márcio Alberto Gomes Silva
Delegado de Polícia Federal

Observações relevantes

A Resolução 23.396/2013 do TSE (alterada pela Resolução 23.424) afirma em seu artigo 8º que o inquérito policial para apuração de crime eleitoral (de atribuição da Polícia Federal) só pode ser instaurado mediante requisição da Justiça Eleitoral (seguindo a linha acima adotada, parece-me que a requisição de instauração de inquérito policial pelo Judiciário afronta o sistema processual idealizado pela Lei 13.964/19, razão pela qual penso que as requisições para instauração de inquérito policial por suposta prática de crime eleitoral devem partir unicamente do MPE) ou do Ministério Público Eleitoral.

O artigo citado da resolução em questão (em sua redação original que só permitia o início do inquérito policial para apuração de crime eleitoral mediante requisição da Justiça Eleitoral) foi suspenso por medida cautelar do Pretório Excelso, nos autos da ADI 5.104 (o Procurador-Geral da República afirmou ofensa ao sistema acusatório, porque a requisição, nos termos do dispositivo atacado, só podia ser materializada pelo Poder Judiciário).

Depois da suspensão do artigo por decisão do STF, o TSE editou a Resolução 23.424/2014, incluindo a legitimação do Ministério Público Eleitoral para requisitar início de inquérito policial para apurar crime eleitoral no artigo 8º da Resolução 23.396.

Penso que o artigo 8º da Resolução 23.396 do TSE (tanto a redação revogada, quanto a atual) não se justifica. Parece-me teratológico limitar a atuação do Estado-Investigação na apuração de crimes eleitorais, condicionando a instauração de inquérito policial à requisição do Judiciário e do MPE.

Modelo 3 – Despacho em notícia anônima de crime

DESPACHO

1. Aportou nesta unidade policial notícia apócrifa, que narrou prática delitiva tipificada no artigo _____ do Código Penal (**tipificar delito noticiado**), supostamente cometida por ______ (**nominar o autor do crime, nos termos da notícia**).

2. A Constituição Federal afirma ser livre a manifestação de pensamento, mas veda o anonimato – artigo 5º, IV. Nesta toada, a doutrina e a jurisprudência refutam a instauração imediata de procedimento inquisitivo em face de notícia apócrifa de crime.

3. Destarte, com fulcro no artigo 5º, § 3º, do CPP, expeça ofício interno requisitando aos agentes lotados nesta unidade policial a materialização de levantamento preliminar voltado à constatação ou não da veracidade da notícia, atentando para: a) realização de pesquisas nos bancos de dados à disposição do aparelho policial em relação ao suspeito da prática do crime; b) materialização de diligências de campo; c) outras diligências a juízo da equipe de investigação.

4. Consigno que o resultado da investigação preliminar deverá ser consolidado em informação policial.

_________ (**local**), ___ de ______ de _____ (**data**).

Márcio Alberto Gomes Silva
Delegado de Polícia Federal

Modelo 4 – Despacho em notícia de crime superficial (incompleta)

DESPACHO

1. Aportou nesta unidade policial notícia de crime subscrita por _______ (**nome do noticiante**), que narrou prática delitiva tipificada no artigo _____ do Código Penal (**tipificar delito noticiado**), supostamente cometida por _______ (**nominar o autor do crime, nos termos da notícia**).
2. Analisando o documento, nota-se que a notícia é muito superficial e, salvo melhor juízo, não permite imediata deflagração de procedimento inquisitivo apuratório.
3. Destarte, com fulcro no artigo 5º, § 3º, do CPP, expeça ofício interno requisitando aos agentes lotados nesta unidade policial, a materialização de levantamento preliminar voltado à constatação ou não da veracidade da notícia, atentando para: a) realização de pesquisas nos bancos de dados à disposição do aparelho policial em relação ao suspeito da prática do crime; b) materialização de diligências de campo; c) outras diligências a juízo da equipe de investigação.
4. Consigno que o resultado da investigação preliminar deverá ser consolidado em informação policial.

__________ (**local**), ___ de ______ de _____ (**data**).

Márcio Alberto Gomes Silva
Delegado de Polícia Federal

Observações relevantes

A doutrina e a jurisprudência rechaçam a instauração de inquérito policial fundado, exclusivamente, em notícia anônima de crime. É consenso que, tendo aportado na unidade policial notícia apócrifa, o delegado de polícia deve determinar a materialização de diligências preliminares com o fito de verificar a consistência dos dados, nos termos do artigo 5º, § 3º, do CPP.

O resultado das diligências deve ser consolidado em informação policial e, de posse de dita informação, está autorizada a instauração do apuratório, por meio de portaria.

O mesmo se diga em face de notícia que, apesar de não ser anônima, seja incompleta (vide modelo 02). Observo que mesmo a requisição elaborada pelo Ministério Público, caso se mostre superficial, deve ser objeto de levantamentos preliminares (afinal, a requisição ministerial tem natureza jurídica de comunicação indireta de crime e não é possível requisitar ou instaurar inquérito policial sem que exista justa causa, sob pena de eventual prática dos crimes de abuso de autoridade tipificados nos artigos 27[14] e 30[15] da Lei 13.869/19, pelo Ministério Público e pelo delegado de polícia, respectivamente).

14 Art. 27. Requisitar instauração ou instaurar procedimento investigatório de infração penal ou administrativa, em desfavor de alguém, à falta de qualquer indício da prática de crime, de ilícito funcional ou de infração administrativa:

Pena - detenção, de 6 (seis) meses a 2 (dois) anos, e multa.

Parágrafo único. Não há crime quando se tratar de sindicância ou investigação preliminar sumária, devidamente justificada.

15 Art. 30. Dar início ou proceder à persecução penal, civil ou administrativa sem justa causa fundamentada ou contra quem sabe inocente:

Pena - detenção, de 1 (um) a 4 (quatro) anos, e multa.

Modelo 5 – Decisão concluindo pela atipicidade material (furto)

DECISÃO

1. Aportou nesta unidade policial notícia coercitiva de suposta prática de crime de furto, em face da apresentação do detido _______ (**nome e qualificação da pessoa apresentada detida**). Em síntese, o condutor e as testemunhas narraram que _______ (**narrativa extraída da entrevista de pretenso condutor e testemunhas**). O suposto autor do fato, entrevistado, disse que _______ (**narrativa extraída da entrevista da pessoa conduzida**).
2. Foi-me apresentado o seguinte objeto subtraído pelo autor do fato: _______ (**descrição do bem móvel subtraído**).
3. Analisando o caso apresentado, concluo que o fato praticado pela pessoa conduzida não é criminoso, porquanto materialmente atípico em face da incidência do princípio da insignificância. Constato a presença dos requisitos reclamados pelo STF para o reconhecimento da bagatela própria, qual sejam: a) mínima ofensividade; b) ausência de periculosidade; c) reduzido grau de reprovabilidade; d) inexpressividade da lesão.
4. Concluo pela aplicação do princípio da insignificância porque _______ (**razões para aplicação do princípio da insignificância**).
5. Destarte, constatado que o fato não é criminoso porque é materialmente atípico, **RELAXO** a detenção da pessoa conduzida e determino as seguintes providências: a) formalização das oitivas de condutor, testemunhas e pessoa conduzida; b) apreensão formal do bem subtraído e devolução à vítima mediante confecção de termo de entrega; c) envio de todas as peças produzidas e dessa decisão fundamentada ao Ministério Público, para conhecimento e providências que entender cabíveis (arquivamento, requisição de instauração de inquérito policial ou oferta de denúncia).

_______ (**local**), ___ de _____ de _____ (**data**).

Márcio Alberto Gomes Silva
Delegado de Polícia

Observações relevantes

A notícia de crime coercitiva nem sempre redunda na confecção de auto de prisão em flagrante delito. Trago aqui modelo de decisão de relaxamento de detenção em face da aplicação do princípio da insignificância (se o fato é materialmente atípico, o conduzido não deve ser preso em flagrante).

Aliás, o delegado deve avaliar os três substratos do conceito analítico de crime diante da notícia de crime (mesmo que ela seja coercitiva), para só então decidir se vai instaurar inquérito ou não e se o procedimento será deflagrado mediante confecção de portaria ou auto de prisão em flagrante.

Na peça sugestiono encaminhamento de todas as peças produzidas ao Ministério Público, para que não se subtraia do órgão a *opinio delicti*. De posse de todas as oitivas e da decisão do delegado de polícia, o Ministério Público pode: a) arquivar as peças de informação (na sistemática do Pacote Anticrime, ainda suspensa por decisão do Ministro Luiz Fux); b) requisitar instauração de inquérito policial; c) oferecer denúncia (já que o inquérito é dispensável à propositura de ação penal).

1.1. Portaria

A portaria é a peça que inicia o inquérito policial com investigado/indicado solto.

No cabeçalho, cumpre identificar: o delegado de polícia que a lavrou, a legislação que fundamenta a deflagração do feito e o documento que deu suporte à instauração do inquérito (ofício requisitório, notícia de crime, informação policial, etc.).

Genericamente, é importante deixar claro (requisitos para toda portaria): a) o local onde ocorreu o crime (para análise posterior da competência do juízo das garantias no qual tramitará a futura ação penal – e que eventualmente analisará representações por medidas cautelares ainda na fase pré-processual); b) quando e de que forma foi o delito praticado (a fixação temporal será importante para estudo da prescrição e a descrição do fato para o correto enquadramento típico da conduta apurada); c) a tipificação (ainda que provisória); d) a identificação, se possível for, do suposto autor do fato; e) determinação de diligências iniciais voltadas à elucidação do crime.

Importante salientar que o Pacote Anticrime determinou a comunicação, ao juízo das garantias, da instauração de qualquer investigação criminal (artigo 3º-B, IV, do CPP). A comunicação imediata da prisão em flagrante é comando constitucional, repetido na legislação processual penal (logo, o juízo competente fica sabendo do início da investigação com indiciado preso em flagrante desde o início do inquérito). A novidade é a determinação legal para comunicação da instauração de apuratórios criminais iniciados com investigado/indiciado solto (na sistemática anterior, o juízo competente só ficava sabendo da instauração de inquérito policial com investigado solto quando o prazo legal de conclusão do feito se escoava e era necessário prorrogá-lo - artigo 10, § 3º, do CPP). Apesar de não existir no novo dispositivo o momento da comunicação da instauração do inquérito ao juízo das garantias competente, penso ser conveniente que o delegado a determine já no bojo da portaria inaugural.

Modelo 1 – Homicídio

PORTARIA

A Polícia Civil, através do Delegado de Polícia Civil Márcio Alberto Gomes Silva, lotado e em exercício na Delegacia de_________ (**descrever a unidade policial de lotação**), no uso de suas atribuições previstas no art. 144, § 4º, da Constituição Federal, no artigo 4º e seguintes do Código de Processo Penal e na Lei 12.830/13, tendo recebido o boletim de ocorrência ______ (**número do expediente**),

RESOLVE:

Instaurar Inquérito Policial para apurar a eventual ocorrência do crime de homicídio, previsto no artigo 121 do Código Penal, supostamente praticado por pessoa ainda não identificada, que deflagrou, com intenção de matar, disparos de arma de fogo contra ________ (**nome da vítima**), fato havido na rua ________ (**indicar local do crime**), em ________ (**data**), por volta das __: __ horas (**horário**). Constatada a tipicidade do fato descrito, urge deflagrar o procedimento inquisitivo para apurar todas as circunstâncias que gravitaram em torno dele.

Autuada esta, o boletim de ocorrência ____ (**número do expediente**), feitos os registros necessários, determino as seguintes providências:

1. Expeça ofício ao juízo das garantias[16] competente por distribuição, comunicando a instauração do presente inquérito policial;
2. Expeça ofício interno ao setor de criminalística, requisitando materialização de perícia de local de crime (encaminhe cópia desta portaria);
3. Expeça ofício ao IML requisitando a confecção de laudo cadavérico de _______ (**nome e qualificação da vítima**). Encaminhe cópia desta portaria;
4. Expeça ofício interno aos agentes de polícia lotados nesta unidade policial, requisitando materialização de diligências de campo com o fito de identificar possíveis testemunhas oculares do evento criminoso, parentes a amigos da vítima, câmeras de vídeo que

16 Em medida liminar exarada no bojo de ADIN proposta contra o Pacote Anticrime, o Ministro Dias Toffoli manejou interpretação conforme a constituição limitando o alcance do juízo das garantias. No entender do Ministro, o juízo das garantias não deve atuar em crime de competência do júri. Como a decisão foi cassada por liminar concedida pelo Ministro Luiz Fux e essa decisão (em vigor quando do fechamento dessa obra) não fez tal restrição, decidi elaborar enxertar no modelo de portaria para investigação de homicídio a comunicação ao juízo das garantias.

tenham captado a prática delitiva, tudo no sentido de identificar o autor do delito e revelar a dinâmica, a motivação, a arma do crime, dentre outros elementos relevantes. O resultado das diligências deve ser materializado por meio de informação circunstanciada (encaminhe cópia desta portaria);

5. Voltem-me conclusos os autos com as respostas. Caso não sobrevenha resposta até o fim do prazo legal para conclusão do feito, remeta-o ao juízo das garantias competente, solicitando concessão de prazo de pelo menos 90 dias para continuidade das investigações;

CUMPRA-SE.

_________(**local**), ___ de ______ de _____ (**data**).

Márcio Alberto Gomes Silva
Delegado de Polícia

Observações relevantes

A apuração em crime de homicídio é muito complexa. O mais importante é iniciar as investigações imediatamente após a comunicação do delito, determinando materialização de perícia de local de crime, necropsia, diligências de campo aptas a identificar o autor do fato, a dinâmica da ação, a arma do crime, a motivação, etc.

É preciso lembrar que se trata de crime não transeunte (que deixa vestígios) e que por isso é obrigatória a materialização de exame de corpo de delito, na forma do artigo 158 do CPP (com especial atenção à cadeia de custódia descrita nos artigos 158-A e seguintes do CPP). Ainda que a cena do crime tenha sido alterada (porque houve tentativa de socorro à vítima, por exemplo) é preciso levar a cabo o exame pericial de local de crime.

A equipe precisa levantar as roupas e características do autor do fato, se este falou ao telefone celular antes ou depois da ação (o que pode sugerir crime de mando), qual veículo utilizado pelo homicida (e se câmeras que monitoram as ruas captaram o trajeto da fuga), se o autor do fato também foi ferido pela vítima (tal situação pode redundar na existência de material biológico do criminoso na cena do crime e eventual ida do autor do fato a alguma unidade de saúde para atendimento), entrevistar parentes e amigos da vítima com o fito de montar o perfil do morto e com isso auxiliar nas linhas possíveis de motivação para o crime, dentre outros aspectos.

É importante tentar resgatar registros anteriores de ameaças, lesões leves, crimes contra a honra, dentre outras infrações penais mais brandas envolvendo a vítima (normalmente o homicídio é o último ato de uma relação anterior de pequenos desentendimentos e pequenos delitos envolvendo o morto e o autor do fato).

Caso o homicídio seja tentado, uma das providências mais importantes é ouvir, se possível for, a vítima (com o fito de identificar o autor do fato, a motivação, a arma do crime, dentre outros aspectos). A autoridade policial não deve descurar de determinar que a vítima passe por exame de corpo de delito, com o fito de documentar as lesões sofridas no bojo de laudo pericial (materialidade delitiva).

Modelo 2 – Homicídio culposo na direção de veículo automotor ou homicídio doloso (dolo eventual)

PORTARIA

A Polícia Civil, através do Delegado de Polícia Civil Márcio Alberto Gomes Silva, lotado e em exercício na Delegacia de________ (**descrever a unidade policial de lotação**), no uso de suas atribuições previstas no art. 144, § 4º, da Constituição Federal, no artigo 4º e seguintes do Código de Processo Penal e na Lei 12.830/13, tendo recebido o boletim de ocorrência ______ (**número do expediente**),

RESOLVE:

Instaurar Inquérito Policial para apurar a eventual ocorrência do crime de homicídio culposo na direção de veículo automotor, previsto no artigo 302 do Código de Trânsito Brasileiro (Lei 9.503/97), supostamente praticado por ________ (**nome do autor do fato),** que atropelou e tirou a vida de ______ (**nome da vítima**), fato havido na rua ________ (**indicar local do crime**), em ________ (**data**), por volta das __: __ horas (**horário**). Constatada a tipicidade do fato descrito, urge deflagrar o procedimento inquisitivo para apurar todas as circunstâncias que gravitaram em torno dele.

Autuada esta, o boletim de ocorrência ____ (**número do expediente**), feitos os registros necessários, determino as seguintes providências:

1. Expeça ofício ao juízo das garantias competente por distribuição, comunicando a instauração do presente inquérito policial;
2. Expeça ofício interno ao setor de criminalística, requisitando materialização de perícia de local de crime (encaminhe cópia desta portaria);
3. Expeça ofício ao IML requisitando a confecção de laudo cadavérico de _______ (**nome e qualificação da vítima**). Encaminhe cópia desta portaria;
4. Expeça ofício ao órgão de trânsito local, requisitando: a) sejam informadas as autuações materializadas em desfavor de ________ (**nome e qualificação do autor do fato**) nos últimos dois anos; b) as imagens captadas pelas câmeras do órgão na rua _____ (**indicar via do sinistro**), entre as __: __ horas e as __: __ horas; c) se o sistema de radares do órgão detectou que o veículo de placas ___-____ (**placa do carro do autor do fato**) foi surpreendido em excesso de velocidade no dia do sinistro;
5. Expeça ofício interno aos agentes de polícia lotados nesta unidade policial, requisitando materialização de diligências de campo com

o fito de: a) identificar possíveis testemunhas oculares do evento criminoso; b) identificar onde o autor do fato estava antes do sinistro (caso se detecte que o local possui câmeras de vídeos, as imagens devem ser copiadas); c) identificar, qualificar e entrevistar pessoas que estiveram com o autor do fato e com a vítima antes do sinistro, questionando-lhes acerca do ocorrido. O resultado das diligências deve ser materializado por meio de informação circunstanciada (encaminhe cópia desta portaria);

6. Intime _______ (**nome do autor do fato**), conforme pauta cartorária;
7. Voltem-me conclusos os autos com as respostas. Caso não sobrevenha resposta até o fim do prazo legal para conclusão do feito, remeta-o ao juízo das garantias competente, solicitando concessão de prazo de pelo menos 90 dias para continuidade das investigações;

CUMPRA-SE.

__________ (**local**), ___ de ______ de _____ (**data**).

Márcio Alberto Gomes Silva
Delegado de Polícia

Observações relevantes

Os atropelamentos com resultado morte podem, basicamente, redundar em três situações: a) prática de crime de homicídio doloso (normalmente dolo eventual – artigo 121 do Código Penal); b) prática de crime de homicídio culposo na direção de veículo automotor (artigo 302 do Código de Trânsito Brasileiro); c) fato atípico.

A primeira hipótese ocorrerá caso se detecte que o agente quis ou assumiu o risco de produzir o resultado morte; a segunda, caso se detecte que o agente não desejava a morte, não assumiu o risco de matar e que o sinistro decorreu de atitude negligente, imprudente ou por imperícia do motorista; a terceira hipótese ocorrerá caso se detecte que o motorista conduzia seu automotor respeitando todas as regras de trânsito e que a vítima foi a única responsável pelo sinistro (um suicida, por exemplo).

É preciso que se diga que não há matemática no Direito Penal. Não há como afirmar que embriaguez + alta velocidade + atropelamento com morte = dolo eventual. O aparelho policial deverá elucidar o que de fato aconteceu para, ao final do inquérito, indiciar o autor do fato pelo crime efetivamente praticado (homicídio doloso ou homicídio culposo na direção de veículo automotor).

Para tanto, penso ser importante atentar para o momento anterior ao sinistro: ouvir pessoas que estavam com o motorista, analisar as imagens do local onde ele estava (bar ou festa), aferir a velocidade por ele desenvolvida (estudo das câmeras dos órgãos de trânsito, requisitando perícia com o fito de verificar a velocidade do veículo), se ele atravessou sinal fechado (isso é indicativo de dolo eventual), se freou (em caso positivo, verificar a marca de frenagem), dentre outros aspectos. A perícia será fundamental nestas situações (imprescindível, aliás, por ser crime que deixa vestígios).

A oitiva do autor do fato, em regra, pouco contribui para elucidação efetiva do que ele pensava enquanto dirigia, porque no mais das vezes o que se vê na prática é que o atropelador sempre afirma ter agido com culpa.

Modelo 3 – Lesão corporal de natureza grave

PORTARIA

A Polícia Civil, através do Delegado de Polícia Márcio Alberto Gomes Silva, lotado e em exercício na Delegacia de_________ (**descrever a unidade policial de lotação**), no uso de suas atribuições previstas no art. 144, § 4º, da Constituição Federal, no artigo 4º e seguintes do Código de Processo Penal e na Lei 12.830/13, tendo recebido o boletim de ocorrência ______ (**número do expediente**),

RESOLVE:

Instaurar Inquérito Policial para apurar a eventual ocorrência do crime de lesão corporal de natureza grave, tipificado no artigo 129, § 1º, I, do Código Penal, supostamente praticado _______ (**nome do investigado)** contra ________ (**nome da vítima**), em face da notícia de que o autor do fato desferiu diversas pauladas na vítima, ocasionando fraturas nos seus braços e pernas, fato havido por volta das __: __ horas, em __/__/____ (**horário e data do fato**), em _____ (**local do crime**). Constatada a tipicidade do fato descrito, urge deflagrar o procedimento inquisitivo para apurar todas as circunstâncias que gravitaram em torno dele.

Autuada esta, boletim de ocorrência número _____ (**número do expediente**), feitos os registros necessários, determino as seguintes providências:

1. Expeça ofício ao juízo das garantias competente por distribuição, comunicando a instauração do presente inquérito policial;
2. Expeça ofício ao IML requisitando realização de exame de corpo de delito na vítima ______ (**nome da vítima**), com o fito de que sejam descritas as lesões por ela sofridas;
3. Expeça ofício ao hospital _____ (**nome da unidade de saúde que atendeu a vítima**), requisitando o prontuário médico de ____ (**nome da vítima**), esclarecendo que a vítima teria dado entrada na unidade por volta das __: __ horas, em __/__/____ (**horário e data do fato**);
4. Expeça ofício interno aos agentes lotados nesta unidade policial, requisitando seja materializada diligência de campo, com o fito de identificar e qualificar testemunhas oculares do crime aqui apurado, imagens porventura captadas por câmeras de vídeo de casas/estabelecimentos comerciais próximos do local delito, dentre outros elementos de prova a juízo da equipe;

5. Intime _______ (**nome da vítima**) para prestar esclarecimentos acerca dos fatos aqui apurados, conforme pauta cartorária;
6. Intime _______ (**nome do investigado**) para prestar esclarecimentos acerca dos fatos aqui apurados, conforme pauta cartorária;
7. Voltem-me conclusos os autos com as respostas ou o comparecimento dos intimados. Caso não sobrevenha resposta até o fim do prazo legal para conclusão do feito, remeta-o ao juízo das garantias competente, solicitando concessão de prazo de pelo menos 90 dias para continuidade das investigações;

CUMPRA-SE.

__________ (**local**), ___ de ______ de _____ (**data**).

Márcio Alberto Gomes Silva
Delegado de Polícia

Observações relevantes

A lesão corporal descrita no artigo 129 do Código Penal pode ser: a) leve (*caput*), grave (§ 1º), gravíssima (§ 2º), seguida de morte (§ 3º), privilegiada (§ 4º), culposa (§ 6º), resultante de violência doméstica (§ 9º) ou funcional (§ 12).

É preciso que o delegado atente que a definição de lesão leve é obtida por exclusão (a lesão que não se enquadrar em nenhuma das outras definições será leve), que, caso o crime se enquadre no *caput* do artigo 129 (ou no § 6º do mesmo artigo – lesão corporal culposa), deverá ser lavrado mero termo circunstanciado (já que se trata de infração de menor potencial ofensivo) e que nestas hipóteses é necessária a representação da vítima – condição de procedibilidade para início da persecução penal (artigo 88 da Lei 9.099/95).

Trouxe à baila hipótese de prática delitiva que resultou em graves fraturas e que certamente redundará no crime de lesão corporal de natureza grave. Anote-se que é indispensável a materialização de exame pericial complementar descrito no artigo 168, § 2º, do CPP, com o fito de atestar o afastamento das ocupações habituais por mais de 30 dias.

Caso se detecte, alhures, que, em verdade, as lesões foram leves, a vítima será ouvida acerca do desejo de continuidade das investigações (representação) e o feito deverá ser encaminhado ao juizado especial criminal.

Modelo 4 – Furto qualificado

PORTARIA

A Polícia Federal, através do Delegado de Polícia Federal Márcio Alberto Gomes Silva, lotado e em exercício na Delegacia de_________ (**descrever a unidade policial de lotação**), no uso de suas atribuições previstas no art. 144, § 1º, inc. I e IV, da Constituição Federal, no artigo 4º e seguintes do Código de Processo Penal e na Lei 12.830/13, tendo recebido o ofício ______ (**número do expediente**) e documentação que o acompanha, oriundo da PRF (**órgão noticiante**),

RESOLVE:

Instaurar inquérito policial visando apurar a possível existência do crime de furto qualificado, tipificado no artigo 155, § 4º, I, do Código Penal, praticado por indivíduo ainda não identificado, que cortou a cerca da Unidade Operacional da PRF em _______ (**local do crime**), por volta das __: __ horas, do dia __/__/____ (**hora e data do fato**), e subtraiu a moto HONDA/POP placas _____ (**placas do veículo furtado**). Constatada a tipicidade do fato descrito, urge deflagrar o procedimento inquisitivo para apurar todas as circunstâncias que gravitaram em torno dele.

Autuada esta, o ofício ______ (**número do expediente**) e documentação que o acompanha, oriundo da PRF (**órgão noticiante**), feitos os registros necessários, determino as seguintes providências:

1. Expeça ofício ao juízo federal das garantias competente por distribuição, comunicando a instauração do presente inquérito policial;
2. Expeça ofício à PRF informando a instauração do presente apuratório e requisitando: a) cópia do procedimento administrativo instaurado para apurar a subtração aqui apurada (encaminhe cópia da portaria); b) as imagens do crime, captadas pelo sistema de câmeras, caso existentes; c) a apresentação dos PRF que estavam de plantão no dia do delito, conforme pauta cartorária;
3. Expeça ofício interno ao setor técnico-científico, requisitando o laudo de perícia de local de crime confeccionado em razão de eventual acionamento no dia do crime aqui investigado (encaminhe cópia da portaria);
4. Expeça ofício interno ao setor de papiloscopia, requisitando laudo papiloscópico de local de crime, confeccionado em razão de eventual acionamento no dia do crime aqui investigado (encaminhe cópia da portaria);

5. Expeça ofício interno aos agentes lotados nesta unidade policial, requisitando materialização de diligências de campo, com o fito de identificar possíveis suspeitos da prática delitiva aqui apurada;
6. Concluso com qualquer das respostas ou com o comparecimento dos intimados. Caso não sobrevenha resposta ou não compareçam os intimados até o escoamento do prazo legal de conclusão do feito, remeta-o ao juízo federal das garantias competente, solicitando concessão de novo prazo de pelo menos 90 dias para continuidade das investigações;

CUMPRA-SE.

__________ (**local**), ___ de ______ de _____ (**data**).

Márcio Alberto Gomes Silva
Delegado de Polícia

Observações relevantes

No inquérito policial que apura o crime de furto qualificado, o delegado de polícia deve atentar para realização de perícia, com o fito de comprovar a incidência da qualificadora (escalada, destruição ou rompimento de obstáculo, por exemplo).

É muito importante determinar acionamento da equipe de papiloscopistas, com o fito de revelar impressões digitais na cena do crime (muitas vezes os autores do crime de furto agem à noite e cobrem seus rostos), e verificar a existência de câmeras de vídeo que tenham captado a ação.

Por fim, é importante que o delegado de polícia esteja atento às modificações operadas no artigo 155 do Código Penal pela Lei 13.654/18, para correta tipificação do delito investigado.

Saliento que o Pacote Anticrime transformou em crime hediondo o furto qualificado pelo emprego de explosivos ou artefato análogo que cause perigo comum.

Modelo 5 – Roubo (a agência dos Correios)

PORTARIA

A Polícia Federal, através do Delegado de Polícia Federal Márcio Alberto Gomes Silva, lotado e em exercício na Delegacia de_________(**descrever a unidade policial de lotação**), no uso de suas atribuições previstas no art. 144, § 1º, inc. I e IV, da Constituição Federal, no artigo 4º e seguintes do Código de Processo Penal e na Lei 12.830/13, tendo recebido o ofício _______ (**número do expediente**) e documentação que o acompanha, oriundo da ECT (órgão **noticiante**),

RESOLVE:

Instaurar inquérito policial visando apurar a possível existência do crime de roubo majorado, tipificado no artigo 157, § 2º, II, e § 2º-A, I, do Código Repressivo Pátrio, supostamente praticado por **indivíduos ainda não identificados** (dois), que teriam subtraído numerário (cerca de R$ 4.000,00) da agência dos Correios na cidade de __________ (**indicar a localidade do roubo**), no dia de _________ de ______(**indicar data do fato**), mediante grave ameaça exercida por meio de armas de fogo de uso permitido. Constatada a tipicidade do fato descrito, urge deflagrar o procedimento inquisitivo para apurar todas as circunstâncias que gravitaram em torno dele.

Autuada esta, o ofício da Empresa Brasileira de Correios e Telégrafos, feitos os registros necessários, determino as seguintes providências:

1. Expeça ofício ao juízo federal das garantias competente por distribuição, comunicando a instauração do presente inquérito policial;
2. Expeça ofício ao órgão noticiante, informando a instauração do presente apuratório e requisitando: a) o procedimento administrativo que apurou o roubo havido na agência de _______(**indicar a localidade do roubo**) em 14/10/2018; b) as imagens do circuito interno da agência roubada, caso tenha a rapina sido gravada; c) a apresentação dos servidores lotados na agência roubada que estavam no local no dia do assalto para prestarem esclarecimentos acerca dos fatos apurados, conforme pauta cartorária;
3. Expeça ofício interno ao setor técnico-científico e ao setor de papiloscopia requisitando a confecção dos respectivos laudos periciais resultantes da análise dos vestígios coletados na cena do crime;
4. Expeça ofício interno aos agentes lotados nesta delegacia, requisitando a materialização das seguintes diligências: a) qualificar e entrevistar as pessoas que estavam no interior e nas imediações

da agência no dia/hora do roubo; b) colher na Delegacia de Polícia Civil e na Polícia Militar informações acerca de possíveis suspeitos; c) verificar se a ação criminosa foi gravada pelas câmeras da agência ou de estabelecimentos comerciais/residências vizinhos; d) outras diligências a juízo da equipe;

5. Voltem-me conclusos os autos com o comparecimento dos intimados ou com a resposta a qualquer dos itens retro. Caso não sobrevenha resposta ou não compareçam os intimados até o fim do prazo legal para conclusão do feito, remeta-o ao juízo federal das garantias competente, e solicitando concessão de prazo de pelo menos 90 dias para continuidade das investigações;

CUMPRA-SE.

__________ (**local**), ___ de ______ de _____ (**data**).

Márcio Alberto Gomes Silva
Delegado de Polícia Federal

Observações relevantes

Na portaria que deflagra inquérito que investiga crimes contra o patrimônio, é importante, se possível for: a) delimitar exatamente o que foi subtraído (para oportunizar futuro reconhecimento do bem móvel surrupiado e possibilitar eventual rastreamento – no caso dos terminais móveis, é preciso identificar números das linhas, operadoras e IMEI); b) determinar deslocamento de equipe policial ao local do crime para identificar possíveis câmeras de segurança que tenham flagrado a rapina e para identificação e qualificação de possíveis testemunhas oculares (que permitam a individualização do autor do crime e/ou futuro reconhecimento de pessoa); c) materialização de perícia no local do crime (caso o delito tenha deixado vestígios, como, por exemplo, impressões digitais, material biológico, cápsulas resultantes de disparos que possibilitem ulterior comparação balística, etc.).

É importante que o delegado de polícia esteja atento às modificações operadas no artigo 157 do Código Penal pela Lei 13.964/19 (o roubo com uso de arma branca voltou a ser majorado e o roubo com uso de arma de fogo de uso restrito ou proibido agora é majorado com aplicação da pena em dobro), para correta tipificação do delito investigado.

O Pacote Anticrime transmudou em crimes hediondos o roubo majorado pela restrição da liberdade da vítima, o roubo circunstanciado pelo emprego de arma de fogo, o roubo majorado pelo emprego de arma de fogo de uso proibido ou restrito, o roubo qualificado pelo resultado lesão grave e o roubo qualificado pela morte.

Modelo 6 – Extorsão majorada (sequestro relâmpago)

PORTARIA

A Polícia Civil, através do Delegado de Polícia Márcio Alberto Gomes Silva, lotado e em exercício na Delegacia de______ (**descrever a unidade policial de lotação**), no uso de suas atribuições previstas no art. 144, § 4º, da Constituição Federal, no artigo 4º e seguintes do Código de Processo Penal e na Lei 12.830/13, tendo recebido o boletim de ocorrência número ______ (**número do expediente**) e a oitiva da vítima,

RESOLVE:

Instaurar Inquérito Policial para apurar a eventual ocorrência do crime de extorsão, em sua forma majorada/qualificada, tipificado no artigo 158, §§ 1º e 3º, do Código Penal, supostamente praticado **por pessoas ainda não identificadas** contra ______ (**nome da vítima**), em face da notícia de que a vítima teve sua liberdade restringida pela ação de dois indivíduos, para materialização de saques (no valor total de R$ 5.000,00) e compras (no valor total de R$ 12.000,00), com uso de seus cartões de débito/crédito, mediante grave ameaça exercida pelo uso de arma de fogo, fato havido em __/__/____ (**data do fato**), em ______ (**local do crime**). Constatada a tipicidade do fato descrito, urge deflagrar o procedimento inquisitivo para apurar todas as circunstâncias que gravitaram em torno dele.

Autuada esta, boletim de ocorrência número ______ (**número do expediente**) e a oitiva da vítima, feitos os registros necessários, determino as seguintes providências:

1. Expeça ofício ao juízo das garantias competente por distribuição, comunicando a instauração do presente inquérito policial;
2. Expeça ofício interno ao setor de papiloscopia, requisitando seja materializado exame objetivando a coleta de impressões digitais no veículo da vítima;
3. Expeça ofício interno aos agentes de polícia lotados nesta unidade policial, requisitando materialização de diligências de campo com o fito de, com base nas declarações prestadas pela vítima, identificar testemunhas, colher imagens dos circuitos internos das lojas e bancos por onde passaram os criminosos, identificar os IMEI dos terminais móveis por eles comprados, obter cópias das notas fiscais das compras realizadas pelos autores do fato, dentre outras diligências aptas a identificar os mesmos. O resultado das diligências deve ser materializado por meio de informação circunstanciada (**encaminhe cópia desta portaria e da oitiva da vítima**);

4. Junte aos autos os comprovantes de saques e de compras fornecidos pela vítima;

5. Voltem-me conclusos os autos com as respostas. Caso não sobrevenha resposta até o fim do prazo legal para conclusão do feito, remeta-o ao juízo das garantias competente, solicitando concessão de prazo de pelo menos 90 dias para continuidade das investigações;

CUMPRA-SE.

__________ (**local**), ___ de ______ de _____ (**data**).

Márcio Alberto Gomes Silva
Delegado de Polícia

Observações relevantes

O crime de extorsão majorada pela restrição da liberdade da vítima (conhecido como sequestro relâmpago), tipificado no artigo 158, § 3º, do CP, é muito comum em grandes cidades. Criminosos ficam à espreita, próximos a bares, academias de ginástica, supermercados e bancos, aguardando a saída de pessoas sozinhas e desatentas, para materializar a abordagem.

Normalmente, a vítima é obrigada a entrar em seu próprio veículo e é levada a caixas eletrônicos e lojas para que os criminosos façam compras e saques (a ação costuma findar apenas quando o limite diário de saque termina ou o cartão é bloqueado pela operadora, diante de alguma compra atípica).

Sugestiono a oitiva inicial da vítima, com o fito de tentar colher o máximo de informações: horário e local da abordagem, itinerário, valor dos saques e compras, características dos autores do fato, etc. A autoridade policial precisa estar atenta à possibilidade de ocorrência de crime contra dignidade sexual no bojo da prática do sequestro relâmpago (caso se detecte tal prática, cumpre levar a vítima às unidades de saúde de referência na localidade para acudir esse tipo de ocorrência, para que ela seja atendida por equipe multidisciplinar especializada – providências determinadas pela Lei do Minuto Seguinte – Lei 12.845/13).

É preciso determinar imediata materialização de perícia no automotor da vítima, com o fito de colher fragmentos de impressões digitais dos autores do fato (e eventual material biológico).

A equipe policial deve diligenciar no itinerário dos criminosos, com o fito de identificar testemunhas, colher imagens de câmeras dos estabelecimentos comerciais, notas fiscais de produtos comprados, IMEI de celulares adquiridos pelos larápios, dentre outros elementos de prova que auxiliem a identificação dos investigados.

Por fim, destaco que a extorsão é crime formal, nos termos da Súmula 96 do STJ (consuma-se independente da obtenção da vantagem pretendida pelos autores do fato) e que, por imposição do Pacote Anticrime, a extorsão qualificada pela restrição da liberdade da vítima, pela ocorrência de lesão corporal ou morte (todas tipificadas no artigo 158, § 3º, do Código Penal) passam a ser crimes hediondos.

Modelo 7 – Estelionato (abertura de conta e tomada de empréstimo em banco)

PORTARIA

A Polícia Federal, através do Delegado de Polícia Federal Márcio Alberto Gomes Silva, lotado e em exercício na Delegacia de_________ (**descrever a unidade policial de lotação**), no uso de suas atribuições previstas no art. 144, § 1º, inc. I e IV, da Constituição Federal, no artigo 4º e seguintes do Código de Processo Penal e na Lei 12.830/13, tendo recebido o ofício ______ (**número do expediente**) e documentação que o acompanha, oriundo da CEF (órgão **noticiante**),

RESOLVE:

Instaurar Inquérito Policial para apurar a eventual ocorrência do crime de estelionato majorado, previsto no artigo 171, § 3º, do Código Penal, supostamente praticado por pessoa que se identificou como ___________ **(indicar nome usado pelo estelionatário),** abriu conta na Caixa Econômica Federal (agência ____ – **indicar o número da agência**) usando documentos supostamente falsos e tomou empréstimo (no valor de mais de R$ 20.000,00), fato havido na cidade de ________ (**indicar local do crime**), em ________ (**data**). Constatada a tipicidade do fato descrito, urge deflagrar o procedimento inquisitivo para apurar todas as circunstâncias que gravitaram em torno dele.

Autuada esta, o ofício oriundo da CEF e a documentação que o acompanha, feitos os registros necessários, determino as seguintes providências:

1. Expeça ofício ao juízo federal das garantias competente por distribuição, comunicando a instauração do presente inquérito policial;
2. Expeça ofício à CEF, agência _______ (**indicar número da agência onde o crime ocorreu**) informando a instauração do presente apuratório e requisitando: a) todos os documentos utilizados na abertura da conta _______ (**agência e número da conta aberta pelo falsário**); b) as imagens gravadas pelas câmeras de segurança que captaram o atendimento do investigado; e c) a apresentação do funcionário responsável pela abertura da conta, conforme pauta cartorária. Encaminhe cópia desta portaria;
3. Expeça ofício ao Instituto de Identificação de ________ (**indicar localidade onde teria sido confeccionado o RG usado pelo**

investigado), requisitando a ficha onomástica atrelada ao RG _______ (**número do RG apresentado pelo estelionatário**), em nome de _________ **(nome usado pelo autor do fato)**;

4. Expeça ofício interno ao setor de papiloscopia requisitando seja a digital constante na cópia do documento de identidade da pessoa que se faz passar por ___________ **(indicar nome usado pelo estelionatário)** incluída e pesquisada nos sistemas disponíveis no setor, com o fito de verificar a quem, de fato, ela pertence;
5. Expeça ofício ao Cartório de Registro Civil de ______ (**indicar o cartório que consta no RG usado pelo estelionatário**), requisitando a certidão de nascimento de __________ **(indicar nome usado pelo estelionatário)**, tombada sob número ________ (**indicar número, folhas e livro da certidão de nascimento que consta no documento apresentado pelo falsário**). Caso o registro não exista, requisito seja encaminhada **certidão negativa**;
6. Expeça ofício ao Ministério da Economia, requisitando seja verificada a autenticidade do contracheque apresentado por ___________ **(indicar nome usado pelo estelionatário)**. Encaminhe cópia desta portaria e do contracheque apresentado pelo suspeito;
7. Expeça ofício à operadora de telefonia _________ (**indicar empresa de telefonia** à **qual o número apresentado pelo investigado** é **vinculado**) requisitando todos os dados cadastrais disponíveis do titular do terminal móvel ___________ **(indicar número do telefone fornecido pelo investigado)**, com fulcro no artigo 15 da Lei 12.850/13 e no artigo 2º, § 2º, da Lei 12.830/13;
8. Expeça ofício interno aos agentes lotados nesta unidade policial, requisitando **levantamento discreto** na _________ (**endereço indicado pelo estelionatário na abertura da conta**), com o fito de verificar se ali mora ou morou a pessoa que se passa por ___________ **(indicar nome usado pelo estelionatário).** Em caso positivo a informação deverá conter foto da fachada do imóvel e levantamento quanto a eventual veículo usado pelo alvo. Encaminhe cópia do documento de identidade do investigado e do comprovante de residência apresentado pelo investigado para abertura da conta;
9. Voltem-me conclusos os autos com o comparecimento do intimado ou as respostas. Caso não compareça o intimado ou não sobrevenha resposta até o fim do prazo legal para conclusão do feito, remeta-o ao juízo federal das garantias competente, solicitando

concessão de prazo de pelo menos 90 dias para continuidade das investigações;

CUMPRA-SE.

__________ (**local**), ___ de ______ de _____ (**data**).

Márcio Alberto Gomes Silva
Delegado de Polícia Federal

Observações relevantes

Em primeiro lugar é preciso deixar claro que o Pacote Anticrime transmudou o estelionato em crime de ação pública condicionada a representação da vítima (o que significa que o inquérito policial só pode ser instaurado depois de adimplida a condição de procedibilidade – artigo 5º, § 4º, do CPP). A ação só será pública incondicionada se o estelionato for cometido contra: a) a Administração Pública, direta ou indireta; b) criança ou adolescente; c) pessoa com deficiência mental; ou d) maior de 70 (setenta) anos de idade ou incapaz.

Penso que, com a entrada em vigor da Lei 13.964/19, as vítimas dos estelionatos que agora são de ação penal pública condicionada a representação devem ser convocadas para oferta-la, no prazo de 6 meses contados do conhecimento da autoria delitiva, caso a denúncia ainda não tenha sido recebida (sob pena de implemento da decadência, causa extintiva da punibilidade). Se a exordial acusatória já tiver sido recebida, considerando que a representação tem natureza jurídica de condição de procedibilidade (e não de condição de prosseguibilidade), nada precisa ser feito, já que a lei não fez exigência expressa nesse sentido (como ocorreu no artigo 91 da Lei 9.099/95). Há interpretação divergente, indicando a necessidade de intimação da vítima para oferta de representação mesmo que a ação penal já tenha sido iniciada (aplicação, por analogia, do artigo 91 da Lei 9.099/95). No âmbito do Superior Tribunal de Justiça, a 5ª Turma segue a primeira interpretação e a 6ª Turma a segunda.

Como no exemplo tratado nesse tópico o crime foi cometido em detrimento da Caixa Econômica Federal, a ação segue pública incondicionada. Continuemos. Na portaria em crime de estelionato praticado mediante abertura fraudulenta de conta e tomada de empréstimo em instituição bancária, é importante, dentre outras diligências possíveis: a) juntar todos os documentos usados pelo falsário na abertura da conta; b) requisitar as imagens do circuito interno da agência bancária para detectar se o suspeito agiu sozinho ou com comparsas; c) checagem de todos os dados constantes nos documentos usados pelo falsário (obtenção de ficha onomástica junto ao respectivo instituto de identificação, dos dados cadastrais do telefone por ele informado junto à concessionária de telefonia, da empresa/órgão público do contracheque apresentado, do endereço informado, por exemplo); d) materialização de análise papiloscópica da digital aposta no RG usado pelo autor do fato.

Modelo 8 – Estelionato (saque fraudulento de benefício previdenciário, depois da morte do titular)

PORTARIA

A Polícia Federal, através do Delegado de Polícia Federal Márcio Alberto Gomes Silva, lotado e em exercício na Delegacia de_________ (**descrever a unidade policial de lotação**), no uso de suas atribuições previstas no art. 144, § 1º, inc. I e IV, da Constituição Federal, no artigo 4º e seguintes do Código de Processo Penal e na Lei 12.830/13, tendo recebido o ofício ______ (**número do expediente**) e documentação que o acompanha, oriundo do INSS (órgão **noticiante**),

RESOLVE:

Instaurar Inquérito Policial para apurar a eventual ocorrência do crime de estelionato com causa de aumento, previsto no artigo 171, § 3º do Código Penal, supostamente praticado **por pessoa ainda não identificada** em detrimento do patrimônio do Instituto Nacional do Seguro Social (INSS), tendo em vista que o benefício previdenciário de _________ (**nome do finado titular do benefício**) (NB __/___.___.___-_ – **número do benefício**), falecido em __/__/____ (**data da morte do beneficiário**), continuou a ser indevidamente sacado até __/__/____ (**data do** último **saque ilícito**), fato ocorrido na cidade de ________ (**local dos saques ilícitos**). Constatada a tipicidade do fato descrito, urge deflagrar o procedimento inquisitivo para apurar todas as circunstâncias que gravitaram em torno dele.

Autuada esta, o ofício ______ (**número do expediente**) e documentação que o acompanha, oriundo do INSS (órgão **noticiante**), feitos os registros necessários, determino as seguintes providências:

1. Expeça ofício ao juízo federal das garantias competente por distribuição, comunicando a instauração do presente inquérito policial;
2. Expeça ofício ao INSS _____ (**localidade do órgão comunicante**), informando acerca da instauração do presente apuratório;
3. Forme apenso com o procedimento administrativo encaminhado pelo INSS;
4. Expeça-se ofício ao banco ______ (**banco onde ocorriam os saques ilícitos**), agência ______ (**localidade da agência**), requisitando seja: a) informado até quando houve saques do benefício de _________ (**nome do finado titular do benefício**) (NB __/___.___.___-_ – **número do benefício**), falecido em __/__/____ (**data da morte do beneficiário**); b) informado de que

forma ocorria o pagamento e onde tais saques ocorreram (se por saque na boca do caixa, por meio de cartão, etc.); c) enviadas imagens ou fotografias dos momentos em que tais saques se deram; d) informado se houve recadastramento de senhas para este benefício no período posterior à data do óbito do titular; e) informado se houve liberação de algum valor mediante alvará judicial; f) informado se havia algum procurador habilitado a receber os proventos. Encaminhe cópia desta portaria;

5. Expeça ofício ao Cartório de Registro Civil de ______ (**local onde o óbito do titular do benefício foi registrado**), requisitando a certidão de óbito de __________ (**nome do finado titular do benefício**), óbito registrado no livro ____, fls. ____, sob número _____ (**livro, folha e número do** óbito);
6. Expeça ofício interno aos agentes lotados nesta unidade policial, requisitando a materialização de levantamentos a fim de identificar (qualificação completa) e entrevistar suspeito dos saques ilícitos e/ou algum parente do *de cujus*, preferencialmente quem residia com o extinto até a data do óbito (identificando quem ficou com o cartão de saque do benefício depois da morte do beneficiário), devendo o resultado da diligência ser materializado em informação policial – encaminhe cópia da portaria;
7. Voltem-me conclusos os autos com as respostas. Caso não sobrevenha resposta até o fim do prazo legal para conclusão do feito, remeta-o ao juízo federal das garantias competente, solicitando concessão de prazo de pelo menos 90 dias para continuidade das investigações;

CUMPRA-SE.

__________ (**local**), ___ de ______ de _____ (**data**).

Márcio Alberto Gomes Silva
Delegado de Polícia Federal

Observações relevantes

O crime de estelionato majorado cometido contra o INSS (mesmo com a entrada em vigor do Pacote Anticrime, esse delito continua de ação penal pública incondicionada, na forma do artigo 171, § 5º, I, do Código Penal), mediante saques ilícitos de benefício previdenciário/assistencial depois da morte do titular é prática comum, Brasil afora.

Normalmente o crime é cometido por parentes ou pessoas próximas do *de cujus* (quem normalmente ficam na posse do cartão e muitas vezes sabem a senha de saque).

A investigação deve, em primeiro lugar, reforçar a prova da materialidade (normalmente é o próprio INSS quem noticia o delito e já indica a quantidade de saques inautorizados, mas é de bom tom que o delegado de polícia oficie ao banco onde os saques foram feitos para que tal informação chegue ao feito através da instituição creditícia). O banco deve ser instado, ainda, a fornecer as imagens dos saques, confirmar como os saques foram feitos (saque na boca do caixa ou por meio de cartão), valor do prejuízo (para que se faça aferição de aplicação do princípio da insignificância) e se houve recadastramento de senhas depois da morte.

É importante determinar diligência de campo com o fito de verificar com quem ficou o cartão magnético depois da morte do beneficiário.

Outra diligência interessante é requisitar a certidão de óbito do respectivo cartório de registro civil (primeiro porque isso documenta a morte nos autos formalmente e depois porque o declarante do óbito é pessoa que precisa ser ouvida – o declarante é pessoa próxima ao *de cujus*, que ficou com os documentos dele e que pode figurar como suspeito do crime ou como fonte importante de informações).

Acerca da prática do crime de estelionato previdenciário, o STJ[17] tem entendimento diferenciado em relação a três situações (no que toca ao momento consumativo): a) prática do crime pelo beneficiário (tese 4); b) prática do crime por terceiro – (tese 5); c) saques ilícitos feitos por terceiro que se passa pelo beneficiário depois da morte (tese 6):

> 4) O delito de estelionato previdenciário (art. 171, § 3º do CP), praticado pelo próprio beneficiário, tem natureza de crime permanente uma vez que a ofensa ao bem jurídico tutelado é reiterada, iniciando-se a contagem do prazo prescricional com o último recebimento indevido da remuneração.
>
> 5) O delito de estelionato previdenciário, praticado para que terceira pessoa se beneficie indevidamente, é crime instantâneo com efeitos permanentes, iniciando-se a contagem do prazo prescricional a partir da primeira parcela do pagamento relativo ao benefício indevido.
>
> 6) Aplica-se a regra da continuidade delitiva (art. 71 do CP) ao crime de estelionato previdenciário praticado por terceiro, que após a morte do beneficiário segue recebendo o benefício regularmente concedido ao segurado, como se este fosse, sacando a prestação previdenciária por meio de cartão magnético todos os meses.

17 Edição 84 da jurisprudência em teses do STJ.

Modelo 9 – Tráfico de drogas

PORTARIA

A Polícia Civil, através do Delegado de Polícia Márcio Alberto Gomes Silva, lotado e em exercício na Delegacia de________ (**descrever a unidade policial de lotação**), no uso de suas atribuições previstas no art. 144, § 4º, da Constituição Federal, no artigo 4º e seguintes do Código de Processo Penal e na Lei 12.830/13, tendo recebido a informação ______ (**número do expediente**) e documentação que o acompanha,

RESOLVE:

Instaurar Inquérito Policial para apurar a eventual ocorrência dos crimes de tráfico de drogas e associação para o tráfico de drogas, previstos respectivamente nos artigos 33 e 35, da Lei 11.343/06, supostamente praticados por **pessoas até agora não completamente identificadas**, em face da notícia de que indivíduos estão desenvolvendo comércio ilícito de drogas proscritas (maconha, crack e cocaína), no _________ (**indicar a localidade da prática ilícita**), nesta cidade de _______ (**indicar cidade da prática**). Segundo a notícia de crime, a prática ilícita teria começado no mês de _________ (**indicar data do início da prática delitiva**) e perdura até os dias atuais. Constatada a tipicidade do fato descrito, urge deflagrar o procedimento inquisitivo para apurar todas as circunstâncias que gravitaram em torno dele.

Autuada esta, a informação _____ (**número do expediente**) e a documentação que o acompanha, feitos os registros necessários, determino as seguintes providências:

1. Expeça ofício ao juízo das garantias competente, conforme minuta que ofereço em apartado;
2. Voltem-me conclusos os autos com a resposta ao expediente citado no item retro. Caso não sobrevenha resposta até o fim do prazo legal para conclusão do feito, remeta-o juízo das garantias competente, solicitando concessão de prazo de pelo menos 90 dias para continuidade das investigações;

CUMPRA-SE.

__________ (**local**), ___ de _____ de _____ (**data**).

Márcio Alberto Gomes Silva
Delegado de Polícia

Observações relevantes

Normalmente investigações que apuram tráfico de drogas e associação para o tráfico se iniciam com notícias anônimas. Como dito supra, é preciso, antes do início formal do inquérito policial, que o delegado determine a materialização de diligências preliminares, com o fito de atestar a verossimilhança da comunicação apócrifa.

Esse levantamento preliminar normalmente é apto a identificar possíveis endereços, apelidos e possíveis veículos usados pelos traficantes. Caso a apuração inicial levante números telefônicos usados pelos criminosos, será possível a utilização da técnica investigativa da interceptação telefônica (se não for possível, melhor que ingressar nas casas onde a droga pode estar, é instaurar inquérito policial e representar buscas – mesmo sabendo que o crime de tráfico de drogas na modalidade "ter em depósito" é permanente e autoriza a entrada do aparelho policial em casa alheia a qualquer hora do dia, prefiro opção mais conservadora, com deflagração de procedimento investigativo por portaria e representação por buscas – até para que se evite prática do crime de abuso de autoridade tipificado no artigo 22[18] da Lei 13.869/19).

Pelas razões declinadas supra, remeto o leitor aos modelos de representação por busca e pela interceptação telefônica (desdobramentos normais do inquérito que apura tráfico de drogas).

Importante atentar para as Súmulas 587 e 607 do STJ (majorantes) e para leitura da edição 131 da jurisprudência em teses do Tribunal da Cidadania:

> Súmula 587/STJ – Para a incidência da majorante prevista no artigo 40, inciso V, da lei 11.343/06 é desnecessária a efetiva transposição de fronteiras entre Estados da Federação, sendo suficiente a demonstração inequívoca da intenção de realizar o tráfico interestadual.

---

18 Art. 22. Invadir ou adentrar, clandestina ou astuciosamente, ou à revelia da vontade do ocupante, imóvel alheio ou suas dependências, ou nele permanecer nas mesmas condições, sem determinação judicial ou fora das condições estabelecidas em lei:

Pena - detenção, de 1 (um) a 4 (quatro) anos, e multa.

§ 1º Incorre na mesma pena, na forma prevista no **caput** deste artigo, quem:

I - coage alguém, mediante violência ou grave ameaça, a franquear-lhe o acesso a imóvel ou suas dependências;

II - (VETADO);

III - cumpre mandado de busca e apreensão domiciliar após as 21h (vinte e uma horas) ou antes das 5h (cinco horas).

§ 2º Não haverá crime se o ingresso for para prestar socorro, ou quando houver fundados indícios que indiquem a necessidade do ingresso em razão de situação de flagrante delito ou de desastre.

Súmula 607/STJ – A majorante do tráfico transnacional de drogas (artigo 40, inciso I, da Lei 11.343/06) configura-se com a prova da destinação internacional das drogas, ainda que não consumada a transposição de fronteiras.

No que toca à destruição de drogas apreendidas, sugestiono a leitura dos artigos 32 (destruição de plantação ilícita de drogas), 50 (destruição em caso de apreensão de droga com prisão em flagrante) e 50-A (destruição em caso de apreensão de droga sem prisão em flagrante), todos da Lei 11.343/06 – há necessidade de prévia autorização judicial, nos termos do mandamento legal citado, apenas no caso de apreensão de drogas com prisão em flagrante, na forma do artigo 50:

Hipótese	Necessidade de autorização judicial	Prazo	Artigo (Lei 11.343/06)
Plantio de drogas	Não	Destruição imediata, recolhendo-se quantidade suficiente para exame pericial.	32
Apreensão sem prisão em flagrante	Não	30 dias a partir da apreensão, guardando-se amostra necessária à realização do laudo definitivo.	50-A
Apreensão com prisão em flagrante	Sim	10 dias para o juiz determinar a destruição e 15 dias para o delegado incinerar a droga na presença da autoridade sanitária e do Ministério Público.	50

Por fim, saliento a necessidade de leitura do novo delito enxertado no artigo 33 da Lei 11.343/06 pelo Pacote Anticrime (inciso IV do § 1º[19]). Esse

19 Art. 33(...)
§ 1º (...)

dispositivo criou nova figura: o agente policial disfarçado (aquele que, por exemplo, se passa por pessoa interessada em comprar droga ilícita oferecida pelo autor do fato e materializa negociação com vistas a adquirir tal substância). O mesmo personagem foi criado pela Lei 13.964/19 no Estatuto do Desarmamento[20]. Note que o agente policial disfarçado não se confunde com o policial infiltrado (artigo 10 e seguintes da Lei 12.850/13, artigo 53, I, da Lei 11.343/06). Eis tabela elucidativa:

Características	Agente infiltrado	Agente disfarçado
Necessidade de prévia autorização judicial	Sim	Não
Requisitos	Indícios de infração penal praticada por organização criminosa, tráfico de drogas ou lavagem de dinheiro e se a prova não puder ser produzida por outros meios disponíveis. A autoridade policial ou o Ministério Público deverá, ainda, demonstrar a necessidade da medida, o alcance das tarefas dos agentes e, quando possível, os nomes ou apelidos das pessoas investigadas e o local da infiltração	Elementos probatórios razoáveis de conduta criminal preexistente relacionada a comercio ilegal de arma de fogo, tráfico internacional de arma de fogo ou tráfico de drogas
Prazo	6 meses	Não há

A figura do agente policial disfarçado será abordada (e melhor detalhada) adiante, em modelo específico de despacho.

IV - vende ou entrega drogas ou matéria-prima, insumo ou produto químico destinado à preparação de drogas, sem autorização ou em desacordo com a determinação legal ou regulamentar, a agente policial disfarçado, quando presentes elementos probatórios razoáveis de conduta criminal preexistente.

20 Art. 17 (...)

§ 2º Incorre na mesma pena quem vende ou entrega arma de fogo, acessório ou munição, sem autorização ou em desacordo com a determinação legal ou regulamentar, a agente policial disfarçado, quando presentes elementos probatórios razoáveis de conduta criminal preexistente.

Modelo 10 – Falso testemunho

PORTARIA

A Polícia Federal, através do Delegado de Polícia Federal Márcio Alberto Gomes Silva, lotado e em exercício na Delegacia de________ (**descrever a unidade policial de lotação**), no uso de suas atribuições previstas no art. 144, § 1º, inc. I e IV, da Constituição Federal, no artigo 4º e seguintes do Código de Processo Penal e na Lei 12.830/13, tendo recebido o ofício ______ (**número do expediente**) e documentação que o acompanha, oriundo do__________ (**órgão noticiante**),

RESOLVE:

Instaurar inquérito policial visando apurar a possível existência do crime de falso testemunho, capitulado no artigo 342 do Código Repressivo Pátrio, supostamente cometido por _______ **(nome do suposto autor do fato),** em face de informações supostamente falsas prestadas nos autos do processo ______ (**indicar número do processo em que o falso teria se dado**), que tramitou perante o juízo da __ Vara do Trabalho em _________ (**indicar a Vara e o local**), no qual ele figurou como testemunha do _______ (**indicar se o investigado foi testemunha do autor ou do réu**), em depoimento prestado no dia __ de ______ de ____ (**data do depoimento mendaz**). Ele afirmou que ________ (**suposta afirmação falsa prestada pelo investigado**), fato que teria sido desmentido pelas provas carreadas aos autos. Constatada a tipicidade do fato descrito, urge deflagrar o procedimento inquisitivo para apurar todas as circunstâncias que gravitaram em torno dele.

Autuada esta, o ofício ______ (**número do expediente**) e documentação que o acompanha, oriundo da Justiça do Trabalho (**órgão noticiante**), feitos os registros necessários, determino as seguintes providências:

1. Expeça ofício ao juízo federal das garantias competente por distribuição, comunicando a instauração do presente inquérito policial;
2. Expeça ofício ao juízo da __ Vara do Trabalho em _____ (**indicar a Vara e o local**), informando a instauração do presente apuratório;
3. Expeça ofício interno aos agentes lotados nesta unidade policial, requisitando materialização de diligência de campo objetivando _____ (**descrever as diligências que busquem demonstrar se o investigado mentiu ou não em juízo**) – encaminhe cópia da portaria;

4. Intime _________, _________ e _________ (**nome das testemunhas/declarantes que prestaram depoimento no processo onde teria se dado o falso testemunho**);

5. Voltem-me conclusos os autos com a resposta ou o comparecimento dos intimados. Caso não sobrevenha resposta ou não compareçam os intimados até o fim do prazo legal de conclusão do feito, remeta-o ao juízo federal das garantias competente, solicitando concessão de prazo de pelo menos 90 dias para continuidade das investigações;

CUMPRA-SE.

__________ (**local**), ___ de ______ de _____ (**data**).

Márcio Alberto Gomes Silva
Delegado de Polícia Federal

Observações relevantes

Na apuração do crime de falso testemunho, o delegado de polícia deve determinar, de logo, materialização de diligência ou requisição de documentos que demonstrem (ou não) que o depoimento foi mendaz.

O inquérito que apura crime de falso testemunho se torna problemático quando a aferição da veracidade do depoimento suspeito precisa ser feita com base no confronto com outros depoimentos/declarações. Confrontar prova oral com prova oral para se chegar à verdade é sempre complicado.

Modelo 11 – Falsidade ideológica

PORTARIA

A Polícia Federal, através do Delegado de Polícia Federal Márcio Alberto Gomes Silva, lotado e em exercício na Delegacia de________ (**descrever a unidade policial de lotação**), no uso de suas atribuições previstas no art. 144, § 1º, inc. I e IV, da Constituição Federal, no artigo 4º e seguintes do Código de Processo Penal e na Lei 12.830/13, tendo recebido o ofício ______ (**número do expediente**) e documentação que o acompanha, oriundo do MPF (**órgão noticiante**),

RESOLVE:

Instaurar inquérito policial visando apurar a possível existência do crime de falsidade ideológica, capitulado no artigo 299 do Código Penal, em face da notícia de suposta omissão de incompatibilidade para exercício da advocacia em processo de filiação à OAB, por parte de _________ (**nome do investigado**), OAB/__, número ____ (**seccional e número**), que seria, em verdade, servidor público estadual, nos termos da requisição formulada pelo MPF, fato havido em __/__/____ (**data da declaração falsa**), em ______ (**local do crime**). Constatada a tipicidade dos fatos descritos, urge deflagrar o procedimento inquisitivo para apurar todas as circunstâncias que gravitaram em torno dele.

Autuada esta, o ofício ______ (**número do expediente**) e documentação que o acompanha, oriundo do MPF (**órgão noticiante**), feitos os registros necessários, determino as seguintes providências:

1. Expeça ofício ao juízo federal das garantias competente por distribuição, comunicando a instauração do presente inquérito policial;
2. Expeça ofício ao MPF comunicando a instauração do presente apuratório;
3. Expeça ofício à seccional da OAB em ____ (**localidade onde foi feita a declaração mendaz**), requisitando o original do processo de filiação do advogado _______ (**nome do investigado**), OAB/__ número ____ (**seccional e número**);
4. Expeça ofício ao ________ (**órgão público onde o investigado exerce cargo incompatível com a advocacia**), requisitando seja informado se _________ (**nome do investigado**) faz parte dos seus quadros funcionais. Em caso de resposta positiva, informar o cargo/função, se ele está na ativa, a matrícula, a lotação, a data de admissão e eventuais afastamentos/licenças;

5. Com as respostas, intime o investigado ______ (**nome do investigado**), conforme pauta cartorária (esclarecendo que quando de sua oitiva será materializada colheita de material gráfico para realização de perícia, caso ele opte por fornecer);
6. Concluso o feito com as respostas ou o comparecimento do intimado. Caso não sobrevenha resposta, nem compareça o investigado até o fim do prazo legal para conclusão do feito, remeta-o ao juízo federal das garantias competente, solicitando concessão de novo prazo de pelo menos 90 dias para continuidade das investigações;

CUMPRA-SE.

__________ (**local**), ___ de ______ de _____ (**data**).

Márcio Alberto Gomes Silva
Delegado de Polícia Federal

Observações relevantes

O crime de falsidade ideológica, capitulado no artigo 299 do Código Penal, consiste basicamente na materialização de declaração mendaz. No caso do modelo, trouxe à baila situação de servidor público estadual que exercia cargo público incompatível com o exercício da advocacia e que deixou de informar tal incompatibilidade no processo administrativo de filiação à OAB.

É preciso trazer aos autos: o documento onde foi feita a declaração mendaz (que deve ser apreendido, por ser a materialidade delitiva); documentos ou provas que demonstrem a falsidade; eventual perícia que demonstre que o documento foi confeccionado/subscrito pelo investigado (essa diligência depende de fornecimento material gráfico pelo investigado – que não é obrigado a tal, em face do direito de não produzir prova contra si); outros meios de prova imaginados pelo delegado de polícia.

Modelo 12 – Contrabando

PORTARIA

A Polícia Federal, através do Delegado de Polícia Federal Márcio Alberto Gomes Silva, lotado e em exercício na Delegacia de________ (**descrever a unidade policial de lotação**), no uso de suas atribuições previstas no art. 144, § 1º, inc. I e IV, da Constituição Federal, no artigo 4º e seguintes do Código de Processo Penal e na Lei 12.830/13, em face da arrecadação de mercadoria possivelmente contrabandeada,

RESOLVE:

Instaurar inquérito policial visando apurar a possível existência do crime de contrabando, previsto no artigo 344-A, inciso IV, do Código Repressivo Pátrio, praticado por _________ **(nome do investigado),** em face da arrecadação de mercadoria possivelmente contrabandeada no estabelecimento comercial do mesmo, fato havido em __ de _____ de ____ (**data do fato**), em ________ (**local do fato**). Constatada a tipicidade do fato descrito, urge deflagrar o procedimento inquisitivo para apurar todas as circunstâncias que gravitaram em torno dele.

Autuada esta, feitos os registros necessários, determino as seguintes providências:

1. Expeça ofício ao juízo federal das garantias competente por distribuição, comunicando a instauração do presente inquérito policial;
2. Proceda à apreensão formal dos bens arrecadados;
3. Expeça ofício interno ao setor técnico-científico, requisitando materialização de perícia merceológica nos bens citados no item retro, fazendo constar no expediente os seguintes quesitos:
   a) Qual a descrição dos bens periciados?
   b) É possível determinar o país de origem/fabricação da mercadoria periciada?
   c) Qual o valor merceológico, em reais, dos bens?
   d) Outros dados julgados úteis pelo corpo técnico.
4. Intime ___________ (**nome do investigado**), conforme pauta cartorária;
5. Voltem-me conclusos os autos com a resposta ou o comparecimento do intimado. Caso não sobrevenha resposta ou não compareça o intimado até o fim do prazo legal para conclusão do feito, remeta-o ao juízo federal das garantias competente, solicitando concessão de prazo de pelo menos 90 dias para continuidade das investigações;

CUMPRA-SE.

__________ (**local**), ___ de _______ de _____ (**data**).

Márcio Alberto Gomes Silva
Delegado de Polícia Federal

Observações relevantes

O modelo exemplifica apreensão de mercadoria de circulação/venda proibida no Brasil em estabelecimento comercial, sem que tenha havido a prisão em flagrante do responsável pelo estabelecimento.

Em inquérito que apura o crime de contrabando, é preciso determinar a materialização de perícia merceológica, com o fito de individualizar os bens apreendidos, o valor de mercado e a origem.

Materializada a perícia e constatado que se trata de produto contrabandeado, este deve ser encaminhado à Receita Federal para destinação.

Por fim, importante anotar que, em regra, não se admite aplicação do princípio da insignificância no crime de contrabando e que a competência para julgar o delito em questão é do juízo federal do local da apreensão dos bens, nos termos da Súmula 151 do STJ. Eis algumas teses do STJ sobre o crime de contrabando (edição 81 da jurisprudência em teses):

> 2) Configura crime de contrabando (art. 334-A, CP) a importação não autorizada de arma de pressão por ação de gás comprimido ou por ação de mola, independentemente do calibre.
>
> 3) A importação não autorizada de cigarros ou de gasolina constitui crime de contrabando, insuscetível de aplicação do princípio da insignificância.
>
> 4) A importação clandestina de medicamentos configura crime de contrabando, aplicando-se, excepcionalmente, o princípio da insignificância aos casos de importação não autorizada de pequena quantidade para uso próprio.
>
> 5) Para a caracterização do delito de contrabando de máquinas programadas para exploração de jogos de azar, é necessária a demonstração de fortes indícios (e/ou provas) da origem estrangeira das máquinas ou dos seus componentes eletrônicos e a entrada, ilegalmente, desses equipamentos no país.
>
> 6) É desnecessária a constituição definitiva do crédito tributário na esfera administrativa para a configuração dos crimes de contrabando e de descaminho.

Modelo 13 – Estupro

PORTARIA

A Polícia Civil, através do Delegado de Polícia Márcio Alberto Gomes Silva, lotado e em exercício na Delegacia de________ (**descrever a unidade policial de lotação**), no uso de suas atribuições previstas no art. 144, § 4º, da Constituição Federal, no artigo 4º e seguintes do Código de Processo Penal e na Lei 12.830/13, tendo recebido o boletim de ocorrência número ______ (**número do expediente**) e a oitiva da vítima,

RESOLVE:

Instaurar Inquérito Policial para apurar a eventual ocorrência do crime de estupro, tipificado no artigo 213 do Código Penal, supostamente praticado **por pessoa ainda não identificada** contra ______ (**nome da vítima**), em face da notícia de que a vítima foi constrangida a manter conjunção carnal, mediante grave ameaça exercida com uso de arma branca (faca), fato havido em __/__/____ (**data do fato**), em ______ (**local do crime**). Constatada a tipicidade do fato descrito, urge deflagrar o procedimento inquisitivo para apurar todas as circunstâncias que gravitaram em torno dele.

Autuada esta, boletim de ocorrência número ______ (**número do expediente**) e a oitiva da vítima, feitos os registros necessários, determino as seguintes providências:

1. Expeça ofício ao juízo das garantias competente por distribuição, comunicando a instauração do presente inquérito policial;
2. Expeça ofício ao IML requisitando realização de exame de corpo de delito na vítima ______ (**nome da vítima**) e, ainda, com o fito de que seja colhido eventual material biológico do autor do fato;
3. Expeça ofício interno ao setor de papiloscopia requisitando seja materializado retrato falado do autor do fato, com base nos dados a serem repassados pela vítima;
4. Expeça ofício interno aos agentes de polícia lotados nesta unidade policial, requisitando materialização de diligências de campo com o fito de identificar possíveis testemunhas dos momentos anteriores ou posteriores do crime, câmeras de vídeo que tenham captado a imagem do autor do fato. O resultado das diligências deve ser materializado por meio de informação circunstanciada (encaminhe cópia desta portaria);
5. Voltem-me conclusos os autos com as respostas. Caso não sobrevenha resposta até o fim do prazo legal para conclusão do feito,

remeta-o ao juízo das garantias competente, solicitando concessão de prazo de pelo menos 90 dias para continuidade das investigações;

CUMPRA-SE.

__________ (**local**), ___ de ______ de _____ (**data**).

Márcio Alberto Gomes Silva
Delegado de Polícia

Observações relevantes

O crime de estupro é normalmente cometido na clandestinidade (não contando, no mais das vezes, com testemunhas oculares), daí porque os tribunais pátrios dão grande valia às declarações prestadas pela vítima, que usualmente é a única pessoa que viu o autor do fato. Nesse sentido, tese 3 da edição 111 da jurisprudência em teses do STJ:

> 3) Em delitos sexuais, comumente praticados às ocultas, a palavra da vítima possui especial relevância, desde que esteja em consonância com as demais provas acostadas aos autos.

Noutra banda, é preciso muita atenção para detectar eventual ocorrência da Síndrome da Mulher de Potifar. Em síntese apertada, trata-se de passagem bíblica (Gênesis, capitulo 39) que conta a história de José, comprado pelo egípcio Potifar. A mulher deste, atraída pelo servo do seu marido, convidou-o à alcova. O servo, contudo, manteve-se fiel a seu senhor e rejeitou todas as investidas da esposa do seu dono. A rejeição a deixou furiosa e ela acusou José falsamente de tê-la abusado sexualmente. O escravo foi preso em razão da falsa imputação[21].

Analisando a Síndrome da Mulher de Potifar, à luz da legislação brasileira, há claro indicativo da prática do crime de denunciação caluniosa, tipificado no artigo 339 do Código Penal. Com o fito de evitar distorção como a havida na passagem da Bíblia, é preciso muito cuidado/atenção na oitiva da suposta vítima, mormente em delitos sexuais e outros crimes praticados na clandestinidade.

A Lei 13.718/18 alterou os crimes contra a dignidade sexual e transmudou o estupro em crime de ação penal pública incondicionada (nova redação do artigo 225 do Código Penal). Não é mais necessário, destarte, colher a representação da vítima para deflagração do procedimento inquisitivo. Ainda assim, a oitiva da vítima continua sendo providência extremamente importante na investigação do crime de estupro.

---

21 GRECO, Rogério. **Código Penal: comentado**, 12ª edição, Niterói/RJ, Impetus, 2018, p. 798/799.

É importante que a oitiva seja materializada em unidade policial especializada, com acompanhamento de assistente social, psicóloga, dentre outros profissionais. O delegado de polícia deve atentar para o encaminhamento da vítima à unidade de saúde de referência no atendimento deste tipo de ocorrência (para que a vítima inicie, de imediato, tratamento para evitar gravidez indesejada, infecção por doenças sexualmente transmissíveis, etc.) nos termos da Lei do Minuto Seguinte - Lei 12.845/13, e ao IML (para eventual colheita de material biológico do autor do fato - prova muito importante neste tipo de delito).

Sugestiono deslocamento imediato de equipe policial às imediações do local do crime, com o fito de verificar a existência de câmeras que possam ter registrado o autor do fato, o veículo por ele usado e mesmo a abordagem à vítima. Caso se detecte que o local exato da prática libidinosa, melhor preservar o local e acionar o corpo técnico, com o objetivo de que seja materializada perícia.

Muitas vezes o crime de estupro é cometido em concurso material com crimes contra o patrimônio (roubo ou extorsão). Cumpre lembrar que desde a edição da Lei 12.015/09, a prática de conjunção carnal e de atos libidinosos diversos no mesmo contexto fático induz crime único (vez que o crime de estupro passou a ser tipo alternativo, misto ou de conteúdo variado e o crime de atentado violento ao pudor foi revogado - houve continuidade normativo-típica).

Identificado o autor do fato, é importante que ele seja submetido a reconhecimento pessoal ou fotográfico, com confecção do auto próprio, na forma do artigo 226 do CPP e que seja colhido material genético para realização de perícia (caso tenha sido coletado vestígio biológico na vítima ou na cena do crime e o mesmo o forneça voluntariamente).

A Lei 14.069/20 criou, no âmbito da União, o Cadastro Nacional de Pessoas Condenadas por Crime de Estupro (penso que o mandamento legal deve ser aplicado tanto aos condenados, em definitivo, pela prática de estupro, quanto aos condenados, definitivamente, pela prática de estupro de vulnerável), que deve conter, no mínimo, as seguintes informações: a) características físicas e dados de identificação datiloscópica; b) identificação do perfil genético; c) fotos; d) local de moradia e atividade laboral desenvolvida, nos últimos 3 (três) anos, em caso de concessão de livramento condicional.

O mandamento legal prevê, em seu artigo 2º, celebração de instrumentos de cooperação entre a União e os entes federados para definir: a) o acesso às informações constantes da base de dados do Cadastro de que trata esta Lei; b) as responsabilidades pelo processo de atualização e de validação dos dados inseridos na base de dados do Cadastro de que trata esta Lei.

Os custos relativos ao desenvolvimento, à instalação e à manutenção da base de dados do Cadastro Nacional de Pessoas Condenadas por Crime de Estupro serão suportados por recursos do Fundo Nacional de Segurança Pública (artigo 3º da Lei 14.069/20).

O estudo, ainda que a voo de pássaro, da Lei 14.069/20 revela mandamento inclinado ao Direito Penal do autor (apartado do Direito Penal do fato, matriz do sistema penal que se pretende garantista). A estigmatização de condenados pela prática de estupro em cadastro específico não parece ser medida legal adequada ao combate a tão deletério crime. O banco de dados estatal à disposição dos órgãos de persecução penal, a meu ver, deveria ser único e conter a maior quantidade de traços qualificativos possível (abarcando todos os cidadãos, condenados ou não – migração de todos os dados dos bancos civis para plataforma única, gerida pela União), de forma a facilitar a elucidação de todo e qualquer crime[22].

22 Trecho extraído do meu **Código Penal comentado para Carreiras Policiais** (SILVA, Márcio Alberto Gomes, editora Juspodivm, 2020).

Modelo 14 – Peculato (desvio de numerário de contas da CEF)

PORTARIA

A Polícia Federal, através do Delegado de Polícia Federal Márcio Alberto Gomes Silva, lotado e em exercício na Delegacia de________ (**descrever a unidade policial de lotação**), no uso de suas atribuições previstas no art. 144, § 1º, inc. I e IV, da Constituição Federal, no artigo 4º e seguintes do Código de Processo Penal e na Lei 12.830/13, tendo recebido o ofício ______ (**número do expediente**) e documentação que o acompanha, oriundo da CEF (órgão **noticiante**),

RESOLVE:

Instaurar inquérito policial visando apurar a possível existência do crime peculato, previsto no artigo 312, do Código Penal, supostamente praticado pelo ex-empregado da Caixa Econômica Federal _______ **(nome do investigado)**, outrora lotado na agência da CEF em _____ (**local da agência onde era lotado o investigado**), em razão da notícia de que o mesmo teria desviado, por meio de várias transferências inautorizadas, um total de R$ 100.000,00 (cem mil reais) da conta do correntista ________ (**nome da vítima**), tendo transferido o numerário para conta de sua genitora, ______ (**nome da mãe do investigado**), e, posteriormente, da conta desta para a conta da sua esposa _________ (**nome da consorte do investigado**), fato havido entre os dias ___ de _____ de ____ a __ de _____ de ____, (**datas das transferências ilícitas**) em _______ (**local do crime**). Constatada a tipicidade do fato descrito, urge deflagrar o procedimento inquisitivo para apurar todas as circunstâncias que gravitaram em torno dele.

Autuada esta, o ofício oriundo da CEF, feitos os registros necessários, determino as seguintes providências:

1. Expeça ofício ao juízo federal das garantias competente por distribuição, comunicando a instauração do presente inquérito policial;
2. Expeça ofício à CEF, informando acerca da instauração do presente apuratório;
3. Forme apenso com o procedimento administrativo encaminhado pela CEF;
4. Levante o endereço intime _____ **(vítima)**, ______ **(mãe do investigado) e** ________ **(esposa do investigado)** para prestar esclarecimentos, conforme pauta cartorária;
5. Em data posterior, intime _____ (**investigado**), conforme pauta cartorária;

6. Voltem-me conclusos os autos com o comparecimento dos intimados. Caso não compareçam os intimados até o fim do prazo legal, remeta o feito ao juízo federal das garantias competente , solicitando concessão de prazo de pelo menos 90 dias para continuidade das investigações;

CUMPRA-SE.

__________ **(local)**, ___ de ______ de _____ **(data)**.

Márcio Alberto Gomes Silva
Delegado de Polícia Federal

Observações relevantes

A apuração do crime de peculato em caso de desvio de numerário de contas bancárias da Caixa Econômica Federal feita por empregados do órgão normalmente é deflagrada após o envio de procedimento administrativo elaborado pela empresa pública.

Normalmente o procedimento já traz em seu bojo as transferências fraudulentas e as contas envolvidas.

Cumpre ao delegado de polícia oitivar os envolvidos para delimitar a responsabilidade do autor do fato.

Caso seja detectado que o autor do fato praticou o delito em concurso com particulares (pessoa não seja funcionário público para fins penais), haverá a comunicação da circunstância pessoal elementar, caso ela seja conhecida por quem não a detém (parte final do artigo 30 do Código Penal), por ser esta elementar do tipo (os particulares envolvidos também responderão nas penas do crime de peculato).

Modelo 15 – Sonegação fiscal

PORTARIA

A Polícia Federal, através do Delegado de Polícia Federal Márcio Alberto Gomes Silva, lotado e em exercício na Delegacia de________ (**descrever a unidade policial de lotação**), no uso de suas atribuições previstas no art. 144, § 1º, inc. I e IV, da Constituição Federal, no artigo 4º e seguintes do Código de Processo Penal e na Lei 12.830/13, tendo recebido o ofício______ (**número do expediente**) e documentação que o acompanha, oriundo da RFB (**órgão noticiante**),

RESOLVE:

Instaurar inquérito policial visando apurar a possível existência de crime de sonegação fiscal, capitulado no artigo 1º, I, da Lei 8.137/90, supostamente praticado pelos sócios da empresa _______ **(nome da empresa)**, CNPJ ________ (**número do CNPJ da empresa**), que teria prestado ao Fisco Federal informações diversas das prestadas ao Fisco Estadual no ano-calendário ____ (**ano-calendário da prática delitiva**), gerando crédito tributário orçado em R$ _______ (**valor sonegado, acrescido de multa e juros de mora**). Há notícia de que o crédito foi levado à inscrição na Dívida Ativa da União e que a empresa não é optante de nenhuma forma de pagamento ou parcelamento perante a Fazenda Pública. Constatada a tipicidade do fato descrito, urge deflagrar o procedimento inquisitivo para apurar todas as circunstâncias que gravitaram em torno dele.

Autuada esta e o ofício oriundo da RFB, feitos os registros necessários, determino as seguintes providências:

1. Expeça ofício ao juízo federal das garantias competente por distribuição, comunicando a instauração do presente inquérito policial;
2. Expeça ofício à RFB, informando acerca da instauração do presente apuratório;
3. Forme apenso com o procedimento administrativo-fiscal encaminhado pela RFB;
4. Expeça ofício à Junta Comercial requisitando o contrato social e todas as alterações subsequentes referentes à empresa ________ **(nome da empresa)**, CNPJ ________ (**número do CNPJ da empresa**);
5. Com a resposta ao item retro, intime os sócios da empresa no ano do crime, conforme pauta cartorária;

6. Voltem-me conclusos os autos com a resposta ou o comparecimento dos intimados. Caso não sobrevenha resposta ou não compareçam os intimados até o fim do prazo legal, remeta o feito ao juízo federal das garantias competente, solicitando concessão de prazo de pelo menos 90 dias para continuidade das investigações;

CUMPRA-SE.

__________ **(local)**, ___ de ______ de _____ **(data)**.

Márcio Alberto Gomes Silva
Delegado de Polícia Federal

Observações relevantes

O crime de sonegação fiscal, tipificado no artigo 1º, incisos I, II, III e IV, da Lei 8.137/90, é material, segundo interpretação pacífica do Pretório Excelso (vide Súmula Vinculante 24[23]). Destarte, é preciso, para que exista justa causa que autorize o início da investigação criminal, a constituição definitiva de crédito tributário. Em razão desta particularidade, inquéritos policiais que apuram tal ilícito são iniciados por meio de notícia de crime prestada pela Receita Federal (representação fiscal para fins penais). Importante salientar que o Supremo Tribunal Federal, no bojo do RE 1055941 (relatado pelo Ministro Dias Toffoli), validou o compartilhamento de dados financeiros obtidos pelo COAF (UIF/BACEN) e pela Receita Federal com o Ministério Público e a autoridade policial sem prévia ordem judicial. Eis as teses fixadas pelo Pretório Excelso:

> 1 - É constitucional o compartilhamento dos relatórios de inteligência financeira da UIF e da íntegra do procedimento fiscalizatório da Receita Federal do Brasil, que define o lançamento do tributo, com os órgãos de persecução penal, para fins criminais, sem a obrigatoriedade de prévia autorização judicial, devendo ser resguardado o sigilo das informações em procedimentos formalmente instaurados e sujeitos a posterior controle jurisdicional.
>
> 2 - O compartilhamento pela UIF e pela Receita Federal do Brasil, referente ao item anterior, deve ser feito unicamente por meio de comunicações formais, com garantia de sigilo, certificação do destinatário e estabelecimento de instrumentos efetivos de apuração e correção de eventuais desvios.

---

23 Súmula Vinculante 24 - Não se tipifica crime material contra a ordem tributária, previsto no art. 1º, incisos I a IV, da Lei 8.137/1990, antes do lançamento definitivo do tributo.

É preciso, caso o crime tenha sido praticado por sócios de empresa, demonstrar a composição do quadro societário no ano do delito, com o fito de delimitar as pessoas a serem ouvidas no curso do feito.

É de bom tom estar atento a eventual pagamento (que gera extinção da punibilidade) ou parcelamento (que suspende a punibilidade) do crédito tributário – caso se detecte pagamento ou parcelamento, o inquérito deve ser imediatamente relatado, com sugestão de arquivamento.

Modelo 16 – Ameaça

PORTARIA

A Polícia Civil, através do Delegado de Polícia Márcio Alberto Gomes Silva, lotado e em exercício na Delegacia de__________ (**descrever a unidade policial de lotação**), no uso de suas atribuições previstas no art. 144, § 4º, da Constituição Federal, no artigo 4º e seguintes do Código de Processo Penal e na Lei 12.830/13, de posse do boletim de ocorrência ______ (**número do expediente**) e **considerando que o apuratório demanda maior complexidade que a exigido para confecção de Termo Circunstanciado,**

RESOLVE:

Instaurar inquérito policial visando apurar a possível existência de crime de ameaça, capitulado no artigo 147 do Código Penal, supostamente praticado **por indivíduo até agora não identificado**, em face de ameaça proferida por telefone contra _______ (**nome da vítima**). O autor do fato teria telefonado para a vítima a partir do terminal móvel (__) ____-____ (**terminal móvel do investigado**) e dito "**tome cuidado, você vai morrer**", em ligação efetuada no dia _______ (**data da ligação**), por volta das __: __ horas (**horário**), fato havido em ______ (**local do crime**). Constatada a tipicidade do fato descrito, urge deflagrar o procedimento inquisitivo para apurar todas as circunstâncias que gravitaram em torno dele.

Autuada esta e o boletim de ocorrência, feitos os registros necessários, determino as seguintes providências:

1. Expeça ofício ao juízo das garantias competente por distribuição, comunicando a instauração do presente inquérito policial;
2. Intime a vítima para prestar declarações, conforme pauta cartorária;
3. Expeça ofício à operadora de telefonia móvel ___ (**nome da operadora**), requisitando os dados cadastrais do usuário da linha (__) ____-____ (**terminal móvel usado pelo investigado para ameaçar a vítima**), na forma do artigo 15 da Lei 12.850/13, sob pena da prática do crime capitulado no artigo 21 do mesmo diploma legal, devendo a resposta ser encaminhada para o e-mail ______ (**e-mail funcional da delegacia ou da autoridade policial**);
4. Voltem-me conclusos os autos com o comparecimento do intimado ou com a resposta. Caso não compareça o intimado ou não sobrevenha resposta até o fim do prazo legal, remeta o feito ao

juízo das garantias competente, solicitando concessão de prazo de pelo menos 90 dias para continuidade das investigações;

CUMPRA-SE.

__________ (**local**), ___ de ______ de _____ (**data**).

Márcio Alberto Gomes Silva
Delegado de Polícia

Observações relevantes

O crime de ameaça, tipificado no artigo 147 do Código Penal deve ser tratado com extrema atenção pela polícia. É que, apesar de ser infração de menor potencial ofensivo (aliás, por conta da complexidade da apuração, penso ser melhor instaurar inquérito policial, caso a autoria delitiva não seja, de logo, identificada), ele pode evoluir para prática de crime mais grave, podendo culminar, inclusive, com cometimento de homicídio (principalmente se o delito de ameaça for perpetrado no âmbito de uma relação íntima de afeto[24]).

Por isso, é importante identificar, o mais rápido possível, o autor do fato, para demonstrar que o aparelho estatal está atento aos seus passos.

Como se trata de crime de ação penal pública condicionada à representação, é preciso que a vítima materialize esta condição de procedibilidade, na forma do artigo 5º, § 4º, do CPP.

É bastante importante ouvir a vítima e delimitar possíveis suspeitos (sugestiono que ela seja orientada a gravar eventuais futuras ligações e anotar precisamente novas ligações - horários, duração e datas). Caso a ameaça tenha sido praticada por meio de ligação telefônica, é importante requisitar à operadora de telefonia os dados cadastrais do titular, nos termos do artigo 15 da Lei 12.850/13.

24 Nesse caso é de bom tom que a autoridade policial confeccione representação objetivando decretação de medidas protetivas.

Modelo 17 – Oferecer, trocar, disponibilizar, transmitir, distribuir, publicar ou divulgar material pornográfico evolvendo criança ou adolescente (artigo 241-A da Lei 8.069/90)

PORTARIA

A Polícia Federal, através do Delegado de Polícia Federal Márcio Alberto Gomes Silva, lotado e em exercício na Delegacia de_______ (**descrever a unidade policial de lotação**), no uso de suas atribuições previstas no art. 144, § 1º, inc. I e IV, da Constituição Federal, no artigo 4º e seguintes do Código de Processo Penal e na Lei 12.830/13, tendo recebido notícia de crime protocolada nesta unidade sob número _______ (**número do expediente**) e documentação que o acompanha,

RESOLVE:

Instaurar Inquérito Policial, objetivando apurar a prática do crime tipificado no artigo 241-A da Lei 8.069/90, em face da notícia de publicação imagens contendo pornografia infantil na rede social Facebook realizada por meio do perfil ______ (**perfil utilizado pelo criminoso**), cuja conexão de internet teria partido de IP localizado em _______ (**local do crime**). Constatada a tipicidade do fato descrito, urge deflagrar o procedimento inquisitivo para apurar todas as circunstâncias que gravitaram em torno dele.

Autuada esta e a notícia de crime, feitos os registros necessários, determino as seguintes providências:

1. Expeça ofício ao juízo federal das garantias competente por distribuição, comunicando a instauração do presente inquérito policial;
2. Expeça ofício ao Facebook requisitando os logs (IP, data, horário e fuso de acessos) de criação e acesso do perfil ________ (**perfil do investigado**), o e-mail utilizado para criação do referido perfil e todos os dados cadastrais informados pelo usuário, tudo com fulcro no artigo 15 da Lei 12.850/13, sob pena da prática do crime capitulado no artigo 21 do mesmo diploma legal;
3. Voltem-me conclusos os autos com a resposta. Caso não sobrevenha resposta até o fim do prazo legal, remeta o feito ao juízo federal das garantias competente, solicitando concessão de prazo de pelo menos 90 dias para continuidade das investigações;

CUMPRA-SE.

__________ (**local**), ___ de ______ de _____ (**data**).

Márcio Alberto Gomes Silva
Delegado de Polícia Federal

Observações relevantes

A investigação do crime tipificado no artigo 241-A será de competência da Justiça Federal (e de atribuição investigativa da Polícia Federal), se restar demonstrada a potencial transnacionalidade do delito (e a publicação de imagens pornográficas de criança/adolescente em redes sociais demonstra tal potencialidade). Se não restar demonstrada a transnacionalidade do delito, a competência será da Justiça Estadual (e a atribuição investigativa caberá à Polícia Civil).

No caso exemplificado (postagem de imagem/vídeo em rede social) é preciso, em primeiro lugar, obter os logs de acesso do perfil usado pelo criminoso (com IP, data, horário e fuso de acesso à rede).

Identificados os IP usados pelo investigado, cumpre oficiar à(s) operadora (s) de banda larga detentora (s) do(s) mesmo(s), requisitando os dados cadastrais do (s) usuário(s).

De posse dos dados cadastrais, será preciso checar os endereços informados (diligência de campo discreta, determinada aos agentes de polícia), com o fito de subsidiar representação pela busca e apreensão em tais locais.

A diligência de busca deve focar na apreensão de computadores, notebooks, pen drives, HDs, CDs, DVDs e celulares, que deverão ser periciados, com o fito de verificar a existência de imagens e vídeos pornográficos infanto-juvenis (o que redundará, também, na prática do crime capitulado no artigo 241-B da Lei 8.069/90) e de constatar as postagens das imagens/vídeos na rede mundial de computadores (o que demonstrará a prática do crime capitulado no artigo 241-A da mesma lei).

Sugestiono que a diligência de busca seja acompanhada por perito criminal (a apreensão das mídias será feita da forma correta, respeitando-se a cadeia de custódia, e será possível aferir, ainda no local, a existência de imagens proibidas armazenadas, o que oportunizará a prisão em flagrante do investigado).

É sempre bom ficar atento às investigações relacionadas aos crimes tipificados no ECA a partir do artigo 240, com o fito de verificar se é possível identificar o autor de eventual abuso sexual contra criança/adolescente (há casos em que o investigado não é um mero "consumidor" ou "transmissor" de fotos/vídeos pornográficos envolvendo crianças/adolescentes, mas sim um abusador – autor de crime de estupro de vulnerável, por exemplo).

Modelo 18 – Moeda falsa

PORTARIA

A Polícia Federal, através do Delegado de Polícia Federal Márcio Alberto Gomes Silva, lotado e em exercício na Delegacia de_________ (**descrever a unidade policial de lotação**), no uso de suas atribuições previstas no art. 144, § 1º, inc. I e IV, da Constituição Federal, no artigo 4º e seguintes do Código de Processo Penal e na Lei 12.830/13, tendo recebido notícia de crime protocolada nesta unidade sob número ______ (**número do expediente**) e cédula de R$ 100,00 supostamente falsa,

RESOLVE:

Instaurar inquérito policial visando apurar a possível existência do crime de moeda falsa, tipificado no artigo 289, § 1º, do Código Penal, em face da notícia de que **indivíduo até agora não identificado** colocou em circulação uma cédula de R$ 100,00 supostamente falsificada no ________ (**estabelecimento comercial onde a cédula falsa foi passada**), fato havido em _______ (**local do crime**), em __/__/____ (**data do fato**). Constatada a tipicidade dos fatos descritos, urge deflagrar o procedimento inquisitivo para apurar todas as circunstâncias que gravitaram em torno dele.

Autuada esta e a notícia de crime protocolada nesta unidade sob número ______ (**número do expediente**), feitos os registros necessários, determino as seguintes providências:

1. Expeça ofício ao juízo federal das garantias competente por distribuição, comunicando a instauração do presente inquérito policial;
2. Apreenda a cédula de R$ 100,00 supostamente falsificada que acompanha a notícia de crime;
3. Encaminhe a cédula apreendida, via ofício interno, ao setor técnico-científico, requisitando realização de perícia, fazendo constar no expediente os seguintes quesitos:
   a) Qual a descrição do material periciado?
   b) A cédula periciada é autêntica ou falsa?
   c) Caso seja falsa, a falsificação é grosseira? É capaz de enganar o usuário comum do meio circulante?
   d) Qual o método empregado na falsificação?
   e) Outros dados julgados úteis pelo corpo técnico;
4. Intime o funcionário do estabelecimento _______ **(nome do estabelecimento comercial onde a cédula falsa foi passada)** para prestar esclarecimentos, conforme pauta cartorária;

5. Expeça ofício interno aos agentes lotados nesta unidade policial, requisitando materialização de diligência de campo com o objetivo de tentar identificar o responsável por colocar a cédula falsa em circulação, atentando para: a) entrevistar os outros funcionários do estabelecimento comercial onde a cédula foi passada e funcionários de estabelecimentos próximos, com o fito de coletar elementos que possibilitem identificar o investigado; b) verificar a existência de câmeras de circuito interno no estabelecimento comercial e em outros imóveis próximos (que ajudem a identificar o autor do crime ou o veículo por ele usado); c) outras diligências a juízo da equipe. Encaminhe cópia da portaria e da notícia de crime;
6. Concluso o feito com qualquer das respostas ou com o comparecimento do intimado. Caso não sobrevenha resposta ou não compareça o intimado até o fim do prazo legal para conclusão do feito, remeta-o ao juízo federal das garantias competente, solicitando concessão de novo prazo de pelo menos 90 dias para continuidade das investigações;

CUMPRA-SE.

_________ (**local**), ___ de ______ de _____ (**data**).

Márcio Alberto Gomes Silva
Delegado de Polícia Federal

Observações relevantes

O crime de moeda falsa, tipificado no artigo 289 do Código Penal, é de competência da Justiça Federal. É preciso, entretanto, analisar, de logo, se a falsificação é ou não grosseira (porque se for grosseira, a competência será da Justiça Estadual, nos termos da Súmula 73 do STJ[25]). Tal verificação deve ser materializada por perícia, a ser determinada logo depois da apreensão da cédula. Cumpre deixar claro que se trata de crime contra a fé pública, que não admite aplicação do princípio da insignificância, nem reconhecimento de arrependimento posterior.

Sugestiono a imediata oitiva da pessoa que recebeu a cédula falsa e o deslocamento de equipe policial ao local onde a moeda falsa foi passada, para que se tente identificar o autor do crime, eventual comparsa, o veículo por ele utilizado, se ele passou cédulas em outros estabelecimentos comerciais, se há imagens

25 Súmula 73/STJ - A utilização de papel moeda grosseiramente falsificado configura, em tese, o crime de estelionato, da competência da Justiça Estadual.

de câmeras que tenham captado o criminoso, dentre outros aspectos que auxiliem na elucidação do crime.

Tem sido cada vez mais comum, ainda, a prática do crime de moeda falsa em compras de telefones celulares (o autor do fato contata pessoa que expôs telefone à venda em aplicativo e utiliza cédulas falsas para compra do terminal). Nesse caso, será importante, ao ouvir a vítima, atentar para identificação do local exato da negociação (com o objetivo de verificar a existência de câmeras que possam ter captado o suspeito), individualização do IMEI do terminal (para ulterior expedição de ofício às operadores de telefonia, com o fito de identificar os números que calçaram o telefone depois da venda), dentre outras providências relevantes.

Identificado o suspeito da prática do crime de moeda falsa, é de bom tom confecção de representação dirigida ao juízo das garantias, objetivando expedição de mandado de busca e apreensão em sua casa (lá será possível apreender mais cédulas falsas e o maquinário usado para falsificar o dinheiro).

Modelo 19 – Corrupção passiva

PORTARIA

A Polícia Civil, através do Delegado de Polícia Márcio Alberto Gomes Silva, lotado e em exercício na Delegacia de________ (**descrever a unidade policial de lotação**), no uso de suas atribuições previstas no art. 144, § 4º, da Constituição Federal, e no artigo 4º e seguintes do Código de Processo Penal e na Lei 12.830/13, tendo recebido a notícia de crime protocolada nesta unidade sob número ______ (**número do expediente**),

RESOLVE:

Instaurar inquérito policial visando apurar a possível existência do crime corrupção passiva, previsto no artigo 317 do Código Penal, supostamente praticado por ________ (**nome do servidor público investigado**), em face da notícia de que o mesmo teria solicitado _______ (**descrever vantagem indevida solicitada pelo servidor**) de _______ (**nome da vítima**) para _________ (**descrição do ato que o servidor se dispôs a fazer ou não fazer em troca da vantagem**), fato havido em ______ (**local do crime**), em __/__/____ (**data do fato**). Constatada a tipicidade do fato descrito, urge deflagrar o procedimento inquisitivo para apurar todas as circunstâncias que gravitaram em torno dele.

Autuada esta, a notícia de crime protocolada nesta unidade sob número ______ (**número do expediente**), feitos os registros necessários, determino as seguintes providências:

1. Expeça ofício ao juízo das garantias competente por distribuição, comunicando a instauração do presente inquérito policial;
2. Apreenda a mídia com a gravação da suposta mercancia do ato de ofício materializada pelo investigado (gravação feita pela vítima);
3. Encaminhe a mídia citada no item retro ao setor técnico-científico, por meio de ofício interno, com o objetivo de que ela seja submetida à perícia, fazendo constar no expediente os seguintes quesitos/determinações:
   a) Qual a descrição do material periciado?
   b) Houve alguma edição, montagem ou corte na gravação periciada?
   c) Transcreva os intervalos de 00:30 a 01:50; de 01:58 a 02:12 e de 02:32 a 02:53;
   d) Outros dados julgados úteis pelo corpo técnico;

4. Intime a vítima ______ (**nome da vítima**) para prestar esclarecimentos, conforme pauta cartorária;
5. Em data posterior à oitiva agendada no item retro, expeça ofício ao ______ (**órgão público onde o investigado é lotado**), solicitando a apresentação do investigado ________ (**nome do investigado**), conforme pauta cartorária;
6. Voltem-me conclusos os autos com a resposta ou o comparecimento dos intimados. Caso não sobrevenha resposta ou não compareçam os intimados até o fim do prazo legal, remeta o feito ao juízo das garantias competente, solicitando concessão de prazo de pelo menos 90 dias para continuidade das investigações;

CUMPRA-SE.

__________ (**local**), ___ de ______ de _____ (**data**).

Márcio Alberto Gomes Silva
Delegado de Polícia

Observações relevantes

O crime de corrupção passiva, tipificado no artigo 317 do Código Penal, é formal[26] quando o servidor público solicita vantagem indevida e se consuma mesmo que a vantagem indevida solicitada não seja paga (por isso não se deve materializar a prisão em flagrante do funcionário público em eventual pagamento controlado pela polícia da vantagem indevidamente solicitada, em momento apartado da solicitação – o pagamento da vantagem pedida será mero exaurimento).

Em regra, trata-se de delito difícil de ser provado, vez que na maioria dos casos a solicitação é materializada apenas na presença da vítima. Na peça modelo, analisei hipótese hoje bastante comum, em que a vítima conseguiu gravar a solicitação indevida de vantagem (gravação clandestina, tranquilamente aceita pela doutrina e pela jurisprudência tupiniquim).

Em primeiro lugar será preciso apreender a mídia com a gravação e submetê-la a perícia, a fim de verificar possíveis edições e com o fito de transcrever em laudo pericial os trechos de interesse para a investigação.

---

26 O crime tipificado no artigo 317 do Código Penal pode ser praticado de três formas – solicitação, recebimento ou aceitação de promessa de vantagem indevida pelo servidor público. Nas formas "solicitar" e "aceitar promessa", tem-se crime formal. Na forma "receber", tem-se crime material.

Cumpre, ainda, ouvir a vítima e o suposto autor do fato (atentando que, como este é servidor público, deverá ser intimado via ofício dirigido ao órgão onde trabalha). Na oitiva do investigado, é de bom tom solicitar do mesmo fornecimento de padrão de voz para materialização de perícia (com o fito de constatar que a voz que consta na gravação feita pela vítima é a do suspeito). Por óbvio, o investigado tem o direito de não fornecer o padrão, porque não pode ser compelido a produzir prova contra si.

Modelo 20 – Crime contra o Sistema Financeiro Nacional (artigo 20 da Lei 7.492/96)

PORTARIA

A Polícia Federal, através do Delegado de Polícia Federal Márcio Alberto Gomes Silva, lotado e em exercício na Delegacia de______ (**descrever a unidade policial de lotação**), no uso de suas atribuições previstas no art. 144, § 1º, inc. I e IV, da Constituição Federal, no artigo 4º e seguintes do Código de Processo Penal e na Lei 12.830/13, tendo recebido ofício requisitório do MPF ______ (**número do expediente**) e documentação que o acompanha,

RESOLVE:

Instaurar inquérito policial visando apurar a possível existência do crime de aplicação, em finalidade diversa da prevista em contrato, de recurso proveniente de instituição financeira oficial, previsto no artigo 20, da Lei 7.492/86, supostamente praticados por ______ **(nome do investigado)**, em razão da não aplicação correta de valores obtidos em financiamentos rurais com recursos do Programa Nacional de Fortalecimento da Agricultura Familiar – PRONAF, tomados junto Banco do Nordeste do Brasil, agência _____ (**número da agência bancária**), fato constatado em __/__/____, na cidade de ______ (**local do crime**). Constatada a tipicidade do fato descrito, urge deflagrar o procedimento inquisitivo para apurar todas as circunstâncias que gravitaram em torno dele.

Autuada esta, o ofício requisitório do MPF ______ (**número do expediente**) e documentação que o acompanha, feitos os registros necessários, determino as seguintes providências:

1. Expeça ofício ao juízo federal das garantias competente por distribuição, comunicando a instauração do presente inquérito policial;
2. Expeça ofício ao MPF, informando da instauração do presente apuratório;
3. Expeça ofício ao Banco do Nordeste do Brasil, agência _____ (**número da agência**), requisitando o contrato _______ (**número do contrato**), em nome de _______ **(nome do investigado)**, os respectivos laudos de fiscalização/orientação técnica e a atual situação do contratado junto ao banco (se está adimplente ou inadimplente e desde quando e quantas parcelas do financiamento chegaram a ser pagas). Encaminhe cópia desta portaria;
4. Intime ______ **(nome do investigado)** para prestarem esclarecimentos, conforme pauta cartorária;

5. Voltem-me conclusos os autos com o comparecimento do intimado ou com a resposta. Caso não sobrevenha resposta ou não compareça o intimado até o fim do prazo legal de conclusão do feito, remeta-o ao juízo federal das garantias competente, solicitando concessão de prazo de pelo menos 90 dias para continuidade das investigações;

CUMPRA-SE.

__________ (**local**), ___ de ______ de _____ (**data**).

Márcio Alberto Gomes Silva
Delegado de Polícia Federal

Observações relevantes

O crime capitulado no artigo 20 da Lei 7.492/86 (de competência da Justiça Federal e atribuição investigativa da Polícia Federal) é normalmente praticado em áreas rurais, em face da não aplicação correta do valor obtido mediante financiamento bancário. O autor do fato elabora projeto de aplicação de recurso e, depois da liberação do numerário, canaliza o dinheiro para outro fim.

A detecção do crime usualmente ocorre em fiscalização de campo feita pela própria instituição creditícia, que, comprovada a irregularidade, remete a notícia de crime ao aparelho policial ou ao MPF (daí porque é importante obter o contrato, as fiscalizações e saber da situação do investigado junto ao banco – se adimplente ou inadimplente).

De posse dos documentos citados no parágrafo anterior, sugestiono realização de perícia, com o fito de demonstrar a não aplicação da verba nos termos do projeto que gerou a obtenção do financiamento (a quesitação é simples e deve ser voltada a perguntar ao corpo técnico se o dinheiro tomado foi investido na forma determinada na avença).

Caso se deseje reforçar o cabedal probante, o delegado pode determinar a oitiva dos fiscais que constataram a não aplicação do recurso da forma devida.

Por fim, o investigado deve ser ouvido e, caso as provas demonstrem a prática delitiva, deve ser materializado seu indiciamento.

Modelo 21 – Obtenção, mediante fraude, de financiamento em instituição financeira (artigo 19 da Lei 7.492/86)

PORTARIA

A Polícia Federal, através do Delegado de Polícia Federal Márcio Alberto Gomes Silva, lotado e em exercício na Delegacia de _______ (**descrever a unidade policial de lotação**), no uso de suas atribuições previstas no art. 144, § 1º, inc. I e IV, da Constituição Federal, e no artigo 4º e seguintes do Código de Processo Penal e na Lei 12.830/13, tendo recebido ofício requisitório do MPF _____ (**número do expediente**) e documentação que o acompanha,

RESOLVE:

Instaurar inquérito policial visando apurar a possível existência do crime de obtenção, mediante fraude, de financiamento em instituição financeira, capitulado no artigo 19 da Lei 7.492/86, supostamente cometido por pessoa que se identificou como _________ **(nome usado pelo investigado na obtenção do financiamento)**, em face da notícia de utilização de documentação falsa para obtenção do financiamento do veículo ______ (**descrição do automotor financiado**), junto ao banco _______ (**instituição creditícia lesada**), agência ____ (**número da agência**), localizada em ______ (**local do crime**), fato havido em __/__/____ (**data do fato**). Constatada a tipicidade dos fatos descritos, urge deflagrar o procedimento inquisitivo para apurar todas as circunstâncias que gravitaram em torno dele.

Autuada esta, ofício requisitório do MPF ______ (**número do expediente**) e documentação que o acompanha, feitos os registros necessários, determino as seguintes providências:

1. Expeça ofício ao juízo federal das garantias competente por distribuição, comunicando a instauração do presente inquérito policial;
2. Expeça ofício ao MPF informando a instauração do apuratório;
3. Expeça ofício ao banco _____ (**instituição creditícia lesada**), agência _____ (**indicar número da agência onde o crime ocorreu**) requisitando: a) todos os documentos utilizados no contrato de financiamento de veículo _____ (**número do contrato feito pelo criminoso**); b) as imagens gravadas pelas câmeras de segurança que captaram o atendimento do investigado; e c) a apresentação do funcionário responsável pelo financiamento em questão, conforme pauta cartorária. Encaminhe cópia desta portaria;

4. Expeça ofício ao DETRAN requisitando: a) seja informada a atual situação do veículo ___ (**descrição do automotor financiado de maneira fraudulenta**); b) seja informada a existência de multas (em caso positivo, seja informado o local e se há identificação do autuado); c) proceda ao bloqueio administrativo do veículo (obstando novas transferências); d) encaminhe cópias dos procedimentos anteriores de transferência do veículo;
5. Expeça ofício ao Instituto de Identificação de _______ (**indicar localidade onde teria sido confeccionado o RG do investigado**), requisitando a ficha onomástica atrelada ao RG _______ (**número do RG apresentado pelo investigado**), em nome de _________ **(nome usado pelo autor do fato);**
6. Expeça ofício interno ao setor de papiloscopia requisitando seja a digital constante na cópia do documento de identidade da pessoa que se faz passar por _________ **(indicar nome usado pelo criminoso)** incluída e pesquisada nos sistemas disponíveis no setor, com o fito de verificar a quem, de fato, ela pertence;
7. Expeça ofício ao Cartório de Registro Civil de ______ (**indicar o cartório que consta no RG usado pelo investigado**), requisitando a certidão de nascimento de __________ **(indicar nome usado pelo autor do fato)**, tombada sob número _______ (**indicar número, folhas e livro da certidão de nascimento que consta no documento apresentado pelo falsário**). Caso o registro não exista, requisito seja encaminhada **certidão negativa**;
8. Expeça ofício à operadora de telefonia ______ (**indicar empresa de telefonia** à **qual o número apresentado pelo investigado** é **vinculado**) requisitando todos os dados cadastrais disponíveis do titular do terminal móvel ________ **(indicar número do telefone fornecido pelo investigado)**, com fulcro no artigo 15 da Lei 12.850/13 e no artigo 2º, § 2º, da Lei 12.830/13;
9. Expeça ofício interno aos agentes lotados nesta unidade policial, requisitando **levantamento discreto** na _________ (**endereço indicado pelo criminoso no fechamento do contrato**), com o fito de verificar se ali mora ou morou a pessoa que se passa por __________ **(indicar nome usado pelo autor do fato).** Em caso positivo a informação deverá conter foto da fachada do imóvel e levantamento quanto a eventual veículo usado pelo alvo. Encaminhe cópia do documento de identidade do investigado e do comprovante de residência apresentado pelo investigado para abertura da conta;

10. Voltem-me conclusos os autos com o comparecimento do intimado ou as respostas. Caso não compareça o intimado ou não sobrevenha resposta até o fim do prazo legal para conclusão do feito, remeta-o ao juízo federal das garantias competente, solicitando concessão de prazo de pelo menos 90 dias para continuidade das investigações;

CUMPRA-SE.

_________ (**local**), ___ de ______ de _____ (**data**).

Márcio Alberto Gomes Silva
Delegado de Polícia Federal

Observações relevantes

O crime capitulado no artigo 19 da Lei 7.492/86 (de competência da Justiça Federal e atribuição investigativa da Polícia Federal) é muito praticado na obtenção de financiamento fraudulento de veículo. O autor do fato fornece documentação falsa (RG, contracheque, comprovante de residência, telefone de contato, etc.) ou em nome de laranja (pessoa que não tem capacidade efetiva de pagamento do empréstimo) e lesa a instituição financeira, adquirindo o automotor de maneira fraudulenta.

A investigação em caso de utilização de documentos falsos se assemelha à materializada no estelionato mediante abertura de conta com documentos falsos (remeto o leitor ao item respectivo).

Caso o criminoso se utilize de laranja sem capacidade de pagamento, será preciso identificar essa pessoa e, a partir daí, tentar identificar o autor do fato.

É importante oficiar o respectivo DETRAN, com o fito de anotar que o respectivo veículo foi adquirido de forma fraudulenta e requisitar o bloqueio administrativo (não ser permitida nova transferência do automotor, até que seja regularizada a situação do veículo, com a elucidação do crime).

Modelo 22 – Fraude em licitação, peculato, associação criminosa (operação policial de desvio de recursos públicos)

PORTARIA

A Polícia Federal, através do Delegado de Polícia Federal Márcio Alberto Gomes Silva, lotado e em exercício na Delegacia de_________ (**descrever a unidade policial de lotação**), no uso de suas atribuições previstas no art. 144, § 1º, inc. I e IV, da Constituição Federal, no artigo 4º e seguintes do Código de Processo Penal e na Lei 12.830/13, tendo recebido notícia de crime oriunda da CGU ______ (**número do expediente**) e documentação que o acompanha,

RESOLVE:

Instaurar inquérito policial visando apurar a possível existência dos crimes capitulados nos artigos 89 e/ou 90 da Lei 8.666/93, artigos 288 e 312, ambos do Código Penal, em face da notícia de contratação fraudulenta das empresas ______, _________ e ______ (**nome das empresas e respectivos CNPJ**) pela prefeitura do Município de ______ (**municipalidade contratante**), fato havido em __/__/_____ (**data do fato**). Segundo notícia de crime encaminhada pela CGU, foram detectadas irregularidades nas licitações que culminaram com a contratação de ditas empresas (sendo a principal delas a frustração do caráter competitivo do certame, em face da participação de pessoas jurídicas do mesmo grupo econômico e/ou empresas fantasmas) e a inexecução ou execução irregular dos contratos. Constatada a tipicidade dos fatos descritos, urge deflagrar o procedimento inquisitivo para apurar todas as circunstâncias que gravitaram em torno dele.

Autuada esta, a notícia de crime oriunda da CGU ______ (**número do expediente**) e documentação que o acompanha, feitos os registros necessários, determino as seguintes providências:

1. Expeça ofício à CGU informando a instauração do apuratório;
2. Expeça ofício à Junta Comercial de _____ (**local onde os contratos das empresas foram arquivados**), requisitando os contratos sociais e alterações subsequentes das empresas _______, _______ e ______ (**empresas investigadas**);
3. Expeça ofício interno dirigido aos agentes lotados nesta unidade policial, requisitando <u>**levantamento discreto**</u> objetivando checar os endereços atualizados das seguintes pessoas físicas/jurídicas: ________, _________, ________ (**indicar os endereços das empresas que supostamente participam do esquema e dos seus respectivos sócios**). Os levantamentos devem, além de

confirmar de forma discreta o respectivo endereço, trazer fotografia da fachada do imóvel, coordenadas geográficas e pontos de referência (no caso das pessoas jurídicas, deverá ser especificado se a empresa **efetivamente** funciona no local, se se trata de endereço apenas de entrega de correspondência ou se a mesma não funciona/nunca funcionou no local);

4. Expeça ofício ao juízo federal das garantias competente por distribuição, conforme minuta que apresento em apartado e com cópia da documentação por mim selecionada (comunicando a instauração do apuratório e deduzindo os pleitos cautelares apresentados na minuta);
5. Após, concluso;

CUMPRA-SE.

__________ (**local**), ___ de ______ de _____ (**data**).

Márcio Alberto Gomes Silva
Delegado de Polícia Federal

Observações relevantes

O desvio de verbas públicas é extremamente deletério. Os cofres dos entes federados sangram diuturnamente e recursos que deveriam ser destinados à educação, saúde e segurança findam parando nos bolsos de corruptos.

A fraude em licitações é uma das práticas mais comuns quando o assunto é desviar recursos do erário. Normalmente são montadas licitações dirigidas à vitória de empresa que se comprometeu a pagar propina ao gestor público (com empresas pertencentes ao mesmo grupo econômico ou empresas fantasmas, abertas apenas para participar de certames e perder).

É importante determinar diligência de campo com o fito de atestar se a empresa efetivamente funciona e se tem estrutura financeira e técnica para participar da licitação. É preciso fazer chegar aos autos os contratos sociais e respectivas alterações contratuais (para checar se os representantes ou sócios das empresas têm ligações próximas entre si – às vezes, o sócio de uma empresa fantasma é, na verdade, empregado da empresa vencedora).

Para saber o caminho percorrido pelo dinheiro advindo dos cofres públicos, é necessário representar ao juízo competente quebra de sigilo bancário (por isso descrevi item da portaria que fala na expedição de ofício ao juízo).

Depois de deflagrada operação com buscas nas sedes das empresas, residências dos sócios e no órgão público responsável pela licitação (o envio de ofício anterior, requisitando o procedimento licitatório poderia chamar atenção acerca da existência da investigação), todo material deverá ser analisado, com vistas a incrementar as provas dos crimes. É importante materialização de perícia de engenharia, caso a investigação foque na construção de alguma obra, para verificar se ela foi executada tal qual prevista no edital e, ainda, perícia contábil, para aferir superfaturamento.

Em inquéritos desta natureza, normalmente se detecta: crimes da lei de licitação (artigos 89 e 90 da Lei 8.666/93), peculato (artigo 312 do Código Penal), corrupção ativa e passiva (artigos 333 e 317, respectivamente) e participação em associação criminosa ou organização criminosa (artigo 288 do Código Penal ou artigo 2º da Lei 12.850/13).

Modelo 23 – Crime eleitoral

PORTARIA

A Polícia Federal, através do Delegado de Polícia Federal Márcio Alberto Gomes Silva, lotado e em exercício na Superintendência da Polícia Federal em _________ (**descrever a unidade policial de lotação**), no uso de suas atribuições previstas no art. 144, § 1º, da Constituição Federal e na Lei 12.830/13, tendo recebido requisição oriunda do MPE que atua junto à __ Zona Eleitoral (**número da zona eleitoral**),

RESOLVE:

Instaurar Inquérito Policial para apurar a eventual ocorrência do crime de corrupção eleitoral, tipificado no artigo 299 do Código Eleitoral (Lei 4.737/65), supostamente praticado por ________ (**nome do autor do fato**), candidato ao cargo de prefeito no Município de ______ **(nome da localidade),** que estaria distribuindo dinheiro e outras benesses em troca de votos, fato havido na propriedade rural do investigado, localizado em ________ (**indicar local do crime**), em __/__/____ (**data**), por volta das __: __ horas (**horário**). Constatada a tipicidade do fato descrito, urge deflagrar o procedimento inquisitivo para apurar todas as circunstâncias que gravitaram em torno dele.

Autuada esta, a requisição judicial, oriunda do MPE que atua junto à __ Zona Eleitoral (**número da zona eleitoral**), feitos os registros necessários, determino as seguintes providências:

1. Expeça ofício ao MPE que atua junto à __ Zona Eleitoral (**número da zona eleitoral**), comunicando a instauração do presente apuratório;
2. Expeça ofício interno aos agentes de polícia lotados nesta unidade policial, requisitando materialização de diligências de campo com o fito de: a) efetuar levantamento discreto no suposto local da distribuição das benesses (fotografar fachada, georreferenciar e identificar as pessoas presentes nas reuniões onde seriam distribuídas benesses em troca de votos); b) identificar pessoas que teriam participado de reuniões anteriores e aceitado benesses em troca de votos. O resultado das diligências deve ser materializado por meio de informação circunstanciada (**encaminhe cópia desta portaria**);
3. Expeça ofício ao juízo das garantias competente[27], conforme minuta que ofereço em apartado;

---

27 Em decisão liminar nos autos de ADINs propostas para discutir a constitucionalidade da Lei 13.964/19, o Ministro Dias Toffoli conferiu interpretação conforme a consti-

4. Voltem-me conclusos os autos com as respostas. Caso não sobrevenha resposta até o fim do prazo legal para conclusão do feito, remeta-o juízo das garantias competente, solicitando concessão de prazo de pelo menos 90 dias para continuidade das investigações;

CUMPRA-SE.

__________ **(local)**, ___ de ______ de _____ **(data)**.

Márcio Alberto Gomes Silva
Delegado de Polícia Federal

Observações relevantes

A investigação de crime eleitoral deve ser ágil. O artigo 2º da Resolução 23.396/TSE, determina que a Polícia Federal dê prioridade aos apuratórios que versem sobre delitos desta natureza (a atribuição para apuração de crime eleitoral é da PF, mas onde não houver sede do órgão, a Polícia Civil terá atuação supletiva - parágrafo único do artigo 2º, da referida resolução).

No modelo acima, trago exemplo de inquérito policial para investigação de suposto crime de corrupção eleitoral, tipificado no artigo 299 do Código Eleitoral. A apuração não é simplória. Isso porque quem recebe a benesse comete o mesmo delito do corruptor (o que torna bastante difícil, na prática, eventual admissão, pelo corrompido, de percepção de vantagem indevida em troca de voto).

A melhor arma, neste panorama, é o cumprimento de medida cautelar de busca em endereços do corruptor, com o fito de tentar apreender provas da compra de votos (agendas, títulos de eleitor, dentre outras provas) - por isso o item 3 da portaria, que determina expedição de ofício ao juízo eleitoral competente (representação de busca).

---

tuição para afastar a incidência do juiz das garantias em relação aos crimes eleitorais. Contudo, o Ministro Luiz Fux, relator das ações (6.238, 6.239, 6.300 e 6.305), cassou essa decisão e prolatou outra medida liminar, não fazendo menção a tal interpretação restritiva à atuação do juízo das garantias.

Modelo 24 – Uso de força letal por agente de segurança pública

PORTARIA

A Polícia Civil, através do Delegado de Polícia Civil Márcio Alberto Gomes Silva, lotado e em exercício na Delegacia de________ (**descrever a unidade policial de lotação**), no uso de suas atribuições previstas no art. 144, § 4º, da Constituição Federal, no artigo 4º e seguintes do Código de Processo Penal e na Lei 12.830/13, tendo sido cientificada da morte de suspeito em ocorrência policial,

RESOLVE:

Instaurar Inquérito Policial para apurar o uso de força letal em face de oposição à atuação policial (que pode redundar no reconhecimento de causa excludente de ilicitude, na detecção de excesso doloso ou culposo ou na prática do crime de homicídio, previsto no artigo 121 do Código Penal) pelos policiais ________ (**indicar os nomes dos policiais envolvidos no uso de força letal**), que vitimou ______ (**nome do suspeito morto**). Segundo noticiado ________ (**narrar a ocorrência, indicando local, data** e **horário**). Constatada a tipicidade do fato descrito, urge deflagrar o procedimento inquisitivo para apurar todas as circunstâncias que gravitaram em torno dele.

Autuada esta, feitos os registros necessários, determino as seguintes providências:

1. Expeça ofício ao juízo das garantias competente por distribuição, comunicando a instauração do presente inquérito policial;
2. Expeça ofício interno ao setor de criminalística, requisitando materialização de perícia de local encaminhe cópia desta portaria);
3. Expeça ofício ao IML requisitando a confecção de laudo cadavérico de _______ (**nome e qualificação da vítima**). Encaminhe cópia desta portaria;
4. Expeça ofício interno aos agentes de polícia lotados nesta unidade policial, requisitando materialização de diligências de campo com o fito de identificar possíveis testemunhas oculares, câmeras de vídeo que tenham captado a ocorrência, tudo no sentido de revelar a dinâmica do evento. O resultado das diligências deve ser materializado por meio de informação circunstanciada (encaminhe cópia desta portaria);
5. Cite os policiais envolvidos na ocorrência apurada acerca da instauração do apuratório, instando-os a constituir advogado no prazo de 48 horas, na forma do artigo 14-A do CPP, agendando suas oitivas, conforme pauta cartorária;

6. Voltem-me conclusos os autos com as respostas ou o comparecimento dos policiais. Caso não compareçam os intimados ou não sobrevenha resposta até o fim do prazo legal para conclusão do feito, remeta-o ao juízo das garantias competente, solicitando concessão de prazo de pelo menos 90 dias para continuidade das investigações;

CUMPRA-SE.

_________ (**local**), ___ de _____ de _____ (**data**).

Márcio Alberto Gomes Silva
Delegado de Polícia

Observações relevantes

A peça proposta simula uso de força letal em oposição à atuação policial. A apuração deve ser materializada por meio de inquérito instaurado por portaria, na forma da Resolução Conjunta 2, de 13 de outubro de 2015, do Conselho Superior da Polícia Federal e do Conselho Nacional dos Chefes de Polícia Civil.

A morte de suspeito pelo aparelho policial pode, basicamente, resultar em três cenários distintos: a) incidência de causa excludente de antijuridicidade (legítima defesa própria ou de terceiro); b) excesso doloso ou culposo (quando se detecta que inicialmente havia causa excludente de ilicitude, mas o policial findou se excedendo); c) prática de homicídio pelo policial (quando se constata uma execução extrajudicial). O inquérito policial deve descortinar o evento, de forma que o delegado, ao final, conclua se haverá indiciamento ou não do policial envolvido.

O modelo reforça minha tese de que o delegado de polícia não é obrigado a confeccionar auto de prisão em flagrante diante da apresentação de suposta situação flagrancial (se assim fosse, a autoridade policial seria compelida a prender o policial que fez uso de força letal em serviço, ainda que amparado por excludente de ilicitude, o que me parece teratológico). Saliento que, diante de situação flagrancial, o delegado pode analisar com profundidade os três substratos do conceito analítico de crime, decidindo pela instauração ou não de procedimento investigativo e, caso entenda pela instauração de inquérito, decidindo se este será iniciado pela confecção de portaria ou auto de prisão em flagrante.

Caso se detecte uso de força letal por agente de segurança pública em serviço, será preciso citar o servidor envolvido, na forma do artigo 14-A do CPP, para que ele constitua advogado no prazo de 48 horas. Caso ele não indique advogado, o delegado deverá oficiar a instituição a qual pertence o agente de segurança pública, para que esta providencie advogado, no prazo de 48 horas (trata-se de inquérito com participação obrigatória de defensor – constituído ou dativo).

Se o delegado, ao final do inquérito, entender que não houve crime, porque o agente de segurança agiu em legítima defesa (própria ou de terceiro), o caminho a ser seguido é a confecção de relatório sugestionando o arquivamento do feito pelo Ministério Público. Se houve excesso que redundou na prática de crime ou se se detectar prática de execução, o policial envolvido deve ser indiciado.

1.2. Despachos

O inquérito policial é movimentado pelo delegado de polícia por meio de despachos. Como não há sequência definida de atos imposta pela legislação de regência, a ordem das diligências determinadas pela autoridade policial é discricionária.

Modelo 1 – Despacho de indiciamento

Inquérito Policial nº. ______

DESPACHO DE INDICIAMENTO

1. O presente inquérito policial foi instaurado com o fito de apurar crime de _____________ (**delito investigado**) supostamente praticado por ______________ (**nome do investigado**), que teria ________________________________ (**descrição do fato apurado**).
2. O documento avistável às fls. ____ demonstra que ________ (**indicar de maneira inteligível como a prova incrimina o investigado**), o que evidencia a prática do crime apurado.
3. Oitivado em termo de depoimento, fls____, ____________________ (**nome da testemunha**) afirmou que __________________ (**indicar de maneira inteligível como o elemento informativo/prova incrimina o investigado**).
4. Ouvido o investigado, ele disse que ______________________ ______________ (**indicar eventual confissão ou desconstruir possível álibi levantado pelo suspeito**).
5. Cotejando as provas/elementos informativos acima ventilados, verifico ter o investigado efetivamente praticado o crime apurado. Destarte, diante dos elementos probantes até então coligidos, promovo o **INDICIAMENTO** de _____________ (**nome do indicado**) nas penas do artigo ______ (**indicar o crime por ele praticado**), do Código Penal, na forma do artigo 2º, § 6º, da Lei 12.830/13. Qualifique-o, reduza a termo seu interrogatório, junte cópia de seu documento de identidade e demais peças cartorárias de praxe e requisite sua folha de antecedentes.

__________ (**local**), ___ de ______ de _____ (**data**).

Márcio Alberto Gomes Silva
Delegado de Polícia

Modelo 2 – Despacho de desindiciamento

Inquérito Policial nº. ______

DESPACHO

1. O presente inquérito policial foi instaurado com o fito de apurar crime de ______________ (**delito investigado**) supostamente praticado por ______________ (**nome do investigado**), que teria ______________________________ (**descrição do fato apurado**).

2. _____ (**nome do indiciado**) foi indiciado nas penas do crime acima mencionado, por força do despacho de indiciamento de fls. ___ (**página do indiciamento**). Ocorre que, cotejando as provas/elementos informativos produzidos após a materialização do ato, especialmente as produzidas às fls, __, __ e __ (**páginas das provas/elementos informativos que demonstram que o outrora indiciado não participou do crime apurado**), nota-se que na verdade o indiciado não participou efetivamente do crime aqui apurado.

3. Destarte, com fulcro nas breves razões aqui lançadas, determino o **DESINDICIAMENTO** de ______________ (**nome do desindiciado**). Expeça ofício ao instituto de identificação, requisitando seja apagado o registro do indiciamento, remetendo em anexo cópia deste despacho.

__________ (**local**), ___ de ______ de _____ (**data**).

Márcio Alberto Gomes Silva
Delegado de Polícia

Observações relevantes

O indiciamento é ato formal, da lavra de delegado de polícia, que imputa a alguém, formalmente, a prática do crime apurado no bojo do inquérito, na forma do artigo 2º, § 6º, da Lei 12.830/13.

Normalmente o indiciamento é o último ou um dos últimos atos materializados pela autoridade policial, posto que é de bom tom coligir todos os elementos probantes possíveis antes da formalização da imputação. Ademais, como o indiciado tem o direito ao silêncio, não se deve esperar muito da sua oitiva (aliás, a autoridade que prossegue no interrogatório de pessoa que tenha optado pelo direito ao silêncio pode incorrer na prática do crime de abuso de autoridade tipificado no artigo 15, parágrafo único, I, da Lei 13.869/19).

O indiciamento pode ser direto (quando o indiciado foi encontrado para ser formalmente cientificado do ato de imputação) ou indireto (quando é materializado sem que indiciado tenha ciência imediata do ato de imputação, porque não foi encontrado, por exemplo).

Após lavratura do despacho em questão, deve o indiciado ser ouvido em termo de interrogatório (ele será qualificado[28] e interrogado), será confeccionado boletim de vida pregressa, prontuário individual, juntada aos autos cópia de seu documento de identidade (ou materialização de sua identificação criminal, caso ele não apresente documento civil válido ou esteja presente alguma hipótese permissiva descrita na Lei 12.037/09).

O artigo 17-D da Lei 9.613/98, que permitia afastamento remunerado do servidor público indiciado pela prática de crime de lavagem de dinheiro, foi reputado inconstitucional pelo Supremo Tribunal Federal, nos autos da ADI 4911 (saliento que eu defendia a constitucionalidade do dispositivo e sua aplicação a qualquer crime perpetrado por servidor público)

Quanto ao indiciamento de autoridade que detém foro por prerrogativa de foro, cumpre deixar claro que não há qualquer restrição à materialização do ato por delegado de polícia (o STF restringe a possibilidade de instauração de apuratório, de ofício, pela autoridade policial em face de quem tem foro por prerrogativa no Pretório Excelso, mas se a instauração do inquérito for determinada pelo Supremo Tribunal Federal e tramitar sob supervisão de Ministro relator, não há qualquer ilegalidade no indiciamento materializado pela autoridade policial). Eis decisão do Ministro Barroso, nos autos do INQ 4.621/DF:

> Ementa: DIREITO CONSTITUCIONAL E PROCESSUAL PENAL. INDICIAMENTO. ATO PRIVATIVO DA AUTORIDADE POLICIAL. 1. De acordo com o Plenário desta Corte, é nulo o indiciamento de detentor de prerrogativa de foro, realizado por Delegado de Polícia, sem que a investigação tenha sido previamente autorizada por Ministro-Relator do STF (Pet 3.825-QO, Red. p/o Acórdão Min. Gilmar Mendes). 2. Diversa é a hipótese em que o inquérito foi instaurado com autorização e tramitou, desde o início, sob supervisão de Ministro desta Corte, tendo o indiciamento ocorrido somente no relatório final do inquérito. Nesses casos, o indiciamento é

28 Importante salientar que não há direito ao silêncio em face da qualificação. Caso o indiciado decida silenciar nesse momento, incorrerá na contravenção penal tipificada no artigo 68 do Decreto-lei 3.688/41. Caso ele afirme ser pessoa diversa, tem-se o crime do artigo 307 do Código Penal. Se fornecer documento falso, pratica o crime tipificado no artigo 304 do Código Penal. Se ele apresentar documento verdadeiro, passando-se por outra pessoa, tem-se crime do artigo 308 do Código Penal. Acerca do crime de falsa identidade, leia a Súmula 522/STJ.

> legítimo e independe de autorização judicial prévia. 3. Em primeiro lugar, porque não existe risco algum à preservação da competência do Supremo Tribunal Federal relacionada às autoridades com prerrogativa de foro, já que o inquérito foi autorizado e supervisionado pelo Relator. 4. Em segundo lugar, porque o indiciamento é ato privativo da autoridade policial (Lei nº 12.830/2013, art. 2º, § 6º) e inerente à sua atuação, sendo vedada a interferência do Poder Judiciário sobre essa atribuição, sob pena de subversão do modelo constitucional acusatório, baseado na separação entre as funções de investigar, acusar e julgar. 5. Em terceiro lugar, porque conferir o privilégio de não poder ser indiciado apenas a determinadas autoridades, sem razoável fundamento constitucional ou legal, configuraria uma violação aos princípios da igualdade e da república. 6. Em suma: a autoridade policial tem o dever de, ao final da investigação, apresentar sua conclusão. E, quando for o caso, indicar a autoria, materialidade e circunstâncias dos fatos que apurou, procedendo ao indiciamento. 7. Pedido de anulação indeferido.

Por fim, cumpre deixar claro que se admite despacho de desindiciamento, caso provas produzidas depois do indiciamento formal apontem que o outrora indiciado não participou do crime investigado no bojo do feito.

Modelo 3 – Despacho solicitando concessão de novo prazo para continuidade das investigações

Inquérito Policial nº. ______

DESPACHO

1. Considerando o escoamento do prazo legal de conclusão do feito, previsto no artigo 10 do Código de Processo Penal e que ainda pendem de materialização as seguintes diligências: ________ (**descrever as diligências faltantes** à **conclusão do feito**), remeta o apuratório ao juízo das garantias competente, solicitando a concessão de novo prazo de pelo menos _____ dias (**indicar o prazo solicitado**) para continuidade das investigações, na forma do artigo 10, § 3º, do CPP.

__________ (**local**), ___ de ______ de _____ (**data**).

Márcio Alberto Gomes Silva
Delegado de Polícia

Observações relevantes

O inquérito policial deve ser concluído no prazo de 30 dias, quando o investigado/indiciado está solto. Ocorre que o artigo 10, § 3º, do CPP, permite a prorrogação de dito elastério pelo juiz (das garantias, nos termos do Pacote Anticrime), atendendo à solicitação do delegado de polícia (o Ministério Público será instado a se manifestar, porquanto pode decidir, ao invés de concordar com a dilação, denunciar, declinar da sua atribuição e pugnar pelo declínio da competência do magistrado ou arquivar o feito[29]).

Importante frisar que o Pacote Anticrime prevê prorrogação do prazo de conclusão de inquérito policial com indiciado preso (flagrante ou preventiva) pelo prazo de até 15 dias. A prorrogação é decidida pelo juízo das garantias. (artigo 3º-B, VIII, do CPP).

29 Na nova sistemática de arquivamento de inquérito policial imposta pelo Pacote Anticrime, o Ministério Público decide o arquivamento do feito.

Modelo 4 – Despacho solicitando concessão de novo prazo para continuidade das investigações no âmbito da Justiça Federal (tramitação direta do inquérito com o MPF)

Inquérito Policial nº. ______

DESPACHO

1. Considerando o escoamento do prazo de permanência do apuratório na seara policial e que ainda pendem de materialização as seguintes diligências: ________ (**descrever as diligências faltantes** à **conclusão do feito**), remeta o apuratório ao MPF, informando a necessidade de continuidade das investigações pelo prazo de pelo menos ____ dias (**indicar o prazo necessário** à **finalização do procedimento**) para continuidade das investigações, na forma do artigo 3º da Resolução 63/09 CJF.

__________(**local**), ___ de ______ de _____(**data**).

Márcio Alberto Gomes Silva
Delegado de Polícia Federal

Observações relevantes

Após o primeiro registro do inquérito na Justiça Federal (feito quando a instauração do procedimento for comunicada ao juízo das garantias), o inquérito policial tramitará diretamente entre a Polícia Federal e o Ministério Público Federal, sem participação do Judiciário, na forma da Resolução 63/09, do Conselho da Justiça Federal.

Modelo 5 – Despacho determinando identificação criminal

Inquérito Policial nº. ______

DESPACHO

1. Junte aos autos cópia do RG apresentado pelo indiciado;
2. Apreenda o RG apresentado e remeta-o, via ofício interno, ao setor técnico-científico, requisitando materialização de perícia, fazendo constar no expediente os seguintes quesitos:
   a) Qual a descrição do documento periciado?
   b) O documento periciado é autêntico? Caso seja inautêntico, qual o método empregado para falsificação?
   c) Outros dados julgados úteis pelo corpo técnico.
3. Considerando que o documento apresentado pelo indiciado até agora identificado como sendo ________ (**nome informado pelo indiciado**) apresenta indícios de falsificação, expeça ofício interno ao setor de papiloscopia requisitando materialização da sua identificação criminal, com ulterior pesquisa das digitais coletadas nos bancos de dados à disposição do setor, com o fito de perquirir a real identidade do indiciado;
4. Após, concluso.

__________ (**local**), ___ de ______ de _____ (**data**).

Márcio Alberto Gomes Silva
Delegado de Polícia Federal

Observações relevantes

O civilmente identificado não será, em regra, identificado criminalmente, nos termos do inciso LVIII do artigo 5º da Constituição Federal. Ocorre que há exceções e estas são listadas na Lei 12.037/09.

Acima apresento modelo de despacho que determina a identificação criminal do indiciado (conjugação da identificação datiloscópica e fotográfica), em face da apresentação de documento de identificação civil com indícios de falsidade (artigo 3º, I, da Lei 12.037/09) – caso não seja possível a prisão em flagrante do mesmo no momento da apresentação do documento com indícios de contrafação.

Modelo 6 – Despacho determinando a reprodução simulada dos fatos

Inquérito Policial nº. ______

DESPACHO

1. Trata-se de inquérito policial instaurado com o fito de investigar a prática do crime tipificado no artigo ____ (**indicar artigo**);
2. Com o fito de esclarecer como, de fato, foi praticado o delito aqui investigado, determino a materialização de reprodução simulada dos fatos, nos termos do artigo 7º do CPP. Para tanto, expeça ofício interno ao setor técnico-científico, requisitando a presença de peritos criminais às __: ___ (**horário**), do dia __/__/____ (**data**), na rua _______ (**cena do crime**), com o fito de documentar o ato e confeccionar o respectivo laudo pericial;
3. Como o indiciado ________ (**nome do indiciado**) já manifestou interesse em participar do ato, expeça ofício à direção do sistema prisional, com o fito de fazer apresentá-lo no mesmo horário, dia e local indicados no item retro, **com reforço na escolta**;
4. Intime as testemunhas oitiva das às fls. __, __ e __ (**indicar páginas das oitivas das testemunhas que deverão participar da reprodução**) para comparecerem no mesmo horário, dia e local indicados no item retro;
5. Concluso o feito com a materialização da diligência determinada neste despacho.

__________ (**local**), ___ de ______ de ______ (**data**).

Márcio Alberto Gomes Silva
Delegado de Polícia Federal

Observações relevantes

A reprodução simulada dos fatos é diligência regulada pelo artigo 7º do CPP, com o fito de esclarecer a dinâmica da prática delitógena. É de se observar que o ato não pode ser materializado se houver ofensa à moralidade ou à ordem pública.

A doutrina e a jurisprudência são uníssonas em afirmar que a participação do indiciado/investigado não é obrigatória (decorre do seu direito à não incriminação e ao silêncio).

Até a 2ª edição da presente obra, sustentava o entendimento de que era possível determinar a apresentação do investigado/indiciado (e mesmo determinar sua condução coercitiva) para que se tivesse certeza acerca da sua intenção de participar ou não do ato de reprodução simulada. Eis trecho da edição passada dessa obra:

> Importante que se diga que participar é diferente de estar presente (atender à intimação determinada pelo delegado de polícia). Por isso o despacho acima retrata situação de indiciado preso, em que se determina a apresentação do detido no horário, data e local da diligência (estando presente, o indiciado pode optar por não participar).

Entrementes, à vista da decisão tomada pelo Supremo Tribunal Federal nos autos das ADPF 395 e 444 (que concluíram que a expressão "para interrogatório" contida no artigo 260 do Código de Processo Penal não foi recepcionada pela Constituição Federal de 1988), passo a entender que, se o investigado/indiciado for intimado para o ato de reprodução e não comparecer, ele não pode ser conduzido coercitivamente (ainda que a condução fosse apenas materializada para que se tivesse certeza acerca da sua disposição de tomar ou não parte da reprodução). Vejamos o dispositivo:

> Art. 260. Se o acusado não atender à intimação para o interrogatório, reconhecimento ou qualquer outro ato que, sem ele, não possa ser realizado, a autoridade poderá mandar conduzi-lo à sua presença.

Eis o julgado do Pretório Excelso:

> O Tribunal, por maioria e nos termos do voto do Relator, não conheceu do agravo interposto pela Procuradoria-Geral da República contra a liminar concedida e julgou procedente a arguição de descumprimento de preceito fundamental, para pronunciar a não recepção da expressão "para o interrogatório", constante do art. 260 do CPP, e declarar a incompatibilidade com a Constituição Federal da condução coercitiva de investigados ou de réus para interrogatório, sob pena de responsabilidade disciplinar, civil e penal do agente ou da autoridade e de ilicitude das provas obtidas, sem prejuízo da responsabilidade civil do Estado. O Tribunal destacou, ainda, que esta decisão não desconstitui interrogatórios realizados até a data do presente julgamento, mesmo que os interrogados tenham sido coercitivamente conduzidos para tal ato. Vencidos, parcialmente, o Ministro Alexandre de Moraes, nos termos de seu voto, o Ministro Edson Fachin, nos termos de seu voto, no que foi acompanhado pelos Ministros Roberto Barroso, Luiz Fux e Cármen Lúcia (Presidente). Plenário, 14.6.2018.

O Supremo Tribunal Federal entendeu que a condução coercitiva para interrogatório constitui constrangimento para o réu/indiciado/investigado, já que este tem direito ao silêncio e não é obrigado a produzir prova contra si.

É importante salientar que apenas a condução coercitiva do réu/indiciado/investigado para fins de interrogatório foi reputada não recepcionada pela

Constituição Federal. Assim, não ofende a decisão tomada pela Corte Suprema a condução coercitiva do acusado/indiciado/investigado para que seja materializado seu reconhecimento, por exemplo (porque no ato de reconhecimento a participação desse é passiva, já que quem produz a prova é o reconhecedor).

Outro ponto relevante é que a condução coercitiva da vítima (artigo 201, § 1º, do Código de Processo Penal), do perito (artigo 278 do Código de Processo Penal) e da testemunha (artigo 218 do Código de Processo Penal) não foram afetadas pela decisão tomada pelo Supremo Tribunal Federal, no bojo das ADPF 395 e 444.

Cumpre deixar claro que a decisão tomada não desconstitui os interrogatórios materializados antes do julgamento e que, caso o novo entendimento seja descumprido, haverá: a) imputação de responsabilidade disciplinar, civil e penal[30] ao agente ou autoridade; b) ilicitude das provas obtidas; c) responsabilidade civil do Estado.

Por fim, saliento que o ato de reprodução simulada dos fatos é documentado por meio de laudo pericial (por isso a determinação de que os peritos acompanhem a diligência).

30 Crime de abuso de autoridade tipificado no artigo 10 da Lei 13.869/19.

Modelo 7 – Despacho negando vista aos autos do inquérito policial (negativa desde a portaria)

Inquérito Policial nº. ______

DESPACHO

1. Trata-se de requerimento de vista de inquérito policial, elaborado pelo advogado de ____________ **(nome do investigado/indiciado).**
2. O pleito formulado não merece acolhida. É que há no apuratório em questão diligências em andamento (inclusive determinadas na peça que se avista no frontispício do processado inquisitivo) e eventual deferimento do pedido aqui analisado causará, decerto, prejuízo às investigações em curso.
3. A Súmula Vinculante 14, do Supremo Tribunal Federal, deixou claro que o acesso dos autos do inquérito policial ao causídico que representa os interesses do investigado se restringe a elementos de prova já documentados no procedimento inquisitivo (relacionados, destarte, a diligências findas). Se há no feito diligências em curso (ou medida cautelar que se lastreou em atos anteriores já documentados no bojo do feito), não há que se falar em acesso até que as mesmas se ultimem. Eis o édito:

   > Súmula Vinculante 14: É direito do defensor, no interesse do representado, ter acesso amplo aos elementos de prova que, já documentados em procedimento investigatório realizado por órgão com competência de polícia judiciária, digam respeito ao exercício do direito de defesa.

4. Do exposto, considerando que há diligências pendentes determinadas desde a portaria inaugural e que o acesso do causídico ao feito prejudicaria sobremaneira a elucidação do crime apurado, **INDEFIRO** o pedido de vista do apuratório. Intime o advogado requerente;

________ (**local**), ___ de _____ de _____ (**data**).

Márcio Alberto Gomes Silva
Delegado de Polícia Federal

Observações relevantes

É possível negar ao advogado do investigado/indiciado vista dos autos do inquérito policial, **desde a portaria**, caso se detecte que existem diligências em andamento determinadas ou mencionadas na peça que se avista no frontispício do procedimento inquisitivo e que o acesso prejudicaria a normal coleta de provas.

Imaginemos, por exemplo, inquérito em que o delegado de polícia determina na portaria levantamento discreto no endereço do investigado e que, depois de juntada a informação confirmando a morada do alvo, a autoridade policial representa ao juízo das garantias medida cautelar de busca e apreensão.

Deferida a medida cautelar e antes do seu cumprimento, o advogado do investigado pede vista do inquérito policial. Nesta situação, caso o delegado permita o acesso do apuratório (ainda que apenas a portaria e a informação juntada sejam mostradas), é inegável que a medida cautelar pendente restará prejudicada. Destarte, é possível negar o acesso do inquérito ao causídico, sem descumprimento do quanto determinado no EOAB (Lei 8.906/94), na Súmula Vinculante 14 e sem que se possa cogitar prática do crime de abuso de autoridade tipificado no artigo 32 da Lei 13.869/19[31].

31 Art. 32. Negar ao interessado, seu defensor ou advogado acesso aos autos de investigação preliminar, ao termo circunstanciado, ao inquérito ou a qualquer outro procedimento investigatório de infração penal, civil ou administrativa, assim como impedir a obtenção de cópias, ressalvado o acesso a peças relativas a diligências em curso, ou que indiquem a realização de diligências futuras, cujo sigilo seja imprescindível:
Pena - detenção, de 6 (seis) meses a 2 (dois) anos, e multa.

Modelo 8 – Despacho concedendo vista parcial do inquérito policial

Inquérito Policial nº. ______

DESPACHO

1. Trata-se de requerimento de vista de inquérito policial, elaborado pelo advogado de ____________ **(nome do investigado/indiciado)**.
2. O pleito formulado merece acolhida parcial. É que há no apuratório em questão diligências determinadas e ainda não cumpridas e acesso irrestrito ao feito causará, decerto, prejuízo às investigações em curso.
3. A Súmula Vinculante 14, do Supremo Tribunal Federal, deixou claro que o acesso dos autos do inquérito policial ao causídico que representa os interesses do investigado se restringe a elementos de prova **já documentados no procedimento inquisitivo** (relacionados, destarte, a diligências findas). Se há no feito diligências em curso, não há que se falar em acesso até que as mesmas se ultimem. Eis o édito:

> Súmula Vinculante 14: É direito do defensor, no interesse do representado, ter acesso amplo aos elementos de prova que, já documentados em procedimento investigatório realizado por órgão com competência de polícia judiciária, digam respeito ao exercício do direito de defesa.

4. Do exposto, considerando que há diligências pendentes determinadas no bojo do feito, **DEFIRO PARCIALMENTE** o pedido de vista, determinando, antes do acesso do causídico ao inquérito, o desentranhamento das fls. __, __, __ e __ (**páginas do inquérito que contenham diligências ainda não cumpridas ou em andamento**). Intime o advogado requerente;

________ (**local**), ___ de _____ de _____ (**data**).

Márcio Alberto Gomes Silva
Delegado de Polícia Federal

Observações relevantes

Como dito supra, o advogado do investigado tem direito de ter vista dos atos já concluídos e juntados aos autos do apuratório inquisitivo. Diligências pendentes de cumprimento (determinadas e ainda não materializadas), não devem ser mostradas ao causídico, sob pena de evidente prejuízo à investigação. Daí porque o delegado pode, antes de determinar a entrega do inquérito ao advogado, ordenar o desentranhamento das páginas que façam referência a diligências que ainda estão pendentes de cumprimento (despacho que determina intimação de testemunhas que ainda não foram ouvidas, por exemplo).

Modelo 9 – Despacho negando pedido de vista genérico

Inquérito Policial nº. ______

DESPACHO

1. Trata-se de requerimento genérico, elaborado pelo advogado de ______ **(nome do investigado/indiciado)**, solicitando vista de todo e qualquer inquérito policial que tramite nesta Superintendência Regional da Polícia Federal em _____ **(localidade)**.

2. O pleito formulado merece pronta denegação. Como se trata de pedido genérico de vista, é de se concluir que o fundamento legal que lastreia o pleito não é o artigo 7º, inciso XIV, da Lei 8.906/94 (EOAB) e sim a Lei 12.527/11 (Lei de Acesso à Informação), que prescreve em seu artigo 22:

> Art. 22. **O disposto nesta Lei não exclui as demais hipóteses legais de sigilo** e de segredo de justiça nem as hipóteses de segredo industrial decorrentes da exploração direta de atividade econômica pelo Estado ou por pessoa física ou entidade privada que tenha qualquer vínculo com o poder público.

3. A Lei de Acesso à Informação foi regulamentada pelo Decreto 7.724/12. O artigo 6º, I, do decreto em espeque prescreve que:

> Art. 6º O acesso à informação disciplinado neste Decreto **não se aplica**:
>
> I – **Às hipóteses de sigilo previstas na legislação**, como fiscal, bancário, de operações e serviços no mercado de capitais, comercial, profissional, industrial e segredo de justiça.

4. Neste diapasão, pedidos genéricos de acesso a todo e qualquer apuratório em curso para investigar infração penal praticada por determinada pessoa pode ser prontamente indeferido com base, simplesmente, no artigo 20 do Código de Processo Penal:

> Art. 20. A autoridade assegurará no inquérito o sigilo necessário à elucidação do fato ou exigido pelo interesse da sociedade.

5. Ainda que assim não fosse, o pedido genérico em questão poderia ser também indeferido com base no artigo 13, I, do Decreto 7.724/12:

> Art. 13. Não serão atendidos pedidos de acesso à informação:
>
> I – genéricos;

6. Destarte, forte nas razões lançadas supra, **INDEFIRO** o pedido de vista genérico formulado. Intime o causídico requerente;

________ **(local)**, ___ de _____ de _____ **(data)**.

Márcio Alberto Gomes Silva
Delegado de Polícia Federal

Observações relevantes

Diante de pedido genérico de vista formulado por advogado, no sentido de que sejam mostrados todos os inquéritos policiais em trâmite na unidade policial para apurar infrações penais praticadas por determinado cliente, o delegado de polícia deve entender que o lastro jurídico do pleito é a Lei de Acesso à Informação (Lei 12.527/11) e não o artigo 7º, XIV, da Lei 8.906/94 (EOAB).

Como a Lei de Acesso à Informação não excepciona o sigilo legalmente imposto, o artigo 20 do CPP pode, de maneira simplória, servir ao indeferimento do pedido. Caso deseje esgotar o tema, cumpre invocar o artigo 13, I, do Decreto 7.724/12 (que regulamentou a Lei 12.527/11), que veda pedidos de informação genéricos.

Modelo 10 – Despacho negando pedido de vista em inquérito que apure crimes cometidos por organizações criminosas

Inquérito Policial nº. ______

DESPACHO

1. Trata-se de pedido de vista elaborado pelo advogado de ____________ **(nome do investigado/indiciado)**, solicitando acesso ao inquérito policial __/____ **(número do inquérito)**;
2. O pleito formulado merece pronta denegação. É que o apuratório investiga delitos praticados por organização criminosa e conta com sigilo decretado por decisão judicial. Nesta toada, o sigilo só pode ceder diante de nova decisão judicial que conceda vista, nos termos do artigo 23 da Lei 12.850/13 (o advogado só terá acesso ao feito sem decisão judicial prévia, quando for determinada a oitiva do seu cliente – no prazo mínimo de três dias antes da data agendada para ouvida):

> Art. 23. O sigilo da investigação poderá ser decretado pela autoridade judicial competente, para garantia da celeridade e da eficácia das diligências investigatórias, assegurando-se ao defensor, no interesse do representado, amplo acesso aos elementos de prova que digam respeito ao exercício do direito de defesa, **devidamente precedido de autorização judicial**, ressalvados os referentes às diligências em andamento.
>
> Parágrafo único. Determinado o depoimento do investigado, seu defensor terá assegurada a prévia vista dos autos, ainda que classificados como sigilosos, no prazo mínimo de 3 (três) dias que antecedem ao ato, podendo ser ampliado, a critério da autoridade responsável pela investigação.

3. Destarte, forte nas razões lançadas supra, **INDEFIRO** o pedido de vista formulado. Intime o causídico requerente;

________ (**local**), ___ de _____ de _____ (**data**).

Márcio Alberto Gomes Silva
Delegado de Polícia Federal

Observações relevantes

No inquérito que investiga crimes cometidos por organizações criminosas, o juiz pode decretar o sigilo do feito (atendendo a representação do delegado de polícia ou requerimento do MP). Decretado o segredo de justiça, o advogado do investigado/indiciado só pode acessar os autos do inquérito policial se houver autorização judicial pretérita nesse sentido, nos termos do artigo 23 da Lei 12.850/13:

> Art. 23. O sigilo da investigação poderá ser decretado pela autoridade judicial competente, para garantia da celeridade e da eficácia das diligências investigatórias, assegurando-se ao defensor, no interesse do representado, amplo acesso aos elementos de prova que digam respeito ao exercício do direito de defesa, devidamente precedido de autorização judicial, ressalvados os referentes às diligências em andamento.
>
> Parágrafo único. Determinado o depoimento do investigado, seu defensor terá assegurada a prévia vista dos autos, ainda que classificados como sigilosos, no prazo mínimo de 3 (três) dias que antecedem ao ato, podendo ser ampliado, a critério da autoridade responsável pela investigação.

Cumpre salientar, nos termos do parágrafo único do artigo transcrito, que quando for determinada a oitiva do investigado/indiciado, deve ser assegurado ao advogado o direito de acesso ao feito com antecedência mínima de 3 dias da data agendada para o ato.

Modelo 11 – Informações em mandado de segurança (impetrado em face de acesso negado aos autos de inquérito policial)

Ofício nº _____ (**número do expediente**)

_______ (local), __de ____de____ (data).

A Sua Excelência o Senhor

__________ (**nome da autoridade judiciária**)

Juiz da Comarca de _________ (**indicar comarca**)

Assunto: Informações em mandado de segurança

Referência: Mandado de Segurança nº _______ (**número do processo**)

Senhor Juiz,

Seguem em anexo informações, tal qual requestadas.

Atenciosamente,

Márcio Alberto Gomes Silva
Delegado de Polícia

EXCELENTÍSSIMO SENHOR JUIZ DE DIREITO DA __ VARA DA COMARCA DE ______ (número da vara e comarca)

Márcio Alberto Gomes Silva, Delegado de Polícia que esta subscreve, lotado e em exercício na ________ (**unidade policial de lotação**), no uso de suas atribuições legais e em respeito à intimação determinada por Vossa Excelência, vem apresentar **INFORMAÇÕES** nos autos do **MANDADO DE SEGURANÇA** ________ (**número do processo**), no qual **é** indicado como **autoridade coatora**.

1. **O resumo fático.**

Os impetrantes são advogados de ______ (**nome do investigado**).

Em uma primeira petição, protocolada na Delegacia de Polícia de ______ (**unidade policial**), os causídicos em questão, representando o investigado, solicitaram "cópia de todo e qualquer procedimento investigatório que eventualmente esteja em andamento em desfavor de _____ **(nome do investigado)**", utilizando como argumento a Súmula Vinculante 14 e o Estatuto da Ordem dos Advogados do Brasil. Nesta primeira oportunidade o pleito foi negado porque se trata de pedido genérico, não abarcado pelo EOAB e sim pela Lei 12.527/11 (Lei de Acesso à Informação), que veda pedidos genéricos e resguarda o sigilo garantido por leis específicas (e o inquérito policial tem sigilo garantido pelo artigo 20 do CPP).

Em segunda investida, já de posse do número de inquérito em que, supostamente, seu cliente estaria sendo investigado, os impetrantes requereram cópia do IP _____ (**número do inquérito**). Uma vez mais o pedido foi indeferido, desta feita porque há diligências em curso desde a portaria (caso os advogados tivessem vista do feito, tais diligências restariam prejudicadas) e porque o feito tramita em segredo de justiça, por determinação da ___ Vara Criminal da Comarca de ____ (**vara e comarca**).

2. **Justificativa para o indeferimento do acesso aos autos de IPL**

Em relação ao primeiro pleito acima desenhado (pedido de vista genérico), como dito supra, é preciso levar em conta que o fundamento do pedido deixa de ter por lastro o EOAB e passa ter suporte na Lei de Acesso à Informação, que não excepciona o sigilo legalmente imposto pelo artigo 20 do CPP. Ainda que assim não fosse, há outro óbice: o artigo 13, I, do Decreto 7.724/12 (que regulamentou a Lei 12.527/11), veda pedidos de informação genéricos.

Quanto ao segundo pedido, cumpre deixar claro que a Súmula Vinculante 14 do Supremo Tribunal Federal, seguindo a esteira do quanto grafado na Lei 8.906/94, determinou que o advogado do investigado tenha acesso a atos já documentados e juntados ao inquérito policial:

> É direito do defensor, no interesse do representado, ter acesso amplo aos elementos de prova que, já documentados em procedimento investigatório realizado por órgão com competência de polícia judiciária, digam respeito ao exercício do direito de defesa.

O Pretório Excelso, a um só tempo, garantiu o direito de acesso às investigações em curso aos advogados dos investigados (artigo 7º, inciso XIV, da Lei 8.906/84) e o sigilo necessário às investigações policiais (artigo 20 do Código de Processo Penal), vez que determinou que as diligências em andamento (ou que sejam lastro para medidas cautelares em curso) não sejam mostradas aos advogados dos investigados (é a leitura *a contrario sensu* do verbete). Assim é que medidas cautelares em curso, levantamentos determinados e ainda não concluídos, intimações determinadas mas ainda não materializadas não devem ser objeto de vista, apenas para citar alguns exemplos.

É de uma clareza solar que o deferimento da vista aos autos do inquérito com diligências em andamento é prejudicial ao esclarecimento dos fatos investigados no bojo do feito.

No caso presente, IP ___ (**número do inquérito**), há medida cautelar em curso no âmbito da __ Vara Criminal da Comarca de _____ (**vara e comarca**) e o juízo em espeque **decretou estrito sigilo da mesma** (o sigilo foi decretado na medida cautelar e se estende ao feito principal). É importante que se frise que **há diligências determinadas desde a portaria que ainda estão em andamento (e que servem de lastro à medida cautelar em andamento)**. Por isso nem mesmo ela (a peça que avista no frontispício do processado inquisitivo) pode ser mostrada aos causídicos (o acesso aos autos faria com que o trabalho investigativo restasse inócuo).

Sendo o que tinha a informar, subscrevo.

Atenciosamente,

Márcio Alberto Gomes Silva
Delegado de Polícia

Observações relevantes

O modelo acima trata de ofício encaminhando informações em mandado de segurança impetrado em desfavor de ato de delegado de polícia (no caso concreto, ato que negou acesso ao inquérito policial) – advogados que têm pedidos de vista negados pela autoridade policial normalmente impetram mandado de segurança e/ou reclamação dirigida ao STF (alegando descumprimento à Súmula Vinculante 14).

O expediente mescla argumentos para negativa de acesso em caso de pedido genérico e quando o acesso aos autos desde a portaria vai atrapalhar o deslinde da investigação.

Modelo 12 – Despacho determinando diligência materializada por agente policial disfarçado

Inquérito Policial nº. ______

DESPACHO

1. Trata-se de inquérito policial instaurado para apurar o crime de __________ **(descrever o delito investigado – tráfico de drogas, comércio ilegal de armas de fogo ou tráfico internacional de armas de fogo)**, supostamente praticado por __________ (**nome do investigado**);
2. Até agora foram colhidos os seguintes elementos que demonstram a prática delitiva __________ (**demonstrar a presença de elementos probatórios razoáveis de conduta criminal preexistente**);
3. O artigo _____ (**indicar se a diligência se funda no artigo 33, § 1º, IV, da Lei 11.343/06, no artigo 17, § 2º, ou no artigo 18, parágrafo único, estes últimos da Lei 10.826/03**) autoriza materialização de diligência perpetrada por agente policial disfarçado que, por ordem do delegado de polícia que conduz o feito, poderá simular negociação de compra de __________ (**droga ilícita ou arma de fogo, a depender do crime investigado**) com o investigado;
4. Destarte, forte nas razões lançadas supra, **DETERMINO** que o policial __________ **(nome de guerra do policial que se disfarçará)** proceda a compra simulada do referido produto ilícito, com o fito de atestar ou não a prática delitiva investigada no bojo do feito;
5. A diligência deve ser documentada por meio de informação policial circunstanciada;
6. Por fim, saliento que, caso a operação seja exitosa, o investigado deve ser detido e conduzido à presença desta autoridade, para lavratura de auto de prisão em flagrante;

________ (**local**), ___ de _____ de _____ (**data**).

Márcio Alberto Gomes Silva
Delegado de Polícia

Observações relevantes

O Pacote Anticrime enxertou, como dito supra, nas Leis 11.343/06 e 10.826/03 a figura do agente policial disfarçado. Trata-se de policial que simula compra de material ilícito (drogas ou armas de fogo) a indivíduo alvo de investigação pela prática de tráfico ilícito de drogas, comércio ilegal de armas de fogo ou tráfico internacional de armas de fogo.

Como se dirá alhures com mais vagar (capítulo 6) a tratativa levada a cabo pelo agente policial disfarçado não redunda em crime impossível por obra do agente provocador, nos termos da Súmula 145 do Supremo Tribunal Federal, desde que presentes elementos probatórios razoáveis de conduta criminal preexistente.

Sugiro leitura atenta do artigo 33, § 1º, IV, da Lei 11.343/06, no artigo 17, § 2º, ou no artigo 18, parágrafo único, estes últimos da Lei 10.826/03 (eles enumeram três novos crimes decorrentes do uso da técnica aqui empregada). Por óbvio, caso se detecte a prática de qualquer desses delitos, a situação será flagrancial e redundará na lavratura de auto de prisão em flagrante em desfavor do investigado.

Ademais, caso o agente policial disfarçado compre/receba o produto ilícito na casa do investigado e a diligência seja exitosa, penso ser possível entrada, a depender da situação concreta[32], na casa do alvo (mesmo sem mandado judicial de busca e apreensão) com o fito de verificar se há mais drogas ilícitas ou armas de fogo em situação irregular no local (tal entrada não configurará prática de crime de abuso de autoridade, porque fundada em situação flagrancial).

32 Se algum elemento indiciário anterior indicar que há mais droga ou armas de fogo no interior da morada do investigado.

1.3. Oitivas

Modelo 1 – Termo de depoimento de testemunha

TERMO DE DEPOIMENTO que presta

____________ (nome do oitivado)

Inquérito Policial _____ (número do procedimento)

Aos ___ dias do mês de ___ do ano de ______ (**data de materialização da oitiva**), no cartório da Delegacia de Polícia de ______ (**local da unidade policial**), onde presente se encontrava o delegado de polícia ________ (**nome do delegado de polícia**), comigo, escrivão de polícia ao final declarado e assinado, compareceu _______ (**nome do oitivado**), _______________ (**qualificação completa do oitivado e seu endereço**). **Cientificado do dever legal de dizer a verdade, na forma do artigo 203 do Código de Processo Penal, sob pena da prática do crime de falso testemunho, tipificado no artigo 342 do Código Penal, aos costumes disse nada.** Inquirido pela autoridade policial sobre os fatos em apuração, **DISSE: QUE** ________ (**depoimento prestado pela testemunha**). E nada mais disse nem lhe foi perguntado, pelo que a autoridade policial determinou que se encerrasse o presente termo, que, depois de lido e achado conforme, foi assinado pelos presentes. Eu _______ (**assinatura do escrivão**), escrivão de polícia que o lavrei.

DELEGADO DE POLÍCIA: ___________________________

DEPOENTE: ________________________________

Observações relevantes

Testemunhas são oitivadas por meio de termo de depoimento (é preciso lembrar que toda pessoa pode ser testemunha - artigo 202 do CPP). É importante cientificar o oitivado do seu dever de dizer a verdade (compromisso a que alude o artigo 203 do Código de Processo Penal), sob pena da prática do crime de falso testemunho, tipificado no artigo 342 do Código Penal.

Saliento que no bojo do apuratório inquisitivo não há número máximo ou mínimo de testemunhas. A autoridade policial pode/deve ouvir tantas quantas existam e sejam suficientes para o esclarecimento dos fatos apurados. Não há óbice à oitiva de policiais como testemunhas de prática delitiva.

Sugiro a leitura dos artigos 206 (pessoas que podem se recusar a depor), 207 (pessoas que são proibidas de depor), 208 (pessoas que não são compromissadas),

221 (autoridades que têm a prerrogativa de agendar local, dia e hora para sua oitiva), § 1º do mesmo artigo 221 (autoridades que podem optar por depoimento por escrito), 222 (expedição de carta precatória para oitiva de testemunha que reside fora da circunscrição do delegado) e 223 (testemunha que não conhece a língua nacional). Confira tabela que auxilia na memorização:

Dicas para memorização	Envolvidos	Artigo do CPP
Poderão se recusar a depor, salvo quando não for possível, por outro modo, obter-se ou integrar-se a prova do fato e de suas circunstâncias.	Ascendente ou descendente, o afim em linha reta, o cônjuge, ainda que desquitado, o irmão e o pai, a mãe, ou o filho adotivo do acusado.	206
São proibidas de depor, salvo se, desobrigadas pela parte interessada, quiserem dar o seu testemunho.	As pessoas que, em razão de função, ministério, ofício ou profissão, devam guardar segredo.	207
Não se deferirá o compromisso a que alude o art. 203 (compromisso de dizer a verdade, sob pena do crime de falso testemunho).	Aos doentes e deficientes mentais e aos menores de 14 (quatorze) anos, nem às pessoas a que se refere o art. 206 (ascendente ou descendente, o afim em linha reta, o cônjuge, ainda que desquitado, o irmão e o pai, a mãe, ou o filho adotivo do acusado).	208

Cumpre salientar que as pessoas referidas nos artigos 206 e 208 não prestam compromisso de dizer a verdade (devem, portanto, ser ouvidas em termo de declarações).

É importante atentar para leitura do crime de abuso de autoridade tipificado no artigo 15 da Lei 13.869/19[33]. O delegado de polícia não pode constranger a depor, sob ameaça de prisão, pessoa que, em razão de função, ministério, ofício ou profissão, deva guardar segredo ou resguardar sigilo. O artigo 207

33 Art. 15. Constranger a depor, sob ameaça de prisão, pessoa que, em razão de função, ministério, ofício ou profissão, deva guardar segredo ou resguardar sigilo:
Pena - detenção, de 1 (um) a 4 (quatro) anos, e multa.

do Código de Processo Penal deixa claro que a pessoa que se enquadra nessas situações é proibida de depor e só poderá dar seu testemunho se for desobrigada pela parte interessada e quiser falar. Sugestiono que no termo de depoimento conste expressamente o adimplemento dessas duas condições (que são cumulativas).

A testemunha que, intimada, não comparece e não justifica sua ausência pode ser conduzida coercitivamente (na forma do artigo 218 do CPP). Bom que se diga que não há número de intimações não atendidas fixado em lei para que seja determinada a condução coercitiva. Saliento que se o ato de força estatal for decretado de forma manifestamente descabida em relação à testemunha, pode-se cogitar prática de crime de abuso de autoridade (artigo 10 da Lei 13.869/19[34]).

Em casos criminais mais complexos, não há óbice para gravação do depoimento da testemunha.

Um último tópico: o investigado/indiciado e/ou seu advogado não ostentam o direito de participar da coleta do depoimento de testemunha (ou da colheita das declarações da vítima) no curso do inquérito policial. Como já declinado, o inquérito é procedimento investigativo e nele não há incidência do princípio do contraditório. A decisão do delegado de polícia que nega o acesso do causídico que defende os interesses do investigado/indiciado à oitiva das testemunha/vítima deve ser calcada, a meu ver, na Súmula Vinculante 14 e no § 11 do artigo 7º da Lei 8.906/94[35] (já que se trata de providência investigativa ainda não finalizada e juntada ao feito). Finalizado o ato e juntado ao feito o depoimento/declarações, será então possível, como regra, conceder o acesso da oitiva ao advogado.

34 Art. 10. Decretar a condução coercitiva de testemunha ou investigado manifestamente descabida ou sem prévia intimação de comparecimento ao juízo:
Pena - detenção, de 1 (um) a 4 (quatro) anos, e multa.

35 Art. 7º (...)
§ 11. No caso previsto no inciso XIV, a autoridade competente poderá delimitar o acesso do advogado aos elementos de prova relacionados a diligências em andamento e ainda não documentados nos autos, quando houver risco de comprometimento da eficiência, da eficácia ou da finalidade das diligências.

Modelo 2 – Oitiva da vítima

TERMO DE DECLARAÇÕES que presta

__________ (nome do oitivado)

Inquérito Policial _____ (número do procedimento)

Aos ___ dias do mês de ___ do ano de ______ (**data de materialização da oitiva**), no cartório da Delegacia de Polícia de ______ (**local da unidade policial**), onde presente se encontrava o delegado de polícia _______ (**nome do delegado de polícia**), comigo, escrivão de polícia ao final declarado e assinado, compareceu ________ **(nome do oitivado),** _______________ (**qualificação completa do oitivado e seu endereço**). Inquirido pela autoridade policial sobre os fatos em apuração, **DISSE: QUE** _______ (**declarações prestadas pela vítima**). E nada mais disse nem lhe foi perguntado, pelo que a autoridade policial determinou que se encerrasse o presente termo, que, depois de lido e achado conforme, foi assinado pelos presentes. Eu _________ (**assinatura do escrivão**), escrivão de polícia que o lavrei.

DELEGADO DE POLÍCIA: ______________________

DECLARANTE: __________________________

Observações relevantes

A vítima é ouvida em termo de declarações e não presta compromisso de dizer a verdade. É importante que o delegado de polícia questione-a acerca das características físicas do autor do fato (perguntando especificamente se ela é capaz de reconhecê-lo), como o crime foi perpetrado, se houve testemunhas oculares, o local exato da prática delitógena (a fim de possibilitar levantamento de campo que permita, por exemplo, identificar câmeras que tenham filmado o evento), o que foi subtraído (em caso de crime contra o patrimônio - se houve subtração de terminal móvel, deve ser individualizado o número do celular surrupiado, a operadora e o IMEI do aparelho).

O delegado de polícia, quando intimar a vítima, deve cuidar de verificar, dentre outras possibilidades: a) se ela deve ser submetida a exame de corpo de delito; b) se é o caso de colher material gráfico (para materialização de perícia que demonstre a inautenticidade de assinatura em documento ou cheque, por exemplo); c) se é o caso de materializar reconhecimento de pessoa, objeto ou por fotografia.

A Lei 13.431/17[36] inseriu em nosso ordenamento jurídico a escuta especializada e o depoimento especial de criança ou adolescente vítima ou testemunha de infração penal.

De acordo com o mandamento acima mencionado, escuta especializada "é o procedimento de entrevista sobre situação de violência com criança ou adolescente perante órgão da rede de proteção, limitado o relato estritamente ao necessário para o cumprimento de sua finalidade" (artigo 7º). Já o depoimento especial é definido como o "procedimento de oitiva de criança ou adolescente vítima ou testemunha de violência perante autoridade policial ou judiciária" (artigo 8º).

A Lei 13.431/17 determina que a criança/adolescente seja resguardada de qualquer contato, ainda que visual, com o suposto autor do fato ou acusado ou qualquer outra pessoa que represente ameaça, coação ou constrangimento (artigo 9º).

O artigo 10 do mandamento legal analisado determina que a colheita do depoimento especial será materializada em local apropriado e acolhedor, com o fito de garantir privacidade à criança ou ao adolescente vítima/testemunha de violência.

O depoimento especial deve ser tomado uma única vez, em sede de produção antecipada de prova (vide artigo 156, I, do CPP), com garantia da ampla defesa do investigado (também deve ser garantido o contraditório, já que a oitiva não será, em regra, repetida – destarte, impõe-se a participação do advogado do investigado/acusado na colheita das declarações que, por se tratar de prova antecipada, deve ser coligida por magistrado, com a presença do Ministério Público).

Há obrigatoriedade da produção antecipada de prova quando a criança vítima/testemunha tiver menos de 7 anos ou em caso de violência sexual (artigo 11 da Lei 13.431/17).

O roteiro legal da tomada do depoimento especial está descrito no artigo 12 da Lei 13.431/17:

> Art. 12. O depoimento especial será colhido conforme o seguinte procedimento:
>
> I – os profissionais especializados esclarecerão a criança ou o adolescente sobre a tomada do depoimento especial, informando-lhe os seus direitos e os procedimentos a serem adotados e planejando sua participação, sendo vedada a leitura da denúncia ou de outras peças processuais;
>
> II – é assegurada à criança ou ao adolescente a livre narrativa sobre a situação de violência, podendo o profissional especializado intervir quando necessário, utilizando técnicas que permitam a elucidação dos fatos;

36 Foi publicada em 04/04/2017 e entrou em vigor um ano após da publicação oficial.

III – no curso do processo judicial, o depoimento especial será transmitido em tempo real para a sala de audiência, preservado o sigilo;

IV – findo o procedimento previsto no inciso II deste artigo, o juiz, após consultar o Ministério Público, o defensor e os assistentes técnicos, avaliará a pertinência de perguntas complementares, organizadas em bloco;

V – o profissional especializado poderá adaptar as perguntas à linguagem de melhor compreensão da criança ou do adolescente;

VI – o depoimento especial será gravado em áudio e vídeo.

§ 1º À vítima ou testemunha de violência é garantido o direito de prestar depoimento diretamente ao juiz, se assim o entender.

§ 2º O juiz tomará todas as medidas apropriadas para a preservação da intimidade e da privacidade da vítima ou testemunha.

§ 3º O profissional especializado comunicará ao juiz se verificar que a presença, na sala de audiência, do autor da violência pode prejudicar o depoimento especial ou colocar o depoente em situação de risco, caso em que, fazendo constar em termo, será autorizado o afastamento do imputado.

§ 4º Nas hipóteses em que houver risco à vida ou à integridade física da vítima ou testemunha, o juiz tomará as medidas de proteção cabíveis, inclusive a restrição do disposto nos incisos III e VI deste artigo.

§ 5º As condições de preservação e de segurança da mídia relativa ao depoimento da criança ou do adolescente serão objeto de regulamentação, de forma a garantir o direito à intimidade e à privacidade da vítima ou testemunha.

§ 6º O depoimento especial tramitará em segredo de justiça[37].

Acerca da atuação do delegado de polícia em inquéritos com vítima/testemunha criança/adolescente, é importante, ainda, atentar para o quanto desenhado no artigo 21 da Lei 13.431/17:

Art. 21. Constatado que a criança ou o adolescente está em risco, a autoridade policial requisitará à autoridade judicial responsável, em qualquer momento dos procedimentos de investigação e responsabilização dos suspeitos, as medidas de proteção pertinentes, entre as quais:

I – evitar o contato direto da criança ou do adolescente vítima ou testemunha de violência com o suposto autor da violência;

---

37 Sob pena da prática do crime capitulado no artigo 24 da mesma lei: "Violar sigilo processual, permitindo que depoimento de criança ou adolescente seja assistido por pessoa estranha ao processo, sem autorização judicial e sem o consentimento do depoente ou de seu representante legal".

> II – solicitar o afastamento cautelar do investigado da residência ou local de convivência, em se tratando de pessoa que tenha contato com a criança ou o adolescente;
>
> III – requerer a prisão preventiva do investigado, quando houver suficientes indícios de ameaça à criança ou adolescente vítima ou testemunha de violência;
>
> IV – solicitar aos órgãos socioassistenciais a inclusão da vítima e de sua família nos atendimentos a que têm direito;
>
> V – requerer a inclusão da criança ou do adolescente em programa de proteção a vítimas ou testemunhas ameaçadas; e
>
> VI – representar ao Ministério Público para que proponha ação cautelar de antecipação de prova, resguardados os pressupostos legais e as garantias previstas no art. 5º desta Lei, sempre que a demora possa causar prejuízo ao desenvolvimento da criança ou do adolescente.

Por fim, cumpre destacar que a Lei 11.340/06 (Lei Maria da Penha), com as alterações introduzidas pela Lei 13.505/17, determina oitiva diferenciada da mulher em situação de violência doméstica e familiar, bem como da testemunha de violência doméstica, no curso da investigação criminal:

> Art. 10-A. É direito da mulher em situação de violência doméstica e familiar o atendimento policial e pericial especializado, ininterrupto e prestado por servidores – preferencialmente do sexo feminino – previamente capacitados.
>
> § 1º A inquirição de mulher em situação de violência doméstica e familiar ou de testemunha de violência doméstica, quando se tratar de crime contra mulher, obedecerá às seguintes diretrizes:
>
> I – salvaguarda da integridade física, psíquica e emocional da depoente, considerada a sua condição peculiar de pessoa em situação de violência doméstica e familiar;
>
> II – garantia de que, em nenhuma hipótese, a mulher em situação de violência doméstica e familiar e testemunhas terão contato com investigados ou suspeitos e pessoas a eles relacionadas;
>
> III – não revitimização da depoente, evitando sucessivas inquirições sobre o mesmo fato nos âmbitos criminal, cível e administrativo, bem como questionamentos sobre sua vida privada.
>
> § 2º Na inquirição de mulher em situação de violência doméstica e familiar ou de testemunha dos delitos de que trata essa Lei, adotar-se-á, preferencialmente, o seguinte procedimento:
>
> I – a inquirição será feita em recinto especialmente projetado para esse fim, o qual conterá equipamentos próprios e adequados à idade da mulher em

> situação de violência doméstica e familiar ou testemunha e ao tipo e à gravidade da violência sofrida;
>
> II – quando for o caso, a inquirição será intermediada por profissional especializado em violência doméstica e familiar designada pela autoridade judiciária ou policial;
>
> III – o depoimento será registrado em meio eletrônico ou magnético, devendo a degravação e a mídia integrar o inquérito;

O artigo 12-A da Lei 11.340/06 determina aos Estados e ao Distrito Federal a prioridade na criação de Delegacias Especializadas de Atendimento à Mulher (DEAMS), de Núcleos Investigativos de Feminicídio[38] e de equipes especializadas para o atendimento e a investigação das violências graves contra mulher.

O artigo 12-B (o *caput* e seus §§ 1º e 2º), que permitiriam a aplicação de medidas protetivas de urgência diretamente pelo delegado de polícia (especificamente as descritas nos artigos 22, III e 23, I e II, da Lei 11.340/06) foi vetado. Segundo redação aprovada pelo Congresso Nacional, a aplicação das medidas protetivas pelo delegado de polícia seria provisória, cabendo ao juízo, depois de comunicado pela autoridade policial no prazo de 24 horas, deliberar acerca da manutenção ou revisão das medidas, ouvido o Ministério Público no mesmo prazo. Andou mal o presidente da República ao vetar o dispositivo. A decretação de medidas protetivas diretamente pelo delegado de polícia aceleraria a proteção à mulher, tornando mais efetiva a atuação estatal na defesa da vítima (por vezes o lapso temporal compreendido entre a representação elaborada pela autoridade policial e a decisão judicial decretando a medida protetiva abre espaço para novos ataques manejados pelo agressor). Anote-se que a imposição de medidas cautelares diversas da prisão não se traduz em cláusula de reserva jurisdicional (diferente da decretação de custódia provisória, que depende necessariamente de ordem judicial) e que seria perfeitamente possível ao Congresso Nacional outorgar tal atribuição ao delegado de polícia, por meio de lei (a autoridade policial pode, nos termos do artigo 322 do Código de Processo Penal, arbitrar fiança – medida cautelar diversa da prisão prevista no artigo 319, VIII, do referido diploma legal).

Do artigo 12-B, permaneceu íntegro apenas o § 3º, que permite ao delegado de polícia requisitar serviços públicos necessários à defesa da mulher vítima de violência doméstica e familiar e de seus dependentes.

Tal panorama (impossibilidade do delegado de polícia decretar medida protetiva no âmbito da Lei Maria da Penha) foi alterado pela Lei 13.827/19, que incluiu na Lei 11.340/06 os artigos 12-C e 38-A – os dispositivos serão pormenorizados adiante.

---

38 Homicídio praticado contra mulher por razão da condição do sexo feminino – artigo 121, § 2º, VI, do Código Penal.

Modelo 3 – Oitiva do investigado (termo de declarações)

TERMO DE DECLARAÇÕES que presta
_____ (nome do oitivado)
Inquérito Policial _____ (número do procedimento)

Aos ___ dias do mês de ___ do ano de _____ (**data de materialização da oitiva**), no cartório da Delegacia de Polícia de _____ (**local da unidade policial**), onde presente se encontrava o delegado de polícia _____ (**nome do delegado de polícia**), comigo, escrivão de polícia ao final declarado e assinado, compareceu _____ (**nome do oitivado**), _____ (**qualificação completa do oitivado e seu endereço**), acompanhado do advogado _____ (**nome do advogado e respectiva OAB**), com escritório profissional na _____ (**local do escritório do causídico**). **Cientificado do seu direito constitucional ao silêncio e de não produzir prova contra si.** Inquirido pela autoridade policial sobre os fatos em apuração, **DISSE: QUE** _____ (**declarações prestadas pelo investigado**). **Dada a palavra ao advogado do investigado**, ele solicitou a materialização das seguintes perguntas, as quais foram deferidas pelo delegado de polícia: **QUE** _____ (**resposta** às **perguntas solicitadas pelo advogado**). E nada mais disse nem lhe foi perguntado, pelo que a autoridade policial determinou que se encerrasse o presente termo, que, depois de lido e achado conforme, foi assinado pelos presentes. Eu _____ (**assinatura do escrivão**), escrivão de polícia que o lavrei.

DELEGADO DE POLÍCIA: _____

DECLARANTE: _____

ADVOGADO: _____

Observações relevantes

Caso o investigado seja ouvido antes da materialização de despacho formal de indiciamento, a peça a ser confeccionada é o **termo de declarações**. Isso porque ele não presta compromisso de dizer a verdade, tem direito ao silêncio e de não produzir prova contra si (é importante fazer constar no corpo do texto que investigado está sendo cientificado de tais direitos).

Até a 3ª edição desta obra, defendia que o delegado de polícia devia fazer ao investigado todas as perguntas que pensasse importantes para elucidação do caso criminal, ainda que o investigado tivesse decidido quedar-se silente. Tal atitude serviria a dois propósitos: a) demonstra a linha de raciocínio da autoridade policial na condução da oitiva; b) faz com que o investigado tenha condição de exercitar à completude seu direito constitucional, já que poderá optar por responder alguma(s) da(s) pergunta(s). Contudo, diante do crime previsto no artigo 15, parágrafo único, I, da Lei 13.869/19, passo a sugestionar que o delegado não mais insista em prosseguir perguntando ao investigado, caso ele decida exercitar seu direito ao silêncio. Penso que a autoridade policial ainda pode consignar as perguntas que faria no corpo do termo, salientando que as mesmas não foram efetivamente feitas ao investigado depois da sua opção de silenciar. Outra alternativa possível é o delegado questionar ao investigado e a seu advogado se o direito ao silêncio será exercido em bloco (em relação a toda e qualquer pergunta que venha a ser feita) ou se o investigado deseja não responder apenas uma pergunta pontual. No primeiro caso a autoridade deve abster-se de continuar perguntando, com o fito de evitar prática de crime de abuso de autoridade. Na segunda situação, o delegado pode fazer as perguntas que deseja, observado o direito ao silêncio do investigado quesito a quesito (penso ser importante consignar essa tratativa feita com o investigado e seu advogado no corpo da oitiva).

Um outro dispositivo importante quando se pensa na oitiva do investigado é o artigo 15, parágrafo único, II, da Lei 13.869/19. É crime de abuso de autoridade prosseguir no interrogatório de pessoa que tenha optado por ser assistida por advogado ou defensor público, sem a presença de seu patrono. Reafirmo que a presença do advogado no âmbito do inquérito é facultativa. Contudo, se ele possui patrono, não é possível obstar a presença do causídico na oitiva (leia o artigo 7º, XXI, do EOAB). É interessante que a oitiva do investigado seja um dos últimos atos instrutórios do inquérito policial, com o fito de confrontar a versão apresentada com as provas/elementos informativos produzidos ao longo da investigação, caso o oitivado decida falar (como o investigado tem direito ao silêncio, não se deve depositar grandes esperanças neste ato).

Por fim, cumpre registrar que, se a autoridade decidir filmar/gravar o ato, deve cientificar o oitivado acerca de tal providência.

Modelo 4 – Termo de interrogatório do indiciado

TERMO DE QUALIFICAÇÃO E INTERROGATÓRIO que presta ____________ (nome do oitivado)

Inquérito Policial _____ (número do procedimento)

Aos ___ dias do mês de ___ do ano de ______ (**data de materialização da oitiva**), no cartório da Delegacia de Polícia de ______ (**local da unidade policial**), onde presente se encontrava o delegado de polícia _______ (**nome do delegado de polícia**), pelo mesmo foi determinado que se formalizasse a qualificação do indiciado, o qual **RESPONDEU:**

NOME:

ALCUNHA:

NACIONALIDADE:

ESTADO CIVIL:

PAI:

MÃE:

DATA DE NASCIMENTO:

NATURALIDADE:

PROFISSÃO:

INSTRUÇÃO:

DOCUMENTO DE IDENTIDADE:

TÍTULO DE ELEITOR: Zona: Seção:

CPF:

RESIDÊNCIA: CEP FONE

ENDEREÇO COMERCIAL: CEP FONE

INCIDÊNCIA PENAL:

Cientificado das imputações que lhe são feitas e de seus direitos constitucionais, inclusive o de permanecer calado e de não produzir prova contra si, o interrogado **RESPONDEU: QUE ______ (interrogatório do indiciado). Dada a palavra ao advogado do indiciado, o mesmo solicitou a formulação de quesitos que foram deferidos pelo delegado de polícia.** O interrogado **RESPONDEU: QUE ______ (resposta às perguntas do advogado).** Ao fim, perguntado se foi preso ou processado anteriormente, **RESPONDEU: QUE ______ (resposta ao quesito).** Nada mais disse nem lhe foi perguntado. Nada mais havendo, determinou a autoridade policial o encerramento do presente, que, lido e achado conforme, segue assinado pelo interrogado, as testemunhas, o delegado de polícia, o advogado e por mim, escrivão que o lavrei.

DELEGADO DE POLÍCIA: ______________________________

INTERROGADO: ______________________________

ADVOGADO: ______________________________

1ª TESTEMUNHA: ______________________________

2ª TESTEMUNHA: ______________________________

ESCRIVÃO: ______________________________

Observações relevantes

Uma das consequências da materialização do indiciamento (ato formal, da lavra do delegado de polícia, que imputa, fundamentadamente, a prática delitiva apurada no bojo do inquérito a determinada pessoa, na forma do § 6º, do artigo 2º, da Lei 12.830/13) é a confecção de termo de qualificação e interrogatório (oitiva do indiciado).

Inicialmente, o indiciado deve ser qualificado. Neste momento ele não tem direito ao silêncio e deve afirmar corretamente seus dados pessoais (sob pena de prática da contravenção penal tipificada no artigo 68 do Decreto-lei 3.688/41). Qualificado, ele passa a ostentar o direito de quedar-se silente e de não produzir prova contra si.

Duas testemunhas que tenham ouvido a leitura do termo ao indiciado assinam o documento, na forma do artigo 6º, V, do CPP.

Caso repute necessário, o delegado pode fotografar o indiciado para submeter a fotografia à vítima ou a testemunhas (para materialização de ato formal de reconhecimento).

O indiciado não é obrigado a fornecer material gráfico, nem biológico para confecção de ulterior perícia (mas nada impede que a autoridade apreenda copo no qual ele bebeu água, fios de cabelo que tenham caído no chão, etc.).

Caso o delegado decida filmar o ato, deverá dar ciência ao indiciado (é de bom tom que a gravação seja periciada para demonstrar inexistência de montagem).

Cumpre lembrar que, caso o indiciado esteja preso, será preciso observar o inciso X, do artigo 6º, do CPP e "colher informações sobre a existência de filhos, respectivas idades e se possuem alguma deficiência e o nome e o contato de eventual responsável pelos cuidados dos filhos, indicado pela pessoa presa".

1.4. Relatório

O relatório é a peça jurídica, privativa de delegado de polícia, que põe termo ao inquérito policial.

Sugestiono sua divisão em quatro tópicos: **1) INTROITO** – destinado a delimitar o fato investigado, sua tipificação, o suspeito, a peça de instauração e a forma de comunicação da notícia de crime à polícia; **2) RELATO DAS DILIGÊNCIAS** – neste tópico a autoridade policial deve listar as diligências investigativas praticadas e as páginas onde estas podem ser visualizadas; **3) A PRÁTICA DELITIVA APURADA NO BOJO DO FEITO** – aqui o delegado de polícia deve enfrentar juridicamente o fato investigado, sopesando as provas coligidas e concluindo pela existência ou não de crime e pela responsabilidade do investigado/indiciado (neste tópico a autoridade policial deve indicar a destinação do material apreendido e pode levar a efeito representações, se for o caso); **4) CONCLUSÃO** – fecho do relatório, declarando encerrados os trabalhos investigativos e encaminhando o feito à Justiça ou ao MP.

Modelo 1 – Relatório que conclui pela existência de crime, mas que não identifica autoria

RELATÓRIO

INQUÉRITO POLICIAL: **(indicar o número do apuratório)**

PROCESSO: **(indicar o número do processo vinculado, se houver)**

INSTAURAÇÃO: **(data da instauração do inquérito)**

TÉRMINO: **(data do fim do inquérito)**

INDICIADO: (**nome do indiciado, com referência** às **fls. onde ele foi qualificado)**

INCIDÊNCIA PENAL: (**tipificação da infração penal objeto de apuração**)

1 – INTROITO

Trata-se de inquérito policial, instaurado através de portaria, com o fito de apurar o crime de ______________ (**indicar a infração penal apurada**), tipificado no artigo ________ do Código Penal (**indicar a tipificação da infração penal**), em face de ________________ (**narrar sucintamente o fato apurado**).

O procedimento inquisitivo foi instaurado em atenção a ______________ (**indicar a forma de comunicação da infração penal – notícia de crime prestada pela vítima, requisição, prisão em flagrante do autor do fato, etc.**).

2 – RELATO DAS DILIGÊNCIAS

Às fls. 05, ______________ (**descrever o documento juntado ou diligência praticada**).

Às fls. 18, ______________ (**descrever o documento juntado ou diligência praticada**).

Às fls. 23, ______________ (**descrever o documento juntado ou diligência praticada**).

Às fls. 28, ______________ (**descrever o documento juntado ou diligência praticada**).

3 – A PRÁTICA DELITIVA APURADA NO BOJO DO FEITO

O cerne do presente caderno inquisitivo é investigar suposta prática do crime de __________ (**indicar crime apurado e sua respectiva tipificação**), em face de _____________ (**narrar brevemente o fato investigado**).

O estudo acurado dos autos revela que não há linha investigativa a ser seguida no sentido de elucidar o delito em espeque. Foram materializadas as seguintes diligências _____ (fls. __), _____ (fls. __) e _____ (fls. __) (**descrever as diligências realizadas no bojo do feito**). A materialidade delitiva findou efetivamente demonstrada, como se verifica às fls. __ (**indicar onde pode ser atestada a prova da materialidade**). Entrementes, não foi possível identificar quem foi o autor do crime.

O estudo do feito revela que a melhor saída, salvo melhor juízo, é arquivá-lo, sendo certo que, caso surjam novos indícios e provas que apontem para suspeitos, a investigação poderá ser retomada. Não vislumbro outra providência a ser tomada.

É a aplicação do artigo 18 do CPP:

> Art. 18. Depois de ordenado o arquivamento do inquérito pela autoridade judiciária, por falta de base para a denúncia, a autoridade policial poderá proceder a novas pesquisas, se de outras provas tiver notícia[39].

Vale trazer à baila a súmula 524 do STF:

> Súmula 524: Arquivado o inquérito policial, por despacho do juiz, a requerimento do promotor de justiça, não pode a ação penal ser iniciada, sem novas provas.

4 – CONCLUSÃO

Não havendo diligências outras a serem materializadas pelo aparelho policial com vistas ao aclaramento dos fatos, não resta outro caminho a trilhar, senão o da remessa dos autos relatados à apreciação do juízo das garantias, sugestionando ao Ministério Público o arquivamento do feito, sem prejuízo do disposto no artigo 18 do CPP.

Do exposto, abroquelado nos fundamentos de fato e de direito acima expendidos, declaro encerrados os trabalhos da Polícia Judiciária.

________ (**local**), ___ de _____ de _____ (**data**).

Márcio Alberto Gomes Silva
Delegado de Polícia Federal

---

39 Com a entrada em vigor do Pacote Anticrime o arquivamento do inquérito policial passa a ser determinado pelo Ministério Público, em face da alteração do artigo 28 do CPP. O artigo 18 do CPP, contudo, não foi alterado (houve revogação tácita – critério temporal – da parte inicial do dispositivo).

Observações relevantes

O inquérito não deve ficar aberto indefinidamente. Caso o delegado de polícia detecte que o crime efetivamente ocorreu, mas que não é possível individualizar o seu autor, cumpre confeccionar relatório, dar por encerradas as investigações e sugestionar o arquivamento do feito. Frise-se que, caso surja nova prova apta a indiciar a autoria delitiva, a investigação poderá ser retomada (aliás, o arquivamento do inquérito não impede que a polícia continue investigando - artigo 18 do CPP).

Cumpre lembrar que, nos termos da Súmula 524 do STF, uma vez arquivado o inquérito policial, eventual ação penal só pode ser iniciada se houver prova nova.

Modelo 2 – Relatório com sugestão de arquivamento (fato atípico por ausência de dolo)

RELATÓRIO

INQUÉRITO POLICIAL: **(indicar o número do apuratório)**

PROCESSO: **(indicar o número do processo vinculado, se houver)**

INSTAURAÇÃO: **(data da instauração do inquérito)**

TÉRMINO: **(data do fim do inquérito)**

INDICIADO: (**nome do indiciado, com referência** às **fls. onde ele foi qualificado)**

INCIDÊNCIA PENAL: (**tipificação da infração penal objeto de apuração**)

1 – INTROITO

Trata-se de inquérito policial, instaurado através de portaria, com o fito de apurar a possível existência do crime de desobediência, tipificado no artigo 330 do Código Repressivo Pátrio, supostamente praticado pelo representante legal da empresa _______ (**nome da empresa**), que teria desobedecido ordem judicial emanada do juízo da __ vara federal em ______ (**número e local da vara federal**), nos autos do processo _____ (**número do processo**).

O procedimento inquisitivo foi instaurado em atenção a _____________ (**indicar a forma de comunicação da infração penal - notícia de crime prestada pela vítima, requisição, prisão em flagrante do autor do fato, etc.**).

2 – RELATO DAS DILIGÊNCIAS

Às fls. 05, _______________ (**descrever o documento juntado ou diligência praticada**).

Às fls. 18, _______________ (**descrever o documento juntado ou diligência praticada**).

Às fls. 23, _______________ (**descrever o documento juntado ou diligência praticada**).

Às fls. 28, _______________ (**descrever o documento juntado ou diligência praticada**).

3 – A PRÁTICA DELITIVA APURADA NO BOJO DO FEITO

O cerne do presente caderno inquisitivo é perquirir se houve crime de desobediência em face de suposto desrespeito a ordem judicial emanada nos autos do processo ______ (**número do processo**), que tramita na __ vara federal, em ______ (**número e local da vara**) pelo representante da empresa ____ (**nome da empresa**). A ordem em questão determinou o depósito de R$ _____ (**valor constante na ordem judicial**), em conta à disposição do juízo.

Analisando as oitivas levadas a efeito no curso do feito, penso não ter havido crime na espécie. As provas carreadas aos autos revelam que não houve intenção deliberada de desobedecer a ordem acima descrita, por parte do investigado. Este afirmou que cumpriu o quanto determinado em razão de problemas financeiros enfrentados por sua empresa e trouxe aos autos petição protocolada no juízo processante com tal justificativa.

O estudo do primeiro elemento do conceito analítico do crime, o fato típico, revela que o mesmo é composto pela conduta, o resultado, o nexo de causalidade e a tipicidade. É na conduta que se analisa a presença do elemento subjetivo do tipo, qual seja, o dolo. O artigo 18, I, do Código Penal, preceitua:

> Art. 18 – Diz-se o crime:
>
> Crime doloso
>
> I – doloso, quando o agente quis o resultado ou assumiu o risco de produzi-lo;

Feito esse introito, penso não existir, no caso concreto, dolo por parte do investigado em desobedecer a ordem judicial, razão pela sugestiono o arquivamento do presente apuratório.

Cumpre deixar claro que, ainda que tivesse ocorrido crime na espécie, não seria o caso de indiciar o investigado (vez que teria sido praticada, em tese, infração de menor potencial ofensivo). É que se fosse lavrado termo circunstanciado o indiciamento não ocorreria (em atenção ao princípio da igualdade, não há que se determinar indiciamento só porque a apuração se deu por meio de inquérito policial). A jurisprudência tupiniquim apoia o meu pensar:

> HABEAS CORPUS. Instauração de inquérito policial por determinação de Juiz de Direito do DIPO. Apuração de crime de desobediência supostamente praticado por funcionário o Banco Santander. Ausência de resposta a ofícios judiciais requisitórios de informações e dados de operações pertinentes a outras investigações em curso. Infração de menor potencial ofensivo. Pretensão de obstar o indiciamento formal da paciente, porquanto incompatível com a natureza consensual da Lei nº 9.099/95. Admissibilidade. Crime de desobediência. Artigo 330 do CP Infração de menor potencial ofensivo que ensejaria, no início da persecução penal, entre outros

elementos de prova, a colheita de declarações da paciente e a remessa dos autos de inquérito policial para aplicação, se o caso, das medidas despenalizadoras típicas do JECRIM. Procedimento consensual que dispensa o indiciamento, ato formal e complexo decorrente da forte suspeita de autoria que recai sobre o indivíduo investigado. Ato registrário que não se coaduna com a hipótese em análise, inclusive porque os demais inquéritos foram arquivados a pedido do Ministério Público, que entendeu não configurada desobediência. Ordem concedida para obstar o formal indiciamento. Liminar referendada (TJ/SP, Habeas Corpus nº 0247825-73.2011.8.26.0000, relator Desembargador Almeida Toledo, julgado em 29/11/2011).

Observo, ainda, que, ainda que o Ministério Público Federal entenda pelo não arquivamento do feito (interpretando que houve crime na espécie), observo que todas as provas aptas à deflagração da ação penal foram coligidas.

4 – CONCLUSÃO

Não havendo diligências outras a serem materializadas pelo aparelho policial com vistas ao aclaramento dos fatos, não resta outro caminho a trilhar, senão o da remessa dos autos relatados à apreciação do juízo das garantias, sugestionando ao Ministério Público o arquivamento do feito, em face da atipicidade do fato.

Do exposto, abroquelado nos fundamentos de fato e de direito acima expendidos, declaro encerrados os trabalhos da Polícia Judiciária.

________ (**local**), ___ de _____ de _____ (**data**).

Márcio Alberto Gomes Silva
Delegado de Polícia Federal

Observações relevantes

No bojo do relatório o delegado de polícia deve materializar seu entendimento jurídico acerca do crime supostamente praticado (só assim ele poderá indiciar ou não o investigado).

Trouxe à baila modelo de relatório confeccionado no bojo de inquérito policial que apurou crime de desobediência (se a infração de menor potencial ofensivo não for apurada em sua forma flagrancial, a melhor saída é instaurar inquérito por portaria).

No caso apresentado, o delegado optou por reconhecer que não houve prática de crime por ausência de dolo, sugestionando o arquivamento do feito.

Importante salientar que, caso seja instaurado inquérito para apurar infração de menor potencial ofensivo, não deve ser materializado indiciamento mesmo se o delegado entender que o investigado praticou o crime (é que o indiciamento não existe no bojo do termo circunstanciado e promover o ato gravoso apenas porque o crime foi apurado no bojo de inquérito policial feriria o princípio da igualdade).

Modelo 3 – Relatório com indiciamento

RELATÓRIO

INQUÉRITO POLICIAL: (**indicar o número do apuratório**)

PROCESSO: (**indicar o número do processo vinculado, se houver**)

INSTAURAÇÃO: (**data da instauração do inquérito**)

TÉRMINO: (**data do fim do inquérito**)

INDICIADO: (**nome do indiciado, com referência** às **fls. onde ele foi qualificado)**

INCIDÊNCIA PENAL: (**tipificação da infração penal objeto de apuração**)

1 – INTROITO

Trata-se de inquérito policial, instaurado através de portaria, com o fito de apurar o crime de ________________ (**indicar a infração penal apurada**), tipificado no artigo _____ do Código Penal (**indicar a tipificação da infração penal**), em face de __________________ (**narrar sucintamente o fato apurado**).

O procedimento inquisitivo foi instaurado em atenção a ______________ (**indicar a forma de comunicação da infração penal – notícia de crime prestada pela vítima, requisição, prisão em flagrante do autor do fato, etc.**).

2 – RELATO DAS DILIGÊNCIAS

Às fls. 05, ________________ (**descrever o documento juntado ou diligência praticada**).

Às fls. 18, ________________ (**descrever o documento juntado ou diligência praticada**).

Às fls. 23, ________________ (**descrever o documento juntado ou diligência praticada**).

Às fls. 28, ________________ (**descrever o documento juntado ou diligência praticada**).

3 – A PRÁTICA DELITIVA APURADA NO BOJO DO FEITO

O cerne do presente caderno inquisitivo é investigar suposta prática do crime de __________ (**indicar crime apurado e sua respectiva tipificação**), em face de ______________ (**narrar brevemente o fato investigado**).

A investigação demonstrou que os fatos foram praticados da

seguinte forma: ________ (**descrever a sequência dos fatos, de acordo com o demonstrado pela investigação**).

A sequência acima desenhada é devidamente demonstrada pelos seguintes elementos de prova:

a) ______________ (**descrever o documento juntado ou diligência praticada**).

b) ______________ (**descrever o documento juntado ou diligência praticada**).

c) ______________ (**descrever o documento juntado ou diligência praticada**).

d) ______________ (**descrever o documento juntado ou diligência praticada**).

e) ______________ (**descrever o documento juntado ou diligência praticada**).

Do quanto apurado, restou evidenciado a participação de ________ (**nome do investigado a ser indiciado**), __________ (**nome do investigado a ser indiciado**) e __________ (**nome do investigado a ser indiciado**) na prática delitiva descrita na peça que se avista no frontispício deste processado inquisitivo. Destarte, com fulcro nas razões desenhadas supra, **<u>INDICIO</u>** os investigados nas penas do artigo _________ (**indicar artigo e diploma legal**), com lastro no § 6º, do artigo 2º, da Lei 12.830/13.

4 – CONCLUSÃO

Não havendo diligências outras a serem materializadas pelo aparelho policial com vistas ao aclaramento dos fatos, não resta outro caminho a trilhar, senão o da remessa dos autos relatados à apreciação do juízo das garantias.

Do exposto, abroquelado nos fundamentos de fato e de direito acima expendidos, declaro encerrados os trabalhos da Polícia Judiciária.

________ (**local**), ___ de _____ de _____ (**data**).

Márcio Alberto Gomes Silva
Delegado de Polícia Federal

Observações relevantes

O indiciamento, ato formal, privativo de delegado de polícia, que imputa a alguém a prática do crime apurado no bojo do inquérito, na forma do artigo 2º, § 6º, da Lei 12.830/13, pode ser determinado no bojo do relatório final.

Aliás, é no fim do inquérito (e o relatório é a última peça formal do apuratório) que o delegado de polícia terá uma ampla visão de todas as provas e elementos informativos produzidos e terá condições de sopesar o material probante materializado, com o fito de aferir se há elementos suficientes para determinar o ato formal de indiciamento.

Sugestiono que, feito o indiciamento no bojo do relatório, o delegado de polícia determine comunicação do ato gravoso ao indiciado (ou a seu advogado), disponibilizando cópia da peça, para que o mesmo conheça as razões jurídicas da imputação.

Modelo 4 – Relatório com representação de prisão preventiva em seu bojo

RELATÓRIO

INQUÉRITO POLICIAL: (**indicar o número do apuratório**)

PROCESSO: (**indicar o número do processo vinculado, se houver**)

INSTAURAÇÃO: (**data da instauração do inquérito**)

TÉRMINO: (**data do fim do inquérito**)

INDICIADO: (**nome do indiciado, com referência** às **fls. onde ele foi qualificado**)

INCIDÊNCIA PENAL: (**tipificação da infração penal objeto de apuração**)

1 – INTROITO

Trata-se de inquérito policial, instaurado através de portaria, com o fito de apurar a possível existência dos crimes de estelionato com causa de aumento e de falsificação de documento público, tipificados nos artigos 171, § 3º, e 297, ambos do Código Repressivo Pátrio, praticados por pessoa que se passou por _____ (**nome falso usado pela investigada**) e, utilizando-se de documentos falsos, requereu e percebeu benefício assistencial em prejuízo do INSS.

O procedimento inquisitivo foi instaurado em atenção a _____________ (**indicar a forma de comunicação da infração penal – notícia de crime prestada pela vítima, requisição, prisão em flagrante do autor do fato, etc.**).

2 – RELATO DAS DILIGÊNCIAS

Às fls. 05, ________________ (**descrever o documento juntado ou diligência praticada**).

Às fls. 18, ________________ (**descrever o documento juntado ou diligência praticada**).

Às fls. 23, ________________ (**descrever o documento juntado ou diligência praticada**).

Às fls. 28, ________________ (**descrever o documento juntado ou diligência praticada**).

3 – A PRÁTICA DELITIVA APURADA NO BOJO DO FEITO

O cerne do presente caderno inquisitivo é apurar a possível existência dos crimes de estelionato com causa de aumento e de falsificação de documento público, tipificados nos artigos 171, § 3º, e 297, ambos do Código Repressivo Pátrio, praticados por pessoa que se passou por _____ (**nome falso usado pela investigada**) e, utilizando-se de documentos falsos, requereu e percebeu benefício assistencial em prejuízo do INSS.

Da leitura dos autos, constata-se clara existência de materialidade delitiva: a investigada falsificou certidão de nascimento ("criando" uma pessoa que não existe), confeccionou documentos de identidade e CPF com base neste registro falso e deu entrada em pedidos de benefício assistencial (assistência ao idoso, previsto na Lei 8.742/93). O delito restou comprovado pelo ofício de fls. __, oriundo do Cartório de Registro Civil de _____ (**local do cartório**), que encaminhou ao aparelho policial certidão negativa, afirmando ser falso o registro de nascimento usado pela investigada.

Percebe-se, destarte, a evidente prática dos delitos tipificados nos artigos 171, § 3º, e 297, ambos do Código Repressivo pátrio, em face da falsificação da certidão de nascimento, de documento de identidade (que teve por lastro a referida certidão com dados falsos). Afirmo a prática de ambos os crimes porque a potencialidade lesiva da falsificação aqui demonstrada não se exaure no estelionato perpetrado contra a autarquia previdenciária (os documentos podem ser usados outras vezes em outras fraudes, razão pela qual não há que se falar na aplicação do princípio da consunção).

Destarte, com fulcro nas razões desenhadas supra, **INDICIO** a pessoa que se identificou como _____ (**nome falso usado pela investigada**) nas penas dos artigos 171, § 3º, e 297, ambos do Código Repressivo pátrio.

4 – REPRESENTAÇÃO PELA DECRETAÇÃO DA PRISÃO PREVENTIVA DA INDICIADA

O estudo do feito revelou que a indiciada fraudou benefício assistencial do INSS, utilizando-se de documentos falsos.

Viu-se a grande dificuldade enfrentada pelo aparelho policial em identificar e mesmo encontrar a investigada para ser ouvida – todos os endereços por ela informados à autarquia previdenciária são falsos (o que certamente será um inconveniente para o processo que se avizinha e pode inviabilizar futuro cumprimento de pena).

Observou-se que a prática delitógena não é isolada. Há nos autos notícia de que a mesma pessoa já se identificou com outros nomes – vide oitivas de fls. __ e __, o que demonstra a reiteração criminosa (periculosidade).

Os fatos narrados nos parágrafos anteriores deixam clara a existência de pelo menos três fundamentos para decretação da prisão preventiva da indiciada: a) a garantia da ordem pública; b) a conveniência da instrução criminal; c) para assegurar aplicação futura da lei penal.

A garantia da ordem pública:

> Deve ser entendida como a resposta estatal à ressonância do fato ilícito sobre a paz social (análise do modo como o crime foi cometido e como isso chocou a sociedade) e ao abalo representado pela liberdade do indivíduo perigoso (a periculosidade deve ser medida pela reiteração criminosa e pela forma como o delito foi praticado) (SILVA, Márcio Alberto Gomes. **Inquérito Policial – Uma análise jurídica e prática da fase pré-processual,** editora Juspodivm, 5ª. edição, 2020, página 454).

A conveniência da instrução criminal "se traduz na necessidade de restringir o direito ambulatório do réu/indiciado, quando este representa entrave para o normal andamento dos trabalhos de apuração da verdade real (seja na fase investigativa, seja no curso do processo)" (SILVA, Márcio Alberto Gomes. **Inquérito Policial – Uma análise jurídica e prática da fase pré-processual,** editora Juspodivm, 5ª edição, 2020, página 459).

A prisão para assegurar a aplicação da lei penal "tem em mira justamente impedir essa troça, representada pela fuga do acusado. É afastar a mínima possibilidade de impunidade" (SILVA, Márcio Alberto Gomes. **Inquérito Policial – Uma análise jurídica e prática da fase pré-processual,** editora Juspodivm, 5ª edição, 2020, página 460).

A decretação da prisão preventiva exige a cumulação de pressupostos, um dos requisitos autorizadores e pelo menos um dos fundamentos do cárcere provisório.

Em suma, é preciso constatar indícios de autoria e prova da existência do crime uma das situações descritas no artigo 313 do CPP e um dos fundamentos descritos no mesmo artigo 312 citado (ou seja, perigo gerado pelo estado de liberdade do imputado - parte final do artigo 312 do CPP, com redação determinada pelo Pacote Anticrime).

Os indícios de autoria são evidentes (tanto assim que a investigada foi indiciada); os delitos apurados têm pena máxima superior a 4 anos (requisito reclamado pelo artigo 313, I, do CPP); e estão presentes três dos quatro fundamentos que autorizam a prisão preventiva (como demonstrado supra). Definitivamente o cárcere se impõe.

5 – CONCLUSÃO

Do exposto, abroquelado nos fundamentos de fato e de direito acima expendidos, declaro encerrados os trabalhos da Polícia

Judiciária, **REPRESENTO** pela decretação da prisão preventiva da indiciada (pessoa que se fez passar por ______ (**nome falso usado pela indiciada**), com fulcro nas razões desenhadas no item 4 retro e com base nos artigos 311 e seguintes do CPP, e remeto o feito ao juízo das garantias para análise da representação ofertada no bojo deste relato.

________ (**local**), ___ de _____ de _____ (**data**).

Márcio Alberto Gomes Silva
Delegado de Polícia Federal

Observações relevantes

O modelo de relatório acima desenhado tem em seu bojo o indiciamento de investigada e representação pela decretação de sua prisão preventiva. É preciso deixar claro a existência dos pressupostos (indícios de autoria e prova da materialidade), um dos requisitos do artigo 313 do CPP e de pelo menos um dos fundamentos da prisão preventiva - perigo gerado pelo estado de liberdade do imputado[40] (artigo 312 do CPP – garantia da ordem pública, conveniência da instrução criminal, assegurar a aplicação da lei penal ou garantia da ordem econômica).

A representação de prisão preventiva no relatório ocorrerá toda vez que o delegado entender que há necessidade da decretação da prisão preventiva do investigado e que toda prova apta a elucidar o crime já foi coligida. Cumpre então encerrar o feito (relatando o inquérito policial), representando no bojo da peça pela decretação da medida extrema.

40 A nova redação do artigo 312 do CPP reforçou a necessidade da demonstração do *periculum libertatis* (o perigo gerado pelo estado de liberdade do imputado).

Modelo 5 – Relatório em operação policial (associação criminosa armada voltada à prática de crimes contra o patrimônio) – sem desmembramento do feito

RELATÓRIO

INQUÉRITO POLICIAL: (**indicar o número do apuratório**)

PROCESSO: (**indicar o número do processo vinculado, se houver**)

INSTAURAÇÃO: (**data da instauração do inquérito**)

TÉRMINO: (**data do fim do inquérito**)

INDICIADOS: (**nome dos indiciados, com referência** às **fls. onde eles foram qualificados)**

INCIDÊNCIAS PENAIS: (**tipificação das infrações penais objeto de apuração**)

1 – INTROITO

Trata-se de inquérito policial, instaurado através de portaria, com o fito de apurar os crimes de _______________ (**indicar as infrações penais apuradas**), tipificados nos artigos _____ do Código Penal (**indicar a tipificação das infrações penais**), em face de _________________ (**narrar sucintamente o fato inicialmente apurado**).

O procedimento inquisitivo foi instaurado em atenção a _____________ (**indicar a forma de comunicação da infração penal – notícia de crime prestada pela vítima, requisição, prisão em flagrante do autor do fato, etc.**).

2 – RELATO DAS DILIGÊNCIAS

Às fls. 05, _______________ (**descrever o documento juntado ou diligência praticada**).

Às fls. 18, _______________ (**descrever o documento juntado ou diligência praticada**).

Às fls. 23, _______________ (**descrever o documento juntado ou diligência praticada**).

Às fls. 28, _______________ (**descrever o documento juntado ou diligência praticada**).

3 – AS PRÁTICAS DELITIVAS IMPUTADAS AOS INVESTIGADOS

O cerne do presente caderno inquisitivo é investigar prática dos crimes de __________ (**indicar crimes apurados e suas respectivas**

tipificações), em face de ____________ (**narrar brevemente os fatos investigados**).

Vejamos, em síntese, os crimes praticados pela associação criminosa desbaratada pela operação ______ (**nome da operação concluída**), com identificação dos seus autores e demonstração das respectivas provas produzidas:

a – Roubo do veículo ______ (dados do automotor subtraído), havido no dia __/__/____ (data), em ________ (local);

Investigados envolvidos:

- ________ (**nome do investigado**);
- ________ (**nome do investigado**);

Incidência penal: artigo 157, § 2º, II e § 2º-A, I, do Código Penal;

Resumo do fato apurado e provas correlatas: no dia __/__/____ (**data**), a associação criminosa roubou o veículo _____ (**dados do carro surrupiado**), pertencente a _____ (**nome da vítima**), em ______ (**local do crime**).

A participação dos investigados _____ e _____ (**nome dos investigados**) no evento pode ser demonstrada pela interceptação telefônica produzida no bojo do feito, nas ligações de índices _____, _____, _____ e _____ (**indicar ligações gravadas que demonstram a prática do crime**).

O roubo em questão foi objeto de informação policial, onde constam: o nome do proprietário do automotor (que foi ouvido e reconheceu, em auto próprio, os autores da prática delitiva), a certidão de ocorrência do crime e fotos do veículo.

Destarte, **INDICIO**, na forma do artigo 2º, § 6º, da Lei 12.830/13, _______ e ______ **(nome dos investigados indiciados por este crime)**, nas penas do crime tipificado no artigo 157, § 2º, II, e § 2º-A, I, do Código Penal, por ter roubado o veículo ______ (**dados do automotor**), no dia __/__/____ (**data**), em ______ (**local**).

b – Roubo do estabelecimento comercial ________ (dados do estabelecimento roubado), havido em __/__/____ (data), em ______ (local);

Investigados envolvidos:

- ________ (nome do investigado);
- ________ (nome do investigado);
- ________ (nome do investigado);
- ________ (nome do investigado);

Incidência penal: artigo 157, § 2º, II, e § 2º-A, I, do Código Penal;

Resumo do fato apurado e provas correlatas: no dia __/__/____ (**data**) parte da associação criminosa investigada roubou o estabelecimento comercial _______ (**dados do estabelecimento roubado**), localizado em ______ (**local do crime**).

A participação dos investigados _____, _____, _____ e _____ (**nome dos investigados**) no evento pode ser demonstrada pela interceptação telefônica produzida no bojo do feito, nas ligações de índices ___, ___, ___ e ___ (**indicar ligações gravadas que demonstram a prática do crime**).

O roubo em questão foi objeto de informação policial, onde constam: a fotografia da fachada do supermercado roubado, a certidão de ocorrência do crime e a identificação dos funcionários que estavam presentes no dia/hora do delito.

Tais funcionários foram ouvidos e reconheceram, em auto próprio, por fotografia, _____, _____, _____, e _____ como autores do delito em questão. Mais um delito elucidado.

Do exposto, **INDICIO**, na forma do artigo 2º, § 6º, da Lei 12.830/13, _______, _______, _______ e ______ (**nome dos investigados indiciados por este crime)**, nas penas do crime tipificado no artigo 157, § 2º, II, e § 2º-A, I, do Código Penal, por terem roubado o estabelecimento comercial _______ (**nome do estabelecimento roubado**), no dia __/__/____ (**data**), em ______ (**local**).

c – Falsificação de documento público e uso de documento falso;

Investigados envolvidos:

- ________ (nome do investigado);
- ________ (nome do investigado);

Incidências penais: artigos 297 e 304 do Código Penal;

Resumo do fato apurado e provas correlatas: a investigação demonstrou que alguns dos investigados falsificaram documentos pessoais.

No dia da deflagração da operação ____ (**nome da operação**) foram apreendidos os documentos de todos os associados. Analisados os documentos com atenção e materializando checagens nos bancos de dados à disposição da polícia, foi possível detectar que _____ e _____ (**nome real dos investigados**) usavam RG falsos em nome de ______ e _____ (**nomes falsos usados pelos investigados**).

A farsa pode ser tranquilamente comprovada pelo cotejo das informações policiais juntadas aos autos às fls. ___ e ___ (**páginas dos autos em que foram juntadas as informações que analisaram os dados contidos nos documentos**). Os documentos foram, ainda, submetidos a perícia e restou comprovados eles são inautênticos (suporte falso – impressão em jato de tinta).

Do exposto, **INDICIO**, na forma do artigo 2º, § 6º, da Lei 12.830/13, _______ e ______ **(nome dos investigados indiciados por estes crimes)**, nas penas dos crimes tipificados nos artigos 297 e 304, ambos do Código Penal, por terem falsificado carteiras de identidade e apresentado os documentos contrafeitos ao aparelho policial no dia da deflagração da operação, __/__/____ (**data**).

d – Posse ilegal de armas de fogo, munições e coletes balísticos;

Investigados envolvidos:

- _________ (nome do investigado);
- _________ (nome do investigado);
- _________ (nome do investigado);
- _________ (nome do investigado);
- _________ (nome do investigado);
- _________ (nome do investigado);

Incidência penal: artigo 16 da Lei 10.826/03;

Resumo do fato apurado e provas correlatas: restou inconteste a prática dos crimes de posse ilegal de armas de fogo, munições e coletes balísticos pela associação criminosa.

No dia da deflagração da operação _____ (**nome da operação policial**), no curso de busca realizada na propriedade rural localizada em _______ (**local da busca**) foram encontrados:

- **50 cartuchos intactos de metralhadora calibre .30**;
- **01 (um) fuzil, calibre 7,62, marca ____ (descrever marca), número de série _____ (descrever número de série);**
- **05 (cinco) carregadores para fuzil caibre.7.62;**
- **200 (duzentas) munições calibre 7.62;**
- **03 (três) fuzis, calibre 5,56, marca ____ (descrever marca), números de série _____, _____ e _____ (descrever números de série);**

- **07 (sete) carregadores para fuzil calibre 5.56;**
- **364 (trezentos e sessenta e quatro) munições calibre 5.56;**
- **01 (uma) metralhadora, calibre .45, marca ____ (descrever marca), número de série ____ (descrever número de série);**
- **01 (um) carregador para metralhadora calibre .45;**
- **78 (setenta e oito) munições calibre .45;**
- **01 (uma) espingarda, calibre 12, marca ____ (descrever marca), número de série ____ (descrever número de série);**
- **22 (vinte e duas) munições calibre 12;**
- **02 (duas) pistolas calibre 9 mm, marca ____ (descrever marca), números de série _____ (descrever números de série);**
- **02 (dois) carregadores de pistola;**
- **38 (trinta e oito) munições cal. 9 mm;**
- **01 (um) revólver calibre .38, marca ____ (descrever marca), número de série _____ (descrever número de série);**
- **45 (quarenta e cinco) munições calibre .38;**
- **02(dois) coletes balísticos;**

No sítio onde foram apreendidas as armas não havia, no momento da busca, ninguém (por isso não foi materializada, no dia da deflagração da operação, a prisão em flagrante dos investigados). Entrementes, o estudo das ligações interceptadas nos índices ____, ____, ____, e ____ (**índices das ligações que demonstram a prática dos crimes**), nos relatórios de vigilância de fls. __, __, __ e __ (**páginas dos relatórios**) e nas declarações dos investigados _____, _____, _____ e ____ (**nome dos investigados que confessaram os crimes**), fica claro o envolvimento de _____, _____, _____, _____, _____ e _____ nos crimes analisados neste tópico. Destarte, **INDICIO**, na forma do artigo 2º, § 6º, da Lei 12.830/13, todos estes personagens nas penas do crime capitulado no artigo 16 da Lei 10.826/03 (posse ilegal arma de fogo, de munição de uso restrito e de acessórios de uso restrito).

e – Associação criminosa armada;

Investigados envolvidos:

- _________ (nome do investigado);
- _________ (nome do investigado);
- _________ (nome do investigado);
- _________ (nome do investigado);

- ________ (nome do investigado);
- ________ (nome do investigado);

Incidência penal: artigo 288, parágrafo único, do Código Penal;

Resumo do fato apurado e provas correlatas: não há a menor sombra de dúvida que os investigados presos no curso da operação ____ (**nome da operação policial**) faziam parte de poderosa associação criminosa voltada ao cometimento de roubos.

O estudo dos áudios, das informações policiais resultantes do trabalho de campo desenvolvido, das oitivas das vítimas e das confissões de alguns dos associados revelam a existência de um grupo muito bem armado em franco planejamento para o cometimento de assaltos de grande envergadura.

Do exposto, **INDICIO**, na forma do artigo 2º, § 6º, da Lei 12.830/13, _______, _______, _______, _______, _______ e ______ **(nome dos investigados indiciados por este crime)**, nas penas do crime tipificado no artigo 288, parágrafo único do Código Penal, por integrarem associação criminosa armada, voltada à prática de crimes violentos contra o patrimônio.

Comentário: arsenal apreendido com a associação criminosa

Comentário: munições apreendidas com a associação criminosa

4 – CONCLUSÃO

Não havendo diligências outras a serem materializadas pelo aparelho policial com vistas ao aclaramento dos fatos, não resta outro caminho a trilhar, senão o da remessa dos autos relatados à apreciação do juízo das garantias.

Do exposto, abroquelado nos fundamentos de fato e de direito acima expendidos, declaro encerrados os trabalhos da Polícia Judiciária.

________ (**local**), ___ de _____ de _____ (**data**).

Márcio Alberto Gomes Silva
Delegado de Polícia Federal

Modelo 6 – Relatório em operação policial (associação criminosa armada voltada à prática de crimes contra o patrimônio) – com desmembramento do feito

RELATÓRIO

INQUÉRITO POLICIAL: (**indicar o número do apuratório**)

PROCESSO: (**indicar o número do processo vinculado, se houver**)

INSTAURAÇÃO: (**data da instauração do inquérito**)

TÉRMINO: (**data do fim do inquérito**)

INDICIADOS: (**nome dos indiciados, com referência** às **fls. onde eles foram qualificados**)

INCIDÊNCIAS PENAIS: (**tipificação das infrações penais objeto de apuração**)

1 – INTROITO

Trata-se de inquérito policial, instaurado através de portaria, com o fito de apurar o crime de ________ (**indicar a infração penal apurada**), tipificado no artigo ____ do Código Penal (**indicar a tipificação das infrações penais**), em face do desmembramento (judicialmente autorizado) das investigações levadas a cabo na operação________ (**nome da operação policial**).

2 – RELATO DAS DILIGÊNCIAS

Às fls. 05, ________________ (**descrever o documento juntado ou diligência praticada**).

Às fls. 18, ________________ (**descrever o documento juntado ou diligência praticada**).

Às fls. 23, ________________ (**descrever o documento juntado ou diligência praticada**).

Às fls. 28, ________________ (**descrever o documento juntado ou diligência praticada**).

3 – A PRÁTICA DELITIVA APURADA NO BOJO DO FEITO

O cerne do presente caderno inquisitivo é investigar o crime de receptação qualificada, capitulado no artigo 180, §§ 1º e 2º, do Código Penal, em face da apreensão, em poder de ________ (**nome do investigado**), no bojo da deflagração da operação ______ (**nome da operação policial**), de carga de ______ (**identificação da carga produto de crime**), roubada em __/__/____ (**data do roubo da carga**), em _______ (**local do crime**).

No dia da deflagração da operação ______ (**nome da operação**), IPL _____ (**número do apuratório principal**), foi apreendida grande quantidade de _______ (**carga produto de crime**) na casa do investigado _______ (**nome do investigado**), como faz crer o auto de apreensão de fls. __ (**páginas do auto de apreensão**).

Restou detectado que o material apreendido faz parte de carga roubada no dia __/__/____ (**data do roubo**) – os produtos eram da empresa ______ (**empresa proprietária da carga subtraída**) – vide boletim de ocorrência de fls. ___ e notas fiscais de fls. ___.

Com o fito de melhor apurar este fato criminoso, foi instaurado o presente apuratório, que é, como dito supra, desmembramento da operação _____ (**nome da operação**).

Oitivado o investigado, ele afirmou que recebeu a carga como pagamento de uma dívida, mas não soube (ou não quis) declinar quem lhe repassou os produtos. Em poder dele foi apreendida agenda (vide item __ do auto de apreensão de fls. ___) que foi objeto de análise às fls. ___. A análise trouxe à tona o nome de ______ (**nome da pessoa cujo nome estava grafado na agenda**) e o telefone celular do mesmo. Intimado a prestar esclarecimentos, este personagem disse às fls. __ que o investigado ofereceu à venda os produtos apreendidos.

Do quanto apurado no bojo do feito restou evidenciado que:

1. O material apreendido é produto de roubo (fls. __);
2. O material foi apreendido na casa do investigado – vide fls. ___;
3. O investigado admitiu em oitiva que os produtos roubados eram seus (sua versão é a de que recebeu a carga em pagamento de uma dívida, mas não declinou quem a teria repassado);
4. A carga roubada tem valor de mercado muitíssimo superior ao quanto declinado pelo investigado (ele disse que a dívida era orçada em R$ 2.000,00 e a carga vale mais de R$ 300.000,00, de acordo com as notas fiscais de fls. __) e ele a recebeu comprovação de origem lícita;
5. O investigado estava comercializando a carga produto de crime – vide informação de fls. ___ e oitiva de fls. ___;

Neste diapasão, não há dúvida de que o investigado ____ (**nome do investigado**) sabia que a carga apreendida era produto de crime e que ele a estava comercializando, conduta que se amolda ao quanto desenhado no artigo 180, §§ 1º e 2º, do Código Penal. Destarte, forte nas razões de fato e de direito acima mencionadas, **<u>INDICIO</u>**, com fulcro no artigo 2º, § 6º, da Lei 12.830/13, _______ (**nome do

indiciado) nas penas do crime sobredito.

4 – CONCLUSÃO

Acerca da competência para trâmite do futuro processo, encaminho o presente apuratório diretamente à ___ vara criminal da comarca de _____ (**vara e comarca responsável pelos autos principais da operação**), porque este feito é desmembramento da investigação levada a efeito no IP _____ (**número do inquérito principal**), que teve medidas cautelares deferidas pelo juízo citado e aproveitadas no bojo do presente apuratório.

Do exposto, abroquelado nos fundamentos de fato e de direito acima expendidos, declaro encerrados os trabalhos da Polícia Judiciária.

________ (**local**), ___ de _____ de _____ (**data**).

Márcio Alberto Gomes Silva
Delegado de Polícia

Observações relevantes

O relatório que põe termo a operação policial é, em regra, bastante extenso e complexo. Sugestiono que todos os eventos criminosos captados no curso do apuratório sejam individualizados, com consequente responsabilização dos envolvidos. Isso pode se dar de duas formas: a) no bojo do mesmo inquérito em que se desenvolveu a investigação (como no modelo 5); b) no bojo de inquéritos menores, fruto do desmembramento do feito principal - como no modelo 6 (caso opte por esta alternativa, sugestiono que na representação final antes da deflagração da operação, o delegado de polícia solicite ao Judiciário o desmembramento do feito em tantos inquéritos quanto sejam os eventos identificados, com aproveitamento das provas produzidas no feito principal - depois da deflagração da operação bastará instaurar um inquérito por evento, por meio de portaria própria, carreando ao novo feito apenas as provas que disserem respeito ao crime ali apurado). Esta segunda saída facilita o trabalho do Ministério Público, da defesa e do Judiciário (que terá processos mais enxutos e diretos, crime a crime).

Não custa lembrar que os inquéritos frutos de desmembramento da operação principal devem ser enviados para o mesmo juízo onde tramita esta, em face da conexão e da prevenção.

Modelo 7 – Relatório em operação policial com desmembramento do feito – tráfico de drogas (indiciamento sem apreensão do entorpecente)

RELATÓRIO

INQUÉRITO POLICIAL: **(indicar o número do apuratório)**

PROCESSO: **(indicar o número do processo vinculado, se houver)**.

INSTAURAÇÃO: (**data da instauração do inquérito**)

TÉRMINO: (**data do fim do inquérito**)

INDICIADOS: (**nome dos indiciados, com referência** às **fls. onde eles foram qualificados)**

INCIDÊNCIAS PENAIS: (**tipificação das infrações penais objeto de apuração**)

1 – INTROITO

Trata-se de inquérito policial, instaurado através de auto de portaria, com o fito de apurar o crime de tráfico de drogas, tipificado no artigo 33 da Lei 11.343/06, supostamente praticado por _____ (**nome do investigado**), vulgarmente conhecido pelo epíteto de ____ (**apelido**), em face do desmembramento (judicialmente autorizado) das investigações levadas a cabo na operação_______ (**nome da operação policial**).

2 – RELATO DAS DILIGÊNCIAS

Às fls. 05, _______________ (**descrever o documento juntado ou diligência praticada**).

Às fls. 18, _______________ (**descrever o documento juntado ou diligência praticada**).

Às fls. 23, _______________ (**descrever o documento juntado ou diligência praticada**).

Às fls. 28, _______________ (**descrever o documento juntado ou diligência praticada**).

3 – A PRÁTICA DELITIVA APURADA NO BOJO DO FEITO

O cerne do presente caderno inquisitivo é apurar o crime de tráfico de drogas, tipificado no artigo 33 da Lei 11.343/06, supostamente praticado por _____ (**nome do investigado**), vulgarmente conhecido pelo epíteto de ____ (**apelido**).

Trata-se de desmembramento do IP ___ (**número do inquérito**), operação ____ (**nome da operação policial**), que apurou prática de diversos crimes havidos na cidade de _____ (**cidade palco do trabalho investigativo**).

O investigado ____ (**nome do investigado**) foi alvo de interceptação telefônica no curso da investigação policial.

As informações de fls. __ e __ (**número das páginas**) dão conta de áudios referentes a conversas telefônicas mantidas pelo investigado que denotam que o mesmo comercializava drogas (cocaína e crack).

A informação de fls. __ (**número da página**), que analisou a perícia levada a efeito no celular do investigado, deixa claro franca negociação acerca da venda de drogas.

Deflagrada a operação e ouvidas as pessoas que negociaram a compra de entorpecentes com o investigado, todas disseram que ele comercializa drogas ilícitas.

Oitivado, ______ (**nome do investigado**) justificou as ligações, mensagens e fotos do seu aparelho celular se dizendo usuário de drogas. Entrementes, como visto supra, as ligações telefônicas captadas com autorização judicial revelam que ele comercializa entorpecentes.

O cumprimento de mandado de busca e apreensão na casa do investigado no dia da deflagração da operação não foi frutífero (não houve apreensão de drogas). Ainda assim, diante do quadro probante, penso ser possível responsabilizá-lo pela prática do crime de tráfico de drogas (a ausência de materialidade delitiva representada pela não confecção de exame de corpo de delito pode ser suprida pela prova testemunhal – artigo 167 do CPP). A jurisprudência tupiniquim apoia meu pensar:

> HABEAS CORPUS. TRÁFICO DE DROGAS E ASSOCIAÇÃO PARA O TRÁFICO. TRANCAMENTO DA AÇÃO PENAL. AUSÊNCIA DE JUSTA CAUSA. IMPROCEDENTE. A NÃO APREENSÃO DA DROGA NÃO ELIDE, POR SI SÓ, POSSÍVEL CONDENAÇÃO, SE OUTRAS PROVAS COMPROVAREM O TRÁFICO DE ENTORPECENTES. REVOGAÇÃO DA PRISÃO PREVENTIVA. PLEITO DE CONCESSÃO DA LIBERDADE PROVISÓRIA. PROCEDENTE. AUSÊNCIA DE DEVIDA FUNDAMENTAÇÃO DO DECRETO PRISIONAL. ORDEM PARCIALMENTE CONCEDIDA. A ausência de justa causa para a ação penal só pode ser reconhecida, via habeas corpus, quando, verificada de pronto, dispensado o exame valorativo do conjunto fático ou probatório. A não apreensão de drogas na residência do paciente não é capaz de, por si

só, afastar a imputação que lhe é feita se, no curso da instrução poderão ser colhidas provas outras, submetidas ao crivo do contraditório, capazes de sustentar possível condenação. Por força do princípio constitucional da presunção de inocência, as prisões de natureza cautelar assim entendidas as que antecedem o trânsito em julgado da decisão condenatória, são medidas de índole excepcional, que somente podem ser decretadas (ou mantidas) caso venham acompanhadas de efetiva fundamentação. Ordem parcialmente concedida (TJ/BA, 2ª Câmara Criminal, HC 00083187420118050000, relator Desembargador Carlos Roberto Santos Araújo, julgado em 13/10/2011).

Destarte, com fulcro nas razões lançadas supra, **INDICIO ______ (nome do indiciado)** nas penas do artigo 33 da Lei 11.343/06, na forma do § 6º, do artigo 2º, da Lei 12.830/13.

4 – CONCLUSÃO

Acerca da competência para trâmite do futuro processo, encaminho o presente apuratório diretamente à ___ vara criminal da comarca de _____ (**vara e comarca responsável pelos autos principais da operação**), porque este feito é desmembramento da investigação levada a efeito no IP _____ (**número do inquérito principal**), que teve medidas cautelares deferidas pelo juízo citado e aproveitadas no bojo do presente apuratório.

Do exposto, abroquelado nos fundamentos de fato e de direito acima expendidos, declaro encerrados os trabalhos da Polícia Judiciária.

________ (**local**), ___ de _____ de _____ (**data**).

Márcio Alberto Gomes Silva
Delegado de Polícia

Observações relevantes

Trouxe a lume modelo interessante: relatório com indiciamento de investigado pela prática do crime de tráfico de drogas (artigo 33 da Lei 11.343/06), sem apreensão de substância entorpecente proibida.

No caso exemplificado, houve interceptação telefônica que captou conversas nas quais o indiciado negociou drogas, oitiva de usuários que indicaram o indiciado como vendedor de entorpecentes e apreensão do terminal móvel do indiciado (com análise de conversas mantidas por meio de aplicativos). No curso de cumprimento de busca, não restou apreendida substância entorpecente proibida. Ainda assim, a investigação foi concluída com indiciamento do investigado, em face dos outros elementos probantes (tecnicamente é possível substituir o exame de corpo de delito pela prova testemunhal, quando os vestígios desaparecem por obra do autor do fato – artigo 167 do CPP). Há jurisprudência nesse sentido (observe no corpo do modelo).

1.5. Termo circunstanciado

A Lei 9.099/95 criou procedimento investigativo simplificado, diverso do inquérito policial, para apuração das infrações de menor potencial ofensivo (todas as contravenções penais e os crimes cuja pena máxima não supere 2 anos). Nele, será feito breve relato do ocorrido, a qualificação completa do autor do fato, da vítima e das testemunhas (com resumo das versões destes personagens) e menção às perícias solicitadas (lembre que o crime de lesões corporais leves dispensa exame pericial, conformando-se a lei com mero relatório médico – §1º do artigo 77 da lei citada acima). O procedimento em comento prescinde de ato formal de indiciamento e de relatório final.

É preciso que se diga que a atribuição para confecção do termo circunstanciado é do delegado de polícia. Isto porque a natureza jurídica do termo circunstanciado é de procedimento investigativo (já que substitui o inquérito policial na apuração de infrações de menor potencial ofensivo, tudo nos termos do artigo 69 da Lei 9.099/95, do § 1º do artigo 2º da Lei 12.830/13 e do artigo 2º-A da Lei 9.266/96).

A Lei 9.099/95 dispensou, como regra, a prisão em flagrante de quem é surpreendido praticando infração de menor potencial ofensivo (desde que o autor do fato seja encaminhado imediatamente ao Juizado Especial Criminal ou assuma o compromisso de comparecer quando intimado para tal, nos termos do parágrafo único, do artigo 69 da Lei 9.099/95).

Como visto supra, não há empecilho à instauração de inquérito policial para apuração de infração de menor potencial ofensivo (sugestiono instauração de inquérito quando não existir situação flagrancial).

Cumpre lembrar que a Justiça Federal não é competente para processar e julgar contravenções penais, ainda que cometidas em detrimento da União, nos termos do artigo 109, inciso IV, da Constituição Federal (neste caso o termo circunstanciado ou inquérito policial instaurado para apurar o fato deve ser remetido para Justiça Estadual competente).

Quanto à natureza jurídica do termo circunstanciado (procedimento investigativo, a meu juízo, como dito supra), é importante trazer à baila decisão do Supremo Tribunal Federal nos autos da ADI 3807. O Pretório Excelso, ao analisar a constitucionalidade do § 3º do artigo 48 da Lei 11.343/06, entendeu que o termo circunstanciado tem natureza jurídica de mero registro de ocorrência e considerou constitucional a atribuição do magistrado para sua lavratura:

> AÇÃO DIRETA DE INCONSTITUCIONALIDADE. § 3º DO ART. 48 DA LEI N. 11.343/2006. PROCESSAMENTO DO CRIME PREVISTO NO ART. 28 DA LEI N. 11.343/2006. ATRIBUIÇÃO À AUTORIDADE JUDICIAL DE LAVRATURA DE TERMO CIRCUNSTANCIADO E REQUISIÇÃO DOS EXAMES E PERÍCIAS NECESSÁRIOS. CONSTITUCIONALIDADE. INEXISTÊNCIA DE ATO DE INVESTIGAÇÃO. INOCORRÊNCIA DE ATRIBUIÇÃO DE FUNÇÃO DE POLÍCIA JUDICIÁRIA AO PODER JUDICIÁRIO. AÇÃO DIRETA JULGADA IMPROCEDENTE (ADI 3807, Relator(a): CÁRMEN LÚCIA, Tribunal Pleno, julgado em 29/06/2020, PROCESSO ELETRÔNICO DJe-201 DIVULG 12-08-2020 PUBLIC 13-08-2020).

Com todas as vênias, sigo firme sustentando a natureza jurídica do termo circunstanciado enquanto procedimento investigativo substitutivo do inquérito policial, cuja lavratura só pode ser presidida por delegado de polícia (a quem compete tipificar a notícia de crime coercitiva, decidindo pelo procedimento investigativo a ser deflagrado).

A prosperar o entendimento do Supremo Tribunal Federal, é o magistrado quem "decidirá", *a priori*, se pessoa flagrada portando drogas ilícitas cometeu o crime do artigo 28 ou o delito do artigo 33, ambos da Lei 11.343/06, para fins de início do procedimento investigativo (essa atribuição, indubitavelmente, é do delegado de polícia). O enfrentamento, pelo juiz, da notícia de crime coercitiva, indubitavelmente, atropela o sistema acusatório brasileiro em um dos seus pilares – a inércia do magistrado (tão importante para garantia de sua imparcialidade).

Modelo 1 – Lesão corporal de natureza leve

TERMO CIRCUNSTANCIADO ___
(indicar a numeração do procedimento)

Aos ___ dias do mês de ____ de ____ (**data**), nesta delegacia de polícia de ______________ (**indicar a unidade policial onde foi lavrado o termo**), onde se encontrava ____________(**nome da autoridade policial que presidiu o feito**), delegado de polícia, compareceu ________________ (**nominar e qualificar a pessoa que apresentou a ocorrência e os envolvidos ao delegado de polícia**), expondo os seguintes fatos:

1 – Descrição do Fato:

Segundo narrativa de ______________ (**nome da suposta vítima**), ____________(**nome do autor do fato**) teria ____________ ______________ (**narrativa sintética do fato, de acordo com entrevista prévia feita pela autoridade policial com os personagens envolvidos**).

2 – Tipificação:

A conduta acima descrita se amolda ao tipo do artigo 129 do Código Penal.

3 – Autor do fato:

_______________ (**nome e qualificação completa do autor do fato**).

4 – Vítima:

_______________ (**nome e qualificação completa da vítima**).

5 – Testemunhas:

5.1. ______________ (**nome e qualificação completa da testemunha**).

5.2. ______________ (**nome e qualificação completa da testemunha**).

6. Providências adotadas:

O delegado de polícia determinou imediato encaminhamento da vítima ao Hospital de Urgência da cidade, requisitando a confecção de boletim médico para atestar as lesões aqui apuradas, na forma do artigo 77 da Lei 9.099/95 (**o boletim e as fotos das lesões sofridas pelo ofendido seguem em anexo**).

Elaborado o **Termo de Compromisso de Comparecimento**, encaminhe o presente ao Juizado Especial Criminal de ____________ (**indicar o juízo competente**). O autor do fato foi advertido da obrigatoriedade de comunicação de eventuais mudanças de endereços, em face das prescrições do artigo 224 do CPP. Por fim, determinou a autoridade o encerramento do presente que, lido e achado conforme segue assinado por todos e por mim, ___________ (**nome do escrivão que lavrou o termo**), escrivão de polícia, que o lavrei.

Delegado de Polícia: ____________________

Autor do fato: ____________________

Vítima: ____________________

Testemunhas: ____________________

____

Escrivão: ____________________

TERMO DE COMPROMISSO DE COMPARECIMENTO

TERMO CIRCUNSTANCIADO ____
(indicar a numeração do procedimento)

Aos ___ dias do mês de ______ de ____ (**data**) nesta Delegacia de Polícia de ______________ (**indicar a unidade policial onde foi lavrado o termo**), onde se encontrava _______________ (**nome da autoridade policial que presidiu o feito**), delegado de polícia, comigo escrivão de polícia ao final assinado, ______________ (**nome do autor do fato)**, já qualificado no Termo Circunstanciado ____ (**número do procedimento**), assumiu, neste ato, o compromisso de comparecer perante o Juizado Especial Criminal de __________ (**juízo competente**), quando de sua intimação, acompanhado de advogado devidamente constituído para responder pelos fatos narrados no procedimento investigativo acima citado, nos termos da Lei 9.099/95. Determinou a autoridade policial o encerramento do presente que, lido e achado conforme, segue assinado pelo delegado de polícia, pelo compromissado e por mim, ________ (**nome do escrivão de polícia**), escrivão de polícia que o lavrei.

Delegado de polícia: ________________________

Compromissado: ________________________

Escrivão: ________________________

Observações relevantes

É preciso lembrar que o artigo 88 da Lei 9.099/95 deixou claro que os crimes de lesão corporal de natureza leve e de lesão corporal culposa são de ação penal pública condicionada a representação (atente que se o crime de lesão leve envolver violência doméstica contra mulher, a ação será pública incondicionada, na forma da Súmula 542 do STJ - nesse caso deverá ser instaurado inquérito policial, por portaria ou mediante confecção de auto de prisão em flagrante[41] conforme o caso, e o feito, quando finalizado, deverá ser enviado ao Juizado de Violência Doméstica e Familiar contra a Mulher).

Como dito supra, o artigo 77, § 1º, da Lei 9.099/95 dispensou o exame de corpo de delito para provar a materialidade delitiva (basta juntada de boletim médico). Assim é que, recebida a ocorrência e ofertada a representação, o delegado de polícia deverá encaminhar a vítima à unidade de saúde mais próxima, requisitando realização de boletim médico. É de bom tom fotografar as lesões sofridas pelo ofendido (as fotos devem ser encaminhadas com o termo circunstanciado).

41 Prática do crime tipificado no artigo 129, § 9º, do Código Penal.

Modelo 2 – Ofício requisitando confecção de boletim médico

Ofício nº _____

_______ (local), __de ____de____ (data).

A Sua Senhoria o Senhor

Médico plantonista do hospital _______ (**indicar a unidade de saúde mais próxima**)

Assunto: requisita confecção de boletim médico

Referência: termo circunstanciado nº _______ (**número do termo circunstanciado**).

Senhor médico,

Com o objetivo de instruir o termo circunstanciado ____ (**número do procedimento**), requisito a confecção de boletim médico, com o objetivo de descrever as lesões percebidas em ________ (**nome da vítima**), na forma do artigo 77 da Lei 9.099/95.

Atenciosamente,

Márcio Alberto Gomes Silva
Delegado de Polícia

Capítulo 2

PROVAS

2.1. Introito

O presente capítulo tratará da materialização dos elementos informativos e das provas em espécie no curso do inquérito policial (o inquérito policial não é procedimento meramente informativo, vez que nele é possível a coleta de provas). É extremamente relevante atentar para colheita hígida de provas no bojo do procedimento inquisitivo, evitando funesta declaração futura de nulidade, que poderá redundar na absolvição do real autor do fato.

2.2. Cadeia de custódia

O Pacote Anticrime inseriu no Código de Processo Penal o conceito de cadeia de custódia (*caput*) e de vestígio (§ 3º) no artigo 158-A (mera leitura) – parece-me que o desrespeito à cadeia de custódia não induz necessariamente a nulidade da prova pericial (as conclusões dos peritos podem ser fragilizadas pelo desrespeito às prescrições do CPP, mas não vislumbro necessária nulidade na inobservâncias das regras que gravitam em torno da cadeia de custódia):

> Art. 158-A. Considera-se cadeia de custódia o conjunto de todos os procedimentos utilizados para manter e documentar a história cronológica do vestígio coletado em locais ou em vítimas de crimes, para rastrear sua posse e manuseio a partir de seu reconhecimento até o descarte.
>
> § 1º O início da cadeia de custódia dá-se com a preservação do local de crime ou com procedimentos policiais ou periciais nos quais seja detectada a existência de vestígio.
>
> § 2º O agente público que reconhecer um elemento como de potencial interesse para a produção da prova pericial fica responsável por sua preservação.
>
> § 3º Vestígio é todo objeto ou material bruto, visível ou latente, constatado ou recolhido, que se relaciona à infração penal.

O artigo 158-B descreve as etapas da cadeia de custódia:

Art. 158-B. A cadeia de custódia compreende o rastreamento do vestígio nas seguintes etapas:

I - reconhecimento: ato de distinguir um elemento como de potencial interesse para a produção da prova pericial;

II - isolamento: ato de evitar que se altere o estado das coisas, devendo isolar e preservar o ambiente imediato, mediato e relacionado aos vestígios e local de crime;

III - fixação: descrição detalhada do vestígio conforme se encontra no local de crime ou no corpo de delito, e a sua posição na área de exames, podendo ser ilustrada por fotografias, filmagens ou croqui, sendo indispensável a sua descrição no laudo pericial produzido pelo perito responsável pelo atendimento;

IV - coleta: ato de recolher o vestígio que será submetido à análise pericial, respeitando suas características e natureza;

V - acondicionamento: procedimento por meio do qual cada vestígio coletado é embalado de forma individualizada, de acordo com suas características físicas, químicas e biológicas, para posterior análise, com anotação da data, hora e nome de quem realizou a coleta e o acondicionamento;

VI - transporte: ato de transferir o vestígio de um local para o outro, utilizando as condições adequadas (embalagens, veículos, temperatura, entre outras), de modo a garantir a manutenção de suas características originais, bem como o controle de sua posse;

VII - recebimento: ato formal de transferência da posse do vestígio, que deve ser documentado com, no mínimo, informações referentes ao número de procedimento e unidade de polícia judiciária relacionada, local de origem, nome de quem transportou o vestígio, código de rastreamento, natureza do exame, tipo do vestígio, protocolo, assinatura e identificação de quem o recebeu;

VIII - processamento: exame pericial em si, manipulação do vestígio de acordo com a metodologia adequada às suas características biológicas, físicas e químicas, a fim de se obter o resultado desejado, que deverá ser formalizado em laudo produzido por perito;

IX - armazenamento: procedimento referente à guarda, em condições adequadas, do material a ser processado, guardado para realização de contraperícia, descartado ou transportado, com vinculação ao número do laudo correspondente;

X - descarte: procedimento referente à liberação do vestígio, respeitando a legislação vigente e, quando pertinente, mediante autorização judicial.

Confira tabela para facilitar a memorização:

Etapa	Conceito
Reconhecimento	Ato de distinguir um elemento como de potencial interesse para a produção da prova pericial
Isolamento	Ato de evitar que se altere o estado das coisas, devendo isolar e preservar o ambiente imediato, mediato e relacionado aos vestígios e local de crime
Fixação	Descrição detalhada do vestígio conforme se encontra no local de crime ou no corpo de delito, e a sua posição na área de exames, podendo ser ilustrada por fotografias, filmagens ou croqui, sendo indispensável a sua descrição no laudo pericial produzido pelo perito responsável pelo atendimento
Coleta	Ato de recolher o vestígio que será submetido à análise pericial, respeitando suas características e natureza
Acondicionamento	Procedimento por meio do qual cada vestígio coletado é embalado de forma individualizada, de acordo com suas características físicas, químicas e biológicas, para posterior análise, com anotação da data, hora e nome de quem realizou a coleta e o acondicionamento
Transporte	Ato de transferir o vestígio de um local para o outro, utilizando as condições adequadas (embalagens, veículos, temperatura, entre outras), de modo a garantir a manutenção de suas características originais, bem como o controle de sua posse
Recebimento	Ato formal de transferência da posse do vestígio, que deve ser documentado com, no mínimo, informações referentes ao número de procedimento e unidade de polícia judiciária relacionada, local de origem, nome de quem transportou o vestígio, código de rastreamento, natureza do exame, tipo do vestígio, protocolo, assinatura e identificação de quem o recebeu
Processamento	Exame pericial em si, manipulação do vestígio de acordo com a metodologia adequada às suas características biológicas, físicas e químicas, a fim de se obter o resultado desejado, que deverá ser formalizado em laudo produzido por perito

Etapa	Conceito
Armazenamento	Procedimento referente à guarda, em condições adequadas, do material a ser processado, guardado para realização de contraperícia, descartado ou transportado, com vinculação ao número do laudo correspondente
Descarte	Procedimento referente à liberação do vestígio, respeitando a legislação vigente e, quando pertinente, mediante autorização judicial

Não é obrigatório que a coleta de vestígios seja feita por perito oficial (o legislador usou da expressão "preferencialmente" no *caput* do artigo 158-C).

Importante salientar que o § 2º do novel artigo 158-C do Código de Processo Penal proibiu a entrada em locais isolados e a remoção de quaisquer vestígios antes da liberação por parte do perito responsável. Temos aqui situação inusitada: o legislador taxou a conduta de entrar em local de crime isolado e remover vestígios antes da liberação do perito como crime de fraude processual sem, contudo, alterar o artigo 347 do Código Penal. O tipo mencionado reclama um especial fim de agir: "induzir a erro o juiz ou o perito". A norma processual penal não exige tal intenção especial. Imagine a seguinte situação: um repórter, ávido por um "furo", resolve adentrar em local isolado pelo aparelho policial sem autorização, com o fito de fotografar o cadáver. Sem alterar absolutamente nenhum elemento sensível importante, o incauto jornalista cruza o isolamento, fotografa a vítima morta e vai embora. Teria o agente praticado, nessa hipótese, o crime de fraude processual, tipificado no artigo 347 do Código Penal? Penso que não. Caso o legislador efetivamente quisesse alterar a estrutura típica do dispositivo citado, operaria modificação no mesmo, enxertando figura equiparada ou mesmo privilegiada sem exigência de especial fim de agir. A resposta ao caso hipotético, a mim me parece, seria: fato atípico.

Confira o artigo 158-C do Código de Processo Penal:

> Art. 158-C. A coleta dos vestígios deverá ser realizada preferencialmente por perito oficial, que dará o encaminhamento necessário para a central de custódia, mesmo quando for necessária a realização de exames complementares.
>
> § 1º Todos vestígios coletados no decurso do inquérito ou processo devem ser tratados como descrito nesta Lei, ficando órgão central de perícia oficial de natureza criminal responsável por detalhar a forma do seu cumprimento.

> § 2º É proibida a entrada em locais isolados bem como a remoção de quaisquer vestígios de locais de crime antes da liberação por parte do perito responsável, sendo tipificada como fraude processual a sua realização.

O artigo 158-D traz em seu bojo disposições acerca do recipiente para acondicionamento do vestígio e a exigência de que os mesmos sejam lacrados:

> Art. 158-D. O recipiente para acondicionamento do vestígio será determinado pela natureza do material.
>
> § 1º Todos os recipientes deverão ser selados com lacres, com numeração individualizada, de forma a garantir a inviolabilidade e a idoneidade do vestígio durante o transporte.
>
> § 2º O recipiente deverá individualizar o vestígio, preservar suas características, impedir contaminação e vazamento, ter grau de resistência adequado e espaço para registro de informações sobre seu conteúdo.
>
> § 3º O recipiente só poderá ser aberto pelo perito que vai proceder à análise e, motivadamente, por pessoa autorizada.
>
> § 4º Após cada rompimento de lacre, deve se fazer constar na ficha de acompanhamento de vestígio o nome e a matrícula do responsável, a data, o local, a finalidade, bem como as informações referentes ao novo lacre utilizado.
>
> § 5º O lacre rompido deverá ser acondicionado no interior do novo recipiente.

O artigo 158-E do Código de Processo Penal determina que os Institutos de Criminalística possuam uma central de custódia destinada à guarda e controle de vestígios:

> Art. 158-E. Todos os Institutos de Criminalística deverão ter uma central de custódia destinada à guarda e controle dos vestígios, e sua gestão deve ser vinculada diretamente ao órgão central de perícia oficial de natureza criminal.
>
> § 1º Toda central de custódia deve possuir os serviços de protocolo, com local para conferência, recepção, devolução de materiais e documentos, possibilitando a seleção, a classificação e a distribuição de materiais, devendo ser um espaço seguro e apresentar condições ambientais que não interfiram nas características do vestígio.
>
> § 2º Na central de custódia, a entrada e a saída de vestígio deverão ser protocoladas, consignando-se informações sobre a ocorrência no inquérito que a eles se relacionam.
>
> § 3º Todas as pessoas que tiverem acesso ao vestígio armazenado deverão ser identificadas e deverão ser registradas a data e a hora do acesso.

> § 4º Por ocasião da tramitação do vestígio armazenado, todas as ações deverão ser registradas, consignando-se a identificação do responsável pela tramitação, a destinação, a data e horário da ação.

O artigo 158-F do Código de Processo Penal determina a devolução do material periciado à central de custódia:

> Art. 158-F. Após a realização da perícia, o material deverá ser devolvido à central de custódia, devendo nela permanecer.
>
> Parágrafo único. Caso a central de custódia não possua espaço ou condições de armazenar determinado material, deverá a autoridade policial ou judiciária determinar as condições de depósito do referido material em local diverso, mediante requerimento do diretor do órgão central de perícia oficial de natureza criminal.

2.3. Perícias em geral e exame de corpo de delito

Caso a prática delitiva tenha deixado vestígios (delito não transeunte), será necessário materializar exame de corpo de delito (direto ou indireto), com o fito de trazer para os autos do inquérito policial a necessária materialidade delitiva. É a determinação expressa do artigo 158 do Código de Processo Penal (sob pena da nulidade avistável no artigo 564, III, b, do mesmo diploma). Ressalto a importância de o delegado cumprir o quanto determinado pelo artigo 6º, I, do CPP (determinar a preservação do local do crime até a chegada do corpo técnico - até para seja respeitada a cadeia de custódia). Observo, ainda, que mesmo a cena não preservada deve ser periciada (os peritos farão constar no laudo as modificações).

É preciso que se diga que corpo de delito são todas as alterações deixadas pela prática delitógena no mundo dos fatos e exame de corpo de delito é a perícia materializada nestes vestígios. As perícias devem ser realizadas por perito oficial ou, na falta deste, por duas pessoas idôneas portadoras de diploma de nível superior, preferencialmente na área específica do exame (tal qual permitido no artigo 159, § 1º, do CPP).

A sistemática adotada pelo CPP é a seguinte, quando o crime deixa vestígios: a) deve ser materializado o exame de corpo de delito direto; b) caso não seja possível, faz-se o exame de corpo de delito indireto (é a perícia feita em elementos acessórios, que não o corpo de delito propriamente dito, com auxílio de entrevistas e oitiva de testemunhas); c) caso os vestígios tenham desaparecido por completo, a prova testemunhal será utilizada para suprir tal ausência (artigo 167 do CPP).

A obrigatoriedade do exame de corpo de delito para demonstrar a materialidade dos crimes que deixam vestígios, conduto, é relativizada pela própria legislação no artigo 12, § 3º, da Lei 11.340/06 (Lei Maria da Penha) e no artigo 77, § 1º, da Lei 9.099/95 (Juizados Especiais). A tabela abaixo transcreve os dispositivos citados:

Lei	Dispositivo
Lei 11.340/06	Art. 12 (...) § 3º Serão admitidos como meios de prova os laudos ou prontuários médicos fornecidos por hospitais e postos de saúde.
Lei 9.099/95	Art. 77 (...) § 1º Para o oferecimento da denúncia, que será elaborada com base no termo de ocorrência referido no art. 69 desta Lei, com dispensa do inquérito policial, prescindir-se-á do exame do corpo de delito quando a materialidade do crime estiver aferida por boletim médico ou prova equivalente.

Cumpre destacar que o artigo 158 do CPP foi alterado pela Lei 13.721/18 e agora determina prioridade na realização de exame de corpo de delito quando se tratar de crime que envolva violência doméstica e familiar contra mulher e violência contra criança, adolescente, idoso ou pessoa com deficiência.

A seguir, relacionarei algumas sugestões de quesitos que podem auxiliar requisições de perícias (artigo 2º, § 2º, da Lei 12.830/13), no bojo de inquérito policial.

Modelo 1 – Perícia em local de morte violenta

a) Qual a descrição da cena do crime?

b) Qual a data e o horário provável do evento?

c) Quantas pessoas participaram do evento?

d) Qual a dinâmica do evento? Como se deu a morte?

e) Há vestígios que possam auxiliar na indicação de autor do crime (material biológico, fragmentos de impressões digitais, pedaços de roupas, etc.)?

f) Houve utilização de veneno, fogo, explosivo, asfixia, tortura ou outro meio insidioso ou cruel, ou de que possa resultar perigo comum?

g) Houve traição, emboscada, dissimulação ou outro recurso que dificultou ou tornou impossível a defesa da vítima?

h) Analisando as lesões evidenciadas no cadáver, é possível indicar a arma/instrumento usado para prática do crime?

i) Outros dados úteis a juízo do corpo técnico.

Observações relevantes

A perícia em local de morte violenta é fundamental para elucidação do crime. É preciso detectar quantas pessoas participaram do evento, como se deu a morte, qual arma do crime, se há vestígios que auxiliem na elucidação do delito, dentre outras importantes questões que a perícia pode ser chamada a responder.

A par disso, a equipe de policiais lotada na unidade policial deverá diligenciar nas proximidades da cena, identificando testemunhas, câmeras que tenham gravado a ação, entrevistando parentes e amigos (para levantar possíveis motivações e suspeitos).

Modelo 2 – Perícia em cena de furto

a) Qual a descrição da cena do crime?

b) Qual a data e o horário provável do evento?

c) Quantas pessoas participaram do evento?

d) Qual a dinâmica do evento? Como se deu a subtração (ou tentativa de subtração)?

e) Houve destruição ou rompimento de obstáculo à subtração da coisa?

f) Houve escalada para ter acesso ao local?

g) Houve emprego de chave falsa?

h) Houve uso de explosivo ou artefato análogo que cause perigo comum?

i) Qual o valor estimado da(s) coisa(s) subtraída(s)?

j) Há vestígios que possam auxiliar na indicação de autor do crime (material biológico, fragmentos de impressões digitais, pedaços de roupas, etc.)?

l) Outros dados úteis a juízo do corpo técnico.

Observações relevantes

É importante, na perícia de crime de furto, deixar claro a ocorrência (ou não) da causa de aumento (do § 1º do artigo 155 do CP) e das qualificadoras (dos §§ 4º e 4º-A[1] do artigo 155 do CP).

O quesito relacionado ao valor da coisa subtraída é importante para aferição da aplicação do princípio da insignificância ou da causa de diminuição de pena do § 2º do artigo 155 do CP.

1 Incluído pela Lei 13.654/18.

Modelo 3 – Perícia em cena de roubo

a) Qual a descrição da cena do crime?

b) Qual a data e o horário provável do evento?

c) Quantas pessoas participaram do evento?

d) Qual a dinâmica do evento? Como se deu a subtração (ou tentativa de subtração)?

e) Qual o valor estimado da(s) coisa(s) subtraída(s)?

f) Há vestígios que possam auxiliar na indicação de autor do crime (material biológico, fragmentos de impressões digitais, pedaços de roupas, etc.)?

g) Houve emprego de violência ou ameaça à vítima por meio de arma branca ou de fogo? Caso tenha sido empregada arma de fogo, esta era de uso permitido, restrito ou proibido?

h) A vítima estava em serviço de transporte de valores?

i) Durante o evento o agente manteve a vítima em seu poder, restringindo sua liberdade?

j) Houve destruição ou rompimento de obstáculo mediante o emprego de explosivo ou artefato análogo que cause perigo comum?

l) A violência empregada pelo agente deu causa a lesão corporal ou morte da vítima?

m) Outros dados úteis a juízo do corpo técnico.

Observações relevantes

É importante, na perícia de crime de roubo, deixar claro a ocorrência (ou não) das causas de aumento do §§ 2º, 2º-A e § 2º-B[2] do artigo 157, do CP (como a Lei 13.964/19 voltou a considerar roubo majorado o crime praticado com uso de arma branca, volta a ter importância o quesito relacionado ao uso desse tipo de armamento).

A pergunta de letra 'l' deve ser materializada para aferir o quanto descrito no § 3º do artigo 157 do CP.

2 Inserido pela Lei 13.964/19 (Pacote Anticrime).

Modelo 4 – Exame de lesões corporais

a) Houve ofensa à integridade corporal ou à saúde do examinado (descrever as lesões identificadas)?

b) É possível individualizar a natureza do agente, instrumento ou meio que produziu as lesões?

c) As lesões foram produzidas por meio de veneno, fogo, explosivo, asfixia ou outro meio cruel?

d) As lesões ocasionaram/ocasionarão em incapacidade para as ocupações habituais por mais de trinta dias, perigo de vida, debilidade permanente de membro, sentido ou função, ou antecipação de parto?

e) As lesões ocasionaram/ocasionarão em incapacidade permanente para o trabalho, enfermidade incurável, perda ou inutilização de membro, sentido ou função, deformidade permanente ou aborto?

f) Outros dados úteis a juízo do corpo técnico.

Observações relevantes

Na apuração do crime de lesão corporal, é importante consignar no laudo pericial eventual ocorrência de uma das hipóteses descritas nos §§ 1º e 2º do artigo 129 do CP (porque se não restar demonstrado que a lesão é grave ou gravíssima, a lesão finda sendo classificada como leve).

Caso se detecte, de pronto, que se trata de lesão leve, cumpre fazer algumas observações: a) trata-se de infração de menor potencial ofensivo (que prescinde da instauração de inquérito policial e se conforma com mero termo circunstanciado - artigos 61 e 69 da Lei 9.099/95); b) é crime de ação penal pública condicionada à representação (artigo 88 da Lei 9.099/95); c) não será necessário exame de corpo de delito (basta mero boletim médico - artigo 77, § 1º, da Lei 9.099/95).

Por óbvio o disposto no parágrafo anterior não se aplica quando a lesão leve se enquadrar no artigo 129, § 9º, do Código Penal (já que o crime nele tipificado tem pena orçada em 3 anos, não sendo, portanto, infração de menor potencial ofensivo).

Modelo 5 – Exame em crime de estupro

a) Há vestígio de conjunção carnal/ato libidinoso?

b) Há vestígio de violência (descrever eventuais lesões) e, no caso afirmativo, qual o meio empregado?

c) Em sendo positiva a resposta ao quesito anterior, da violência resultou incapacidade para as ocupações habituais por mais de trinta dias, perigo de vida, debilidade permanente, perda ou inutilização de membro, sentido ou função, incapacidade permanente para o trabalho, enfermidade incurável, deformidade permanente, aceleração de parto ou aborto?

d) A vítima é portadora de enfermidade ou deficiência mental? A vítima tem o necessário discernimento para a prática do ato?

e) Houve alguma outra causa que impossibilitasse a vítima de oferecer resistência?

f) Outros dados úteis a juízo do corpo técnico.

Observações relevantes

A apuração do crime de estupro não é fácil. Trata-se de delito com cifra negra (ou oculta) muito alta, porque as vítimas, normalmente, não se sentem à vontade para noticiar o delito (é preciso grande esforço do Estado para evitar vitimização secundária e prestar o máximo de apoio ao sujeito passivo do crime).

É importante materializar a perícia quanto antes e cuidar de atender a vítima logo depois de finalizado o trabalho técnico (ela tem que ser atendida por equipe multidisciplinar, tomar uma série de medicamentos para evitar contaminação e gravidez indesejada, dentre outros cuidados – providências determinadas pela Lei do Minuto Seguinte – Lei 12.845/13).

Cumpre deixar claro que a pergunta da letra 'c' se justifica porque a ocorrência de lesão grave constitui qualificadora (§ 1º do artigo 213 do Código Penal). As perguntas das letras 'd' e 'e' se justificam em face do § 1º do artigo 217-A do Código Penal.

Por fim, saliento que o crime de estupro passou a ser de ação penal pública incondicionada, a partir da edição da Lei 13.718/18.

Modelo 6 – Exame em apuração de desvio de verba pública (licitação fraudulenta)

a) A obra objeto do procedimento licitatório periciado foi entregue conforme especificado no edital?

b) O valor final da obra objeto do procedimento licitatório periciado é compatível com o valor de mercado? Houve superfaturamento?

c) Outros dados úteis a juízo do corpo técnico.

Observações relevantes

Trouxe a lume modelo de quesitação em inquérito policial que apura desvio de verba pública por meio de entrega de obra pública fora dos parâmetros especificados no edital e/ou superfaturada.

Várias são as possibilidades de perícia em apuratórios relativos a desvio de verba pública. Aliado ao trabalho pericial, é importante materializar trabalho de campo para aferir se as empresas participantes do certame efetivamente existem e se têm capacidade técnica/financeira para participar da licitação, dentre outras providências.

Modelo 7 – Perícia em gravação de oitiva feita pelo aparelho policial, em operação

a) Qual a descrição do material periciado?

b) Houve nas gravações alguma edição, montagem ou corte?

c) Em relação à oitiva de ____ (**nome do oitivado**), transcrever os intervalos de 00:30 a 01:50; de 01:58 a 02:12 e de 02:32 a 02:53; em relação à oitiva de ____ (**nome do oitivado**), transcrever os intervalos de 00:00 a 01:10 e de 01:35 a 04:15; em relação à oitiva de ____ (**nome do oitivado**), transcrever os intervalos de 00:00 a 02:32;

d) Outros dados úteis a juízo do corpo técnico.

Observações relevantes

Quando da deflagração de operação policial, sugestiono que o delegado de polícia determine que as oitivas sejam filmadas (ou pelo menos a leitura final do termo para o investigado/indiciado).

Gravadas as oitivas, é de bom tom periciar os arquivos, de modo a afastar ulterior alegação de edição, determinando-se a transcrição dos trechos mais importantes.

Modelo 8 – Exame de reconhecimento facial/digitais (estelionato)

a) Qual a descrição do material apresentado?

b) As fotografias e impressões digitais apostas nas CPTS de numeração ___ – série ____, ___ – série ____, ___ – série ____, ___ – série ____, e ___ – série ____, pertencem à mesma pessoa?

c) Outros dados úteis a juízo do corpo técnico.

Observações relevantes

No bojo de investigação que apura crime de estelionato com uso de documentação falsa (tanto contra bancos, como contra o INSS) é possível que o aparelho policial apreenda documentos com fotos da mesma pessoa e nomes/qualificações diversas.

Trouxe a lume exemplo da apreensão de várias carteiras de trabalho com nomes/qualificações diferentes e fotos que sugeriam ser a mesma pessoa. É extremamente relevante que tal dúvida se transmude em certeza, por meio do uso de técnicas científicas, tudo traduzido em laudo pericial juntado ao inquérito policial.

No modelo, foi requisitada tanto a perícia de reconhecimento facial (que se chama exame prosopográfico), quanto de comparação de impressões digitais (exame papiloscópico).

É possível ainda requisitar tal exame em diversas investigações (por exemplo, quando se tem registro da imagem do suspeito na cena do crime). Tal perícia pode auxiliar a elucidação de homicídios, roubos, furtos, estupros, dentre outros crimes - nesta situação, o quesito seria: "o indivíduo que aparece na imagem é _____ (**nome do investigado**)?".

Modelo 9 – Exame em computador (investigação dos crimes tipificados nos artigos 241-A e 241-B da Lei 8.069/90)

a) Qual a descrição do material submetido a exame?

b) Há no material periciado arquivos com cenas de sexo explícito ou pornográficas que aparentemente envolvam crianças/adolescentes?

c) Existem evidências de que houve apresentação, fornecimento, divulgação ou publicação das imagens e fotos citadas do item anterior, na rede mundial de computadores, internet ou em qualquer outro meio? Em caso positivo, é possível obter indícios dos responsáveis pela prática em questão?

d) Outros dados úteis a juízo do corpo técnico.

Observações relevantes

Em apuratórios que investigam a prática dos crimes tipificados nos artigos 241-A e 241-B do ECA (Lei 8.069/90), depois da apreensão de mídias (computador, CDs, DVDs, telefone celular, HD, etc.), é preciso requisitar perícia, com o fito de verificar a existência de fotos/vídeos proibidos.

A resposta positiva ao quesito 'b' serve para demonstrar a prática do crime tipificado no artigo 241-B do ECA. A resposta positiva ao quesito 'c' demonstra a existência do crime tipificado no artigo 241-A do ECA.

Será importante investigar quem fez o registro das imagens pornográficas da criança/adolescente, para aferir a prática do crime tipificado no artigo 240 do ECA.

Modelo 10 – Posse/porte ilegal de arma de fogo

a) Qual a descrição do material periciado?

b) O material encaminhado é eficiente para efetuar disparos?

c) O material periciado sofreu algum tipo de adulteração em suas características originais?

d) Outros dados úteis a juízo do corpo técnico.

Observações relevantes

A materialidade em apuratórios que investigam os crimes descritos na Lei 10.826/03 consiste, fundamentalmente, em demonstrar que a arma de fogo é eficiente para efetuar disparos - caso se detecte a absoluta inaptidão da arma para disparos, não há crime (crime impossível por ineficácia absoluta do meio - tese 3 da edição 108 da jurisprudência em teses do STJ[3]).

É preciso que se diga que o Superior Tribunal de Justiça entende não ser obrigatória materialização de perícia no inquérito/processo que apura o crime de porte ilegal de arma de fogo de uso permitido – tese 2 edição 102 da jurisprudência em teses do STJ[4]. Ainda assim, penso que é de bom tom materializar a prova técnica.

O primeiro quesito esclarecerá se a arma apreendida é de uso permitido, restrito ou proibido (imprescindível para correta tipificação do crime investigado).

O quesito referente à adulteração tem em mira eventual tipificação no artigo 16, § 1º, I, II e/ou IV, da referida lei.

Os crimes tipificados no Estatuto do Desarmamento não admitem, em regra, aplicação do princípio da insignificância (são crimes de perigo abstrato, de mera conduta e que ofendem a incolumidade pública). Entrementes, tanto o STJ quanto o STF já reconheceram, em situações excepcionais, o princípio em testilha em relação a crimes tipificados na Lei 10.826/03. Nesse sentido a tese 2 da edição 108 da jurisprudência em teses do STJ:

---

3 3) Demonstrada por laudo pericial a inaptidão da arma de fogo para o disparo, é atípica a conduta de portar ou de possuir arma de fogo, diante da ausência de afetação do bem jurídico incolumidade pública, tratando-se de crime impossível pela ineficácia absoluta do meio.

4 2) O crime de porte ilegal de arma de fogo, acessório ou munição de uso permitido (art. 14 da Lei n. 10.826/2003) é de perigo abstrato e de mera conduta, bastando para sua caracterização a prática de um dos núcleos do tipo penal, sendo desnecessária a realização de perícia.

2) A apreensão de ínfima quantidade de munição desacompanhada de arma de fogo, excepcionalmente, a depender da análise do caso concreto, pode levar ao reconhecimento de atipicidade da conduta, diante da ausência de exposição de risco ao bem jurídico tutelado pela norma.

Modelo 11 – Tráfico de drogas

a) Qual a descrição do material periciado (tipo de substância, forma de apresentação, peso ou massa)?

b) A substância periciada está relacionada no rol das drogas proscritas da Portaria 344/98, da ANVISA?

c) Há impressões papilares nos invólucros/embalagens usados? Caso positivo, apontar a autoria ou registrar no sistema AFIS.

d) Outros dados úteis a juízo do corpo técnico.

Observações relevantes

A investigação do crime de tráfico de drogas reclama a confecção de dois laudos, um preliminar (descrito no § 1º do artigo 50 da Lei 11.343/06, e que serve para materialização de prisão em flagrante e oferecimento da denúncia) e outro definitivo (reclamado para eventual condenação). Os quesitos acima lançados podem ser usados para ambos os momentos.

Para confecção do laudo preliminar, sugestiono aquisição de kits de identificação de cocaína e maconha (drogas mais apreendidas pelo aparelho policial), já que a perícia, neste caso, pode ser feita por qualquer pessoa idônea.

O quesito da letra 'c' ajuda na identificação dos envolvidos na prática delitiva.

Modelo 12 – Portaria de nomeação de perito *ad hoc*

Portaria __/____ **(número da portaria)**

__________ (local), __/__/____ (data).

O Delegado de Polícia ________ **(nome do delegado)**, lotado e em exercício na Delegacia de Polícia de ______ (**unidade policial**), no uso de suas atribuições previstas nos artigos 4º e seguintes do Código de Processo Penal e no artigo 144, § 4º, da Constituição Federal, na forma do § 1º, do artigo 50, da Lei 11.343/06,

R E S O L V E:

Nomear __________ (**nome do perito *ad hoc***), para funcionar como PERITO na elaboração de laudo de constatação preliminar da substância apreendida em poder de ________ (**nome do investigado**). Elabore-se Termo de Compromisso.

C U M P R A- S E.

Márcio Alberto Gomes Silva
Delegado de Polícia

TERMO DE COMPROMISSO

Eu, abaixo assinado, assumo o compromisso de bem e fielmente, desempenhar com zelo e probidade a função de PERITO para a qual fui nomeado pela PORTARIA supra.

_______ (**local**), __/__/____ (**data**)

____

(assinatura do perito nomeado para o ato)

Modelo 13 – Laudo preliminar de constatação (droga)

LAUDO PRELIMINAR DE CONSTATAÇÃO

Atendendo a determinação do delegado de polícia ______ (**nome do delegado de polícia**), diante da ausência momentânea de perito oficial, o agente de polícia ______ (**nome do agente de polícia**) procedeu a exame preliminar na substância abaixo descrita, apreendida em poder de _______ (**nome e qualificação do detentor do material**), nos autos de inquérito policial nº ___ (**número do inquérito policial**), na forma do § 1º, do artigo 50, da Lei 11.343/06.

DO MATERIAL EXAMINADO: (o material examinado deve ser descrito)

DA CONCLUSÃO: os testes químicos preliminares realizados na substância acima descrita foram efetuados com o teste de Scott, resultando em **positivo** para o **alcaloide cocaína**. A **cocaína** é uma substância entorpecente, de uso proscrito no Brasil, podendo causar dependência física e/ou psíquica, de acordo com a Resolução da Diretoria Colegiada – RDC nº 44 da ANVISA, de 02 de julho de 2007, em conformidade com a Portaria nº 344-SVS/MS, de 12 de maio de 1998.

Agente de polícia (perito nomeado *ad hoc*): ______

Observações relevantes

Caso não exista perito oficial no momento da lavratura do flagrante pela prática de crime tipificado na Lei 11.343/06, é possível ao delegado de polícia designar pessoa idônea para materialização do laudo preliminar de constatação, na forma do § 1º do artigo 50 do citado mandamento legal (no modelo 12 há portaria de nomeação e termo de compromisso de perito *ad hoc*).

É de bom tom que o aparelho policial tenha kits de constatação de drogas proscritas (ao menos de maconha e cocaína), com o fito de evitar prisões equivocadas (entrementes, a não utilização de ditos testes rápidos não é empecilho à materialização do flagrante – o laudo preliminar pode ser calcado na análise visual da substância, por policial que tenha experiência no enfrentamento do tráfico).

Modelo 14 – Perícia em veículo que transportou drogas

a) Qual a descrição do material periciado?

b) O veículo periciado sofreu alterações em suas características originais para que pudesse dissimular o transporte de produtos, substâncias e/ou mercadorias?

c) Foram encontrados vestígios de substância entorpecente proibida no veículo?

d) Há vestígios de adulteração no Número de Identificação Veicular (NIV) do veículo apresentado a exame pericial? Em caso positivo, é possível determinar quais as numerações originais?

e) Qual o estado de conservação do veículo examinado e seu respectivo valor comercial?

f) Outros dados úteis a juízo do corpo técnico.

Observações relevantes

A perícia do veículo que transporta a droga proscrita é necessária para o fim descrito no artigo 62 da Lei 11.343/06 (utilização do bem apreendido no combate ao tráfico de drogas) – serve para demonstrar que o automotor, embarcação ou aeronave efetivamente foi utilizado para prática do delito.

Modelo 15 – Perícia papiloscópica

a) Qual a descrição do material periciado?

b) As individuais datiloscópicas de _____, _____ e _____ (**nomes dos suspeitos**) coincidem com os fragmentos de impressões digitais colhidos na cena do crime (registrados nos sistemas como caso criminal ____)?

c) Outros dados úteis a juízo do corpo técnico.

Observações relevantes

A perícia papiloscópica é muito importante. Como não há possibilidade de repetição de desenho digital, o exame de confronto com resultado positivo constitui grande prova da presença do investigado na cena do crime.

Ressalto, uma vez mais, a necessidade da estrita observância do quanto determinado pelo artigo 6º, I, do CPP – preservação do local do crime para colheita de vestígios (dentre os quais fragmentos de digitais). Coletados fragmentos de impressões digitais deixadas na cena do crime, eles são armazenados nos sistemas criminais do aparelho policial e aguardarão suspeitos para confronto. Caso se identifique suspeito, ainda que não seja possível colher suas digitais (porque ele está foragido, por exemplo), o delegado de polícia pode oficiar ao respectivo instituto de identificação, requisitando a ficha onomástica do investigado (que servirá como material padrão para realização da perícia papiloscópica).

Modelo 16 – Moeda falsa

a) Qual a descrição do material periciado?
b) As cédulas periciadas são autenticas ou falsas?
c) Sendo falsas, qual o processo empregado na sua falsificação?
d) A falsificação é grosseira ou não? Caso negativo, a cédula examinada pode confundir pessoas?
e) Outros dados úteis a juízo do corpo técnico.

Observações relevantes

O crime de moeda falsa, tipificado no artigo 289 do Código Penal é de competência da Justiça Federal (atribuição investigativa da Polícia Federal). Entrementes, caso se detecte que a falsificação é grosseira, o crime praticado passa a ser o de estelionato, tipificado no artigo 171 do Código Penal, de competência da Justiça Estadual, nos termos da Súmula 73 do STJ.

Assim é que é necessário exame pericial para detectar: a) num primeiro momento se a cédula é autêntica ou falsa; b) atestada a falsidade, se a falsificação é grosseira ou não.

Modelo 17 – Exame grafotécnico (falsificação de assinatura)

a) Qual a descrição do documento periciado?

b) A assinatura constante no documento periciado é autêntica? Caso a resposta seja negativa, ela foi produzida por ____ **(nome do investigado)**?

c) Outros dados úteis a juízo do corpo técnico.

Observações relevantes

Quando se investiga falsificação de assinatura ou no preenchimento de documento, será preciso colher material gráfico da pessoa a quem se atribui a assinatura (para verificar se a assinatura ou escrito é autêntico) e do suspeito da falsificação (depois de constatada inautenticidade, o corpo técnico aferirá se o lançamento falso foi feito pelo investigado).

O investigado, entrementes, não é obrigado a fornecer material gráfico para realização de perícia (já que tem direito a não produzir prova contra si). Se concordar em fornecer, sugestiono que o delegado de polícia faça constar expressamente em sua oitiva ou no corpo do auto de coleta de material que o fornecimento é feito com sua concordância expressa e que a prova outotrora produzida poderá ser usada em seu desfavor.

2.4. Reconhecimento de pessoa, coisa e por fotografia

É possível materializar, no curso do inquérito policial, o reconhecimento de pessoa, de coisa e por fotografia. Em virtude da importância da prova resultante desta diligência (especialmente em crimes usualmente praticados na clandestinidade, como o estupro), é preciso advertir o reconhecedor da importância e das consequências do ato de reconhecimento (certamente o investigado reconhecido pela vítima ou por testemunha passará a ser o principal foco da investigação).

É de bom tom atentar para o permissivo do inciso III do artigo 226 do CPP, que autoriza que a autoridade policial faça com que o reconhecido não veja o reconhecedor, caso o contato direto entre ambos cause intimidação do último (não possível lançar mão do artifício no curso do processo, nos termos do parágrafo único do mesmo artigo 226). O ideal é que a delegacia de polícia conte com sala específica para reconhecimento, de forma a garantir, caso necessário, a materialização da providência.

Modelo 1 – Auto de reconhecimento de pessoa

AUTO DE RECONHECIMENTO DE PESSOA

Ao __/__/____ (**data da lavratura do auto**), nesta Superintendência Regional da Polícia Federal em Sergipe, na cidade de Aracaju/SE, onde se encontrava Márcio Alberto Gomes Silva, Delegado de Polícia Federal, na presença das testemunhas abaixo assinadas, seguindo o quanto determinado no artigo 226 do CPP, compareceu ________ (**nome, qualificação e endereço do reconhecedor**), doravante chamado de **RECONHECEDOR** o qual, sob o compromisso de dizer a verdade, **descreveu** a pessoa que subtraiu, com emprego de grave ameaça exercida com arma de fogo, seu aparelho celular e quantia em dinheiro, como sendo: ________ (**descrição da pessoa a ser reconhecida**). A seguir, a autoridade policial mostrou ao **RECONHECEDOR** as seguintes pessoas, todas com alguma semelhança: **PEDRO CABRAL, conhecido como PEDRÃO** (identificada como número 01), **JÚLIO DE JESUS, conhecido como JULINHO DAS QUEBRADAS** (identificada como número 02), **LIU KANG** (identificada como número 03), **CRISTÓVÃO SILVA** (identificada como número 04). A seguir, o **RECONHECEDOR** apontou, com segurança e presteza, a pessoa identificada com o **número 03** (**LIU KANG**), como sendo a pessoa que subtraiu seus pertences no dia __/__/____ (**data do crime**), em ________ (**local do crime**). Nada mais havendo, determinou a autoridade o encerramento do presente que, lido e achado conforme, segue assinado pelo delegado de polícia, pelo reconhecedor, pelas as testemunhas e por mim, escrivão de polícia federal que o lavrei.

Delegado de Polícia: ____________________

Reconhecedor: ____________________

Escrivão de Polícia: ____________________

1ª Testemunha: ____________________

2ª Testemunha: ____________________

Observações relevantes

O reconhecimento de pessoa é regulado pelo artigo 226 do Código de Processo Penal. Segundo o determinado pelo caderno processual, o delegado de polícia deve: a) determinar que o reconhecedor descreva a pessoa a ser reconhecida; b) caso seja possível, colocar a pessoa a ser reconhecida lado a lado com outras pessoas que com ela tenham alguma semelhança; c) convidar o reconhecedor apontar a pessoa reconhecida; d) determinar a lavratura de auto, que vai assinado pela autoridade, pelo reconhecedor e por duas testemunhas presenciais (são testemunhas fedatárias, impróprias ou instrumentárias). O desrespeito ao procedimento determinado pela lei, no entendimento do Tribunal da Cidadania, constitui mera irregularidade. Nesse sentido, tese 3 da edição 69 da jurisprudência em teses do STJ:

> 3) As irregularidades relativas ao reconhecimento pessoal do acusado não ensejam nulidade, uma vez que as formalidades previstas no art. 226 do CPP são meras recomendações legais.

Esse entendimento, contudo, foi desafiado pela 6ª Turma do Tribunal da Cidadania, que afirmou, no bojo do HC 598.886, relatado pelo Ministro Rogério Schietti Cruz, não ser possível sustentar condenação em reconhecimento fotográfico materializado sem a observância das formalidades determinadas no artigo 226 do Código de Processo Penal (apesar do *decisum* fazer clara referência ao reconhecimento por fotografia, não vejo óbice em utilizá-lo para o estudo do reconhecimento de pessoa/coisa).

Observo a necessidade de rechaçar reconhecimento por porcentagem (ou se reconhece ou não se reconhece - não há como fazer constar no auto que o reconhecedor "reconhece o autor do fato com 50% de certeza" ou expressões do gênero).

Ressalto, por fim, que o investigado/indiciado pode ser conduzido coercitivamente para materialização do ato de reconhecimento de pessoa, caso não compareça depois de devidamente intimado, na forma do artigo 260 do CPP. Isso porque o reconhecimento é prova produzida pelo reconhecedor e não pelo reconhecido (que atua passivamente na produção deste meio probante). Observo que o julgamento das ADPF 395 e 444 considerou não recepcionada pela Constituição Federal de 1988 apenas a expressão "para interrogatório" constante no artigo 260 do CPP.

Modelo 2 – Auto de reconhecimento de objeto

AUTO DE RECONHECIMENTO DE OBJETO

Ao __/__/____ (**data da lavratura do auto**), nesta Superintendência Regional da Polícia Federal em Sergipe, na cidade de Aracaju/SE, onde se encontrava Márcio Alberto Gomes Silva, Delegado de Polícia Federal, na presença das testemunhas abaixo assinadas, seguindo o quanto determinado no artigo 227 do CPP, compareceu ________ (**nome, qualificação e endereço do reconhecedor**), doravante chamado de **RECONHECEDOR** o qual, sob o compromisso de dizer a verdade, **descreveu** o objeto dele subtraído no dia __/__/____ (**data da subtração**), por indivíduo armado, como sendo: ________ (**descrição do objeto a ser reconhecido**). A seguir, a autoridade policial mostrou ao **RECONHECEDOR** o seguinte objeto ________ (**objeto mostrado ao reconhecedor** pelo **delegado de polícia**). A seguir, o **RECONHECEDOR** afirmou, com segurança e presteza, que o objeto mostrado pela autoridade policial é o mesmo subtraído no dia __/__/____ (**data do crime**), em ______ (**local do crime**), quando da prática do roubo aqui apurado. Nada mais havendo, determinou a autoridade o encerramento do presente que, lido e achado conforme, segue assinado pelo delegado de polícia, pelo reconhecedor, pelas as testemunhas e por mim, escrivão de polícia federal que o lavrei.

Delegado de Polícia: ____________________

Reconhecedor: ____________________

Escrivão de Polícia: ____________________

1ª Testemunha: ____________________

2ª Testemunha: ____________________

Observações relevantes

O reconhecimento de objeto é regulado pelo artigo 227 do Código de Processo Penal, que determina que se siga a mesma sistemática do reconhecimento de pessoa (artigo 226 do CPP). Assim é que o delegado de polícia deve: a) determinar que o reconhecedor descreva o objeto a ser reconhecido; b) caso seja possível, colocar o objeto a ser reconhecido lado a lado com outros objetos que com ele tenham alguma semelhança; c) convidar o reconhecedor apontar o objeto reconhecido; d) determinar a lavratura de auto, que vai assinado pela autoridade, pelo reconhecedor e por duas testemunhas presenciais.

Modelo 3 – Auto de reconhecimento por fotografia

AUTO DE RECONHECIMENTO POR FOTOGRAFIA

Ao __/__/____ (**data da lavratura do auto**), nesta Superintendência Regional da Polícia Federal em Sergipe, na cidade de Aracaju/SE, onde se encontrava Márcio Alberto Gomes Silva, Delegado de Polícia Federal, na presença das testemunhas abaixo assinadas, seguindo o quanto determinado no artigo 226 do CPP, **por analogia**, compareceu _________ (**nome, qualificação e endereço do reconhecedor**), doravante chamado de **RECONHECEDOR** o qual, sob o compromisso de dizer a verdade, **descreveu** a pessoa que subtraiu, com emprego de grave ameaça exercida com arma de fogo, seu aparelho celular e quantia em dinheiro, como sendo: ________ (**descrição da pessoa a ser reconhecida**). A seguir, a autoridade policial mostrou ao **RECONHECEDOR** as fotos abaixo, das seguintes pessoas: **PEDRO CABRAL, conhecido como PEDRÃO** (foto 01), **JÚLIO DE JESUS, conhecido como JULINHO DAS QUEBRADAS** (foto 02), **LIU KANG** (foto 03), **CRISTÓVÃO SILVA** (foto 04):

FOTO 01

FOTO 02

FOTO 03

FOTO 04

A seguir, o **RECONHECEDOR** apontou, com segurança e presteza, a pessoa identificada com o número 03, como sendo a pessoa que subtraiu seus pertences no dia __/__/____ (**data do crime**), em _______ (**local do crime**). Nada mais havendo, determinou a autoridade o encerramento do presente que, lido e achado conforme, segue assinado pelo delegado de polícia, pelo reconhecedor, pelas as testemunhas e por mim, escrivão de polícia federal que o lavrei.

Delegado de Polícia: ______________________

Reconhecedor: ______________________

Escrivão de Polícia: ______________________

1ª Testemunha: ______________________

2ª Testemunha: ______________________

Observações relevantes

O reconhecimento por fotografia não é definido no Código de Processo Penal como meio probante, mas é tranquilamente admitido pela doutrina e pela jurisprudência (não é prova nominada). Na prática, o delegado de polícia deve seguir o quanto determinado para materialização do auto de reconhecimento de pessoa (artigos 226 do CPP), por analogia. Assim, é preciso que: a) o reconhecedor descreva a pessoa a ser reconhecida; b) caso seja possível, a fotografia da pessoa a ser reconhecida seja colocada lado a lado com outras fotos de pessoas que com ela tenham alguma semelhança; c) o reconhecedor aponte a foto da pessoa reconhecida; d) o delegado determine lavratura de auto, que vai assinado pela autoridade, pelo reconhecedor e por duas testemunhas presenciais.

Repito a importância da leitura do quanto decidido pelo Superior Tribunal de Justiça nos autos do HC 598.886. O reconhecimento fotográfico é prova inominada e legal, mas deve observar o quanto determinado pelo Código de Processo Penal em relação ao reconhecimento de pessoa/coisa. Em face da falibilidade da mente humana, é preciso cautela na sua valoração.

Observo, como dito supra, a necessidade de rechaçar reconhecimento por porcentagem (ou se reconhece ou não se reconhece – não há como fazer constar no auto que o reconhecedor "reconhece o autor do fato com 50% de certeza" ou expressões do gênero).

Com o fito de que se saiba, *a posteriori*, quais fotos foram usadas no ato, minha sugestão é que elas façam parte do corpo do auto, como no modelo supra.

2.5. Acareação

Acarear quer dizer colocar frente a frente pessoas que têm versões diferentes acerca do mesmo fato. A disciplina legal está nos artigos 229 e 230 do CPP.

Modelo – Acareação entre testemunhas

TERMO DE ACAREAÇÃO

Inquérito Policial _____ (número do procedimento)

Aos ___ dias do mês de ___ do ano de ______ (**data de materialização do ato**), no cartório da Delegacia de Polícia de ______ (**local da unidade policial**), onde presente se encontrava o delegado de polícia _______ (**nome do delegado de polícia**), comigo, escrivão de polícia ao final declarado e assinado, compareceu _________ **(nome do 1º acareado),** _____________ (**qualificação completa do 1º acareado e seu endereço**) e __________ **(nome do 2º acareado),** _____________ (**qualificação completa do 2º acareado e seu endereço**), que foram intimados com o fito de esclarecerem divergência avistável nos depoimentos por eles prestados às fls. __ (**página da oitiva do 1º acareado**) e fls. __ (**página da oitiva do 2º acareado**): ______ (**descrição da divergência**). **Cientificados os acareados do dever legal de dizer a verdade**, pelo 1º acareado foi dito **QUE** ________ **(versão do 1º acareado**). A seguir, foi dito pelo 2º acareado **QUE** _________ (**versão do 1º acareado**). E nada foi dito pelos acareados, pelo que a autoridade policial determinou que se encerrasse o presente termo, que, depois de lido e achado conforme, foi assinado pelos presentes. Eu _________ (**assinatura do escrivão**), escrivão de polícia que o lavrei.

DELEGADO DE POLÍCIA: ______________________________

ACAREADO: ______________________________

ACAREADO: ______________________________

Observações relevantes

Trata-se de providência pouco efetiva na busca da verdade real. Penso ser melhor coligir provas outras que demonstrem que algum personagem ouvido no curso do feito mentiu (caso se detecte testemunho mendaz, o autor do mesmo deve ser indiciado pela prática do delito tipificado no artigo 342 do CP, caso seja possível a imputação).

A materialização da acareação pressupõe que os envolvidos tenham sido ouvidos formalmente e tenham versões diferentes sobre o mesmo fato relevante. A acareação tem natureza jurídica de prova nominada no Código de Processo Penal.

2.6. Busca e apreensão

A busca e apreensão é regulada no Código de Processo Penal pelos artigos 240 e seguintes. A medida pode assumir três formas: pessoal, veicular e domiciliar. As duas primeiras não precisam de mandado judicial e podem ser ordenadas ante a mera suspeita de que o indivíduo carregue consigo ou em seu veículo objeto cujo porte seja proibido, coisas achadas ou obtidas por meios criminosos.

Na busca domiciliar, há que ser observado o inciso XI do artigo 5º da Lei Maior, que determina que o cidadão brasileiro tem direito à inviolabilidade de domicílio. Só é possível entrar em casa alheia sem o consentimento do morador em caso de flagrante delito, desastre, para prestar socorro ou, durante o dia, por determinação judicial (o atropelo ao direito constitucional à inviolabilidade de domicílio pelo aparelho policial pode constituir prática do crime de abuso de autoridade tipificado no artigo 22 da Lei 13.869/19[5]). Esta última situação é a tratada neste tópico.

A seguir, serão expostos modelos de: a) representação de busca (sob a forma de ofício e de petição); b) auto circunstanciado de busca e arrecadação (expediente que documenta a diligência de busca); c) autorização de ingresso em residência (caso a diligência aponte para outra casa para qual não exista mandado judicial e o morador autorize o ingresso) d) auto de apreensão (depois de arrecadado, o objeto/documento que interessa ao apuratório deve ser formalmente apreendido); e) termo de entrega (o objeto que não interessar ao feito deve ser devolvido a seu proprietário); f) ofício interno requisitando perícia; g) ofício interno encaminhando material ao depósito; h) ofício que comunica o cumprimento da medida ao juízo.

---

5 Art. 22. Invadir ou adentrar, clandestina ou astuciosamente, ou à revelia da vontade do ocupante, imóvel alheio ou suas dependências, ou nele permanecer nas mesmas condições, sem determinação judicial ou fora das condições estabelecidas em lei:

Pena - detenção, de 1 (um) a 4 (quatro) anos, e multa.

§ 1º Incorre na mesma pena, na forma prevista no caput deste artigo, quem:

I - coage alguém, mediante violência ou grave ameaça, a franquear-lhe o acesso a imóvel ou suas dependências;

II - (VETADO);

III - cumpre mandado de busca e apreensão domiciliar após as 21h (vinte e uma horas) ou antes das 5h (cinco horas).

§ 2º Não haverá crime se o ingresso for para prestar socorro, ou quando houver fundados indícios que indiquem a necessidade do ingresso em razão de situação de flagrante delito ou de desastre.

Modelo 1 – Representação de busca e apreensão (ofício)

Ofício nº ______

______ (local), de ____de____ (data).

A Sua Excelência o Senhor

______ (**nome da autoridade judiciária**)

Juiz Federal das garantias da Seção Judiciária de _________ (**indicar vara e seção judiciária**)

Assunto: Representação pela Busca e Apreensão

Referência: Inquérito Policial nº _______ (**número do inquérito**).

Senhor Juiz,

1. O resumo fático.

Foi instaurado, por portaria, o inquérito policial tombado sob número _______ (**número do inquérito**), que trata da apuração de crime de ______ (**capitulação**), tipificado no artigo ____ (**indicar artigo**), do Código Penal, supostamente cometido por _______________ (**nome do investigado**).

Infere-se do procedimento inquisitorial em comento que _______________________ (**descrição do fato apurado e das provas carreadas aos autos**).

2. A busca e apreensão.

Afigura-se necessária a realização de busca domiciliar no seguinte endereço _____________________ (**descrever o endereço objeto da busca**). É que ali podem ser apreendidos documentos e objetos importantes ao prosseguimento das investigações, tais quais: ______ (**descrever objetos que podem ser arrecadados/apreendidos na residência**).

A fundamentação legal tem escora no artigo 240, § 1º, do Código de Processo Penal. O fundamento constitucional da medida é o inciso XI, do artigo 5º, da Lei Maior.

3. Conclusão e pedidos.

Do exposto, abroquelado em todos os fundamentos de fato e de direito acima expendidos, depois de pronunciamento do Ministério Público, **REPRESENTA** a autoridade policial que esta subscreve que seja:

> **DEFERIDA A BUSCA** no seguinte endereço ______________________, (**descrever endereço**) pertencente ao investigado ____________________

(**nominar investigado**), expedindo-se para tanto competente mandado de busca e apreensão, **com autorização expressa de acesso/perícia a todos os dados constantes em computadores, mídias e celulares (acesso às agendas telefônicas, ligações efetuadas e recebidas, mensagens enviadas e recebidas, vídeos, fotos, mensagens trocadas por aplicativos como whatsapp e telegram, dentre outros, etc.) e documentos apreendidos no curso da diligência**, com o fito de apreender ______________________ **(descrever os objetos que se quer apreender)**, além de outros elementos de convicção (artigo 241, § 1º, h, do CPP);

Atenciosamente,

Márcio Alberto Gomes Silva
Delegado de Polícia Federal

Modelo 2 – Representação de busca e apreensão (petição)

EXCELENTÍSSIMO SENHOR DOUTOR JUIZ FEDERAL DAS GARANTIAS DA SUBSEÇÃO JUDICIÁRIA DE ___________ (indicar o juízo das garantias competente)

A **POLÍCIA FEDERAL**, representada pelo Delegado de Polícia Federal que esta subscreve, em exercício na Delegacia de Polícia Federal de ___________ (**indicar unidade de lotação do delegado subscritor**), no uso de suas atribuições legais e com fuste nos artigos 240 e seguintes do Código de Processo Penal vem, perante Vossa Excelência, **REPRESENTAR** por **EXPEDIÇÃO DE MANDADOS DE BUSCA E APREENSÃO,** medidas essas indispensáveis ao prosseguimento das investigações levadas a efeito no bojo do **INQUÉRITO POLICIAL Nº___________ (número do inquérito policial).**

1. O resumo fático.

Foi instaurado, por portaria, o inquérito policial tombado sob número _______ **(número do inquérito policial)**, que trata da apuração de crime de ______ (**tipificação**), capitulado no artigo ____ (**indicar artigo**), do Código Penal, supostamente cometido por _______________ (**nome do investigado**).

Infere-se do procedimento inquisitorial em comento que _______________________ (**descrição do fato apurado e das provas carreadas aos autos**).

2. A busca e apreensão.

Afigura-se necessária a realização de busca domiciliar no seguinte endereço _____________________ (**descrever o endereço de maneira pormenorizada**). É que ali podem ser apreendidos documentos e objetos importantes ao prosseguimento das investigações, tais quais: ______ (**descrever objetos que podem ser arrecadados/apreendidos na residência**).

A fundamentação jurídica tem escora no artigo 240, § 1º, do Código de Processo Penal. O fundamento constitucional da medida avista-se no inciso XI, do artigo 5º, da Lei Maior.

3. Conclusão e pedidos.

Do exposto, abroquelado em todos os fundamentos de fato e de direito acima expendidos, depois de pronunciamento do Ministério Público, **REPRESENTA** a autoridade policial que esta subscreve que seja:

DEFERIDA A BUSCA no seguinte endereço ___________________, (**descrever endereço**) pertencente ao investigado

______________________ **(nominar investigado)**, expedindo-se para tanto competente mandado de busca e apreensão, **com autorização expressa de acesso/perícia a todos os dados constantes em computadores, mídias e celulares (acesso às agendas telefônicas, ligações efetuadas e recebidas, mensagens enviadas e recebidas, vídeos, fotos, mensagens trocadas por aplicativos como whatsapp e telegram, dentre outros, etc.) e documentos apreendidos no curso da diligência**, com o fito de apreender ______________ **(descrever os objetos que se quer apreender)**, além de outros elementos de convicção (artigo 241, § 1º, h, do CPP);

Atenciosamente,

Márcio Alberto Gomes Silva
Delegado de Polícia Federal

Observações relevantes

Como dito supra, a representação de busca pode ser materializada por meio de ofício ou por meio de petição, dirigido(a) ao juízo das garantias[6] competente (Pacote Anticrime). Sugestiono (com o fito de evitar futuras alegações de nulidade), que o delegado de polícia represente, de logo, pelo integral acesso a agendas, ligações efetuadas/recebidas, mensagens (trocadas por qualquer tipo de aplicativo), fotos, vídeos, fotos, e-mails, constantes em celulares, computadores e mídias.

Saliento que Superior Tribunal de Justiça entende que não há necessidade de autorização judicial específica para dito acesso, quando a apreensão é materializada por força de mandado judicial de busca e apreensão[7]. Ainda assim, por cautela, costumo fazer tópico específico na representação, como consta nos modelos.

O delegado de polícia deverá individualizar o(s) endereço(s) onde tenciona cumprir busca, declinando as razões que o levam a crer que ali será possível coligir prova(s) importante(s) para instrução do inquérito policial. Os objetos que se quer apreender devem ser, sempre que possível, individualizados na representação. Essas duas providências (individualização dos endereços e dos

6 Como já deixei claro em várias passagens da obra, a implementação efetiva do juiz das garantias está suspensa por decisão do Ministro Luiz Fux, do Supremo Tribunal Federal.

7 STJ, 5ª Turma, RHC 75.800/PR, rel. Min. Felix Fischer, julgado em 15/09/2016, DJe em 26/09/2016.

objetos a serem apreendidos) devem ser materializadas para cumprir o quanto determinado pelo artigo 243 do CPP.

Por essa razão (necessidade de individualização dos endereços e do que se quer apreender), entendo não ser possível expedição de mandado de buscar e apreensão domiciliar genérico (dirigido, por exemplo, a todas as casas localizadas de um bairro ou de uma comunidade). Certamente o direito à inviolabilidade de domicílio de quem nada tem a ver com as práticas ilícitas investigadas estaria sendo violado[8].

8 STJ, AgRg no HC 435.934/RJ, Rel. Ministro SEBASTIÃO REIS JÚNIOR, SEXTA TURMA, julgado em 05/11/2019, DJe 20/11/2019.

Modelo 3 – Auto circunstanciado de busca e arrecadação

OPERAÇÃO _____ (nome da operação policial)

AUTO CIRCUNSTANCIADO DE BUSCA E ARRECADAÇÃO

IP nº _____ (número do inquérito policial)

EQUIPE __ (número da equipe)

Aos __/__/____ (**data do cumprimento da busca**), na cidade de _______ (**local de cumprimento da busca**), onde se encontravam o Delegado de Polícia Federal _______________ (**nome do delegado de polícia**), matrícula _______ (**matrícula do delegado**), os Agentes de Polícia Federal ______________, matrícula ________ e ______________________, matrícula ________ (**nomes e matrículas dos agentes de polícia que acompanham a busca**), comigo, __________________, Escrivão de Polícia Federal, matrícula ________ (**nome e matrícula do escrivão de polícia**), ao final declarado e assinado, em cumprimento ao mandado de busca e apreensão exarado do juízo das garantias ___________ **(nome do juiz que expediu a ordem de busca),** da Comarca de ________ (**número da vara e indicação da comarca**), nos autos do **Inquérito Policial ____ (número do inquérito)**, com base no art. 5º, inciso XI, da Constituição da República e nos artigos 240 e seguintes do Código de Processo Penal, na presença das testemunhas ao final qualificadas, foi determinado que se procedesse à arrecadação do(s) documento(s) e/ou objeto(s) abaixo discriminados:

ITEM	DESCRIÇÃO DO MATERIAL ARRECADADO
1	
2	
3	
4	
5	

O(s) referido(s) documento(s) e/ou objeto(s) foi (foram) arrecadados(s) nesta data, em cumprimento ao mandado de busca e apreensão expedido no interesse do **INQUÉRITO POLICIAL nº ____ (número do inquérito**), realizado na _____________ **(descrição do endereço onde foi cumprida a busca)** – residência de ___________ **(nome do alvo)**, sob responsabilidade de ______________________________ (**nome da pessoa que acompanhou a busca como responsável pela residência, com respectiva qualificação**).

OBSERVAÇÕES/OCORRÊNCIAS RELEVANTES:

Nada mais havendo a ser consignado, é encerrado o presente que, depois de lido e achado conforme, vai devidamente assinado.

Delegado de Polícia: ______________

Agente de Polícia: ______________

Agente de Polícia: ______________

Escrivão de Polícia: ______________

Responsável pelo local da busca: ______________

Testemunhas:

Nome: ______________________________

CPF__________________ RG ________________________

Filiação: ____________________ e ____________________

Endereço.: ______________________________

Cidade:___________/_____Telefones:__________________

Nome: ______________________________

CPF__________________ RG ________________________

Filiação: ____________________ e ____________________

Endereço.: ______________________________

Cidade:___________/_____Telefones:__________________

Observações relevantes

Existe diferença técnica entre arrecadar e apreender. Quando do cumprimento de mandado de busca e apreensão, em primeiro lugar deve-se arrecadar objetos no local e apreender apenas o que interessar à investigação (qualquer policial pode proceder à arrecadação), por meio da confecção de auto de apreensão (por determinação do delegado de polícia, em auto por ele subscrito).

Sugestiono que a equipe já leve consigo o modelo acima descrito em duas vias (uma ficará com o responsável pela residência, para que ele tenha ciência do que foi arrecadado e outra ficará com o aparelho policial e servirá de guia para materialização da apreensão). Há um campo no modelo acima reservado para anotação de qualquer observação/ocorrência havida no cumprimento da diligência (necessidade de arrombamento de alguma porta, por exemplo).

Importante destacar que o que for arrecadado e não restar formalmente apreendido, deve ser devolvido ao responsável pela residência, mediante termo de entrega.

A confecção do auto circunstanciado é determinada pelo artigo 245, § 7º, do CPP. É necessário confeccionar auto mesmo que não exista arrecadação (deixando claro que a busca foi cumprida, mas que nada foi arrecadado).

Caso o objeto a ser arrecadado/apreendido seja passível de materialização ulterior de perícia, será preciso observar os ditames legais acerca da cadeia de custódia (artigo 158-A e seguintes do CPP).

Modelo 4 – Autorização para ingresso em residência

OPERAÇÃO _____ (nome da operação policial)

AUTORIZAÇÃO PARA INGRESSO EM RESIDÊNCIA

IP nº _____ (número do inquérito policial)

EQUIPE __ (número da equipe)

Aos __/__/____ (**data do cumprimento da diligência**), nesta cidade de _________ (**local do cumprimento da busca**), __________________________ (**nome, qualificação e endereço do responsável pela residência que autorizou o ingresso do aparelho policial**), ao final assinado, na presença das testemunhas abaixo qualificadas e assinadas, **AUTORIZOU** a equipe de policiais federais composta pelo Delegado de Polícia Federal ______ (**nome do delegado de polícia**), matrícula _______ (**matrícula do delegado**), os Agentes de Polícia Federal ________, matrícula ________ e ____________, matrícula ______ (**nomes e matrículas dos agentes de polícia que acompanham a busca**), comigo, ________________, Escrivão de Polícia Federal, matrícula ________ (**nome e matrícula do escrivão de polícia**), ao final declarado e assinado, **A ADENTRAR EM SUA RESIDÊNCIA E LÁ PROCEDER A BUSCA**, com consequente arrecadação do material abaixo descrito:

ITEM	DESCRIÇÃO DO MATERIAL ARRECADADO
1	
2	
3	
4	
5	

O(s) referido(s) documento(s) e/ou objeto(s) foi(foram) arrecadado(s) nesta data, em decorrência de diligência realizada no interesse do **INQUÉRITO POLICIAL nº _____ (número do inquérito policial)**.

OBSERVAÇÕES/OCORRÊNCIAS RELEVANTES:

Nada mais havendo a ser consignado, é encerrado o presente que, depois de lido e achado conforme, vai devidamente assinado.

Delegado de Polícia: ______________

Agente de Polícia: ______________

Agente de Polícia: ______________

Escrivão de Polícia: ______________

Responsável pelo local da busca: ______________

Testemunhas:

Nome: ____

CPF___________________ RG __________________________

Filiação: ______________________ e ___________________

Endereço.: ____

Cidade:____________/______Telefones:___________________

Nome: ____

CPF___________________ RG __________________________

Filiação: ______________________ e ___________________

Endereço.: ____

Cidade:____________/______Telefones:___________________

Observações relevantes

É muito importante que a equipe encarregada do cumprimento de mandado de busca carregue consigo modelo de autorização de ingresso em residência. É que uma das intercorrências possíveis é a detecção da necessidade de materializar busca em outra residência para qual não há mandado judicial. Caso o morador desta residência (para qual não existe mandado judicial de busca) permita a entrada do aparelho policial, cumpre documentar a autorização (preenchendo o modelo proposto supra).

Repito. Caso o objeto a ser arrecadado/apreendido seja passível de materialização ulterior de perícia, será preciso observar os ditames legais acerca da cadeia de custódia (artigo 158-A e seguintes do CPP).

Modelo 5 – Declaração para testemunhas da busca

OPERAÇÃO _____ (nome da operação policial)

DECLARAÇÃO

Declaro para os devidos fins que __________ (**nome e qualificação da testemunha**) esteve à disposição da Polícia Federal no dia __/__/____ (**data do cumprimento da busca**), no período das __: __ horas às __: __ horas, auxiliando trabalho policial, na condição de testemunha.

________, __/__/____ (**local e data**).

Escrivão de Polícia: ________________________

Observações relevantes

Depois do ingresso do aparelho policial na residência alvo da busca (e atestado que o local é seguro para início da diligência), será preciso convocar duas testemunhas para acompanhar o cumprimento efetivo da medida.

O modelo acima serve para que a testemunha justifique em seu trabalho o atraso (ou a falta).

Modelo 6 – Auto de apreensão

OPERAÇÃO ____ (nome da operação policial)

AUTO DE APREENSÃO

IP nº _____ (número do inquérito policial)

EQUIPE __ (número da equipe)

Aos __/__/____ (**data**), na sede da Delegacia de Polícia Federal em ______ (**unidade policial onde foi lavrada a apreensão**), onde se encontrava o Delegado de Polícia Federal ________, matrícula _____ (**nome e matrícula do delegado de polícia**), comigo, ________, Escrivão de Polícia Federal, matrícula _____ (**nome e matrícula do escrivão de polícia**), ao final declarado e assinado, depois do cumprimento do mandado de busca e apreensão exarado pelo juízo das garantias da Comarca de ______ (**número e local do juízo que determinou a busca**), na presença das testemunhas ______ e ______ (**nome e qualificação das testemunhas**), foi determinado pelo Delegado de Polícia que se procedesse à apreensão formal do(s) documento(s) e/ou objeto(s) abaixo discriminados:

ITEM	DESCRIÇÃO DO MATERIAL APREENDIDO
1	
2	
3	
4	
5	

O(s) referido(s) documento(s) e/ou objeto(s) foi(foram) arrecadado(s) nesta data, no curso do cumprimento do mandado de busca e apreensão expedido no interesse do **Inquérito Policial nº ____ (número do inquérito),** diligência realizada no imóvel localizado na _______ (**descrição da residência**), sob responsabilidade de ______ (**nome do responsável pela residência**). Nada mais havendo a ser consignado, é encerrado o presente que, depois de lido e achado conforme, vai devidamente assinado.

Delegado de Polícia: _______________

Testemunha: _______________

Testemunha: _______________

Escrivão de Polícia: _______________

Observações relevantes

Como dito supra, depois de arrecadar objetos/documentos na diligência de busca, cumpre, na Delegacia de Polícia, apreender formalmente apenas o que interessar à elucidação do crime apurado no bojo do inquérito policial.

Mais uma vez insisto. Caso o objeto a ser arrecadado/apreendido seja passível de materialização ulterior de perícia, será preciso observar os ditames legais acerca da cadeia de custódia (artigo 158-A e seguintes do CPP).

Modelo 7 – Termo de entrega

TERMO DE ENTREGA

IP nº _____ (número do inquérito policial)

EQUIPE __ (número da equipe)

Aos __/__/____ (**data**), na sede da Delegacia de Polícia Federal em ______ (**unidade policial onde foi entregue o objeto outrora arrecadado/apreendido**), onde se encontrava o Delegado de Polícia Federal ________, matrícula _____ (**nome e matrícula do delegado de polícia**), comigo, ________, Escrivão de Polícia Federal, matrícula _____ (**nome e matrícula do escrivão de polícia**), ao final declarado e assinado, na presença das testemunhas ________ e ________ (**nome e qualificação das testemunhas**), compareceu ________ (**nome e qualificação do recebedor**), a quem, por ordem do Delegado de Polícia, foi feita a entrega do material abaixo descrito, apreendido/arrecadado nos autos do Inquérito Policial ___ (**número do inquérito policial**):

ITEM	DESCRIÇÃO DO MATERIAL DEVOLVIDO
1	
2	
3	
4	
5	

Nada mais havendo, determinou o Delegado de Polícia o encerramento do presente que, lido e achado conforme, segue assinado pela autoridade, pelo recebedor, pelas as testemunhas por mim, Escrivão de Polícia, que o lavrei.

Delegado de Polícia: ________________

Recebedor: ________________

Testemunha: ________________

Testemunha: ________________

Escrivão de Polícia: ________________

Observações relevantes

Caso algum objeto/documento arrecadado (ou mesmo apreendido) não mais interesse ao inquérito policial, o caminho a ser trilhado pelo delegado de polícia é devolvê-lo ao seu proprietário, por meio do termo próprio (vide modelo).

A devolução deve se lastrear nos artigos 118 e seguintes do CPP.

Modelo 8 – Ofício interno encaminhando material apreendido à perícia (computador)

Ofício interno: ____ (**número do expediente**)

_______, __/__/____ (data e local)

Do: Delegado Márcio Alberto Gomes Silva

Para: Chefe do setor técnico-científico

Assunto: requisita perícia em equipamento apreendido

Referência: IP ___ (**número do inquérito policial**)

Senhor Chefe,

Com o fito de instruir o IP __ (**número do inquérito**), encaminho a Vossa Senhoria o computador apreendido no curso da OPERAÇÃO ______ **(nome da operação policial)**, requisitando, na forma do artigo 2º, § 2º, da Lei 12.830/13, que o mesmo seja periciado, devendo o corpo técnico responder os seguintes quesitos:

a) Qual a descrição do material periciado?

b) Há nos computadores periciados arquivos (existentes ou apagados) referentes a _______ (**descrever os critérios de busca – pessoas, empresas, contas, telefones, e-mails que estão sendo investigados no curso do feito**)?

c) Outros dados julgados úteis pelo corpo técnico.

Segue em anexo o respectivo auto de apreensão.

Atenciosamente,

Márcio Alberto Gomes Silva
Delegado de Polícia Federal

Observações relevantes

Uma das possíveis destinações do material apreendido é o setor técnico-científico (caso se tencione periciar o objeto/documento).

O modelo se refere a ofício interno de encaminhamento de computador apreendido para perícia de pesquisa acerca de nomes, empresas, contas, telefones, etc.

O delegado de polícia requisita perícias com lastro no artigo 2º, § 2º, da Lei 12.830/13.

Com o fito de evitar ulterior discussão acerca da licitude/validade da prova pericial produzida no bojo do feito, é de bom tom seguir o quanto determinado nos artigos 158-A e seguintes do CPP (cadeia de custódia). Como dito supra, entendo que o eventual desrespeito à cadeia de custódia não induz, por si só, nulidade da prova pericial produzida, mas a inobservância da trilha legal pode, sem sombra de dúvida, fragilizá-la.

Modelo 9 – Ofício interno encaminhando material apreendido à central de custódia

Ofício interno: ____ (**número do expediente**)

_______, __/__/____ (data e local)

Do: Delegado Márcio Alberto Gomes Silva

Para: Chefe da central de custódia

Assunto: encaminha material apreendido para guarda na central de custódia

Referência: IP ___ (**número do inquérito policial**)

Senhor Chefe,

Sirvo-me do presente para encaminhar a Vossa Senhoria o material abaixo descriminado, apreendido nos autos do IP __ (**número do inquérito**), requisitando seja o mesmo custodiado central de custódia até ulterior deliberação:

ITEM	DESCRIÇÃO DO MATERIAL ENCAMINHADO
1	
2	
3	
4	
5	

Segue em anexo o respectivo auto de apreensão.

Atenciosamente,

Márcio Alberto Gomes Silva
Delegado de Polícia Federal

Observações relevantes

Caso o material apreendido constitua vestígio deve ser encaminhado à central de custódia para guarda.

Modelo 10 – Ofício comunicando o cumprimento das buscas ao juízo

Ofício nº _____

_______ (local), __de ____de____ (data).

A Sua Excelência o Senhor

__________ (**nome da autoridade judiciária**)

Juiz das garantias da Comarca de _________ (**indicar Comarca**)

Assunto: comunica cumprimento de ordem de busca e apreensão

Referência: Inquérito Policial nº _______ (**número do inquérito**).

Senhor Juiz,

Sirvo-me do presente expediente para comunicar a Vossa Excelência o cumprimento da ordem de busca expedida nos autos do processo _____ (**número do processo cautelar vinculado ao inquérito policial**), inquérito policial _____ (**número do procedimento principal – inquérito policial**).

Segue em anexo cópia do auto circunstanciado de busca e arrecadação e do auto de apreensão.

Atenciosamente,

Márcio Alberto Gomes Silva
Delegado de Polícia

Observações relevantes

Cumprida a busca, o delegado de polícia deverá expedir ofício ao juízo das garantias que a determinou, comunicando o efetivo cumprimento da medida cautelar e encaminhando o auto circunstanciado e o auto de apreensão.

Ainda que a busca não seja cumprida (porque o alvo mudou de endereço, por exemplo) ou que nada de relevante seja arrecadado/apreendido, cumpre comunicar ao juízo a situação.

Modelo 11 – Ofício representando a incineração de droga apreendida (em caso de prisão em flagrante)

Ofício nº ____

_______ (local), __de ____de___ (data).

A Sua Excelência o Senhor

_________ (**nome da autoridade judiciária**)

Juiz das garantias da Comarca de ________ (**indicar Comarca**)

Assunto: representa a incineração de drogas ilícitas apreendidas

Referência: Inquérito Policial nº _______ (**número do inquérito**).

Senhor Juiz,

Sirvo-me do presente expediente para representar pela incineração de ___kg (**quantidade de droga apreendida**) de _____ (**tipo de droga ilícita**), apreendidos no bojo do inquérito policial __ (**número do inquérito policial**), na forma do artigo § 3º, do artigo 50, da Lei 11.343/06.

Segue em anexo cópia do auto de apreensão e do laudo de constatação provisório. Saliento que o corpo técnico reservou quantidade de entorpecente suficiente para materialização do laudo definitivo, na forma do dispositivo acima mencionado, e que o Ministério Público e a autoridade sanitária serão comunicados acerca da data e local da incineração.

Atenciosamente,

Márcio Alberto Gomes Silva
Delegado de Polícia

Observações relevantes

A destruição da droga apreendida, em caso de prisão em flagrante, deve ser determinada de ofício pelo juiz, na forma do artigo 50, § 3º, da Lei 11.343/06 (como não se trata de decisão ligada à colheita de prova, penso que o magistrado, mesmo depois do Pacote Anticrime, pode continuar determinando a destruição da droga apreendida de ofício em caso de prisão em flagrante). Entretanto, caso o juízo não atente para o quanto determinado pelo mandamento legal citado, cumpre ao delegado representar pela destruição na forma do modelo acima.

Modelo 12 – Ofício representando a incineração de droga apreendida (apreensão de droga sem prisão em flagrante)

Ofício nº _____

_______ (local), __de ____de____ (data).

A Sua Excelência o Senhor

__________ **(nome da autoridade judiciária)**

Juiz das garantias da Comarca de ________ (**indicar Comarca**)

Assunto: representa a incineração de drogas ilícitas apreendidas

Referência: Inquérito Policial nº _______ (**número do inquérito**).

Senhor Juiz,

Sirvo-me do presente expediente para representar pela incineração de __ kg (**quantidade de droga apreendida**) de _____ (**tipo de droga ilícita**), apreendidos no bojo do inquérito policial __ (**número do inquérito policial**), na forma do artigo 50-A da Lei 11.343/06.

Segue em anexo cópia do auto de apreensão e do laudo de constatação provisório. Saliento que o corpo técnico reservou quantidade de entorpecente suficiente para materialização do laudo definitivo.

Atenciosamente,

Márcio Alberto Gomes Silva
Delegado de Polícia

Observações relevantes

A destruição da droga apreendida caso não ocorra prisão em flagrante, prescinde de determinação judicial, na forma do artigo 50-A da Lei 11.343/06[9] (de igual sorte não há necessidade de autorização judicial para destruição de plantação ilícita de droga – artigo 32 da Lei 11.343/06). Ainda assim, caso a autoridade policial deseje representar ao juízo pela destruição, sugestiono o modelo acima.

---

9 Especialmente em face da nova redação do artigo 50-A da Lei 11.343/06, determinada pela Lei 13.840/19.

Modelo 13 – Ofício representando o uso de veículo apreendido (Lei 11.343/06)

Ofício nº _____

_______ (local), __de ____de____ (data).

A Sua Excelência o Senhor

__________ (**nome da autoridade judiciária**)

Juiz das garantias da Comarca de _________ (**indicar Comarca**)

Assunto: representa pela utilização de veículo apreendido

Referência: Inquérito Policial nº _______ (**número do inquérito**).

Senhor Juiz,

Sirvo-me do presente expediente para representar, por existir interesse público, pela utilização do veículo _______ (**descrição do veículo**), apreendido em poder de _______ (**nome do investigado**), quando o mesmo transportava ___ kg (**quantidade de droga apreendida**) de _____ (**tipo de droga ilícita**), fato investigado no bojo do inquérito policial __ (**número do inquérito policial**), na forma do artigo 62 da Lei 11.343/06.

Deferido o pleito desenhado neste expediente, depois de manifestação do órgão gestor do Funad, solicito seja oficiado o órgão de trânsito para os fins descritos no § 4º, do artigo 62 da Lei 11.343/06.

Segue em anexo cópia do auto de apreensão.

Atenciosamente,

Márcio Alberto Gomes Silva
Delegado de Polícia

Observações relevantes

O delegado de polícia pode representar pela utilização do veículo, embarcação ou aeronave usado para prática do crime tipificado na Lei 11.343/06, na forma do artigo 62 do referido mandamento legal.

A Lei 13.840/19 alterou a Lei 11.343/06 e determinou a alienação antecipada de veículos, embarcações, aeronaves e quaisquer outros meios de transporte e dos maquinários, utensílios, instrumentos e objetos de qualquer natureza utilizados para prática de crimes definidos na Lei Antidrogas (vide artigo 61). Contudo, caso exista interesse público na utilização do bem, será possível manejo de pedido ao juízo das garantias competente, que cientificará o órgão gestor da Funad, que avaliará a existência do interesse público e indicará o órgão que deverá receber o bem (a prioridade será dos órgãos de segurança pública que participaram da ação de investigação ou repressão que deu causa à medida).

Modelo 14 – Ofício representando o uso de veículo apreendido (Código de Processo Penal – Pacote Anticrime)

Ofício nº ____

_______ (local), __de ____de____ (data).

A Sua Excelência o Senhor

__________ (**nome da autoridade judiciária**)

Juiz das garantias da Comarca de ________ (**indicar Comarca**)

Assunto: representa pela utilização de veículo apreendido

Referência: Inquérito Policial nº _______ (**número do inquérito**).

Senhor Juiz,

Sirvo-me do presente expediente para representar, por existir interesse público, pela utilização do veículo _______ (**descrição do veículo**), sequestrado por determinação de Vossa Excelência do patrimônio de _______ (**nome do investigado**), por ter sido adquirido com produto do crime de ________ (**crime investigado que justificou o sequestro do bem**), fato investigado no bojo do inquérito policial __ (**número do inquérito policial**), na forma do artigo 133-A do Código de Processo Penal.

Deferido o pleito desenhado neste expediente, solicito seja oficiado o órgão de trânsito para os fins descritos no § 3º, do artigo 133-A do CPP.

Segue em anexo cópia da decisão de sequestro e do auto de apreensão.

Atenciosamente,

Márcio Alberto Gomes Silva
Delegado de Polícia

Observações relevantes

O Pacote Anticrime inseriu no Código de Processo Penal possibilidade de utilização de bem sequestrado, apreendido ou sujeito a qualquer medida assecuratória pelos órgãos de segurança pública listados no artigo 144 da Constituição Federal, sistema prisional, sistema socioeducativo, Força Nacional de Segurança Pública e do Instituto Geral de Perícia, para o desempenho de suas atividades (artigo 133-A do CPP).

Já entendia, mesmo antes da alteração legislativa, ser possível autorização judicial de uso de bem sequestrado/apreendido por órgão de segurança pública com lastro na incidência, por analogia, do permissivo constante na Lei 11.343/06 citado no comentário da peça anterior. Outrossim, o comando inserido pela Lei 13.964/19 no Código de Processo Penal é salutar, porquanto espanca qualquer dúvida acerca da viabilidade do uso de bem sequestrado/apreendido pelos órgãos estatais descritos no artigo 133-A.

Modelo 15 – Ofício representando pela destruição de armas de fogo apreendidas (Lei 10.826/03)

Ofício nº _____

_______ (local), __de ____de____ (data).

A Sua Excelência o Senhor

_________(**nome da autoridade judiciária**)

Juiz das garantias da Comarca de _________(**indicar Comarca**)

Assunto: representa pela destruição de armas apreendidas

Referência: Inquérito Policial nº ______ (**número do inquérito**).

Senhor Juiz,

Sirvo-me do presente expediente para representar pelo encaminhamento das armas de fogo apreendidas no bojo do inquérito policial __ (**número do inquérito policial**) para o Comando do Exército, para os fins descritos no artigo 25 da Lei 10.826/03.

Saliento que as armas de fogo em questão já foram devidamente periciadas (em anexo cópia do auto de apreensão e dos laudos periciais).

Atenciosamente,

Márcio Alberto Gomes Silva
Delegado de Polícia

Observações relevantes

As armas de fogo apreendidas, depois de periciadas e juntados ao inquérito os respectivos laudos, devem ser encaminhadas pelo juiz das garantias ao Comando do Exército para os fins descritos no artigo 25 da Lei 10.826/03 (doação aos órgãos de segurança pública, às Forças Armadas ou destruição, conforme o caso). O procedimento de uso/doação de armas e munições apreendidas é regulado nos parágrafos do artigo 25 do Estatuto do Desarmamento, com redação determinada pelas Leis 11.706/08 e 13.886/19.

2.7. Medidas assecuratórias

O Código de Processo Penal prevê três medidas cautelares destinadas a proteger a reparação do prejuízo sofrido pelo ofendido em face da prática do crime e a perda, em favor da União, do produto/proveito do crime: a) o sequestro; b) a hipoteca legal; c) o arresto.

Outros mandamentos legais também se referem a medidas assecuratórias: a Lei 11.343/06 (tráfico de drogas - artigos 60 a 64), a Lei 9.613/98 (lavagem de dinheiro - artigo 4º), a Lei 13.344/16 (tráfico de pessoas - artigo 8º) e a Lei 13.260/16 (terrorismo - artigos 12 a 15).

2.7.1. Sequestro

O sequestro é medida assecuratória que pode recair sobre bens imóveis (artigo 125 do CPP) ou móveis (artigo 132 do CPP) que tenham sido adquiridos com os proventos da infração penal.

É preciso salientar que quando o crime resulta prejuízo para a fazenda pública, o sequestro pode recair sobre todos os bens do investigado/indiciado (ainda que licitamente adquiridos), na forma do Decreto-lei 3.240/41 (o Superior Tribunal de Justiça entende que o mandamento legal citado tem plena vigência[10]).

2.7.2. Hipoteca legal

Essa medida assecuratória incide sobre bens imóveis do autor do fato para satisfação do dano causado pelo delito e pagamento de despesas judiciais. Pode ser requerida pelo ofendido no curso do processo ou do inquérito policial, em que pese o artigo 134 do CPP falar apenas daquele momento.

Leia os artigos 134 (legitimidade, momento para requerimento e requisitos) e 135 (procedimento), ambos do CPP.

2.7.3. Arresto

O arresto se destina a atacar o patrimônio adquirido de forma lítica pelo autor do fato (para fazer frente à reparação do ofendido). Pode ser manejado com foco em imóveis (como ato preparatório à hipoteca legal - artigo 136 do CPP) e bens móveis (nos termos do artigo 137 do CPP).

2.7.4. Alienação antecipada

Caso os bens estejam sujeitos a deterioração, depreciação ou sejam de difícil guarda, no bojo de medidas cautelares reais, é possível materializar a alienação antecipada dos mesmos, nos termos do artigo 144-A do CPP.

10 STJ, AgRg no RMS 60.570/MS, Rel. Ministra LAURITA VAZ, SEXTA TURMA, julgado em 18/06/2019, DJe 01/07/2019.

Modelo – Ofício representando pelo sequestro de bens adquiridos com proventos da infração

Ofício nº _____ (**número do expediente**)

_______ (local), __de ______de____ (data).

A Sua Excelência o Senhor

_________ (**nome da autoridade judiciária**)

Juiz das garantias da Comarca de _________ (**indicar comarca**)

Assunto: Representação pelo sequestro de bens

Referência: Inquérito Policial nº _______ (**número do inquérito**)

Senhor Juiz,

1. **O Resumo fático.**

Foi instaurado por portaria inquérito policial com o objetivo de apurar existência dos crimes de ____________________ (**indicar os crimes apurados no inquérito**), previstos respectivamente nos artigos _________ (**tipificação**) do Código Repressivo Pátrio.

No bojo do procedimento inquisitivo foram coligidas as seguintes provas: _____________ (**descrever as provas da materialidade delitiva**).

Foram colhidos no curso do feito os seguintes indícios de que o crime foi cometido por ______ (**nome do investigado**): ________ (**indicar os indícios suficientes de autoria**).

Restou detectado que o investigado adquiriu com o proveito do crime os seguintes bens imóveis/móveis _________ (**listar bens imóveis/móveis adquiridos pelo investigado com o proveito do crime**).

Com o fito de garantir que o patrimônio amealhado com o produto do crime praticado pelo investigado não seja dilapidado, cumpre materializar seu sequestro.

2. **O sequestro**

O sequestro é medida assecuratória prevista em lei para assegurar o quanto determinado pelo artigo 91, I e II, 'b', do Código Penal e tem como alvo bens imóveis e móveis adquiridos pelo investigado com o proveito do crime (é regulado pelos artigos 125 e seguintes do CPP).

O artigo 126 do CPP revela que "para a decretação do sequestro, bastará a existência de indícios veementes da proveniência ilícita dos bens". Tais indícios estão devidamente demonstrados às fls. __,

__, __ e __ dos autos (páginas que indicam que os bens foram adquiridos com o proveito do crime).

3. **Conclusão e pedidos.**

Do exposto, abroquelado nas razões de fato e de direito lançadas supra, **REPRESENTA** o signatário desta peça, depois de ouvido o Ministério Público, seja **DETERMINADO O SEQUESTRO** dos seguintes bens imóveis/móveis adquiridos pelo investigado como proveito do crime: _________ **(descrever os bens que merecerão sequestro)**.

Atenciosamente,

Márcio Alberto Gomes Silva
Delegado de Polícia

Observações relevantes

É muito importante detectar, no curso da investigação, os bens imóveis/móveis adquiridos com o proveito do crime e representar pelo sequestro dos mesmos. É interessante que o delegado de polícia demonstre, por exemplo, a falta de capacidade financeira do investigado para aquisição dos bens sequestrados e a compatibilidade destes com o valor auferido em decorrência do ilícito praticado.

Sugestiono a leitura do novel artigo 91-A do Código Penal (confisco alargado[11]), com redação determinada pelo Pacote Anticrime (perda, como produto ou proveito do crime, dos bens correspondentes à diferença entre o valor do patrimônio do condenado e aquele que seja compatível com o seu rendimento lícito):

> Art. 91-A. Na hipótese de condenação por infrações às quais a lei comine pena máxima superior a 6 (seis) anos de reclusão, poderá ser decretada a perda, como produto ou proveito do crime, dos bens correspondentes à diferença entre o valor do patrimônio do condenado e aquele que seja compatível com o seu rendimento lícito.
>
> § 1º Para efeito da perda prevista no caput deste artigo, entende-se por patrimônio do condenado todos os bens:
>
> I - de sua titularidade, ou em relação aos quais ele tenha o domínio e o benefício direto ou indireto, na data da infração penal ou recebidos posteriormente; e

11 **Carreiras Policiais - Pacote Anticrime**, coordenadores Eduardo Fontes e Henrique Hoffmann (vários autores) – Salvador: Editora Juspodivm, 2020, p. 25.

II - transferidos a terceiros a título gratuito ou mediante contraprestação irrisória, a partir do início da atividade criminal.

§ 2º O condenado poderá demonstrar a inexistência da incompatibilidade ou a procedência lícita do patrimônio.

§ 3º A perda prevista neste artigo deverá ser requerida expressamente pelo Ministério Público, por ocasião do oferecimento da denúncia, com indicação da diferença apurada.

§ 4º Na sentença condenatória, o juiz deve declarar o valor da diferença apurada e especificar os bens cuja perda for decretada.

§ 5º Os instrumentos utilizados para a prática de crimes por organizações criminosas e milícias deverão ser declarados perdidos em favor da União ou do Estado, dependendo da Justiça onde tramita a ação penal, ainda que não ponham em perigo a segurança das pessoas, a moral ou a ordem pública, nem ofereçam sério risco de ser utilizados para o cometimento de novos crimes.

2.8. Incidente de insanidade mental

O incidente de insanidade mental é instaurado quando há dúvida acerca da integridade mental do investigado ou quando se suspeita que o mesmo é dependente químico (drogas ou álcool), na forma dos artigos 149 e seguintes do CPP – e dos artigos 26 do Código Penal e 45 da Lei 11.343/06.

A legitimidade do delegado de polícia para representar a instauração do incidente está desenhada no § 1º do artigo 149 do CPP.

Modelo 1 – Ofício representando pela instauração de incidente de insanidade mental (doença mental ou desenvolvimento incompleto ou retardado)

Ofício nº _____ (**número do expediente**)

_______ (local), __de ____de____ (data).

A Sua Excelência o Senhor

_________ (**nome da autoridade judiciária**)

Juiz das garantias da Comarca de _________ (**indicar comarca**)

Assunto: Representação pelo incidente de insanidade mental

Referência: Inquérito Policial nº _______ (**número do inquérito**)

Senhor Juiz,

1. **O Resumo fático.**

Foi instaurado por portaria inquérito policial com o objetivo de apurar existência dos crimes de ____________________ (**indicar os crimes apurados no inquérito**), previstos respectivamente nos artigos _________ (**tipificação**) do Código Repressivo Pátrio.

Oitavado o suposto autor do fato, foi possível detectar indícios de que o mesmo sofre de doença mental. Aprofundando os levantamentos acerca desta suspeita, foram carreados aos autos documentos que comprovam internações do investigado em clínicas psiquiátricas, vide fls. __, __ e __ (**páginas onde os documentos foram juntados**). Com o fito de solucionar a dúvida acerca da imputabilidade do investigado, não há outro caminho a trilhar senão instaurar o competente incidente de insanidade mental.

2. **O incidente de insanidade mental**

Os artigos 149 e seguintes do CPP regulam o incidente de insanidade mental. A legitimidade conferida ao delegado de polícia para representar por sua deflagração está estampada no § 1º do citado dispositivo legal.

O incidente em questão tem em mira aferir se o investigado tem ou não doença mental e, caso seja portador de distúrbio mental, se era capaz ou não de entender o caráter ilícito do fato e de se posicionar de acordo com esse entendimento, tudo na forma do artigo 26 do Código Penal.

3. **Conclusão e pedidos.**

Do exposto, abroquelado nas razões de fato e de direito lançadas supra, **REPRESENTA** o signatário desta peça, depois de ouvido o Ministério Público, seja **INSTAURADO INCIDENTE DE INSANIDADE MENTAL** com o fito de aferir se _______ **(nome do investigado)** é ou não portador de doença mental e, caso seja, se era ou não capaz de entender o caráter ilícito do fato por ele praticado e de se posicionar frente a esse entendimento, no momento da ação/omissão.

Instaurado o incidente, **REPRESENTA** a autoridade policial que esta subscreve:

a) Pela nomeação de curador ao investigado, na forma do § 2º, do artigo 149, do CPP;

b) Pela materialização de exame pericial, devendo o perito oficial (ou designados pelo juízo) responder aos seguintes quesitos:

1) O investigado é portador de alguma doença mental (em caso positivo, descrever)?

2) O investigado, ao tempo da ação/omissão, era, por motivo de doença mental ou desenvolvimento mental incompleto ou retardado, inteiramente incapaz de entender o caráter ilícito do fato ou de se determinar de acordo com esse entendimento?

3) O investigado, ao tempo da ação/omissão, por motivo de perturbação da saúde mental ou desenvolvimento mental incompleto ou retardado, estava privado da plena capacidade de entender o caráter ilícito do fato ou de se determinar de acordo com esse entendimento?

4) Outros dados úteis a juízo do corpo técnico.

Atenciosamente,

Márcio Alberto Gomes Silva
Delegado de Polícia

Observações relevantes

Caso o delegado de polícia detecte indícios de que o investigado é portador de doença mental ou tenha o desenvolvimento mental incompleto ou retardado, cumpre representar pela instauração de incidente de insanidade mental (com o fito de aferir se ele é ou não imputável – artigo 26 do Código Penal).

Com o fito de demonstrar a necessidade de instauração do incidente, cumpre levantar internações pretéritas em clínicas de tratamento psiquiátrico, uso de medicação controlada, ouvir testemunhas e, eventualmente, filmar a oitiva do investigado.

Caso se detecte a inimputabilidade do investigado pela doença mental (artigo 26 do Código Penal), a persecução penal deve continuar. Se ficar comprovado, no curso do processo, que ele praticou fato típico e ilícito, o magistrado deverá proferir sentença de absolvição imprópria (isentando o réu de pena e impondo-lhe medida de segurança, na forma do artigo 386, VI c/c parágrafo único, III, do mesmo dispositivo).

Modelo 2 – Ofício representando pela instauração de incidente de insanidade mental (toxicômano ou alcoólatra)

Ofício nº _____ (**número do expediente**)

________ (local), __de ____de____ (data).

A Sua Excelência o Senhor

__________ (**nome da autoridade judiciária**)

Juiz das garantias da Comarca de _________ (**indicar comarca**)

Assunto: Representação pelo incidente de insanidade mental

Referência: Inquérito Policial nº ______ (**número do inquérito**)

Senhor Juiz,

1. O Resumo fático.

Foi instaurado por portaria inquérito policial com o objetivo de apurar existência dos crimes de ________________ (**indicar os crimes apurados no inquérito**), previstos respectivamente nos artigos _________ (**tipificação**) do Código Repressivo Pátrio.

Oitavado o suposto autor do fato, foi possível detectar indícios de que o mesmo é viciado em drogas. Aprofundando os levantamentos acerca desta suspeita, foram carreados aos autos documentos que comprovam internações do investigado em clínicas psiquiátricas para tratamento de dependentes químicos, vide fls. __, __ e __ (**páginas onde os documentos foram juntados**).

Com o fito de solucionar a dúvida acerca da imputabilidade do investigado, não há outro caminho a trilhar senão instaurar o competente incidente de insanidade mental.

2. **O incidente de insanidade mental**

Os artigos 149 e seguintes do CPP regulam o incidente de insanidade mental. A legitimidade conferida ao delegado de polícia para representar por sua deflagração está estampada no § 1º do citado dispositivo legal.

O incidente em questão tem em mira aferir se o investigado é ou não toxicômano e, caso seja dependente, se era capaz ou não de entender o caráter ilícito do fato e de se posicionar de acordo com esse entendimento, tudo na forma do artigo 45 da Lei 11.343/06.

3. **Conclusão e pedidos.**

Do exposto, abroquelado nas razões de fato e de direito lançadas supra, **REPRESENTA** o signatário desta peça, depois de ouvido o

Ministério Público, seja **INSTAURADO INCIDENTE DE INSANIDADE MENTAL** com o fito de aferir se _______ **(nome do investigado)** é ou não dependente químico (viciado em drogas) e, caso seja, se era ou não capaz de entender o caráter ilícito do fato por ele praticado e de se posicionar frente a esse entendimento, no momento da ação/omissão.

Instaurado o incidente, **REPRESENTA** a autoridade policial que esta subscreve:

a) Pela nomeação de curador ao investigado, na forma do § 2º, do artigo 149, do CPP;

b) Pela materialização de exame pericial, devendo o perito oficial (ou designados pelo juízo) responder aos seguintes quesitos:

1) O investigado usa regularmente droga que causa dependência (em caso de resposta positiva, qual droga)?

2) O investigado, ao tempo da ação/omissão, era, por motivo da dependência constatada no item retro, inteiramente incapaz de entender o caráter ilícito do fato ou de se determinar de acordo com esse entendimento?

3) Outros dados úteis a juízo do corpo técnico.

Atenciosamente,

Márcio Alberto Gomes Silva
Delegado de Polícia

Observações relevantes

O modelo supra deve ser usado caso se detecte que o investigado é dependente químico (droga ou álcool), em face do contido no artigo 45 da Lei 11.343/06.

De igual forma, cumpre, de logo, ouvir testemunhas, juntar ao feito documentos que demonstrem internações pretéritas em clínicas para tratamento de dependentes e ouvir o investigado.

2.9. A quebra do sigilo das comunicações telefônicas

A medida cautelar de interceptação telefônica é regulada pela Lei 9.296/96. Na representação (que pode ser materializada por meio de ofício ou por petição), é fundamental que o delegado de polícia demonstre a não ocorrência dos incisos do artigo 2º da Lei 9.296/96. Em síntese (invertendo a redação negativa do citado artigo): é preciso comprovar que: a) há indícios de autoria em infração penal; b) a prova não pode ser colhida por outro meio; e c) que o delito apurado é punido com reclusão.

A interceptação tem prazo de 15 dias, que pode ser renovado quantas vezes houver necessidade (desde que se demonstre a imprescindibilidade da continuidade da medida para o sucesso da investigação). Ao fim de cada período de 15 dias, o delegado de polícia deve cuidar de encaminhar ao juízo novo ofício (ou petição) representando pela prorrogação da medida cautelar, acompanhado de auto circunstanciado com resumo das operações realizadas (nos termos do § 2º do artigo 6º da Lei 9.296/96).

Cumpre deixar claro que só há espaço para a medida cautelar de interceptação telefônica depois de ter sido instaurado inquérito policial (o acessório só sobrevive acompanhado do principal) e que não é possível interceptação telefônica por prospecção (significaria *fishing expedition*).

Aconselho a leitura atenta da Resolução 59 do Conselho Nacional de Justiça, datada de 09 de setembro de 2008 (modificada pela Resolução 217/2016, de 16 de fevereiro de 2016).

Basicamente são necessários três tópicos: um com um resumo do fato apurado; outro com o estudo da legislação, doutrina e jurisprudência aplicáveis; e um último com o pedido.

Modelo 1 – Ofício representando a interceptação telefônica

Ofício nº _____ **(número do expediente)**

_________(local), __de _____de_____ (data).

A Sua Excelência o Senhor

___________ **(nome da autoridade judiciária)**

Juiz das garantias da Comarca de _________ **(indicar comarca)**

Assunto: Representação pela interceptação telefônica

Referência: Inquérito Policial nº _______ **(número do inquérito)**

Senhor Juiz,

1. **O Resumo fático.**

Foi instaurado por portaria inquérito policial com o objetivo de apurar existência dos crimes de ____________________ **(indicar os crimes apurados no inquérito)**, previstos respectivamente nos artigos _________ (**tipificação**) do Código Repressivo Pátrio.

Foram carreadas aos autos as seguintes provas da atuação do grupo criminoso: ________________ **(descrever as provas coligidas no curso do feito)**.

Fazem parte da associação criminosa investigada os seguintes personagens: ____________________ **(informar os investigados até então identificados)**, nos termos da informação em anexo.

2. **A interceptação telefônica.**

Os incisos X e XII, do artigo 5º, da Constituição Federal, escudam a intimidade e a vida privada do cidadão brasileiro. Ocorre que não há que se falar em direito individual absoluto. Ao passo em que o cidadão se utiliza do direito à intimidade outorgado pela Carta da República para cometer atos ilícitos, esse mesmo direito merece ceder ao interesse público representado pela elucidação da prática delitiva.

O artigo 1º da Lei 9.296/96 regulamenta os casos em que será admitida a quebra do sigilo das comunicações telefônicas.

As exceções ao deferimento da ordem de interceptação estão descritas no artigo 2º do mesmo diploma legal. Não se vislumbra, no caso sob exame, a ocorrência de nenhuma das três situações que restringem a atuação estatal. Vale dizer, há indícios suficientes de autoria, não é possível colher a prova por outro meio e os crimes investigados são apenados com reclusão.

3. **Conclusão e pedidos.**

Do exposto, abroquelado nas razões de fato e de direito lançadas supra, **REPRESENTA** o signatário desta peça, depois de ouvido o Ministério Público, seja **QUEBRADO O SIGILO TELEFÔNICO** dos investigados, determinando-se **a interceptação das comunicações telefônicas,** pelo prazo de 15 dias, dos seguintes terminais móveis:

- (__) ____-_____ **(indicar número com DDD**), da operadora ____ (**indicar a operadora móvel**), pertencente a ________ **(nome do investigado)**;
- (__) ____-_____ **(indicar número com DDD**), da operadora ____ (**indicar a operadora móvel**), pertencente a ________ **(nome do investigado)**;
- (__) ____-_____ **(indicar número com DDD**), da operadora ____ (**indicar a operadora móvel**), pertencente a ________ **(nome do investigado)**;

Atenciosamente,

Márcio Alberto Gomes Silva
Delegado de Polícia

Modelo 2 – Petição representando a interceptação telefônica

EXCELENTÍSSIMO SENHOR DOUTOR JUIZ FEDERAL DAS GARANTIAS DA SUBSEÇÃO JUDICIÁRIA DE _______________ (indicar o juízo competente)

A **POLÍCIA FEDERAL**, representada pelo Delegado de Polícia Federal que esta subscreve, em exercício na Delegacia de Polícia Federal de _______________ (**indicar unidade de lotação do delegado subscritor**), no uso de suas atribuições legais e com fuste Lei 9.296/96 vem, perante Vossa Excelência, **REPRESENTAR** pela **INTERCEPTAÇÃO TELEFÔNICA dos terminais móveis a seguir indicados, pelo prazo de 15 dias,** medida essa indispensável ao prosseguimento das investigações levadas a efeito no bojo do **INQUÉRITO POLICIAL Nº_______________ (número do inquérito policial)**.

1. O Resumo fático.

Foi instaurado por portaria inquérito policial com o objetivo de apurar existência dos crimes de _______________ (**indicar os crimes apurados no inquérito**), previstos respectivamente nos artigos _______________ (**tipificação**) do Código Repressivo Pátrio.

Foram carreadas aos autos as seguintes provas da atuação do grupo criminoso: _______________ (**descrever as provas coligidas no curso do feito**).

Fazem parte da associação criminosa investigada os seguintes personagens: _______________ (**informar os investigados até então identificados**), nos termos da informação em anexo.

2. A interceptação telefônica.

Os incisos X e XII, do artigo 5º, da Constituição Federal, escudam a intimidade e a vida privada do cidadão brasileiro. Ocorre que não há que se falar em direito individual absoluto. Ao passo em que o cidadão se utiliza do direito à intimidade outorgado pela Carta da República para cometer atos ilícitos, esse mesmo direito merece ceder ao interesse público representado pela elucidação da prática delitiva.

O artigo 1º da Lei 9.296/96 regulamenta os casos em que será admitida a quebra do sigilo das comunicações telefônicas.

As exceções ao deferimento da ordem de interceptação estão descritas no artigo 2º do mesmo diploma legal. Não se vislumbra, no caso sob exame, a ocorrência de nenhuma das três situações que restringem a atuação estatal. Vale dizer, há indícios suficientes de autoria, não é possível colher a prova por outro meio e os crimes investigados são apenados com reclusão.

3. Conclusão e pedidos.

Do exposto, abroquelado nas razões de fato e de direito lançadas supra, **REPRESENTA** o signatário desta peça, depois de ouvido o Ministério Público, seja **QUEBRADO O SIGILO TELEFÔNICO** dos investigados, determinando-se **a interceptação das comunicações telefônicas,** pelo prazo de 15 dias, dos seguintes terminais móveis:

• (__) ____-_____ (**indicar número com DDD**), da operadora ____ (**indicar a operadora móvel**), pertencente a ________ **(nome do investigado**);

• (__) ____-_____ (**indicar número com DDD**), da operadora ____ (**indicar a operadora móvel**), pertencente a ________ **(nome do investigado**);

• (__) ____-_____ (**indicar número com DDD**), da operadora ____ (**indicar a operadora móvel**), pertencente a ________ **(nome do investigado**);

Atenciosamente,

Márcio Alberto Gomes Silva
Delegado de Polícia Federal

Modelo 3 – Ofício representando a renovação da interceptação telefônica

Ofício nº ____ (**número do expediente**)

_______ (local), __de ____de____ (data).

A Sua Excelência o Senhor

_________ (**nome da autoridade judiciária**)

Juiz das garantias da Comarca de ________ (**indicar comarca**)

Assunto: Representação pela renovação da interceptação telefônica

Referência: Inquérito Policial nº _______ (**número do inquérito**)

Senhor Juiz,

1. O Resumo fático.

Foi instaurado por portaria inquérito policial com o objetivo de apurar existência dos crimes de ___________________ (**indicar os crimes apurados no inquérito**), previstos respectivamente nos artigos _________ (**tipificação**) do Código Repressivo Pátrio.

Como única técnica investigativa apta a elucidar as práticas delitógenas cometidas pela associação criminosa aqui investigada, foi representada a interceptação telefônica dos terminais móveis dos integrantes do consórcio criminoso. O pleito foi deferido pelo juízo competente.

Materializada a medida, restaram captadas as seguintes conversas relevantes: _______ (**listar resumo de algumas das conversas mantidas pelos alvos, demonstrando que a medida cautelar está colhendo provas importantes**).

O sucesso da presente investigação depende da continuidade do afastamento do sigilo das comunicações telefônicas dos alvos e da inclusão dos seguintes terminais na medida restritiva: _______ (**listar eventuais números a serem incluídos na interceptação e seus respectivos titulares**).

2. A interceptação telefônica.

A Lei 9.296/96 continua sendo a escora jurídica do pleito aqui deduzido – ainda estão presentes os requisitos autorizadores avistáveis no artigo 2º do mandamento legal.

3. Conclusão e pedidos.

Do exposto, abroquelado nas razões de fato e de direito lançadas supra, **REPRESENTA** o signatário desta peça, depois de ouvido o

Ministério Público, seja **PRORROGADA A QUEBRA DO SIGILO TELEFÔNICO** dos investigados, determinando-se **a renovação da interceptação das comunicações telefônicas,** pelo prazo de 15 dias, dos seus terminais móveis, além da **INCLUSÃO** dos terminais móveis a seguir relacionados, nos termos acima desenhados:

RENOVAÇÃO:

- (__) ____-_____ (**indicar número com DDD**), da operadora ____ (**indicar a operadora móvel**), pertencente a ________ (**nome do investigado**);
- (__) ____-_____ (**indicar número com DDD**), da operadora ____ (**indicar a operadora móvel**), pertencente a ________ (**nome do investigado**);
- (__) ____-_____ (**indicar número com DDD**), da operadora ____ (**indicar a operadora móvel**), pertencente a ________ (**nome do investigado**);

INCLUSÃO:

- (__) ____-_____ (**indicar número com DDD**), da operadora ____ (**indicar a operadora móvel**), pertencente a ________ (**nome do investigado**);
- (__) ____-_____ (**indicar número com DDD**), da operadora ____ (**indicar a operadora móvel**), pertencente a ________ (**nome do investigado**);

Atenciosamente,

Márcio Alberto Gomes Silva
Delegado de Polícia

Modelo 4 – Petição representando a interceptação telefônica cumulada com ação controlada

EXCELENTÍSSIMO SENHOR DOUTOR JUIZ FEDERAL DAS GARANTIAS DA SUBSEÇÃO JUDICIÁRIA DE ________________ (indicar o juízo competente)

A **POLÍCIA FEDERAL**, representada pelo Delegado de Polícia Federal que esta subscreve, em exercício na Delegacia de Polícia Federal de ____________ (**indicar unidade de lotação do delegado subscritor**), no uso de suas atribuições legais e com fuste Lei 9.296/96 vem, perante Vossa Excelência, **REPRESENTAR** pela **INTERCEPTAÇÃO TELEFÔNICA dos terminais móveis a seguir indicados, pelo prazo de 15 dias, e COMUNICAR a utilização da técnica de AÇÃO CONTROLADA**, medidas essas indispensáveis ao prosseguimento das investigações levadas a efeito no bojo do **INQUÉRITO POLICIAL Nº___________ (número do inquérito policial)**.

1. O Resumo fático.

Foi instaurado por portaria inquérito policial com o objetivo de apurar existência dos crimes de _____________________ (**indicar os crimes apurados no inquérito**), previstos respectivamente nos artigos _________ (**tipificação**) do Código Repressivo Pátrio.

Foram carreadas aos autos as seguintes provas da atuação do grupo criminoso: _________________ (**descrever as provas coligidas no curso do feito**).

Fazem parte da organização criminosa investigada os seguintes personagens: ____________________________ (**informar os investigados até então identificados**), nos termos da informação em anexo.

2. A interceptação telefônica.

Os incisos X e XII, do artigo 5º, da Constituição Federal, escudam a intimidade e a vida privada do cidadão brasileiro. Ocorre que não há que se falar em direito individual absoluto. Ao passo em que o cidadão se utiliza do direito à intimidade outorgado pela Carta da República para cometer atos ilícitos, esse mesmo direito merece ceder ao interesse público representado pela elucidação da prática delitiva.

O artigo 1º da Lei 9.296/96 regulamenta os casos em que será admitida a quebra do sigilo das comunicações telefônicas.

As exceções ao deferimento da ordem de interceptação estão descritas no artigo 2º do mesmo diploma legal. Não se vislumbra, no caso sob exame, a ocorrência de nenhuma das três situações que restringem a atuação estatal. Vale dizer, há indícios suficientes de autoria, não é possível colher a prova por outro meio e os crimes investigados são apenados com reclusão.

3. A ação controlada.

No caso presente, será necessário utilizar a técnica investigativa e de colheita de provas denominada ação controlada, regulada pelos artigos 8º e 9º da Lei 12.850/13:

> Art. 8º Consiste a ação controlada em retardar a intervenção policial ou administrativa relativa à ação praticada por organização criminosa ou a ela vinculada, desde que mantida sob observação e acompanhamento para que a medida legal se concretize no momento mais eficaz à formação de provas e obtenção de informações.
>
> § 1º O retardamento da intervenção policial ou administrativa será previamente comunicado ao juiz competente que, se for o caso, estabelecerá os seus limites e comunicará ao Ministério Público.
>
> § 2º A comunicação será sigilosamente distribuída de forma a não conter informações que possam indicar a operação a ser efetuada.
>
> § 3º Até o encerramento da diligência, o acesso aos autos será restrito ao juiz, ao Ministério Público e ao delegado de polícia, como forma de garantir o êxito das investigações.
>
> § 4º Ao término da diligência, elaborar-se-á auto circunstanciado acerca da ação controlada.
>
> Art. 9º Se a ação controlada envolver transposição de fronteiras, o retardamento da intervenção policial ou administrativa somente poderá ocorrer com a cooperação das autoridades dos países que figurem como provável itinerário ou destino do investigado, de modo a reduzir os riscos de fuga e extravio do produto, objeto, instrumento ou proveito do crime.

A natureza do presente apuratório certamente exigirá eventual retardamento da ação policial (que ocorrerá apenas com a deflagração da operação) com vistas a amealhar o maior número de elementos probantes, bem como identificar o maior número de integrantes da organização criminosa que se deseja desarticular.

Destarte, o aparelho policial, desde já, **COMUNICA** ao juízo a possibilidade de utilização da técnica, na forma do artigo 8º, § 1º, da Lei 12.850/13.

Óbvio que eventual ameaça **ao bem jurídico vida** (e outros de envergadura/importância semelhante) será prontamente rechaçada (se se perceber pela análise dos áudios que a vida de alguém está em risco, a operação certamente será imediatamente deflagrada ou se tentará providência para tentar conter a ação delituosa).

4. Conclusão e pedidos.

Do exposto, abroquelado nas razões de fato e de direito lançadas supra, o signatário desta peça **COMUNICA** o uso da técnica de ação controlada e **REPRESENTA**, depois de ouvido o Ministério Público, seja **QUEBRADO O SIGILO TELEFÔNICO** dos investigados, determinando-se **a interceptação das comunicações telefônicas,** pelo prazo de 15 dias, dos seguintes terminais móveis:

- (__) ____-____ **(indicar número com DDD)**, da operadora ____ **(indicar a operadora móvel)**, pertencente a ________ **(nome do investigado)**;
- (__) ____-____ **(indicar número com DDD)**, da operadora ____ **(indicar a operadora móvel)**, pertencente a ________ **(nome do investigado)**;
- (__) ____-____ **(indicar número com DDD)**, da operadora ____ **(indicar a operadora móvel)**, pertencente a ________ **(nome do investigado)**;

Atenciosamente,

Márcio Alberto Gomes Silva
Delegado de Polícia Federal

Observações relevantes

A ação controlada é técnica investigativa avistável no artigo 8º da Lei 12.850/13 e no artigo 53, II, da Lei 11.343/06 (é possível falar, ainda, de ação controlada no artigo 4°-B da Lei 9.613/98[12]). O instituto consiste em atrasar a ação policial/administrativa, com o fito de materializá-la no momento mais oportuno (para colheita de provas e/ou para identificar/responsabilizar o maior número de envolvidos na prática delitiva investigada).

É de bom tom que o delegado de polícia efetue a comunicação do juízo acerca da possibilidade de utilização da técnica (ou solicite autorização judicial, caso o pleito se funde nas Leis 11.343/06 ou no artigo 4º-B da 9.613/98[13]), porque é

12 Anoto que o Pacote Anticrime enxertou expressamente a possibilidade de uso das técnicas de ação controlada e infiltração policial no § 6º, do artigo 1º, da Lei 9.613/98.

13 Penso que a ação controlada incluída na Lei 9.613/98 pelo Pacote Anticrime deve obedecer a mesma sistemática da técnica delimitada pela Lei 12.850/13, que exige comunicação prévia ao juízo (e não autorização prévia do Judiciário).

possível que no curso da interceptação telefônica se perceba a prática de crimes menores e a atuação estatal antes da maturação da investigação pode significar "queimar" a operação.

Veja que não foi dito que o delegado de polícia deixará de registrar a prática delitiva havida no curso da medida cautelar de interceptação. Ao revés, deve a autoridade policial cuidar de determinar diligências aptas a identificar cabalmente quais investigados praticaram cada um dos crimes que porventura sejam praticados no bojo da operação, com o fito de que todos sejam responsabilizados alhures.

2.10. Requisição direta de dados cadastrais pelo delegado de polícia

É possível ao delegado de polícia, no curso do inquérito policial, requisitar diretamente a operadoras de telefonia, provedores de internet, administradoras de cartão de crédito, bancos e da Justiça Eleitoral o acesso a dados cadastrais, com fulcro no artigo 17-B da Lei 9.613/98 (que define o crime de lavagem de dinheiro e dá outras providências), no artigo 15 da Lei 12.850/13 (que define organização criminosa e dispõe sobre a investigação criminal, os meios de obtenção da prova, infrações penais correlatas e o procedimento criminal) ou no artigo 13-A do Código de Processo Penal (na apuração dos crimes previstos nos artigos 148, 149 e 149-A, no § 3º do art. 158 e no art. 159 do Código Penal, e no art. 239 da Lei 8.069/90 - Estatuto da Criança e do Adolescente).

É possível, ainda, o acesso direto do delegado de polícia aos bancos de dados de reservas e registro de viagens e à bilhetagem (chamadas efetuadas e recebidas) dos telefones dos investigados, nos termos dos artigos 16 e 17 da Lei 12.850/13.

Importante salientar que, apesar de previstos em leis específicas, é possível requisitar tais dados no bojo de apuratório que investigue qualquer infração penal (os mandamentos legais acima mencionados não restringem o uso de tais ferramentas) – à exceção do artigo 13-A do Código de Processo Penal, que lista crimes específicos que permitem a requisição direta de dados.

É preciso consignar que a recusa/omissão no fornecimento dos dados requestados pelo delegado de polícia com base nos artigos 15, 16 e 17 da Lei 12.850/13 configura prática do crime capitulado no artigo 21 do mesmo mandamento legal.

É possível ao delegado de polícia (ou ao membro do Ministério Público) lançar mão da requisição de localização da vítima ou de suspeitos, na prevenção ou repressão dos crimes relacionados ao tráfico de pessoas (não vejo problema em ampliar a técnica investigativa para outros delitos, fazendo uso de analogia, tal qual permitido pelo artigo 3º do CPP), nos termos do artigo 13-B do Código de Processo Penal (dispositivo inserido pela Lei 13.344/16). Em que pese a confusa redação do dispositivo, parece-me que a obtenção da localização da vítima ou de suspeitos depende de representação do delegado de polícia (ou requerimento do Ministério Público) ao juízo competente. Autorizado judicialmente o fornecimento da localização do terminal móvel da vítima ou do suspeito pela operadora, o delegado de polícia (ou o Ministério Público) poderá requisitar diretamente à prestadora (dentro do período de 30 dias, renovável por igual período) a localização do aparelho, quantas vezes for necessário.

O § 4º do artigo 13-B do CPP traz em seu bojo situação no mínimo inusitada: caso o juízo não decida acerca do pleito de localização de vítima/suspeito no prazo de 12 horas, será possível que o delegado de polícia e/ou membro do Ministério Público requisite diretamente às operadoras as informações de localização, comunicando ao juízo a requisição direta (trata-se de dispositivo claramente inconstitucional, que prevê autorização judicial tácita pelo decurso do tempo ou cláusula de reserva de jurisdição temporária).

Modelo 1 – Ofício de requisição de dados cadastrais

Ofício nº _____ (**número do expediente**)

_______ (local), __de ____de____ (data).

A Sua Senhoria o Senhor

Diretor da __________ (**indicar empresa/órgão destinatário do expediente**)

Assunto: Requisição de dados

Referência: Inquérito Policial nº _______ (**número do inquérito**)

Senhor Diretor,

Com o fito de instruir o inquérito policial _________ (**número do procedimento**), requisito todos os dados cadastrais disponíveis referentes ao terminal móvel _________ (**número do telefone**), no mês de ___, do ano de _____ (**indicar a data de interesse**), com fulcro no artigo 15 da Lei 12.850/13.

Informo, outrossim, que o não atendimento ao presente expediente pode configurar a prática do delito tipificado no artigo 21 da Lei 12.850/13.

Atenciosamente,

Márcio Alberto Gomes Silva
Delegado de Polícia

Observações relevantes

O primeiro modelo é direto. Requisita os dados cadastrais do titular de determinada linha telefônica, em determinada data.

O pleito tem fundamento no artigo 15 da Lei 12.850/13 (que pode ser usado qualquer que seja o crime investigado).

Modelo 2 – Ofício de requisição de dados cadastrais (a partir do IMEI do terminal móvel)

Ofício nº _____ (**número do expediente**)

_______ (local), __de ____de____ (data).

A Sua Senhoria o Senhor

Diretor da __________ (**indicar empresa/órgão destinatário do expediente**)

Assunto: Requisição de dados

Referência: Inquérito Policial nº _______ (**número do inquérito**)

Senhor Diretor,

Com o fito de instruir o inquérito policial _________ (**número do procedimento**), requisito seja informado: a) se o IMEI _______ (**indicar o IMEI**) esteve vinculado a número pertencente à operadora no período de ___ a ___ (**indicar período de interesse**); b) em caso positivo, todos os dados cadastrais disponíveis referentes ao número revelado na resposta ao item retro, com fulcro no artigo 15 da Lei 12.850/13.

Informo, outrossim, que o não atendimento ao presente expediente pode configurar a prática do delito tipificado no artigo 21 da Lei 12.850/13.

Atenciosamente,

Márcio Alberto Gomes Silva
Delegado de Polícia

Observações relevantes

O presente modelo parte de um IMEI (número de série do aparelho celular) e busca conhecer os números atrelados àquele terminal, com os respectivos dados cadastrais (providencia investigativa interessante na apuração de crime contra o patrimônio que resultou na subtração de telefone celular).

O pleito tem escora no artigo 15 da Lei 12.850/13.

Modelo 3 – Ofício de requisição de dados cadastrais de instituição bancária

Ofício nº _____ (**número do expediente**)

_______ (local), __de ____de____ (data).

A Sua Senhoria o Senhor

Diretor da __________ (**indicar banco destinatário do expediente**)

Assunto: Requisição de dados

Referência: Inquérito Policial nº _______ (**número do inquérito**)

Senhor Diretor,

Com o fito de instruir o inquérito policial _________ (**número do procedimento**), requisito sejam informados todos os dados cadastrais disponíveis acerca do titular da conta ____ (**número da conta**), agência _____ (**número da agência**), com o encaminhamento de cópia de todos os documentos usados para abertura da mesma, com fulcro no artigo 15 da Lei 12.850/13.

Informo, outrossim, que o não atendimento ao presente expediente pode configurar a prática do delito tipificado no artigo 21 da Lei 12.850/13.

Atenciosamente,

Márcio Alberto Gomes Silva
Delegado de Polícia

Observações relevantes

O modelo objetiva os dados cadastrais e cópia dos documentos usados para abertura de determinada conta em um banco. É possível a requisição objetivando o contrário (informar ao banco o nome completo e o CPF do investigado, para saber se ele mantém relacionamento bancário com a instituição creditícia e quais são suas contas e respectivas agências).

O pleito é fundamentado no artigo 15 da Lei 12.850/13.

Modelo 4 – Ofício de requisição de extrato de chamadas efetuadas e recebidas (bilhetagem)

Ofício nº _____ (**número do expediente**)

_______ (local), __de ____de____ (data).

A Sua Senhoria o Senhor

Diretor da __________ (**indicar empresa/órgão destinatário do expediente**)

Assunto: Requisição de dados

Referência: Inquérito Policial nº _______ (**número do inquérito**)

Senhor Diretor,

Com o fito de instruir o inquérito policial _________ (**número do procedimento**), requisito o extrato de chamadas efetuadas e recebidas pelo terminal móvel _________ (**número do telefone**), no mês de ___, do ano de _____ (**indicar a data de interesse**), com fulcro no artigo 17 da Lei 12.850/13.

Informo, outrossim, que o não atendimento ao presente expediente pode configurar a prática do delito tipificado no artigo 21 da Lei 12.850/13.

Atenciosamente,

Márcio Alberto Gomes Silva
Delegado de Polícia

Observações relevantes

O modelo tem o escopo de fazer chegar aos autos do inquérito a lista de chamadas efetuadas e recebidas pelo terminal móvel do investigado. O pleito se funda no artigo 17 da Lei 12.850/13 e é possível ao delegado de polícia porque não se trata de interceptação telefônica, mas o mero fornecimento de dados estáticos e passados, sem que se possa falar em violação do direito ao sigilo das comunicações telefônicas (inciso XII do artigo 5º da Constituição Federal)[14].

14 SILVA, Márcio Alberto Gomes. **Inquérito Policial – Uma análise jurídica e prática da fase pré-processual**, 5ª edição, Juspodivm, 2020, p. 307.

Modelo 5 – Ofício de requisição de registro de viagem (passageiros embarcados em voo)

Ofício nº _____ (**número do expediente**)

_______ (local), __de ____de____ (data).

A Sua Senhoria o Senhor

Diretor da __________ (**indicar empresa destinatária do expediente**)

Assunto: Requisição de dados

Referência: Inquérito Policial nº _______ (**número do inquérito**)

Senhor Diretor,

Com o fito de instruir o inquérito policial _________ (**número do procedimento**), requisito a lista dos passageiros que embarcaram no voo ____ (**número do voo**), que partiu de ____ (**local da partida**) com destino a _____ (**local da chegada**), no dia __/__/____ (**data do voo**), com fulcro no artigo 16 da Lei 12.850/13.

Informo, outrossim, que o não atendimento ao presente expediente pode configurar a prática do delito tipificado no artigo 21 da Lei 12.850/13.

Atenciosamente,

Márcio Alberto Gomes Silva
Delegado de Polícia

Observações relevantes

O pleito tem fundamento no artigo 16 da Lei 12.850/13 e objetiva conhecer os passageiros de determinada viagem (pode ser dirigido a qualquer empresa de transporte de passageiros).

Modelo 6 – Ofício de requisição de dados cadastrais (titular de plano de internet)

Ofício nº _____ (**número do expediente**)

_______ (local), __de ____de____ (data).

A Sua Senhoria o Senhor

Diretor da _________ (**indicar empresa/órgão destinatário do expediente**)

Assunto: Requisição de dados

Referência: Inquérito Policial nº _______ (**número do inquérito**)

Senhor Diretor,

Com o fito de instruir o inquérito policial _________ (**número do procedimento**), requisito todos os dados cadastrais disponíveis acerca do usuário do IP ________ (**indicar IP**), no dia __/__/____ (**indicar data de uso do IP**), às __: __ (**indicar horário de uso do IP**), no fuso ____ (**indicar fuso horário de uso do IP**), com fulcro no artigo 15 da Lei 12.850/13.

Informo, outrossim, que o não atendimento ao presente expediente pode configurar a prática do delito tipificado no artigo 21 da Lei 12.850/13.

Atenciosamente,

Márcio Alberto Gomes Silva
Delegado de Polícia

Observações relevantes

O pleito tem escora no artigo 15 da Lei 12.850/13 e objetiva conhecer o titular do plano de internet que utilizou determinado IP, em determinada data e horário (será preciso indiciar o fuso).

Modelo 7 – Ofício de requisição de dados cadastrais (com base no artigo 13-A do CPP)

Ofício nº _____ **(número do expediente)**

_______ (local), __de ____de____ (data).

A Sua Senhoria o Senhor

Diretor da __________ **(indicar empresa/órgão destinatário do expediente)**

Assunto: Requisição de dados cadastrais

Referência: Inquérito Policial nº _______ **(número do inquérito)**

Senhor Diretor,

Com o fito de instruir o inquérito policial ________ **(número do procedimento)**, que apura o crime tipificado no artigo ________ **(indicar um dos crimes listados no artigo 13-A do CPP)**, em trâmite na de Delegacia de Polícia de _________ **(identificação da unidade de polícia judiciária responsável pela investigação)**, requisito, no prazo de 24 horas, todos os dados cadastrais disponíveis referentes a _________ **(nome do investigado)**, com fulcro no artigo 13-A do Código de Processo Penal.

Atenciosamente,

Márcio Alberto Gomes Silva
Delegado de Polícia

Observações relevantes

O artigo 13-A do Código de Processo Penal (enxertado pela Lei 13.344/16) permite ao delegado de polícia e ao membro do Ministério Público o acesso direto a dados cadastrais da vítima e de suspeitos mantidos por órgãos do poder público ou empresas da iniciativa privada, no curso de investigação que apure os crimes previstos nos artigos 148, 149 e 149-A, no § 3º do art. 158 e no art. 159 do Código Penal, e no art. 239 da Lei nº 8.069/90 (Estatuto da Criança e do Adolescente).

A requisição deve ser atendida no prazo de 24 horas e deve conter: a) o nome da autoridade requisitante; b) o número do inquérito policial; c) a identificação da unidade de polícia judiciária responsável pela investigação.

Modelo 8 – Ofício representando a localização da vítima e/ou suspeitos (com base no artigo 13-B do CPP)

Ofício nº _____ (**número do expediente**)

_______ (local), __de ____de____ (data).

A Sua Excelência o Senhor

__________ (**nome da autoridade judiciária**)

Juiz das garantias da Comarca de _________ (**indicar comarca**)

Assunto: Representação pela localização da vítima e de suspeitos

Referência: Inquérito Policial nº _____ (**número do inquérito**)

Senhor Juiz,

1. **O Resumo fático.**

Foi instaurado por portaria inquérito policial com o objetivo de apurar existência do crime de tráfico de pessoas capitulado no artigo 149-A do Código Penal, supostamente praticado por ___________________, ___________________ e ___________________ (**indicar investigados**), em face da ___________________ (**descrever o fato apurado**).

A continuidade das investigações clama pela localização da vítima e dos investigados (a vida/integridade física da vítima corre risco, pela própria natureza do delito praticado).

2. **A localização da vítima e/ou suspeitos.**

O artigo 13-B foi inserido no Código de Processo Penal pela Lei 13.344/16, com o fito de auxiliar a localização de vítimas e de suspeitos da prática do crime de tráfico de pessoas.

Nos termos do dispositivo acima referido, o delegado de polícia, depois de autorizado pelo juízo competente, poderá requisitar diretamente às operadoras de telefonia a localização exata de vítima e/ou suspeitos pelo prazo de 30 dias (prorrogáveis por outros 30 dias).

3. **Conclusão e pedidos.**

Do exposto, abroquelado nas razões de fato e de direito lançadas supra, requer o signatário desta peça autorização judicial para requisitar diretamente às operadoras de telefonia móvel a localização exata dos terminais pertencentes a ___________________ (nome e CPF da vítima) e a ___________________, ___________________ e ___________________ (nome e CPF dos investigados), na forma do artigo 13-B do Código de Processo Penal.

Atenciosamente,

Márcio Alberto Gomes Silva
Delegado de Polícia

Modelo 9 – Petição representando a localização da vítima e/ou suspeitos (com base no artigo 13-B do CPP)

EXCELENTÍSSIMO SENHOR DOUTOR JUIZ DAS GARANTIASDA COMARCA DE ________________ (indicar o juízo competente)

A **POLÍCIA CIVIL**, representada pelo Delegado de Polícia Civil que esta subscreve, em exercício na Delegacia de Polícia Civil de ____________ (**indicar unidade de lotação do delegado subscritor**), no uso de suas atribuições legais e com fuste no artigo 13-B do Código de Processo Penal vem, perante Vossa Excelência, **REPRESENTAR** pela **LOCALIZAÇÃO da vítima e dos investigados,** medida essa indispensável ao prosseguimento das investigações levadas a efeito no bojo do **INQUÉRITO POLICIAL Nº__________ (número do inquérito policial)**.

1. **O Resumo fático.**

Foi instaurado por portaria inquérito policial com o objetivo de apurar existência do crime de tráfico de pessoas capitulado no artigo 149-A do Código Penal, supostamente praticado por ____________, ______________ e ______________ (**indicar investigados**), em face da ____________________ (**descrever o fato apurado**).

A continuidade das investigações clama pela localização da vítima e dos investigados (a vida/integridade física da vítima corre risco, pela própria natureza do delito praticado).

2. **A localização da vítima e/ou suspeitos.**

O artigo 13-B foi inserido no Código de Processo Penal pela Lei 13.344/16, com o fito de auxiliar a localização de vítimas e de suspeitos da prática do crime de tráfico de pessoas.

Nos termos do dispositivo acima referido, o delegado de polícia, depois de autorizado pelo juízo competente, poderá requisitar diretamente às operadoras de telefonia a localização exata de vítima e/ou suspeitos pelo prazo de 30 dias (prorrogáveis por outros 30 dias).

3. **Conclusão e pedidos.**

Do exposto, abroquelado nas razões de fato e de direito lançadas supra, requer o signatário desta peça autorização judicial para requisitar diretamente às operadoras de telefonia móvel a localização exata dos terminais pertencentes a ________________ (nome e CPF da vítima) e a ________________, ________________ e ________________ (nome e CPF dos investigados), na forma do artigo 13-B do Código de Processo Penal.

Atenciosamente,

Márcio Alberto Gomes Silva
Delegado de Polícia Federal

Modelo 10 – Ofício requisitando a localização da vítima e/ou suspeitos (com base no artigo 13-B do CPP)

Ofício nº _____ **(número do expediente)**

_______ (local), __de ____de____ (data).

A Sua Senhoria o Senhor

Diretor da __________ **(indicar empresa de telefonia destinatária do expediente)**

Assunto: Requisição de localização de vítima e/ou suspeitos

Referência: Inquérito Policial nº _______ **(número do inquérito)**

Senhor Diretor,

Com o fito de instruir o inquérito policial _______ **(número do procedimento)**, que apura o crime de tráfico de pessoas capitulado no artigo 149-A do Código Penal, em trâmite na de Delegacia de Polícia de _________ **(identificação da unidade de polícia judiciária responsável pela investigação)**, requisito a localização exata do(s) terminal(is) móvel(is) cadastrados em nome de _______, _______, _________ e _________ **(nome e CPF da vítima e dos investigados)**, com fulcro no artigo 13-B do Código de Processo Penal.

Segue em anexo ordem judicial.

Atenciosamente,

Márcio Alberto Gomes Silva
Delegado de Polícia

Observações relevantes

O artigo 13-B do Código de Processo Penal (enxertado pela Lei 13.344/16) permite ao delegado de polícia e ao membro do Ministério Público a localização da vítima e/ou de suspeitos da prática de crimes relacionados ao tráfico de pessoas (artigo 149-A do Código Penal). A redação do dispositivo é extremamente confusa, como dito supra, mas a leitura atenta leva a crer que é preciso autorização judicial antes da requisição direta da localização da vítima/suspeito (por isso sugestionei ofício/petição representando ao juízo competente a autorização e ulterior ofício subscrito pelo delegado de polícia, dirigido à operadora de telefonia, para fornecimento da localização dos terminais móveis atribuídos à vítima e aos suspeitos).

Como realçado supra, entendo ser plenamente possível uso da técnica descrita no artigo 13-B do CPP para investigação de crimes outros (extorsão qualificada pela restrição da liberdade da vítima, por exemplo), por analogia (artigo 3º do CPP).

2.11. A quebra do sigilo das comunicações telemáticas

O fundamento do presente pleito é a já citada Lei 9.296/96.

É possível obter, por meio da quebra do sigilo telemático: os dados cadastrais de contas de e-mail (também acessíveis ao delegado de polícia sem a necessidade de ordem judicial, nos termos do artigo 15 da Lei 12.850/13), o conteúdo de mensagens, a interceptação do fluxo da comunicação telemática, dentre outras possibilidades.

Trata-se de relevante meio investigativo para reprimir crimes relacionados à pedofilia. Nas investigações que tratem deste tema, é importante, depois de obtidos os dados do titular da linha usada para acessar a internet, checar quem ali efetivamente mora e se se trata de *lan house*, para só então ser materializada a representação objetivando busca (para apreensão de computadores e ulterior perícia).

Modelo 1 – Ofício de quebra de sigilo telemático

Ofício nº _____ (**número do expediente**)

_______ (local), __de ____de____ (data).

A Sua Excelência o Senhor

__________ (**nome da autoridade judiciária**)

Juiz das garantias da Comarca de _________ (**indicar comarca**)

Assunto: Representação pela Quebra de Sigilo Telemático

Referência: Inquérito Policial nº _____ (**número do inquérito**)

Senhor Juiz,

1. **O Resumo fático.**

Foi instaurado por portaria inquérito policial com o objetivo de apurar existência do crime capitulado no artigo ____________ (**tipificação**), supostamente praticado por ____________________ (**indicar investigado**), em face da ________________________ (**descrever o fato apurado**).

A continuidade das investigações exige a quebra de sigilo telemático do investigado, com vistas a perquirir os dados cadastrais do e-mail ________________ (**indicar o endereço de e-mail a ter os dados cadastrais quebrado**) por ele usado com o fito de tentar identificar a linha telefônica que utilizou o IP ______________ (**indicar o número do IP usado pelo investigado no momento do cometimento do crime virtual**), para que se tente chegar ao endereço de onde partiu o acesso criminoso à internet.

2. **A quebra de sigilo telemático.**

Os incisos X e XII, do artigo 5º, da Constituição Federal, escudam a intimidade e a vida privada do cidadão brasileiro. Ocorre que não há que se falar em direito individual absoluto. Ao passo em que o cidadão se utiliza do direito à intimidade outorgado pela Carta da República para cometer atos ilícitos, esse mesmo direito merece ceder ao interesse público representado pela elucidação da prática delitiva.

O parágrafo único, do artigo 1º, da Lei 9.296/96, deixa claro que as disposições acerca da interceptação de comunicações telefônicas se aplicam à interceptação telemática, daí porque referido mandamento legal será lastro para o presente pleito.

As exceções ao deferimento da ordem de interceptação estão descritas no artigo 2º do mesmo diploma legal. Não se vislumbra, no caso presente, a ocorrência de nenhuma das três situações que restringem a atuação estatal. Vale dizer, há indícios suficientes de autoria, não é possível colher a prova por outro meio e os crimes investigados são apenados com reclusão.

3. **Conclusão e pedidos.**

Do exposto, abroquelado nas razões de fato e de direito lançadas supra, requer o signatário desta peça seja **QUEBRADO O SIGILO TELEMÁTICO** do investigado, com o fito de:

a) Fazer chegar aos autos os dados cadastrais e todas as mensagens enviadas e recebidas pelo e-mail ________________ (**indicar o e-mail do investigado**) no período de _____ a _____ (**lapso temporal a ser alcançado pela quebra**);

b) Determinar à operadora de telefonia ___________ (**indicar a operadora detentora do IP usado pelo criminoso**) que informe qual foi a linha telefônica que utilizou o IP ____________ (**indicar o IP de acesso à internet para cometimento do crime**) no dia ________, **às** ____ (**indicar dia, horário do acesso e o fuso**), com respectivo titular e endereço.

Atenciosamente,

Márcio Alberto Gomes Silva
Delegado de Polícia

Modelo 2 – Petição de quebra de sigilo telemático

EXCELENTÍSSIMO SENHOR DOUTOR JUIZ FEDERAL DAS GARANTIAS DA SUBSEÇÃO JUDICIÁRIA DE ________ (indicar o juízo competente)

A **POLÍCIA FEDERAL**, representada pelo Delegado de Polícia Federal que esta subscreve, em exercício na Delegacia de Polícia Federal de ________ (**indicar unidade de lotação do delegado subscritor**), no uso de suas atribuições legais e com fuste Lei 9.296/96 vem, perante Vossa Excelência, **REPRESENTAR** pela **QUEBRA DO SIGILO TELEMÁTICO do investigado,** medida essa indispensável ao prosseguimento das investigações levadas a efeito no bojo do **INQUÉRITO POLICIAL Nº________ (número do inquérito policial)**.

1. **O Resumo fático.**

Foi instaurado por portaria inquérito policial com o objetivo de apurar existência do crime capitulado no artigo ________ (**tipificação**), supostamente praticado por ________ (**indicar investigado**), em face da ________ (**descrever o fato apurado**).

A continuidade das investigações exige a quebra de sigilo telemático do investigado, com vistas a perquirir os dados cadastrais do e-mail ________ (**indicar o endereço de e-mail a ter os dados cadastrais quebrado**) por ele usado com o fito de tentar identificar a linha telefônica que utilizou o IP ________ (**indicar o número do IP usado pelo investigado no momento do cometimento do crime virtual**), para que se tente chegar ao endereço de onde partiu o acesso criminoso à internet.

2. **A quebra de sigilo telemático.**

Os incisos X e XII, do artigo 5º, da Constituição Federal, escudam a intimidade e a vida privada do cidadão brasileiro. Ocorre que não há que se falar em direito individual absoluto. Ao passo em que o cidadão se utiliza do direito à intimidade outorgado pela Carta da República para cometer atos ilícitos, esse mesmo direito merece ceder ao interesse público representado pela elucidação da prática delitiva.

O parágrafo único, do artigo 1º, da Lei 9.296/96, deixa claro que as disposições acerca da interceptação de comunicações telefônicas se aplicam à interceptação telemática, daí porque referido mandamento legal será lastro para o presente pleito.

As exceções ao deferimento da ordem de interceptação estão descritas no artigo 2º do mesmo diploma legal. Não se vislumbra, no caso presente, a ocorrência de nenhuma das três situações que restringem a atuação estatal. Vale dizer, há indícios suficientes de autoria, não é possível colher a prova por outro meio e os crimes investigados são apenados com reclusão.

3. **Conclusão e pedidos.**

Do exposto, abroquelado nas razões de fato e de direito lançadas supra, requer o signatário desta peça seja **QUEBRADO O SIGILO TELEMÁTICO** do investigado, com o fito de:

a) Fazer chegar aos autos os dados cadastrais e todas as mensagens enviadas e recebidas pelo e-mail ______ (**indicar o e-mail do investigado**) no período de ______ a ______ (**lapso temporal a ser alcançado pela quebra**);

b) Determinar à operadora de telefonia ______ (**indicar a operadora detentora do IP usado pelo criminoso**) que informe qual foi a linha telefônica que utilizou o IP ______ (**indicar o IP de acesso à internet para cometimento do crime**) no dia ______, **às** ____ (**indicar dia, horário do acesso e o fuso**), com respectivo titular e endereço.

Atenciosamente,

Márcio Alberto Gomes Silva
Delegado de Polícia Federal

2.12. Quebra do sigilo bancário

Outra providência investigativa extremamente eficiente no curso do inquérito policial, com o fito de demonstrar eventual prática delitógena, é o afastamento do sigilo bancário do investigado/indiciado, com fulcro na Lei Complementar 105/01.

É preciso delimitar o lapso temporal e as contas cujos sigilos serão afastados (para que não se junte ao feito dados desnecessários).

Recebidos os dados bancários, caso a investigação não se limite a demonstrar uma transferência, um saque ou um depósito específico (provado pela mera análise do extrato fornecido pela instituição creditícia, em obediência à ordem judicial fruto da representação do aparelho policial), é de bom tom determinar materialização de perícia.

Modelo 1 – Ofício de representação de quebra de sigilo bancário (quando não conhecidos os relacionamentos bancários do investigado)

Ofício nº _____ (**número do expediente**)

_______ (local), __de ____de____ (data).

A Sua Excelência o Senhor

__________ (**nome da autoridade judiciária**)

Juiz das garantias da Comarca de _________ (**indicar comarca**)

Assunto: Representação pela Quebra de Sigilo Bancário

Referência: Inquérito Policial nº _____ (**número do inquérito**)

Senhor Juiz,

1. **O Resumo fático.**

Foi instaurado por portaria inquérito policial com o objetivo de apurar crime de _________________ (**tipificação**). O procedimento foi deflagrado em razão da notícia de que ____________________________ ____________ (**descrição dos fatos investigados**).

Foram carreadas aos autos as seguintes provas: ____________ (**descrever as provas coligidas no curso do feito**).

A instrução do presente procedimento inquisitivo depende agora da chegada aos autos de informações protegidas pelo manto do sigilo.

2. **A quebra de sigilo bancário.**

Os incisos X e XII, do artigo 5º, da Constituição Federal, escudam a intimidade e a vida privada do cidadão brasileiro. Se por um lado o direito à intimidade e ao sigilo de dados é garantido constitucionalmente pela Carta da República, por outro é cediço que não há direito individual absoluto.

O presente pedido de afastamento do sigilo bancário tem lastro jurídico no artigo 1º, § 4º, da Lei Complementar 105/01.

3. **Conclusão e pedidos.**

Do exposto, abroquelado nas razões de fato e de direito lançadas supra, requer o signatário desta peça seja **QUEBRADO O SIGILO BANCÁRIO** de _____________ (**nome do investigado**), CPF ____________ (**CPF do investigado**), com o fito de que:

a) Seja determinado ao Banco Central do Brasil que informe os relacionamentos bancários do investigado entre __/__/____ e __/__/____ (**período investigado**);

b) Esclarecido o primeiro tópico, seja determinado ao(s) banco(s) que mantém relacionamento com o investigado que encaminhe(m) os extratos das suas contas referentes ao período compreendido entre __/__/____ e __/__/____ (**indicar o período exato da quebra de sigilo**);

Atenciosamente,

Márcio Alberto Gomes Silva
Delegado de Polícia

Observações relevantes

Caso o aparelho policial não saiba a(s) conta(s) do investigado/indiciado que mereçam afastamento do sigilo bancário, será preciso representar ao Judiciário que oficie ao Banco Central do Brasil para que seja informado com quais bancos o mesmo se relaciona.

Obtida a resposta, os bancos devem ser oficiados para que forneçam os extratos pretendidos.

Modelo 2 – Petição de representação de quebra de sigilo bancário (quando se sabe a conta bancária ou banco com o qual o investigado/indiciado mantém relacionamento)

EXCELENTÍSSIMO SENHOR DOUTOR JUIZ FEDERAL DAS GARANTIAS DA SUBSEÇÃO JUDICIÁRIA DE ____________ (indicar o juízo competente)

A **POLÍCIA FEDERAL**, representada pelo Delegado de Polícia Federal que esta subscreve, em exercício na Delegacia de Polícia Federal de ____________ (**indicar unidade de lotação do delegado subscritor**), no uso de suas atribuições legais vem, perante Vossa Excelência, **REPRESENTAR** pela **QUEBRA DO SIGILO BANCÁRIO do investigado,** medida essa indispensável ao prosseguimento das investigações levadas a efeito no bojo do **INQUÉRITO POLICIAL Nº____________ (número do inquérito policial).**

1. O Resumo fático.

Foi instaurado por portaria inquérito policial com o objetivo de apurar crime de ________________ (**tipificação**). O procedimento foi deflagrado em razão da notícia de que _________________________ ____________ (**descrição dos fatos investigados**).

Foram carreadas aos autos as seguintes provas: ____________ (**descrever as provas coligidas no curso do feito**).

A instrução do presente procedimento inquisitivo depende agora da chegada aos autos de informações protegidas pelo manto do sigilo.

2. **A quebra de sigilo e bancário.**

Os incisos X e XII, do artigo 5º, da Constituição Federal, escudam a intimidade e a vida privada do cidadão brasileiro. Se por um lado o direito à intimidade e ao sigilo de dados é garantido constitucionalmente pela Carta da República, por outro é cediço que não há direito individual absoluto.

O presente pedido de afastamento do sigilo bancário tem lastro jurídico no artigo 1º, § 4º, da Lei Complementar 105/01.

3. **Conclusão e pedidos.**

Do exposto, abroquelado nas razões de fato e de direito lançadas supra, **REPRESENTA** o signatário desta peça seja **QUEBRADO O SIGILO BANCÁRIO** de ____________ (**nome do investigado**), CPF ____________ (**CPF do investigado**), com o fito de que:

a) Seja determinado ao banco _____ (**nome do banco**) que encaminhe ao signatário desta peça os extratos bancários referentes aos meses de __/____ a __/____ (**período investigado**), da conta _____ (**número da conta**), agência _____ (**número da agência**);

Atenciosamente,

Márcio Alberto Gomes Silva
Delegado de Polícia Federal

Observações relevantes

O modelo acima desenhado é de petição (a representação, como dito supra, pode ser manejada via ofício ou via petição), no bojo de investigação que já sabe o banco, agência e conta do investigado.

2.13. Quebra do sigilo fiscal

Outra medida cautelar bastante utilizada pelo aparelho policial é a quebra de sigilo fiscal.

Ela pode ser materializada, por exemplo, quando se investiga a confecção de declarações de imposto de renda fraudulentas objetivando recebimento indevido de restituição, quando se apura crime contra a ordem tributária (normalmente essa investigação é deflagrada com base em representação fiscal para fins penais encaminhada pela própria Receita Federal do Brasil[15]), crime de lavagem de dinheiro (para demonstrar que numerário percebido ilicitamente pelo investigado não foi declarado formalmente às autoridades), dentre outras situações.

O pleito encontra guarida no artigo 198, § 1º, I, do Código Tributário Nacional.

---

15 O Supremo Tribunal Federal, no bojo do RE 1055941 (relatado pelo Ministro Dias Toffoli), validou o compartilhamento de dados financeiros obtidos pelo COAF (UIF/BACEN) e pela Receita Federal com o Ministério Público e a autoridade policial sem prévia ordem judicial. Eis as teses fixadas pelo Pretório Excelso:

1 - É constitucional o compartilhamento dos relatórios de inteligência financeira da UIF e da íntegra do procedimento fiscalizatório da Receita Federal do Brasil, que define o lançamento do tributo, com os órgãos de persecução penal, para fins criminais, sem a obrigatoriedade de prévia autorização judicial, devendo ser resguardado o sigilo das informações em procedimentos formalmente instaurados e sujeitos a posterior controle jurisdicional.

2 - O compartilhamento pela UIF e pela Receita Federal do Brasil, referente ao item anterior, deve ser feito unicamente por meio de comunicações formais, com garantia de sigilo, certificação do destinatário e estabelecimento de instrumentos efetivos de apuração e correção de eventuais desvios.

Modelo 1 – Ofício de representação por quebra de sigilo fiscal (investigação que envolve recebimento indevido de restituição de imposto de renda)

Ofício nº _____ (**número do expediente**)

_______ (local), __de ____de____ (data).

A Sua Excelência o Senhor

__________ (**nome da autoridade judiciária**)

Juiz Federal das garantias da Seção Judiciária de ________ (**indicar vara e seção judiciária**)

Assunto: Representação pela Quebra de Sigilo Fiscal

Referência: Inquérito Policial nº _____ (**número do inquérito**)

Senhor Juiz,

1. O Resumo fático.

Foi instaurado por portaria inquérito policial com o objetivo de apurar crime de _________________ (**tipificação**). O procedimento foi deflagrado em razão da notícia de que _______________________ ___________ (**descrição dos fatos investigados**).

Foram carreadas aos autos as seguintes provas: _____________ (**descrever as provas coligidas no curso do feito**).

A instrução do presente procedimento inquisitivo depende agora da chegada aos autos de informações protegidas pelo manto do sigilo.

2. **A quebra de sigilo fiscal.**

Os incisos X e XII, do artigo 5º, da Constituição Federal, escudam a intimidade e a vida privada do cidadão brasileiro. Se por um lado o direito à intimidade e ao sigilo de dados é garantido constitucionalmente pela Carta da República, por outro é cediço que não há direito individual absoluto.

O presente pedido de afastamento do sigilo fiscal tem lastro jurídico no artigo 198, § 1º, I, do Código Tributário Nacional.

3. **Conclusão e pedidos.**

Do exposto, abroquelado nas razões de fato e de direito lançadas supra, **REPRESENTA** o signatário desta peça seja **QUEBRADO O SIGILO FISCAL** de ___________ (**nome do investigado**), CPF __________ (**CPF do investigado**), com o fito de que seja determinado à Receita Federal do Brasil que:

a) Encaminhe as declarações de imposto de renda referentes aos exercícios de ____________ (**indicar o período exato da quebra de sigilo**);

b) Informe se houve efetivo pagamento de restituição de imposto de renda ao contribuinte e, em caso positivo, indique o exercício, o valor, a agência, o banco e conta de depósito;

Atenciosamente,

Márcio Alberto Gomes Silva
Delegado de Polícia Federal

Modelo 2 – Petição de representação por quebra de sigilo fiscal (simples envio de declarações de imposto de renda para análise e eventual perícia)

EXCELENTÍSSIMO SENHOR DOUTOR JUIZ FEDERAL DAS GARANTIAS DA SUBSEÇÃO JUDICIÁRIA DE ____________ (indicar o juízo competente)

A **POLÍCIA FEDERAL**, representada pelo Delegado de Polícia Federal que esta subscreve, em exercício na Delegacia de Polícia Federal de ____________ (**indicar unidade de lotação do delegado subscritor**), no uso de suas atribuições legais vem, perante Vossa Excelência, **REPRESENTAR** pela **QUEBRA DO SIGILO FISCAL do investigado,** medida essa indispensável ao prosseguimento das investigações levadas a efeito no bojo do **INQUÉRITO POLICIAL Nº____________ (número do inquérito policial).**

1. O Resumo fático.

Foi instaurado por portaria inquérito policial com o objetivo de apurar crime de ____________ (**tipificação**). O procedimento foi deflagrado em razão da notícia de que ____________ ____________ (**descrição dos fatos investigados**).

Foram carreadas aos autos as seguintes provas: ____________ (**descrever as provas coligidas no curso do feito**).

A instrução do presente procedimento inquisitivo depende agora da chegada aos autos de informações protegidas pelo manto do sigilo.

2. A quebra de sigilo fiscal e bancário.

Os incisos X e XII, do artigo 5º, da Constituição Federal, escudam a intimidade e a vida privada do cidadão brasileiro. Se por um lado o direito à intimidade e ao sigilo de dados é garantido constitucionalmente pela Carta da República, por outro é cediço que não há direito individual absoluto.

O presente pedido de afastamento do sigilo fiscal tem lastro jurídico no artigo 198, § 1º, I, do Código Tributário Nacional.

3. Conclusão e pedidos.

Do exposto, abroquelado nas razões de fato e de direito lançadas supra, **REPRESENTA** o signatário desta peça seja **QUEBRADO O SIGILO FISCAL** de ____________ (**nome do investigado**), CPF ____________ (**CPF do investigado**), com o fito de que seja determinado à Receita Federal do Brasil que:

a) Encaminhe as declarações de imposto de renda referentes aos exercícios de ______________ **(indicar o período exato da quebra de sigilo)**;

Atenciosamente,

Márcio Alberto Gomes Silva
Delegado de Polícia Federal

2.14. Infiltração policial

Trata-se de técnica investigativa regulada pelas Leis 12.850/13 (artigos 10 a 14) e 11.343/06 (artigo 53, I)[16].

A representação do delegado de polícia deverá, nos termos do artigo 11 da Lei 12.850/13, demonstrar a necessidade da medida, o alcance das tarefas do agente infiltrado, os nomes ou apelidos das pessoas investigadas, quando possível, e o local da infiltração. Será preciso demonstrar, ainda, indícios do cometimento de infração penal por organização criminosa e que a prova não pode ser produzida por outros meios disponíveis.

Caso o requerimento de infiltração seja feito pelo Ministério Público, o mandamento legal acima descrito reclama manifestação técnica prévia do delegado de polícia, se tal pleito for materializado no curso do inquérito policial (aqui a autoridade policial avaliará a viabilidade efetiva da materialização da técnica).

A infiltração policial tem prazo de até seis meses, renovável desde que comprovada a necessidade. Não há limite legalmente estipulado para a quantidade de renovações.

Ao fim do prazo de infiltração determinado pela autoridade judiciária, a autoridade policial encaminhará relatório circunstanciado das atividades de campo.

16 O Pacote Anticrime também permitiu utilização da técnica de infiltração policial na apuração de crime de lavagem de dinheiro, ao enxertar o novel § 6º no artigo 1º da Lei 9.613/98.

Modelo 1 – Ofício de representação de infiltração policial (com ação controlada)

Ofício nº _____ **(número do expediente)**

_______ (local), __de ____de____ (data).

A Sua Excelência o Senhor

__________ **(nome da autoridade judiciária)**

Juiz das garantias da Comarca de _________ **(indicar comarca)**

Assunto: Representação por Infiltração Policial e comunicação de ação controlada

Referência: Inquérito Policial nº _____ **(número do inquérito)**

Senhor Juiz,

1. O Resumo fático.

Foi instaurado por portaria inquérito policial com o objetivo de apurar existência dos crimes de ____________________ **(indicar os crimes apurados no inquérito)**, previstos respectivamente nos artigos _________ **(tipificação)** do Código Repressivo Pátrio (**ou lei penal extravagante**).

Foram carreadas aos autos as seguintes provas da atuação dos investigados: ________________ **(descrever as provas coligidas no curso do feito)**. Tais elementos probantes demonstram que se trata de verdadeira organização criminosa, nos termos do § 1º, do artigo 1º, da Lei 12.850/13 – o que faz com que os investigados também estejam sujeitos às penas do artigo 2º do mandamento legal citado.

Fazem parte do organismo criminoso investigado os seguintes personagens: _________________________ **(informar os investigados até então identificados ou seus apelidos conhecidos)**.

2. A infiltração policial e a ação controlada.

O deslinde da presente investigação clama pela utilização da técnica denominada infiltração policial. Só será possível conhecer profundamente a organização criminosa investigada (seu *modus operandi*, sua estrutura e quem são seus líderes) se o Estado inserir no seio do consórcio criminoso um de seus agentes, com o fito de colecionar material probante apto a desarticular a agremiação.

A Lei 12.850/13 disciplina o uso da infiltração em seus artigos 3º, VII, e 10 a 14.

Eis o planejamento para execução da técnica: _______________ **(descrever como a infiltração será implementada)**.

O servidor a quem será cometida a tarefa é: ____________________ (**indicar o policial a ser infiltrado**). Para o efetivo sucesso da medida, é necessária autorização judicial para que sejam confeccionados novos documentos em nome de: ____________________ (**indicar os novos dados do infiltrado**), que serão utilizados exclusivamente no curso da infiltração.

Por fim, **comunico** a Vossa Excelência da possibilidade de utilização da técnica denominada ação controlada (artigo 8º da Lei 12.850/13) no curso das investigações, podendo a ação policial eventualmente ser retardada, com o fito de prova seja coligida de maneira mais eficaz e para que o maior número de integrantes da organização criminosa seja identificado e futuramente responsabilizado.

3. Conclusão e pedidos.

Do exposto, abroquelado nas razões de fato e de direito lançadas supra, o signatário desta peça **COMUNICA** o uso da técnica de **AÇÃO CONTROLADA** e **REPRESENTA**, depois de ouvido o Ministério Público, seja autorizada a **INFILTRAÇÃO POLICIAL** no seio da organização criminosa investigada, pelo prazo inicial de seis meses, devendo para tanto ser o policial ____________________ (nome do policial a ser infiltrado) autorizado a confeccionar novos documentos em nome de ____________________ (**indicar nome e dados a serem utilizados nos novos documentos do agente, no curso da infiltração**), salientando que todo procedimento para confecção de tais documentos será documentado e que a documentação será usada apenas no curso da infiltração (com ulterior inutilização).

Atenciosamente,

Márcio Alberto Gomes Silva
Delegado de Polícia

Modelo 2 – Petição de representação de infiltração policial (com ação controlada)

EXCELENTÍSSIMO SENHOR DOUTOR JUIZ FEDERAL DAS GARANTIAS DA SUBSEÇÃO JUDICIÁRIA DE ___________ (indicar o juízo competente)

A **POLÍCIA FEDERAL**, presentada pelo Delegado de Polícia Federal que esta subscreve, em exercício na Delegacia de Polícia Federal de ___________ (**indicar unidade de lotação do delegado subscritor**), no uso de suas atribuições legais e com fuste Lei 12.850/13 vem, perante Vossa Excelência, **COMUNICAR** o uso da técnica de **AÇÃO CONTROLADA** e **REPRESENTAR** pela **INFILTRAÇÃO POLICIAL** do servidor a seguir nominado no seio da organização criminosa investigada, pelo prazo de seis meses, medida essa indispensável ao prosseguimento das investigações levadas a efeito no bojo do **INQUÉRITO POLICIAL Nº ___________ (número do inquérito policial).**

1. O Resumo fático.

Foi instaurado por portaria inquérito policial com o objetivo de apurar existência dos crimes de ____________________ (**indicar os crimes apurados no inquérito**), previstos respectivamente nos artigos _________ (**tipificação**) do Código Repressivo Pátrio (**ou lei penal extravagante**).

Foram carreadas aos autos as seguintes provas da atuação dos investigados: _______________ (**descrever as provas coligidas no curso do feito**). Tais elementos probantes demonstram que se trata de verdadeira organização criminosa, nos termos do § 1º, do artigo 1º, da Lei 12.850/13 – o que faz com que os investigados também estejam sujeitos às penas do artigo 2º do mandamento legal citado.

Fazem parte do organismo criminoso investigado os seguintes personagens: _______________________ (**informar os investigados até então identificados**).

2. A infiltração policial e a ação controlada.

O deslinde da presente investigação clama pela utilização da técnica denominada infiltração policial. Só será possível conhecer profundamente a organização criminosa investigada (seu *modus operandi*, sua estrutura e quem são seus líderes) se o Estado inserir no seio do consórcio criminoso um de seus agentes, com o fito de colecionar material probante apto a desarticular a agremiação.

A Lei 12.850/13 disciplina o uso da infiltração em seus artigos 3º, VII, e 10 a 14.

Eis o planejamento para execução da técnica: ______ (**descrever como a infiltração será implementada**).

O servidor a quem será cometida a tarefa é: ______ (**indicar o policial a ser infiltrado**). Para o efetivo sucesso da medida, é necessária autorização judicial para que sejam confeccionados novos documentos em nome de: ______ (**indicar os novos dados do infiltrado**), que serão utilizados exclusivamente no curso da infiltração.

Por fim, **comunico** a Vossa Excelência da possibilidade de utilização da técnica denominada ação controlada (artigo 8º da Lei 12.850/13) no curso das investigações, podendo a ação policial eventualmente ser retardada, com o fito de prova seja coligida de maneira mais eficaz e para que o maior número de integrantes da organização criminosa seja identificados e futuramente responsabilizados.

3. Conclusão e pedidos.

Do exposto, abroquelado nas razões de fato e de direito lançadas supra, o signatário desta peça **COMUNICA a utilização da técnica de AÇÃO CONTROLADA** e **REPRESENTA**, depois de ouvido o Ministério Público, seja autorizada **a INFILTRAÇÃO POLICIAL** no seio da organização criminosa investigada, pelo prazo inicial de seis meses, devendo para tanto ser o policial ______ (nome do policial a ser infiltrado) autorizado a confeccionar novos documentos em nome de ______ (**indicar nome e dados a serem utilizados nos novos documentos do agente, no curso da infiltração**), salientando que todo procedimento para confecção de tais documentos será documentado e que a documentação será usada apenas no curso da infiltração (com ulterior inutilização).

Atenciosamente,

Márcio Alberto Gomes Silva
Delegado de Polícia Federal

Observações relevantes

A técnica de infiltração policial deve ser usada com bastante cautela pelo aparelho policial (caso o agente infiltrado seja descoberto, as consequências serão funestas).

É preciso orientar o agente infiltrado a coligir o máximo de elementos probantes (por meio de gravações, fotografias, filmagens, etc.) e ter em mente que a medida deve ser sustada caso se perceba que há algum risco para o policial.

Não vejo nenhum problema em cumular representação pela interceptação telefônica com pleito visando a infiltração policial (aliás, é medida de cautela, pois será possível aferir se os criminosos desconfiam do agente infiltrado). Os modelos acima sugestionados trazem cumulação de infiltração policial com a técnica de ação controlada.

O parágrafo único do artigo 13 da Lei 12.850/13 revela que se o agente infiltrado se envolver em prática delitiva no curso da infiltração, ficará isento de pena (afastar-se-á a culpabilidade, por inexigibilidade de conduta diversa[17]), desde que não tenha existido excesso e seja guardada a devida proporcionalidade com a finalidade da investigação.

2.15. Infiltração policial virtual

Trata-se de técnica investigativa criada pela Lei 13.441/17 (que alterou a Lei 8.069/90 – Estatuto da Criança e do Adolescente) e também admitida na investigação de crimes praticados por organizações criminosas e conexos (inclusão do artigo 10-A na Lei 12.850/13 pelo Pacote Anticrime).

A infiltração virtual prevista no ECA é determinada por ordem judicial, pelo prazo de 90 dias (admitidas sucessivas prorrogações, desde que não ultrapassado o período máximo de 720 dias). A representação do delegado de polícia deverá demonstrar a necessidade da medida (indícios de autoria, prova da materialidade delitiva e que a prova não pode ser coligida por outro meio), o alcance das tarefas do agente infiltrado, os nomes ou apelidos das pessoas investigadas (o que for possível, no momento que a medida for pleiteada) e, quando possível, os dados de conexão ou dados cadastrais que permitam a identificação dos investigados – artigo 190-A da Lei 8.069/90.

É possível mudança de identidade do agente infiltrado (neste caso o juiz, atendendo à representação do delegado de polícia, requisitará inclusão nos órgãos de registro e cadastro público as informações necessárias para garantir a efetividade da identidade fictícia criada para diligência – artigo 190-D da Lei 8.069/90). A Lei 13.441/17 deixou claro que o agente infiltrado não comete crime por ato praticado no curso da infiltração virtual – artigo 190-C do ECA (Lei 8.069/90).

A infiltração virtual prevista na Lei 12.850/13 depende de decisão judicial atendendo a representação do delegado de polícia (será preciso parecer prévio

---

17 Art. 13. O agente que não guardar, em sua atuação, a devida proporcionalidade com a finalidade da investigação, responderá pelos excessos praticados.

Parágrafo único. Não é punível, no âmbito da infiltração, a prática de crime pelo agente infiltrado no curso da investigação, quando inexigível conduta diversa.

do *Parquet*) ou requerimento do membro do Ministério Público (não é possível decretação da medida de ofício, pelo magistrado).

Os requisitos legalmente reclamados são: a demonstração da necessidade da medida (indícios de autoria, prova da materialidade e que a prova não pode ser coligida por outro meio) para investigar crimes praticados por organização criminosa e os conexos, o alcance das tarefas dos policiais, os nomes ou apelidos das pessoas investigadas e, quando possível, os dados de conexão ou cadastrais que permitam a identificação dessas pessoas, nos termos do artigo 10-A da Lei 12.850/13.

O prazo é de até 6 meses, admitidas sucessivas prorrogações, desde que não se ultrapasse o total de 720 dias.

Caso não sejam obedecidas as prescrições do artigo 10-A da Lei 12.850/13, a prova obtida será nula (hipótese de prova ilegítima).

As informações da operação de infiltração serão encaminhadas diretamente ao juiz responsável pela autorização da medida (caso decretada no curso da investigação, o juiz das garantias; caso decretada no curso do processo, o juiz da instrução e julgamento) - artigo 10-B da Lei 12.850/13.

Não comete crime (estrito cumprimento do dever legal - exclusão da ilicitude) o policial que oculta sua identidade (ou crie nova identidade) para colher indícios de autoria e materialidade dos crimes praticados pela organização criminosa. O excesso é punível, nos termos do artigo 10-C da Lei 12.850/13.

Concluída a investigação, os atos eletrônicos deverão ser registrados, gravados, armazenados e encaminhados ao juiz e ao Ministério Público, junto com o relatório circunstanciado. Esses atos serão apensados ao futuro processo criminal juntamente com o inquérito policial (o artigo 10-D da Lei 12.850/13 excepciona o quanto determinado pelo § 3º do artigo 3º-C do do Código de Processo Penal, com redação também determinada pelo Pacote Anticrime, que afirma que o inquérito deva permanecer acautelado na secretaria do juízo das garantias).

O legislador permitiu expressamente inclusão em bancos de dados próprios dos órgãos de registro e cadastro público (mediante requisição judicial), informações necessárias à efetividade da identidade fictícia criada, para robustecer a infiltração policial virtual.

Penso que tal medida, com ainda mais razão, deve ser permitida na infiltração policial prevista no artigo 10 da Lei 12.850/13 (com o fito de emprestar mais verossimilhança à operação de infiltração e garantir a segurança do agente infiltrado).

Modelo 1 – Ofício de representação de infiltração policial virtual (juízo estadual - ECA)

Ofício nº _____ (**número do expediente**)

_________ (local), ___de ____de_____ (data).

A Sua Excelência o Senhor

__________ (**nome da autoridade judiciária**)

Juiz das garantias da Comarca de _________ (**indicar comarca**)

Assunto: Representação por Infiltração Policial virtual

Referência: Inquérito Policial nº _____ (**número do inquérito**)

Senhor Juiz,

1. O Resumo fático.

Foi instaurado por portaria inquérito policial com o objetivo de apurar existência dos crimes de ____________________ (**indicar os crimes apurados no inquérito – atentar que o artigo 190-A da Lei 8.069/90 limita o uso da técnica, que só pode ser empregada na investigação de alguns crimes específicos**), previstos respectivamente nos artigos _________ (**tipificação**) do Código Repressivo Pátrio (**ou lei penal extravagante**).

Foram carreadas aos autos as seguintes provas da atuação dos investigados: ______________ (**descrever as provas coligidas no curso do feito – a medida só pode ser decretada com a demonstração de materialidade delitiva e indícios mínimos de autoria**). A continuidade da investigação reclama a utilização da técnica de infiltração policial virtual, com o fito de coligir mais material probante e identificar por completo o(s) autor(es) do fato.

Eis os dados qualificativos até agora coligidos, relacionados aos investigados: _________________________ (**informar os investigados até então identificados, seus apelidos conhecidos e, quando possível, os dados de conexão ou cadastrais a eles relacionados**).

2. A infiltração policial virtual.

O deslinde da presente investigação clama pela utilização da técnica denominada infiltração policial virtual. Só será possível identificar efetivamente os investigados, chegando a seus nomes e endereços reais se o Estado mantiver contato direto com eles, inserindo-se na perniciosa rede de pornografia infanto-juvenil investigada (uma das possibilidades de utilização da técnica é na apuração de crimes ligados à produção, distribuição e armazenamento de imagens/vídeos pornográficos ou de sexo explícito de crianças ou adolescentes), com o fito de colecionar material probante apto a desbaratar o grupo.

A Lei 13.441/17 enxertou no Estatuto da Criança e do Adolescente (Lei 8.069/90) os artigos 190-A, 190-B, 190-C, 190-D e 190-E, que disciplinam a infiltração virtual.

Eis o planejamento para execução da técnica: ____________ (**descrever como a infiltração será implementada – o artigo 190-A, II, da Lei 8.069/90 exige a demonstração do alcance das tarefas dos policiais**).

O servidor a quem será cometida a tarefa é: ______________________ (**indicar o policial a ser infiltrado e perfil falso que será criado para infiltração**). Para o efetivo sucesso da medida, é necessária autorização judicial para que sejam confeccionados novos documentos em nome de: ______________________ (**indicar os novos dados do infiltrado – o artigo 190-D da Lei 8.069/90 permite que o juiz determine inclusão em órgãos de registro e cadastro público as informações relativas à identidade fictícia do agente policial infiltrado**), que serão utilizados exclusivamente no curso da infiltração.

3. Conclusão e pedidos.

Do exposto, abroquelado nas razões de fato e de direito lançadas supra, **REPRESENTA** o signatário desta peça, depois de ouvido o Ministério Público, seja autorizada **a INFILTRAÇÃO POLICIAL VIRTUAL**, pelo prazo inicial de 90 dias, devendo para tanto ser o policial ________________ (**nome do policial a ser infiltrado**) autorizado criar perfis virtuais e a confeccionar novos documentos em nome de ________________ (**indicar nome e dados a serem utilizados nos novos documentos do agente, no curso da infiltração**), salientando que todo procedimento para confecção de tais documentos será documentado e que a documentação será usada apenas no curso da infiltração, com ulterior inutilização.

Atenciosamente,

Márcio Alberto Gomes Silva
Delegado de Polícia

Modelo 2 – Petição de representação de infiltração policial virtual (juízo federal - ECA)

EXCELENTÍSSIMO SENHOR DOUTOR JUIZ FEDERAL DAS GARANTIAS DA SUBSEÇÃO JUDICIÁRIA DE ______________ (indicar o juízo competente)

A **POLÍCIA FEDERAL**, presentada pelo Delegado de Polícia Federal que esta subscreve, em exercício na Delegacia de Polícia Federal de ____________ **(indicar unidade de lotação do delegado subscritor)**, no uso de suas atribuições legais e com fuste Lei 13.441/17 (que modificou a Lei 8.069/90) vem, perante Vossa Excelência, **REPRESENTAR** pela **INFILTRAÇÃO POLICIAL VIRTUAL do servidor a seguir nominado, pelo prazo de 90 dias,** medida essa indispensável ao prosseguimento das investigações levadas a efeito no bojo do **INQUÉRITO POLICIAL Nº ___________ (número do inquérito policial).**

1. O Resumo fático.

Foi instaurado por portaria inquérito policial com o objetivo de apurar existência dos crimes de ____________________ **(indicar os crimes apurados no inquérito – atentar que o artigo 190-A da Lei 8.069/90 limita o uso da técnica, que só pode ser empregada na investigação de alguns crimes específicos**), previstos respectivamente nos artigos ________ (**tipificação**) do Código Repressivo Pátrio (**ou lei penal extravagante**).

Foram carreadas aos autos as seguintes provas da atuação dos investigados: _______________ (**descrever as provas coligidas no curso do feito – a medida só pode ser decretada com a demonstração de materialidade delitiva e indícios mínimos de autoria**). A continuidade da investigação reclama a utilização da técnica de infiltração policial virtual, com o fito de coligir mais material probante e identificar por completo o(s) autor(es) do fato.

Eis os dados qualificativos até agora coligidos, relacionados aos investigados: ____________________________ (**informar os investigados até então identificados, seus apelidos conhecidos e, quando possível, os dados de conexão ou cadastrais a eles relacionados**).

2. A infiltração policial virtual.

O deslinde da presente investigação clama pela utilização da técnica denominada infiltração policial virtual. Só será possível identificar efetivamente os investigados, chegando a seus nomes e endereços reais se o Estado mantiver contato direto com eles, inserindo-se na perniciosa rede de pornografia infanto-juvenil investigada (uma das possibilidades de utilização da técnica é na apuração de crimes ligados à produção, distribuição e armazenamento de imagens/vídeos pornográficos ou de sexo explícito de crianças ou adolescentes), com o fito de colecionar material probante apto a desbaratar o grupo.

A Lei 13.441/17 enxertou no Estatuto da Criança e do Adolescente (Lei 8.069/90) os artigos 190-A, 190-B, 190-C, 190-D e 190-E, que disciplinam a infiltração virtual.

Eis o planejamento para execução da técnica: _______________ (**descrever como a infiltração será implementada – o artigo 190-A, II, da Lei 8.069/90 exige a demonstração do alcance das tarefas dos policiais**).

O servidor a quem será cometida a tarefa é: _______________ (**indicar o policial a ser infiltrado e perfil falso que será criado para infiltração**). Para o efetivo sucesso da medida, é necessária autorização judicial para que sejam confeccionados novos documentos em nome de: _______________ (**indicar os novos dados do infiltrado – o artigo 190-D da Lei 8.069/90 permite que o juiz determine inclusão em órgãos de registro e cadastro público as informações relativas à identidade fictícia do agente policial infiltrado**), que serão utilizados exclusivamente no curso da infiltração.

3. Conclusão e pedidos.

Do exposto, abroquelado nas razões de fato e de direito lançadas supra, **REPRESENTA** o signatário desta peça, depois de ouvido o Ministério Público, seja autorizada **a INFILTRAÇÃO POLICIAL VIRTUAL**, pelo prazo inicial de 90 dias, devendo para tanto ser o policial _______________ (**nome do policial a ser infiltrado**) autorizado criar perfis virtuais e a confeccionar novos documentos em nome de _______________ (**indicar nome e dados a serem utilizados nos novos documentos do agente, no curso da infiltração**), salientando que todo procedimento para confecção de tais documentos será documentado e que a documentação será usada apenas no curso da infiltração, com ulterior inutilização.

Atenciosamente,

Márcio Alberto Gomes Silva
Delegado de Polícia Federal

Modelo 3 – Ofício de representação de infiltração policial virtual (justiça estadual - Lei 12.850/13)

Ofício nº ____ (**número do expediente**)

_______ (local), __de ____de____ (data).

A Sua Excelência o Senhor

__________ (**nome da autoridade judiciária**)

Juiz das garantias da Comarca de _______ (**indicar comarca**)

Assunto: Representação por Infiltração Policial virtual

Referência: Inquérito Policial nº _____ (**número do inquérito**)

Senhor Juiz,

1. O Resumo fático.

Foi instaurado por portaria inquérito policial com o objetivo de apurar existência dos crimes de participação em organização criminosa e_____________ (**indicar os crimes apurados no inquérito – atentar que o artigo 10-A da Lei 12.850/13 limita o uso da técnica, que só pode ser empregada na investigação crimes praticados por organizações criminosas e conexos**), previstos respectivamente no artigo 2º da Lei 12.850/13 e nos artigos _________ (**tipificação**) do Código Repressivo Pátrio (**ou lei penal extravagante**).

Foram carreadas aos autos as seguintes provas da atuação da organização criminosa: ______________ (**descrever as provas coligidas no curso do feito – a medida só pode ser decretada com a demonstração de indícios da prática de crime por organização criminosa**). A continuidade da investigação reclama a utilização da técnica de infiltração policial virtual, com o fito de coligir mais material probante e identificar por completo o(s) autor(es) do fato.

Eis os dados qualificativos até agora coligidos, relacionados aos investigados: _______________ (**informar os investigados até então identificados, seus apelidos conhecidos e, quando possível, os dados de conexão ou cadastrais a eles relacionados**).

2. A infiltração policial virtual.

O deslinde da presente investigação clama pela utilização da técnica denominada infiltração policial virtual. Só será possível identificar efetivamente os investigados, chegando a seus nomes e endereços reais se o Estado mantiver contato direto com eles, inserindo-se na perniciosa organização criminosa investigada, com o fito de colecionar material probante apto a desbaratar o consórcio criminoso.

O Pacote Anticrime enxertou na Lei 12.850/13 os artigos 10-A, 10-B, 10-C, 10-D e o parágrafo único do artigo 11, que disciplinam a infiltração virtual para enfrentamento a organizações criminosas.

Eis o planejamento para execução da técnica: ________ (**descrever como a infiltração será implementada – o artigo 10-A da Lei 12.850/13 exige a demonstração do alcance das tarefas dos policiais**).

O servidor a quem será cometida a tarefa é: ________ (**indicar o policial a ser infiltrado e perfil falso que será criado para infiltração**). Para o efetivo sucesso da medida, é necessária autorização judicial para que sejam confeccionados novos documentos em nome de: ________ (**indicar os novos dados do infiltrado – o parágrafo único do artigo 11 da 12.850/13 permite que o juiz determine inclusão em órgãos de registro e cadastro público as informações relativas à identidade fictícia do agente policial infiltrado**), que serão utilizados exclusivamente no curso da infiltração.

3. Conclusão e pedidos.

Do exposto, abroquelado nas razões de fato e de direito lançadas supra, **REPRESENTA** o signatário desta peça, depois de ouvido o Ministério Público, seja autorizada **a INFILTRAÇÃO POLICIAL VIRTUAL**, pelo prazo inicial de 6 meses, devendo para tanto ser o policial ________ (**nome do policial a ser infiltrado**) autorizado criar perfis virtuais e a confeccionar novos documentos em nome de ________ (**indicar nome e dados a serem utilizados nos novos documentos do agente, no curso da infiltração**), salientando que todo procedimento para confecção de tais documentos será documentado e que a documentação será usada apenas no curso da infiltração, com ulterior inutilização.

Atenciosamente,

Márcio Alberto Gomes Silva
Delegado de Polícia

Observações relevantes

A técnica de infiltração policial virtual prevista nos artigos 190-A e seguintes do ECA é grande aliada na investigação dos crimes previstos nos artigos 240, 241, 241-A, 241-B, 241-C, 241-D, todos do Estatuto da Criança e do Adolescente

(Lei 8.069/90), e artigos 154-A, 217-A, 218, 218-A e 218-B, todos do Código Penal. Como dito supra, o Pacote Anticrime enxertou a mesma técnica na Lei 12.850/13 para oportunizar a desarticulação de organizações criminosas.

No caso da infiltração policial prevista no ECA, é possível, no curso de infiltração policial virtual: a) criar perfil falso de adulto, com o objetivo de se aproximar do investigado e constatar a prática delitiva (o policial pode, inclusive, fazer-se passar por pedófilo para ser incluído em grupo de troca de material pornográfico proibido, por exemplo); b) criação de perfil falso de criança ou adolescente, com o fito de manter contato com o investigado e colher mais elementos acerca das suas práticas delitivas.

Na infiltração policial prevista na Lei 12.850/13 será possível: a) criar perfil falso de pessoa que deseja integrar o consórcio criminoso investigado para colher dados que permitam a desarticulação da organização criminosa; b) criar perfil falso de vítima, com o fito de manter contato com integrante da organização criminosa e assim coligir elementos acerca do grupo investigado.

Por óbvio, é preciso descartar materialidade decorrente de eventual provocação criminosa, que parta do agente policial infiltrado em relação ao investigado (parece-me que não é possível, por exemplo, utilizar como prova da prática de crime uma foto pornográfica proibida enviada pelo investigado a pedido do policial infiltrado que se faz passar por pedófilo, no caso da infiltração virtual prevista no ECA).

Outrossim, penso ser possível, no curso de infiltração calcada no ECA, fazer tal operação simulada com o fito de detectar se o investigado possui acervo de imagens/vídeos proscritos e, diante desta constatação, representar ao juízo e cumprir validamente mandado de busca com consequente apreensão de outros arquivos, que não o enviado no curso da operação de infiltração (que poderão ser, tranquilamente, usados como prova dos crimes praticados pelo investigado).

Concluída a investigação todos os atos eletrônicos praticados durante a operação deverão ser registrados, gravados, armazenados e encaminhados ao juiz e ao Ministério Público, juntamente com relatório circunstanciado (tais atos eletrônicos podem ser reunidos em autos que serão apensados ao inquérito policial, assegurando-se a preservação da identidade do agente policial infiltrado e a intimidade das crianças e dos adolescentes envolvidos), nos termos do artigo 190-E da Lei 8.069/90. Disposição semelhante é encontrada no artigo 10-D da Lei 12.850/13, em relação à infiltração virtual autorizada para desbaratar organizações criminosas.

2.16. Colaboração premiada

Trata-se de acordo fechado entre o membro de organização criminosa (assistido por seu advogado ou defensor público) e o Estado (representado pelo delegado de polícia ou pelo Ministério Público), através do qual será possível obtenção de perdão judicial, de redução da pena ou de substituição da pena privativa de liberdade por restritiva de direitos (ou progressão de regime, caso a colaboração tenha sido firmada depois da sentença - § 5º do artigo 4º da Lei 12.850/13[18]) ao colaborador voluntário, desde que alcançado ao menos um dos resultados descritos nos incisos do artigo 4º da Lei 12.850/13 – tem natureza jurídica de negócio jurídico processual[19] e meio de obtenção de prova, nos termos do artigo 3º-A da lei mencionada (Lei 13.964/19).

O Pacote Anticrime enxertou, ainda, os artigos 3º-B[20] e 3º-C, que tratam do início das negociações travadas entre o membro da organização criminosa (e seu advogado) e o delegado de polícia ou membro do Ministério Público.

---

18 Art. 4º (...)

§ 5º Se a colaboração for posterior à sentença, a pena poderá ser reduzida até a metade ou será admitida a progressão de regime ainda que ausentes os requisitos objetivos.

19 O fato de ser negócio jurídico processual não quer dizer, em nenhuma medida, que a atuação do delegado de polícia enquanto legitimado para firmar acordo de colaboração premiada está afetada. O acordo de colaboração premiada é negócio jurídico processual simplesmente porque as benesses ofertadas ao colaborador terão reflexo no processo (o juiz aplicará ou não o quanto acordado na sentença).

20 Art. 3º-B. O recebimento da proposta para formalização de acordo de colaboração demarca o início das negociações e constitui também marco de confidencialidade, configurando violação de sigilo e quebra da confiança e da boa-fé a divulgação de tais tratativas iniciais ou de documento que as formalize, até o levantamento de sigilo por decisão judicial.

§ 1º A proposta de acordo de colaboração premiada poderá ser sumariamente indeferida, com a devida justificativa, cientificando-se o interessado.

§ 2º Caso não haja indeferimento sumário, as partes deverão firmar Termo de Confidencialidade para prosseguimento das tratativas, o que vinculará os órgãos envolvidos na negociação e impedirá o indeferimento posterior sem justa causa.

§ 3º O recebimento de proposta de colaboração para análise ou o Termo de Confidencialidade não implica, por si só, a suspensão da investigação, ressalvado acordo em contrário quanto à propositura de medidas processuais penais cautelares e assecuratórias, bem como medidas processuais cíveis admitidas pela legislação processual civil em vigor.

§ 4º O acordo de colaboração premiada poderá ser precedido de instrução, quando houver necessidade de identificação ou complementação de seu objeto, dos fatos narrados, sua definição jurídica, relevância, utilidade e interesse público.

A proposta para formalização do acordo constitui marco de confidencialidade, configurando violação de sigilo e quebra da confiança e da boa-fé a divulgação das tratativas iniciais ou de documento que as formalize, até o levantamento de sigilo por decisão judicial (a Lei 12.850/13 determinava, em sua redação original, que o sigilo da colaboração premiada era levantado com o recebimento da denúncia, mas o Supremo Tribunal Federal tem precedentes determinado o levantamento do sigilo logo depois da homologação do acordo – o Pacote Anticrime, contudo, vedou o levantamento do sigilo, ainda que por decisão judicial, antes do recebimento da exordial acusatória).

O Supremo Tribunal Federal decidiu, no bojo do MS 35693, que o membro de organização criminosa não tem direito líquido e certo à materialização de acordo de colaboração premiada e isso foi confirmado pelo legislador no § 1º do novo artigo 3º-B da Lei 12.850/13.

Se não houver indeferimento sumário da proposta de acordo, as partes firmarão Termo de Confidencialidade (delegado de polícia ou Ministério Público, membro da organização criminosa e seu advogado ou defensor público) para prosseguimento das tratativas e esse termo vinculará os órgãos envolvidos na negociação, impedindo indeferimento posterior sem justa causa (em respeito ao princípio da boa-fé).

A colaboração, para ser efetiva, precisa de corroboração e isso pode demandar instrução, na forma do § 4º do artigo 3º-B.

Se não for celebrado o acordo por iniciativa do delegado de polícia ou Ministério Público, esse não poderá se valer de nenhuma das informações ou provas apresentadas pelo colaborador, de boa-fé, para qualquer outra finalidade. A contrário senso, parece-me que se o pretenso colaborador tiver dado causa a não finalização da avença, será possível a utilização das informações ou provas apresentadas (ressalvadas as informações e provas autoincriminatórias).

Nos termos do novel artigo 3º-C da Lei 12.850/13[21], a proposta de colaboração premiada reclama outorga, pelo suposto membro de organização criminosa,

---

§ 5º Os termos de recebimento de proposta de colaboração e de confidencialidade serão elaborados pelo celebrante e assinados por ele, pelo colaborador e pelo advogado ou defensor público com poderes específicos.

§ 6º Na hipótese de não ser celebrado o acordo por iniciativa do celebrante, esse não poderá se valer de nenhuma das informações ou provas apresentadas pelo colaborador, de boa-fé, para qualquer outra finalidade.

21 Art. 3º-C. A proposta de colaboração premiada deve estar instruída com procuração do interessado com poderes específicos para iniciar o procedimento de colaboração e suas tratativas, ou firmada pessoalmente pela parte que pretende a colaboração e seu advogado ou defensor público.

de procuração com poderes específicos (tanto para o advogado, quanto para o defensor público). Todas as negociações, aliás, precisam ser realizadas com a presença da defesa técnica do futuro colaborador.

Se for detectado conflito de interesses entre o advogado e o colaborador (caso aquele defenda os interesses de mais de um investigado ou réu, por exemplo) ou de hipossuficiência, o delegado de polícia ou membro do Ministério Público deverá solicitar a presença de outro advogado ou participação da Defensoria Pública.

O primeiro passo para início das negociações é o pretenso colaborador admitir ser membro da organização criminosa investigada. Daí porque há a necessidade dele narrar todos os fatos ilícitos para os quais concorreu e que tenham relação direita com os fatos investigados (não será obrigatório/necessário a confissão de infrações penais absolutamente alheias às investigadas no bojo do feito, contudo, caso o investigado não admita, de logo, fatos criminosos já conhecidos e apurados ou crimes conexos, isso pode ser interpretado como quebra da boa-fé necessária ao prosseguimento das negociações, justificando indeferimento da avença ou mesmo retratação da colaboração).

O colaborador deve instruir a proposta de colaboração com todos os elementos probantes necessários à corroboração de suas alegações (isso é extremamente importante, considerando que não é possível condenação de réus com base exclusivamente nas declarações do colaborador).

O acordo deve ser materializado por escrito e deverá trazer em seu bojo, nos termos do artigo 6º, da mesma lei: o relato da colaboração e seus possíveis resultados; as condições da proposta do delegado de polícia (como o foco da obra é atuação prática do delegado, deixo de fazer menção ao MP); a declaração de aceitação do colaborador e de seu defensor; as assinaturas do delegado de polícia, do colaborador e de seu defensor; a especificação das medidas de proteção ao colaborador e à sua família, quando necessário.

---

§ 1º Nenhuma tratativa sobre colaboração premiada deve ser realizada sem a presença de advogado constituído ou defensor público.

§ 2º Em caso de eventual conflito de interesses, ou de colaborador hipossuficiente, o celebrante deverá solicitar a presença de outro advogado ou a participação de defensor público.

§ 3º No acordo de colaboração premiada, o colaborador deve narrar todos os fatos ilícitos para os quais concorreu e que tenham relação direta com os fatos investigados.

§ 4º Incumbe à defesa instruir a proposta de colaboração e os anexos com os fatos adequadamente descritos, com todas as suas circunstâncias, indicando as provas e os elementos de corroboração.

Confeccionado o acordo, ele deve ser sigilosamente distribuído para análise e homologação do Judiciário - artigo 7º da Lei 12.850/13. O juiz decidirá no prazo de 48 (quarenta e oito) horas.

Cumpre salientar que a legitimidade do delegado de polícia para firmar acordo de colaboração premiada foi ratificada nos autos da ADIN 5508 (o STF afirmou que a autoridade policial pode fechar acordo de colaboração premiada sem a participação do Ministério Público e o parecer deste é apenas opinativo).

Modelo – Acordo de colaboração premiada

1. Introito

A presente avença tem alicerce legal na Lei 12.850/13, que autorizam o delegado de polícia a firmar **ACORDO DE COLABORAÇÃO PREMIADA** com integrante de organização criminosa.

2. Resultado(s) a ser(em) alcançado(s)

Nos termos do artigo 4º da Lei 12.850/13, o colaborador, para fazer jus ao benefício proposto no próximo tópico deste ACORDO, deverá ________________________ (**indicar um dos objetivos descritos nos incisos do artigo 4º da Lei 12.850/13**), na forma do inciso _____ (**indicar inciso**), do artigo 4º da Lei 12.850/13.

O objetivo acima descrito será alcançado da forma que se segue: ________________________ (**descrever como o resultado será materializado**).

3. Proposta de benesse

Com fuste na autorização outorgada pelo § 6º, do artigo 4º, da lei 12.850/13, o delegado de polícia que esta subscreve propõe a ________________________ (**nome e qualificação completa do colaborador**), devidamente assistido por seu advogado ________________________ (**qualificar advogado**), o seguinte benefício legal: ____________________ (**especificar a benesse proposta, entre as possíveis no caput do artigo 4º da Lei 12.850/13**).

4. Validade da prova

A prova resultante da presente colaboração poderá ser utilizada validamente para instrução de outros inquéritos policiais, ações penais, ações cíveis, de improbidade administrativa e inquéritos civis, podendo ser também emprestada à Receita Federal do Brasil, à Procuradoria da Fazenda Nacional e ao Banco Central do Brasil, para a instrução de procedimentos e ações fiscais, bem como a qualquer outro órgão público para a instauração de processo administrativo disciplinar.

5. Renúncia do direito ao silêncio, obrigação de dizer a verdade e obrigação de ser ouvido a juízo do delegado de polícia e do MP

A partir da assinatura do presente acordo, o colaborador fica cientificado que abre mão do seu direito constitucional ao silêncio, restando acordado que, caso silencie ou falseie a verdade, poderá ser responsabilizado criminalmente nas penas do artigo 19 da Lei 12.850/13 e não fará jus à benesse descrita no item 3 da presente avença, nem a nenhuma medida de proteção prevista no artigo 5º da Lei 12.850/13, tudo na forma do § 14, do artigo 4º, da referida lei.

O colaborador se compromete, a partir da assinatura da avença a entregar documento ou prova que tenha em seu poder ou sob a guarda de pessoa de suas relações ou sujeita a sua autoridade ou influência. Caso reste demonstrado que o mesmo sonegou, adulterou, destruiu ou suprimiu provas que tinha em seu poder ou sob sua disponibilidade, o colaborador não fará jus à benesse descrita no item 3, nem a nenhuma medida de proteção prevista no artigo 5º da Lei 12.850/13.

O colaborador se prontifica a comparecer e prestar esclarecimentos adicionais sempre que for intimado para tal por delegado de polícia ou pelo Ministério Público.

6. Sigilo

O presente acordo é sigiloso até eventual o recebimento de futura denúncia, quando deixará de ser, respeitados os direitos legalmente conferidos ao colaborador (especialmente no que concerne à proteção de sua identidade), tudo nos termos dos artigos 5º e 7º da Lei 12.850/13.

7. Homologação judicial

Para ter eficácia, a presente proposta deverá ser submetida a homologação judicial, nos termos do § 7º, do artigo 4º, da Lei 12.850/13.

8. Retratação

A retratação será possível a qualquer das partes, caso em que as provas autoincriminatórias produzidas pelo colaborador não poderão ser utilizadas exclusivamente em seu desfavor.

As provas produzidas com auxílio do colaborador que não sejam autoincriminatórias poderão ser utilizadas em desfavor dos demais integrantes da organização criminosa investigada, mesmo em caso de retratação.

Em caso de retratação, o colaborador não fará jus ao benefício citado no item 3 da avença, nem às medidas de proteção descritas no artigo 5º da Lei 12.850/13.

E, por estarem concordes, firmam as partes o presente ACORDO de delação premiada, em três vias, de igual teor e forma.

9. Disposições finais

O presente acordo é regido pela Lei 12.850/13 e os pontos omissos serão solucionados pelas partes, sempre com posterior homologação judicial.

________ **(local)**, __/__/_____ **(data)**.

Márcio Alberto Gomes Silva
Delegado de Polícia

DECLARO para os devidos fins que o presente foi lido por mim e por meu advogado e, tendo pleno conhecimento de todas as suas cláusulas, estou DE ACORDO.

Colaborador
Advogado

2.17. Captação ambiental de sinais

A captação ambiental é meio de obtenção de provas previsto no artigo 3º, II, da Lei 12.850/13. O Pacote Anticrime regulamentou tal técnica, enxertando o artigo 8º-A na Lei 9.296/96.

Saliento que a captação regulada pela lei é a materializada em ambientes não abertos ao público. Penso ser perfeitamente possível a captação de sinais em locais abertos, porquanto não pode alegar sigilo a pessoa que decidiu se expor em público.

Os requisitos legalmente reclamados são: a) demonstração de que a prova não pude ser feita por outros meios disponíveis e igualmente eficazes; e b) elementos probatórios razoáveis de autoria e participação em infrações criminais cujas penas máximas sejam superiores a 4 anos ou em infrações penais conexas.

A captação em ambientes não abertos ao público é determinada pelo juiz, atendendo a representação do delegado de polícia ou a requerimento do Ministério Público. O prazo da medida excepcional é de 15 dias, renovável sucessivas vezes, desde que seja comprovada a indispensabilidade do meio de obtenção de prova e quando presente atividade criminal permanente, habitual ou continuada.

A captação ambiental materializada sem autorização judicial, quando esta for exigida, constitui crime tipificado no artigo 10-A da Lei 9.296/96[22].

---

22 Art. 10-A. Realizar captação ambiental de sinais eletromagnéticos, ópticos ou acústicos para investigação ou instrução criminal sem autorização judicial, quando esta for exigida:

Pena - reclusão, de 2 (dois) a 4 (quatro) anos, e multa.

Modelo – Captação ambiental de sinais

EXCELENTÍSSIMO SENHOR DOUTOR JUIZ FEDERAL DAS GARANTIAS DA SUBSEÇÃO JUDICIÁRIA DE ____________ (indicar o juízo competente)

A **POLÍCIA FEDERAL**, representada pelo Delegado de Polícia Federal que esta subscreve, em exercício na Delegacia de Polícia Federal de ____________ (**indicar unidade de lotação do delegado subscritor**), no uso de suas atribuições legais e com fuste Lei 9.296/96 vem, perante Vossa Excelência, **REPRESENTAR** pela **CAPTAÇÃO AMBIENTAL DE SINAIS, pelo prazo de 15 dias,** medida essa indispensável ao prosseguimento das investigações levadas a efeito no bojo do **INQUÉRITO POLICIAL Nº____________ (número do inquérito policial)**.

1. O Resumo fático.

Foi instaurado por portaria inquérito policial com o objetivo de apurar existência dos crimes de ____________________ (**indicar os crimes apurados no inquérito**), previstos respectivamente nos artigos _________ (**tipificação**) do Código Repressivo Pátrio.

Foram carreadas aos autos as seguintes provas da atuação do grupo criminoso: ________________ (**descrever as provas coligidas no curso do feito**).

2. A captação ambiental de sinais.

Os incisos X e XII, do artigo 5º, da Constituição Federal, escudam a intimidade e a vida privada do cidadão brasileiro. Ocorre que não há que se falar em direito individual absoluto. Ao passo em que o cidadão se utiliza do direito à intimidade outorgado pela Carta da República para cometer atos ilícitos, esse mesmo direito merece ceder ao interesse público representado pela elucidação da prática delitiva.

O artigo 8-Aº da Lei 9.296/96 regulamenta os casos em que será admitida a quebra do sigilo das comunicações telefônicas.

O dispositivo reclama: a) demonstração de que a prova não pude ser feita por outros meios disponíveis e igualmente eficazes; e b) elementos probatórios razoáveis de autoria e participação em infrações criminais cujas penas máximas sejam superiores a 4 anos ou

---

§ 1º Não há crime se a captação é realizada por um dos interlocutores.

§ 2º A pena será aplicada em dobro ao funcionário público que descumprir determinação de sigilo das investigações que envolvam a captação ambiental ou revelar o conteúdo das gravações enquanto mantido o sigilo judicial.

em infrações penais conexas. Como as tratativas ilícitas são feitas apenas em ambiente fechado, qual seja: __________ (**indicar o ambiente onde deverá ser instalado o aparelho de captação de sinais**), mostra-se necessária a utilização da técnica em testilha. O segundo requisito já foi acima demonstrado, vez que são fartos os indícios de autoria da prática dos seguintes crimes: _________ (**indicar os crimes praticados**).

3. Conclusão e pedidos.

Do exposto, abroquelado nas razões de fato e de direito lançadas supra, o signatário desta peça **REPRESENTA**, depois de ouvido o Ministério Público, seja autorizada a **CAPTAÇÃO AMBIENTAL DE SINAIS** no __________ **(indicar o local onde será instalado o equipamento de captação)**, pelo prazo de 15 dias, **mediante instalação de _________ (indicar qual será e como se dará a instalação do aparelho de captação de sinais).**

Atenciosamente,

Márcio Alberto Gomes Silva
Delegado de Polícia Federal

Capítulo 3

PRISÕES CAUTELARES

3.1. Generalidades sobre a prisão cautelar

Aqui analisaremos a prisão em flagrante, a prisão preventiva e a prisão temporária.

Genericamente, para decretação da prisão preventiva ou temporária, será preciso demonstrar o *fumus comissi delicti* e o *periculum libertatis*. O primeiro é representado pela existência de prova de materialidade delitiva e indícios suficientes de autoria; o segundo pelo perigo à sociedade representado pela liberdade do sujeito ativo da prática delitógena.

Acerca do tema, chamo a atenção para leitura do artigo 84 da Lei de Execuções Penais (Lei 7.210/84):

> Art. 84. O preso provisório ficará separado do condenado por sentença transitada em julgado.
>
> § 1º Os presos provisórios ficarão separados de acordo com os seguintes critérios:
>
> I – acusados pela prática de crimes hediondos ou equiparados;
>
> II – acusados pela prática de crimes cometidos com violência ou grave ameaça à pessoa;
>
> III – acusados pela prática de outros crimes ou contravenções diversos dos apontados nos incisos I e II.
>
> § 2º O preso que, ao tempo do fato, era funcionário da Administração da Justiça Criminal ficará em dependência separada.
>
> § 3º Os presos condenados ficarão separados de acordo com os seguintes critérios:
>
> I – condenados pela prática de crimes hediondos ou equiparados;
>
> II – reincidentes condenados pela prática de crimes cometidos com violência ou grave ameaça à pessoa;

> III – primários condenados pela prática de crimes cometidos com violência ou grave ameaça à pessoa;
>
> IV – demais condenados pela prática de outros crimes ou contravenções em situação diversa das previstas nos incisos I, II e III.
>
> § 4º O preso que tiver sua integridade física, moral ou psicológica ameaçada pela convivência com os demais presos ficará segregado em local próprio.

Caso repute interessante, o delegado de polícia poderá representar, alternativamente (em atenção ao princípio da eventualidade, no bojo de uma representação por decretação de prisão cautelar) ou isoladamente a decretação de uma das medidas cautelares diversas da prisão descritas no artigo 319 do CPP:

> Art. 319. São medidas cautelares diversas da prisão:
>
> I – comparecimento periódico em juízo, no prazo e nas condições fixadas pelo juiz, para informar e justificar atividades;
>
> II – proibição de acesso ou frequência a determinados lugares quando, por circunstâncias relacionadas ao fato, deva o indiciado ou acusado permanecer distante desses locais para evitar o risco de novas infrações;
>
> III – proibição de manter contato com pessoa determinada quando, por circunstâncias relacionadas ao fato, deva o indiciado ou acusado dela permanecer distante;
>
> IV – proibição de ausentar-se da Comarca quando a permanência seja conveniente ou necessária para a investigação ou instrução;
>
> V – recolhimento domiciliar no período noturno e nos dias de folga quando o investigado ou acusado tenha residência e trabalho fixos;
>
> VI – suspensão do exercício de função pública ou de atividade de natureza econômica ou financeira quando houver justo receio de sua utilização para a prática de infrações penais;
>
> VII – internação provisória do acusado nas hipóteses de crimes praticados com violência ou grave ameaça, quando os peritos concluírem ser inimputável ou semi-imputável (art. 26 do Código Penal) e houver risco de reiteração;
>
> VIII – fiança, nas infrações que a admitem, para assegurar o comparecimento a atos do processo, evitar a obstrução do seu andamento ou em caso de resistência injustificada à ordem judicial;
>
> IX – monitoração eletrônica.

3.2. O uso de algemas

O aparelho policial deve justificar o uso de algemas, na forma prescrita pela Súmula Vinculante 11:

> Súmula Vinculante 11: Só é lícito o uso de algemas em casos de resistência e de fundado receio de fuga ou de perigo à integridade física própria ou alheia, por parte do preso ou de terceiros, justificada a excepcionalidade por escrito, sob pena de responsabilidade disciplinar, civil e penal do agente ou da autoridade e de nulidade da prisão ou do ato processual a que se refere, sem prejuízo da responsabilidade civil do Estado.

Importante salientar que, nos termos do parágrafo único, do artigo 292, do Código de Processo Penal (acrescentado pela Lei 13.434/17), é vedado usar algemas em mulheres grávidas durante a preparação para o parto, bem como no período de puerpério imediato:

> Art. 292. (...)
>
> Parágrafo único. É vedado o uso de algemas em mulheres grávidas durante os atos médico-hospitalares preparatórios para a realização do parto e durante o trabalho de parto, bem como em mulheres durante o período de puerpério imediato.

Por fim, cumpre deixar claro que não há exigência de termo ou auto próprio, podendo o uso de algemas ser justificado no bojo do auto de prisão em flagrante, em relatório de ocorrência policial da polícia militar, em despacho nos autos do inquérito ou em peça própria criada pela autoridade para esse fim (a seguir, sugestiono modelo de auto).

Modelo – Auto circunstanciado de prisão com uso de algemas

OPERAÇÃO ____ (nome da operação)

AUTO CIRCUNSTANCIADO DE PRISÃO

EQUIPE ___ (número da equipe)

Às ___h___ (**horário da prisão**) do dia __/__/___ (**data da prisão**), nesta cidade de _______ (**cidade da prisão**), em cumprimento ao mandado de prisão expedido no interesse do Inquérito Policial nº _____ (**número do inquérito**), Processo nº ______ (**número do processo referente** à **medida cautelar de prisão temporária/preventiva**), que tramita na __ Vara Criminal da Comarca de _______ (**juízo que determinou a prisão**), a equipe de policiais, formada por ________, matrícula ____, __________, matrícula _____, e ___________, matrícula _____ (**nome dos policiais que efetuaram a prisão do alvo**) **PRENDEU** ______________ (**nome do preso**), entregando-lhe uma via do mandado de prisão, com estrita observância das formalidades legais previstas no artigo 286 do Código de Processo Penal, e cientificando o detido acerca de seus direitos expressos no artigo 5º, incisos XLIX, LXII, LXIII, LXIV da Constituição da Federal.

Observações relevantes (**neste tópico os policiais descreverão como a prisão se deu e porque foi necessário usar algemas, nos termos da Súmula Vinculante 11**):

Nada mais havendo, encerra-se o presente auto, que depois de lido e achado conforme, é assinado pelos policiais que participaram da prisão.

Policial: ______________________________

Policial: ______________________________

Policial: ______________________________

Observações relevantes

É importante que a equipe policial demonstre a necessidade concreta da utilização de algemas no momento da prisão.

Acima sugestiono modelo que pode ser utilizado quando for cumprida prisão temporária ou preventiva (no caso de prisão em flagrante, sugestiono que o condutor decline no seu depoimento porque as algemas foram usadas – vez que não há forma prescrita para justificação). É importante que o delegado remeta ao juízo o auto com a justificativa quando comunicar o juízo do cumprimento da medida extrema.

3.3. Prisão em flagrante delito

A prisão aqui tratada tem escora jurídica no inciso LXI, do artigo 5º, da Carta Maior e nos artigos 301 e seguintes do CPP. Surpreendido o autor do fato em estado de flagrância (vide artigo 302 do CPP), ele será apresentado ao delegado de polícia que fará análise jurídica acerca da detenção e lavrará ou não o auto de prisão em flagrante delito.

Decidindo pela lavratura, ele determinará a confecção da peça complexa denominada auto de prisão em flagrante delito (complexa porque envolve uma séria de documentos e comunicações). Caso entenda que o auto de prisão em flagrante não deve ser lavrado, o delegado poderá determinar confecção de termo circunstanciado (se entender que houve prática de infração de menor potencial ofensivo, nos termos do artigo 69 da Lei 9.099/95); o registro da ocorrência e a oitiva dos envolvidos, caso entenda: a) que houve prática de infração penal, mas que a situação não é flagrancial (hipótese em que o inquérito será instaurado por portaria); b) que há dúvida quanto à prática de crime/quanto à situação flagrancial (em caso de dúvida, melhor não encarcerar e instaurar inquérito por portaria – caso reste constatado que houve crime e que a prisão é necessária, o delegado representará pela decretação de prisão preventiva ou temporária); c) que não houve prática de crime – fato materialmente atípico, por exemplo (finalizadas as oitivas, o delegado despachará lançando as razões do seu pensar e remeterá as peças ao MP – com o objetivo de não subtrair do *Parquet* sua *opinio delicti*).

Depois de feitas todas as comunicações, o delegado de polícia deverá atentar para os termos do artigo 310 do CPP (com redação determinada pelo Pacote Anticrime) – encaminhamento do detido para realização de audiência de custódia no prazo de 24 horas após realização da prisão[1].

A seguir, sugestão de um auto de prisão em flagrante completo.

---

1 A Lei 13.964/19 inseriu no CPP a audiência de custódia, antes regulada pela Resolução 213/2015, do Conselho Nacional de Justiça, datada de 15 de dezembro de 2015.

Modelo 1 – Auto de prisão em flagrante (auto completo)

AUTO DE PRISÃO EM FLAGRANTE DE

__________________ (nominar o conduzido)

Aos ___ dias do mês de ______ de ____ (**data**), nesta Delegacia de ____________________ (**descrever unidade policial de lotação**), onde se encontrava Márcio Alberto Gomes Silva, Delegado de Polícia, compareceu o CONDUTOR __________________ **(nominar e qualificar o condutor)**, que apresentou _____________________ **(nominar e qualificar o conduzido)**, ao qual dera voz de prisão em flagrante na presença das testemunhas __________________ **(nominar e qualificar a 1ª testemunha)** e __________________ **(nominar e qualificar a 2ª testemunha)**, sem impedimentos legais.

ENFRENTAMENTO JURÍDICO DOS FATOS

Entrevistados o condutor, as testemunhas e o conduzido, extraiu-se que _____________________ (**aqui a autoridade policial deverá narrar brevemente o fato criminoso, a partir das versões apresentadas nas entrevistas do condutor, das testemunhas e do conduzido, deixando claro porque entendeu haver situação de flagrância**), razão pela qual **RATIFICO** a voz de prisão dada pelo CONDUTOR e **INDICIO** o conduzido nas penas do artigo ______________________ **(indicar o crime praticado pelo flagranteado)**. **DETERMINO**, ainda: a) a confecção das peças cartorárias de praxe, com redução a termo das oitivas do condutor, das testemunhas e do conduzido (este em termo de interrogatório); b) a entrega de nota de culpa e de nota de ciência de garantias constitucionais ao conduzido; c) a comunicação imediata da família do preso ou pessoa por ele indicada; d) a juntada de cópia do documento de identidade do capturado; e) a comunicação imediata do juízo das garantias competente e do Ministério Público acerca da prisão; f) a expedição de ofício ao IML requisitando elaboração de exame de corpo de delito no conduzido; g) encerrada a lavratura do auto de prisão em flagrante, a expedição de ofício ao juízo das garantias competente (e que seja mantido contato com o Judiciário para agendamento de audiência de custódia, na forma do artigo 310 do CPP), ao Ministério Público e à Defensoria Pública (**a expedição de ofício à Defensoria Pública só será necessária se o preso não indicar/constituir advogado**), encaminhando cópia integral do auto de prisão em flagrante. Após, expeça ofício à casa de detenção, encaminhado o conduzido. Por fim, determino que sejam autuadas todas as peças num só processado, com consequente registro nos livros cartorários.

TERMO DE DEPOIMENTO que presta o CONDUTOR

__________ (nome do condutor)

Aos ___ dias do mês de ___ do ano de ______ (**data de materialização da oitiva**), no cartório da Delegacia de Polícia de ______ (**local da unidade policial**), onde presente se encontrava o delegado de polícia _______ (**nome do delegado de polícia**), comigo, escrivão de polícia ao final declarado e assinado, compareceu ________ **(nome do condutor),** _______________ (**qualificação completa do oitivado e seu endereço**). **Cientificado do dever legal de dizer a verdade, na forma do artigo 203 do Código de Processo Penal, sob pena da prática do crime de falso testemunho, tipificado no artigo 342 do Código Penal, aos costumes disse nada.** Inquirido pela autoridade policial sobre os fatos em apuração, **DISSE: QUE** _______ (**depoimento prestado pelo condutor**). E nada mais disse nem lhe foi perguntado, pelo que a autoridade policial determinou que se encerrasse o presente termo, que, depois de lido e achado conforme, foi assinado pelos presentes. A seguir o CONDUTOR foi liberado, nos termos do artigo 304 do CPP. Eu _________ (**assinatura do escrivão**), escrivão de polícia que o lavrei.

DELEGADO DE POLÍCIA: ______________________

CONDUTOR: ______________________________

TERMO DE DEPOIMENTO que presta a 1ª TESTEMUNHA

__________ (nome da primeira testemunha)

Aos ___ dias do mês de ___ do ano de ______ (**data de materialização da oitiva**), no cartório da Delegacia de Polícia de ______ (**local da unidade policial**), onde presente se encontrava o delegado de polícia _______ (**nome do delegado de polícia**), comigo, escrivão de polícia ao final declarado e assinado, compareceu ________ **(nome da primeira testemunha),** _______________ (**qualificação completa do oitivado e seu endereço**). **Cientificado do dever legal de dizer a verdade, na forma do artigo 203 do Código de Processo Penal, sob pena da prática do crime de falso testemunho, tipificado no artigo 342 do Código Penal, aos costumes disse nada.** Inquirido pela autoridade policial sobre os fatos em apuração, **DISSE: QUE** _______ (**depoimento prestado pela primeira testemunha**). E nada mais disse nem lhe foi perguntado, pelo que a autoridade policial determinou que se encerrasse o presente termo, que, depois de lido e achado conforme, foi assinado pelos presentes. Eu _________ (**assinatura do escrivão**), escrivão de polícia que o lavrei.

DELEGADO DE POLÍCIA: ________________________

PRIMEIRA TESTEMUNHA: ________________________

TERMO DE DEPOIMENTO que presta a 2ª TESTEMUNHA _______ (nome da segunda testemunha)

Aos ___ dias do mês de ___ do ano de ____ (**data de materialização da oitiva**), no cartório da Delegacia de Polícia de _____ (**local da unidade policial**), onde presente se encontrava o delegado de polícia _____ (**nome do delegado de polícia**), comigo, escrivão de polícia ao final declarado e assinado, compareceu _______ **(nome da segunda testemunha),** _____________ (**qualificação completa do oitivado e seu endereço**). **Cientificado do dever legal de dizer a verdade, na forma do artigo 203 do Código de Processo Penal, sob pena da prática do crime de falso testemunho, tipificado no artigo 342 do Código Penal, aos costumes disse nada.** Inquirido pela autoridade policial sobre os fatos em apuração, **DISSE: QUE** _______ (**depoimento prestado pela segunda testemunha**). E nada mais disse nem lhe foi perguntado, pelo que a autoridade policial determinou que se encerrasse o presente termo, que, depois de lido e achado conforme, foi assinado pelos presentes. Eu _________ (**assinatura do escrivão**), escrivão de polícia que o lavrei.

DELEGADO DE POLÍCIA: ________________________

SEGUNDA TESTEMUNHA: ________________________

TERMO DE QUALIFICAÇÃO E INTERROGATÓRIO que presta _________ (nome do conduzido)

Aos ___ dias do mês de ___ do ano de ____ (**data de materialização da oitiva**), no cartório da Delegacia de Polícia de _____ (**local da unidade policial**), onde presente se encontrava o delegado de polícia _____ (**nome do delegado de polícia**), pelo mesmo foi determinado que se formalizasse a qualificação do indiciado, o qual **RESPONDEU:**

NOME:

ALCUNHA:

NACIONALIDADE:

ESTADO CIVIL:

PAI:

MÃE:

DATA DE NASCIMENTO:

NATURALIDADE:

PROFISSÃO:

INSTRUÇÃO:

DOCUMENTO DE IDENTIDADE:

TÍTULO DE ELEITOR: Zona: Seção:

CPF:

RESIDÊNCIA: CEP FONE

ENDEREÇO COMERCIAL: CEP FONE

INCIDÊNCIA PENAL:

Cientificado das imputações que lhe são feitas e de seus direitos constitucionais, inclusive o de permanecer calado e de não produzir prova contra si. Questionado a quem deseja comunicar sua prisão, na forma do artigo 5º, LXII, da Constituição Federal e do artigo 306 do CPP, o conduzido pediu que ________, telefone ______ (**nome e telefone da pessoa indicada pelo preso**) fosse contatado. **CERTIFICO** que o contato foi feito, da forma determinada pelo delegado de polícia. O preso foi ainda perguntado se tem advogado, tendo respondido ______ (**caso o preso não tenha advogado, o delegado deverá encaminhar o auto de prisão em flagrante à Defensoria Pública, no prazo de 24 horas**). **Perguntado sobre a existência de filhos, respectivas idades e se possuem alguma deficiência e o nome e o contato de eventual responsável pelos cuidados dos filhos, RESPONDEU:** ______ (**resposta acerca da existência de filhos – artigo 6º, X, do CPP**). A seguir, o conduzido foi interrogado acerca da sua captura em estado flagrancial e **RESPONDEU: QUE** ______ **(interrogatório do conduzido).** Ao fim, perguntado se foi preso ou processado anteriormente, **RESPONDEU: QUE** ______ **(resposta ao quesito)**. Nada mais disse nem lhe foi perguntado. Nada mais havendo, determinou a autoridade policial o encerramento do presente, que, lido e achado conforme, segue assinado pelo interrogado, as testemunhas, o delegado de polícia e por mim, escrivão que o lavrei.

DELEGADO DE POLÍCIA: ______________________________

CONDUZIDO: ______________________________

1ª TESTEMUNHA: ______________________________

2ª TESTEMUNHA: ______________________________

ESCRIVÃO: ______________________________

NOTA DE CULPA

O delegado de polícia ________ (**nome do delegado**) faz saber a ________ (**nome do conduzido**), que foi preso em flagrante delito às __: __ horas (**horário da captura**), do dia __/__/____ (**data da prisão**), em _______ (**local da prisão**), por ter ________ (**síntese da prática delitiva**), fato que se enquadra no delito tipificado no artigo ____ do Código Penal (**tipificação**). Foram condutor e testemunhas do flagrante: _______, ________ e ________ (**nome do condutor e das testemunhas**), do que se lhe dá ciência, nesta oportunidade, para que possa tomar as providências que entender cabíveis, na forma determinada pelo § 2º, do artigo 306 do Código de Processo Penal.

_______ (**local**), __/__/_____ (**data**).

Márcio Alberto Gomes Silva

Delegado de Polícia

Recebi a via original deste documento na data de hoje, às __: __ horas (**horário do recebimento da nota de culpa**)

______ (**local**), __/__/_____ (**data**)

____

(**assinatura do preso**)

NOTA DE CIÊNCIA DE GARANTIAS CONSTITUCIONAIS

O delegado de polícia _______ (**nome do delegado**) faz saber a _______ (**nome do conduzido**), preso em flagrante delito às __: __ horas (**horário da captura**), do dia __/__/____ (**data da prisão**), em _______ (**local da prisão**), por ter _______ (**síntese da prática delitiva**), fato que se enquadra no delito tipificado no artigo ____ do Código Penal (**tipificação**), na forma do inciso LXIII, do artigo 5º, da Constituição Federal, dos seus direitos constitucionais a(o):

- Respeito à integridade física e moral (inciso XLIX, do artigo 5º, da CF);
- Não ser submetido a identificação criminal, quando civilmente identificado, salvo nas hipóteses previstas em lei (LVIII, do artigo 5º, da CF);
- Ter sua prisão e o local onde se encontre comunicados imediatamente ao juiz competente e à sua família ou à pessoa por ele indicada (LXII, do artigo 5º, da CF);

- Ser informado de seus direitos, entre os quais o de permanecer calado, sendo-lhe assegurada a assistência da família e de advogado (LXIII, do artigo 5º, da CF);
- À identificação dos responsáveis por sua prisão ou por seu interrogatório policial (LXIV, do artigo 5º, da CF);

_______ **(local)**, __/__/_____ **(data)**.

Márcio Alberto Gomes Silva
Delegado de Polícia

Recebi a via original deste documento na data de hoje, às __: __ horas (**horário do recebimento da nota de ciência das garantias constitucionais**)

______ (**local**), __/__/____ (**data**)

____

(**assinatura do preso**)

Ofício nº _____

_______ (local), __de ____de____ (data).

A Sua Senhoria o Senhor

__________ (**nome do diretor do IML**)

Diretor do IML no Estado de _________ (**indicar Estado**)

Assunto: requisita confecção de exame de corpo de delito

Referência: Inquérito Policial nº _______ (**número do inquérito**).

Senhor Diretor,

Sirvo-me do presente expediente para requisitar de Vossa Senhoria a confecção de exame de corpo de delito no custodiado _______ (**nome do detido**), preso no dia __/__/____ (**data**), às __: __ horas (**horário**), em _____ (**local**), pela prática do crime tipificado no artigo ___ do Código Penal (**tipificação**).

Segue em anexo cópia do documento de identidade do preso.

Atenciosamente,

Márcio Alberto Gomes Silva
Delegado de Polícia

Ofício nº _____

/_______ (local), __de ____de____ (data).

A Sua Excelência o Senhor

__________ (**nome do membro do MP**)

Promotor de Justiça da Comarca de _________ (**indicar Comarca**)

Assunto: comunica prisão em flagrante

Referência: Inquérito Policial nº _______ (**número do inquérito**).

Senhor Promotor,

Sirvo-me do presente expediente para comunicar a Vossa Excelência, na forma do artigo 306 do CPP, a prisão em flagrante delito de ________ (**nome do detido**), preso no dia __/__/____ (**data**), às __:__ horas (**horário**), em _____ (**local**), pela prática do crime tipificado no artigo ___ do Código Penal (**tipificação**).

Segue em anexo cópia do auto de prisão em flagrante delito.

Atenciosamente,

Márcio Alberto Gomes Silva
Delegado de Polícia

Ofício nº _____

_______ (local), __de ____de____ (data).

A Sua Excelência o Senhor

__________ (**nome do membro da Defensoria Pública**)

Defensor Público da Comarca de _________ (**indicar Comarca**)

Assunto: comunica prisão em flagrante

Referência: Inquérito Policial nº _______ (**número do inquérito**).

Senhor Defensor Público,

Sirvo-me do presente expediente para comunicar a Vossa Excelência, na forma do artigo 306, § 1º, do CPP, a prisão em flagrante delito de ________ (**nome do detido**), preso no dia __/__/____ (**data**), às __: __ horas (**horário**), em _____ (**local**), pela prática do crime tipificado no artigo ___ do Código Penal (**tipificação**).

Segue em anexo cópia do auto de prisão em flagrante delito.

Atenciosamente,

Márcio Alberto Gomes Silva
Delegado de Polícia

Ofício nº _____

_______ (local), __de ____de____ (data).

A Sua Excelência o Senhor

__________ (**nome do juiz**)

Juiz das garantias da Comarca de ________ (**indicar Comarca**)

Assunto: comunica prisão em flagrante

Referência: Inquérito Policial nº _______ **(número do inquérito)**.

Senhor Juiz,

Sirvo-me do presente expediente para comunicar a Vossa Excelência, na forma do artigo 5º, LXII, da Constituição Federal e do artigo 306 do CPP, a prisão em flagrante delito de ________ **(nome do detido)**, preso no dia __/__/____ **(data)**, às __: __ horas **(horário)**, em _____ **(local)**, pela prática do crime tipificado no artigo ___ do Código Penal **(tipificação)**.

Outrossim, na forma do artigo 310 do CPP, solicito designação de audiência de custódia.

Segue em anexo cópia do auto de prisão em flagrante delito.

Atenciosamente,

Márcio Alberto Gomes Silva
Delegado de Polícia

Observações relevantes

O auto de prisão em flagrante é a peça que inicia o inquérito policial com indiciado preso.

No modelo supra, sugestionei enfrentamento jurídico dos fatos, momento oportuno para o delegado de polícia deixar claras as razões de fato e de direito para materialização da prisão em flagrante do detido (tal será reduzido a termo depois que o delegado entrevistar todos os envolvidos e verificar se foi efetivamente praticado crime e se a situação era flagrancial). Depois deste enfrentamento, a autoridade policial deverá qualificar e ouvir condutor, testemunhas e conduzido (e a vítima, caso seja possível).

Saliento que o delegado de polícia não deve prosseguir no interrogatório do conduzido, caso esse tenha optado pelo exercício do seu direito ao silêncio ou se ele optar por ser assistido por advogado/defensor público e este não estiver presente, sob pena de eventual prática de crime de abuso de autoridade (artigo 15, parágrafo único, incisos I e II, da Lei 13.869/19[2]).

---

2 Art. 15. (...)

Pena - detenção, de 1 (um) a 4 (quatro) anos, e multa.

Parágrafo único. Incorre na mesma pena quem prossegue com o interrogatório:

I - de pessoa que tenha decidido exercer o direito ao silêncio; ou

A seguir, deve o delegado de polícia determinar a confecção de todas as peças/comunicações determinadas pela legislação de regência (nota de culpa, nota de ciência de garantias constitucionais, comunicação ao MP, à Defensoria Pública caso o preso não tenha advogado e ao juiz). Tais comunicações devem ser materializadas, sob pena de prática de crime de abuso de autoridade, tipificada no artigo 12 da Lei 13.869/19[3].

II - de pessoa que tenha optado por ser assistida por advogado ou defensor público, sem a presença de seu patrono.

3 Art. 12. Deixar injustificadamente de comunicar prisão em flagrante à autoridade judiciária no prazo legal:

Pena - detenção, de 6 (seis) meses a 2 (dois) anos, e multa.

Parágrafo único. Incorre na mesma pena quem:

I - deixa de comunicar, imediatamente, a execução de prisão temporária ou preventiva à autoridade judiciária que a decretou;

II - deixa de comunicar, imediatamente, a prisão de qualquer pessoa e o local onde se encontra à sua família ou à pessoa por ela indicada;

III - deixa de entregar ao preso, no prazo de 24 (vinte e quatro) horas, a nota de culpa, assinada pela autoridade, com o motivo da prisão e os nomes do condutor e das testemunhas;

IV - prolonga a execução de pena privativa de liberdade, de prisão temporária, de prisão preventiva, de medida de segurança ou de internação, deixando, sem motivo justo e excepcionalíssimo, de executar o alvará de soltura imediatamente após recebido ou de promover a soltura do preso quando esgotado o prazo judicial ou legal.

Modelo 2 – Auto de prisão em flagrante com concessão de fiança pela autoridade policial

AUTO DE PRISÃO EM FLAGRANTE DE ______________ (nominar o conduzido)

Aos ___ dias do mês de ______ de ____ (**data**), nesta Delegacia de ____________________ (**descrever unidade policial de lotação**), onde se encontrava Márcio Alberto Gomes Silva, Delegado de Polícia, compareceu o CONDUTOR ______________ **(nominar e qualificar o condutor)**, que apresentou ______________ **(nominar e qualificar o conduzido)**, ao qual dera voz de prisão em flagrante na presença das testemunhas ______________ **(nominar e qualificar a 1ª testemunha)** e ______________ **(nominar e qualificar a 2ª testemunha)**, sem impedimentos legais.

ENFRENTAMENTO JURÍDICO DOS FATOS

Entrevistados o condutor, as testemunhas e o conduzido, extraiu-se que ______________ (**aqui a autoridade policial deverá narrar brevemente o fato criminoso, a partir das versões apresentadas nas entrevistas do condutor, das testemunhas e do conduzido, deixando claro porque entendeu haver situação de flagrância**), razão pela qual **RATIFICO** a voz de prisão dada pelo CONDUTOR e **INDICIO** o conduzido nas penas do artigo ______________ **(indicar o crime praticado pelo flagranteado)**. Constato que o crime praticado pelo conduzido é afiançável pelo delegado de polícia, na forma do artigo 322 do Código de Processo Penal. Assim é que, na forma do artigo 325 do mesmo diploma legal, **ARBITRO A FIANÇA** do capturado em R$ _____ (**valor da fiança**). **DETERMINO**, ainda: a) a confecção das peças cartorárias de praxe, com redução a termo das oitivas do condutor, das testemunhas e do conduzido (**este em termo de interrogatório**); b) a entrega de nota de culpa e de nota de ciência de garantias constitucionais ao conduzido; c) a comunicação da família do preso ou pessoa por ele indicada; d) a juntada de cópia do documento de identidade do capturado; e) a comunicação imediata do juízo das garantias competente e do Ministério Público acerca da prisão; f) a expedição de ofício ao IML requisitando elaboração de exame de corpo de delito no conduzido; g) caso seja recolhida a fiança arbitrada, seja lavrada certidão, com o depósito do valor em conta à disposição do juízo das garantias competente em até 24 horas; h) encerrada a lavratura do auto de prisão em flagrante, a expedição de ofício ao juízo das garantias competente (e que seja mantido contato com o Judiciário para agendamento de audiência de custódia, na forma do artigo 310 do CPP), ao Ministério Público e à Defensoria Pública (**a expedição**

de ofício à Defensoria Pública só será necessária se o preso não indicar/constituir advogado), encaminhando cópia integral do auto de prisão em flagrante. Caso o conduzido não recolha a fiança, expeça ofício à casa de detenção, encaminhado o conduzido. Por fim, determino que sejam autuadas todas as peças num só processado, com consequente registro nos livros cartorários.

Observações relevantes

O artigo 322 revela que o delegado de polícia pode arbitrar fiança quando diante de crimes cuja pena máxima não seja superior a quatro anos. Fiança é uma caução prestada pela concessão da liberdade em valor a ser arbitrado de acordo com os limites desenhados no artigo 325 do CPP.

É importante que o delegado de polícia conheça os crimes inafiançáveis: racismo, tortura, tráfico ilícito de entorpecentes e drogas afins, terrorismo, os definidos como hediondos e os crimes cometidos por grupos armados, civis ou militares, contra a ordem constitucional e o Estado Democrático – artigo 323 do CPP.

O artigo 324 do CPP traz outras situações em que a caução não pode ser arbitrada.

O artigo 326 revela que o delegado de polícia deve levar em conta as condições pessoais de fortuna, a vida pregressa do indiciado/acusado, sua periculosidade e o valor provável das custas processuais para fixar a caução (que deve obedecer aos limites estipulados pelo artigo 325, já citado). Penso ser possível, inclusive, que o delegado dispense o pagamento de fiança e conceda liberdade independente do pagamento da caução, se o preso for muito pobre e o crime for afiançável (interpretação extensiva dos artigos 325, § 1º, I e 350 do CPP – utilizando do permissivo do artigo 3° do mesmo diploma) – tal construção obedece aos princípios da dignidade da pessoa humana, igualdade e proporcionalidade.

O valor da fiança deve ser depositado à disposição do juízo processante ou entregue a depositário público (artigo 331 do CPP). O artigo 329 do CPP exige que nos juízos criminais e nas delegacias de polícia existam livros especiais para inscrição dos termos de fiança.

Por fim, é importante salientar que o delegado de polícia não pode arbitrar fiança caso o detido tenha praticado o crime tipificado no artigo 24-A da Lei 11.340/06[4] (a pena máxima do crime é de 2 anos, mas há vedação expressa no § 2º do mesmo artigo).

4 Crime incluído na Lei 11.340/06 pela Lei 13.641/2018.

3.4. Prisão preventiva

A prisão preventiva é tratada pelos artigos 311 e seguintes do Código de Processo Penal. Em síntese bastante apertada, o cárcere preventivo será decretado quando demonstrados indícios de autoria e prova da materialidade delitiva os chamados pressupostos da preventiva, a presença de pelo menos um dos requisitos do artigo 313 do CPP e de pelo menos um dos fundamentos do artigo 312 do CPP (garantia da ordem pública, conveniência da instrução criminal, garantir a futura aplicação da lei penal ou garantia da ordem econômica) – é o perigo gerado pelo estado de liberdade do imputado[5].

Em síntese bastante apertada, **garantia da ordem pública** significa a periculosidade do agente (propensão de continuar delinquindo) e a gravidade concreta da conduta por ele praticada; **conveniência da instrução criminal** ocorre quando o autor do fato ameaça testemunhas, destrói provas (enfim, é um empecilho à colheita de material probante); o fundamento **garantia da aplicação da lei penal** está presente quando o investigado tenciona fugir para se subtrair de futura sentença condenatória; **garantia da ordem econômica** significa periculosidade voltada à prática de crimes econômicos (contra ordem tributária, contra o sistema financeiro nacional, etc.).

Não há empecilho para que a prisão temporária outrora representada e decretada seja convertida, ao final do prazo, em preventiva. Para tanto basta que o delegado represente antes do término daquela e demonstre cabalmente a presença dos seus já mencionados pressupostos, requisitos e fundamentos.

5 A necessidade de indicação do *periculum libertatis* foi explicitamente enxertada no CPP pelo Pacote Anticrime.

Modelo 1 – Ofício representando pela prisão preventiva

Ofício nº _____ (**número do expediente**)

_______ (local), __de ____de____ (data).

A Sua Excelência o Senhor

__________ (**nome da autoridade judiciária**)

Juiz das garantias da Comarca de ________ (**indicar comarca**)

Assunto: Representação pela Prisão Preventiva

Referência: Inquérito Policial nº _______.(**número do inquérito**)

Senhor Juiz,

1. O resumo fático.

Foi instaurado, por portaria, inquérito policial com o fito de apurar a possível existência dos crimes de ___________________ (**tipificação dos crimes**).

Foram levadas a efeito as seguintes diligências: _____________ (**descrever diligências e provas carreadas aos autos**). Foram até agora identificados os seguintes integrantes do grupo criminoso: ______________ (**identificar todos os representados, com todos os dados qualificativos possíveis**).

2. A prisão preventiva;

O encarceramento é medida extrema. Trata-se de remédio amargo a ser utilizado com parcimônia em casos pontuais. Afora da captura em flagrante delito, a privação da liberdade do cidadão brasileiro há que ser determinada por Autoridade Judiciária, nos casos em lei permitidos. É o mandamento inserto no artigo 5º, inciso LXI.

Os artigos 311 e seguintes do Código de Processo Penal dispõem acerca da prisão preventiva, espécie do gênero prisão cautelar. A prisão provisória em comento pode ser decretada quando cumulados pressupostos, um dos requisitos e pelo menos um de seus fundamentos.

Os pressupostos estão esculpidos na parte final do artigo 312 e os requisitos no artigo 313 do CPP. Há que se demonstrar a prova da existência do crime, indícios suficientes de autoria e a ocorrência de uma das hipóteses contempladas no artigo 313. No que toca aos fundamentos, eles são avistáveis na primeira parte do artigo 312 do CPP (perigo gerado pelo estado de liberdade do imputado).

No caso presente a prisão preventiva deve ser decretada porque ________________ (**descrever a presença de algum dos**

fundamentos da preventiva – garantia da ordem pública, da ordem econômica, conveniência da instrução criminal e/ou assegurar aplicação da lei penal e dos seus requisitos – indícios de autoria, prova da materialidade e uma das hipóteses descritas no artigo 313 do CPP).

3. Conclusão e pedidos;

Do exposto, abroquelado em todos os fundamentos de fato e de direito acima expendidos, requer a autoridade policial que esta subscreve, após manifestação do Ministério Público, que seja decretada a **PRISÃO PREVENTIVA** de: ______________________________
(informar nomes, qualificação e endereços dos representados).

Atenciosamente,

Márcio Alberto Gomes Silva
Delegado de Polícia

Modelo 2 – Petição representando pela prisão preventiva

EXCELENTÍSSIMO SENHOR DOUTOR JUIZ FEDERAL DAS GARANTIAS DA SUBSEÇÃO JUDICIÁRIA DE ________ (indicar o juízo competente)

A **POLÍCIA FEDERAL**, representada pelo Delegado de Polícia Federal que esta subscreve, em exercício na Delegacia de Polícia Federal de ________ (**indicar unidade de lotação do delegado subscritor**), no uso de suas atribuições legais e com fuste no artigo 311 e seguintes do Código de Processo Penal vem, perante Vossa Excelência, **REPRESENTAR** pela **DECRETAÇÃO DA PRISÃO PREVENTIVA dos investigados a seguir nominados,** medida essa indispensável ao prosseguimento das investigações levadas a efeito no bojo do **INQUÉRITO POLICIAL Nº__________ (número do inquérito policial)**.

1. O resumo fático.

Foi instaurado, por portaria, inquérito policial com o fito de apurar a possível existência dos crimes de ________________________ (**tipificação dos crimes**).

Foram levadas a efeito as seguintes diligências: ________________________ (**descrever diligências e provas carreadas aos autos**). Foram até agora identificados os seguintes integrantes do grupo criminoso: ________________ (**identificar todos os representados, com todos os dados qualificativos possíveis**).

2. A prisão preventiva;

O encarceramento é medida extrema. Trata-se de remédio amargo a ser utilizado com parcimônia em casos pontuais. Afora da captura em flagrante delito, a privação da liberdade do cidadão brasileiro há que ser determinada por Autoridade Judiciária, nos casos em lei permitidos. É o mandamento inserto no artigo 5º, inciso LXI.

Os artigos 311 e seguintes do Código de Processo Penal dispõem acerca da prisão preventiva, espécie do gênero prisão cautelar. A prisão provisória em comento pode ser decretada quando cumulados pressupostos, um dos requisitos e pelo menos um de seus fundamentos.

Os pressupostos estão esculpidos na parte final do artigo 312 e os requisitos no artigo 313 do CPP. Há que se demonstrar a prova da existência do crime, indícios suficientes de autoria e a ocorrência de uma das hipóteses contempladas no artigo 313. No que toca aos fundamentos, eles são avistáveis na primeira parte do artigo 312 do CPP (perigo gerado pelo estado de liberdade do imputado).

No caso presente a prisão preventiva deve ser decretada porque ______________________ **(descrever a presença de algum dos fundamentos da preventiva – garantia da ordem pública, da ordem econômica, conveniência da instrução criminal e/ou assegurar aplicação da lei penal e dos seus requisitos – indícios de autoria, prova da materialidade e uma das hipóteses descritas no artigo 313 do CPP**).

3. Conclusão e pedidos;

Do exposto, abroquelado em todos os fundamentos de fato e de direito acima expendidos, requer a autoridade policial que esta subscreve, após manifestação do Ministério Público, que seja decretada a **PRISÃO PREVENTIVA** de: ______________________ **(informar nomes, qualificação e endereços dos representados).**

Atenciosamente,

Márcio Alberto Gomes Silva
Delegado de Polícia Federal

3.5. Prisão temporária

Trata-se de medida extrema decretada no curso do inquérito policial (prevista na Lei 7.960/89). É preciso que o delegado de polícia demonstre cabalmente os requisitos autorizadores previstos no artigo 1º da referida lei (segundo doutrina e jurisprudência majoritárias, a cumulação dos incisos I e III ou II e III do artigo 1º).

A demonstração dos requisitos dos incisos I e II significa, na prática, trazer à tona o *periculum libertatis*. O inciso III é o *fumus comissi delicti* (indícios de autoria e prova da materialidade de um dos crimes listados no dispositivo ou que seja crime hediondo ou equiparado).

O prazo de duração da prisão é de cinco dias, prorrogáveis por igual período em caso de extrema e comprovada necessidade. Caso o crime apurado seja hediondo, o prazo será de 30 dias, prorrogáveis por mais 30 dias (§ 4º, do artigo 2º, da Lei 8.072/90) – atente que o rol de crimes hediondos foi ampliado pelo Pacote Anticrime. A Lei 13.964/19 determina que a prorrogação do prazo de prisão seja precedida de contraditório, em audiência pública e oral (em verdade trata-se de oportunidade da defesa do indiciado tentar convencer o magistrado das garantias da desnecessidade da prorrogação do cárcere – artigo 3º-B, VI, do CPP).

O dia do cumprimento do mandado de prisão (cuja cópia serve como nota de culpa - § 4º, do artigo 2º, da Lei 7.960/89) é contado como o primeiro dia de cárcere, qualquer que seja o horário da custódia (§ 8º, do artigo 2º, do mandamento legal citado).

O delegado deve observar a regra que determina a manutenção do preso temporário afastado dos demais encarcerados – artigo 3º da Lei 7.960/89. O mandado de prisão temporária deverá conter o prazo da prisão temporária (§ 4º-A, do artigo 2º, da lei analisada) Vencido o prazo, o preso deve ser imediatamente posto em liberdade, sem necessidade de expedição de alvará específico para este fim (§ 7º, do artigo 2º, da lei citada) – a manutenção da constrição por lapso maior que o estatuído em lei poderá importar, em tese, na prática de crime de abuso de autoridade – artigo 12, parágrafo único, IV, da Lei 13.869/19[6].

Penso que o delegado de polícia pode libertar o preso antes do prazo estipulado no mandado judicial, caso entenda que o cárcere não é mais necessário ao feito. Libertado o preso, o juízo das garantias deve ser comunicado. Sugestiono, nesse sentido, que o delegado de polícia solicite ao juízo autorização para libertação antecipada do detido, a seu juízo, caso entenda que a custódia não seja mais imprescindível à instrução do feito no bojo da sua representação.

---

6 Art. 12. (...)

Pena - detenção, de 6 (seis) meses a 2 (dois) anos, e multa.

Parágrafo único. Incorre na mesma pena quem:

(...)

IV - prolonga a execução de pena privativa de liberdade, de prisão temporária, de prisão preventiva, de medida de segurança ou de internação, deixando, sem motivo justo e excepcionalíssimo, de executar o alvará de soltura imediatamente após recebido ou de promover a soltura do preso quando esgotado o prazo judicial ou legal.

Modelo 1 – Ofício representando a prisão temporária (prazo de 5 dias)

Ofício nº _____ (**número do expediente**)

_______ (local), __de ____de____ (data).

A Sua Excelência o Senhor

__________ (**nome da autoridade judiciária**)

Juiz das garantias da Comarca de _________ (**indicar a comarca**)

Assunto: Representação pela Prisão Temporária

Referência: Inquérito Policial nº _______ (**número do inquérito**).

Senhor Juiz,

1. O resumo fático.

Foi instaurado, por portaria, inquérito policial com o fito de apurar a possível existência dos crimes de __________________ (**tipificar os crimes**).

Foram levadas a efeito as seguintes diligências: __________________ (**descrever diligências e provas carreadas aos autos**). Foram até agora identificados os seguintes integrantes do grupo criminoso: __________________ (**identificar todos os representados, com todos os dados qualificativos possíveis**).

2. A prisão temporária

A prisão é medida extrema. Trata-se de remédio amargo a ser utilizado com parcimônia em casos pontuais. Afora da captura em flagrante delito, a privação da liberdade do cidadão brasileiro há que ser determinada por autoridade judiciária, nos casos em lei permitidos. É o mandamento inserto no artigo 5º, inciso LXI, da Constituição Federal.

No caso presente, o encarceramento dos investigados é imprescindível ao bom termo do inquérito policial pelas seguintes razões: ________________________ (**descrever a imprescindibilidade da prisão temporária para o bom andamento do inquérito, de maneira que fique evidenciado o adimplemento dos requisitos autorizadores da medida extrema – cumulação dos incisos I e III ou II e III, do artigo 1º, da Lei 7960/89**).

3. Conclusão e pedidos.

Do exposto, abroquelado em todos os fundamentos de fato e de direito acima expendidos, requer a autoridade policial que esta subscreve, após manifestação do Ministério Público, que seja decretada a **PRISÃO TEMPORÁRIA**, pelo prazo de 5 dias, de: ____________________________ **(informar nomes, qualificação e endereços dos representados).**

Atenciosamente,

Márcio Alberto Gomes Silva
Delegado de Polícia

Observações relevantes

O ofício deve ser acompanhado de cópias das principais peças do inquérito policial (das que comprovem as assertivas lançadas no expediente). A depender do caso concreto, é de bom tom encaminhar todo o feito para melhor análise do pleito.

Modelo 2 – Petição de representação pela prisão temporária (prazo de 30 dias)

EXCELENTÍSSIMO SENHOR DOUTOR JUIZ FEDERAL DAS GARANTIAS DA SUBSEÇÃO JUDICIÁRIA DE ____________ (indicar o juízo competente)

A **POLÍCIA FEDERAL**, representada pelo Delegado de Polícia Federal que esta subscreve, em exercício na Delegacia de Polícia Federal de ____________ (**indicar unidade de lotação do delegado subscritor**), no uso de suas atribuições legais e com fuste na Lei 7.960/89 e no art. 2º, § 4º, da Lei 8.072/90 vem, perante Vossa Excelência, **REPRESENTAR** pela **DECRETAÇÃO DA PRISÃO TEMPORÁRIA dos investigados a seguir nominados, pelo prazo de 30 dias,** medida essa indispensável ao prosseguimento das investigações levadas a efeito no bojo do **INQUÉRITO POLICIAL Nº __________ (número do inquérito policial).**

1. O resumo fático.

Foi instaurado, por portaria, inquérito policial com o fito de apurar a possível existência dos crimes de ____________ (**tipificar os crimes hediondos ou equiparados a hediondos investigados no bojo do feito**).

Foram levadas a efeito as seguintes diligências: ____________ (**descrever diligências e provas carreadas aos autos**). Foram até agora identificados os seguintes integrantes do grupo criminoso: ____________ (**identificar todos os representados, com todos os dados qualificativos possíveis**).

2. A prisão temporária

A prisão é medida extrema. Trata-se de remédio amargo a ser utilizado com parcimônia em casos pontuais. Afora da captura em flagrante delito, a privação da liberdade do cidadão brasileiro há que ser determinada por autoridade judiciária, nos casos em lei permitidos. É o mandamento inserto no artigo 5º, inciso LXI, da Constituição Federal.

No caso presente, o encarceramento dos investigados é imprescindível ao bom termo do inquérito policial pelas seguintes razões: ____________ (**descrever a imprescindibilidade da prisão temporária para o bom andamento do inquérito, de maneira que fique evidenciado o adimplemento dos requisitos autorizadores da medida extrema – cumulação dos incisos I e III ou II e III, do artigo 1º, da Lei 7960/89**).

3. Conclusão e pedidos.

Do exposto, abroquelado em todos os fundamentos de fato e de direito acima expendidos, requer a autoridade policial que esta subscreve, após manifestação do Ministério Público, que seja decretada a **PRISÃO TEMPORÁRIA, pelo prazo de 30 dias,** de: ______________________ **(informar nomes, qualificação e endereços dos representados).**

Atenciosamente,

Márcio Alberto Gomes Silva
Delegado de Polícia Federal

Observações relevantes

Como dito supra, caso o crime apurado seja hediondo ou equiparado a hediondo, a prisão temporária será decretada pelo prazo de 30 dias, prorrogáveis por outros 30 dias.

Modelo 3 – Ofício representando a prisão temporária – com pedido de soltura a juízo do delegado de polícia, antes do fim do prazo

Ofício nº _____ (**número do expediente**)

_______ (local), __de ____de____ (data).

A Sua Excelência o Senhor

__________ (**nome da autoridade judiciária**)

Juiz das garantias da Comarca de _______ (**indicar a comarca**)

Assunto: Representação pela Prisão Temporária

Referência: Inquérito Policial nº _______ (**número do inquérito**).

Senhor Juiz,

1. O resumo fático.

Foi instaurado, por portaria, inquérito policial com o fito de apurar a possível existência dos crimes de ______________________ (**tipificar os crimes**).

Foram levadas a efeito as seguintes diligências: _______________________ (**descrever diligências e provas carreadas aos autos**). Foram até agora identificados os seguintes integrantes do grupo criminoso: ________________ (**identificar todos os representados, com todos os dados qualificativos possíveis**).

2. A prisão temporária

A prisão é medida extrema. Trata-se de remédio amargo a ser utilizado com parcimônia em casos pontuais. Afora da captura em flagrante delito, a privação da liberdade do cidadão brasileiro há que ser determinada por autoridade judiciária, nos casos em lei permitidos. É o mandamento inserto no artigo 5º, inciso LXI, da Constituição Federal.

No caso presente, o encarceramento dos investigados é imprescindível ao bom termo do inquérito policial pelas seguintes razões: _________________________ (**descrever a imprescindibilidade da prisão temporária para o bom andamento do inquérito, de maneira que fique evidenciado o adimplemento dos requisitos autorizadores da medida extrema – cumulação dos incisos I e III ou II e III, do artigo 1º, da Lei 7960/89**).

A prisão temporária em questão está sendo representada para que a liberdade dos investigados não atrapalhe a colheita de provas no dia da deflagração da operação. Entrementes, é possível que a constrição cautelar se torne desnecessária antes do fim do prazo legal de

5 dias. Destarte, em festejo ao direito de liberdade dos investigados, cumpre **REPRESENTAR pela autorização judicial para liberação dos presos a juízo do delegado de polícia, antes do fim do prazo legalmente estabelecido.**

3. Conclusão e pedidos.

Do exposto, abroquelado em todos os fundamentos de fato e de direito acima expendidos, requer a autoridade policial que esta subscreve, após manifestação do Ministério Público, que seja decretada a **PRISÃO TEMPORÁRIA**, pelo prazo de 5 dias, de: ______________________ **(informar nomes, qualificação e endereços dos representados).**

Nos termos acima desenhados, **REPRESENTO** ainda para que nos mandados de prisão expedidos a mando do juízo conste expressamente que os presos podem ser liberados por decisão discricionária da autoridade policial, antes do prazo legalmente determinado, sem necessidade de nova deliberação judicial.

Atenciosamente,

Márcio Alberto Gomes Silva
Delegado de Polícia

Observações relevantes

O modelo acima traz sutil sugestão (conforme já antecipado supra): representação para que o delegado de polícia possa liberar os presos a seu juízo antes do prazo legalmente determinado para constrição. É que muitas vezes a prisão temporária é representada com o fito de que a liberdade dos investigados não atrapalhe o desenrolar da deflagração da operação e, depois de materializadas as oitivas, a constrição se torna desnecessária.

Assim é que, torna-se interessante incluir tópico representando pela autorização judicial para que o delegado seja autorizado a, discricionariamente, liberar o detido antes do prazo de 5 ou 30 dias (a depender se o inquérito é voltado à apuração de crimes hediondos/equiparados a hediondos ou não).

3.6. Condução coercitiva em operações policiais

Até a segunda edição desta obra, defendi a possibilidade de representação pela condução coercitiva de investigados/indiciados sem prévia intimação, no bojo de operação policial (com o fito de que todos os alvos fossem conduzidos para serem ouvidos no dia da deflagração do trabalho investigativo, de forma a dificultar combinação de versões e prejuízo para as investigações).

Ocorre que o Supremo Tribunal Federal decidiu, no bojo das ADPF (Arguição de Descumprimento de Preceito Fundamental) 395 e 444, que a expressão "para interrogatório" constante no artigo 260 do Código de Processo Penal não foi recepcionada. Vejamos o dispositivo:

> Art. 260. Se o acusado não atender à intimação para o interrogatório, reconhecimento ou qualquer outro ato que, sem ele, não possa ser realizado, a autoridade poderá mandar conduzi-lo à sua presença.

Eis o julgado do Pretório Excelso:

> O Tribunal, por maioria e nos termos do voto do Relator, não conheceu do agravo interposto pela Procuradoria-Geral da República contra a liminar concedida e julgou procedente a arguição de descumprimento de preceito fundamental, para pronunciar a não recepção da expressão "para o interrogatório", constante do art. 260 do CPP, e declarar a incompatibilidade com a Constituição Federal da condução coercitiva de investigados ou de réus para interrogatório, sob pena de responsabilidade disciplinar, civil e penal do agente ou da autoridade e de ilicitude das provas obtidas, sem prejuízo da responsabilidade civil do Estado. O Tribunal destacou, ainda, que esta decisão não desconstitui interrogatórios realizados até a data do presente julgamento, mesmo que os interrogados tenham sido coercitivamente conduzidos para tal ato. Vencidos, parcialmente, o Ministro Alexandre de Moraes, nos termos de seu voto, o Ministro Edson Fachin, nos termos de seu voto, no que foi acompanhado pelos Ministros Roberto Barroso, Luiz Fux e Cármen Lúcia (Presidente). Plenário, 14.6.2018.

O Supremo Tribunal Federal entendeu que a condução coercitiva para interrogatório constitui constrangimento para o réu/indiciado/investigado, já que este tem direito ao silêncio e não é obrigado a produzir prova contra si.

É importante salientar que apenas a condução coercitiva do réu/indiciado/investigado para fins de interrogatório foi reputada não recepcionada pela Constituição Federal. Assim, não ofende a decisão tomada pela Corte Suprema a condução coercitiva do acusado/indiciado/investigado para que seja materializado seu reconhecimento, por exemplo (como já declinado supra).

Outro ponto relevante é que a condução coercitiva da vítima (artigo 201, § 1º, do Código de Processo Penal), do perito (artigo 278 do Código de Processo Penal) e da testemunha (artigo 218 do Código de Processo Penal) não foram afetadas pela decisão tomada pelo Supremo Tribunal Federal, no bojo das ADPF 395 e 444.

Cumpre salientar que a decisão tomada não desconstitui os interrogatórios materializados antes do julgamento e que, caso o novo entendimento seja descumprido, haverá: a) imputação de responsabilidade disciplinar, civil e penal ao agente ou autoridade; b) ilicitude das provas obtidas; c) responsabilidade civil do Estado.

Como o STF entendeu pela não recepção da condução coercitiva para interrogatório (com intimação prévia), não há outra conclusão possível senão que não é possível determinar condução coercitiva para interrogatório sem intimação prévia (daí porque os modelos de representação pela condução coercitiva independente de intimação prévia em operações policiais foram suprimidos da obra).

Observe que a decretação de condução coercitiva manifestamente descabida pode constituir crime de abuso de autoridade, tipificado no artigo 10 da Lei 13.869/19[7].

3.7. Medidas protetivas da Lei 11.340/06 (Lei Maria da Penha)

Com o fito de proteger a mulher vítima de violência doméstica, o delegado de polícia poderá lançar mão das medidas protetivas previstas na Lei 11.340/06 (artigo 22), além de representar, caso seja cabível, pela decretação da prisão preventiva do investigado.

A Lei 13.827/19 incluiu na Lei 11.340/06 os artigos 12-C e 38-A. A primeira inclusão, artigo 12-C, trata da possibilidade de decretação de medida protetiva pelo delegado de polícia ou qualquer policial:

> Art. 12-C. Verificada a existência de risco atual ou iminente à vida ou à integridade física da mulher em situação de violência doméstica e familiar, ou de seus dependentes, o agressor será imediatamente afastado do lar, domicílio ou local de convivência com a ofendida:
>
> I - pela autoridade judicial;
>
> II - pelo delegado de polícia, quando o Município não for sede de comarca; ou
>
> III - pelo policial, quando o Município não for sede de comarca e não houver delegado disponível no momento da denúncia.
>
> § 1º Nas hipóteses dos incisos II e III do caput deste artigo, o juiz será comunicado no prazo máximo de 24 (vinte e quatro) horas e decidirá, em igual prazo, sobre a manutenção ou a revogação da medida aplicada, devendo dar ciência ao Ministério Público concomitantemente.

7 Art. 10. Decretar a condução coercitiva de testemunha ou investigado manifestamente descabida ou sem prévia intimação de comparecimento ao juízo:
Pena - detenção, de 1 (um) a 4 (quatro) anos, e multa.

> § 2º Nos casos de risco à integridade física da ofendida ou à efetividade da medida protetiva de urgência, não será concedida liberdade provisória ao preso.

É importante perceber:

1) A única medida protetiva indicada pelo dispositivo é o afastamento do agressor do lar, domicílio ou local de convivência com a ofendida;

2) Para decretação da medida protetiva de afastamento do lar, é preciso verificar existência de risco atual ou iminente à vida ou integridade física da mulher em situação de violência doméstica ou familiar ou de seus dependentes;

3) A medida só pode ser decretada pelo delegado de polícia (em decisão fundamentada) quando o Município não for sede de comarca – a lei merece crítica, posto que houve grande limitação à atuação do delegado na defesa da mulher vítima de violência doméstica (a mulher vítima de violência doméstica que resida numa cidade que for sede de comarca, mas que não conte com juiz por alguns dias da semana terá uma proteção estatal deficiente, em relação àquela que morar num Município que não for sede de comarca e contar com delegado de polícia);

4) A medida só pode ser decretada por policial (entendo que é preciso restringir a legitimidade aqui tratada ao integrante da polícia judiciária) quando o Município não for sede de comarca e não houver delegado disponível no momento da notícia do fato – nesse ponto a lei merece mais uma crítica, vez que a decretação de medida protetiva reclama conhecimento técnico-jurídico para identificar que se trata de uma situação abarcada pela Lei Maria da Penha e demanda fundamentação consistente, já que significa mitigação de direitos individuais do agressor;

5) Quando a medida for decretada por delegado de polícia ou policial, ela será comunicada ao magistrado no prazo de até 24 horas e o juiz decidirá em igual prazo pela manutenção ou revogação da medida aplicada, devendo cientificar o Ministério Público;

6) Caso a medida seja decretada pelo delegado de polícia ou pelo policial e seja descumprida antes da sua manutenção pelo juízo (homologação), não me parece possível imputar a prática do crime tipificado no artigo 24-A da Lei Maria da Penha, vez que o tipo fala no descumprimento de "decisão judicial que defere medidas protetivas" (mais um equívoco da Lei 13.827/19, que devia ter alterado o delito retromencionado, nele incluindo a tipificação da conduta de

descumprir de medida protetiva decretada por delegado de polícia ou policial);

7) Depois da manutenção da medida protetiva pelo magistrado, é possível prática do citado delito (artigo 24-A da Lei 11.340/06);

8) O § 2º do artigo 12-C da Lei 11.340/06, trata de hipótese de vedação da concessão de liberdade provisória em face do indivíduo preso pela prática de crime contra mulher em situação de violência doméstica e familiar (dispositivo desnecessário, posto que, se há motivos para que o cárcere se protraia no tempo, por óbvio não haverá concessão de liberdade provisória);

A tabela abaixo resume o artigo 12-C da Lei Maria da Penha:

<table>
<tr><th colspan="2">Afastamento do agressor do lar, domicílio ou local de convivência com a ofendida</th></tr>
<tr><th>Quem decreta a medida protetiva</th><th>Requisitos para decretação da medida</th></tr>
<tr><td>Autoridade judicial</td><td>Existência de risco atual ou iminente à vida ou integridade física da mulher em situação de violência doméstica ou familiar ou de seus dependentes</td></tr>
<tr><td rowspan="2">Delegado de polícia</td><td>Existência de risco atual ou iminente à vida ou integridade física da mulher em situação de violência doméstica ou familiar ou de seus dependentes</td></tr>
<tr><td>O Município não pode ser sede de comarca</td></tr>
<tr><td rowspan="3">Policial</td><td>Existência de risco atual ou iminente à vida ou integridade física da mulher em situação de violência doméstica ou familiar ou de seus dependentes</td></tr>
<tr><td>O Município não pode ser sede de comarca</td></tr>
<tr><td>Não existir delegado disponível no momento da “denúncia”</td></tr>
<tr><td colspan="2">Caso a medida seja decretada por delegado de polícia ou policial, deve ser comunicada ao juízo em até 24 horas e o juiz decidirá pela manutenção ou revogação da mesma em igual prazo, cientificando o Ministério Público.</td></tr>
</table>

A Associação dos Magistrados Brasileiros – AMB ingressou com a ADI 6.138, questionando a constitucionalidade do artigo 12-C da Lei 11.340/06, ao argumento de que a decretação de medida protetiva de afastamento do lar pelo delegado de polícia pode significar ofensa aos direitos à inviolabilidade de domicílio e à liberdade de locomoção do agressor sem prévia ordem judicial (ofensa a clausula de reserva de jurisdição). A argumentação, com a devida vênia, não é consistente, posto que: a) o ingresso do aparelho policial na residência para retirada do agressor depois da decretação da medida protetiva pode ser tranquilamente autorizado pela vítima; b) a própria Constituição Federal permite que o delegado de polícia restrinja a liberdade do cidadão de maneira muito mais gravosa quando da materialização da prisão em flagrante (anote-se que com a decretação da medida protetiva aqui estudada, a restrição à liberdade de locomoção é muito mais branda que na prisão em flagrante); c) como dito supra, o delegado pode decretar medida cautelar diversa da prisão sem que isso signifique invasão da competência do Poder Judiciário (tome-se o exemplo da fiança).

Por fim, foi enxertado na Lei 11.340/06 o artigo 38-A, que determina ao CNJ regulamentação e manutenção de banco de dados para registro de medidas protetivas de urgência decretadas com amparo na Lei Maria da Penha, com acesso garantido ao Ministério Público, Defensoria Pública e órgãos de segurança pública e de assistência social.

O objetivo é permitir a fiscalização e a efetividade das medidas protetivas:

> Art. 38-A. O juiz competente providenciará o registro da medida protetiva de urgência.
>
> Parágrafo único. As medidas protetivas de urgência serão registradas em banco de dados mantido e regulamentado pelo Conselho Nacional de Justiça, garantido o acesso do Ministério Público, da Defensoria Pública e dos órgãos de segurança pública e de assistência social, com vistas à fiscalização e à efetividade das medidas protetivas.

Modelo 1 – Ofício representando medida protetiva de urgência

Ofício nº _____ (**número do expediente**)

_______ (local), __de ____de____ (data).

A Sua Excelência o Senhor

_________ (**nome da autoridade judiciária**)

Juiz das garantias da Comarca de _________ (**indicar comarca – caso exista na localidade juizado de violência doméstica ou familiar contra mulher, o pleito deve ser remetido a este**)

Assunto: Representação pela decretação de medida protetiva (Lei 11.340/06)

Referência: Inquérito Policial nº _______(**número do inquérito**)

Senhor Juiz,

1. O resumo fático.

Foi instaurado, por portaria, inquérito policial com o fito de apurar a possível existência do crime de _________ (**tipificação do crime**), praticado por ________ (**nome do autor do fato**) contra _______ (**nome da vítima**).

Até agora foram levadas a efeito as seguintes diligências: ______________________ (**descrever diligências e provas carreadas aos autos**).

2. As medidas protetivas de urgência.

O estudo da situação narrada pela vítima e das provas até agora carreadas aos autos revela que o crime se traduz em violência doméstica/familiar contra mulher, na forma dos artigos 5º e 7º da Lei 11.340/06 (Lei Maria da Penha).

O artigo 12, III, do mandamento legal acima mencionado revela que o delegado de polícia tem legitimidade para representar ao juízo a decretação das medidas protetivas de urgência descritas no artigo 22 da Lei Maria da Penha.

O estudo do caso concreto reclama a decretação urgente da medida protetiva descrita no inciso __ (**indicar inciso**), do artigo 22, do mandamento legal acima desenhado.

3. Conclusão e pedidos.

Do exposto, abroquelado em todos os fundamentos de fato e de direito acima expendidos, **REPRESENTA** a autoridade policial que esta subscreve, após manifestação do Ministério Público, que seja decretada a **MEDIDA PROTETIVA DE URGÊNCIA** de: ___________

(descrever a medida protetiva representada) em face do investigado __________ **(nome, qualificação e endereço do investigado).**

Atenciosamente,

Márcio Alberto Gomes Silva
Delegado de Polícia

Observações relevantes

É muito importante que o delegado de polícia siga o quanto determinado pelos artigos 10 a 12-C, da Lei 11.340/06 quando recepcionar situação que se enquadre no espectro de incidência da Lei Maria da Penha.

Caso a autoridade policial detecte que não é cabível ou não é necessária a decretação da prisão cautelar do investigado, mas que é preciso decretar uma das medidas protetivas de urgência descritas no artigo 22 da lei citada, deve representar em até 48 horas ao juízo competente, na forma do artigo 12, III, da Lei Maria da Penha.

Se o delegado de polícia entender cabível a prisão preventiva do investigado/indiciado em crime com incidência da Lei Maria da Penha, é importante apontar na fundamentação do pleito os artigos 20 da Lei 11.340/06 e 313, III, do CPP. Nessa toada, cumpre esclarecer que o STJ[8] entendeu incabível decretação de prisão preventiva em face da prática de contravenção penal de vias de fato praticado contra mulher, com incidência da Lei Maria da Penha (o artigo 313 do CPP não admite decretação de prisão preventiva em face da prática de contravenção).

8 Informativo 632 do STJ.

Modelo 2 – Decretação de medida protetiva de urgência pelo delegado de polícia (Lei 13.827/19)

DECISÃO

O Delegado de Polícia Civil que esta subscreve, lotado e em exercício na Delegacia de Polícia Civil de ________ (**cidade de atuação da autoridade**), no uso de suas atribuições conferidas pela Constituição Federal, pelo Código de Processo Penal, pela Lei 12.830/13 e na forma da Lei 11.340/06,

CONSIDERANDO:

a) que o Município de ________ (**indicar a cidade de atuação da autoridade**) não é sede de Comarca; b) que ________ (**nome da vítima**) relatou, em sua oitiva formal, que ________ (**relato da vítima**); c) que a narrativa da vítima demonstra risco ________ (**descrever se o risco é atual ou iminente**) à ________ (**indicar se há risco à vida ou à integridade física**) da ________ (**indicar se quem está em risco é a mulher em situação de violência doméstica e familiar, ou de seus dependentes**).

RESOLVE:

DECRETAR a medida cautelar de afastamento de ________ (**nome e qualificação do autor do fato**) do lar, localizado na ________ (**endereço do qual o autor do fato deve ser afastado**),

DETERMINO, ainda, as seguintes providências:

1) Comunique a presente decisão a ________ (**nome do autor do fato**);

2) Comunique a decisão ao juízo competente, para que, em 24 horas, decida pela manutenção ou revogação da presente medida protetiva, com ciência ao Ministério Público;

CUMPRA-SE.

________ (**local**), ________ (**data**).

Márcio Alberto Gomes Silva

Delegado de Polícia Civil

Observações relevantes

Como destacado supra, é possível ao delegado de polícia decretar a medida protetiva de afastamento do agressor do lar, domicílio ou local de convivência com a ofendida, caso exista risco atual ou iminente à vida ou à integridade física da mulher em situação de violência doméstica e familiar, ou de seus dependentes e se o Município não for sede de Comarca (trata-se de evidente proteção deficiente das mulheres que residem em sedes de Comarcas, que não terão a medida protetiva prontamente decretada pelo delegado de polícia).

Sugestionei decisão que enfrenta todos os requisitos autorizadores reclamados pelo artigo 12-C da Lei 11.340/06, salientando a necessidade de comunicação do juízo competente, para que este decida pela sua manutenção ou revogação.

Capítulo 4

PEÇAS PRÁTICAS DE CONCURSOS PÚBLICOS

4.1. Estrutura geral da representação em concursos públicos (petição)

O delegado de polícia pode, no curso do inquérito policial, lançar mão de várias diligências aptas a elucidar o fato criminoso investigado. Como visto supra, algumas destas técnicas se traduzem em medidas cautelares judicialmente determinadas (atendendo a representações formuladas pela autoridade policial) – busca e apreensão, interceptação telefônica, interceptação telemática, infiltração policial, quebra de sigilo fiscal, quebra de sigilo bancário, dentre outras. Há ainda medidas cautelares que tencionam acautelar a investigação, seja por meio da segregação cautelar do investigado/indiciado (prisão temporária e prisão preventiva), seja por meio das chamadas medidas assecuratórias (sequestro, arresto e hipoteca legal).

Esta parte final da obra é voltada para aspirantes ao cargo de delegado de polícia e tem o objetivo de demonstrar como devem ser confeccionadas representações e outras peças em concursos públicos. Tratarei da estrutura geral da representação (a peça mais complexa) e dos pleitos que considero mais importantes – busca e apreensão, prisão preventiva, prisão temporária, interceptação telefônica e infiltração policial (até porque todos os outros pleitos cautelares já foram desenhados nos itens retro).

Em concursos públicos, as bancas normalmente cobram a confecção de uma representação e diversos são os pontos a serem observados pelo candidato, com o fito de obter a nota máxima (competência, tipificação de crimes, escolha da medida cautelar correta, indicação da fundamentação legal, pedidos, dentre outros aspectos).

Com o fito de ampliar a preparação do candidato, trarei quesitos que envolvam confecção de portaria e de decretação de medida protetiva pelo delegado.

Em primeiro lugar, é preciso organizar sua peça. Uma representação (ou qualquer outra peça) elaborada corretamente, tópico a tópico, torna a leitura agradável e o examinador poderá identificar mais facilmente os pontos reclamados pelo espelho de correção.

A sugestão para montagem da representação cobrada em concursos públicos é a seguinte (prefira a peça elaborada na forma de **petição**):

> **Endereçamento:** o candidato, atento às regras relativas à competência fixadas no Código de Processo Penal (artigos 69 e seguintes), aos ensinamentos da doutrina e às Súmulas dos Tribunais Superiores, deve dirigir a peça ao juízo competente. Atente que o Pacote Anticrime determinou atuação do juízo das garantias na fase pré-processual.
>
> Nesse tópico é preciso avaliar o quanto decidido pelo Supremo Tribunal Federal, no bojo da Ação Penal 937, que restringiu o foro por prerrogativa de função de deputados federais e senadores. Eis o julgado:
>
>> O Tribunal, por maioria e nos termos do voto do Relator, resolveu questão de ordem no sentido de fixar as seguintes teses: "(i) O foro por prerrogativa de função aplica-se apenas aos crimes cometidos durante o exercício do cargo e relacionados às funções desempenhadas; e (ii) Após o final da instrução processual, com a publicação do despacho de intimação para apresentação de alegações finais, a competência para processar e julgar ações penais não será mais afetada em razão de o agente público vir a ocupar outro cargo ou deixar o cargo que ocupava, qualquer que seja o motivo", com o entendimento de que esta nova linha interpretativa deve se aplicar imediatamente aos processos em curso, com a ressalva de todos os atos praticados e decisões proferidas pelo STF e pelos demais juízos com base na jurisprudência anterior, conforme precedente firmado na Questão de Ordem no Inquérito 687 (Rel. Min. Sydney Sanches, j. 25.08.1999), e, como resultado, no caso concreto, determinando a baixa da ação penal ao Juízo da 256ª Zona Eleitoral do Rio de Janeiro para julgamento, tendo em vista que (i) os crimes imputados ao réu não foram cometidos no cargo de Deputado Federal ou em razão dele, (ii) o réu renunciou ao cargo para assumir a Prefeitura de Cabo Frio, e (iii) a instrução processual se encerrou perante a 1ª instância, antes do deslocamento de competência para o Supremo Tribunal Federal. Vencidos: em parte, os Ministros Alexandre de Moraes e Ricardo Lewandowski, que divergiam do Relator quanto ao item (i); em parte, o Ministro Marco Aurélio, que divergia do Relator quanto ao item (ii); em parte, o Ministro Dias Toffoli, que, em voto reajustado, resolveu a questão de ordem no sentido de: a) fixar a competência do Supremo Tribunal Federal para processar e julgar os membros do Congresso Nacional exclusivamente quanto aos

crimes praticados após a diplomação, independentemente de sua relação ou não com a função pública em questão; b) fixar a competência por prerrogativa de foro, prevista na Constituição Federal, quanto aos demais cargos, exclusivamente quanto aos crimes praticados após a diplomação ou a nomeação (conforme o caso), independentemente de sua relação ou não com a função pública em questão; c) serem inaplicáveis as regras constitucionais de prerrogativa de foro quanto aos crimes praticados anteriormente à diplomação ou à nomeação (conforme o caso), hipótese em que os processos deverão ser remetidos ao juízo de primeira instância competente, independentemente da fase em que se encontrem; d) reconhecer a inconstitucionalidade das normas previstas nas Constituições estaduais e na Lei Orgânica do Distrito Federal que contemplem hipóteses de prerrogativa de foro não previstas expressamente na Constituição Federal, vedada a invocação de simetria; e) estabelecer, quando aplicável a competência por prerrogativa de foro, que a renúncia ou a cessação, por qualquer outro motivo, da função pública que atraia a causa penal ao foro especial, após o encerramento da fase do art. 10 da Lei nº 8.038/90, com a determinação de abertura de vista às partes para alegações finais, não altera a competência para o julgamento da ação penal; e, em parte, o Ministro Gilmar Mendes, que assentou que a prerrogativa de foro alcança todos os delitos imputados ao destinatário da prerrogativa, desde que durante a investidura, sendo desnecessária a ligação com o ofício, e, ao final, propôs o início de procedimento para a adoção de Súmula Vinculante em que restasse assentada a inconstitucionalidade de normas de Constituições Estaduais que disponham sobre a competência do Tribunal de Justiça para julgar autoridades sem cargo similar contemplado pela Constituição Federal e a declaração incidental de inconstitucionalidade dos incisos II e VII do art. 22 da Lei 13.502/17; dos incisos II e III e parágrafo único do art. 33 da Lei Complementar 35/79; dos arts. 40, III, V, e 41, II, parágrafo único, da Lei 8.625/93; e do art. 18, II, "d", "e", "f", parágrafo único, da Lei Complementar 75/93. Presidiu o julgamento a Ministra Cármen Lúcia. Plenário, 3.5.2018.

A análise do julgado supra reclama a leitura do artigo 53, § 1º, da Constituição Federal:

> Art. 53. (...).
>
> § 1º Os Deputados e Senadores, desde a expedição do diploma, serão submetidos a julgamento perante o Supremo Tribunal Federal.

A redação do texto constitucional é de uma clareza solar e não despertava nenhuma dúvida na doutrina: a partir da expedição do diploma, os parlamentares federais eram submetidos a julgamento perante o

Pretório Excelso independente da natureza do delito praticado (e do tempo do crime) e, enquanto durasse o mandato, seguiam sendo julgados pelo Supremo Tribunal Federal.

Entrementes, nos autos da mencionada Ação Penal 937, a Corte Suprema decidiu restringir o alcance do dispositivo acima transcrito. Em síntese didática, deputados federais e senadores só serão julgados pelo Supremo Tribunal Federal se: a) o crime for praticado durante o exercício do cargo; b) o delito guardar relação com a função parlamentar.

O julgado assentou, ainda, que após o final da instrução processual, com a publicação do despacho de intimação para apresentação de alegações finais, a competência para processar e julgar ações penais não será mais afetada em razão de o agente público vir a ocupar outro cargo ou deixar o cargo que ocupava, qualquer que seja o motivo (haverá prorrogação da competência do STF para julgamento do caso criminal).

Assim, se o crime foi praticado antes do início do mandato ou não guardar relação com o mesmo (ainda que cometido no seu exercício), o parlamentar federal deve ser julgado pelo juízo de primeiro grau competente

Preâmbulo: aqui se faz a identificação do órgão policial que elabora a representação, nomina-se a peça e se faz referência aos artigos que fundamentam o (s) pleito (s).

Fatos: neste tópico o candidato deve, suscintamente, relatar a apuração desenvolvida, extraindo os principais dados do enunciado da questão. É importante, de logo, delimitar os investigados, narrando a participação de cada um deles (sugestiono a confecção de um parágrafo para cada investigado, com a delimitação de fato criminoso praticado e a respectiva tipificação).

Pleitos cautelares: deve ser feito um tópico para cada pedido cautelar, com indicação precisa dos requisitos e fundamentos que autorizam a medida e os artigos respectivos.

Conclusão (fecho): a parte final da representação é uma síntese dos pedidos apresentados ao juízo, local, data e identificação da autoridade policial (o candidato não pode se identificar na peça, apenas escrever: Delegado de Polícia Civil ou Delegado de Polícia Federal, conforme o caso).

Eis o "esqueleto" de uma representação (elaborada na forma de petição):

ENDEREÇAMENTO: estude as regras de competência para aferir o juízo competente e observe no quesito se há juízo prevento ou se a competência será firmada por distribuição. Por exemplo:

EXCELENTÍSSIMO SENHOR JUIZ FEDERAL DAS GARANTIAS DA SEÇÃO JUDICIÁRIA DE ____ (indicar o juízo competente)

PREÂMBULO: identificação do órgão policial que faz a representação, os pleitos cautelares que serão deduzidos e fazer referência aos artigos que regem os pleitos. Por exemplo:

A Polícia Federal, por meio do delegado federal que esta subscreve, no exercício de suas atribuições e com fulcro no artigo 144 da Constituição Federal, na Lei 12.830/13 e no Código de Processo Penal, vem, perante Vossa Excelência, REPRESENTAR **(indicação do pleito cautelar), na forma dos artigos (indicar os artigos que regem o pleito).**

FATOS: fazer descrição dos fatos (**resumo do enunciado do quesito**) e a individualização das condutas dos alvos (**com tipificação dos crimes**).

PLEITOS CAUTELARES: faça um tópico para cada pleito cautelar. Observe a tabela abaixo:

Medida cautelar	Fundamento constitucional/ legal	Requisitos	Prazo	Expressões-chave
Busca e apreensão	Artigo 5º, XI, da CF; Artigo 240, § 1º, do CPP; Artigo 243 do CPP (individualização dos objetos a serem apreendidos e do endereço onde ocorrerá a busca);	Demonstrar que algum dos objetos/pessoas do artigo 240, § 1º, do CPP pode ser apreendido no endereço indicado	-	O quesito vai fornecer endereço de investigado e indicou algo que possa contribuir para investigação pode ser lá encontrado
Interceptação telefônica	Artigo 5º, XII, da CF; Lei 9.296/96	Demonstrar indícios de autoria/ participação em infração penal; que a prova não pode ser colhida de outro jeito; que o crime investigado é punido com reclusão (artigo 2º da Lei 9.296/96)	15 dias	O quesito vai fornecer os números dos investigados

Medida cautelar	Fundamento constitucional/ legal	Requisitos	Prazo	Expressões-chave
Prisão temporária	Artigo 5º, LXI, da CF; Artigo 1º, I e III OU II e III, da Lei 7.960/89;	Demonstrar que a prisão dos alvos é imprescindível às investigações (demonstrar periculosidade, reiteração delitiva, ameaça a testemunhas, possibilidade de fuga, destruição de provas) – inciso I; Demonstrar que o indiciado não tem residência fixa ou não forneceu elementos para sua identificação – inciso II; Indicar prova da materialidade e indícios de autoria de um dos crimes do inciso III;	5 dias ou 30 dias (crimes hediondos ou equiparados a hediondos);	O quesito vai indicar que o investigado é perigoso, reitera na prática delitiva, está tencionando destruir provas ou fugir OU vai dizer que ele não tem residência fixa ou não apresentou elementos concretos para sua identificação; O crime tem que estar na lista no inciso III, do artigo 1º, da Lei 7.960/89 ou deve ser hediondo ou equiparado a hediondo; O quesito dirá que ainda há várias diligências a materializar
Prisão preventiva	Artigo 5º, LXI, da CF; Artigos 312 e 313 do CPP;	**Pressupostos:** prova da materialidade e, indícios suficientes de autoria; **Requisitos:** um dos requisitos do artigo 313 do CPP; **Fundamentos:** um dos fundamentos do artigo 312 do CPP (perigo gerado pelo estado de liberdade do imputado);	-	O quesito vai indicar que o investigado é perigoso, reitera na prática delitiva, participa de organização criminosa, cometeu crime concretamente grave (garantia da ordem pública), está tencionando destruir provas/ameaçando testemunhas (conveniência da instrução

Medida cautelar	Fundamento constitucional/ legal	Requisitos	Prazo	Expressões-chave
				criminal), fugir (assegurar a aplicação da lei penal) ou pratica reiteradamente crimes que comprometem a ordem econômica
Infiltração policial	Artigo 10 e seguintes da Lei 12.850/13, artigo 53, I, da Lei 11.343/06 ou artigo 1º, § 6º, da Lei 9.613/98 (é possível, ainda, a infiltração policial virtual, com fulcro nos artigos 190-A e seguintes do ECA ou no artigo 10-A da Lei 12.850/13 – leia-os);	Indícios de prática de infração penal por organização criminosa, relacionada com o tráfico de drogas ou lavagem de dinheiro; Que a prova não pode ser produzida por outro meio disponível;	6 meses (no caso de infiltração policial virtual regulada pelo ECA, o prazo é de 90 dias; caso a infiltração virtual seja calcada na Lei 12.850/13, o prazo é de 6 meses)	O quesito falará que a organização criminosa, que pessoas ligadas à prática de tráfico de drogas ou à lavagem de dinheiro desejam cooptar novos integrantes para prática de crimes (se o quesito falar de crimes perpetrados pela internet, opte por infiltração virtual, calcada no ECA ou Lei 12.850/13 conforme o caso)
Sequestro	Artigos 125 e seguintes do CPP (é possível que o sequestro seja materializado com fulcro em leis extravagantes, como por exemplo, na Lei 9.613/98 e na Lei 11.343/06)	Indícios veementes da proveniência ilícita dos bens (artigo 126 do CPP)	-	O quesito falará em bens adquiridos com o proveito dos crimes praticados pelos alvos

Medida cautelar	Fundamento constitucional/ legal	Requisitos	Prazo	Expressões-chave
Quebra de sigilo bancário	Artigo 1º, § 4º, da Lei Complementar 105/01	Demonstrar movimentação criminosa de numerário pelas contas dos alvos	Indicar o período de quebra e pedir os extratos da movimentação das contas	O quesito informará o número das contas dos alvos e indicará que por ela passa dinheiro ilícito
Captação ambiental	Artigo 3º, II, da Lei 12.850/13 e artigo 8º-A da Lei 9.296/96	Demonstrar que a prova não pode ser feita por outros meios disponíveis e igualmente eficazes e elementos probatórios razoáveis de autoria e participação em infrações criminais cujas penas máximas sejam superiores a 4 anos ou em infrações penais conexas	15 dias	O quesito falará que a interceptação telefônica não foi frutífera e que as reuniões do grupo criminoso (envolvido com a prática de delitos cujas penas máximas sejam superiores a 4 anos) são feitas em local específico, pessoalmente
Ação controlada	Artigos 8º e 9º da Lei 12.850/13, artigo 53, II, da Lei 11.343/06 ou artigo 1º, § 6º, da Lei 9.613/98	Demonstrar a necessidade da não atuação policial diante de situação flagrancial, para que a abordagem se dê no melhor momento, sob o ponto de vista da coleta de provas ou prisão de mais envolvidos. Na Lei 11.343/06, será preciso declinar o possível itinerário (da droga) e a identificação de agentes ou colaboradores do crime	-	O quesito dirá (normalmente no fim) que o delegado deverá elaborar peça que permita a atuação policial no momento mais oportuno

CONCLUSÃO: faça o fecho da peça, com a síntese dos seus pedidos e sem se identificar. Por exemplo:

Conclusão e pedidos

Do exposto, com fundamento nos argumentos acima expendidos, após manifestação do Ministério Público, a autoridade policial que esta subscreve **REPRESENTA**:

a) pelo afastamento do sigilo bancário da conta _____ (**número da conta**), agência _____ (**número da agência**), do Banco _____ (**nome do banco**), em nome de _____ (**titular da conta**), com determinação de que a instituição creditícia encaminhe ao aparelho policial os extratos de dita conta entre os meses de _____ e _____ (**período de afastamento do sigilo**);

b) pela expedição de mandado de busca e apreensão na rua _____ (**endereço alvo da busca**), com o fito de que seja apreendido _____ (**objetos a serem apreendidos**) e outros objetos que possam contribuir com a elucidação do crime apurado;

c) pelo sequestro do veículo _____ (**descrição do bem a ser sequestrado**), adquirido pelo investigado com o proveito do crime;

d) pela decretação da prisão preventiva do indiciado _____ (**nome do indiciado**);

e) pela decretação da prisão temporária do indiciado _____ (**nome do indiciado**) pelo prazo de ___ (**cinco ou trinta**) dias;f) pelo afastamento do sigilo das comunicações telefônicas, determinando a interceptação telefônica do terminal móvel __________ (**número da linha**), pertencente a __________ (**nome do investigado**), pelo prazo de 15 dias;

Atenciosamente,

Local, data.

Delegado de Polícia

4.2. A busca e apreensão

Como visto supra, a medida cautelar de busca e apreensão é tratada no Código de Processo Penal pelos artigos 240 e seguintes.

O **permissivo constitucional** da medida cautelar de busca a apreensão domiciliar é o artigo 5º, XI, da Constituição Federal (citar dispositivos legais no bojo de peças cautelares em concurso público reforça a ideia de que o candidato tem domínio do tema):

> Artigo 5º. (...)
>
> XI – a casa é asilo inviolável do indivíduo, ninguém nela podendo penetrar sem consentimento do morador, salvo em caso de flagrante delito ou desastre, ou para prestar socorro, ou, durante o dia, por determinação judicial;

O **fundamento legal** da medida cautelar de busca e apreensão é o já citado artigo 240, § 1º, do Código de Processo Penal:

> Art. 240. A busca será domiciliar ou pessoal.
>
> § 1º Proceder-se-á à busca domiciliar, quando fundadas razões a autorizarem, para:
>
> a) prender criminosos;
>
> b) apreender coisas achadas ou obtidas por meios criminosos;
>
> c) apreender instrumentos de falsificação ou de contrafação e objetos falsificados ou contrafeitos;
>
> d) apreender armas e munições, instrumentos utilizados na prática de crime ou destinados a fim delituoso;
>
> e) descobrir objetos necessários à prova de infração ou à defesa do réu;
>
> f) apreender cartas, abertas ou não, destinadas ao acusado ou em seu poder, quando haja suspeita de que o conhecimento do seu conteúdo possa ser útil à elucidação do fato;
>
> g) apreender pessoas vítimas de crimes;
>
> h) colher qualquer elemento de convicção.

É importante que o candidato delimite precisamente os endereços nos quais pretende materializar busca e indique, de igual sorte, o que pretende apreender em cada um deles (artigo 243 do Código de Processo Penal). Caso o pleito objetive apreensão de celulares, computadores, HD, pen drive (mídias em geral), sugestiono que conste na representação pedido relacionado ao acesso e à perícia do conteúdo dos dispositivos.

4.3. A prisão preventiva

O **permissivo constitucional** para decretação da prisão preventiva é o artigo 5º, inciso LXI, da Constituição Federal (que reza que ninguém pode ser preso, senão em flagrante delito ou por ordem escrita e fundamentada de autoridade judiciária competente):

> Artigo 5º. (...)
>
> LXI – ninguém será preso senão em flagrante delito ou por ordem escrita e fundamentada de autoridade judiciária competente, salvo nos casos de transgressão militar ou crime propriamente militar, definidos em lei;

A **prisão preventiva** é tratada pelos artigos 311 e seguintes do Código de Processo Penal – essa é a **fundamentação legal**. Em síntese, o cárcere preventivo será decretado quando demonstrados:

Pressupostos: estão na parte final do artigo 312 do Código de Processo Penal – **indícios de autoria** e **prova da materialidade delitiva** (parte final do artigo 312 do CPP – grifo meu):

> Art. 312. A prisão preventiva poderá ser decretada como garantia da ordem pública, da ordem econômica, por conveniência da instrução criminal ou para assegurar a aplicação da lei penal, **quando houver prova da existência do crime e indício suficiente de autoria** e de perigo gerado pelo estado de liberdade do imputado.

Requisitos: será preciso demonstrar a presença de pelo menos um dos requisitos do artigo 313 ou do § 1º do artigo 312 do CPP (lembrando que todos os requisitos são alternativos):

> Art. 312. (...)
>
> § 1º A prisão preventiva também poderá ser decretada em caso de descumprimento de qualquer das obrigações impostas por força de outras medidas cautelares (art. 282, § 4º).
>
> Art. 313. Nos termos do art. 312 deste Código, será admitida a decretação da prisão preventiva:
>
> I – nos crimes dolosos punidos com pena privativa de liberdade máxima superior a 4 (quatro) anos;
>
> II – se tiver sido condenado por outro crime doloso, em sentença transitada em julgado, ressalvado o disposto no inciso I do caput do art. 64 do Decreto-Lei nº 2.848, de 7 de dezembro de 1940 – Código Penal;
>
> III – se o crime envolver violência doméstica e familiar contra a mulher, criança, adolescente, idoso, enfermo ou pessoa com deficiência, para garantir a execução das medidas protetivas de urgência;
>
> IV – (revogado);
>
> § 1º Também será admitida a prisão preventiva quando houver dúvida sobre a identidade civil da pessoa ou quando esta não fornecer elementos suficientes para esclarecê-la, devendo o preso ser colocado imediatamente em liberdade após a identificação, salvo se outra hipótese recomendar a manutenção da medida.
>
> § 2º Não será admitida a decretação da prisão preventiva com a finalidade de antecipação de cumprimento de pena ou como decorrência imediata de investigação criminal ou da apresentação ou recebimento de denúncia.

Fundamentos: é preciso demonstrar a existência de pelo menos um dos fundamentos, avistáveis no artigo 312 do CPP – garantia da ordem pública, conveniência da instrução criminal, garantir a futura aplicação da lei penal ou garantia da ordem econômica **(perigo gerado pelo estado de liberdade do imputado)**.

Você prova a existência do crime que deixou vestígios, nos termos do artigo 158 do Código de Processo Penal, por meio do exame de corpo de delito (direto ou indireto) – por isso, **faça referência ao exame pericial como prova da materialidade.**

Os indícios de autoria são demonstrados por meio dos elementos informativos e provas fornecidos pelo enunciado do quesito.

Faça menção ao novel pressuposto, enxertado pelo Pacote Anticrime no artigo 312 do CPP: "perigo gerado pelo estado de liberdade do imputado".

Normalmente o requisito indicado nos quesitos é a prática de **crime doloso punido com pena máxima superior a quatro anos**. Lembre de mencionar tal requisito (artigo 313, I, do CPP).

Por fim, quanto aos fundamentos, em síntese:

Garantia da ordem pública significa: a) reiteração delitiva; b) participação em organizações criminosas; c) gravidade em concreta da conduta;d) periculosidade social do agente; ou e) pelas circunstâncias em que praticado o delito *(modus operandi)* – tese 02, da edição 32, da jurisprudência em teses do STJ.

Conveniência da instrução criminal ocorre quando o autor do fato ameaça testemunhas, destrói provas (quando ele é um empecilho à colheita de material probante);

Garantia da aplicação da lei penal está presente quando o investigado tenciona fugir para se subtrair de futura sentença condenatória;

Garantia da ordem econômica significa periculosidade voltada à prática de crimes econômicos (contra ordem tributária, contra o sistema financeiro nacional, etc.).

4.4. A Prisão temporária

Trata-se de custódia cautelar decretada **apenas** no curso do inquérito policial (nos termos da Lei 7.960/89).

O **permissivo constitucional** (mesmo da prisão preventiva) é o artigo 5º, inciso LXI, da Constituição Federal (que reza que ninguém pode ser preso, senão em flagrante delito ou por ordem escrita e fundamentada de autoridade judiciária competente):

> Artigo 5º. (...)
>
> LXI – ninguém será preso senão em flagrante delito ou por ordem escrita e fundamentada de autoridade judiciária competente, salvo nos casos de transgressão militar ou crime propriamente militar, definidos em lei;

O estudo da **fundamentação legal** demanda análise do artigo 1º da Lei 7.960/89 – o delegado de polícia precisa demonstrar os requisitos autorizadores previstos no artigo 1º da referida lei (a cumulação dos incisos I e III ou II e III do artigo 1º):

> Art. 1º Caberá prisão temporária:
>
> I – quando imprescindível para as investigações do inquérito policial;
>
> II – quando o indicado não tiver residência fixa ou não fornecer elementos necessários ao esclarecimento de sua identidade;
>
> III – quando houver fundadas razões, de acordo com qualquer prova admitida na legislação penal, de autoria ou participação do indiciado nos seguintes crimes:
>
> a) homicídio doloso (art. 121, caput, e seu § 2º);
>
> b) sequestro ou cárcere privado (art. 148, caput, e seus §§ 1º e 2º);
>
> c) roubo (art. 157, caput, e seus §§ 1º, 2º e 3º);
>
> d) extorsão (art. 158, caput, e seus §§ 1º e 2º);
>
> e) extorsão mediante sequestro (art. 159, caput, e seus §§ 1º, 2º e 3º);
>
> f) estupro (art. 213, caput, e sua combinação com o art. 223, caput, e parágrafo único);
>
> g) atentado violento ao pudor (art. 214, caput, e sua combinação com o art. 223, caput, e parágrafo único);
>
> h) rapto violento (art. 219, e sua combinação com o art. 223, caput, e parágrafo único);
>
> i) epidemia com resultado de morte (art. 267, § 1º);
>
> j) envenenamento de água potável ou substância alimentícia ou medicinal qualificado pela morte (art. 270, caput, combinado com art. 285);
>
> l) quadrilha ou bando (art. 288), todos do Código Penal;
>
> m) genocídio (arts. 1º, 2º e 3º da Lei nº 2.889, de 1º de outubro de 1956), em qualquer de suas formas típicas;
>
> n) tráfico de drogas (art. 12 da Lei nº 6.368, de 21 de outubro de 1976);

o) crimes contra o sistema financeiro (Lei nº 7.492, de 16 de junho de 1986).

p) crimes previstos na Lei de Terrorismo.

Note que o inciso III do artigo 1º da Lei 7.960/89 sempre tem que estar presente (o crime apurado deve estar na lista).

Por óbvio, **<u>os crimes hediondos e os equiparados a hediondos</u>** também admitem prisão temporária (veja o artigo 1º da Lei 8.072/90):

> Art. 1º São considerados hediondos os seguintes crimes, todos tipificados no Decreto-Lei nº 2.848, de 7 de dezembro de 1940 – Código Penal, consumados ou tentados:
>
> I - homicídio (art. 121), quando praticado em atividade típica de grupo de extermínio, ainda que cometido por um só agente, e homicídio qualificado (art. 121, § 2º, incisos I, II, III, IV, V, VI, VII e VIII);
>
> I-A – lesão corporal dolosa de natureza gravíssima (art. 129, § 2º) e lesão corporal seguida de morte (art. 129, § 3º), quando praticadas contra autoridade ou agente descrito nos arts. 142 e 144 da Constituição Federal, integrantes do sistema prisional e da Força Nacional de Segurança Pública, no exercício da função ou em decorrência dela, ou contra seu cônjuge, companheiro ou parente consanguíneo até terceiro grau, em razão dessa condição;
>
> II - roubo:
>
> a) circunstanciado pela restrição de liberdade da vítima (art. 157, § 2º, inciso V);
>
> b) circunstanciado pelo emprego de arma de fogo (art. 157, § 2º-A, inciso I) ou pelo emprego de arma de fogo de uso proibido ou restrito (art. 157, § 2º-B);
>
> c) qualificado pelo resultado lesão corporal grave ou morte (art. 157, § 3º);
>
> III - extorsão qualificada pela restrição da liberdade da vítima, ocorrência de lesão corporal ou morte (art. 158, § 3º);
>
> IV - extorsão mediante sequestro e na forma qualificada (art. 159, **caput**, e §§ lº, 2º e 3º);
>
> V - estupro (art. 213, **caput** e §§ 1º e 2º);
>
> VI - estupro de vulnerável (art. 217-A, **caput** e §§ 1º, 2º, 3º e 4º);
>
> VII - epidemia com resultado morte (art. 267, § 1º).
>
> VII-A – (VETADO)
>
> VII-B - falsificação, corrupção, adulteração ou alteração de produto destinado a fins terapêuticos ou medicinais (art. 273, *caput* e § 1º, § 1º-A e § 1º-B, com a redação dada pela Lei nº 9.677, de 2 de julho de 1998).

VIII - favorecimento da prostituição ou de outra forma de exploração sexual de criança ou adolescente ou de vulnerável (art. 218-B, caput, e §§ 1º e 2º).

IX - furto qualificado pelo emprego de explosivo ou de artefato análogo que cause perigo comum (art. 155, § 4º-A).

Parágrafo único. Consideram-se também hediondos, tentados ou consumados:

I - o crime de genocídio, previsto nos arts. 1º, 2º e 3º da Lei nº 2.889, de 1º de outubro de 1956;

II - o crime de posse ou porte ilegal de arma de fogo de uso proibido, previsto no art. 16 da Lei nº 10.826, de 22 de dezembro de 2003;

III - o crime de comércio ilegal de armas de fogo, previsto no art. 17 da Lei nº 10.826, de 22 de dezembro de 2003;

IV - o crime de tráfico internacional de arma de fogo, acessório ou munição, previsto no art. 18 da Lei nº 10.826, de 22 de dezembro de 2003;

V - o crime de organização criminosa, quando direcionado à prática de crime hediondo ou equiparado.

Os crimes equiparados a hediondos são **terrorismo** (Lei 13.260/16), **tráfico de drogas** (Lei 11.343/06) e **tortura** (Lei 9.455/97).

O **prazo** de duração da prisão é de **cinco dias**, prorrogáveis por igual período em caso de extrema e comprovada necessidade. Caso o crime apurado seja hediondo ou equiparado a hediondo, o prazo será de **30 dias**, prorrogáveis por mais 30 dias (§ 4º do artigo 2º da Lei 8.072/90).

4.5. Interceptação telefônica

A interceptação telefônica é regulada pela Lei 9.296/96. Quanto ao **permissivo constitucional**, vide artigo 5º, XII, da Constituição Federal:

Artigo 5º. (...)

XII – é inviolável o sigilo da correspondência e das comunicações telegráficas, de dados e das comunicações telefônicas, salvo, no último caso, por ordem judicial, nas hipóteses e na forma que a lei estabelecer para fins de investigação criminal ou instrução processual penal;

O **fundamento legal** da interceptação telefônica, como dito, é a Lei 9.2.96/96 e o candidato deverá demonstrar a existência dos seguintes requisitos (artigo 2º do mandamento legal citado):

- Indícios de autoria ou participação em infração penal;
- Que a prova não pode ser produzida por outros meios disponíveis;
- Que o crime é punido com reclusão;

No que toca ao **prazo**, o candidato deverá pedir a interceptação das comunicações telefônicas por 15 dias (artigo 5º da Lei 9.296/96) – o prazo pode ser prorrogado quantas vezes for necessário, desde comprovada a indispensabilidade do meio de prova.

4.6. Infiltração policial

A infiltração policial é técnica investigativa prevista na Lei 12.850/13 (organizações criminosas), na Lei 11.343/06 (drogas) e na Lei 9.613/98 (lavagem de dinheiro).

O **fundamento legal** da medida, destarte, pode ser os artigos 10 a 14 da Lei 12.850/13 (se o quesito tratar de crimes praticados por organização criminosa), o artigo 53, I, da Lei 11.343/06 (se o quesito tratar de apuração ligada à prática de tráfico de drogas) ou o artigo 1º, § 6º da Lei 9.613/98 (se o quesito tratar de prática do crime de lavagem de dinheiro).

Será preciso **demonstrar** (nos termos do artigo 10, § 2º, da Lei 12.850/13):

- Indícios de prática de infração penal por organização criminosa;
- Que a prova não pode ser produzida por outro meio disponível;

No que toca ao **prazo**, o candidato deverá pleitear a infiltração policial por 6 meses (artigo 10, § 3º, da Lei 12.850/13) – o prazo pode ser prorrogado quantas vezes for necessário, desde comprovada a necessidade.

4.7. Infiltração policial virtual

A infiltração policial virtual é técnica investigativa prevista na Lei 8.069/90 (ECA) e na Lei 12.850/13 (organizações criminosas).

O **fundamento legal** da medida, destarte, pode ser os artigos 190-A e seguintes do ECA ou o artigo 10-A e seguintes da Lei 12.850/13.

Será preciso **demonstrar**: a) a necessidade da medida (indícios de autoria, prova da materialidade delitiva e que a prova não pode ser coligida por outro meio) para investigar um dos crimes listados no artigo 190-A do ECA, o alcance das tarefas do agente infiltrado, os nomes ou apelidos das pessoas investigadas (o que for possível, no momento que a medida for pleiteada) e, quando possível, os dados de conexão ou dados cadastrais que permitam a identificação dos investigados – artigo 190-A da Lei 8.069/90; b) a necessidade da medida (indícios de autoria, prova da materialidade e que a prova não pode ser coligida por outro meio) para investigar crimes praticados por organização criminosa e os conexos, o alcance das tarefas dos policiais, os nomes ou apelidos das pessoas investigadas e, quando possível, os dados de conexão ou cadastrais que permitam a identificação dessas pessoas - artigo 10-A da Lei 12.850/13;

No que toca ao **prazo**, o candidato deverá pleitear a infiltração policial virtual: a) por 90 dias prorrogáveis (até o limite de 720 dias), se calcada no ECA; b) por 6 meses prorrogáveis (até o limite de 720 dias), se calcada na Lei 12.850/13.

4.8. Captação ambiental de sinais

A captação ambiental de sinais é técnica investigativa prevista no artigo 3º, II, da Lei 12.850/13. O meio de obtenção de prova, depois do Pacote Anticrime, é regulado pelo artigo 8º-A da Lei 9.296/96.

Será preciso demonstrar: a) que a prova não pude ser feita por outros meios disponíveis e igualmente eficazes; e b) elementos probatórios razoáveis de autoria e participação em infrações criminais cujas penas máximas sejam superiores a 4 anos ou em infrações penais conexas.

O pleito deve ser dirigido ao juiz competente e o prazo da medida excepcional é de 15 dias, renovável sucessivas vezes, desde que seja comprovada a indispensabilidade do meio de obtenção de prova e quando presente atividade criminal permanente, habitual ou continuada.

4.9. Peças práticas de concursos públicos (e criadas pelo autor)

Por fim, cumpre analisar algumas peças (tanto de concursos públicos passados, quanto criadas por mim) para verificar como enfrentar a fase prática dos concursos de delegado de polícia.

4.10. Concurso de Delegado da Polícia Civil da Bahia 2013

Em 17/9/2012 (segunda-feira), por volta de 0h 50min, Douglas Aparecido da Silva foi alvejado por três disparos de arma de fogo quando se encontrava em frente à casa de sua namorada, Fernanda Maria Souza, na rua Serafim, casa 12, no bairro Boa Prudência, em Salvador – BA. A ação teria sido intentada por quatro indivíduos que, em um veículo sedã de cor prata, placa ABS 2222/BA, abordaram o casal e cobraram, mediante a ameaça de armas de fogo portadas por dois deles, determinada dívida de Douglas, proveniente de certa quantidade de crack que este teria adquirido dias antes, sem efetuar o devido pagamento.

Foi instaurado o competente inquérito policial, tombado, no 21º Distrito Policial, sob o nº 0021/2012, para apurar a autoria e as circunstâncias da morte de Douglas, constando no expediente que, na noite de 16/9/2012, por volta das

21 h, a vítima se encontrou com a namorada, Fernanda, e, após passarem em determinada festa de amigos, seguiram para a casa de Fernanda, no bairro Boa Prudência, onde Douglas a deixaria; o casal estava em um veículo utilitário de cor branca, placa JEL 9601/BA, de propriedade da vítima; na madrugada do dia seguinte, por volta de 0 h 40 min, quando já estavam parados em frente à casa de Fernanda, apareceu na rua um veículo sedã de cor prata, em que se encontravam quatro rapazes, que cobraram Douglas pelo "bagulho" e ameaçaram o casal com armas nas mãos, quando um dos rapazes deu dois tiros para o alto, momento em que Douglas e Fernanda se deitaram no chão. Em ato contínuo, um dos rapazes desceu do carro, chutou a cabeça de Douglas e, em seguida, desferiu três disparos em sua direção, atingindo-lhe fatalmente a cabeça e o tórax. Douglas faleceu ainda no local e os autores se evadiram logo após a conduta, lá deixando Fernanda a gritar por socorro.

Nos autos do inquérito, consta que foram ouvidos dois vizinhos de Fernanda que se encontravam, na ocasião dos fatos, na janela do prédio vizinho e narraram, em auto próprio, a conduta do grupo, indicando a placa do veículo sedã de cor prata (ABS 2222/BA) e a descrição física dos quatro indivíduos. Na ocasião, foram apresentadas fotografias de possíveis suspeitos às duas testemunhas, que reconheceram formalmente, conforme auto de reconhecimento fotográfico, dois dos rapazes envolvidos nos fatos: Ricardo Madeira e Cristiano Madeira.

Fernanda foi ouvida em termo de declarações e alegou conhecer dois dos autores, em específico os que empunhavam armas: Cristiano Madeira, vulgo Pinga, que portava um revólver e teria desferido dois tiros para o alto; e o irmão de Cristiano, Ricardo Madeira, vulgo Caveira, que, portando uma pistola niquelada, desferira os três tiros que atingiram a vítima. Fernanda afirmou desconhecer os outros dois elementos e esclareceu que poderia reconhecê-los formalmente, se fosse necessário. Ao final, noticiou que se sentia ameaçada, relatando que, logo após o crime, em frente à sua residência, um rapaz descera de uma moto e, com o rosto coberto pelo capacete, fizera menção que a machucaria caso relatasse à polícia o que sabia.

Em complementação à apuração da autoria, buscou-se identificar, embora sem êxito, os outros dois indivíduos que acompanhavam Ricardo e Cristiano na ocasião dos fatos.

Juntaram-se aos autos o laudo de exame de local de morte violenta, que evidencia terem sido recolhidos do asfalto dois projéteis de calibre 38, e o laudo de perícia papiloscópica, realizada em lata de cerveja encontrada nas proximidades do local, na qual foram constatados fragmentos digitais de uma palmar. Lançadas as digitais em banco de dados, confirmou-se pertencerem a Ricardo Madeira. Também juntou-se ao feito o laudo cadavérico da vítima, no qual se constata a retirada de três projéteis de calibre 380 do cadáver: um alojado no tórax e dois, no crânio.

Durante as diligências, apurou-se que o veículo sedã de cor prata, placa ABS 2222/BA, estava registrado em nome da genitora dos irmãos Cristiano Madeira e Ricardo Madeira, Maria Aparecida Madeira, residente na rua Querubim, casa 32, no bairro Boa Prudência, em Salvador - BA, onde morava na companhia dos filhos. Nos registros criminais de Cristiano, constam várias passagens por roubo e tráfico de drogas. No formulário de antecedentes criminais de Ricardo Madeira, também anexado aos autos, consta a prática de inúmeros delitos, entre os quais dois homicídios. Procurados pela polícia para esclarecerem os fatos, Cristiano e Ricardo não foram localizados, tampouco seus familiares forneceram quaisquer notícias de seus paradeiros, embora houvesse informações de que eles estariam na residência de seu tio, Roberval Madeira, situada na rua Bom Tempero, s/n, no bairro Nova Esperança, em Salvador - BA. Ambos foram indiciados nos autos como incursos nas sanções previstas no art. 121, § 2º, II e IV, do CP.

O inquérito policial tramitou pela delegacia, em diligências, durante vinte e cinco dias, encontrando-se conclusos para a autoridade policial que preside o feito, restando a complementação de inúmeras diligências visando identificar os outros dois autores e evidenciar, através de novas provas, a conduta dos indiciados.

Em face do relato acima apresentado, proceda, na condição de delegado de polícia que preside o feito, à remessa dos autos ao Poder Judiciário, representando pela (s) medida(s) pertinente(s) ao caso. Fundamente suas explanações e não crie fatos novos.

4.11. Comentários pertinentes

ACERCA DO ENDEREÇAMENTO

Qual o juízo competente?

- O juízo de Direito do Tribunal do Júri da Comarca de Salvador/BA, vez que foi praticado crime doloso contra a vida[1].

ACERCA DO PREÂMBULO

Qual a peça a ser elaborada?

- Perceba que o quesito informou que dois endereços e que revelou que provas importantes poderiam ser apreendidas nos locais - veículo usado para prática do crime, armas de fogo e os próprios

1 Em questões que cobrem o texto do Pacote Anticrime, o endereçamento deverá ser feito ao juízo das garantias competente.

indiciados. Destarte, o candidato deveria elaborar representação objetivando a BUSCA E APREENSÃO nos dois endereços fornecidos.

- Note também que o quesito afirmou que ainda estão pendentes de materialização "inúmeras diligências", o que indica que a custódia cautelar a ser demandada é a PRISÃO TEMPORÁRIA.

ACERCA DO RESUMO DOS FATOS

Os pleitos cautelares deviam ser dirigidos a quais investigados?

- Cristiano Madeira e Ricardo Madeira;

Qual foi o crime praticado?

- Homicídio qualificado, tipificado no artigo 121, § 2º, II e IV, do Código Penal – tipificação fornecida pelo próprio quesito;

ACERCA DA FUNDAMENTAÇÃO DOS PLEITOS CAUTELARES

- **Busca e apreensão:** artigo 5º, XI, da CF e artigo 240, § 1º, 'a', 'd' e 'h', do CPP;
- **Prisão temporária:** artigo 5º, LXI, da CF e artigo 1º, I e III, da Lei 7.960/89 c/c artigo 2º § 4º, da Lei 8.072/90;
- **Provas da materialidade:** exame de local de morte violenta e laudo cadavérico;
- **Indícios de autoria:** perícia papiloscópica; depoimento das testemunhas que afirmaram ter visto a placa do carro usado no crime (que pertence à mãe dos indiciados); reconhecimento fotográfico (pelas duas testemunhas e pela namorada da vítima);
- **Imprescindibilidade da prisão para investigação:** ameaça à namorada da vítima; ocultação dos indiciados, que optaram por não se apresentar; periculosidade.

ACERCA DA CONCLUSÃO

Quais os pedidos da representação?

- Expedição de mandados de busca e apreensão nos endereços de:
- **MARIA APARECIDA MADEIRA – RUA QUERUBIM, 32, BAIRRO BOA PROVIDÊNCIA, SALVADOR/BA;**
- **ROBERVAL MADEIRA – RUA BOM TEMPERO, S/N, BAIRRO NOVA ESPERANÇA, SALVADOR/BA);**
- Decretação da prisão temporária (pelo prazo de 30 dias) de:
- **CRISTIANO MADEIRA;**
- **RICARDO MADEIRA.**

SUGESTÃO DE RESPOSTA

EXCELENTÍSSIMO SENHOR JUIZ DE DIREITO DA VARA DO JÚRI DA COMARCA DE SALVADOR[2]

A POLÍCIA CIVIL DO ESTADO DA BAHIA, representada pelo Delegado de Polícia Civil que esta subscreve, no uso de suas atribuições legais, vem, perante Vossa Excelência, com fulcro nos artigos 240, § 1º, e seguintes do CPP e no artigo 1º, I e III, da Lei 7.960/89 c/c artigo 2º, § 4º, da Lei 8.072/90, **REPRESENTAR** pela **EXPEDIÇÃO DE MANDADOS DE BUSCA E APREENSÃO E DE PRISÃO TEMPORÁRIA**, medidas essas indispensáveis ao prosseguimento das investigações levadas a efeito no bojo do **INQUÉRITO POLICIAL 21/2012**, que tramita na Delegacia de Polícia Civil do 21º Distrito Policial.

1. O resumo fático.

Foi instaurado, por portaria, o inquérito policial nº 21/2012, com o fito de apurar as circunstâncias que gravitaram em torno da morte de DOUGLAS APARECIDO DA SILVA, alvejado com três disparos de arma de fogo na frente da casa de sua namorada, FERNANDA MARIA SOUZA, localizada na rua Serafim, 12, bairro Boa Prudência, Salvador/BA, fato havido na madrugada do dia 17 de setembro de 2012.

Segundo apurado, DOUGLAS e FERNANDA foram rendidos quando estavam na frente da casa desta por quatro indivíduos que estavam no veículo sedã de cor prata, placas ABS 2222/BA. Depois de cobrar DOUGLAS por suposta dívida resultante da compra de drogas de forma ameaçadora (um dos criminosos desferiu dois tiros para cima, com o fito de intimidá-lo, momento em que DOUGLAS e FERNANDA se jogaram no chão), um dos indivíduos chutou-lhe a cabeça e desferiu três disparos em sua direção, que acertaram na cabeça e no tórax.

Os vizinhos de FERNANDA foram oitivados e findaram reconhecendo em auto de reconhecimento por fotografia RICARDO MADEIRA e CRISTIANO MADEIRA como dois dos quatro criminosos (vide fls.).

FERNANDA, oitivada em termo de declarações confirmou a participação dos irmãos RICARDO e CRISTIANO MADEIRA (conhecidos pelos epítetos de PINGA e CAVEIRA, respectivamente), tendo afirmado que ambos estavam armados e que RICARDO foi quem atirou para cima para intimidar DOUGLAS e que CRISTIANO foi quem desferiu os disparos que ceifaram a vida de seu namorado (ela descreveu as armas de ambos – um revólver portado por RICARDO e uma pistola niquelada portada por CRISTIANO). Anote-se que ela se

2 Em questões que cobrem o texto do Pacote Anticrime, o endereçamento deverá ser feito ao juízo das garantias competente.

sente ameaçada, posto que logo após o crime um homem de capacete indicou que a machucaria, caso dissesse à polícia o que sabia.

Foram juntados aos autos: a) o laudo cadavérico da vítima (que demonstrou perfurações de projéteis calibre .380 – compatível com a pistola portada por CRISTIANO, de acordo com as declarações de FERNANDA); b) o laudo exame de local de morte violenta (que evidencia o recolhimento de dois projéteis calibre .38 (compatíveis com a arma que FERNANDA disse ter visto RICARDO portando); c) laudo de perícia papiloscópica feita em lata de cerveja apreendida nas proximidades do local do crime (que demonstra que os fragmentos digitais da palmar presentes na lata são de RICARDO MADEIRA).

Reforçando as provas de que os irmãos MADEIRA participaram do crime aqui apurado, constatou-se que o veículo sedã, cor prata, placa ABS 2222/BA pertence a MARIA APARECIDA MADEIRA, mãe dos irmãos. Todos (mãe e investigados) moram na rua Querubim, 32, bairro Boa Providência, Salvador/BA.

Tanto CRISTIANO como RICARDO possuem antecedentes criminais (o primeiro por roubos e tráfico e o segundo por homicídios). Eles não foram localizados para serem oitivados e familiares se negaram a informar seu paradeiro. Equipes desta unidade policial levantaram que os investigados podem estar homiziados na casa de ROBERVAL MADEIRA, tio de ambos, localizada na rua Bom Tempero, s/n, bairro Nova Esperança, Salvador/BA.

Diante do cabedal probante até então colhido, CRISTIANO e RICARDO foram indiciados nas penas do artigo 121, § 2º, II e IV, do Código Penal.

2. A prisão temporária.

A prisão dos investigados é imprescindível ao bom termo do inquérito policial. É necessária para que eles sejam interrogados, para que outras testemunhas sejam identificadas e ouvidas e mesmo para que seja possível identificar os outros dois criminosos envolvidos no delito apurado.

Restou demonstrado que RICARDO e CRISTIANO MADEIRA estão se escondendo, com o nítido objetivo de atrapalhar a investigação e se esquivar de futura responsabilização e que FERNANDA (namorada do morto) está sendo ameaçada.

O pleito aqui deduzido tem escora jurídica na Lei 7.960/89 (artigo 1º, incisos I e III). Vale dizer, os representados foram indiciados pela prática de crime listado no inciso III do citado artigo e a prisão deles é imprescindível ao bom andamento das investigações (inciso I).

Anote-se que por se tratar de crime hediondo, a custódia merece ser decretada pelo prazo de 30 dias, nos exatos termos do artigo 2º, § 4º, da Lei 8.072/90.

3. A busca e apreensão.

Afigura-se necessária a realização de busca nos endereços acima mencionados (na casa de MARIA APARECIDA MADEIRA e na residência de ROBERVAL MADEIRA). É que em ambos os locais podem ser arrecadadas provas muito importantes para o encerramento do caso (armas usadas no crime, munições, documentos, o carro usado no momento da ação, elementos que indiquem quem são os outros dois criminosos, dentre outras possibilidades), além da real possibilidade de prender os investigados já identificados (em caso do deferimento das prisões aqui representadas).

O pleito tem fundamento jurídico nos artigos 5º, XI, da Constituição Federal e 240, § 1º, do Código de Processo Penal.

4. Conclusão e pedidos.

Do exposto, abroquelado em todos os fundamentos de fato e de direito acima expendidos, representa a Autoridade Policial que esta subscreve, após manifestação do Ministério Público, pela:

Decretação da **PRISÃO TEMPORÁRIA** pelo prazo de 30 (trinta) dias das seguintes pessoas:

- **RICARDO MADEIRA,** filho de MARIA APARECIDA MADEIRA, residente na rua Querubim, 32, bairro Boa Providência, Salvador/BA;
- **CRISTIANO MADEIRA,** filho de MARIA APARECIDA MADEIRA, residente na rua Querubim, 32, bairro Boa Providência, Salvador/BA;

Expedição de mandados de **BUSCA E APREENSÃO** nos seguintes endereços:

- RUA QUERUBIM, 32, BAIRRO BOA PROVIDÊNCIA, SALVADOR/BA (casa de MARIA APARECIDA MADEIRA, mãe dos indiciados CRISTIANO e RICARDO MADEIRA) – objetivando a apreensão do carro usado para prática do crime, armas usadas no crime e a prisão dos indiciados;
- RUA BOM TEMPERO, S/N, BAIRRO NOVA ESPERANÇA, SALVADOR/BA (casa de ROBERVAL MADEIRA, tio de ambos) – objetivando a apreensão das armas usadas no crime e a prisão dos indiciados;

Por fim, considerando que a decretação da prisão temporária aqui representada não influi no prazo para conclusão das investigações e que restam apenas cinco dias para o fim do prazo legal, requer o signatário desta peça que seja o prazo de conclusão do apuratório prorrogado, na forma do artigo 10, parágrafo 3º, do CPP.

Salvador __/__/_____

Atenciosamente,

Delegado de Polícia Civil

ESPELHO DE CORREÇÃO

Quesitos avaliados	Faixa de valor
Apresentação e estrutura textual (legibilidade, respeito às margens e indicação de parágrafos)	0,00 a 0,50
Endereçamento ao Juiz do Tribunal do Júri de Salvador/BA	0,00 a 1,50
Pedido de prisão temporária	0,00 a 2,00
Fundamentação (pressupostos e motivação legal	0,00 a 2,50
Pedido de busca e apreensão do veículo e busca e apreensão na residência da genitora e do tio dos indiciados (pressuposto e fundamentação legal)	0,00 a 2,00
Prazo de prisão temporária pela prática de crime hediondo	0,00 a 1,50
Total	10,0

4.12. Concurso de Delegado de Polícia Civil do Tocantins 2014

J. C., primário e de bons antecedentes, responde, em liberdade, a inquérito policial por suposta prática do crime de estelionato, na modalidade de fraude no pagamento por meio de cheque (art. 171, § 2º, VI, Código Penal), contra a vítima I. A. O cheque, devolvido por ausência de fundos, encontra-se juntado aos autos do inquérito. Chegou ao conhecimento da autoridade policial, todavia, pelos depoimentos da vítima e das testemunhas A. V. e P. A., que J. C. estaria rondando o bairro em que se deram os fatos, em atitude claramente ameaçadora. Na condição de Delegado de Polícia responsável pelo caso, represente à autoridade competente pela decretação da prisão provisória cabível na hipótese apresentada.

4.13. Comentários pertinentes

ACERCA DO ENDEREÇAMENTO

Qual o juízo competente?

- O juízo competente não foi informado no quesito. Faça endereçamento genérico.

ACERCA DO PREÂMBULO

Qual a peça a ser elaborada?

- O quesito fala que o investigado vem rondando ameaçadoramente o bairro onde o fato ocorreu (prisão preventiva por conveniência da instrução criminal).

ACERCA DO RESUMO DOS FATOS

Quais os crimes praticados?

- O próprio quesito informou: artigo 171, § 2º, VI, Código Penal;

ACERCA DA FUNDAMENTAÇÃO DOS PLEITOS CAUTELARES

- **Prisão preventiva:** artigo 5º, LXI, da CF e artigos 311 e seguintes do CPP;
- **Provas da materialidade/indícios de autoria**[3]**:** cheque encartado aos autos;
- **Requisito e fundamento da preventiva:** o crime apurado tem pena superior a quatro anos e é doloso; está presente o fundamento da preventiva "conveniência da instrução criminal".

ACERCA DA CONCLUSÃO

Quais os pedidos da representação?

- Decretação da prisão preventiva do indiciado.

4.14. Concurso de Delegado de Polícia Civil do Ceará 2015

No dia 10 de outubro de 2014, às 21 horas, a viatura de patrimônio 22 356, da Polícia Militar, foi acionada para atender um início de tumulto na Avenida Beira-Mar, altura do nº 3800. Os soldados, Francis e Deodato, ao chegarem ao local encontraram alguns populares, que imediatamente se dispersaram, restando Anita Medeiros e Renato de Oliveira, contido pelo policial Francis, ao tentar se evadir, em razão dos gritos de "foi ele, foi ele que matou meu pai", pronunciados por Anita.

3 Em um quesito atual, seria necessário demonstrar o "perigo gerado pelo estado de liberdade do imputado", na forma determinada pelo Pacote Anticrime.

As partes foram conduzidas ao plantão do 8º Distrito Policial, ocasião em que Anita relatou que no dia 5 de setembro de 2014 estava com seu pai, Alfredo Medeiros, no carro da família dirigido por ele e, por volta das 22 horas, ao pararem no sinal vermelho, na Avenida Bernardo Manuel, esquina com a Rua Cristo Redentor, foram abordados por Renato, que anunciou o assalto e mandou que ambos saíssem do carro.

Assustado, Alfredo fez um movimento imediato para tirar o cinto de segurança, quando Renato disparou a arma de fogo que apontava todo o tempo para Alfredo. O tiro acertou a cabeça do pai de Anita, que morreu na hora. Renato, antes de fugir, ainda pegou o celular que estava no bolso da camisa de Alfredo.

Nesta data, ao sair de uma feirinha de artesanato, Anita avistou Renato em meio a um grupo de pessoas que parecia usar drogas, reconheceu-o e começou a gritar para que alguém o detivesse, quando então algumas pessoas o seguraram até a polícia chegar.

O boletim de ocorrência havia sido registrado nessa unidade policial, mas o apuratório penal não havia sido deflagrado ainda.

Renato de Oliveira, ao ser interrogado, negou ter cometido qualquer crime, bem como qualquer envolvimento com drogas. Não soube ou não quis informar seu endereço residencial, afirmando que dorme nos locais onde faz "bicos" como pintor, pois não tem emprego fixo.

Maria de Oliveira, ao ser avisada sobre a detenção de seu filho, Renato, compareceu à Delegacia de Polícia e garantiu a inocência dele, complementou que ele não mora mais com ela, é viciado em drogas, porém não é ladrão.

A pesquisa relativa aos antecedentes criminais apontou que Renato já cumpriu pena pelo crime de tráfico de entorpecentes e foi posto em liberdade em dezembro de 2013.

Formalizadas a portaria inaugural, as declarações da filha da vítima, de Maria de Oliveira, o auto de reconhecimento, o interrogatório e o indiciamento de Renato, no inquérito policial, como Delegado de Polícia responsável pelas atividades de Polícia Judiciária, redija a peça processual adequada à continuidade das investigações do crime que vitimou Alfredo Medeiros, fundamente e motive.

4.15. Comentários pertinentes

ACERCA DO ENDEREÇAMENTO

Qual o juízo competente?

- O juízo competente não foi informado no quesito (como se tratava de concurso para Polícia Civil do Estado do Ceará, o endereçamento poderia ser feito a uma das varas criminais, competente por distribuição, na Comarca de Fortaleza)[4].

ACERCA DO PREÂMBULO

Qual a peça a ser elaborada?

- O quesito fala "redija a peça processual adequada à continuidade das investigações" e que o investigado "não soube ou não quis informar seu endereço residencial, afirmando que dorme nos locais onde faz "bicos" como pintor, pois não tem emprego fixo" - isso demonstra que a opção da banca foi pela prisão temporária.

ACERCA DO RESUMO DOS FATOS

Qual o crime praticado?

- Latrocínio - tipificado no artigo 157, § 3º, do CP.

ACERCA DA FUNDAMENTAÇÃO DOS PLEITOS CAUTELARES

- **Prisão temporária:** artigo 5º, LXI, da CF e artigo 1º, incisos I, II e III, 'c', da Lei 7.960/89 c/c o artigo 2º, § 4º, da Lei 8.072/90;
- **Provas da materialidade/indícios de autoria:** laudo de exame cadavérico da vítima, declarações da filha da vítima, auto de reconhecimento de pessoa;
- **Requisitos legalmente determinados:** a prisão é imprescindível para o desenrolar das investigações e o indiciado não tem residência fixa; o crime de latrocínio está no rol de crimes do artigo 1º, III, da Lei 7.960/89. A prisão temporária tem prazo de 30 dias, em face do preceituado pela Lei 8.072/90.

ACERCA DA CONCLUSÃO

Qual o pedido da representação?

- Decretação da prisão temporária do indiciado.

4.16. Concurso de Delegado de Polícia Civil do Mato Grosso do Sul 2017

Após autorização pelo juízo da 1ª Vara Criminal de determinada capital brasileira para realização de interceptação de comunicações telefônicas, visando à investigação do crime de lavagem de dinheiro, colheu-se a informação da prática do crime de tráfico ilícito de drogas por membros da facção conhecida

4 Em questões que cobrem o texto do Pacote Anticrime, o endereçamento deverá ser feito ao juízo das garantias competente.

como "CZN" (Comando Zona Norte), integrada pelos condenados Wesley Ferreira, Daniel Inocêncio, Lindomar Praxedes e Ribamar das Nevez, que cumprem penas, pela prática de crime de roubo (art. 157 do Código Penal), há pelo menos 15 meses na mesma cela em Penitenciária Estadual de Segurança Máxima. Baseado nessas informações foi instaurado novo Inquérito Policial, para apurar eventual prática de tráfico de drogas e/ou de outros ilícitos. Dos esforços investigativos, inclusive advindos de nova interceptação de comunicações telefônicas autorizadas pelo juízo da 2ª Vara Criminal da mesma capital, foi possível compreender que todo o gerenciamento e a divisão de tarefas são definidos verbalmente entre os suspeitos, no interior do estabelecimento prisional, bem como se constatou que os referidos reclusos vêm cooptando outros membros, inclusive não aprisionados, visando a integrar a facção e ampliar seu poder de atuação. Não obstante, não foi possível estabelecer indícios suficientes de autoria e prova cabal da materialidade delitiva, razão pela qual não se concluiu o Inquérito Policial.

Em face do caso narrado, na qualidade de Delegado de Polícia responsável pela investigação, elabore, fundamentadamente, a medida pertinente ao caso, visando à constituição de justa causa para o oferecimento de eventual ação penal.

4.17. Comentários pertinentes

ACERCA DO ENDEREÇAMENTO

Qual o juízo competente?

- O quesito não informou a comarca onde tramitava a investigação (limitou-se a dizer que ela corria em determinada capital brasileira). Outrossim, a leitura atenta da questão revela que o juízo prevento para apreciar a representação a ser elaborada pelo candidato era o da 2ª Vara Criminal (de determinada capital brasileira)[5].

ACERCA DO PREÂMBULO

Qual a peça a ser elaborada?

- A questão permitia duas respostas: infiltração policial e captação ambiental de sinais acústicos. Isso com base em duas informações relevantes: a) que a facção criminosa estava cooptando novos membros (o que autoriza a confecção de representação pugnando pela infiltração policial); b) que o gerenciamento e a divisão de tarefas

---

5 Em questões que cobrem o texto do Pacote Anticrime, o endereçamento deverá ser feito ao juízo das garantias competente.

criminosas é feita no interior do estabelecimento carcerário e que os integrantes identificados da organização criminosa estão na mesma cela (o que permite a confecção de representação pugnando a captação ambiental de sinais acústicos).

ACERCA DO RESUMO DOS FATOS

Quais os crimes praticados?

- Tráfico de drogas (artigo 33 da Lei 11.343/06) e participação em organização criminosa (artigo 2º da Lei 12.850/13).

ACERCA DA FUNDAMENTAÇÃO DOS PLEITOS CAUTELARES

- Se o candidato optou por **infiltração policial:** artigos 10 e seguintes da Lei 12.850/13 e artigo 53, I, da Lei 11.343/06;
- Se o candidato optou por **captação de sinais acústicos:** artigo 3º, II, da Lei 12.850/13[6];
- É necessário deixar claro que a prova não pode ser produzida por outros meios e que já foi tentada, sem êxito, medida cautelar de interceptação telefônica (que deixou claro a existência da organização criminosa voltada à prática de tráfico de drogas, mas que não foi hábil para individualizar as condutas dos investigados.

ACERCA DA CONCLUSÃO

Quais os pedidos da representação?

- Se o pleito for de infiltração policial, a representação deverá pugnar pela infiltração do policial designado na cela dos investigados pelo prazo de 6 meses (artigo 10, § 3º, da Lei 12.850/13);
- Se o pleito for de captação de sinais acústicos, a representação deverá pugnar pela instalação discreta de escuta no interior da cela dos investigados.

4.18. Quesito criado pelo autor da obra

A Polícia Civil do Estado de Alagoas recebeu, no mês de março de 2017, requisição para instauração de inquérito policial do Ministério Público, noticiando: a) que João Populista, vereador pelo Município de Maceió/AL, nomeou pessoas como assessores parlamentares da Câmara de Vereadores; b) que tais indivíduos não trabalharam efetivamente; e c) que concordaram em repassar grande parte dos seus rendimentos ao parlamentar.

6 Em um quesito atual, os requisitos para materialização da captação ambiental de sinais estariam no artigo 8º-A da Lei 9.296/96.

O esquema contaria, segundo dados repassados por duas testemunhas formalmente ouvidas (Pedro Correto e Gildete Retilínea), com a participação dos assessores parlamentares Maria da Ostentação, Orlando Dúbio e José do Esquema e de outras três pessoas, a saber: Josefa Laranja, Ivo Treinador e Joana Doméstica.

Segundo relatado pelas citadas testemunhas, o esquema criminoso durou de outubro de 2016 a fevereiro de 2017, data em que foram publicadas as exonerações de Mario, Josefa, Ivo e Joana da Câmara de Vereadores de Maceió.

Instaurado o inquérito policial 32/2017, materializadas diligências de campo, análise de bancos de dados e representada e deferida a quebra de sigilo bancário dos investigados pelo juízo da 1ª Vara Criminal da Comarca de Maceió, restou evidenciado intrincado esquema (com clara divisão de tarefas), comandado pelo vereador, com a participação de seus assessores Maria da Ostentação, Orlando Dúbio e José do Esquema, que se iniciou com a nomeação de Josefa Laranja, Ivo Treinador e Joana Doméstica como assessores parlamentares da Câmara de Vereadores de Maceió/AL, por indicação do parlamentar João Populista.

Os três não trabalharam efetivamente na Casa de Leis e repassaram grande parte dos seus vencimentos ao parlamentar – o dinheiro era repassado via transferências bancárias ou era entregue diretamente ao vereador ou a seus comandados – Maria, Orlando e José – sempre no quarto 22 da Pousada Diamante, localizada na cidade de Maceió/AL (eles se hospedavam na pousada e eram "visitados" pelos "assessores"). Levantamento de campo constatou que a pousada conta com computador que registra os dados dos seus hóspedes e câmeras de circuito interno que têm capacidade de armazenar as imagens gravadas por oito meses.

Foi descoberto que Josefa Laranja, Joana Doméstica e Ivo Treinador foram nomeados assessores parlamentares da Câmara de Vereadores, mas que, na verdade, trabalhavam, no mesmo período (e com suas carteiras assinadas), respectivamente, na Associação de Trabalhadores Rurais de Maceió/AL, na residência do vereador (localizada na rua da propina, 171, Maceió/AL) e no clube de futebol Craques do Litoral – eles tinham total ciência do esquema – recebiam 10% dos vencimentos auferidos nos cargos públicos e repassavam o restante ao vereador, a Maria da Ostentação, Orlando Dúbio e a José do Esquema, mês a mês (via transferência bancária ou pessoalmente, no quarto da Pousada Diamante).

Restou evidenciado que as carteiras de trabalho assinadas pelos reais empregadores e as folhas de ponto de Josefa, Joana e Ivo estavam arquivadas em seus respectivos locais de trabalho.

Restou levantado que os extratos das transferências bancárias e dos saques realizados, anotações da contabilidade do esquema criminoso e os termos de posse de Josefa, Joana e Ivo (assinados por Maria da Ostentação, Orlando Dúbio e José do Esquema, por procuração) ficavam guardados no gabinete do vereador, na Câmara de Vereadores.

As testemunhas relataram que ouviram conversas travadas entre João Populista, José do Esquema, Orlando Dúbio e Maria da Ostentação, na qual os interlocutores tramavam a destruição de todas as provas dos crimes perpetrados pelo grupo criminoso (a ação incluiria ainda ameaça dirigida aos laranjas, usados no esquema). Não há indicativo de que os laranjas participariam da ação de destruição de provas.

Na condição de delegado (a) de polícia, apresente a(s) medida(s) investigativas pertinente(s) ao caso, com análise técnico-jurídica das condutas. Fundamente suas explanações e não crie fatos novos.

4.19. Comentários Pertinentes

ACERCA DO ENDEREÇAMENTO

Qual o juízo competente?

- O juízo de Direito da 1ª. Vara Criminal da Comarca de Maceió/AL, porque consta no quesito que ele já havia deferido medida cautelar de quebra de sigilo bancário (era prevento). Note que só há competência do Tribunal de Justiça para julgar vereador, se houver previsão na respectiva Constituição Estadual (vide Informativo 492 do STJ - 09/03/2012)[7].

ACERCA DO PREÂMBULO

Qual a peça a ser elaborada?

- Perceba que o quesito informou que vários endereços onde poderiam ser apreendidas provas importantes - comprovantes de saques, de transferências, termos de posse, computador com registro de hóspedes da pousada, câmeras de vídeo da pousada, etc. Destarte, o candidato deveria elaborar representação objetivando a BUSCA E APREENSÃO nos endereços fornecidos.
- Note também que o quesito afirmou que os quatro principais investigados estavam planejando destruir provas e ameaçar outros

7 Em questões que cobrem o texto do Pacote Anticrime, o endereçamento deverá ser feito ao juízo das garantias competente.

integrantes do esquema, o que indica necessidade de decretação de custódia cautelar - PRISÃO PREVENTIVA.

ACERCA DO RESUMO DOS FATOS

Os pleitos cautelares deviam ser dirigidos a quais investigados?

- Buscas na Câmara de Vereadores (gabinete do vereador investigado), casa do vereador, na Associação de Trabalhadores Rurais de Maceió/AL, no clube de futebol Craques do Litoral e na Pousada Diamante;
- Prisão de João Populista, Orlando Dúbio, Maria da Ostentação e José do Esquema.

Quais os crimes praticados?

- Peculato (desvio) - tipificado no artigo 312 do Código Penal - e participação em organização criminosa - tipificado no artigo 2º da Lei 12.850/13.

ACERCA DA FUNDAMENTAÇÃO DOS PLEITOS CAUTELARES

- **Busca e apreensão:** artigo 5º, XI, da CF e artigo 240, § 1º, 'a', 'd' e 'h', do CPP;
- **Prisão preventiva:** artigo 5º, LXI, da CF e artigos 311 e seguintes do CPP;
- **Provas da materialidade/indícios de autoria**[8]**:** depoimento de testemunhas, resultado dos levantamentos de campo e da quebra de sigilo bancário;
- **Requisito e fundamento da preventiva:** os crimes apurados têm pena superior a quatro anos e são dolosos; está presente o fundamento da preventiva "conveniência da instrução criminal".

ACERCA DA CONCLUSÃO

Quais os pedidos da representação?

- Expedição de mandados de busca e apreensão nos endereços de:
- **Pousada Diamante, no gabinete do vereador na Câmara, na casa do vereador, na Associação de Trabalhadores Rurais e no Craques do Litoral;**
- Decretação da prisão preventiva de:
- **João Populista, Orlando Dúbio, Maria da Ostentação e José do Esquema.**

8 Em um quesito atual, seria necessário demonstrar o "perigo gerado pelo estado de liberdade do imputado", na forma determinada pelo Pacote Anticrime.

SUGESTÃO DE RESPOSTA

EXCELENTÍSSIMO SENHOR JUIZ DE DIREITO DA 1ª VARA CRIMINAL DA COMARCA DE MACEIÓ/AL

A POLÍCIA CIVIL DO ESTADO DE ALAGOAS, representada pelo Delegado de Polícia Civil que esta subscreve, no uso de suas atribuições legais, vem, perante Vossa Excelência, com fulcro nos artigos 240, § 1º, e seguintes do CPP e nos artigos 311 e seguintes do Código de Processo Penal, **REPRESENTAR** pela **EXPEDIÇÃO DE MANDADOS DE BUSCA E APREENSÃO E DE PRISÃO PREVENTIVA**, medidas essas indispensáveis ao prosseguimento das investigações levadas a efeito no bojo do **INQUÉRITO POLICIAL 32/2017**.

1. O resumo fático.

Foi instaurado, por portaria, o inquérito policial nº 32/2017, com o fito de apurar notícia de que o vereador João Populista, com o auxílio de Maria da Ostentação, Orlando Dúbio e José do Esquema, materializou nomeação de laranjas na Câmara de Vereadores de Maceió.

Segundo apurado, Josefa Laranja, Joana Doméstica e Ivo Treinador foram nomeados assessores parlamentares da Câmara de Vereadores, mas, na verdade, trabalhavam, respectivamente, na Associação de Trabalhadores Rurais de Maceió/AL, na residência do prefeito (localizada na rua da propina, 171, Maceió/AL) e no clube de futebol Craques do Litoral. Estes investigados tinham total ciência do esquema, recebiam 10% dos vencimentos auferidos nos cargos públicos e repassavam o restante ao vereador e seus comandados, mês a mês (via transferência bancária ou pessoalmente, no quarto 22 da Pousada Diamante, localizada em Maceió/AL).

O esquema criminoso era liderado pelo vereador João Populista, com a participação de seus assessores Orlando Dúbio, Maria da Ostentação e José do Esquema. Os laranjas ficavam com 10% dos vencimentos auferidos e repassavam o restante ao parlamentar e seus asseclas.

As provas até então produzidas (resultantes de colheita de depoimentos de testemunhas, de quebra de sigilo bancário, de análise de bancos de dados e de trabalho de campo) demonstram que o dinheiro desviado dos cofres públicos era repassado no quarto 22, da Pousada Diamante, localizada em Maceió/AL ou via transferências bancárias.

Foi apurado ainda que documentos importantes (extratos, comprovantes de transferências, comprovantes de empréstimos tomados pelos laranjas em favor do esquema) estão no gabinete do vereador João Populista na Câmara de Vereadores.

A investigação deixou claro que documentos que demonstram que os laranjas (Josefa Laranja, Joana Doméstica e Ivo Treinador) não trabalhavam na Câmara de Vereadores e sim, respectivamente, na Associação de Trabalhadores Rurais de Maceió/AL, na residência do prefeito – localizada na rua da propina, 171, Maceió/AL – e no clube de futebol Craques do Litoral, podem ser apreendidos nesses endereços.

Por fim, cumpre salientar que os investigados João Populista, Orlando Dúbio, Maria da Ostentação e José do Esquema estão planejando destruir todos os rastros do esquema criminoso (ameaçando, inclusive, os laranjas).

A investigação demonstrou a prática, pelos investigados dos crimes de peculato, tipificado no artigo 312 do Código Penal, e participação em organização criminosa, tipificado no artigo 2º da Lei 12.850/13 – todos foram indiciados nas penas destes crimes.

2. A busca e apreensão.

Afigura-se necessária a realização de busca nos endereços acima mencionados (**Pousada Diamante, no gabinete do vereador João Populista na Câmara de Vereadores, na casa do vereador João Populista, na Associação de Trabalhadores Rurais e no Craques do Litoral**). É que em ambos os locais podem ser arrecadadas provas muito importantes para o encerramento do caso (computador que registrou a hospedagem dos investigados para tratativas ilícitas, câmeras do circuito interno da pousada, extratos, comprovantes de empréstimos, folhas de ponto dos laranjas, CTPS destes, dentre outras provas).

O pleito tem fundamento jurídico nos artigos 5º, XI, da Constituição Federal e 240, § 1º, do Código de Processo Penal.

3. A prisão preventiva.

A investigação demonstrou que João Populista, Orlando Dúbio, Maria da Ostentação e José do Esquema tencionam destruir documentos que demonstram as práticas delitivas e que tencionam ameaçar os laranjas.

Os pressupostos do cárcere estão presentes – há prova da materialidade delitiva e indícios suficientes de autoria (os laranjas efetivamente foram assessores parlamentares e transferiram dinheiro ao vereador e seus asseclas – há quebra de sigilo bancário, prova testemunhal, diligências de campo e análise de bancos de dados).

O requisito reclamado pelo artigo 313 do CPP está presente – os crimes são dolosos e punidos com pena máxima superior a quatro anos.

O fundamento conveniência da instrução criminal é evidente, tal qual informado supra (os investigados querem destruir provas e ameaçar outros integrantes do esquema). A medida extrema se impõe e tem lastro nos artigos 311 e seguintes do CPP.

4. Conclusão e pedidos.

Do exposto, abroquelado em todos os fundamentos de fato e de direito acima expendidos, representa a Autoridade Policial que esta subscreve, após manifestação do Ministério Público, pela:

a) Decretação da **PRISÃO PREVENTIVA** das seguintes pessoas:

- **JOÃO POPULISTA, ORLANDO DÚBIO, MARIA DA OSTENTANÇÃO e JOSÉ DO ESQUEMA**;

b) Expedição de mandados de **BUSCA E APREENSÃO** nos seguintes endereços:

- **Câmara de Vereadores de Maceió – gabinete do Vereador JOÃO POPULISTA** – objetivando a apreensão de extratos, comprovantes de transferências, termos de posse dos laranjas, dentre outros documentos;
- **Pousada Diamante, localizada em Maceió/AL** – apreensão do computador que registra as hospedagens e os vídeos das câmeras de segurança;
- **Associação de Trabalhadores Rurais de Maceió/AL** – apreensão da CTPS e folhas de ponto de JOSEFA LARANJA;
- **Rua da propina, 171, Maceió/AL – casa do Vereador JOÃO POPULISTA** – apreensão da CTPS e folhas de ponto de JOANA DOMÉSTICA;
- **Clube de futebol Craques do Litoral** – apreensão da CTPS e folhas de ponto de IVO TREINADOR;

Maceió__/__/_____

Atenciosamente,

Delegado de Polícia Civil

ESPELHO DE CORREÇÃO

Quesitos avaliados	Faixa de valor
Apresentação e estrutura textual (legibilidade, respeito às margens e indicação de parágrafos)	0,00 a 1,00
Endereçamento ao juízo da 1ª Vara Criminal da Comarca de Maceió/AL	0,00 a 1,50
Tipificação dos crimes praticados (peculato e participação em organização criminosa)	0,00 a 2,50
Pedido de busca e apreensão – na Pousada Diamante, no gabinete do vereador na Câmara, na casa do vereador, na Associação de Trabalhadores Rurais e no Craques do Litoral – indiciando objetos a apreender e a fundamentação legal	0,00 a 2,50
Pedido de prisão preventiva de João Populista, Orlando Dúbio, Maria da Ostentação e José do Esquema – com respectiva fundamentação legal	0,00 a 2,50
Total	10,0

4.20. Quesito criado pelo autor da obra

Maria Chiquinha procurou a Delegacia de Polícia Civil da sua área, na cidade de Recife/PE, para relatar que sua filha de 5 anos de idade narrou que o zelador da escolinha onde ela estuda fotografou as crianças da sala dela enquanto elas tomavam banho. A mãe e sua filha foram ouvidas.

O Delegado de Polícia, de pronto, instaurou inquérito policial, determinou materialização de diligência velada no estabelecimento de ensino e obteve, com total apoio da direção da escola, as câmeras que filmavam os corredores da escola e os dados do suspeito, identificado como João dos Santos, residente na rua da Consolação, 320, Recife/PE.

Foi possível detectar, pela análise das imagens, que pouco antes das crianças chegarem para banho, João dos Santos adentrou banheiro infantil e só saiu de lá depois que todas as crianças deixaram o ambiente.

Ouvidos Pedro Alcântara e José Túlio, colegas de trabalho do zelador, eles disseram que João dos Santos efetivamente apresenta comportamento estranho. Pedro afirmou em seu depoimento que João chegou a mostrar a foto de uma criança nua em seu celular, perguntando se ele "gostava desse tipo de parada". Pedro disse que João contou que nunca teve coragem de tocar fisicamente nenhuma criança, mas que confessou que tinha em sua casa muitas fotos e vídeos gravados em seu computador pessoal, que sempre entrava no banheiro para fotografar as crianças nuas e que mandava ditas fotos e outras que possuía para um amigo que também mora em Recife, via aplicativo de mensagens. Esse indivíduo não foi identificado.

Diante do quanto narrado, sendo o Delegado de Polícia que conduz a investigação, tipifique o(s) crime(s) praticado(s) e produza a peça cautelar adequada à investigação em curso. Não crie fatos novos.

4.21. Comentários pertinentes

ACERCA DO ENDEREÇAMENTO

Qual o juízo competente?

- O juízo criminal de Direito competente por distribuição da Comarca de Recife/PE – mesmo a prática do crime tipificado no artigo 241-A do ECA é da competência da justiça estadual, vez que a transmissão do material proibido é feita dentro do Brasil – não há internacionalidade da conduta – vide Informativo 603 do STJ – de 07/06/17[9].

ACERCA DO PREÂMBULO

Qual a peça a ser elaborada?

- Perceba que o quesito informou que no endereço do investigado poderia ser apreendido material proscrito envolvendo pornografia (fotos e vídeos de crianças e adolescentes). Destarte, o candidato deveria elaborar representação objetivando a BUSCA E APREENSÃO no endereço fornecido;
- Note também que o quesito afirmou que o investigado vem praticando repetidamente os crimes apurados, o que demonstra sua periculosidade (a autorizar a sua prisão preventiva para garantia da ordem pública).

ACERCA DO RESUMO DOS FATOS

Quais os crimes praticados?

- Os tipificados nos artigos 240, 241-A e 241-B do ECA.

ACERCA DA FUNDAMENTAÇÃO DOS PLEITOS CAUTELARES

- **Busca e apreensão:** artigo 5º, XI, da CF e artigo 240, § 1º, 'a', 'e' e 'h', do CPP;

9 Em questões que cobrem o texto do Pacote Anticrime, o endereçamento deverá ser feito ao juízo das garantias competente.

- **Prisão preventiva:** artigo 5º, LXI, da CF e artigos 311 e seguintes do CPP;
- **Provas da materialidade/indícios de autoria**[10]**:** depoimento de testemunhas/declarante, resultado das análises das câmeras da escola;
- **Requisito e fundamento da preventiva:** os crimes apurados têm pena superior a quatro anos e são dolosos; está presente o fundamento da preventiva "garantia da ordem pública".

ACERCA DA CONCLUSÃO

Quais os pedidos da representação?

- Expedição de mandado de busca e apreensão no endereço do investigado;
- Decretação da prisão preventiva do indiciado.

ESPELHO DE CORREÇÃO

Quesitos avaliados	Faixa de valor
Apresentação e estrutura textual (legibilidade, respeito às margens e indicação de parágrafos)	0,00 a 1,00
Endereçamento ao juízo criminal competente por distribuição de Recife/PE	0,00 a 1,50
Representação pela prisão preventiva do indiciado, com fundamento na garantia da ordem pública;	0,00 a 2,50
Representação pela busca e apreensão (apreensão do celular, computador e mídias do investigado)	0,00 a 2,50
Indicação da prática dos crimes tipificados nos artigos 240, 241-A e 241-B do Estatuto da Criança e do Adolescente	0,00 a 2,50
Total	10,0

4.22. Quesito criado pelo autor da obra

A Polícia Federal no Amazonas foi informada da existência de rota de tráfico internacional de cocaína partindo do aeroporto de Manaus, com destino aos Estados Unidos.

10 Em um quesito atual, seria necessário demonstrar o "perigo gerado pelo estado de liberdade do imputado", na forma determinada pelo Pacote Anticrime.

Segundo relato, parentes de presos viajam para o exterior com volumes de droga amarrados ao corpo e, ao desembarcarem em solo americano, são contatados por criminosos a quem entregam o entorpecente.

O recrutamento dos presos recém-chegados à Cadeia Pública de Manaus ocorre ao ar livre, durante os banhos de sol. Levantamentos preliminares indicam que DARIO, ADRIANO, JOAQUIM e PICOLÉ, todos presos na Cadeia Pública de Manaus, fazem parte do grupo estruturado e com divisão informal de tarefas que remete drogas aos Estados Unidos.

Os rendimentos auferidos pela prática delitiva são convertidos em bens móveis e imóveis comprados em nome de laranjas ainda não identificados. Para apurar cabalmente o(s) crime(s) citado(s), foi instaurado o inquérito policial 345/2018.

Em face do caso narrado, na qualidade de Delegado de Polícia Federal responsável pela investigação, elabore, fundamentadamente, a(s) medida(s) pertinente(s) ao caso, para que todos os envolvidos sejam devidamente identificados (e para que a atuação policial se dê no momento mais oportuno), tipifique o(s) crime(s) praticado(s) e enderece o pleito ao juízo competente.

4.23. Comentários pertinentes

Trata-se de inquérito policial instaurado para apurar os crimes de tráfico internacional de entorpecentes, participação em organização criminosa e lavagem de dinheiro, tipificados nos artigos 33 c/c 40, I, da Lei 11.343/06, artigo 2º da Lei 12.850/13 e artigo 1º, § 1º, I, da Lei 9.613/98.

O candidato deverá confeccionar representação objetivando a infiltração policial na organização criminosa e a utilização da técnica de ação controlada, com fulcro na Lei 12.850/13 (pode ser utilizada também a Lei 11.343/06 para fundamentar os pleitos).

A peça deve deixar claro: a tipificação dos crimes; que uma organização criminosa é investigada no bojo do feito; que a prova não pode ser colhida por outro meio; que a infiltração deve ser deferida pelo prazo de 6 meses; as tarefas do agente infiltrado; comunicação da utilização da técnica de ação controlada.

Como não há juízo prevento, a representação deve ser dirigida ao juízo federal competente por distribuição da Subseção Judiciária de Manaus – ou Seção Judiciária do Amazonas[11].

11 Em questões que cobrem o texto do Pacote Anticrime, o endereçamento deverá ser feito ao juízo das garantias competente.

ESPELHO DE CORREÇÃO

Quesitos avaliados	Faixa de valor
Apresentação e estrutura textual (legibilidade, respeito às margens e indicação de parágrafos)	0,00 a 2,00
Endereçamento ao juízo federal competente por distribuição da Subseção Judiciária de Manaus – ou Seção Judiciária do Amazonas.	0,00 a 2,00
Representação objetivando a infiltração policial e a ação controlada	0,00 a 2,50
Requisitos legais das medidas cautelares	0,00 a 2,50
Tipificação dos crimes praticados (tráfico internacional de entorpecentes, participação em organização criminosa e lavagem de dinheiro)	0,00 a 3,00
TOTAL	12,00

SUGESTÃO DE RESPOSTA

EXCELENTÍSSIMO SENHOR JUIZ FEDERAL COMPETENTE POR DISTRIBUIÇÃO DA SUBSEÇÃO JUDICIÁRIA DE MANAUS

A **Polícia Federal**, por meio do delegado federal que esta subscreve, no exercício de suas atribuições e com fulcro no artigo 144 da Constituição Federal, na Lei 12.830/13 e no Código de Processo Penal, vem, perante Vossa Excelência, **REPRESENTAR** pela **INFILTRAÇÃO POLICIAL** e **COMUNICAR** a utilização da técnica de **AÇÃO CONTROLADA,** com fulcro na Lei 12.850/13, medidas estas indispensáveis ao andamento do inquérito policial 345/2018.

1. Resumo fático

A Polícia Federal recebeu notícia de crime acerca da existência de rota de tráfico internacional de cocaína partindo do aeroporto de Manaus, com destino aos Estados Unidos.

Segundo relato, parentes de presos viajam para o exterior com volumes de droga amarrados ao corpo e, ao desembarcarem em solo americano, são contatados por criminosos a quem entregam o entorpecente.

O recrutamento dos presos recém-chegados à Cadeia Pública de Manaus ocorre ao ar livre, durante os banhos de sol.

Levantamentos preliminares indicam que DARIO, ADRIANO, JOAQUIM e PICOLÉ, todos presos na Cadeia Pública de Manaus, fazem parte do grupo estruturado e com divisão informal de tarefas que remete drogas aos Estados Unidos.

Os rendimentos auferidos pela prática delitiva são convertidos em bens móveis e imóveis comprados em nome de laranjas ainda não identificados.

Diante de tal cenário, observa-se que os investigados citados fazem parte de organização criminosa (grupo estruturado, com divisão informal de tarefas, composto por 4 ou mais pessoas, com o fito de obter vantagem de qualquer natureza, mediante prática de crimes com penas máximas superiores a 4 anos) e que se pode imputar aos mesmos os crimes de tráfico internacional de drogas (artigo 33 c/c artigo 40, I, da Lei 11.343/06), participação em organização criminosa (artigo 2º da Lei 12.850/13) e lavagem de dinheiro (artigo 1º, § 1º, I, da Lei 9.613/98).

2. A infiltração policial e a ação controlada

O deslinde da presente investigação clama pela utilização da técnica denominada infiltração policial. Só será possível conhecer profundamente a organização criminosa investigada se o Estado inserir no seio do consórcio criminoso um de seus agentes, com o fito de colecionar material probante apto a desarticular a agremiação (vez que a prova não pode ser coligida de outra maneira).

A técnica será executada com a inserção de policial que se passará por detento e será inserido na Cadeia Pública de Manaus, com o fito de conhecer todos os detalhes das práticas ilícitas e a completa identificação dos investigados, tudo na forma dos artigos 10 e seguintes da Lei 12.850/13.

Para garantir o sucesso da técnica, é necessária autorização judicial para que sejam confeccionados novos documentos para o policial designado, que serão utilizados exclusivamente no curso da infiltração.

Por fim, cumpre comunicar a Vossa Excelência a utilização da técnica denominada ação controlada (artigos 8º e seguintes da Lei 12.850/13) no curso das investigações, para que o aparelho policial, eventualmente, retarde sua ação, com o fito de que prova seja coligida de maneira mais eficiente e para que o maior número de integrantes da organização criminosa seja identificado e futuramente responsabilizado.

3. Conclusão e pedidos.

Do exposto, abroquelado nas razões de fato e de direito lançadas supra, **REPRESENTA** o signatário desta peça, depois de ouvido o Ministério Público, seja autorizada a **INFILTRAÇÃO POLICIAL** no seio da organização criminosa investigada, pelo prazo inicial de seis meses, com consequente autorização para confecção de novos documentos, a serem usados no curso da infiltração (com ulterior inutilização), na forma dos artigos 10 e seguintes da Lei 12.850/13.

Outrossim, **COMUNICO** a utilização da técnica de ação controlada, na forma do artigo 8º e seguintes da Lei 12.850/13.

Local, data.

Delegado de Polícia Federal

4.24. Quesito criado pelo autor da obra

JOÃO DA SILVA viajou para o Paraguai com o fito de adquirir armas de pressão por ação de gás comprimido. Ele adquiriu 50 armas de pressão no exterior e, quando fazia a viagem de volta, combinou com PAULO DIAS, agente de Polícia Federal, o horário em que o mesmo estava de plantão na fronteira, na cidade de Foz do Iguaçu/PR. PAULO tinha plena ciência de que JOÃO trazia as armas sem autorização e deixou o mesmo passar, como acertado, tendo para tanto solicitado R$ 1.000,00 pelo "favor".

O valor foi pago por JOÃO, depois do sucesso da empreitada. A Polícia Federal recebeu notícia de crime retratando a situação acima narrada, vez que a mesma se repetiu várias vezes, segundo chegou ao conhecimento do aparelho policial.

Depois de levantamentos preliminares, foi instaurado o inquérito policial 450/2018. No bojo do feito, o delegado de Polícia Federal que o conduzia representou pela interceptação telefônica dos terminais móveis de JOÃO e de PAULO, pleito deferido pelo juízo Federal da 3° Vara da Subseção Judiciária de Foz do Iguaçu.

Restou detectado que JOÃO já havia feito diversas viagens ao Paraguai para aquisição de armas de pressão, sempre contando com a conivência de PAULO ao cruzar a fronteira, com ulterior pagamento em dinheiro, conforme solicitado pelo agente público. Em levantamento patrimonial, ficou claro que JOÃO, que não exerce atividade remunerada formalmente, adquiriu recentemente uma casa (localizada na rua Primavera, 342, Foz do Iguaçu/PR) e um carro (um Ford/Focus placas 3344).

Por meio da interceptação, detectou-se que: a) antes de fazer a venda das armas, JOÃO as guardava em sua casa; b) PAULO havia comprado recentemente um veículo Ford/Ranger, placas 4455, havendo indícios de que a transação foi feita com dinheiro recebido de JOÃO; c) maioria das tratativas (dia/hora das viagens) era feita por meio de aplicativos de mensagens, por celular; d) PAULO costumava guardar o dinheiro recebido de JOÃO em sua casa. Em consulta ao sistema de internos da Polícia Federal, foi constatado que PAULO reside na rua Inverno, 543, Foz do Iguaçu/PR.

Na condição de Delegado Federal responsável pelo caso elabore o(s) pleito(s) cautelar(es) adequado(s) ao caso concreto, tipificando o(s) crime(s), dirigindo a peça ao juízo competente.

4.25. Comentários pertinentes

Trata-se de inquérito policial instaurado para apurar o crime de contrabando (artigo 334-A do Código Penal), facilitação de contrabando/descaminho (artigo 318 do Código Penal) e corrupção passiva (artigo 317 do Código Penal).

JOÃO praticou crime de contrabando, segundo dispõe tese 02, da edição 81 da jurisprudência em teses do STJ: **"2) Configura crime de contrabando (art. 334-A, CP) a importação não autorizada de arma de pressão por ação de gás comprimido ou por ação de mola, independentemente do calibre"**.

PAULO cometeu os crimes de facilitação de contrabando/descaminho e de corrupção passiva, vez que permitiu a prática do crime de contrabando e solicitou vantagem indevida para "fazer vista grossa" (JOÃO não cometeu corrupção ativa, porque ele pagou a vantagem solicitada – o artigo 333 do Código Penal reclama "oferecer" ou "prometer" vantagem indevida a servidor público).

O candidato deverá confeccionar representação objetivando renovação da interceptação telefônica (indicando os requisitos listados no artigo 2º da Lei 9.296/96 e representando a medida pelo prazo de 15 dias), busca e apreensão nas casas dos investigados (com o fito de apreender os telefones celulares, as armas de gás comprimido e o dinheiro), o sequestro do imóvel e do carro (JOÃO) e do carro (PAULO) e a prisão preventiva dos investigados (fundada na garantia da ordem pública).

Como há juízo prevento, a representação deve ser dirigida ao juízo Federal da 3ª Vara da Subseção Judiciária de Foz do Iguaçu[12].

12 Em questões que cobrem o texto do Pacote Anticrime, o endereçamento deverá ser feito ao juízo das garantias competente.

ESPELHO DE CORREÇÃO

Quesitos avaliados	Faixa de valor
Apresentação e estrutura textual (legibilidade, respeito às margens e indicação de parágrafos)	0,00 a 2,00
Endereçamento ao juízo Federal da 3ª Vara da Subseção Judiciária de Foz do Iguaçu.	0,00 a 2,00
Representação objetivando renovação da interceptação telefônica, busca e apreensão nas casas dos investigados (com o fito de apreender os telefones celulares, as armas de gás comprimido e o dinheiro), o sequestro do imóvel e do carro (JOÃO) e do carro (PAULO) e a prisão preventiva dos investigados (fundada na garantia da ordem pública)	0,00 a 2,50
Requisitos legais para decretação das medidas cautelares	0,00 a 2,50
Tipificação dos crimes de contrabando (artigo 334-A do Código Penal), facilitação de contrabando/descaminho (artigo 318 do Código Penal) e corrupção passiva (artigo 317 do Código Penal)	0,00 a 3,00
TOTAL	12,00

SUGESTÃO DE RESPOSTA

EXCELENTÍSSIMO SENHOR JUIZ DA 3ª VARA FEDERAL DA SUBSEÇÃO JUDICIÁRIA DE FOZ DO IGUAÇU

A **POLÍCIA FEDERAL**, representada pelo Delegado de Polícia Federal que esta subscreve, no uso de suas atribuições conferidas pelo artigo 144 da Constituição Federal, pelo Código de Processo Penal e pela lei 12.830/13, vem, perante Vossa Excelência, **REPRESENTAR** pela **RENOVAÇÃO DA INTERCEPTAÇÃO TELEFÔNICA**, pela expedição de mandados de **BUSCA E APREENSÃO, SEQUESTRO** e **PRISÃO PREVENTIVA**, nos endereços, para o imóvel e os veículos e em desfavor dos indiciados a seguir identificados, na forma da Lei 9.296/96, dos artigos 240 e seguintes, 125 e seguintes e 311 e seguintes do Código de Processo Penal, medidas essas indispensáveis ao prosseguimento das investigações levadas a efeito no bojo do **INQUÉRITO POLICIAL Nº 450/2018.**

1. O resumo fático

A Polícia Federal recebeu notícia de crime dando conta de que JOÃO DA SILVA fez e faz viagens para o Paraguai com o fito de adquirir armas de pressão por ação de gás comprimido. Ele conta com a conivência de PAULO DIAS, agente de Polícia Federal, para cruzar a fronteira, sem qualquer transtorno. A investigação demonstrou que PAULO solicitou/solicita vantagem indevida para permitir a importação ilícita das armas de gás comprido.

No bojo do presente inquérito, restou detectado que JOÃO já havia feito diversas viagens ao Paraguai para aquisição de armas de pressão, sempre contando com a conivência de PAULO ao cruzar a fronteira, com ulterior pagamento em dinheiro, conforme solicitado pelo agente público. Em levantamento patrimonial, ficou claro que JOÃO, que não exerce atividade remunerada formalmente, adquiriu recentemente uma casa (localizada na rua Primavera, 342, Foz do Iguaçu/PR) e um carro (um Ford/Focus placas 3344).

Vossa Excelência deferiu medida cautelar de interceptação telefônica, por meio da qual foi possível detectar que: a) antes de fazer a venda das armas, JOÃO as guardava em sua casa; b) PAULO havia comprado recentemente um veículo Ford/Ranger, placas 4455, havendo indícios de que a transação foi feita com dinheiro recebido de JOÃO; c) maioria das tratativas (dia/hora das viagens) era feita por meio de aplicativos de mensagens, por celular; d) PAULO costumava guardar o dinheiro recebido de JOÃO em sua casa.

Em consulta ao sistema de internos da Polícia Federal, foi constatado que PAULO reside na rua Inverno, 543, Foz do Iguaçu/PR.

Restou evidenciado que os investigados praticaram os crimes de contrabando (JOÃO), tipificado no artigo 334-A do Código Penal, facilitação de contrabando/descaminho e corrupção passiva (PAULO), tipificados nos artigos 318 e 317 do Código Penal.

2. A renovação da interceptação telefônica

O estudo do feito demonstra que os requisitos avistáveis no artigo 2º da Lei 9.296/96 persistem (há indícios de autoria/participação em infração penal; a prova não pode ser produzida por outro meio; os crimes são punidos com pena de reclusão). A medida é necessária para coligir ainda mais prova que a já coletada no bojo do feito e deve ser decretada por 15 dias.

3. A busca e apreensão e sequestro

A presente investigação clama pela expedição de mandados de busca e apreensão dirigidos às casas dos investigados, na forma do artigo 240, § 1º, do Código de Processo Penal, vez que será possível apreender em tais locais: armas de pressão, dinheiro, os celulares dos alvos e efetuar a prisão dos mesmos.

Merece ainda ser decretada a medida assecuratória de sequestro (da casa de JOÃO e dos veículos de JOÃO e PAULO, tudo adquirido com o proveito do crime), na forma dos artigos 125 (imóvel) e 132 (veículos) do CPP. O pleito tem escora no artigo 126 do mesmo diploma legal.

4. A prisão preventiva

A prisão preventiva dos investigados deve ser decretada com o fito de garantir a ordem pública, vez que patente, nos termos dos elementos constantes nos autos a reiteração delitiva.

Anote-se que há indícios suficientes de autoria e prova da materialidade (várias viagens feitas pelo investigado JOÃO, com a conivência do policial federal PAULO); os crimes investigados têm pena máxima superior a 4 anos (artigo 313, I, do CPP) e o fundamento garantia da ordem pública está presente (em face da reiteração delitiva) – artigo 312 do CPP.

5. Conclusão e pedidos

Do exposto, com fundamento nos argumentos acima expendidos, após manifestação do Ministério Público, a autoridade policial que esta subscreve REPRESENTA

1) Pela renovação da interceptação telefônica dos terminais dos investigados JOÃO DA SILVA e PAULO DIAS, pelo prazo de 15 dias;
2) pela expedição de mandados de busca e apreensão nos endereços a seguir nominados (objetivando a apreensão de armas de gás comprido, dinheiro, celulares dos alvos e para prisão dos mesmos – artigo 243 do Código de Processo Penal):
   a) casa de JOÃO - rua Primavera, 342, Foz do Iguaçu/PR;
   b) casa de PAULO - rua Inverno, 543, Foz do Iguaçu/PR;
3) pelo sequestro dos veículos: Ford/Focus placas 3344 (JOÃO); Ford/Ranger, placas 4455 (PAULO); e da casa de JOÃO (rua Primavera, 342, Foz do Iguaçu/PR);
4) e pela decretação da prisão preventiva dos investigados JOÃO DA SILVA e PAULO DIAS.

Local, data.

Delegado de Polícia Federal

4.26. Quesito criado pelo autor da obra

A Polícia Federal em Salvador/BA recebeu notícia de crime, dando conta de que JOSEFA DIAS, MARTINA SANTOS e PATRÍCIA JOAQUIM teriam sido aliciadas, mediante fraude, por pessoa até aqui identificada como MÁRIO, que as teria convencido a ir para Portugal para trabalharem como atendentes em um bar.

Segundo a noticiante, CLARA REGINA, em verdade, o dito bar é uma casa de prostituição e as vítimas estariam sendo levadas para o país europeu para lá se prostituírem. Ela disse que os ganhos seriam muito baixos, que as brasileiras levadas para o bar citado já chegariam devendo muito dinheiro, o que as forçaria a aceitar a prostituição para conseguirem voltar ao Brasil. CLARA afirmou que JOSEFA, MARTINA e PATRÍCIA são suas amigas e que ela mesma já foi levada para Europa por MÁRIO.

Ela forneceu os números dos telefones deste e daquelas. Segundo a noticiante, antes de serem levadas para Portugal, as mulheres ficam hospedadas em uma pousada na capital baiana, mas não soube indicar a localização exata, porque o local de hospedagem provisória sempre é alterado para não chamar a atenção das autoridades. Para demonstrar a verossimilhança de suas alegações, CLARA mostrou conversas travadas com MÁRIO antes da sua viagem e as fotos do estabelecimento em Portugal.

De posse das declarações daquela e das impressões das conversas, o Delegado de Polícia Federal determinou levantamento discreto e restou detectado que JOSEFA, MARTINA e PATRÍCIA disseram às famílias que viajariam para o exterior para tentar melhorar de vida e, desde então, não tinham mantido contado, nem atendido as ligações. Foi instaurado o inquérito 540/2018 para elucidar os fatos.

Na condição de delegado de polícia federal que conduz o feito, elabore o(s) pedido(s) cautelar(es) mais eficiente(s) para elucidar o crime apurado e remeta-o ao juízo competente.

4.27. Comentários pertinentes

Trata-se de inquérito policial instaurado para apurar os crimes de tráfico internacional de pessoas e favorecimento da prostituição, tipificados no artigo 149-A, V c/c § 1º, IV, e no artigo 228, §§ 2º e 3º do Código Penal.

O candidato deverá confeccionar representação objetivando a interceptação telefônica dos terminais móveis das vítimas e do investigado (com base na Lei 9.296/96 – artigo 2º) e a localização das vítimas e do suspeito (com base no artigo 13-B do Código de Processo Penal).

Como não há juízo prevento, os pleitos devem ser dirigidos ao juízo federal competente por distribuição na Subseção Judiciária de Salvador (ou Seção Judiciária da Bahia)[13].

ESPELHO DE CORREÇÃO

Quesitos avaliados	Faixa de valor
Apresentação e estrutura textual (legibilidade, respeito às margens e indicação de parágrafos)	0,00 a 2,00
Endereçamento ao juízo federal competente por distribuição na Subseção Judiciária de Salvador (ou Seção Judiciária da Bahia).	0,00 a 2,00
Representação objetivando a interceptação telefônica dos terminais móveis do suspeito e vítimas (Lei 9.296/96) e a localização da vítima e do suspeito (artigo 13-B do CPP)	0,00 a 2,50
Requisitos legais para decretação das medidas cautelares	0,00 a 2,50
Tipificação dos crimes de tráfico internacional de pessoas e favorecimento da prostituição, tipificados no artigo 149-A, V c/c § 1º, IV, e no artigo 228, §§ 2º e 3º do Código Penal	0,00 a 3,00
TOTAL	12,00

SUGESTÃO DE RESPOSTA

EXCELENTÍSSIMO SENHOR JUIZ FEDERAL COMPETENTE POR DISTRIBUIÇÃO DA SEÇÃO JUDICIÁRIA DA BAHIA

A **Polícia Federal**, por meio do delegado federal que esta subscreve, no exercício de suas atribuições e com fulcro no artigo 144 da Constituição Federal, na Lei 12.830/13 e no Código de Processo Penal, vem, perante Vossa Excelência, **REPRESENTAR PELA INTERCEPTAÇÃO TELEFÔNICA** dos terminais a seguir informados e **PELA LOCALIZAÇÃO DA VÍTIMA E DO SUSPEITO**, na forma da Lei 9.296/96 e do artigo 13-B do Código de Processo Penal.

1. Resumo fático

Foi instaurado por portaria o inquérito policial 540/2018, com o fito

13 Em questões que cobrem o texto do Pacote Anticrime, o endereçamento deverá ser feito ao juízo das garantias competente.

de apurar prática do crime de tráfico internacional de pessoas para fim de exploração sexual e favorecimento da prostituição, tipificados no artigo 149-A, V c/c § 1º, IV, e no artigo 228, §§ 2º e 3º, ambos do Código Penal, supostamente cometidos por indivíduo até aqui identificado como MÁRIO.

Segundo se extrai do apuratório, JOSEFA DIAS, MARTINA SANTOS e PATRÍCIA JOAQUIM teriam sido aliciadas, mediante fraude, por MÁRIO, que as teria convencido a ir para Portugal para trabalharem como atendentes em um bar.

Segundo a noticiante, CLARA REGINA, em verdade, o dito bar é uma casa de prostituição e as vítimas estariam sido levadas para o país europeu para lá se prostituírem. Ela disse que os ganhos seriam muito baixos, que as brasileiras levadas para o bar citado já chegariam devendo muito dinheiro, o que as forçaria a aceitar a prostituição para conseguirem voltar ao Brasil. CLARA afirmou que JOSEFA, MARTINA e PATRÍCIA são suas amigas e que ela mesma já foi levada para Europa por MÁRIO. Ela forneceu os números dos telefones deste e daquelas.

Segundo a noticiante, antes de serem levadas para Portugal, as mulheres ficam hospedadas em uma pousada na capital baiana, mas não soube indicar a localização exata, porque o local de hospedagem provisória sempre é alterado para não chamar a atenção das autoridades.

Para demonstrar a verossimilhança de suas alegações, CLARA mostrou conversas travadas com MÁRIO antes da sua viagem e as fotos do estabelecimento em Portugal. Foi determinado levantamento discreto e restou detectado que JOSEFA, MARTINA e PATRÍCIA disseram às famílias que viajariam para o exterior para tentar melhorar de vida e, desde então, não tinham mantido contado, nem atendido as ligações.

2. A interceptação telefônica

A presente investigação clama pela decretação da interceptação telefônica dos terminais móveis da vítima e do suspeito, com o fito de coligir mais elementos de prova. Os requisitos legais avistáveis no artigo 2º da Lei 9.296/96 estão adimplidos: a) há indícios de autoria/participação do investigado JOSÉ em infrações penais; b) não há outro modo de produzir a prova pretendida; c) os crimes apurados são punidos com pena de reclusão.

A materialização da técnica de interceptação telefônica será importante para identificar outros envolvidos nas práticas ilícitas investigadas, bem como para clarificar o modo de atuação do(s) criminoso(s).

3. Localização imediata da vítima e do suspeito

Faz-se necessário, ainda, a imediata localização das vítimas e do suspeito, com o fito de que aquelas não sejam efetivamente retiradas do Brasil (há notícia de que ela ainda está em território nacional, em local não sabido na cidade de Salvador/BA).

O artigo 13-B do Código de Processo Penal autoriza que o delegado de polícia requisite a empresas prestadoras de serviço de telecomunicação, mediante autorização judicial, a localização da vítima ou de suspeitos da prática de crimes relacionados ao tráfico de pessoas.

4. Conclusão e pedidos

Do exposto, com fundamento nos argumentos acima expendidos, após manifestação do Ministério Público, a autoridade policial que esta subscreve **REPRESENTA** pela interceptação telefônica, pelo prazo de 15 dias, dos terminais móveis pertencentes às vítimas e ao investigado MÁRIO e pela autorização para que a Polícia Federal possa requisitar diretamente às operadoras de telefonia móvel a localização dos terminais sobreditos, na forma do artigo 13-B do Código de Processo Penal.

Local, data.

Delegado de Polícia Federal

4.28. Quesito criado pelo autor da obra

Em julho do ano de 2018, três indivíduos invadiram uma joalheria na cidade de Salgueiro/PE e, com armas de fogo, anunciaram um assalto. Enquanto praticavam a rapina, um policial federal que fez parte de equipe ostensiva que retornava de missão de enfrentamento ao tráfico avistou a cena e resolveu intervir, anunciando voz de prisão em alto e bom som.

Os assaltantes abriram fogo contra o policial, que morreu no local. Os criminosos fugiram sem nada levar. Acionada a equipe de sobreaviso da Delegacia da Polícia Federal na cidade, foi materializada perícia de local de crime, com coleta de fragmentos de digitais atribuídos aos autores do crime e as câmeras do circuito interno da joalheria.

Foi detectado que os criminosos chegaram numa motocicleta placas HFG 0099. Foi juntado aos autos do inquérito policial 340/2018, instaurado para apurar o caso criminal, o laudo cadavérico (que revelou que a vítima morreu por ter sido atingida por disparos de revólver calibre .38) e o laudo de local de crime (que detectou que os fragmentos de digitais revelados na cena do crime pertencem a JOÃO PAULO, indivíduo condenado em duas oportunidades pela prática de crimes violentos).

A equipe de investigação detectou que a moto usada no crime pertence a PEDRO DOS ANJOS, jovem de 18 anos que já foi processado pela prática de vários atos infracionais violentos. O terceiro indivíduo até agora não foi identificado. Em pesquisas nos bancos de dados, foi possível descobrir que JOÃO PAULO tem endereço residencial na rua da Amargura, 123, Salgueiro/PE e PEDRO mora na rua Tristão de Souza, 342, Salgueiro/PE.

Na condição de Delegado Federal responsável pelo caso elabore o(s) pleito(s) cautelar(es) adequado(s) ao caso concreto, tipificando o(s) crime(s), inclusive no que toca ao(s) entendimento(s) sumulados pelos Tribunais Superiores sobre o tema, dirigindo a peça ao juízo competente.

4.29. Comentários pertinentes

Trata-se de inquérito policial instaurado para apurar o crime de latrocínio, tipificado no artigo 157, § 3°, II, do Código Penal. O crime foi praticado em sua forma consumada (Súmula 610/STF) e é crime de competência do juízo singular (Súmula 603/STF).

O candidato deverá confeccionar representação objetivando busca e apreensão nas casas dos investigados (com o fito de apreender as armas de fogo e outros elementos de convicção – como a moto usada no crime) e a prisão temporária dos investigados até aqui identificados (fundada no artigo 1º, I e III, c, da Lei 7.960/89) – será admitida como correta, também, a representação pela prisão preventiva (fundada na garantia da ordem pública).

Deverá ser dito que a competência da Justiça Federal para conhecer dos pleitos se funda na **"Súmula 147/STJ - Compete à Justiça Federal processar e julgar os crimes praticados contra funcionário público federal, quando relacionados com o exercício da função"**. Como não há juízo prevento, a representação deve ser dirigida ao juízo federal competente por distribuição[14].

14 Em questões que cobrem o texto do Pacote Anticrime, o endereçamento deverá ser feito ao juízo das garantias competente.

ESPELHO DE CORREÇÃO

Quesitos avaliados	Faixa de valor
Apresentação e estrutura textual (legibilidade, respeito às margens e indicação de parágrafos)	0,00 a 2,00
Endereçamento ao juízo da Vara Federal competente por distribuição na Subseção Judiciária de Salgueiro/PE	0,00 a 2,00
Representação objetivando busca e apreensão nas casas dos investigados e a prisão temporária (ou preventiva) dos alvos identificados	0,00 a 2,50
Requisitos legais para decretação das medidas cautelares	0,00 a 2,50
Tipificação do crime de latrocínio, tipificado no artigo 157, § 3º, II do Código Penal.	0,00 a 2,00
Menção às Súmulas 603 e 610 do STF e 147 do STJ	0,00 a 1,00
TOTAL	12,00

SUGESTÃO DE RESPOSTA

EXCELENTÍSSIMO SENHOR JUIZ FEDERAL COMPETENTE POR DISTRIBUIÇÃO DA SUBSEÇÃO JUDICIÁRIA DE SALGUEIRO/PE

A **POLÍCIA FEDERAL**, representada pelo Delegado de Polícia Federal que esta subscreve, em exercício na Superintendência Regional da Polícia Federal na Bahia, no uso de suas atribuições conferidas pelo artigo 144 da Constituição Federal, pelo Código de Processo Penal e pela lei 12.830/13, com fundamento na Lei 9.296/96 vem, perante Vossa Excelência, **REPRESENTAR** pela expedição de mandados de **BUSCA E APREENSÃO** e **PRISÃO TEMPORÁRIA**, nos endereços e em desfavor dos indiciados a seguir identificados, na forma dos artigos 240 e seguintes do Código de Processo Penal e da Lei 7.960/89**,** medidas essas indispensáveis ao prosseguimento das investigações levadas a efeito no bojo do **INQUÉRITO POLICIAL Nº 340/2018**.

1. O resumo fático.

Douto julgador, em julho do ano de 2018, três indivíduos invadiram uma joalheria na cidade de Salgueiro/PE e, com armas de fogo, anunciaram um assalto. Enquanto praticavam a rapina, um policial federal que fez parte de equipe ostensiva que retornava de missão de enfrentamento ao tráfico avistou a cena e resolveu intervir, anunciando voz de prisão em alto e bom som.

Os assaltantes abriram fogo contra o policial, que morreu no local. Os criminosos fugiram sem nada levar. Acionada a equipe de sobreaviso da Delegacia da Polícia Federal na cidade, foi materializada perícia de local de crime, com coleta de fragmentos de digitais atribuídos aos autores do crime e as câmeras do circuito interno da joalheria. Foi detectado que os criminosos chegaram numa motocicleta placas HFG 0099.

Foi juntado aos autos do presente inquérito policial o laudo cadavérico (que revelou que a vítima morreu por ter sido atingida por disparos de revólver calibre .38) e o laudo de local de crime (que detectou que os fragmentos de digitais revelados na cena do crime pertencem a JOÃO PAULO, indivíduo condenado em duas oportunidades pela prática de crimes violentos).

A equipe de investigação detectou que a moto usada no crime pertence a PEDRO DOS ANJOS, jovem de 18 anos que já foi processado pela prática de vários atos infracionais violentos. O terceiro indivíduo até agora não foi identificado. Em pesquisas nos bancos de dados, foi possível descobrir que JOÃO PAULO tem endereço residencial na rua da Amargura, 123, Salgueiro/PE e PEDRO mora na rua Tristão de Souza, 342, Salgueiro/PE.

A análise técnico-jurídica do caso criminal revela que PEDRO DOS ANJOS, JOÃO PAULO e terceiro investigado até aqui não identificado praticaram crime de latrocínio consumado (na forma da Súmula 610 do STF, que reza que quando a morte ocorre no contexto do roubo, tem-se delito consumado de latrocínio, mesmo que não tenha havido subtração de bens móveis da vítima), tipificado no artigo 157, § 3º, II do Código Penal.

Cumpre deixar claro que o latrocínio é crime contra o patrimônio, de competência do juízo singular, nos exatos termos da Súmula 603/STF. Por fim, a competência para conhecer dos pleitos aqui deduzidos é da Justiça Federal, vez que o crime vitimou policial federal no exercício de suas funções, na forma da Súmula 147 do STJ.

2. A busca e apreensão

A presente investigação clama pela expedição de mandados de busca e apreensão dirigidos aos endereços acima citados, na forma do artigo 240, § 1º, do Código de Processo Penal, vez que será possível apreender em tais locais as armas de fogo usadas no crime e efetuar a prisão dos alvos.

3. A prisão temporária

A prisão é medida extrema. No caso presente, o encarceramento dos investigados é imprescindível ao bom termo do inquérito policial, vez que os indiciados são perigosos.

Há prova da materialidade (laudo cadavérico e laudo de local de crime); indícios suficientes de autoria: a) a moto usada no crime está no nome de PEDRO DOS ANJOS; b) foram detectados na cena do crime fragmentos das digitais de JOÃO PAULO; o crime de latrocínio está na lista dos delitos que admitem a decretação prisão temporária (por se tratar de crime hediondo, a prisão deve ser decretada por 30 dias). Há, destarte, a cumulação dos incisos I e III, do artigo 1º, da Lei 7.960/89 (requisitos autorizadores da medida extrema).

4. Conclusão e pedidos

Do exposto, com fundamento nos argumentos acima expendidos, após manifestação do Ministério Público, a autoridade policial que esta subscreve REPRESENTA pela expedição de mandados de busca e apreensão nos endereços a seguir nominados (objetivando a apreensão de armas de fogo e para prisão dos alvos – artigo 243 do Código de Processo Penal):

a) rua da Amargura, 123, Salgueiro/PE (casa de JOÃO PAULO);

b) rua Tristão de Souza, 342, Salgueiro/PE (casa de PEDRO DOS ANJOS).

e pela decretação da prisão temporária, pelo prazo de 30 dias, dos investigados JOÃO PAULO e PEDRO DOS ANJOS.

Local, data.

Delegado de Polícia

4.30. Quesito criado pelo autor da obra

A Polícia Civil de Roraima recebeu notícia de que um passageiro de voo com destino a São Paulo estaria envolvido com o tráfico de drogas. A notícia anônima deu as características do indivíduo, que passou a ser procurado por equipe velada. Identificado o suspeito, ele passou a ser discretamente seguido.

Em determinado momento, o indivíduo findou se esquivando da vigilância e findou deixando o aeroporto. Ele deixou para trás uma mochila, que foi arrecadada pelos agentes. O delegado de Polícia Civil de plantão foi informado do caso e recebeu a mochila do suspeito. Dentro dela, a autoridade policial identificou um invólucro, dois telefones celulares, bilhetes de viagem e um caderno de anotações. Inspecionado o invólucro, detectou-se que se tratava de substância que aparentava ser cocaína.

Foi materializado laudo de constatação preliminar que foi positivo para referida droga proscrita. Instaurado o inquérito policial 20/2018 e analisadas a passagem aérea e a agenda do suspeito, foi possível perceber que o bilhete estava em nome de JOÃO PEDRO e que se tratava de passagem (Boa Vista – São Paulo).

Na agenda foi possível identificar que essa não seria a primeira viagem de JOÃO a São Paulo, não sendo possível, da leitura, inferir se ele atua sozinho ou com comparsas. O acesso aos bancos de dados policiais deu conta de que o investigado é JOÃO PEDRO DE SOUZA. Foi juntada ao feito sua qualificação. Os terminais móveis que estavam na mochila não foram acessados, mesmo tendo o aparelho policial percebido a existência de aplicativos de conversas nos mesmos.

Em face do caso narrado, na qualidade de delegado de Polícia Civil responsável pela investigação, elabore, fundamentadamente, a(s) medida(s) pertinente(s) ao caso, com o objetivo de continuar a investigação, com o fito de tentar identificar novos participantes da prática delitiva.

4.31. Comentários pertinentes

Trata-se de inquérito policial instaurado para apurar os crimes de tráfico interestadual de entorpecentes, tipificado no artigo 33 c/c 40, V, da Lei 11.343/06 (a majorante deve ser aplicada ao caso, em face da **Súmula 587/STJ - Para incidência da *majorante prevista no artigo 40, inciso V, da lei 11.343/06 é desnecessária a efetiva transposição de fronteiras entre Estados da Federação, sendo suficiente a demonstração inequívoca da intenção de realizar o tráfico interestadual.***

O candidato deverá confeccionar representação objetivando a prisão temporária de JOÃO PEDRO pelo prazo de 30 dias. A peça deve deixar claro: a tipificação do crime; a imprescindibilidade da prisão temporária e que se trata de crime equiparado a hediondo (prisão decretada por 30 dias).

Além disso, o candidato deve representar ao juízo pelo acesso ao conteúdo dos terminais móveis do alvo, apreendidos no curso da vigilância (tese 19, do tema nulidades, da jurisprudência em teses do STJ - "**19) São nulas as provas obtidas por meio da extração de dados e de conversas privadas registradas em correio eletrônico e redes sociais (v.g. *whatsapp e facebook*) sem a prévia autorização judicial**").

Como não há juízo prevento, a representação deve ser dirigida ao juízo de Direito competente por distribuição na Comarca de Boa Vista/RR[15].

15 Em questões que cobrem o texto do Pacote Anticrime, o endereçamento deverá ser feito ao juízo das garantias competente.

ESPELHO DE CORREÇÃO

Quesitos avaliados	Faixa de valor
Apresentação e estrutura textual (legibilidade, respeito às margens e indicação de parágrafos)	0,00 a 2,00
Endereçamento ao juízo de Direito competente por distribuição na Comarca de Boa Vista/RR	0,00 a 2,00
Representação objetivando a prisão temporária de JOÃO e o acesso aos dados dos terminais móveis apreendidos	0,00 a 2,50
Requisitos legais para decretação da medida cautelar	0,00 a 2,50
Tipificação do crime praticado (tráfico interestadual de entorpecentes, tipificado no artigo 33 c/c 40, V, da Lei 11.343/06)	0,00 a 3,00
TOTAL	12,00

SUGESTÃO DE RESPOSTA

EXCELENTÍSSIMO SENHOR JUIZ DE DIREITO COMPETENTE POR DISTRIBUIÇÃO DA COMARCA DE BOA VISTA/RR

A **POLÍCIA CIVIL DO ESTADO DE RORAIMA**, representada pelo Delegado de Polícia Civil que esta subscreve, no uso de suas atribuições conferidas pelo artigo 144 da Constituição Federal, pelo Código de Processo Penal e pela lei 12.830/13, com fundamento na Lei 9.296/96 vem, perante Vossa Excelência, **REPRESENTAR** pela decretação da **PRISÃO TEMPORÁRIA** do investigado a seguir relacionado e pelo **ACESSO AO CONTEÚDO SIGILOSO** de telefones móveis apreendidos**,** medidas essas indispensáveis ao prosseguimento das investigações levadas a efeito no bojo do **INQUÉRITO POLICIAL Nº 20/2018**.

1. O resumo fático.

Aportou nessa Delegacia de Polícia notícia de que um passageiro de voo com destino a São Paulo estaria envolvido com o tráfico de drogas. A notícia anônima deu as características do indivíduo, que passou a ser procurado por equipe velada.

Identificado o suspeito, ele passou a ser discretamente seguido. Em determinado momento, o indivíduo findou se esquivando da vigilância e findou deixando o aeroporto. Ele deixou para trás uma mochila, que foi arrecadada pelos agentes.

Dentro da mochila, foi achado um invólucro, dois telefones celulares, bilhetes de viagem e um caderno de anotações. Inspecionado o invólucro, detectou-se que se tratava de substância que aparentava ser cocaína (situação confirmada por laudo de constatação preliminar).

Analisadas a passagem aérea e a agenda do suspeito, foi possível perceber que os bilhetes estavam em nome de JOÃO PEDRO e que se tratava efetivamente de passagem com destino a São Paulo.

Na agenda foi possível identificar que essa não seria a primeira viagem de JOÃO a São Paulo, não sendo possível, da leitura, inferir se ele atua sozinho ou com comparsas. O acesso aos bancos de dados policiais deu conta de que o investigado é JOÃO PEDRO DE SOUZA. Foi juntada ao feito sua qualificação.

Em razão do quanto apurado até agora, pode-se inferir que JOÃO PEDRO DE SOUZA praticou o crime de tráfico interestadual de drogas (artigo 33 c/c artigo 40, V, da Lei 11.343/06), na forma de entendimento sumulado pelo STJ.

2. A prisão temporária

A prisão é medida extrema. No caso presente, o encarceramento do investigado é imprescindível ao bom termo do inquérito policial, vez que detectada reiteração delitiva e pode vir atrapalhar o bom termo das investigações.

Há prova da materialidade (laudo preliminar de constatação), indícios suficientes de autoria e o crime de tráfico de drogas está na lista dos delitos que admitem a decretação prisão temporária. Há, destarte, a cumulação dos incisos I e III, do artigo 1º, da Lei 7.960/89 (requisitos autorizadores da medida extrema).

Anote-se que, por se tratar de crime equiparado a hediondo, a prisão deve ser decretada pelo prazo de 30 dias.

3. O acesso aos dados sigilosos do terminal apreendido

A jurisprudência do Superior Tribunal de Justiça exige, para acesso do conteúdo sigiloso gravado em terminal móvel (conversas travadas em aplicativos, mensagens enviadas e recebidas, dentre outros dados), autorização judicial prévia (vez que a ciência do conteúdo significa mitigação do sigilo das comunicações telefônicas/temáticas).

Destarte, considerando que o acesso aos dados do terminal de JOÃO PEDRO pode contribuir sobremaneira para as investigações desenvolvidas pelo aparelho policial, a presente peça almeja, também, o afastamento do sigilo telefônico/telemático do telefone apreendido, pertencente ao investigado citado.

4. Conclusão e pedidos

Do exposto, com escora nas razões de fato e de direito lançadas supra, **REPRESENTA** o signatário desta peça, depois de ouvido o Ministério Público, seja **decretada a PRISÃO TEMPORÁRIA** de JOÃO PEDRO DE SOUZA (pelo prazo de 30 dias) e seja **AFASTADO O SIGILO TELEFÔNICO/TELEMÁTICO** do terminal móvel do investigado, apreendido pela Polícia Federal no bojo do inquérito policial 20/2018, autorizando o acesso de todo conteúdo gravado no telefone (aplicativos, mensagens enviadas/recebidas, fotos/vídeos, dentre outros).

Atenciosamente,

Local/data

Delegado de Polícia Civil

4.32. Quesito criado pelo autor da obra

No dia 10 de outubro de 2018, a Polícia Civil do Estado de Roraima foi acionada depois que vizinhos de MARIA DE DEUS a ouviram gritar por socorro. Ao chegarem ao local, os policiais destacados para acudir a ocorrência encontraram MARIA ensanguentada e caída no chão da sala de sua casa.

A vítima foi socorrida e sobreviveu. Depois de recuperada, MARIA foi formalmente ouvida e declarou, no bojo do inquérito policial 34/2018, instaurado para apurar o caso criminal: a) que discutiu com seu companheiro MURILO DIAS, porque este implicou com a roupa que ela usava; b) que MURILO a obrigou, com uso de grave ameaça, a praticar sexo oral nele, mesmo contra sua vontade (MARIA deixou claro, em sua oitiva, que não desejava que nada fosse feito pelo aparelho policial em relação a essa situação); c) depois do ato libidinoso, de posse de uma faca, MURILO desferiu quatro golpes contra a barriga da vítima, gritando que "ia ensiná-la a não usar aquele tipo de roupa".

A vítima completou sua oitiva dizendo que MURILO só parou de golpeá-la porque os vizinhos ouviram seus gritos e disseram que chamariam a polícia. O autor do fato fugiu da cena do crime com a faca, tomando rumo ignorado. MARIA foi submetida a exame de corpo de delito, que constatou lesões em sua barriga resultantes dos golpes de faca e atestou que ela sofreu perigo de vida em razão das facadas. Foram encetadas diligências com o fito de localizar o autor do fato, mas ele não foi localizado. Ouvidos os vizinhos, eles confirmaram a índole violenta de MURILO e disseram que ele já havia agredido a vítima outras vezes.

Oitivados parentes do autor do fato, eles relataram que MURILO havia tomado rumo ignorado e que ele possuía parentes que residem no interior de São

Paulo. Levantamento de campo findou identificando uma casa na periferia de Boa Vista, pertencente à família do autor do fato, que estava fechada e com placa de "aluga-se" com as luzes ligadas e sinais de que alguém estava nela residindo. Os agentes mostraram fotos de MURILO a vizinhos, que o reconheceram como o ocupante do imóvel, que ficava na rua da Amargura, 171, Boa Vista/RR. Com a entrega da informação produzida pelos policiais que participaram da diligência, os autos vieram conclusos ao Delegado de Polícia que preside o feito.

Na condição de autoridade policial responsável pelo caso, elabore o(s) pleito(s) cautelar(es) adequado(s) ao caso concreto, tipificando o(s) crime(s) e dirigindo a peça ao juízo competente.

4.33. Comentários pertinentes

Trata-se de inquérito policial instaurado para apurar os crimes de estupro - artigo 213 do Código Penal (com a alteração operada pela Lei 13.718/18, o crime de estupro passou a ser de ação penal pública incondicionada - artigo 225 do Código Penal, daí porque a afirmação da vítima de que não queria que nada fosse feito em relação ao sexo oral forçado não tem qualquer relevância para impedir o movimento da máquina de persecução penal) e tentativa de homicídio duplamente qualificado (motivo fútil e feminicídio) - artigo 121, § 2º, II e VI c/c artigo 14, II, ambos do Código Penal.

Note que o crime contra a vida tentado decorreu de violência doméstica e a motivação foi relacionada ao uso de uma roupa que o autor do fato achou inadequada (o STJ entende que o feminicídio é qualificadora de natureza objetiva, daí porque é possível cumulação com a motivação fútil).

O candidato deverá confeccionar representação objetivando busca e apreensão no endereço citado no quesito (com o fito de apreender a faca usada no crime e prender o investigado) e a prisão preventiva de MURILO (fundada na garantia da ordem pública e para assegurar a aplicação da lei penal). O requisito utilizado é o desenhado no artigo 20 da Lei 11.340/06. Deve ser dito que há nos autos indícios de autoria e prova da materialidade delitiva[16]. Como não há juízo prevento, a representação deve ser dirigida ao juízo de Direito da Vara do Júri (houve prática de crime doloso contra vida) competente por distribuição, na Comarca de Boa Vista/RR[17].

---

16 Em um quesito atual, seria necessário demonstrar o "perigo gerado pelo estado de liberdade do imputado", na forma determinada pelo Pacote Anticrime.

17 Em questões que cobrem o texto do Pacote Anticrime, o endereçamento deverá ser feito ao juízo das garantias competente.

ESPELHO DE CORREÇÃO

Quesitos avaliados	Faixa de valor
Apresentação e estrutura textual (legibilidade, respeito às margens e indicação de parágrafos)	0,00 a 5,00
Endereçamento ao juízo de Direito da Vara do Júri competente por distribuição, na Comarca de Boa Vista/RR	0,00 a 10,00
Representação objetivando busca e apreensão e a prisão preventiva do investigado	0,00 a 15,00
Requisitos legais para decretação das medidas cautelares	0,00 a 15,00
Tipificação dos crimes de estupro e tentativa de homicídio duplamente qualificado (motivo fútil e feminicídio)	0,00 a 15,00
TOTAL	60,00

SUGESTÃO DE RESPOSTA

EXCELENTÍSSIMO SENHOR JUIZ DE DIREITO DA VARA DO JÚRI COMPETENTE POR DISTRIBUIÇÃO DA COMARCA DE BOA VISTA/RR

A **POLÍCIA CIVIL DO ESTADO DE RORAIMA**, representada pelo Delegado de Polícia Civil que esta subscreve, no uso de suas atribuições conferidas pelo artigo 144 da Constituição Federal, pelo Código de Processo Penal e pela lei 12.830/13, vem, perante Vossa Excelência, **REPRESENTAR** pela expedição de mandado de **BUSCA E APREENSÃO** e de **PRISÃO PREVENTIVA**, no endereço e em desfavor do indiciado a seguir identificado, na forma dos artigos 240 e seguintes do Código de Processo Penal e das artigos 311 e seguintes do CPP**,** medidas essas indispensáveis ao prosseguimento das investigações levadas a efeito no bojo do **INQUÉRITO POLICIAL Nº 34/2018**.

1. O resumo fático

Douto julgador, consta dos autos que MARIA DE DEUS foi constrangida a praticar sexo oral, mediante grave ameaça, em seu companheiro MURILO DIAS e que este, por implicar com a roupa que ela usava, a esfaqueou repetidas vezes com o objetivo de ceifar-lhe a vida.

A morte da vítima só não ocorreu porque vizinhos gritaram que chamariam a polícia, tendo o suspeito fugido do local do crime com a arma usada na rapina.

Foram ouvidas a vítima e várias testemunhas, que relataram que o investigado já agrediu sua companheira outras vezes. MURILO não se apresentou e se homiziou em residência localizada na rua da Amargura, 171, Boa Vista/RR (nos termos de levantamento de campo materializado pelo aparelho policial).

Foi juntado ao feito o laudo de exame de corpo de delito, que atestou os ferimentos causados pelo suspeito.

A análise técnico-jurídica do caso criminal revela que MURILO DIAS praticou crime de estupro e de tentativa de homicídio (duplamente qualificado – motivação fútil e feminicídio – isso porque o STJ entende que este tem natureza objetiva e é possível sua cumulação com qualificadora de natureza subjetiva).

2. A busca e apreensão

A presente investigação clama pela expedição de mandado de busca e apreensão dirigido ao endereço acima citado, na forma do artigo 240, § 1º, do Código de Processo Penal, vez que será possível apreender a arma usada no crime (faca) e efetuar a prisão do alvo.

3. A prisão preventiva

A prisão é medida extrema. No caso presente, o encarceramento do investigado é imprescindível ao bom termo do inquérito policial, vez que ele é violento (já agrediu sua companheira em outras oportunidades – periculosidade que induz a presença da garantia da ordem pública) e tenciona se subtrair do distrito da culpa – a prisão é necessária para assegurar a aplicação da lei penal.

Há prova da materialidade (laudo de lesões corporais) e indícios suficientes de autoria (oitiva da vítima e das testemunhas). O artigo 20 da Lei 11.340/06 afirma da possibilidade de decretação de prisão preventiva no âmbito da aplicação da Lei Maria da Penha.

4. Conclusão e pedidos

Do exposto, com fundamento nos argumentos acima expendidos, após manifestação do Ministério Público, a autoridade policial que esta subscreve REPRESENTA pela expedição de mandados de busca e apreensão no endereço a seguir nominado (objetivando a apreensão da arma usada no crime e para prisão do alvo – artigo 243 do Código de Processo Penal):

a) rua da Amargura, 171, Boa Vista/RR;

e pela decretação da prisão preventiva do investigado MURILO DIAS.

Local, data.

Delegado de Polícia Civil

4.34. Concurso de Delegado de Polícia Civil do Espírito Santo 2019

Juliana, aos 18 anos, desempregada e sem ter concluído o ensino médio, morando ainda na casa da sua avó, na periferia de Piúma no Espírito Santo, conheceu, através de um aplicativo de encontros, Rafael, com 24 anos, que era empregado com carteira assinada numa rede de lanchonetes.

Juliana e Rafael iniciaram um relacionamento afetivo e, após alguma resistência de Jacira, avó de juliana, decidiram morar juntos sob o mesmo teto. Como não tinham condições financeiras de alugar uma casa, foram morar na casa de Jacira.

Com apenas dois meses de relacionamento, juliana descobriu que estava grávida de outro parceiro. Rafael, porém, decidiu não se separar de juliana, que informou não saber exatamente quem seria o pai da criança, pois antes de começar a morar com o Rafael havia se relacionado sexualmente com vários homens.

Com a notícia da gestação, a convivência do casal foi-se tornando difícil, em especial por causa da barriga de juliana, que estava crescendo por conta da gravidez, o que gerava comentários da vizinhança. Agressões verbais e empurrões entre o casal passaram a fazer parte da rotina do casal.

Na mesma época, Jacira, que tinha 66 anos de idade, teve sua aposentadoria suspensa, pois o INSS suspeitou que os documentos que instruíram o pedido poderiam ser falsos. Com a suspensão da aposentadoria, a casa passou a contar apenas com o salário de Rafael. Em função disso, ele passou a ser agressivo também com Jacira, dizendo por diversas vezes que ela deveria fazer as suas vontades, já que ele sustentava sozinho a casa. Dizia que Jacira deveria fazer o papel de cozinhar, lavar e passar suas roupas.

Na manhã de 29 de julho de 2019, um sábado, após voltarem de uma festa ocorrida na noite anterior, juliana e Rafael tiveram uma discussão mais severa, sobre a gravidez de Juliana.

Grávida de 7 meses, saturada com as críticas e grosseria do companheiro, motivadas pelos inúmeros comentários ouvidos na noitada, juliana trancou-se no banheiro chorando copiosamente e se dizendo arrependida de morar com ele.

Após arrombar com um pontapé a porta, Rafael descontrolou-se e passou a surrar sua companheira. Com socos no rosto, Rafael agrediu juliana, que caiu ao chão desmaiada.

Em meio à discussão, Jacira apareceu para tentar proteger sua neta. Com muita raiva, Rafael pegou uma arma de fogo, um revólver calibre 38, que havia comprado numa feira em Cachoeiro de Itapemirim há dois anos, com o objetivo de cuidar da sua própria proteção, e desferiu três tiros à queima-roupa contra Jacira, dizendo que ela não tinha o direito de intervir na sua relação com juliana, pois não sustentava a casa. Dona Jacira faleceu no hospital para o qual foi levada pelos vizinhos que a socorreram.

Dois vizinhos, Antônio e Muriel, que estavam em casa no momento dos fatos, apareceram para prestar socorro, após ouvir a discussão seguida de tiros. Porém, assim que tiveram a notícia do falecimento de uma das vítimas, com medo de Rafael, deixaram o bairro temendo por suas vidas.

Juliana foi internada em estado grave e sofreu aborto decorrente da gravidade das agressões, mas sobreviveu sem sequelas. Rafael fugiu deixando no local do crime a arma de fogo utilizada.

A polícia civil foi acionada e na casa encontrou também 1 papelote de cocaína com um terço apenas do conteúdo, guardado numa pasta que continha também alguns documentos de Rafael.

Diante dos fatos narrados, na qualidade de delegado de polícia civil responsável por tomar as providências legais para formalizar o início da investigação, você deverá elaborar o procedimento policial necessário à apuração do fato.

4.35. Espelho de correção da banca (Instituto Acesso)

Eis o espelho de correção apresentado pela banca:

PORTARIA

O Delegado de Polícia Civil que ora assina esta Portaria, lotado na Delegacia Policial de Piúma/ES, com respaldo nos artigos 144, § 4º da CR e artigos 4º c/c 5º, inciso I, ambos do CPP e art. 128 da Constituição do ES,

RESOLVE

Instaurar Inquérito Policial para apuração de possível ocorrência dos crimes de Lesão corporal grave qualificada pelo aborto, art. 129, § 2º, inciso V c/c § 9 e 10 do CP, homicídio qualificado em razão do feminicídio, art. 121, § 2º, inciso VI, c/c § 2-A, incisos I e II e § 7, inciso II, todos do CP, sendo ambos os delitos praticados em concurso material, consoante art. 69, também do CP, Posse irregular de arma de fogo de uso permitido, art. 12 da Lei 10.826/03 e o delito de posse ou porte de drogas pra consumo pessoal, art. 28 da Lei 11.343/06.

Consta que na manhã de 29 de junho de 2019, após uma discussão, Rafael agrediu fisicamente Juliana, no interior da casa onde moravam juntos. Juliana, então como resultado da conduta de Rafael, sofreu lesões no corpo e interrupção da gestação. Da notícia-crime, consta ainda que, no mesmo contexto fático, Rafael disparou tiros de uma arma de fogo contra a dona da casa onde Rafael e Juliana residiam, de nome Jacira, que veio a falecer no hospital.

Consta ainda da notícia que Rafael mantinha em sua casa, há alguns anos, uma arma de fogo em desacordo com determinação legal ou regulamentar, não havendo notícias de que havia adquirido para o fim específico de usar no crime que ora se narra. Além disso, no local foi encontrado um papelote de entorpecente aberto, com vestígios de já ter sido consumido mais de um terço e aparência de ser do tipo cocaína, guardado em uma pasta que continha alguns documentos de Rafael.

Assim, passo a determinar o seguinte:

- Requisite-se perícia no local onde ocorreu o fato criminoso;

- Remova o corpo de Jacira do hospital para o IML;

- Proceda a identificação e oitiva das testemunhas Antônio e Muriel;

- Proceda a identificação e oitiva do suposto autor do fato;

- Apreenda-se a arma de fogo empregada pelo autor do fato e a encaminhe à exame pericial;

- Expeça-se ofício ao hospital a fim de se obter ciência sobre as circunstancias médicas das lesões sofridas pela vítima;

- Ouça-se a vítima em termo de declarações;

- Encaminhe-se a vítima para exame de corpo de delito;

- Cientifique a vítima a respeito das medidas protetivas de urgência previstas em lei;

- Junte-se o laudo cadavérico da vítima e, se possível, sua certidão de óbito;

- Apreenda-se e encaminhe para exame pericial o material entorpecente encontrado no local do crime;

- Requisite-se ao centro pericial a entrega do Laudo de exame da droga apreendida;

- Oficie-se ao juízo competente, encaminhando-o a Representação de prisão temporária de Rafael, pelo prazo de 30 dias, uma vez que estão presentes os requisitos previstos nos artigos 1º, inciso I c/c inciso III, alínea "a", todos da Lei 7960/89 e art. 2º, § 4º da Lei 8072/90, posto que sua prisão é indispensável para as investigações do presente inquérito policial.

Após, retorne.

Local e data.

Delegado de Polícia.

4.36. Sugestão de resposta por mim elaborada

Não é comum que se cobre a confecção de uma portaria em concurso público para provimento do cargo de delegado de polícia. Indubitavelmente a peça mais complexa e usual é a representação por medida cautelar.

Outrossim, o enunciado deixou claro que a peça a ser elaborada na resposta era uma portaria quando afirmou, ao fim, "**diante dos fatos narrados, na qualidade de delegado de polícia civil responsável por tomar as providências legais para formalizar o início da investigação, você deverá elaborar o procedimento policial necessário à apuração do fato**".

Eis a resposta por mim sugerida ao quesito apresentado:

PORTARIA

O Delegado de Polícia Civil que esta subscreve, lotado e em exercício na Delegacia de Polícia Civil de Piúma/ES, no uso de suas atribuições conferidas pela Constituição Federal, pela Constituição do Estado do Espírito Santo, pelo Código de Processo Penal e pela Lei 12.830/13,

RESOLVE:

Instaurar inquérito policial com o fito de apurar os crimes de lesão corporal de natureza gravíssima majorada, feminicídio majorado, posse ilegal de arma de fogo de uso permitido e de ter droga em depósito para consumo próprio, perpetrados por RAFAEL, 24 anos de idade, que, no dia 29 de julho de 2019, teria desferido socos no rosto a sua companheira JULIANA, de 18 anos de idade, que estava grávida de 7 meses e, em razão das lesões, sofreu aborto(tal conduta típica se amolda ao crime de lesão corporal de natureza gravíssima majorada, nos termos do artigo 129, § 2º, V c/c § 10, do Código Penal). O investigado teria, ainda, desferido, com a intenção de matar, três disparos à queima-roupa contra JACIRA, 66 anos e idade e avó de JULIANA, porque a vítima tentou proteger sua neta, restando constatado que os disparos foram a causa da morte da anciã, com quem o investigado morava (trata-se, destarte, do crime de feminicídio majorado – homicídio praticado contra mulher resultante de violência doméstica, com incidência de causa de aumento em face da idade da vítima, nos termos do artigo 121, § 2º, VI c/c § 2º-A, I e § 7º, II do Código Penal). Considerando que a arma de fogo usada para prática do crime contra vida preexistia ao cometimento do delito – o suspeito a adquiriu há pelo menos dois anos, RAFAEL deve, ainda, ser investigado pela prática do crime de posse ilegal de arma de fogo de uso permitido (tipificado no artigo 12 da Lei 10.826/03). Foi, ainda, encontrado um papelote de substância que aparenta ser cocaína com um terço do conteúdo, guardado numa pasta que continha documentos de RAFAEL, conduta que se amolda ao tipo do artigo 28 da Lei 11.343/06 (vez que o agente tinha em depósito droga para uso próprio).

Autuada esta, DETERMINO as seguintes providências: requisite, via ofício dirigido ao Instituto de Criminalística, materialização de perícia de local de crime na casa das vítimas; requisite, via ofício dirigido ao IML, confecção de laudo cadavérico da vítima Jacira e lado de exame de corpo de delito da vítima JULIANA (lesões corporais e aborto); a apreensão da arma de fogo do investigado, encaminhando-a ao Instituto de Criminalística para materialização de exame pericial de eficiência; a apreensão da substância entorpecente, encaminhando-a ao Instituto de Criminalística para confecção de laudo de constatação definitivo; materialização de diligências aptas a identificar o paradeiro das testemunhas ANTONIO e MURIEL, vizinhos da vítima, que tomaram rumo ignorado depois do crime, por medo de RAFAEL; intime a vítima JULIANA, para ser formalmente ouvida; materialização de diligências aptas a identificar o paradeiro do investigado RAFAEL, com o fito de que o mesmo seja intimado para ser formalmente ouvido.

Após, concluso.

CUMPRA-SE.

Piúma/ES, data.

Delegado de Polícia Civil

4.37. Concurso de Delegado de Polícia Federal 2018 (CEBRASPE)

Em uma fiscalização da Polícia Rodoviária Federal, Joaquim Melo foi preso ao transpor a fronteira do Paraguai com o Brasil, mais especificamente na cidade de Foz do Iguaçu – PR, com expressiva quantidade de cocaína acondicionada em um fundo falso acoplado ao veículo por ele conduzido, registrado em nome de Valéria Costa. Em razão disso, Joaquim foi apresentado à autoridade policial federal de Foz do Iguaçu, e a substância apreendida foi encaminhada para exame preliminar, que constatou tratar-se de cocaína pura, em um total de 5 kg. Joaquim relatou que a droga era de propriedade de Luís Costa e que o veículo pertencia à prima de Luís, Valéria Costa, cujo endereço foi indicado pelo autuado, o qual informou, ainda, que ela estaria em sua residência, localizada em Foz do Iguaçu, aguardando o carregamento para, então, transportá-lo no veículo até o interior de São Paulo, onde Luís prepararia e distribuiria a cocaína. De imediato, Valéria foi localizada e franqueou a entrada dos policiais federais em sua casa, que descobriram que havia no local outra quantidade de cocaína, que também seria entregue a Luís. Joaquim e Valéria foram presos e autuados em flagrante delito, como incursos nas sanções do art. 33, *caput*, c/c art. 35, *caput*, e art. 40, incisos I e V, da Lei n.º 11.343/2006. No interrogatório, Valéria afirmou que Joaquim e ela eram encarregados do transporte da droga entre o Paraguai e o Brasil e que, quinze dias antes da prisão, já haviam entregado a Luís um carregamento de cocaína, na mesma quantidade, oriundo do Paraguai. Segundo Valéria e Joaquim, o entorpecente estava sendo comercializado no estado de São Paulo. No curso do inquérito policial e no prazo dos autos, a autoridade competente efetuou diversas diligências visando localizar Luís, porém não obteve êxito. Em razão disso, Luís Costa foi indiciado nas mesmas sanções penais já citadas, procedendo-se à sua qualificação indireta com base em prontuário de identificação civil, ocasião em que se verificou tratar-se de indiciado primário, sem anotações criminais anteriores. De acordo com o relato da equipe de investigação, Luís, após ter tomado conhecimento da prisão dos comparsas e de seu indiciamento nos autos do inquérito policial, fugiu para local incerto e não sabido, com a pretensão de deixar o país. Valéria e Joaquim, após as formalidades legais decorrentes da prisão, foram recolhidos ao sistema penitenciário, onde permanecem à disposição da justiça. Antes, porém, relataram à autoridade policial verdadeiro temor por terem indicado Luís como coautor do crime. Segundo eles, Luís é uma pessoa perigosa e vingativa e com fortes contatos na facção criminosa que comanda o tráfico internacional de drogas para os estados do Paraná e de São Paulo. Em audiência de custódia, as prisões em flagrante de Valéria e de Joaquim foram convertidas em custódias preventivas. No prazo estabelecido na Lei n.º 11.343/2006, foi concluído o inquérito policial com farta prova da materialidade e da autoria dos delitos atribuídos aos indiciados, tendo a autoridade policial concluído e relatado os autos e tendo, em apartado, representado pela prisão de Luís Costa.

4.38. Espelho de correção

O quesito foi muito simples, porque deixava claro que o inquérito já tinha sido encerrado e que devia ser feito pedido de prisão (com o encerramento do inquérito, só é possível representar pela prisão preventiva). A questão ainda informou claramente o juízo competente (em um quesito atual, o juízo seria o das garantias, com fulcro no Pacote Anticrime) e os crimes perpetrados pelo investigado.

Eis o espelho de correção apresentado pela banca:

EXCELENTÍSSIMO SENHOR DOUTOR JUIZ FEDERAL DA XX VARA FEDERAL DA SEÇÃO JUDICIÁRIA DO ESTADO DO PARANÁ / SUBSEÇÃO JUDICIÁRIA DE FOZ DO IGUAÇU

O Departamento de Polícia Federal, por intermédio do delegado de Polícia Federal que ao final subscreve, no exercício dos poderes conferidos pelo art. 144, § 1.º, inc. II, da Constituição Federal de 1988, e com fulcro nos arts. 311, 312 e 313, inciso I, todos do Código de Processo Penal, vem perante V. Exa. representar pela decretação de

PRISÃO PREVENTIVA

Em desfavor de LUÍS DA COSTA, devidamente qualificado, pelos fatos e fundamentos a seguir expostos.

I DOS FATOS

Em uma fiscalização da Polícia Rodoviária Federal, JOAQUIM MELO foi preso ao transpor a fronteira do Paraguai com o Brasil, mais especificamente na cidade de Foz do Iguaçu – PR, portando expressiva quantidade de cocaína acondicionada em um fundo falso acoplado ao veículo que conduzia, registrado em nome de VALÉRIA DA COSTA.

JOAQUIM MELO foi apresentado à autoridade policial signatária, tendo sido providenciado o exame preliminar da substância apreendida, cujo laudo pericial apontou tratar-se de cocaína pura, perfazendo um total de 5 kg.

Verificou-se, na ocasião, que o veículo no qual era transportado o entorpecente pertencia a VALÉRIA DA COSTA e que a droga era de propriedade de LUÍS DA COSTA. JOAQUIM relatou que o veículo era de propriedade de VALÉRIA, prima de LUÍS DA COSTA, a qual, no momento da prisão, aguardava o carregamento da droga em sua residência, em Foz do Iguaçu, para, então, se encarregar de transportá-la no mesmo veículo até o interior de São Paulo, onde LUÍS DA COSTA procederia ao preparo e à distribuição da cocaína. Em seu relato, JOAQUIM indicou o endereço onde se localizava VALÉRIA.

Uma equipe de policiais federais dirigiu-se ao endereço de VALÉRIA DA COSTA, que franqueou a entrada dos policiais federais em sua casa, local em que foi apreendida igual quantidade de cocaína, que também seria entregue a LUÍS DA COSTA.

No interrogatório, VALÉRIA DA COSTA confirmou a autoria do crime e acrescentou que, juntamente com JOAQUIM MELO, era encarregada do transporte da droga entre o Paraguai e o Brasil. Afirmou que, quinze dias antes da prisão, utilizando o mesmo modus operandi, haviam entregado a LUÍS DA COSTA um carregamento de cocaína, na mesma quantidade apreendida, que estaria sendo comercializado no estado de São Paulo. Tais fatos foram também confirmados por JOAQUIM MELO.

JOAQUIM MELO e VALÉRIA DA COSTA foram presos e autuados em flagrante delito, como incursos nas sanções do art. 33, caput, c/c art. 35, caput, e art. 40, incisos I e V, da Lei n.º 11.343/2006 e, após as formalidades legais pertinentes à prisão, foram encaminhados ao sistema prisional, onde permanecem à disposição da justiça.

Ao seu turno, LUÍS DA COSTA foi indiciado nas mesmas sanções penais e qualificado indiretamente com base em seu prontuário de identificação civil, haja vista não ter sido localizado, apesar das diligências então encetadas nesse sentido.

Segundo a equipe de investigação, LUÍS DA COSTA, após ter tomado conhecimento da prisão dos comparsas e de seu indiciamento nos autos do inquérito policial, fugiu para local incerto e não sabido, com pretensão de deixar o país.

Registre-se, por oportuno, que os indiciados relataram a esta autoridade policial verdadeiro temor por terem apontado LUÍS DA COSTA como coautor do crime, sob o argumento de que se trata de pessoa perigosa e vingativa e com fortes contatos na facção criminosa que comanda o tráfico de drogas nos estados do Paraná e de São Paulo.

Essa é a síntese dos fatos.

II DA PRISÃO PREVENTIVA

A materialidade do delito se encontra estampada no laudo pericial da substância apreendida, o qual atestou tratar-se de cocaína pura, perfazendo um total de 5 kg.

No pertinente à autoria, o exame dos autos revela que VALÉRIA DA COSTA e JOAQUIM MELO, em associação criminosa com LUÍS DA COSTA, atuam no tráfico de drogas, de forma reiterada, sendo certo que a natureza e a quantidade do produto apreendido, bem como a sua procedência evidenciam a transnacionalidade do delito.

LUÍS DA COSTA foi indiciado como incurso no art. 33, caput, c/c art. 35, caput, e art. 40, incisos I e V, da Lei n.º 11.343/2006, que configuram crimes dolosos punidos com pena privativa de liberdade máxima superior a quatro anos, sendo, portanto, aplicável o requisito de direito, disposto no inciso I do art. 313 do CPP, in verbis:

> Art. 313. Nos termos do art. 312 deste Código, será admitida a decretação da prisão preventiva:
>
> I – nos crimes dolosos punidos com pena privativa de liberdade máxima superior a 4 (quatro) anos.

De igual sorte, as suficientes provas da existência dos crimes e os seguros indícios de sua autoria (fumus comissi delicti) reúnem as hipóteses de risco à persecução penal, devidamente elencadas no art. 312 do CPP, que preceitua a necessidade da prisão preventiva para a garantia da ordem pública, por conveniência da instrução criminal, e para a asseguração da aplicação da lei penal (periculum libertatis).

Os fatos narrados nos autos apontam de maneira concreta a necessidade de garantia da ordem pública, considerando-se a real possibilidade de LUÍS DA COSTA, ainda de posse da significativa quantidade de cocaína entregue a ele poucos dias antes da prisão de JOAQUIM e VALÉRIA, continuar com a atividade criminosa, cabendo ao Poder Judiciário, dada a gravidade da situação, resguardar o meio social de maiores danos. Não resta dúvida de que a ordem pública ficará protegida com a prisão de LUÍS, que é peça-chave na engrenagem da associação criminosa.

Premente, ainda, é a efetiva necessidade de assegurar a aplicação da lei penal, dada a possibilidade concreta de fuga do requerido, que se encontra ainda em local incerto e não sabido, existindo fundado receio de que este empreenda fuga para outro país.

Por fim, LUÍS DA COSTA foi descrito como pessoa perigosa, com fortes contatos na facção criminosa que comanda o tráfico de drogas nos estados do Paraná e de São Paulo, sendo certo que, em liberdade, poderá impor sérios riscos à instrução criminal. Assinale-se, de igual sorte, que a sua primariedade não afasta a presunção de periculosidade, tampouco possui o condão de impedir eventual decreto de prisão cautelar.

À vista do exposto e concluídos os autos do inquérito policial que ora seguem, a autoridade policial que esta subscreve, respeitosamente, REPRESENTA pela decretação da prisão preventiva de LUÍS DA COSTA, com base nos arts. 312 e 313, I, do Código de Processo Penal, expedindo-se, por consequência, a efetiva ordem de prisão, após a oitiva do representante do Ministério Público.

Local (Foz do Iguaçu) e data.

DELEGADO DE POLÍCIA

4.39. Quesito criado pelo autor da obra

PEDRO SANTOS filmou, sem consentimento e fazendo uso de um celular, MARIA DAS DORES nua enquanto essa dançava na sala de seu apartamento. De posse do vídeo, PEDRO contatou MARIA e disse que se ela não depositasse

R$ 5.000,00 em sua conta corrente, ele publicaria o vídeo em todas as redes sociais. MARIA, com receio de ter sua intimidade exposta, efetuou a transferência reclamada pelo autor do fato. O autor do fato mandou mensagem debochando da vítima, dizendo que comprara uma moto com o dinheiro da vítima e, quando quisesse mais, entraria em contato. Com receio de ser novamente chantageada por PEDRO, a vítima procurou a Delegacia de Polícia do seu bairro, na cidade de Salvador/BA, e noticiou o ocorrido. Ela foi formalmente ouvida, forneceu as mensagens com as ameaças perpetradas por PEDRO e o comprovante da transferência bancária, tendo sido instaurado inquérito policial. Feitos os levantamentos iniciais, detectou-se que o número usado por PEDRO para chantagear MARIA já estava inativo, mas estava cadastrado em nome de PEDRO SANTOS ALCÂNTARA, mesmo titular da conta para a qual foi transferido os R$ 5.000,00. Detectou-se que PEDRO tem extensa ficha criminal, mormente relacionada a crimes patrimoniais, que ele reside na rua D, casa 35, Salvador/BA e que recentemente comprou a moto HONDA/CG, placas HHH 3333. **Com base nessas informações, na condição de Delegado de Polícia que preside o inquérito, materialize o(s) pedido(s) que entender adequado(s), dirigindo-o(s) ao juízo competente.**

4.40. Comentários pertinentes

O quesito demanda confecção de representação objetivando a prisão (temporária ou preventiva) de PEDRO SANTOS, a expedição de mandado de busca e apreensão e de sequestro (da motocicleta).

A prisão é necessária em face da periculosidade do investigado. Caso o candidato opte por prisão temporária, deve demonstrar a imprescindibilidade do cárcere (artigo 1º, I, da Lei 7.960/89) e que houve prática de crime listado no artigo 1º, III, do mesmo mandamento legal (extorsão). A prisão deve ser pedida pelo prazo de 5 dias. Caso opte pela preventiva, será preciso demonstrar a prova da materialidade, indícios de autoria, o perigo gerado pelo estado de liberdade do imputado, que os crimes são dolosos e um deles tem pena superior a 4 anos e a presença do fundamento "garantia da ordem pública".

No pleito de busca, o candidato deve destacar o permissivo constitucional (artigo 5º, XI, CF) e que o pedido se funda nos artigos 240 e seguintes do CPP. O objetivo da busca é apreender o celular do alvo e efetuar sua prisão.

O pleito de sequestro tem por base o artigo 132 do CPP e deve ser dirigido à motocicleta adquirida com o produto do crime.

Os crimes perpetrados por PEDRO estão tipificados nos artigos 216-B e 158, ambos do Código Penal.

Os pedidos devem ser dirigidos ao juízo das garantias competente por distribuição na Comarca de Salvador/BA

ESPELHO DE CORREÇÃO

Quesitos avaliados	Faixa de valor
Apresentação e estrutura textual (legibilidade, respeito às margens e indicação de parágrafos)	0,00 a 1,50
Endereçamento ao juízo das garantias competente na Comarca de Salvador/BA	0,00 a 1,50
Representação objetivando busca e apreensão, a prisão (temporária ou preventiva) do investigado e o sequestro da sua moto	0,00 a 2,0
Requisitos legais para decretação das medidas cautelares	0,00 a 2,5
Tipificação dos crimes praticados (registro não autorizado de intimidade sexual e extorsão).	0,00 a 2,5
TOTAL	10,00

SUGESTÃO DE RESPOSTA

EXCELENTÍSSIMO SENHOR JUIZ DAS GARANTIAS COMPETENTE POR DISTRIBUIÇÃO DA COMARCA DE SALVADOR/BA

A **POLÍCIA CIVIL DO ESTADO DA BAHIA**, por meio do delegado de polícia civil que esta subscreve, no exercício de suas atribuições e com fulcro no artigo 144 da Constituição Federal, na Lei 12.830/13 e no Código de Processo Penal, vem, perante Vossa Excelência, **REPRESENTAR** pela expedição de mandado de **BUSCA E APREENSÃO,** de **PRISÃO TEMPORÁRIA e de SEQUESTRO**, no endereço e em desfavor do indiciado a seguir identificado, na forma dos artigos 240 e seguintes do Código de Processo Penal, da Lei 7.960/89 e dos artigos 125 e seguintes do Código de Processo Penal**,** medidas essas indispensáveis ao prosseguimento das investigações levadas a efeito no bojo do presente **INQUÉRITO POLICIAL**.

1. O resumo fático.

Consta no presente caderno apuratório que PEDRO SANTOS filmou, sem consentimento e fazendo uso de um celular, MARIA DAS DORES nua enquanto essa dançava na sala de seu apartamento. De posse do vídeo, PEDRO contatou MARIA e disse que se ela não depositasse R$ 5.000,00 em sua conta corrente, ele publicaria o vídeo em todas as redes sociais. MARIA, com receio de ter sua intimidade exposta, efetuou a transferência reclamada pelo autor do fato. O autor do fato disse que comprara uma moto com o dinheiro da vítima e, quando quisesse mais, entraria em contato. A análise técnico-jurídica do caso criminal revela que o investigado praticou os crimes de registro não autorizado da intimidade sexual e extorsão, em concurso material (artigo 69 do Código Penal).

Detectou-se que o número usado para chantagear MARIA estava cadastrado em nome de PEDRO SANTOS ALCÂNTARA, mesmo titular da conta para a qual foi transferido os R$ 5.000,00. Detectou-se que PEDRO tem extensa ficha criminal, mormente relacionada a crimes patrimoniais, que ele reside na rua D, casa 35, Salvador/BA e que recentemente comprou a moto HONDA/CG, placas HHH 3333.

2. A busca e apreensão

A presente investigação clama pela expedição de mandado de busca e apreensão dirigido ao endereço acima citado, na forma do artigo 240, § 1º, do Código de Processo Penal (com permissivo constitucional avistável no artigo 5º, XI, da Constituição Federal), vez que será possível apreender em tal local o telefone celular do investigado e efetuar a prisão do alvo.

3. A prisão temporária

No caso presente, o encarceramento do investigado é imprescindível ao bom termo do inquérito policial, vez que ele é perigoso (reitera na prática de crimes patrimoniais). Há prova da materialidade (vídeo íntimo gravado à revelia da vítima) e indícios suficientes de autoria (comprovante de depósito e mensagens passadas pelo autor do fato). Anote-se que o crime de extorsão está na lista dos delitos que admitem a decretação prisão temporária (pelo prazo de 5 dias). Há, destarte, a cumulação dos incisos I e III, do artigo 1º, da Lei 7.960/89 (requisitos autorizadores da medida extrema).

4. O sequestro

Merece ainda ser decretado o sequestro da moto acima citada, comprada com dinheiro obtido com a prática da extorsão acima descrita. O pleito se funda nos artigos 126 (que exige indícios da origem ilícita do bem) e 132 (que permite decretação de sequestro de bens móveis) do Código de Processo Penal.

5. Conclusão e pedidos

Do exposto, com fundamento nos argumentos acima expendidos, após manifestação do Ministério Público, a autoridade policial que esta subscreve REPRESENTA pela: 1) Expedição de mandado de busca e apreensão dirigido à rua D, casa 35, Salvador/BA, com o fito de apreender o celular do investigado e efetuar sua prisão (artigo 243 do Código de Processo Penal); 2) Expedição de ordem de sequestro da moto HONDA/CG, placas HHH 3333; 3) Expedição de mandado de prisão temporária em desfavor do investigado PEDRO SANTOS ALCÂNTARA, pelo prazo de 5 dias;

Atenciosamente,

Local, data.

Delegado de Polícia Civil

4.41. Quesito criado pelo autor da obra

MARIA DAS DORES procurou a Delegacia de Polícia da cidade de São Domingos/SE (que não é sede de Comarca) e relatou à autoridade policial, em sua oitiva formal, risco iminente a sua integridade física, em virtude de ameaças proferidas por seu companheiro JURANDIR BRABO. Ela disse que já foi vítima de agressões anteriores e que tem receio de que seus filhos também sejam atacados por JURANDIR, porque ele não aceita conversar sobre a separação. MARIA afirmou mora com JURANDIR na rua das Flores, 10, bairro centro, São Domingos/SE e que no momento ele está trabalhando na feira da cidade. **Na condição de Delegado de Polícia elabore a decisão apta a enfrentar o caso apresentado, com fulcro na Lei 11.340/06.**

4.42. Comentários pertinentes

O quesito demanda confecção de decisão de afastamento do lar, domicílio ou local de convivência em desfavor de JURANDIR BRABO, com fulcro no artigo 12-C da Lei Maria da Penha (Lei 11.340/06).

É preciso deixar claro: a) que o Município não é sede de Comarca; b) o risco iminente à integridade física da vítima e de seus dependentes; c) a situação de violência doméstica e familiar; d) o envio da decretação da medida protetiva ao juízo competente para que, no prazo de 24 horas, a medida seja mantida ou revogada, com ciência ao MP.

Eis o dispositivo legal que fundamenta o pleito:

> Art. 12-C. Verificada a existência de risco atual ou iminente à vida ou à integridade física da mulher em situação de violência doméstica e familiar, ou de seus dependentes, o agressor será imediatamente afastado do lar, domicílio ou local de convivência com a ofendida:
>
> I - pela autoridade judicial;
>
> II - pelo delegado de polícia, quando o Município não for sede de comarca; ou
>
> III - pelo policial, quando o Município não for sede de comarca e não houver delegado disponível no momento da denúncia.

§ 1º Nas hipóteses dos incisos II e III do **caput** deste artigo, o juiz será comunicado no prazo máximo de 24 (vinte e quatro) horas e decidirá, em igual prazo, sobre a manutenção ou a revogação da medida aplicada, devendo dar ciência ao Ministério Público concomitantemente.

§ 2º Nos casos de risco à integridade física da ofendida ou à efetividade da medida protetiva de urgência, não será concedida liberdade provisória ao preso.

ESPELHO DE CORREÇÃO

Quesitos avaliados	Faixa de valor
Apresentação e estrutura textual (legibilidade, respeito às margens e indicação de parágrafos)	0,00 a 2,0
Confecção de decisão decretando medida protetiva de urgência de afastamento do agressor	0,00 a 4,0
Requisitos da medida protetiva de urgência	0,00 a 4,0
TOTAL	10,00

SUGESTÃO DE RESPOSTA

DECISÃO

O Delegado de Polícia Civil que esta subscreve, lotado e em exercício na Delegacia de Polícia Civil de São Domingos/SE, no uso de suas atribuições conferidas pela Constituição Federal, pela Constituição do Estado de Sergipe, pelo Código de Processo Penal, pela Lei 12.830/13 e na forma da Lei 11.340/06

CONSIDERANDO:

a) que o Município de São Domingos/SE não é sede de Comarca; b) que MARIA DAS DORES relatou, em sua oitiva formal, que já fora agredida pelo investigado JURANDIR BRABO em momento anterior e que tem receio de ser novamente agredida em face de ameaças proferidas por ele, vez que não aceita conversar sobre a separação do casal; c) que há risco iminente de agressão, por parte de JURANDIR, aos filhos de MARIA, segundo relato da vítima.

RESOLVE:

DECRETAR a medida cautelar de afastamento de JURANDIR BRABO do lar (localizado rua das Flores, 10, bairro centro, São Domingos/SE),

DETERMINO, ainda, as seguintes providências:

1) Comunique a presente decisão a JURANDIR BRABO;

2) Comunique a decisão ao juízo das garantias competente, para que, em 24 horas, decida pela manutenção ou revogação da presente medida protetiva, com ciência ao Ministério Público;

CUMPRA-SE.

São Domingos/SE, data.

Delegado de Polícia Civil

4.43. Quesito criado pelo autor da obra

Depois de receber notícia de que na rua A, do bairro Solitude, na cidade de Aracaju/SE, funcionava ponto de distribuição de cocaína, a equipe da 11ª Delegacia Metropolitana montou campana na frente do imóvel. Constatada a verossimilhança da informação recebida, os policiais adentraram na casa, com o fito de prender em flagrante os envolvidos com a suposta prática ilícita. Ocorre que, os dois indivíduos que lá estavam conseguiram empreender fuga, tomando rumo ignorado. Foi possível detectar, no interior da casa, 45 papelotes de substância que aparentava ser cocaína, dois revólveres calibre .38, usados pelos suspeitos, segundo os levantamentos preliminares, para garantir a "segurança" da boca de fumo e cadernos de anotações. O estudo dos documentos dos suspeitos deixados no local revelou que eles se chamam JAIRO PAES e JULIANO DANTAS. Entrevistados informalmente, os vizinhos PEDRO DIAS e JONAS JERÔNIMO disseram que JAIRO e JULIANO alugaram a casa há alguns meses e sempre recebem "visitas" durante todo dia. Nos cadernos de anotações, destaca-se a figura de PAULO DANTAS, financiador do "negócio ilícito", que não participa diretamente da venda dos entorpecentes e de alguns "clientes" cujos nomes se repetem constantemente: GERTRUDES LIMA, HILDETE PIRES e JOSÉ PARENTE (os endereços não constam no caderno). **Com base nessas informações, na condição de Delegado de Polícia elabore a peça apta a iniciar formalmente as investigações, determinando as diligências iniciais para elucidação do(s) delito(s).**

4.44. Comentários pertinentes

O quesito demanda confecção de portaria, já que o final do enunciado informa que o Delegado de Polícia deve elaborar **"a peça apta a iniciar formalmente as investigações, determinando as diligências iniciais para elucidação dos delitos".**

Na portaria, o Delegado inicia o inquérito policial com indiciados/investigados soltos. É preciso delimitar os fatos investigados, proceder à tipificação dos delitos que serão apurados e determinar as diligências iniciais.

Nota-se prática do crime de tráfico de drogas majorado pelo emprego de armas de fogo (artigo 33 c/c artigo 40, IV, da Lei 11.343/06), já que as armas, a priori, são usadas unicamente para proteger a traficância. JAIRO PAES e JULIANO DANTAS devem ser investigados pela prática dos crimes de tráfico de drogas majorado pelo emprego de armas de fogo (tipificação citada) e associação para o tráfico de drogas (artigo 35 da Lei 11.343/06 - estão unidos com estabilidade e permanência para prática de tráfico). Já PAULO DANTAS deve ser investigado pela prática do crime de financiamento do tráfico (36 da Lei 11.343/06).

É preciso determinar a apreensão da droga e das armas (e perícias nesses materiais), a localização e intimação de GERTRUDES LIMA, HILDETE PIRES e JOSÉ PARENTE, supostos clientes dos traficantes, que devem ser investigados pela prática do crime do artigo 28 da Lei 11.343/06, vez que adquiriram droga para uso próprio.

PEDRO DIAS e JONAS JERÔNIMO devem ser intimados para serem formalmente ouvidos.

Será preciso determinar diligências com vistas a localizar os investigados, para que eles sejam formalmente ouvidos.

ESPELHO DE CORREÇÃO

Quesitos avaliados	Faixa de valor
Apresentação e estrutura textual (legibilidade, respeito às margens e indicação de parágrafos)	0,00 a 2,00
Confecção de portaria	0,00 a 2,50
Tipificação dos crimes de tráfico majorado pelo emprego de armas de fogo, associação para o tráfico, financiamento do tráfico e de adquirir drogas para uso próprio	0,00 a 2,50
Determinação das seguintes diligências preliminares: apreensão da droga e das armas; perícia da droga e das armas; localização dos usuários GERTRUDES LIMA, HILDETE PIRES e JOSÉ PARENTE para serem ouvidos; intimação de PEDRO DIAS e JONAS JERÔNIMO para serem ouvidos formalmente; materialização de diligências com vistas a localizar os investigados JAIRO PAES, JULIANO DANTAS e PAULO DANTAS	0,00 a 3,50
TOTAL	10,00

SUGESTÃO DE RESPOSTA

PORTARIA

O Delegado de Polícia Civil que esta subscreve, lotado e em exercício na 11ª. Delegacia Metropolitana de Polícia Civil de Aracaju/SE, no uso de suas atribuições conferidas pela Constituição Federal, pela Constituição do Estado de Sergipe, pelo Código de Processo Penal e pela Lei 12.830/13,

RESOLVE:

Instaurar inquérito policial com o fito de apurar os crimes de financiamento do tráfico (perpetrado por PAULO DANTAS), tráfico majorado pelo uso de armas de fogo e associação para o tráfico de drogas (praticados por JAIRO PAES, JULIANO DANTAS) e de adquirir droga para consumo próprio (cometido por GERTRUDES LIMA, HILDETE PIRES e JOSÉ PARENTE), em face da notícia de que a Polícia Civil adentrou em casa localizada na rua A, do bairro Solitude, na cidade de Aracaju/SE e lá identificou 45 papelotes de substância que aparentava ser cocaína, dois revólveres calibre .38, usados pelos suspeitos JAIRO PAES e JULIANO DANTAS para garantir a "segurança" da boca de fumo. Os levantamentos preliminares indicaram que PAULO DANTAS é financiador do tráfico perpetrado por JAIRO e JULIANO e que GERTRUDES, HILDETE e JOSÉ PARENTE são clientes que já adquiriram drogas para uso próprio.

Autuada esta, DETERMINO as seguintes providências:

1) Apreenda a substância inicialmente identificada como cocaína e as armas de fogo;
2) Expeça ofícios ao Instituto de Criminalística requisitando materialização de laudo definitivo com o fito de atestar que a substância apreendida é droga ilícita e perícia nas armas apreendidas;
3) Localização e intimação dos usuários GERTRUDES LIMA, HILDETE PIRES e JOSÉ PARENTE para serem formalmente ouvidos;
4) Intimação de PEDRO DIAS e JONAS JERÔNIMO para serem ouvidos formalmente;
5) Localização e intimação dos investigados JAIRO PAES, JULIANO DANTAS e PAULO DANTAS, para serem formalmente ouvidos.

Após, concluso.

CUMPRA-SE.

Aracaju/SE, data.

Delegado de Polícia Civil

4.45. Quesito criado pelo autor da obra

MARCOS SANDES noticiou que sua casa (número 152, da rua B, na cidade de Vila Velha/ES) foi invadida por dois homens armados que o renderam e subtraíram três relógios. A vítima contou que os criminosos perceberam a existência de um cofre e, apontando as armas (revólveres com numerações raspadas, segundo relatou o ofendido), obrigaram-no a digitar a senha. De dentro do cofre os larápios surrupiaram R$ 20.000,00, fugindo logo em seguida. Iniciadas as investigações no bojo do inquérito policial instaurado, além das declarações da vítima, foram analisadas as imagens das câmeras de segurança da casa e ouvidas testemunhas que estavam no bar que fica na frente da casa alvo da ação dos suspeitos. Na filmagem em alta resolução, foi possível captar imagens dos rostos dos agentes. As imagens foram mostradas para testemunhas, que prontamente identificaram PEDRINHO MALDADE e JOAQUIM ESQUISITO como os autores do delito. Os reconhecimentos foram corroborados pelo laudo de local de crime, que identificou fragmentos das digitais dos suspeitos citados. Os bancos de dados policiais revelaram que a dupla é responsável por vários crimes contra o patrimônio praticados naquela região da cidade. Os registros das ocorrências passadas revelaram que eles sempre agem portando os revólveres com numeração raspada. Levantamentos de campo identificaram como endereços dos alvos a casa 23 da Vila Chaves, em Vila Velha/ES (PEDRINHO) e a casa 43 da Vila Chiquinha, Vila Velha/ES (JOAQUIM). **Com base nessas informações, na condição de Delegado de Polícia que preside o inquérito, materialize o(s) pedido(s) que entender adequado(s), dirigindo-o(s) ao juízo competente.**

4.46. Comentários pertinentes

Trata-se de inquérito policial instaurado para apurar os crimes de roubo majorado (concurso de pessoas e emprego de arma de fogo), extorsão majorada (concurso de pessoas e emprego de arma de fogo) e porte ilegal de arma de fogo de uso restrito (revólveres com numeração raspada).

Note que não é possível reconhecer continuidade delitiva entre os crimes de roubo e extorsão, porquanto são crimes de espécies diferentes (STJ) e que é possível imputar o crime tipificado no Estatuto do Desarmamento porquanto as armas são usadas para outros delitos.

O candidato deverá confeccionar representação objetivando busca e apreensão nas casas dos investigados (com o fito de apreender as armas de fogo, os relógios e o dinheiro – leia o artigo 5º, XI, da CF e os artigos 240 e seguintes do CPP) e a prisão temporária dos investigados até aqui identificados (fundada no artigo 1º, I e III, 'c' e 'd', da Lei 7.960/89) – será admitida como correta, também, a representação pela prisão preventiva (fundada na garantia da ordem pública

– em face da reiteração delitiva). Caso a prisão representada seja a temporária, ela deve ser pedida pelo prazo de 30 dias, por ser o crime de roubo circunstanciado pelo uso de arma de numeração raspada um crime hediondo (na forma do artigo 2º, § 4º, da Lei 8.072/90).

Como não há juízo prevento, a representação deve ser dirigida ao juízo das garantias competente por distribuição na Comarca de Vila Velha/ES (lugar onde os crimes se consumaram – artigo 70 do CPP).

ESPELHO DE CORREÇÃO

Quesitos avaliados	Faixa de valor
Apresentação e estrutura textual (legibilidade, respeito às margens e indicação de parágrafos)	0,00 a 2,00
Endereçamento ao juízo das garantias competente por distribuição na Comarca de Vila Velha/ES	0,00 a 2,00
Representação objetivando busca e apreensão nas casas dos investigados e a prisão temporária (ou preventiva) dos alvos identificados	0,00 a 2,00
Requisitos legais para decretação das medidas cautelares	0,00 a 2,00
Tipificação do crime de roubo majorado, extorsão majorada e porte ilegal de arma de fogo uso restrito	0,00 a 2,00
Total	10,00

SUGESTÃO DE RESPOSTA

EXCELENTÍSSIMO SENHOR JUIZ DAS GARANTIAS COMPETENTE POR DISTRIBUIÇÃO DA COMARCA DE VILA VELHA/ES

A **POLÍCIA CIVIL DO ESTADO DO ESPÍRITO SANTO**, representada pelo Delegado de Polícia Civil que esta subscreve, no uso de suas atribuições conferidas pelo artigo 144 da Constituição Federal, pelo Código de Processo Penal e pela lei 12.830/13, vem, perante Vossa Excelência, **REPRESENTAR** pela expedição de mandados de **BUSCA E APREENSÃO** e de **PRISÃO TEMPORÁRIA**, nos endereços e em desfavor dos indiciados a seguir identificados, na forma dos artigos 240 e seguintes do Código de Processo Penal e da Lei 7.960/89, medidas essas indispensáveis ao prosseguimento das investigações levadas a efeito no bojo do presente inquérito policial.

1. O resumo fático.

O presente inquérito policial investiga a prática dos crimes de roubo majorado (pelo concurso de duas pessoas e emprego de arma de fogo de uso restrito), extorsão majorada (pelo concurso de duas pessoas e emprego de arma de fogo) e porte ilegal de arma de fogo de uso restrito perpetrados por PEDRINHO MALDADE e JOAQUIM ESQUISITO, que invadiram a casa de MARCOS SANDES, subtraíram 3 relógios (roubo) e o obrigaram a digitar a senha e abrir o cofre do qual foram surrupiados R$ 20.000,00 (extorsão).

2. A busca e apreensão

A presente investigação clama pela expedição de mandados de busca e apreensão dirigidos às casas dos investigados, reveladas por meio de levantamentos de campo: a) casa 23 da Vila Chaves, em Vila Velha/ES (PEDRINHO); e b) casa 43 da Vila Chiquinha, Vila Velha/ES (JOAQUIM). O pedido tem lastro no artigo 5º, XI, da Constituição Federal e no artigo 240, § 1º, do Código de Processo Penal. Nos locais será possível apreender as armas de fogo usadas no crime, os bens subtraídos e efetuar a prisão dos alvos.

3. A prisão temporária

A prisão é medida extrema. No caso presente, o encarceramento dos investigados é imprescindível ao bom termo do inquérito policial, vez que os indiciados são perigosos – *periculum libertatis* (inciso I, do artigo 1º, da Lei 7.960/98). Ademais, há prova da materialidade e indícios suficientes de autoria de crimes listados no inciso III (roubo e extorsão), do artigo 1º, da mesma lei - *fumus comissi delicti*. Considerando que o crime de roubo circunstanciado pelo uso de arma de uso restrito (revólveres com numeração raspada) é hediondo, a prisão deve ser decretada por 30 dias.

4. Conclusão e pedidos

Do exposto, com fundamento nos argumentos acima expendidos, após manifestação do Ministério Público, a autoridade policial que esta subscreve REPRESENTA pela expedição de mandados de busca e apreensão nos endereços a seguir nominados (objetivando a apreensão de armas de fogo, bens móveis subtraídos e para prisão dos alvos – na forma do artigo 243 do Código de Processo Penal):

a) casa 23 da Vila Chaves, em Vila Velha/ES (PEDRINHO);

b) casa 43 da Vila Chiquinha, Vila Velha/ES (JOAQUIM);

e pela decretação da prisão temporária, pelo prazo de 30 dias, dos investigados PEDRINHO MALDADE e JOAQUIM ESQUESITO.

Local, data.

Delegado de Polícia Civil

4.47. Quesito criado pelo autor da obra

A Polícia Civil do Ceará recebeu notícia de crime de GILTON SANTOS que, em resumo, afirmou: a) que seu filho de 14 anos de idade costuma jogar on-line com outras pessoas; b) que em uma desses jogos, ele foi convidado para uma conversa privada com pessoa que se identificou pelo apelido JEFERSON CABULOSO; c) na conversa, JEFERSON perguntou a idade de seu filho, se havia algum adulto por perto, disse que era fotógrafo e que fazia fotos para uma agência de modelos mirins; d) no bate-papo, JEFERSON disse que o filho do declarante podia ganhar dinheiro, bastando, para tanto, fazer uma sessão de fotos "apenas com roupas de baixo" ou "ficando pelado bem rapidinho", no estúdio dele, localizado em Fortaleza/CE (o suspeito findou não fornecendo o endereço); e) que seu filho desconversou, disse que pensaria no assunto, desligou o computador e lhe contou tudo que aconteceu. GILTON disse que o jogo se chama THE GAME e que, de fato, há muita interação entre os participantes. Asseverou que em outras oportunidades já viu pessoa com o apelido JEFERSON CABULOSO jogando on-line. Com base nas declarações prestadas pelo pai da vítima e na impressão da conversa mencionada, foi instaurado, na 10ª Delegacia Metropolitana de Fortaleza, o inquérito policial 213/2020 para apurar cabalmente os fatos. **De posse de tais dados, na condição de Delegado de Polícia que cuida da investigação, elabore representação com o(s) pleito(s) cautela(res) que entender cabível(eis), dirigindo-a ao juízo competente.**

4.48. Comentários pertinentes

Trata-se de inquérito instaurado com o foto de apurar o crime tipificado nos artigos 240 do Estatuto da Criança e do Adolescente, vez que o investigado, até identificado como JEFERSON CABULOSO, tencionava fotografar adolescente nu (vide artigo 241-E do ECA):

> Art. 240. Produzir, reproduzir, dirigir, fotografar, filmar ou registrar, por qualquer meio, cena de sexo explícito ou pornográfica, envolvendo criança ou adolescente:
>
> Art. 241-E. Para efeito dos crimes previstos nesta Lei, a expressão "cena de sexo explícito ou pornográfica" compreende qualquer situação que envolva criança ou adolescente em atividades sexuais explícitas, reais ou simuladas, ou exibição dos órgãos genitais de uma criança ou adolescente para fins primordialmente sexuais.

O candidato deve confeccionar representação objetivando infiltração policial virtual, com fulcro nos artigos 190-A e seguintes do ECA:

> Art. 190-A. A infiltração de agentes de polícia na internet com o fim de investigar os crimes previstos nos arts. 240, 241, 241-A,241-B, 241-C e 241-D desta Lei e nos arts. 154-A, 217-A, 218, 218-A e 218-B do Decreto-Lei nº 2.848, de 7 de dezembro de 1940 (Código Penal), obedecerá às seguintes regras:
>
> I – será precedida de autorização judicial devidamente circunstanciada e fundamentada, que estabelecerá os limites da infiltração para obtenção de prova, ouvido o Ministério Público;
>
> II – dar-se-á mediante requerimento do Ministério Público ou representação de delegado de polícia e conterá a demonstração de sua necessidade, o alcance das tarefas dos policiais, os nomes ou apelidos das pessoas investigadas e, quando possível, os dados de conexão ou cadastrais que permitam a identificação dessas pessoas;
>
> III – não poderá exceder o prazo de 90 (noventa) dias, sem prejuízo de eventuais renovações, desde que o total não exceda a 720 (setecentos e vinte) dias e seja demonstrada sua efetiva necessidade, a critério da autoridade judicial.
>
> § 1º A autoridade judicial e o Ministério Público poderão requisitar relatórios parciais da operação de infiltração antes do término do prazo de que trata o inciso II do § 1º deste artigo.
>
> § 2º Para efeitos do disposto no inciso I do s§ 1º deste artigo, consideram-se:
>
> I – dados de conexão: informações referentes a hora, data, início, término, duração, endereço de Protocolo de Internet (IP) utilizado e terminal de origem da conexão.
>
> II – dados cadastrais: informações referentes a nome e endereço de assinante ou de usuário registrado ou autenticado para a conexão a quem endereço de IP, identificação de usuário ou código de acesso tenha sido atribuído no momento da conexão.
>
> § 3º A infiltração de agentes de polícia na internet não será admitida se a prova puder ser obtida por outros meios.

O pleito deverá conter a demonstração de sua necessidade, a indicação de que a prova não pode ser obtida por outros meios, o alcance das tarefas do policial e o apelido da pessoa investigada.

O pedido deve ter prazo de 90 dias. A representação deve ser dirigida ao juízo das garantias competente por distribuição na Comarca de Fortaleza (observe que não há internacionalidade da conduta e por isso o crime deve ser apurado no âmbito estadual). Também não há juízo prevento.

Veja tese do STJ na edição 72 da jurisprudência em teses: **3) O fato de o delito ser praticado pela internet não atrai, automaticamente, a competência da Justiça Federal, sendo necessário demonstrar a internacionalidade da conduta ou de seus resultados.**

ESPELHO DE CORREÇÃO

Quesitos avaliados	Faixa de valor
Apresentação e estrutura textual (legibilidade, respeito às margens e indicação de parágrafos)	0,00 a 2,00
Endereçamento ao juízo das garantias competente por distribuição na Comarca de Fortaleza	0,00 a 2,00
Representação objetivando a infiltração virtual de agentes	0,00 a 2,00
Requisitos legais para decretação da medida cautelar	0,00 a 2,00
Imputação do crime tipificado no artigo 240 do Estatuto da Criança e do Adolescente	0,00 a 2,00
Total	10,00

SUGESTÃO DE RESPOSTA

EXCELENTÍSSIMO SENHOR JUIZ DAS GARANTIAS COMPETENTE POR DISTRIBUIÇÃO NA COMARCA DE FORTALEZA/CE

A **Polícia Civil do Ceará**, por meio do Delegado de Polícia Civil que esta subscreve, no exercício de suas atribuições e com fulcro no artigo 144 da Constituição Federal, na Lei 12.830/13 e no Código de Processo Penal, vem, perante Vossa Excelência, **REPRESENTAR PELA INFILTRAÇÃO POLICIAL VIRTUAL**, com lastro no artigo 190-A e seguintes do Estatuto da Criança e do Adolescente.

1. Resumo fático

Trata-se de inquérito policial instaurado para apurar o crime tipificado no artigo 240 do Estatuto da Criança e do Adolescente, supostamente praticados por pessoa até aqui identificada como JEFERSON CABULOSO.

2. A infiltração virtual

GILTON SANTOS, noticiante, afirmou à Polícia Civil que seu filho de 14 anos foi abordado em jogo virtual por pessoa que se identificou como JEFERSON CABULOSO. Esse indivíduo disse que era fotógrafo e que fazia fotos para uma agência de modelos mirins.

O investigado convidou o filho do noticiante para sessão de fotos "apenas com roupas de baixo" ou "ficando pelado bem rapidinho", no estúdio dele, localizado em Fortaleza/CE (o suspeito findou não fornecendo o endereço).

O jogo se chama THE GAME e que, de fato, há muita interação entre os participantes.

O deslinde da presente investigação clama pela utilização da técnica denominada infiltração policial virtual. Só será possível identificar efetivamente o investigado, chegando a seu nome e endereço reais se o Estado mantiver contato direto com ele (a infiltração é único meio de colher provas da prática investigada).

A Lei 13.441/17 enxertou no Estatuto da Criança e do Adolescente (Lei 8.069/90) os artigos 190-A, 190-B, 190-C, 190-D e 190-E, que disciplinam a infiltração virtual.

Eis o planejamento para execução da técnica: será designado policial, que se passará por adolescente e jogará on-line o referido jogo, mantendo contato com o alvo, de forma a descobrir seus dados reais e seu endereço.

3. Conclusão e pedidos

Do exposto, abroquelado nas razões de fato e de direito lançadas supra, **REPRESENTA** o signatário desta peça, depois de ouvido o Ministério Público, seja autorizada **a INFILTRAÇÃO POLICIAL VIRTUAL**, pelo prazo inicial de 90 dias, devendo para tanto ser o policial designado autorizado criar perfil virtual e manter contato com o investigado.

Atenciosamente,

Local, data.

Delegado de Polícia Federal

4.49. Quesito criado pelo autor da obra

A Polícia Civil em Maceió/AL recebeu notícia de que veículo de placas ZZZ 3322 chegaria na cidade com material ilícito oriundo do Município de Barra de São Miguel/AL. O Delegado de Polícia determinou que fosse montada blitz na entrada da cidade para interceptar referido automotor. O veículo foi abordado e, no seu interior, foram apreendidos 5 Kg de substância que aparentava ser cocaína, dentro de uma caixa. O motorista foi autuado em flagrante e, em seu interrogatório, alegou que não sabia o que transportava. Afirmou que faz transporte clandestino intermunicipal e que fora contratado por indivíduo conhecido como PEDRO FERRÃO, no posto de gasolina IPIRANGU, na cidade de Barra de São Miguel/AL, para fazer uma viagem até Maceió/AL. Segundo relatado pelo detido, PEDRO carregou a caixa no seu carro sem dizer do que se tratava e o instruiu a entregar tal "encomenda" a JONAS DOS SANTOS, que estaria esperando o preso na rodoviária da cidade de Maceió/AL, em um veículo de cor branca (não soube dizer as placas). Questionado como identificaria JONAS DOS SANTOS, o preso afirmou que foi instruído que ele estaria vestido com uma camisa do Flamengo, encostado em um carro de cor branca, no estacionamento da rodoviária da capital de Alagoas. Perguntado como conheceu PEDRO FERRÃO, o conduzido disse que ele recruta motoristas de transporte clandestino que fazem ponto no posto de combustível IPIRANGU, oferecendo boa quantia em dinheiro por cada viagem. O preso asseverou ouviu de colegas que essas viagens são realizadas com frequência e que os envolvidos são sempre os mesmos (as pessoas até aqui identificadas como PEDRO FERRÃO e JONAS DOS SANTOS). O auto de prisão em flagrante deu origem ao inquérito policial 100/2020. O preso foi libertado, mediante concessão de liberdade provisória sem fiança, na audiência de custódia e o caso criminal foi distribuído ao juízo das garantias da Comarca de Maceió/AL. **Em face da situação narrada, na qualidade de Delegado de Polícia responsável pela investigação, elabore, fundamentadamente, a(s) medida(s) pertinente(s) ao caso, para que todos os envolvidos sejam devidamente identificados (e para que a atuação policial só se dê no momento mais oportuno), tipifique o(s) crime(s) praticado(s) e enderece o pleito ao juízo competente.**

4.50. Comentários pertinentes

Trata-se de inquérito policial instaurado para apurar os crimes de tráfico de drogas e associação para o tráfico de drogas, tipificados nos artigos 33 e 35 da Lei 11.343/06, praticados por PEDRO FERRÃO e JONAS DOS SANTOS.

O candidato deverá confeccionar representação pela infiltração policial, com uso da técnica de ação controlada, com fulcro no artigo 53, I e II, da Lei

11.343/06, deixando claro que esse é o único meio identificar os investigados e obter provas aptas a elucidar os crimes praticados, além de esclarecer o alcance das tarefas do policial infiltrado, que se sabe a rota e que há elementos que identifiquem os alvos (artigo 53, parágrafo único, da Lei 11.343/06).

Como já houve distribuição, a representação deve ser dirigida ao juízo das garantias da Comarca de Maceió/AL.

ESPELHO DE CORREÇÃO

Quesitos avaliados	Faixa de valor
Apresentação e estrutura textual (legibilidade, respeito às margens e indicação de parágrafos)	0,00 a 2,00
Endereçamento ao juízo das garantias da Comarca de Maceió	0,00 a 2,00
Representação objetivando a infiltração policial e solicitando autorização para técnica de ação controlada	0,00 a 2,00
Requisitos legais para os pleitos cautelares	0,00 a 2,00
Tipificação dos crimes praticados - tráfico de drogas e associação para o tráfico de drogas, tipificados nos artigos 33 e 35 da Lei 11.343/06	0,00 a 2,00
Total	10,00

SUGESTÃO DE RESPOSTA

EXCELENTÍSSIMO SENHOR JUIZ DAS GARANTIAS DA COMARCA DE MACEIÓ

A **Polícia Civil do Estado de Alagoas**, por meio do delegado de Polícia Civil que esta subscreve, no exercício de suas atribuições e com fulcro no artigo 144 da Constituição Federal, na Lei 12.830/13 e no Código de Processo Penal, vem, perante Vossa Excelência, **REPRESENTAR PELA INFILTRAÇÃO POLICIAL e pela autorização para utilização da técnica de AÇÃO CONTROLADA,** com fulcro no artigo 53, I e II, da Lei 11.343/06.

1. Resumo fático

Foi instaurado, mediante confecção de auto de prisão em flagrante, o inquérito policial 100/2020, com o fito de apurar os crimes de tráfico de drogas e associação para o tráfico de drogas, tipificados nos artigos 33 e 35 da Lei 11.343/06, praticados por PEDRO FERRÃO e

JONAS DOS SANTOS.

Segundo se extrai do apuratório, a Polícia Civil prendeu em flagrante delito o condutor do veículo de placas ZZZ 3322, na entrada de Maceió. Foi detectado que tal indivíduo transportava 5 Kg de cocaína dentro de uma caixa.

O motorista disse, em seu interrogatório, que faz transporte clandestino e que fora contratado por indivíduo conhecido como PEDRO FERRÃO, no posto de gasolina IPIRANGU, na cidade de Barra de São Miguel/AL, para fazer uma viagem até Maceió/AL.

O detido disse que foi com seu carro próprio e foi instruído a entregar tal "encomenda" a JONAS DOS SANTOS, que estaria esperando o preso na rodoviária da cidade de Maceió (deu detalhes de como o identificaria).

Disse que PEDRO FERRÃO recruta motoristas de transporte clandestino que fazem ponto no posto de combustível IPIRANGU, oferecendo boa quantia em dinheiro por cada viagem. O preso asseverou ouviu de colegas que essas viagens são realizadas com frequência e que os envolvidos são sempre os mesmos.

Como acima declinado, restou comprovada a prática, pelos investigados, dos crimes de tráfico de drogas (cocaína apreendida) e associação para o tráfico de drogas (indivíduos associados com estabilidade e permanência para praticar tráfico de drogas), tipificados nos artigos 33 e 35 da Lei 11.343/06.

2. A infiltração policial e a ação controlada

O deslinde da presente investigação clama pela utilização da técnica denominada infiltração policial. Só será possível conhecer profundamente a associação para o trafico investigada se o Estado inserir no seio do consórcio criminoso um de seus agentes, com o fito de colecionar material probante apto a desarticular a agremiação.

A Lei 11.343/06 disciplina o uso da infiltração no seu artigo 53, I.

A técnica será executada com a inserção de policial que se passará por motorista clandestino e atuará no posto IPIRANGU, a fim de ser contatado por PEDRO FERRÃO e, assim, conhecer o *modus operandi* e a completa identificação dos investigados.

Para garantir o sucesso da técnica, é necessário autorização judicial para que sejam confeccionados novos documentos para o policial designado, que serão utilizados exclusivamente no curso da infiltração.

Por fim, representa-se a Vossa Excelência pela utilização da técnica denominada ação controlada (artigo 53, II, da Lei 11.343/06) no curso das investigações, podendo o aparelho policial, eventualmente, retardar sua ação, com o fito de prova seja coligida de maneira mais eficaz e para que o maior número de integrantes da associação seja identificado e futuramente responsabilizado. Anote-se que se sabe a rota utilizada e há elementos que identificam, ainda que superficialmente, os alvos (artigo 53, parágrafo único, da Lei 11.343/06).

3. Conclusão e pedidos.

Do exposto, abroquelado nas razões de fato e de direito lançadas supra, **REPRESENTA** o signatário desta peça, depois de ouvido o Ministério Público, seja autorizada a **INFILTRAÇÃO POLICIAL** no seio da associação para o tráfico investigada, pelo prazo inicial de seis meses, devendo para tanto ser o policial designado autorizado a confeccionar novos documentos, salientando que todo procedimento para confecção de tais documentos será documentado e que a documentação será usada apenas no curso da infiltração (com ulterior inutilização) e pela **AUTORIZAÇÃO** para utilização da técnica de ação controlada.

Local, data.

Delegado de Polícia Civil

4.51. Quesito criado pelo autor da obra

MARIA INOCENTE se dirigiu até a 13ª Delegacia de Polícia Civil da cidade de Vila Velha/ES narrando conheceu pessoa até aqui identificada como SÉRGIO MALHADO pelas redes sociais. Depois de algumas conversas pelo telefone, eles resolveram se encontrar e travaram relações sexuais consentidas. MARIA afirmou que se deixou fotografar despida por SÉRGIO, depois de insistentes pedidos deste. No dia seguinte ao encontro, contudo, SÉRGIO passou a se comportar de forma agressiva e a exigir dinheiro para não "vazar" as fotos íntimas de MARIA na internet. A vítima relatou que chegou a tentar depositar R$ 1.000,00 em conta corrente informada por SÉRGIO. Ela disse que o depósito (feito em dinheiro) não chegou a ser efetivado, porque estava tão nervosa que não digitou corretamente o número da conta repassado pelo criminoso. MARIA consignou em suas declarações que não sabe dados qualificativos de SÉRGIO, nem onde ele mora, que o investigado apagou o perfil das redes sociais e que só há comunicação entre ambos por telefone (ele sempre liga do número 9988-7766). Diante da não efetivação do depósito, SÉRGIO ligou bastante nervoso (MARIA findou gravando essa ligação), dizendo que só daria mais uma chance para a vítima, antes de vazar todas as suas fotos na internet. Ele asseverou que ligaria no dia seguinte para passar todos os dados bancários corretos para que o depósito fosse finalmente feito. A autoridade policial instaurou o inquérito 218/2020 para apurar cabalmente os fatos e juntou as declarações da vítima e a gravação da ligação por ela materializada. Requisitados, no bojo do feito, os dados cadastrais atrelados ao número citado, restou demonstrado que o mesmo foi registrado em nome de pessoa que nada tem a ver com o caso criminal apurado. **Na condição de Delegado de Polícia Civil que preside o feito, materialize o(s) pleito(s) que entender pertinente(s), tipifique o(s) crime(s) praticado(s) pelo investigado e manifeste-se acerca da licitude da gravação da conversa feita por MARIA.**

4.52. Comentários pertinentes

Trata-se de inquérito policial instaurado para apurar o crime de extorsão (artigo 158 do Código Penal). O candidato deve imputar prática de crime consumado, posto que o delito investigado é formal, na forma da Súmula 96 do STJ.

O candidato deve confeccionar representação pleiteando a interceptação telefônica do terminal móvel do investigado. O pleito tem lastro no artigo 5º, XII, da Constituição Federal e na Lei 9.296/96.

Será preciso demonstrar que há indícios de autoria de infração penal, que a prova não pode ser produzida por outros meios e que o crime é punido com pena de reclusão (artigo 2º da Lei 9.296/96).

A interceptação deve ser pleiteada pelo prazo de 15 dias.

Como não há juízo prevento, a representação deve ser dirigida ao juízo das garantias competente por distribuição na Comarca de Vila Velha/ES.

ESPELHO DE CORREÇÃO

Quesitos avaliados	Faixa de valor
Apresentação e estrutura textual (legibilidade, respeito às margens e indicação de parágrafos)	0,00 a 2,00
Endereçamento ao juízo das garantias competente por distribuição da Comarca de Vila Velha/ES	0,00 a 2,00
Representação objetivando a interceptação telefônica	0,00 a 2,00
Requisitos legais para os pleitos cautelares	0,00 a 2,00
Tipificação do crime praticado (artigo 158 do Código Penal)	0,00 a 2,00
Total	10,00

SUGESTÃO DE RESPOSTA

EXCELENTÍSSIMO SENHOR JUIZ DAS GARANTIAS DA COMARCA DE VILA VELHA/ES COMPETENTE POR DISTRIBUIÇÃO

A **Polícia Civil do Estado do Espírito Santo**, por meio do delegado de Polícia Civil lotado e em exercício na 13ª Delegacia, no exercício de suas atribuições e com fulcro no artigo 144 da Constituição Federal, na Lei 12.830/13, no Código de Processo Penal e na Constituição do Estado do Espírito Santo, vem, perante Vossa Excelência, **REPRESENTAR PELA REPRESENTAR PELA INTERCEPTAÇÃO TELEFÔNICA do terminal móvel a seguir indicado, pelo prazo de 15 dias,** na forma do artigo 5º, XII, da Constituição Federal e da Lei 9.296/98.

1. Resumo fático

Foi instaurado por portaria inquérito policial, com o fito de apurar prática do crime de extorsão (consumado), praticado por pessoa até identificado como SÉRGIO MALHADO. Ele ameaçou divulgar fotos nuas de MARIA INOCENTE, caso essa não depositasse quantia em dinheiro em conta por ele indicada (apesar da vítima não ter conseguido depositar o numerário na primeira oportunidade, o crime já se consumou, por ser formal, conforme entendimento sumulado do Superior Tribunal de Justiça).

2. A interceptação telefônica

A vítima foi ouvida formalmente e afirmou que manteve relações sexuais consentidas com o investigado. Ela disse que consentiu que ele tirasse fotos dela despida. Ocorre que SÉRGIO passou a exigir dinheiro de MARIA, ameaçando divulgar as imagens íntimas caso o numerário não lhe seja repassado.

Todas as tratativas ilícitas são feitas por telefone (o terminal do investigado é o 9988-7766) e a vítima não sabe a qualificação completa, nem o endereço do alvo. Requisitados os dados cadastrais atrelados ao número citado, restou demonstrado que o mesmo foi registrado em nome de pessoa que nada tem a ver com o caso criminal apurado. Destarte, a única técnica investigativa viável para elucidar o crime acima descrito é a interceptação telefônica. Os requisitos legais estão presentes: a) há indícios de autoria da infração penal citada; b) a prova não pode ser produzida por outro meio; c) o crime é punido com pena de reclusão (artigo 2º da Lei 9.296/96).

3. Conclusão e pedidos

Do exposto, com fundamento nos argumentos acima expendidos, após manifestação do Ministério Público, a autoridade policial que esta subscreve REPRESENTA pela interceptação telefônica do terminal móvel 9988-7766 (de SÉRGIO MALHADO), pelo prazo de 15 dias;

Atenciosamente,

Local, data.

Delegado de Polícia Civil

4.53. Quesito criado pelo autor da obra

JOÃO, tencionava subtrair joias da JOALHEIRA GEMAS RARAS, localizada na rua do Ouro, em Aracaju/SE. Depois de intenso planejamento, ele notou que durante a noite o segurança, PEDRO, muito forte e atento, guarnecia o local. Com o fito de facilitar a subtração, JOÃO atirou contra o segurança PEDRO, quando esse voltava de um bar, com a intenção de matar (a arma de fogo foi usada para execução desse único crime). PEDRO morreu. No dia seguinte, JOÃO, durante a noite e com emprego de uma chave falsa, entrou no estabelecimento, subtraindo várias jóias e relógios. Iniciadas as investigações, por meio do inquérito 56/2020, foram juntados ao feito os laudos periciais confeccionados (cadavérico e de locais de crime). O estudo do sistema de câmeras, a colheita de digitais na cena do crime e a oitiva de testemunhas revelou que o suspeito se chama JOÃO PAULO SANTOS. Feitos levantamentos discretos, notou-se que JOÃO colocou a casa à venda e comprou um carro novo depois dos crimes (um GM/Ônix, placas HHH 3344). Ele tem dito na vizinhança que ganhou na loteria e que vai se mudar para local onde os conhecidos "nunca mais o acharão". A casa de JOÃO fica na rua B, número 54, Aracaju/SE. **De posse de tais dados, como Delegado que preside o feito, tipifique o(s) crime(s) praticado(s) e dirija ao juízo competente o(s) pleito(s) que considerar adequados.**

4.54. Comentários pertinentes

Trata-se de inquérito policial instaurado para apurar os crimes de homicídio qualificado (pela conexão teleológica) e furto majorado/qualificado (praticado durante o repouso noturno e com emprego de chave falsa).

O candidato deve confeccionar representação pleiteando a busca e apreensão (apreensão das mercadorias furtadas), a prisão cautelar (temporária ou preventiva) e o sequestro do veículo adquirido pelo investigado.

O pleito de busca tem fundamento constitucional no artigo 5º, XI, da CF/88 e alicerce legal nos artigos 240 e 243 do CPP. A prisão temporária (caso seja esse o cárcere escolhido) deve ser calcada na cumulação dos incisos I e III, do artigo 1º, da Lei 7.960/89 (deve ser representada pelo prazo de 30 dias, posto que o homicídio qualificado é crime hediondo). Se a prisão escolhida for a preventiva, será preciso demonstrar os pressupostos (indícios de autoria, prova da materialidade e perigo gerado pelo estado de liberdade do imputado), um dos requisitos (crimes dolosos punidos penas superiores a 4 anos) e um dos fundamentos (assegurar a aplicação da lei penal, já que o investigado tenciona fugir). O sequestro o veículo tem lastro nos artigos 126 e 132 do CPP.

Como não há juízo prevento, a representação deve ser dirigida ao juízo das garantias competente por distribuição na Comarca de Aracaju/SE.

ESPELHO DE CORREÇÃO

Quesitos avaliados	Faixa de valor
Apresentação e estrutura textual (legibilidade, respeito às margens e indicação de parágrafos)	0,00 a 2,00
Endereçamento ao juízo das garantias competente por distribuição da Comarca de Aracaju/SE	0,00 a 2,00
Representação objetivando busca e apreensão, prisão (temporária ou preventiva) e sequestro	0,00 a 2,00
Requisitos legais para os pleitos cautelares	0,00 a 2,00
Tipificação dos crimes praticados (homicídio qualificado pela conexão teleológica e furto majorado/qualificado)	0,00 a 2,00
Total	10,00

SUGESTÃO DE RESPOSTA

EXCELENTÍSSIMO SENHOR JUIZ DAS GARANTIAS DA COMARCA DE ARACAJU/SE COMPETENTE POR DISTRIBUIÇÃO

A **Polícia Civil do Estado de Sergipe**, por meio do delegado de Polícia Civil que esta subscreve, no exercício de suas atribuições e com fulcro no artigo 144 da Constituição Federal, na Lei 12.830/13, no Código de Processo Penal e na Constituição do Estado de Sergipe, vem, perante Vossa Excelência, **REPRESENTAR** pela expedição de mandado de **BUSCA E APREENSÃO**, de **SEQUESTRO** e de **PRISÃO PREVENTIVA**, no endereço, em relação ao veículo e em desfavor do indiciado a seguir identificados, na forma dos artigos 240 e seguintes (busca e apreensão), artigos 125 e seguintes (sequestro) e 311 e seguintes (prisão preventiva), do Código de Processo Penal, medidas essas indispensáveis ao prosseguimento das investigações levadas a efeito no bojo do inquérito policial 56/2020.

1. Resumo fático

Foi instaurado por portaria inquérito policial, com o fito de apurar prática dos crimes de homicídio qualificado pela conexão teleológica e furto majorado/qualificado, praticado por JOÃO PAULO SANTOS. Ele tirou a vida do segurança PEDRO com disparo de arma de fogo para facilitar ulterior prática de furto contra a JOALHERIA GEMAS RARAS (rapina cometida durante o repouso noturno e mediante emprego de chave falsa).

2. A busca e apreensão

A presente investigação clama pela expedição de mandado de busca e apreensão dirigido ao endereço do investigado (rua B, número 54, Aracaju/SE), na forma do artigo 240, § 1º, do Código de Processo Penal (com permissivo constitucional avistável no artigo 5º, XI, da Constituição Federal), vez que será possível apreender em tal local a arma usada para matar o segurança PEDRO, a chave falsa usada para adentrar na joalheira e os bens subtraídos no furto.

3. A prisão preventiva

Merece ser decretada a prisão preventiva do indiciado, porquanto presentes os pressupostos (indícios de autoria, prova da materialidade e perigo gerado pelo estado de liberdade do imputado – laudos periciais, análise de câmeras, colheita de digitais e oitiva de testemunhas), os crimes praticados são dolosos e punidos com pena máxima superior a 4 anos e está presente fundamento da preventiva (o cárcere deve ser decretado para assegurar a aplicação da lei penal, já que o indiciado tenciona fugir do distrito da culpa – ele tem dito a vizinhos que vai se mudar para lugar onde "nunca mais o acharão").

4. O sequestro

Merece ainda ser decretado o sequestro do carro GM/Ônix, placas HHH 3344, comprado com dinheiro obtido com a prática do furto acima descrito. O pleito se funda nos artigos 126 (que exige indícios da origem ilícita do bem) e 132 (que permite decretação de sequestro de bens móveis) do Código de Processo Penal.

5. Conclusão e pedidos

Do exposto, com fundamento nos argumentos acima expendidos, após manifestação do Ministério Público, a autoridade policial que esta subscreve REPRESENTA pela: 1) Expedição de mandado de busca e apreensão dirigido à rua B, número 54, Aracaju/SE, com o fito de apreender a arma usada para matar o segurança PEDRO, a chave falsa usada para adentrar na joalheira, os bens subtraídos no furto e efetuar sua prisão (artigo 243 do Código de Processo Penal); 2) Expedição de ordem de sequestro do carro GM/Ônix, placas HHH 3344; 3) Expedição de mandado de prisão preventiva em desfavor do investigado JOÃO PAULO SANTOS;

Atenciosamente,

Local, data.

Delegado de Polícia Civil

4.55. Quesito criado pelo autor da obra

Pedro Maldade "desafiou" Juca Cabeça Vazia, de 13 anos de idade, em um jogo da morte. Ele mandou as "regras" do desafio por meio de mensagens de whatsapp. A fase final do jogo determinava que Juca se jogasse da janela do apartamento onde morava com os pais (localizado na rua 13, bairro Baleia Azul, Recife/PE). A tarefa cumprida pela vítima, que efetivamente se atirou do 10° andar do edifício onde residia, tendo falecido em razão da queda. Iniciadas as investigações no bojo do inquérito 190/20, a Polícia Civil de Pernambuco materializou perícia de local, tendo sido juntado ao feito o laudo cadavérico da vítima. Ouvidos os pais de Juca, estes revelaram que a vítima conheceu Pedro por meio das redes sociais. Analisado o telefone celular do falecido, foram detectadas mensagens que sugerem que Pedro mantém contato com vários outros jovens, propondo desafios semelhantes e que ele mora na rua 15, bairro Depressão, Recife/PE. **Na condição de Delegado de Polícia que conduz o feito, tipifique o crime praticado por Pedro e elabore a peça cautelar que entender cabível, dirigindo-a ao juízo competente.**

4.56. Comentários pertinentes

Trata-se de inquérito policial instaurado para apurar o crime de homicídio, vez que o § 7º do artigo 122 do Código Penal assim determina:

> Art. 122 (...)
>
> § 7º Se o crime de que trata o § 2º deste artigo é cometido contra menor de 14 (quatorze) anos ou contra quem não tem o necessário discernimento para a prática do ato, ou que, por qualquer outra causa, não pode oferecer resistência, responde o agente pelo crime de homicídio, nos termos do art. 121 deste Código.

Note que a vítima é menor de 14 anos e foi induzida a tirar a própria vida.

O candidato deverá confeccionar representação objetivando busca e apreensão e prisão do investigado.

O pleito de busca tem fundamento constitucional no artigo 5º, inciso XI, da CF/88 e alicerce legal nos artigos 240 e 243 do CPP (pretende-se apreender o telefone do investigado e qualquer outro dispositivo computacional usado para comunicação com as vítimas). A prisão temporária (caso seja esse o cárcere escolhido) deve ser calcada na cumulação dos incisos I e III do artigo 1º da Lei 7.960/89. Se a prisão escolhida for a preventiva, será preciso demonstrar os pressupostos (indícios de autoria e prova da materialidade), um dos requisitos (crime doloso punido com pena superior a 4 anos) e um dos fundamentos - perigo gerado pelo estado de liberdade do imputado (garantia da ordem pública, já que o investigado é perigoso – reitera na prática delitiva).

Como não há juízo prevento e houve prática de crime doloso contra vida, a representação deve ser dirigida ao juízo competente por distribuição da Vara do Júri na Comarca de Recife/PE.

ESPELHO DE CORREÇÃO

Quesitos avaliados	Faixa de valor
Apresentação e estrutura textual (legibilidade, respeito às margens e indicação de parágrafos)	0,00 a 2,00
Endereçamento ao juízo competente por distribuição da Vara do Júri na Comarca de Recife/PE	0,00 a 2,00
Representação objetivando busca e apreensão e prisão (temporária ou preventiva)	0,00 a 2,00
Requisitos legais para os pleitos cautelares	0,00 a 2,00
Tipificação do crime praticado (homicídio)	0,00 a 2,00
Total	10,00

SUGESTÃO DE RESPOSTA

EXCELENTÍSSIMO SENHOR JUIZ DE DIREITO DA VARA DO JÚRI DA COMARCA DE RECIFE/PE COMPETENTE POR DISTRIBUIÇÃO

A **Polícia Civil do Estado de Pernambuco**, por meio do delegado de Polícia Civil que esta subscreve, no exercício de suas atribuições e com fulcro no artigo 144 da Constituição Federal, na Lei 12.830/13 e no Código de Processo Penal, vem, perante Vossa Excelência, **REPRESENTAR** pela expedição de mandado de **BUSCA E APREENSÃO** e de **PRISÃO PREVENTIVA**, no endereço e em desfavor do indiciado a seguir identificados, na forma dos artigos 240 e seguintes (busca e apreensão) e 311 e seguintes (prisão preventiva), do Código de Processo Penal, medidas essas indispensáveis ao prosseguimento das investigações levadas a efeito no bojo do inquérito policial 190/2020.

1. Resumo fático

Foi instaurado por portaria inquérito policial, com o fito de apurar prática do crime de homicídio, praticado por PEDRO MALDADE. Ele induziu o adolescente de 13 anos de idade JUCA CABEÇA VAZIA a tirar a própria vida, em "desafio" feito por meio de troca de mensagens de whatsapp. Foi possível detectar que PEDRO mantém contato com vários outros jovens, fazendo desafios semelhantes.

2. A busca e apreensão

A presente investigação clama pela expedição de mandado de busca e apreensão dirigido ao endereço do investigado (na rua 15, bairro Depressão, Recife/PE), na forma do artigo 240, § 1º, do Código de Processo Penal (com permissivo constitucional avistável no artigo 5º, inciso XI, da Constituição Federal), vez que será possível apreender em tal local o telefone celular e dispositivos computacionais usados por PEDRO para manter comunicação e "desafiar" adolescentes.

3. A prisão preventiva

Merece ser decretada a prisão preventiva do indiciado, porquanto presentes os pressupostos (indícios de autoria e prova da materialidade – perícia de local e laudo cadavérico, oitiva dos pais da vítima e análise do celular desta), o crime praticado é doloso e punidos com pena máxima superior a 4 anos e está presente fundamento da preventiva - perigo gerado pelo estado de liberdade do imputado (o cárcere deve ser decretado para garantia da ordem pública, já que o indiciado é perigoso – ele reitera em práticas delitivas semelhantes, contra outros adolescentes).

4. Conclusão e pedidos

Do exposto, com fundamento nos argumentos acima expendidos, após manifestação do Ministério Público, a autoridade policial que esta subscreve REPRESENTA pela: 1) expedição de mandado de busca e apreensão dirigido à na rua 15, bairro Depressão, Recife/PE, com o fito de apreender o telefone celular e outros dispositivos computacionais de PEDRO e efetuar sua prisão (artigo 243 do Código de Processo Penal); 2) expedição de mandado de prisão preventiva em desfavor do investigado PEDRO MALDADE;

Atenciosamente,

Local, data.

Delegado de Polícia Civil

4.57. Quesito criado pelo autor da obra

A Polícia Federal no Rio Grande do Sul foi acionada pelo setor de segurança da Caixa Econômica Federal em Porto Alegre, informando que uma de suas agências fora invadida por 3 indivíduos, que explodiram caixas eletrônicos e subtraíram, ao todo, R$ 150.000,00. O levantamento de campo detectou existência de fragmentos de digitais. Foi materializada perícia de local de crime, que constatou a participação de 3 pessoas no delito (por meio da análise do circuito interno de câmeras) e o uso de explosivos. Com base nessa notícia, foi instaurado o inquérito policial 100/2020. O laudo de perícia papiloscópica revelou que as digitais são de PAULINHO EXPLOSIVISTA, indivíduo com extensa ficha criminal ligada a delitos patrimoniais. Na portaria de instauração, a autoridade policial determinou outros levantamentos, que findaram detectando que PAULINHO, recentemente, alugou uma casa na periferia de Porto Alegre/RS. O proprietário do imóvel foi intimado a depor e disse que o senhor PAULO locou sua casa, pagando 6 meses adiantados e em dinheiro vivo, dizendo que nesse período faria um importante "negócio" na região. O dono da casa revelou que PAULO estava acompanhado de outros dois homens, que ele identificou como seus "primos" JOSÉ e JOÃO. Em mais um despacho exarado no bojo do apuratório, o delegado de Polícia Federal presidente do feito determinou campana nas proximidades do imóvel, localizado na rua Escura, 123, bairro Apagado, Porto Alegre/RS. Na nova informação apresentada pelos policiais (instruída com fotografias), saltou aos olhos que os "primos" de PAULO, na verdade, são os homens que atuaram com este na explosão investigada no feito. Os agentes informaram que seguiram os homens e notaram que eles fizeram várias fotos e anotações na frente da agência da Caixa Econômica Federal localizada no bairro Apagado. Depois da juntada da informação, os autos foram conclusos à autoridade policial. **Na condição de delegado de Polícia Federal responsável pelas investigações, materialize o(s) pedido(s) que entender adequado(s), dirigindo-o(s) ao juízo competente.**

4.58. Comentários pertinentes

Trata-se de inquérito policial instaurado para apurar os crimes de furto qualificado pelo emprego de explosivos (§ 4º-A do artigo 155 do Código Penal) e de associação criminosa (artigo 288 do Caderno Repressivo pátrio).

Não há erro em indicar, ainda, a qualificadora do concurso de pessoas. O crime tipificado no artigo 288 do Código Penal deve ser imputado porque há associação de 3 agentes, com estabilidade e permanência para prática de furtos qualificados.

O candidato deverá confeccionar representação objetivando busca e apreensão na casa alugada pelo investigado PAULO (com o fito de apreender explosivos, dinheiro do primeiro furto e outros elementos de prova). O pleito deve ser materializado com fulcro no artigo 5º, inciso XI, da Constituição Federal e nos artigos 240 e seguintes do Código de Processo Penal.

A representação deve, ainda, abarcar pleito de prisão temporária dos investigados (fundada no artigo 1º, incisos I e III, alínea 'l', da Lei 7.960/89) pelo prazo de 30 dias, por ser o crime de furto qualificado pelo emprego de explosivos um crime hediondo (na forma do artigo 2º, § 4º, da Lei 8.072/90). A inserção desse delito na lista fechada de delitos hediondos foi feita pelo Pacote Anticrime.

Como não há juízo prevento, a representação deve ser dirigida ao juízo federal competente por distribuição, na Seção Judiciária do Rio Grande do Sul (os crimes se consumaram em Porto Alegre – artigo 70 do CPP).

ESPELHO DE CORREÇÃO

Quesitos avaliados	Faixa de valor
Apresentação e estrutura textual (legibilidade, respeito às margens e indicação de parágrafos)	0,00 a 2,00
Endereçamento ao juízo federal competente por distribuição na Seção Judiciária do Rio Grande do Sul (ou Subseção Judiciária de Porto Alegre)	0,00 a 2,00
Representação objetivando busca e apreensão na casa alugada pelo investigado PAULO e pela prisão temporária dos alvos identificados	0,00 a 2,00
Requisitos legais para decretação das medidas cautelares	0,00 a 3,00
Tipificação do crime de furto qualificada e associação criminosa	0,00 a 3,00
TOTAL	12,00

SUGESTÃO DE RESPOSTA

EXCELENTÍSSIMO SENHOR JUIZ FEDERAL COMPETENTE POR DISTRIBUIÇÃO NA SEÇÃO JUDICIÁRIA DO RIO GRANDE DO SUL

A **POLÍCIA FEDERAL**, representada pelo delegado de Polícia Federal que esta subscreve, no uso de suas atribuições conferidas pelo artigo 144 da Constituição Federal, pelo Código de Processo Penal e pela lei 12.830/13, vem, perante Vossa Excelência, **REPRESENTAR** pela expedição de mandado de **BUSCA E APREENSÃO** e de **PRISÃO TEMPORÁRIA**, nos endereços e em desfavor dos investigados a seguir identificados, na forma dos artigos 240 e seguintes do Código de Processo Penal e da Lei 7.960/89, medidas essas indispensáveis ao prosseguimento das investigações levadas a efeito no bojo do presente inquérito policial.

1. O resumo fático.

O presente inquérito policial investiga a prática dos crimes de furto qualificado (pelo concurso de pessoas e emprego de explosivos) e associação criminosa, perpetrados pelos indivíduos até aqui identificados como PAULINHO EXPLOSIVISTA, JOÃO e JOSÉ. Eles subtraíram R$ 150.000,00 com uso de explosivos, de agência da Caixa Econômica Federal em Porto Alegre/RS e planejam outra ação delituosa análoga na agência da empresa pública federal localizada no bairro Apagado.

2. A busca e apreensão

A presente investigação clama pela expedição de mandado de busca e apreensão dirigido à casa alugada pelo investigado PAULO, reveladas por meio de levantamentos feitos pela Polícia Federal: rua Escura, 123, bairro Apagado, Porto Alegre/RS. O pedido tem lastro no artigo 5º, inciso XI, da Constituição Federal e nos artigos 240 e seguintes do Código de Processo Penal. No local será possível apreender explosivos, numerário subtraído, obter outros meios de prova e efetuar a prisão dos alvos.

3. A prisão temporária

A prisão é medida extrema. No caso presente, o encarceramento dos investigados é imprescindível ao bom termo do inquérito policial, vez que estes são perigosos (perpetraram crime de furto qualificado e planejam outro delito análogo) – *periculum libertatis* (inciso I do artigo 1º da Lei 7.960/98). Ademais, há prova da materialidade e indícios suficientes de autoria de crime listado no inciso III do artigo 1º da mesma lei (associação criminosa) e de crime hediondo (furto qualificado pelo emprego de explosivo) - *fumus comissi delicti.*

Em face da prática de crime hediondo, a prisão deve ser decretada por 30 dias.

4. Conclusão e pedidos

Do exposto, com fundamento nos argumentos acima expendidos, após manifestação do Ministério Público, a autoridade policial que esta subscreve REPRESENTA pela expedição de mandado de busca e apreensão no endereço a seguir nominado (objetivando a apreensão de explosivos, dinheiro e para prisão dos alvos), na forma do artigo 243 do Código de Processo Penal (na rua Escura, 123, bairro Apagado, Porto Alegre/RS) e pela decretação da prisão temporária, pelo prazo de 30 dias, dos investigados PAULINHO EXPLOSIVISTA, JOÃO e JOSÉ.

Atenciosamente,

Local, data.

Delegado de Polícia Federal

4.59. Quesito criado pelo autor da obra

A Polícia Federal em Recife/PE instaurou o IPL 234/2020, com o objetivo de investigar intrincado esquema de distribuição de drogas, que, até agora (depois de oitivas, levantamentos de campo, vigilâncias e análise de bancos de dados), foi assim parcialmente elucidado: a) a cocaína vem do Paraguai, normalmente escondida na carga de caminhões; b) ao chegar a Recife/PE, a droga é separada e distribuída para os Estados da Bahia, Alagoas e Sergipe; c) o comando do grupo criminoso, muito estruturado e com divisão de tarefas, fica na cela 100, da Penitenciária da Capital, em Recife/PE, na qual os presos MARCOS CAMARGO, JONAS LIMA, JOSÉ SILVA e JOÃO FERREIRA discutem as remessas de entorpecente presencialmente; d) os integrantes do consórcio delituoso não admitem novos integrantes, para evitar vazamento do esquema. Até agora, já houve apreensão de 20 kg de cocaína em outras investigações paralelas, que são atribuídos aos investigados. Contudo, ainda não ficou esclarecido quem são os fornecedores, qual o itinerário preciso e quem são os outros membros do grupo. **Em face da situação narrada, na qualidade de Delegado de Polícia Federal responsável pela investigação, elabore, fundamentadamente, a(s) medida(s) pertinente(s) ao caso, para que o máximo possível de envolvidos seja devidamente identificado (e para que a atuação policial só se dê no momento mais oportuno), tipifique o(s) crime(s) praticado(s) e enderece o pleito ao juízo competente.**

4.60. Comentários pertinentes

Trata-se de inquérito policial instaurado para apurar os crimes de tráfico de drogas majorado (artigo 33 c/c artigo 40, incisos I e V, da Lei 11.343/06) e participação em organização criminosa (artigo 2º da Lei 12.850/13), praticados por MARCOS CAMARGO, JONAS LIMA, JOSÉ SILVA e JOÃO FERREIRA.

De acordo com o entendimento do Superior Tribunal de Justiça, é perfeitamente possível a imputação simultânea das majorantes dos incisos I e V do artigo 40 da Lei 11.343/06 (edição 38 da edição 131 da jurisprudência em teses do STJ):

> 38) É cabível a aplicação cumulativa das causas de aumento relativas à transnacionalidade e à interestadualidade do delito, previstas nos incisos I e V do

art. 40 da Lei de Drogas, quando evidenciado que a droga proveniente do exterior se destina a mais de um estado da Federação, sendo o intuito dos agentes distribuir o entorpecente estrangeiro por mais de uma localidade do país.

O candidato deverá confeccionar representação pela captação ambiental de sinais, com uso da técnica de ação controlada, com fulcro no artigo 8º-A da Lei 9.296/96 e artigo 8º da Lei 12.850/13, deixando claro: a) que a prova não pode ser feita por outros meios disponíveis/igualmente eficazes; b) que há elementos probatórios razoáveis de autoria/participação em infrações cujas penas máximas são superiores a 4 anos; c) descrição da instalação do dispositivo de captação na cela dos investigados. A captação deve ser pleiteada pelo prazo de 15 dias. Será preciso comunicar ao juízo a utilização da técnica de ação controlada.

Como não há juízo prevento, a representação deve ser dirigida ao juízo federal competente por distribuição na Seção Judiciária de Pernambuco.

ESPELHO DE CORREÇÃO

Quesitos avaliados	Faixa de valor
Apresentação e estrutura textual (legibilidade, respeito às margens e indicação de parágrafos)	0,00 a 2,00
Endereçamento ao juízo federal competente por distribuição na Seção Judiciária de Pernambuco	0,00 a 2,00
Representação objetivando captação ambiental de sinais e comunicando o uso da técnica de ação controlada	0,00 a 2,00
Requisitos legais para os pleitos cautelares	0,00 a 3,00
Tipificação dos crimes praticados - tráfico de drogas (com incidência das causas de aumento dos incisos I e V do artigo 40 da Lei 11.343/06) e participação em organização criminosa	0,00 a 3,00
TOTAL	12,00

SUGESTÃO DE RESPOSTA

EXCELENTÍSSIMO SENHOR JUIZ FEDERAL COMPETENTE POR DISTRIBUIÇÃO NA SEÇÃO JUDICIÁRIA DE PERNAMBUCO

A **Polícia Federal**, por meio do delegado de Polícia Federal que esta subscreve, no exercício de suas atribuições e com fulcro no artigo 144 da Constituição Federal, na Lei 12.830/13 e no Código de Processo Penal, vem, perante Vossa Excelência, **REPRESENTAR** pela **CAPTAÇÃO AMBIENTAL DE SINAIS** e comunicar a utilização da técnica de **AÇÃO CONTROLADA,** com fulcro no artigo 8º-A da Lei 9.296/96 e artigo 8º da Lei 12.850/13.

1. Resumo fático

O IPL 234/2020 foi instaurado pela Polícia Federal com o objetivo de investigar esquema de distribuição de drogas, que, até agora (depois de oitivas, levantamentos de campo, vigilâncias e análise de bancos de dados), foi assim parcialmente elucidado: a) a cocaína vem do Paraguai, normalmente escondida na carga de caminhões; b) ao chegar a Recife/PE, a droga é separada e distribuída para os Estados da Bahia, Alagoas e Sergipe; c) o comando do grupo criminoso, muito estruturado e com divisão de tarefas, fica na cela 100, da Penitenciária da Capital, em Recife/PE, na qual os presos MARCOS CAMARGO, JONAS LIMA, JOSÉ SILVA e JOÃO FERREIRA discutem as remessas de entorpecente presencialmente; d) os integrantes do consórcio delituoso não admitem novos integrantes, para evitar vazamento do esquema. Até agora, já houve apreensão de 20 kg de cocaína em outras investigações paralelas, que são atribuídos aos investigados.

2. A captação ambiental de sinais e a ação controlada

O deslinde da presente investigação (para que seja esclarecido quem são os fornecedores, qual o itinerário preciso e quem são os outros membros do grupo) clama pela utilização da técnica de captação ambiental de sinais, descrita no artigo 8º-A da Lei 9.296/96. Os requisitos estão devidamente adimplidos, quais sejam: a) a prova não pode ser feita por outros meios disponíveis/igualmente eficazes; b) há elementos probatórios razoáveis de autoria/participação em infrações cujas penas máximas são superiores a 4 anos.

O dispositivo de captação será instalado na cela dos investigados, pelo prazo de 15 dias.

Para garantir o sucesso da técnica, comunico a Vossa Excelência a utilização da técnica denominada ação controlada (artigo 8º da Lei 12.850/13) no curso das investigações, podendo o aparelho policial, eventualmente, retardar sua ação, com o fito de prova seja coligida de maneira mais eficaz e para que o maior número de integrantes da associação seja identificado e futuramente responsabilizado.

3. Conclusão e pedidos.

Do exposto, abroquelado nas razões de fato e de direito lançadas supra, **REPRESENTA** o signatário desta peça, depois de ouvido o Ministério Público, seja autorizada a **CAPTAÇÃO AMBIENTAL DE SINAIS**, pelo prazo inicial de 15 dias, com o fito de que seja instalado dispositivo de captação na cela 100 da Penitenciária da Capital. Outrossim, **COMUNICO** a Vossa Excelência a utilização da técnica de **AÇÃO CONTROLADA**.

Atenciosamente,

Local, data.

Delegado de Polícia Federal

4.61. Quesito criado pelo autor da obra

A Delegacia de Polícia Federal em Juazeiro/BA recebeu notícia de crime oriunda do INSS, dando conta de esquema criminoso calcado na construção de pedidos de benefícios previdenciários e assistenciais fraudulentos. Em síntese, o documento narrava que um grupo estruturado, composto pelas pessoas até identificadas como JOÃO DIAS, JOSÉ SANTOS, PEDRO SAMPAIO e MARCUS DANTAS cooptava mulheres grávidas e idosos na região, falsificava documentos e os encaminhava às agências da autarquia federal com pleitos de aposentadoria, benefício assistencial ao idoso e salário maternidade, que eram deferidos. Os cooptados ficavam com parte dos ganhos ilícitos e alguns destes eram chamados para outros golpes perpetrados pelo grupo que, pela notícia, contava com minuciosa divisão de tarefas. Normalmente, o aliciamento de novos comparsas acontecia em um bairro pobre da cidade de Juazeiro/BA. Instaurado o inquérito 200/2020 para apurar cabalmente os fatos e determinada materialização de diligências de campo, a equipe constatou a veracidade da notícia, mas não logrou êxito em descortinar dados importantes para o deslinde da apuração (endereços dos alvos, se há ou não funcionários do INSS envolvidos, etc.). **Sabendo que na cidade de Juazeiro/BA há vara única da Justiça Federal e que você conta, na sua equipe, com articulada policial federal que está grávida, confeccione, na qualidade de delegado de Polícia Federal presidente do feito, representação com o(s) pleito(s) cautelar(es) adequados para prosseguir na investigação e o fito de que a operação policial só seja deflagrada no momento mais oportuno, dirigindo-a ao juízo competente. Tipifique o(s) crime(s) praticado(s).**

4.62. Comentários pertinentes

Trata-se de inquérito policial instaurado para apurar o crime de estelionato majorado (artigo 171, § 3º, do Código Penal) e participação em organização criminosa (artigo 2º da Lei 12.850/13):

> Art. 171 - Obter, para si ou para outrem, vantagem ilícita, em prejuízo alheio, induzindo ou mantendo alguém em erro, mediante artifício, ardil, ou qualquer outro meio fraudulento:

> Pena - reclusão, de um a cinco anos, e multa, de quinhentos mil réis a dez contos de réis.
>
> (...)
>
> § 3º - A pena aumenta-se de um terço, se o crime é cometido em detrimento de entidade de direito público ou de instituto de economia popular, assistência social ou beneficência.
>
> Art. 2º Promover, constituir, financiar ou integrar, pessoalmente ou por interposta pessoa, organização criminosa:
>
> Pena - reclusão, de 3 (três) a 8 (oito) anos, e multa, sem prejuízo das penas correspondentes às demais infrações penais praticadas.

O crime de estelionato se transformou em crime de ação penal pública condicionada a representação da vítima depois da entrada em vigor do Pacote Anticrime. Contudo, ainda permanecem de ação penal pública incondicionada as práticas delitivas listadas no § 5º do artigo 171 do Código Penal:

> Art. 171 (...)
>
> § 5º Somente se procede mediante representação, salvo se a vítima for:
>
> I - a Administração Pública, direta ou indireta;
>
> II - criança ou adolescente;
>
> III - pessoa com deficiência mental; ou
>
> IV - maior de 70 (setenta) anos de idade ou incapaz.

O quesito falava na cooptação de grávidas e idosos e ficou claro que a equipe do delegado de Polícia Federal que conduzia a investigação contava com policial grávida. Por isso, o pleito a ser manejado era o de infiltração policial, calcado no artigo 10 e seguintes da Lei 12.850/13 (já que se enfrentava uma organização criminosa).

Na representação o candidato deve indicar que há investigação em curso para desbaratar organização criminosa, que a prova não pode ser colhida por outro meio (infiltração policial é última *ratio*), o alcance das tarefas do agente infiltrado e solicitar a implementação da técnica pelo prazo de 6 meses (vide artigos 1, § 1º, 10 e 11 da Lei 12.850/13):

> Art. 1º (...)
>
> § 1º Considera-se organização criminosa a associação de 4 (quatro) ou mais pessoas estruturalmente ordenada e caracterizada pela divisão de tarefas, ainda que informalmente, com objetivo de obter, direta ou indiretamente, vantagem de qualquer natureza, mediante a prática de infrações penais cujas penas máximas sejam superiores a 4 (quatro) anos, ou que sejam de caráter transnacional.

> Art. 10. A infiltração de agentes de polícia em tarefas de investigação, representada pelo delegado de polícia ou requerida pelo Ministério Público, após manifestação técnica do delegado de polícia quando solicitada no curso de inquérito policial, será precedida de circunstanciada, motivada e sigilosa autorização judicial, que estabelecerá seus limites.
>
> (...)
>
> § 2º Será admitida a infiltração se houver indícios de infração penal de que trata o art. 1º e se a prova não puder ser produzida por outros meios disponíveis.
>
> § 3º A infiltração será autorizada pelo prazo de até 6 (seis) meses, sem prejuízo de eventuais renovações, desde que comprovada sua necessidade.
>
> Art. 11. O requerimento do Ministério Público ou a representação do delegado de polícia para a infiltração de agentes conterão a demonstração da necessidade da medida, o alcance das tarefas dos agentes e, quando possível, os nomes ou apelidos das pessoas investigadas e o local da infiltração.
>
> Parágrafo único. Os órgãos de registro e cadastro público poderão incluir nos bancos de dados próprios, mediante procedimento sigiloso e requisição da autoridade judicial, as informações necessárias à efetividade da identidade fictícia criada, nos casos de infiltração de agentes na internet.

O candidato deverá, ainda, comunicar ao juízo o uso da técnica de ação controlada (artigos 8º da Lei 12.850/13), para que a operação policial só seja deflagrada no momento mais oportuno, a juízo da autoridade policial.

A representação deve ser dirigida ao juízo federal da vara única da Subseção Judiciária de Juazeiro/BA.

ESPELHO DE CORREÇÃO

Quesitos avaliados	Faixa de valor
Apresentação e estrutura textual (legibilidade, respeito às margens e indicação de parágrafos)	0,00 a 2,00
Endereçamento ao juízo federal da vara única da Subseção Judiciária de Juazeiro/BA	0,00 a 2,00
Representação objetivando a infiltração policial com comunicação de uso da técnica de ação controlada	0,00 a 2,00
Requisitos legais das medidas pleiteadas	0,00 a 3,00
Tipificação dos crimes praticados (estelionato majorado e organização criminosa)	0,00 a 3,00
TOTAL	12,00

SUGESTÃO DE RESPOSTA

EXCELENTÍSSIMO SENHOR JUIZ FEDERAL DA VARA ÚNICA DA SUBSEÇÃO JUDICIÁRIA DE JUAZEIRO/BA

A **Polícia Federal**, por meio do delegado de polícia federal que esta subscreve, no exercício de suas atribuições e com fulcro no artigo 144 da Constituição Federal, na Lei 12.830/13 e no Código de Processo Penal, vem, perante Vossa Excelência, **REPRESENTAR** pela decretação de **INFILTRAÇÃO POLICIAL** e **COMUNICAR** o uso da técnica de **AÇÃO CONTROLADA**, na forma da Lei 12.850/13, medidas indispensáveis ao bom termo do **inquérito policial 200/2020.**

1. Resumo fático

Foi instaurado por portaria o inquérito policial 200/2020, com o fito de apurar prática dos crimes de estelionato majorado (artigo 171, § 3º, do Código Penal) e participação em organização criminosa (artigo 2º da Lei 12.850/13).

Depreende-se do apuratório que o INSS comunicou fraudes perpetradas pelos indivíduos até identificados como JOÃO DIAS, JOSÉ SANTOS, PEDRO SAMPAIO e MARCUS DANTAS, que cooptam mulheres grávidas e idosos na periferia de Juazeiro/BA, falsificam documentos e os encaminham às agências da autarquia federal pleitos de aposentadoria, benefício assistencial ao idoso e salário maternidade fraudulentos.

2. A infiltração policial

O prosseguimento da investigação reclama autorização judicial para infiltração policial, possibilitando que policial federal grávida seja cooptada pela organização criminosa investigada (nota-se reunião de 4 pessoas, em grupo estruturado, caracterizado por divisão de tarefas, com o fim de obtenção de lucro, mediante prática de crimes cujas penas máximas são superiores a 4 anos).

Frise-se que não há outro meio para obter as provas pretendidas (identificação cabal dos envolvidos, seus endereços, se há ou não funcionários do INSS envolvidos, etc.).

3. Ação controlada

Cumpre, ainda, comunicar a utilização da técnica de ação controlada, para que a operação policial seja deflagrada apenas no melhor momento, a juízo desta autoridade policial.

4. Conclusão e pedidos

Do exposto, com escora nas razões de fato e de direito lançadas supra, **REPRESENTA** o signatário desta peça, depois de ouvido o

Ministério Público, seja autorizada a **INFILTRAÇÃO POLICIAL** de policial grávida indicada pela autoridade policial que esta subscreve, com autorização para que sejam confeccionados novos documentos, com o fito de proteger sua identidade, pelo prazo de 6 meses. Outrossim, **COMUNICO** a Vossa Excelência a utilização da técnica de **AÇÃO CONTROLADA**, para que a deflagração da operação só seja materializada no momento mais oportuno.

Atenciosamente,

Local, data.

Delegado de Polícia Federal

4.63. Quesito criado pelo autor da obra

A Polícia Federal em Foz do Iguaçu/PR recebeu notícia oriunda da Polícia Rodoviária Federal dando conta de que, durante abordagem de rotina a carro de passeio, foram encontradas no porta malas do veículo 10 caixas de cigarro da marca PROIBIDO e que o motorista do automotor havia conseguido fugir enquanto os policiais vasculhavam o automóvel. No interior do carro, além do cigarro, que é do Paraguai e não tem autorização de comercialização no Brasil, foi encontrada uma agenda. Na agenda, ficou claro que o motorista se chama PAULO GILSON e seu telefone é (45) 9999-0077. Foi possível detectar, ainda, o nome de MARCÍLIO acompanhado da palavra "comerciante comprador", telefone (45) 9988-0033. A página com as rotas usadas pelo suspeito estava ilegível. Por fim, foi possível detectar o número de FERNANDO ao lado da expressão "policial amigo" e com a indicação "ligar com antecedência para passar sossegado", (45) 9872-0102. Foi instaurado o inquérito policial 400/2020 para apurar os fatos. Todo material foi apreendido e os cigarros foram periciados, restando comprovado no laudo que se trata de produto de origem estrangeira sem autorização de venda no Brasil. Em análise levada a efeito em banco de dados, foi possível identificar que há um Policial Rodoviário Federal chamado FERNANDO DE ASSIS, lotado na fronteira com o Paraguai, possuidor do citado número telefônico. **Em face do caso narrado, na qualidade de Delegado de Polícia Federal responsável pela investigação, elabore, fundamentadamente, a medida pertinente ao caso, com o objetivo de colher elementos aptos a elucidar o(s) crime(s) apurado(s).**

4.64. Comentários pertinentes

Trata-se de inquérito policial instaurado para apurar os crimes de contrabando e facilitação de contrabando, tipificados nos artigos 334-A e 318 do Código Penal (exceção pluralista à teoria monista).

Sobre o contrabando de cigarros, confira tese do Superior Tribunal de Justiça (edição 81 da jurisprudência em teses):

> 3) A importação não autorizada de cigarros ou de gasolina constitui crime de contrabando, insuscetível de aplicação do princípio da insignificância.

O candidato deverá confeccionar representação objetivando a interceptação telefônica dos terminais móveis dos investigados pelo prazo de 15 dias, com fulcro na Lei 9.296/96. A peça deve deixar claro: a tipificação dos crimes; que há indícios de autoria/participação dos envolvidos nos delitos apurados; que a prova não pode ser colhida por outro meio; que os crimes são punidos com pena de reclusão.

Como não há juízo prevento, a representação deve ser dirigida ao juízo federal competente por distribuição da Subseção Judiciária de Foz do Iguaçu/PR (em face da Súmula 151/STJ - A competência para o processo e julgamento por crime de contrabando ou descaminho define-se pela prevenção do Juízo Federal do lugar da apreensão dos bens).

ESPELHO DE CORREÇÃO

Quesitos avaliados	Faixa de valor
Apresentação e estrutura textual (legibilidade, respeito às margens e indicação de parágrafos)	0,00 a 2,00
Endereçamento ao juízo federal competente por distribuição da Subseção Judiciária de Foz do Iguaçu/PR	0,00 a 2,00
Representação objetivando a interceptação telefônica dos terminais móveis dos investigados	0,00 a 2,00
Requisitos legais para decretação da interceptação telefônica	0,00 a 3,00
Tipificação dos crimes praticados (contrabando e facilitação de contrabando)	0,00 a 3,00
TOTAL	12,00

SUGESTÃO DE RESPOSTA

EXCELENTÍSSIMO SENHOR JUIZ FEDERAL COMPETENTE POR DISTRIBUIÇÃO DA SUBSEÇÃO JUDICIÁRIA DE FOZ DO IGUAÇU/PR

A **POLÍCIA FEDERAL**, representada pelo Delegado de Polícia Federal que esta subscreve, no uso de suas atribuições conferidas pelo artigo 144 da Constituição Federal, pelo Código de Processo Penal e pela lei 12.830/13, com fundamento na Lei 9.296/96 vem, perante Vossa Excelência, **REPRESENTAR** pela **INTERCEPTAÇÃO TELEFÔNICA** dos terminais móveis a seguir relacionados, medidas essas indispensáveis ao prosseguimento das investigações levadas a efeito no bojo do **inquérito policial 400/2020**.

1. O resumo fático.

Trata-se de inquérito policial instaurado por portaria para apurar os crimes de contrabando e facilitação de contrabando, tipificados, respectivamente, nos artigos 334-A e 318, ambos do Código Penal, em face de notícia de crime recebida da Polícia Rodoviária Federal, que encaminhou veículo no qual foram encontradas 10 caixas de cigarros importados ilicitamente do Paraguai e uma agenda.

Analisada a agenda apreendida, ficou claro que o motorista se chama PAULO GILSON (que se evadiu na abordagem) e seu telefone é (45) 9999-0077. Foi possível detectar, ainda, o nome de MARCÍLIO acompanhado da palavra "comerciante comprador", telefone (45) 9988-0033. A página com as rotas usadas pelo suspeito estava ilegível. Por fim, foi possível detectar o número de FERNANDO ao lado da expressão "policial amigo" e com a indicação "ligar com antecedência para passar sossegado", (45) 9872-0102.

Restou detectado que há Policial Rodoviário Federal lotado na fronteira chamado FERNANDO DE ASSIS, possuidor do citado número de telefone.

2. A interceptação telefônica

O prosseguimento da investigação reclama a decretação judicial da interceptação telefônica dos terminais móveis dos investigados PAULO GILSON, MARCÍLIO e FERNANDO.

Os requisitos legais estão presentes: a) há indícios suficientes de autoria/participação em infração penal (contrabando por parte de PAULO GILSON e MARCÍLIO e facilitação de contrabando por parte de FERNANDO); b) não há outro meio de coligir mais provas (a técnica investigativa é *ultima ratio*); c) os crimes citados são punidos com pena de reclusão.

3. Conclusão e pedidos

Do exposto, com escora nas razões de fato e de direito lançadas supra, **REPRESENTA** o signatário desta peça, depois de ouvido o Ministério Público, seja **QUEBRADO O SIGILO TELEFÔNICO** dos investigados PAULO GILSON, MARCÍLIO e FERNANDO, determinando-se a interceptação das comunicações telefônicas, pelo prazo de 15 dias, dos seguintes terminais móveis:

- PAULO GILSON- telefone (45) 9999-0077;
- MARCÍLIO - telefone (45) 9988-0033;
- FERNANDO - telefone (45) 9872-0102;

Atenciosamente,

Local, data.

Delegado de Polícia Federal

4.65. Quesito criado pelo autor da obra

A Polícia Federal no Rio de Janeiro recebeu requisição do Ministério Público Federal, noticiando que o funcionário público federal PEDRO SANTOS estaria solicitando, em razão do exercício das suas funções públicas, vantagem indevida de particulares. O expediente requisitório apontou que JOÃO DIAS, JONAS FRANCO e FERNANDA LIMA teriam pago R$ 500,00 (totalizando R$ 1.500,00) a referido servidor público para que ele praticasse atos de ofício. Instaurado o inquérito policial 340/2020, constatou-se que PEDRO é servidor público lotado no INSS e, ouvidos JOÃO, JONAS e FERNANDA, restou detectado a solicitação e o pagamento da quantia de R$ 500,00, sempre em espécie, para que os processos de obtenção de benefícios previdenciários efetivamente tivessem curso na autarquia previdenciária. Com base nos elementos colhidos, o Delegado de Polícia Federal presidente do feito representou medida cautelar de interceptação telefônica do terminal móvel de PEDRO. O pleito foi deferido pelo juízo da 2ª. Vara Federal da Seção Judiciária do Rio de Janeiro e restou detectado, no período de interceptação, que PEDRO, ao detectar que há retroativos a serem pagos ao beneficiário, solicita o valor de R$ 500,00 para "agilizar" o recebimento dos valores. A interceptação foi apta a detectar que PEDRO mantém numerário em espécie oriundo da prática ilícita em cofre na sua casa, que há uma lista com as pessoas por ele "ajudadas" no seu computador pessoal e que ele comprou uma moto BMW, placas CONC 0316 com o dinheiro auferido com as práticas investigadas. Restou evidenciado que o investigado decidiu nada mais falar ao telefone, razão pela qual a autoridade policial optou por descontinuar a medida de interceptação telefônica. Os levantamentos de campo detectaram que PEDRO mora na rua B, número 171, Rio de Janeiro/RJ e que tem, reiteradamente, mandado avisos aos "beneficiados" com seus serviços, dizendo que se eles falarem algo às autoridades, providenciará para que os benefícios sejam suspensos. **Na condição de Delegado Federal responsável pelo caso elabore o(s) pleito(s) cautelar(es) adequado(s), tipificando o(s) crime(s).**

4.66. Comentários pertinentes

Trata-se de inquérito policial instaurado para apurar o crime de corrupção passiva (artigo 317 do Código Penal – note que os particulares que pagaram pelos "serviços" de PEDRO não cometeram crime, porque se limitaram a pagar pelos valores solicitados indevidamente).

O candidato deverá confeccionar representação objetivando busca e apreensão na casa de PEDRO (apreensão do dinheiro em espécie e do seu computador pessoal), sequestro (da moto adquirida com o proveito do crime) e prisão preventiva (por conveniência da instrução criminal).

Os pleitos devem ser dirigidos ao juízo da 2ª. Vara Federal da Seção Judiciária do Rio de Janeiro (prevento).

ESPELHO DE CORREÇÃO

Quesitos avaliados	Faixa de valor
Apresentação e estrutura textual (legibilidade, respeito às margens e indicação de parágrafos)	0,00 a 2,00
Endereçamento ao juízo da 2ª. Vara Federal da Seção Judiciária do Rio de Janeiro	0,00 a 2,00
Representação objetivando busca e apreensão na casa de PEDRO (apreensão do dinheiro em espécie e do seu computador pessoal), sequestro (da moto adquirida com o proveito do crime) e prisão preventiva (por conveniência da instrução criminal)	0,00 a 2,00
Requisitos legais para decretação das medidas cautelares	0,00 a 3,00
Tipificação do crime de corrupção passiva (artigo 317 do Código Penal)	0,00 a 3,00
TOTAL	12,00

SUGESTÃO DE RESPOSTA

EXCELENTÍSSIMO SENHOR JUIZ FEDERAL DA 2ª. VARA FEDERAL DA SEÇÃO JUDICIÁRIA DO RIO DE JANEIRO

A **POLÍCIA FEDERAL**, representada pelo delegado de Polícia Federal que esta subscreve, no uso de suas atribuições conferidas pelo artigo 144 da Constituição Federal, pelo Código de Processo Penal e pela lei 12.830/13, vem, perante Vossa Excelência, **REPRESENTAR** pela expedição de mandado de **BUSCA E APREENSÃO**, de **SEQUESTRO** e de **PRISÃO PREVENTIVA**, nos endereços e em desfavor dos investigados a seguir identificados, na forma dos artigos 240 e seguintes, 125 e seguintes, e 311 e seguintes do Código de Processo Penal, medidas essas indispensáveis ao prosseguimento das investigações levadas a efeito no bojo do **inquérito policial 340/2020.**

1. O resumo fático.

O presente inquérito policial investiga a prática do crime de corrupção passiva (artigo 317 do Código Penal), supostamente perpetrado pelo funcionário público federal PEDRO SANTOS, em face da solicitação, em razão do exercício das suas funções públicas, de vantagem indevida de particulares (para dar andamento a procedimentos de concessão de benefícios).

No bojo do feito restou demonstrado que PEDRO solicita R$ 500,00 em espécie de pessoas que desejam obter benefícios previdenciários.

Como é do conhecimento desse juízo, a interceptação outrora deferida foi apta a detectar que PEDRO mantém numerário em espécie oriundo da prática ilícita em cofre na sua casa, que há uma lista com as pessoas por ele "ajudadas" no seu computador pessoal e que ele comprou uma moto BMW, placas CONC 0316 com o dinheiro auferido com as práticas investigadas.

2. A busca e apreensão

A presente investigação clama pela expedição de mandado de busca e apreensão dirigido à residência do investigado (levantamentos de campo detectaram que PEDRO reside na rua B, número 171, Rio de Janeiro/RJ).

O pedido tem lastro no artigo 5º, inciso XI, da Constituição Federal e nos artigos 240 e seguintes do Código de Processo Penal. No local será possível apreender o dinheiro (que o investigado guarda em seu cofre), seu computador pessoal (no qual está gravada lista de pessoas "ajudadas" pelo investigado), obter outros meios de prova e efetuar a prisão do alvo.

3. O sequestro

A investigação deixou claro que PEDRO adquiriu uma moto BMW, placas CONC 0316 com o dinheiro auferido com as práticas investigadas. Esse bem merece ser sequestrado, na forma do artigo 132 do Código de Processo Penal, vez que há claros indícios da origem ilícita do numerário que foi usado para sua compra.

4. A prisão preventiva

A decretação da prisão preventiva reclama demonstração de indícios de autoria (são vários – ligações captadas durante a interceptação telefônica, oitivas de vítimas e levantamentos) e prova da materialidade – *fumus comissi delicti*.

É necessário demonstrar a presença de um dos requisitos avistáveis no artigo 313 do Código de Processo Penal (o crime investigado é doloso e punido com pena superior a 4 anos).

Por fim, é preciso demonstrar o perigo representado pelo estado de liberdade do investigado (*periculum libertatis*). Nota-se claramente que a prisão preventiva é necessária por conveniência da instrução criminal (já que o investigado está ameaçando os particulares que eventualmente queiram auxiliar nas investigações).

5. Conclusão e pedidos

Do exposto, com fundamento nos argumentos acima expendidos, após manifestação do Ministério Público, a autoridade policial que esta subscreve REPRESENTA pela expedição de mandado de busca e apreensão no endereço a seguir nominado (objetivando a apreensão de numerário, do computador do investigado, de outros elementos de convicção e a prisão do alvo), na forma do artigo 243 do Código de Processo Penal (rua B, número 171, Rio de Janeiro/RJ), pelo sequestro da moto BMW, placas CONC 0316 (vez que adquirida com dinheiro oriundo do crime perpetrado pelo investigado) e pela decretação da prisão preventiva do investigados PEDRO SANTOS.

Atenciosamente,

Local, data.

Delegado de Polícia Federal

4.67. Quesito criado pelo autor da obra

PEDRO, vigilante de empresa privada contratada dos Correios, combinou com JOÃO, seu amigo, a simulação da prática de um assalto, com o fito de subtrair numerário da empresa pública federal. De acordo com o planejamento, para emprestar verossimilhança à farsa, JOÃO entraria na agência na qual PEDRO presta serviço, localizada na cidade de Salgueiro/PE, portando uma arma de brinquedo, anunciaria a rapina e subtrairia todo dinheiro do caixa e do cofre. No dia acertado, a agência funcionava normalmente e duas pessoas estavam sendo atendidas pelo funcionário da ECT JONAS. JOÃO entrou encapuzado, puxou a arma de brinquedo e anunciou o assalto, "rendendo" o vigilante PEDRO. Além do dinheiro do caixa e do cofre da ECT, entregues por JONAS (que nada sabia da farsa e dela não participou), os dois clientes, assustados, entregaram seus pertences ao autor do fato (dois relógios e R$ 500,00). A prática rendeu à dupla, ainda, R$ 100.000,00 (valor subtraído do caixa e do cofre da ECT). A delegacia da Polícia Federal em Salgueiro/PE foi noticiada e o inquérito policial 230/2020 foi prontamente instaurado. Analisadas câmeras de vídeo, ouvidos os clientes que estavam no local, ouvidas outras testemunhas (pessoas que estavam fora da agência, mas observaram toda movimentação) e realizado exame de local, foi possível recolher os seguintes elementos de convicção: a) coleta das impressões digitais de JOÃO DOS SANTOS VIEIRA no interior da agência (a análise das câmeras resultou na constatação de que este é o agente que empunhava a arma); b) constatação de que JOÃO é muito amigo do funcionário da ECT PEDRO DOS SANTOS NEVES e que eles foram vistos conversando alegremente em um bar dias depois do "assalto". A autoridade policial presidente do feito determinou levantamento de campo e detectou que JOÃO reside na rua E, número 43, Salgueiro/PE e que PEDRO mora na rua C, número 25, Salgueiro/PE. Pessoas ouvidas no curso do feito revelaram que, em face do avanço das apurações, os investigados colocaram suas casas à venda e têm dito que vão "sumir no mundo" para tentar a sorte em outro lugar. **Em face do caso narrado, na qualidade de Delegado de Polícia Federal responsável pela investigação, elabore, fundamentadamente, a(s) medida(s) pertinente(s) ao caso, com o objetivo de colher elementos aptos a elucidar o(s) crime(s) apurado(s), dirigindo a representação ao juízo competente.**

4.68. Comentários pertinentes

Trata-se de inquérito policial instaurado para apurar o crime de roubo majorado pelo concurso de pessoas. Caso semelhante foi enfrentado pelo Supremo Tribunal Federal:

> INTIMAÇÃO – DILIGÊNCIAS COMPLEMENTARES – MANIFESTAÇÃO – OPORTUNIDADE – NULIDADE RELATIVA. A falta de intimação, após o encerramento da instrução, para manifestação das partes na fase do artigo 402 do Código de Processo Penal constitui nulidade relativa, cujo reconhecimento pressupõe a insurgência em momento oportuno. ROUBO – GRAVE AMEAÇA – FUNDADO TEMOR. A efetiva intenção do agente de realizar o mal prometido não se revela imprescindível à caracterização da grave ameaça exigida pelo tipo penal roubo, bastando seja o meio utilizado para a subtração do bem revestido de aptidão a causar fundado temor ao ofendido. ROUBO – GRAVE AMEAÇA – CORRÉUS – VÍNCULO SUBJETIVO. Ante a vinculação subjetiva, a caracterizar concurso de agentes, a circunstância de não ter o corréu implementado grave ameaça é desinfluente – artigo 29 do Código Penal

(HC 147584, Relator(a): Marco Aurélio, Primeira Turma, julgado em 02/06/2020, PROCESSO ELETRÔNICO DJe-172 DIVULG 07-07-2020 PUBLIC 08-07-2020).

O candidato deverá confeccionar representação objetivando a busca e apreensão nos endereços indicados no quesito (para apreender a arma de brinquedo, os relógios e o numerário subtraído) e a prisão dos investigados (será admitido uso da tanto de prisão preventiva quanto de prisão temporária, com indicação dos respectivos requisitos legalmente estabelecidos).

A competência é da Subseção da Justiça Federal em Salgueiro/PE.

ESPELHO DE CORREÇÃO

Quesitos avaliados	Faixa de valor
Apresentação e estrutura textual (legibilidade, respeito às margens e indicação de parágrafos)	0,00 a 2,00
Endereçamento ao juízo federal competente por distribuição da Subseção Judiciária de Salgueiro/PE	0,00 a 2,00
Representação objetivando a busca e apreensão e a prisão (temporária ou preventiva) dos investigados	0,00 a 2,50
Requisitos legais para decretação das medidas representadas	0,00 a 3,00
Tipificação do crime praticado (roubo majorado pelo concurso de pessoas)	0,00 a 3,00
TOTAL	12,00

SUGESTÃO DE RESPOSTA

EXCELENTÍSSIMO SENHOR JUIZ FEDERAL COMPETENTE POR DISTRIBUIÇÃO NA SUBSEÇÃO JUDICIÁRIA DE SALGUEIRO/PE

A **POLÍCIA FEDERAL**, representada pelo delegado de Polícia Federal que esta subscreve, no uso de suas atribuições conferidas pelo artigo 144 da Constituição Federal, pelo Código de Processo Penal e pela lei 12.830/13, vem, perante Vossa Excelência, **REPRESENTAR** pela expedição de mandado de **BUSCA E APREENSÃO** e de **PRISÃO PREVENTIVA**, nos endereços e em desfavor dos investigados a seguir identificados, na forma dos artigos 240 e seguintes e 311 e seguintes do Código de Processo Penal, medidas essas indispensáveis ao prosseguimento das investigações levadas a efeito no bojo do **inquérito policial 230/2020**.

1. O resumo fático.

O presente inquérito policial investiga a prática do crime de roubo majorado pelo concurso de pessoas em face da subtração materializada mediante grave ameaça (com uso de arma de brinquedo) de relógios e numerário da agência dos Correios de Salgueiro/PE e de clientes que estavam no seu interior no momento da prática, perpetrada por JOÃO DOS SANTOS VIEIRA.

No bojo do feito restou demonstrado que JOÃO agiu em conluio com o vigilante que trabalha na agência da ECT PEDRO DOS SANTOS NEVES (eles simularam a prática do roubo, mas o emprego de grave ameaça contra terceiros finda não desnaturando a prática do crime patrimonial tipificado no artigo 157 do Código Penal, nos termos do entendimento do Supremo Tribunal Federal).

2. A busca e apreensão

A presente investigação clama pela expedição de mandados de busca e apreensão dirigidos às residências dos investigados (levantamentos de campo detectaram que JOÃO mora na rua E, número 43, Salgueiro/PE e que PEDRO mora na rua C, número 25, Salgueiro/PE).

O pedido tem lastro no artigo 5º, inciso XI, da Constituição Federal e nos artigos 240 e seguintes do Código de Processo Penal. Nos locais será possível apreender a arma de brinquedo usada no crime, os relógios subtraídos das vítimas e o dinheiro surrupiado pela dupla, obter outros meios de prova e efetuar a prisão dos alvos.

3. A prisão preventiva

A decretação da prisão preventiva reclama demonstração de indícios de autoria (são vários – oitiva de testemunhas, análise de câmeras de vídeo, declarações das vítimas) e prova da materialidade (exame de local de crime que detectou as digitais de JOÃO na cena do crime) – *fumus comissi delicti*.

É necessário demonstrar a presença de um dos requisitos avistáveis no artigo 313 do Código de Processo Penal (o crime investigado é doloso e punido com pena superior a 4 anos).

Por fim, é preciso demonstrar o perigo representado pelo estado de liberdade dos investigados (*periculum libertatis*). As testemunhas ouvidas relataram a intenção dos agentes de fugir para local ignorado. Destarte, a prisão preventiva é necessária para garantir a aplicação da lei penal.

4. Conclusão e pedidos

Do exposto, com fundamento nos argumentos acima expendidos, após manifestação do Ministério Público, a autoridade policial que esta subscreve **REPRESENTA** pela expedição de **mandado de busca e apreensão** nos endereços a seguir nominados (objetivando apreender a arma de brinquedo usada no crime, os relógios subtraídos das vítimas e o dinheiro surrupiado pela dupla, obter outros meios de prova e efetuar a prisão dos alvos), na forma do artigo 243 do Código de Processo Penal (na rua E, número 43, Salgueiro/PE e rua C, número 25, Salgueiro/PE), e pela **decretação da prisão preventiva** dos investigados JOÃO DOS SANTOS VIEIRA e PEDRO DOS SANTOS NEVES.

Atenciosamente,

Local, data.

Delegado de Polícia Federal

4.69. Quesito criado pelo autor da obra

A Polícia Federal no Amazonas foi noticiada pelo Ministério Público estadual acerca de rumoroso caso (que ganhou repercussão interestadual e até internacional) de uso de violência, com causação de sofrimento físico, para obtenção de confissão por parte de policiais civis do Estado do Amazonas. Segundo a narrativa da peça ministerial, JOÃO DIAS e PEDRO MARCOS foram conduzidos pelos policiais civis JOSÉ CANUTO e MAURÍCIO SANTOS até a 12ª Delegacia Metropolitana e foram submetidos a sessão de golpes violentos e choques elétricos, tudo com o objetivo de confessar envolvimento com o tráfico de drogas na localidade onde residiam. Os suspeitos não resistiram e faleceram no interior da unidade policial. A autoridade policial federal a quem foi distribuída a peça instaurou prontamente inquérito policial, tombado sob número 190/2020 e determinou várias diligências. Foram acostados ao feito os laudos cadavéricos (que apontaram que a morte das vítimas decorreu de traumas causados por instrumento contundente e que, antes de perecer, estas sofreram choques elétricos). As testemunhas ouvidas até o momento relataram que os policiais civis JOSÉ e MAURÍCIO arrastaram JOÃO e PEDRO do local onde estes conversavam, assim que perceberam com a dupla pequena quantidade de maconha. As testemunhas relataram que perceberam que JOSÉ trazia consigo uma pesada palmatória de madeira e que MAURÍCIO estava com um aparelho de choques elétricos com continha as iniciais MS nele gravadas. As imagens de estabelecimento comercial próximo foram apreendidas e confirmaram a narrativa. Familiares das vítimas narraram que estão recebendo ameaças que partem dos telefones celulares dos policiais civis que participaram da desastrosa diligência, com o fito de confirmarem a versão por eles informada, de que JOÃO e PEDRO morreram em virtude de briga generalizada que ocorreu na cela onde estavam detidos. A oitiva de outros policiais lotados na unidade onde ocorreram as mortes revelou que JOSÉ e MAURÍCIO trocam muitas mensagens via aplicativos de mensagens. Em conversa com peritos, o delegado de polícia que conduz a investigação foi informado de que eventual perícia para extração e análise das mensagens de terminais móveis demoraria, pelo menos 20 dias, a partir de eventual apreensão dos aparelhos. Por fim, foi juntada ao feito informação policial que revela que JOSÉ mora na rua B, 120, Manaus/AM e MAURÍCIO reside na rua C, 130, Manaus/AM. **Considerando os fatos narrados, na condição de Delegado Federal que preside o feito, materialize a representação cabível, dirigida ao juízo competente, explicando o porquê da atuação da Polícia Federal no caso concreto.**

4.70. Comentários pertinentes

Trata-se de inquérito policial instaurado para apurar o crime de tortura qualificada/majorada (em face do resultado morte e por ter sido o crime perpetrado por funcionários públicos), tipificado no artigo 1º, inciso I, alínea 'a' c/c §§ 3º e 4º, inciso I, da Lei 9.455/97.

O candidato deverá confeccionar representação objetivando busca e apreensão (na casa dos policiais civis investigados) e a prisão temporária dos citados agentes públicos, pelo prazo de 30 dias (crime equiparado a hediondo de tortura).

Os pedidos têm lastro no artigo 5º, inciso XI, da Constituição Federal, nos artigos 240 e seguintes do Código de Processo Penal, na Lei 7.960/89 e no artigo 2º, § 4º, da Lei 8.072/90.

Em relação ao pedido de busca e apreensão, o candidato deverá deixar claro que será possível apreender na casa dos alvos os objetos usados para prática de tortura e os seus telefones celulares.

Em relação à prisão temporária (única admitida em face do quanto afirmado pelos peritos), deverá ser dito que a prisão é imprescindível para as investigações e que há indícios do envolvimento dos alvos em crime equiparado a hediondo (o que justifica decretação do cárcere pelo prazo de 30 dias).

A peça deve deixar claro, ainda, que a atuação da Polícia Federal se justifica em face do artigo 1º, inciso III, da Lei 10.446/02.

É preciso notar que o crime é da competência da Justiça Estadual e, como não há juízo prevento, a representação deve ser dirigida ao juízo de Direito competente por distribuição na Comarca do Manaus/AM.

ESPELHO DE CORREÇÃO

Quesitos avaliados	Faixa de valor
Apresentação e estrutura textual (legibilidade, respeito às margens e indicação de parágrafos)	0,00 a 2,00
Endereçamento ao juízo de Direito competente por distribuição na Comarca de Manaus/AM	0,00 a 2,00
Representação objetivando busca e apreensão e a prisão temporária dos alvos, pelo prazo de 30 dias (crime equiparado a hediondo de tortura)	0,00 a 2,50
Requisitos legais para decretação das medidas cautelares.	0,00 a 2,50
Tipificação do crime praticado (tortura qualificada/majorada)	0,00 a 2,00
Indicação da fundamentação para atuação da Polícia Federal (artigo 1º, inciso III, da Lei 10.446/02)	0,00 a 1,00
TOTAL	12,00

SUGESTÃO DE RESPOSTA

EXCELENTÍSSIMO SENHOR JUIZ DE DIREITO COMPETENTE POR DISTRIBUIÇÃO DA COMARCA DE MANAUS/AM

A **Polícia Federal**, por meio do delegado federal que esta subscreve, no exercício de suas atribuições e com fulcro no artigo 144 da Constituição Federal, na Lei 12.830/13 e no Código de Processo Penal, vem, perante Vossa Excelência, **REPRESENTAR PELA EXPEDIÇÃO DE MANDADOS DE BUSCA E APREENSÃO E DE PRISÃO TEMPORÁRIA** em relação aos endereços a seguir listados e em desfavor dos investigados a seguir identificados, na forma do Código de Processo Penal e da Lei 7.960/89.

1. Resumo fático

Foi instaurado por portaria o inquérito policial 190/2020, com o fito de apurar prática do crime de tortura qualificada/majorada, em face da notícia (encaminhada pelo Ministério Público estadual) de rumoroso caso (que ganhou repercussão interestadual e até internacional) de uso de violência, com causação de sofrimento físico, para obtenção de confissão por parte de policiais civis do Estado do Amazonas.

Segundo a narrativa da peça ministerial, JOÃO DIAS e PEDRO MARCOS foram conduzidos pelos policiais civis JOSÉ CANUTO e MAURÍCIO SANTOS até a 12ª Delegacia Metropolitana e foram submetidos a sessão de golpes violentos e choques elétricos, tudo com o objetivo de confessar envolvimento com o tráfico de drogas na localidade onde residiam. Os suspeitos não resistiram e faleceram no interior da unidade policial.

Frise-se que a atuação da Polícia Federal no caso concreto tem lastro no artigo 1º, inciso III, da Lei 10.446/02, vez que praticado crime que se traduz em violação a direitos humanos, que a República Federativa do Brasil se comprometeu a reprimir em decorrência de tratados internacionais de que seja parte (tortura).

2. A busca e apreensão

O prosseguimento da investigação reclama a expedição de mandados de busca e apreensão dirigidos às casas dos policiais civis investigados, com o fito de apreender o instrumento contundente e o aparelho de choque usado nas sessões de tortura. Faz-se necessário, ainda, apreender os telefones celulares dos suspeitos, para que sejam extraídas as mensagens por eles trocadas e enviadas aos familiares das vítimas (que se sentem ameaçados).

O pleito tem lastro constitucional no artigo 5º, inciso XI, da Constituição Federal e nos artigos 240 e seguintes do Código de Processo Penal.

3. A prisão temporária

A prisão é medida extrema. No caso presente, o encarceramento dos investigados é imprescindível ao bom termo do inquérito policial, vez que os investigados estão ameaçando familiares das vítimas (para que seja confirmada a versão fantasiosa de que estas morreram em face de briga generalizada que ocorreu na cela onde estavam detidos).

Há prova da materialidade (foram acostados ao feito os laudos cadavéricos - que apontaram que a morte das vítimas decorreu de traumas causados por instrumento contundente e que, antes de perecer, estas sofreram choques elétricos).

Há indícios suficientes de autoria de crime equiparado a hediondo - as testemunhas ouvidas até o momento relataram que os policiais civis JOSÉ e MAURÍCIO arrastaram JOÃO e PEDRO do local onde estes conversavam, assim que perceberam com a dupla pequena quantidade de maconha. As testemunhas relataram que perceberam que JOSÉ trazia consigo uma pesada palmatória de madeira e que MAURÍCIO estava com um aparelho de choques elétricos com continha as iniciais MS nele gravadas.

As imagens de estabelecimento comercial próximo foram apreendidas e confirmaram a narrativa.

4. Conclusão e pedidos

Do exposto, com escora nas razões de fato e de direito lançadas supra, **REPRESENTA** o signatário desta peça, depois de ouvido o Ministério Público, sejam:

a) **EXPEDIDOS MANDADOS DE BUSCA E APREENSÃO**, dirigidos à casa de JOSÉ (rua B, 120, Manaus/AM) e MAURÍCIO (rua C, 130, Manaus/AM);

b) **EXPEDIDOS MANDADOS DE PRISÃO TEMPORÁRIA (pelo prazo de 30 dias) em desfavor de:** JOSÉ CANUTO e MAURÍCIO SANTOS;

Atenciosamente,

Local, data.

Delegado de Polícia Federal

4.71. Quesito criado pelo autor da obra

A Polícia Federal em São Paulo recebeu notícia apócrifa de que o passageiro JULIANO DESCONFIADO, da empresa aérea LOG, viajaria para Londres com substâncias entorpecentes. Feito rápido levantamento em banco de dados, notou-se que o nome do suspeito constava na lista de passageiros para a capital inglesa. Instantes antes do embarque, policiais federais abordaram discretamente JULIANO que, notando que estava na iminência de ser preso, fugiu correndo, deixando sua mala de mão para trás. Na mala do suspeito os policiais encontraram invólucro contendo pó branco, a passagem aérea para Londres, um smartphone e roupas. O produto foi submetido a exame de constatação preliminar e o perito criminal federal atestou em laudo se tratar de cocaína. Instaurado o competente inquérito policial, o delegado de Polícia Federal presidente do feito representou ao juízo federal competente o acesso ao conteúdo do telefone celular de JULIANO, o que foi deferido pelo juízo da 13ª Vara Federal de São Paulo. Analisadas as informações constantes no terminal móvel, restou constado que o investigado fez e efetuou várias ligações para PEDRO FORNECEDOR e para MAURÍCIO FINANCIADOR. Restou detectado que PEDRO e MAURÍCIO atuavam há algum tempo com JULIANO levando entorpecente até a Europa, sempre com o mesmo *modus operandi* (viagens feitas por este) e que MAURÍCIO, além de envolvido na atividade ilícita de envio da droga para o exterior, custeava toda engrenagem criminosa. Curiosamente, os investigados não se falam via aplicativos de mensagens instantâneas, preferindo a falar por ligações convencionais. A informação policial indicou que o telefone de PEDRO é (11) 9122-0000 e que o número de MAURÍCIO é (11) 9777-1111. Não foi possível descobrir os endereços dos investigados, nem maiores detalhes sobre seus dados qualificativos reais. **Em face do caso narrado, na qualidade de delegado de Polícia Federal responsável pela investigação, elabore, fundamentadamente, a medida pertinente ao caso, com o objetivo de colher elementos probantes aptos a elucidar o(s) crime(s) investigado(s), cuidando para que a operação policial só seja deflagrada no momento mais oportuno.**

4.72. Comentários pertinentes

Trata-se de inquérito policial instaurado para apurar os crimes de tráfico de drogas (artigos 33 da Lei 11.343/06), majorado pelo inciso I do artigo 40 da mesma lei em relação a todos os investigados (na forma da Súmula 607/STJ - A majorante do tráfico transnacional de drogas (art. 40, I, da lei 11.343/06) se configura com a prova da destinação internacional das drogas, ainda que não consumada a transposição de fronteiras). A majorante do inciso VII do artigo 40 deve ser suportada por MAURÍCIO FINANCIADOR (como ele participa da traficância, deve responder pelo crime do artigo 33 com incidência da majorante do inciso VII do artigo 40 e não pelo crime tipificado no artigo 36, todos da Lei 11.343/06). Todos os envolvidos praticaram, ainda, o crime tipificado no artigo 35 da Lei 11.343/06 (há estabilidade e permanência para prática de tráfico de drogas).

O candidato deverá confeccionar representação objetivando a interceptação telefônica dos terminais móveis dos investigados pelo prazo de 15 dias, com fulcro na Lei 9.296/96. A peça deve deixar claro: a tipificação dos crimes; que há indícios de autoria/participação dos envolvidos nos delitos apurados; que a prova não pode ser colhida por outro meio; que os crimes são punidos com pena de reclusão.

Como o quesito demandou que a operação só fosse deflagrada no momento mais oportuno, cumpre representar, ainda, pela autorização judicial para utilização da técnica de ação controlada (inciso II do artigo 53 da Lei 11.343/06). Na forma do parágrafo único do artigo 53 da lei citada, é preciso afirmar que o possível itinerário é conhecido e que há identificação dos investigados.

Há juízo prevento, portanto a representação deve ser dirigida ao juízo da 13ª Vara Federal de São Paulo.

ESPELHO DE CORREÇÃO

Quesitos avaliados	Faixa de valor
Apresentação e estrutura textual (legibilidade, respeito às margens e indicação de parágrafos)	0,00 a 2,00
Endereçamento ao juízo da 13ª Vara Federal de São Paulo	0,00 a 2,00
Representação objetivando a interceptação telefônica dos terminais móveis dos investigados e pela autorização para utilização da técnica de ação controlada	0,00 a 2,00
Requisitos legais para a decretação das medidas	0,00 a 3,00
Tipificação dos crimes praticados (tráfico majorado e associação para o tráfico)	0,00 a 3,00
TOTAL	12,00

EXCELENTÍSSIMO SENHOR JUIZ FEDERAL DA 13ª VARA FEDERAL DA SEÇÃO JUDICIAL DE SÃO PAULO

A **POLÍCIA FEDERAL**, representada pelo Delegado de Polícia Federal que esta subscreve, no uso de suas atribuições conferidas pelo artigo 144 da Constituição Federal, pelo Código de Processo Penal e pela lei 12.830/13, com fundamento na Lei 9.296/96 e na Lei 11.343/06, vem, perante Vossa Excelência, **REPRESENTAR** pela **INTERCEPTAÇÃO TELEFÔNICA** dos terminais móveis a seguir relacionados e pela autorização para implementação da técnica de **AÇÃO CONTROLADA,** medidas essas indispensáveis ao prosseguimento das investigações levadas a efeito no bojo do presente inquérito policial.

1. O resumo fático.

Trata-se de inquérito policial instaurado por portaria para apurar os crimes de tráfico de drogas com incidência das majorantes da internacionalidade e do financiamento do tráfico (em relação ao investigado MAURÍCIO FINANCIADOR, como se verá alhures) e associação para o tráfico de drogas.

A Polícia Federal recebeu notícia anônima de que o passageiro JULIANO DESCONFIADO, da empresa aérea LOG, viajaria para Londres com substâncias entorpecentes. Depois de levantamentos, a notícia mostrou-se verdadeira e policiais federais abordaram discretamente JULIANO que, notando que estava na iminência de ser preso, fugiu correndo, deixando sua mala de mão para trás.

Na mala do suspeito os policiais encontraram invólucro contendo pó branco, a passagem aérea para Londres, um smartphone e roupas. O produto foi submetido a exame de constatação preliminar e o perito criminal federal atestou em laudo se tratar de cocaína.

Esse juízo federal deferiu acesso ao conteúdo do telefone celular de JULIANO e, analisadas as informações constantes no terminal, restou constado que o investigado fez e efetuou várias ligações para PEDRO FORNECEDOR e para MAURÍCIO FINANCIADOR.

2. A interceptação telefônica

O prosseguimento da investigação reclama a decretação judicial da interceptação telefônica dos terminais móveis dos investigados PEDRO (11 9122-0000) e MAURÍCIO (11 9777-1111).

É que restou detectado que PEDRO e MAURÍCIO atuam há algum tempo com JULIANO levando entorpecente até a Europa, sempre com o mesmo *modus operandi* (viagens feitas por este) e que MAURÍCIO, além de envolvido na atividade ilícita de envio da droga para o exterior, custeia toda engrenagem criminosa.

Os investigados não se falam via aplicativos de mensagens instantâneas, preferindo a falar por ligações convencionais.

Os requisitos legais da interceptação telefônica estão presentes: a) há indícios suficientes de autoria/participação em infração penal (tráfico majorado pela internacionalidade por parte de JULIANO, PEDRO e MAURÍCIO; incidência da majorante do financiamento do tráfico em relação a MAURÍCIO; imputação de associação para o tráfico em relação aos três investigados); b) não há outro meio de coligir mais provas (a técnica investigativa é *ultima ratio*); c) os crimes citados são punidos com pena de reclusão.

3. Ação controlada

Cumpre, ainda, solicitar autorização do juízo para utilização da técnica de ação controlada, para que a operação policial seja deflagrada no momento mais oportuno sob o ponto de vista da identificação de mais autores e/ou coleta de provas.

O itinerário (viagens internacionais de São Paulo para Inglaterra) e os investigados (JULIANO, PEDRO e MAURÍCIO) são conhecidos e já foram apresentados na peça.

4. Conclusão e pedidos

Do exposto, com escora nas razões de fato e de direito lançadas supra, **REPRESENTA** o signatário desta peça, depois de ouvido o Ministério Público, seja: 1) **AUTORIZADA** a utilização da técnica de

AÇÃO CONTROLADA; e 2) **DETERMINADA A INTERCEPTAÇÃO TELEFÔNICA** dos terminais móveis de PEDRO e MAURÍCIO, pelo prazo de 15 dias:

- PEDRO - telefone (11) 9122-0000;
- MAURÍCIO – telefone (11) 9777-1111;

Atenciosamente,

Local, data.

Delegado de Polícia Federal

4.73. Quesito criado pelo autor da obra

Aportou na Superintendência Regional da Polícia Federal em Sergipe notícia que dá conta da existência, em Aracaju/SE, de grupo estruturado, composto por MÁRIO JORGE, PEDRO ALCÂNTARA e MILTON NOBRE, voltado à difusão, em site aberto na rede mundial de computadores, de fotos e vídeos de crianças e adolescentes despidas. Há na notícia clara divisão de tarefas entre os indivíduos apontados como suspeitos e o objetivo é servir a "clientes" de várias partes do mundo, interessados no material pornográfico proscrito. MÁRIO e PEDRO são responsáveis por abordar interessados nas redes sociais (via facebook, instagram, aplicativos de conversas, etc.). MILTON é o desenvolvedor do site, cuidando para que ele não chame a atenção das autoridades (tanto assim que o sítio se chama www.meninosemeninasfamosos.com). Este é, ainda, responsável por identificar crianças e adolescentes em redes sociais, fazer contatos e, segundo o relato, agendando horários em que as crianças/adolescentes estão sozinhas em casa, para captação das imagens e vídeos que serão publicados no sítio. Para demonstrar que o material disponibilizado é de boa qualidade, a notícia indica que MÁRIO e PEDRO, quando das tratativas com possíveis clientes, por meio dos perfis de instagram @mariolindasfotos e @pedromeninasfamosas, enviam algumas imagens de crianças e adolescentes despidas, convencendo o interessado a se inscrever no endereço virtual e a pagar a mensalidade, orçada em R$ 500,00. Alguns dos "clientes", depois de conversas virtuais, são convidados para a casa dos investigados para um oferecimento massivo de material pornográfico envolvendo crianças/adolescentes, segundo o noticiado. Feito levantamento preliminar, que apontou a verossimilhança da notícia, foi instaurado o inquérito policial 400/2020. **Confeccione, na qualidade de Delegado de Polícia Federal presidente do feito, representação com o pleito cautelar adequado para prosseguir na investigação. Tipifique o(s) crime(s) praticado(s).**

4.74. Comentários pertinentes

Trata-se de inquérito policial instaurado para apurar os crimes tipificados nos artigos 240, 241 e 241-A do ECA e no artigo 288 do Código Penal.

Como há internacionalidade da prática delitiva, a representação deve ser endereçada à Justiça Federal (juízo federal competente por distribuição na Seção Judiciária de Sergipe).

O candidato deverá confeccionar representação objetivando infiltração policial virtual, com fulcro nos artigos 190-A e seguintes do ECA (não é possível usar a Lei 12.850/13, porquanto não há enfrentamento a organização criminosa).

A peça deve conter a demonstração da necessidade da medida, o alcance das tarefas dos policiais e os nomes ou apelidos das pessoas investigadas. É preciso deixar claro que a prova não pode ser obtida por outros meios disponíveis e pugnar pela infiltração virtual pelo prazo de 90 dias.

O agente policial destacado para a missão, fará contato com os investigados, a fim de identificá-los.

ESPELHO DE CORREÇÃO

Quesitos avaliados	Faixa de valor
Apresentação e estrutura textual (legibilidade, respeito às margens e indicação de parágrafos)	0,00 a 2,00
Endereçamento ao juízo federal competente por distribuição na Seção Judiciária de Sergipe	0,00 a 2,00
Representação objetivando a infiltração policial virtual (com fulcro do ECA)	0,00 a 2,00
Requisitos legais para a decretação da medida	0,00 a 3,00
Tipificação dos crimes praticados (artigos 240, 241 e 241-A do ECA e 288 do Código Penal)	0,00 a 3,00
TOTAL	12,00

EXCELENTÍSSIMO SENHOR JUIZ FEDERAL COMPETENTE POR DISTRIBUIÇÃO NA SEÇÃO JUDICIÁRIA DE SERGIPE

A **POLÍCIA FEDERAL**, representada pelo Delegado de Polícia Federal que esta subscreve, no uso de suas atribuições conferidas pelo artigo 144 da Constituição Federal, pelo Código de Processo Penal e pela lei 12.830/13, com fundamento na Lei 9.296/96 e na Lei

11.343/06, vem, perante Vossa Excelência, **REPRESENTAR** pela **INFILTRAÇÃO POLICIAL VIRTUAL,** medida essa indispensável ao prosseguimento das investigações levadas a efeito no bojo do inquérito policial 400/2020.

1. O resumo fático.

Trata-se de inquérito policial instaurado para apurar os crimes tipificados nos artigos 240, 241 e 241-A do ECA (crimes ligados ao registro, venda e disponibilização de imagens pornográficas de crianças/adolescentes) e artigo 288 do Código Penal (associação criminosa).

A Polícia Federal em Sergipe recebeu notícia da existência, em Aracaju/SE, de grupo estruturado, composto por MÁRIO JORGE, PEDRO ALCÂNTARA e MILTON NOBRE, voltado à difusão, em site aberto na rede mundial de computadores, de fotos e vídeos de crianças e adolescentes despidas.

As investigações demonstraram que MÁRIO e PEDRO são responsáveis por abordar interessados nas redes sociais (via facebook, instagram, aplicativos de conversas, etc). MILTON é o desenvolvedor do site, cuidando para que ele não chame a atenção das autoridades (tanto assim que o sítio se chama www.meninosemeninasfamosos.com). Este é, ainda, responsável por identificar crianças e adolescentes em redes sociais, fazer contatos e, segundo o relato, agendando horários em que as crianças/adolescentes estão sozinhas em casa, para captação das imagens e vídeos que serão publicados no sítio.

Para demonstrar que o material disponibilizado é de boa qualidade, a notícia indica que MÁRIO e PEDRO, quando das tratativas com possíveis clientes, por meio dos perfis de instagram @mariolindasfotos e @pedromeninasfamosas, enviam algumas imagens de crianças e adolescentes despidas, convencendo o interessado a se inscrever no endereço virtual e a pagar a mensalidade, orçada em R$ 500,00.

Alguns dos "clientes", depois de conversas virtuais, são convidados para a casa dos investigados para um oferecimento massivo de material pornográfico envolvendo crianças/adolescentes, segundo o noticiado.

2. A infiltração policial virtual

O deslinde da presente investigação clama pela utilização da técnica denominada infiltração policial virtual. Só será possível identificar efetivamente os investigados, chegando a seus dados qualificativos completos/corretos e seus endereços reais se o Estado mantiver contato direto com eles, inserindo-se na perniciosa rede de pornografia infanto-juvenil investigada.

Os artigos 190-A e seguintes do ECA disciplinam a infiltração virtual. Anote-se que a prova pretendida não pode ser colhida por outros meios (a infiltração virtual é *ultima ratio* na obtenção de acervo probante).

Eis o planejamento para execução da técnica: será designado policial, que se passará por "cliente" interessado em material proscrito, contatando os investigados para obtenção de dados úteis à investigação (qualificação real e endereços).

3. Conclusão e pedidos

Do exposto, abroquelado nas razões de fato e de direito lançadas supra, **REPRESENTA** o signatário desta peça, depois de ouvido o Ministério Público, seja autorizada **a INFILTRAÇÃO POLICIAL VIRTUAL**, pelo prazo inicial de 90 dias, devendo para tanto ser o policial designado autorizado criar perfil virtual e, eventualmente, a confeccionar novos documentos.

Atenciosamente,

Local, data.

Delegado de Polícia Federal

4.75. Quesito criado pelo autor da obra

MÁRCIO FORNECEDOR ofereceu R$ 50.000,00 ao Secretário municipal da cidade de Salvador/BA, JORGE EDUARDO, que recebeu o numerário (pago para que referido servidor público contratasse a empresa daquele, mediante inexigibilidade de procedimento licitatório legalmente reclamado para a contratação). Assim foi feito e a empresa FORNECEDORA DE TUDO foi contratada no âmbito de um convênio firmado pela União com a cidade de Salvador/BA, custeado por recursos federais sujeitos a prestação de contas. Toda a tratativa ilícita foi levada a efeito por meio de mensagens trocadas em aplicativos de mensagens nos terminais móveis dos envolvidos. O valor foi transferido da conta corrente da empresa (no Banco UATI) para a conta corrente do servidor municipal (na mesma instituição creditícia), no mês de agosto de 2020. JORGE EDUARDO, sem demora, comprou um carro (placas BRA 1234) com o dinheiro indevidamente recebido. Todo processo de inexigibilidade foi montado pelo próprio MÁRCIO FORNECEDOR, no seu computador pessoal. Este o imprimiu e o entregou pessoalmente a JORGE. Instaurado o inquérito policial 300/2020 para apuração cabal dos fatos, o quadro acima desenhado restou parcialmente aclarado. Levantamentos demonstraram que MÁRCIO reside na rua 34, bairro Falcatrua, Salvador/BA e que JORGE mora na rua 25, bairro Desvio, Salvador/BA. **Confeccione, na qualidade de Delegado de Polícia Federal presidente do**

feito, representação com o(s) pleito(s) cautelar(es) adequado(s) para prosseguir na investigação. Tipifique o(s) crime(s) praticado(s).

4.76. Comentários pertinentes

Trata-se de inquérito policial instaurado para apurar os crimes tipificados nos artigos 317 (corrupção passiva) e 333 (corrupção ativa) do Código Penal e no artigo 89 da Lei 8.666/93.

A competência é do juiz federal competente por distribuição na Seção Judiciária da Bahia (ou Subseção Judiciária de Salvador/BA), já que a contratação envolve verbas da União sujeitas a prestação de contas.

O candidato deverá confeccionar representação objetivando busca e apreensão (apreensão dos telefones celulares dos investigados e do computador de MÁRCIO), quebra de sigilo bancário (para confirmação da transferência ilícita) e sequestro (do veículo adquirido com o produto do crime).

O pleito de busca se funda no inciso XI do artigo 5º da Constituição Federal e nos artigos 240 e seguintes do CPP. O pleito de sequestro tem lastro nos artigos 125 e seguintes do CPP. A quebra de sigilo bancário tem lastro no § 4º do artigo 1º da Lei Complementar 105/01.

ESPELHO DE CORREÇÃO

Quesitos avaliados	Faixa de valor
Apresentação e estrutura textual (legibilidade, respeito às margens e indicação de parágrafos)	0,00 a 2,00
Endereçamento ao juízo federal competente por distribuição na Seção Judiciária da Bahia	0,00 a 2,00
Representação objetivando busca e apreensão, sequestro e quebra de sigilo bancário	0,00 a 2,00
Requisitos legais para a decretação das medidas cautelares	0,00 a 3,00
Tipificação dos crimes praticados (artigos 317 e 333 do Código Penal e artigo 89 da Lei 8.666/93)	0,00 a 3,00
TOTAL	12,00

EXCELENTÍSSIMO SENHOR JUIZ FEDERAL COMPETENTE POR DISTRIBUIÇÃO NA SEÇÃO JUDICIÁRIA DA BAHIA

A **POLÍCIA FEDERAL**, representada pelo Delegado de Polícia Federal que esta subscreve, no uso de suas atribuições conferidas pelo artigo 144 da Constituição Federal, pelo Código de Processo Penal e pela lei 12.830/13, com fundamento no inciso XI do artigo 5º da Constituição Federal, nos artigos 244 e seguintes e 125 e seguintes do Código de Processo Penal e no § 4º do artigo 1º da Lei Complementar 105/01, vem, perante Vossa Excelência, **REPRESENTAR** pela **expedição de MANDADOS DE BUSCA E APREENSÃO, de SEQUESTRO e pela QUEBRA DE SIGILO BANCÁRIO,** medidas essas indispensáveis ao prosseguimento das investigações levadas a efeito no bojo do inquérito policial 300/2020.

1. O resumo fático.

Trata-se de inquérito policial instaurado para apurar os crimes de corrupção passiva (artigo 317 do Código Penal), corrupção ativa (artigo 333 do Código Penal) e fraude em licitação (artigo 89 da Lei 8.666/93).

O presente apuratório constatou que MÁRCIO FORNECEDOR ofereceu R$ 50.000,00 (prática do crime de corrupção ativa) ao Secretário municipal da cidade de Salvador/BA, JORGE EDUARDO, que recebeu o numerário (pago para que referido servidor público contratasse a empresa daquele, mediante inexigibilidade de procedimento licitatório legalmente reclamado para a contratação) – prática dos crimes de corrupção passiva e fraude em licitação.

Assim foi feito e a empresa FORNECEDORA DE TUDO foi contratada no âmbito de um convênio firmado pela União com a cidade de Salvador/BA, custeado por recursos federais sujeitos a prestação de contas.

2. A busca e apreensão

O deslinde da presente investigação clama pela expedição de mandados de busca e apreensão (fundamento constitucional avistável no inciso XI do artigo 5º da Constituição Federal e lastro legal nos artigos 240 e seguintes do Código de Processo Penal).

É que toda tratativa ilícita foi levada a efeito por meio de mensagens trocadas em aplicativos de mensagens nos terminais móveis dos envolvidos. Ademais, todo processo de inexigibilidade foi montado pelo próprio MÁRCIO FORNECEDOR, no seu computador pessoal. Este o imprimiu e o entregou pessoalmente a JORGE.

O cumprimento de mandados de busca nas casas dos investigados (levantamentos demonstraram que MÁRCIO reside na rua 34, bairro

Falcatrua, Salvador/BA e que JORGE mora na rua 25, bairro Desvio, Salvador/BA) será hábil no sentido de trazer ao feito as provas pretendidas (por meio da análise dos celulares dos investigados e do computador pessoal de MÁRCIO).

3. A quebra de sigilo bancário

Restou apurado no bojo do feito que o valor ilícito (R$ 50.000,00) foi transferido da conta corrente da empresa (no Banco UATI) para a conta corrente do servidor municipal (na mesma instituição creditícia), no mês de agosto de 2020.

Diante dessa realidade, cumpre representar a esse juízo pela quebra de sigilo bancário, com o fito de que aportem nos autos os extratos relativos ao citado mês/ano das contas indicadas.

4. O sequestro de bem

Por derradeiro, cumpre representar, diante dos claros indícios de que o bem móvel foi adquirido com o produto de crime, pelo sequestro do carro placas BRA 1234, pertencente a JORGE, na forma do artigo 132 do Código de Processo Penal.

5. Conclusão e pedidos

Do exposto, abroquelado nas razões de fato e de direito lançadas supra, **REPRESENTA** o signatário desta peça, depois de ouvido o Ministério Público: a) sejam expedidos mandados de busca e apreensão (dirigidos à casa de MÁRCIO - rua 34, bairro Falcatrua, Salvador/BA; e JORGE - rua 25, bairro Desvio, Salvador/BA) para apreensão dos telefones celulares dos investigados e do computador pessoal de MÁRCIO (represento, de logo, pela análise e ulterior perícia do conteúdo sigilo dos equipamentos apreendidos), além de outras provas porventura encontradas nos locais de busca; b) seja quebrado o sigilo bancário das contas correntes da empresa FORNECEDORA DE TUDO e de JORGE EDUARDO junto ao banco UATI (com o fito de que sejam enviados extratos relativos ao mês de agosto de 2020); e c) seja expedido mandado de sequestro do veículo placas BRA 1234, pertencente a JORGE EDUARDO.

Atenciosamente,

Local, data.

Delegado de Polícia Federal

Capítulo 5

LEI DE ABUSO DE AUTORIDADE (LEI 13.869/19)

5.1. Introdução e disposições gerais

> **Art. 1º Esta Lei define os crimes de abuso de autoridade, cometidos por agente público, servidor ou não, que, no exercício de suas funções ou a pretexto de exercê-las, abuse do poder que lhe tenha sido atribuído.**
>
> **§ 1º As condutas descritas nesta Lei constituem crime de abuso de autoridade quando praticadas pelo agente com a finalidade específica de prejudicar outrem ou beneficiar a si mesmo ou a terceiro, ou, ainda, por mero capricho ou satisfação pessoal.**
>
> **§ 2º A divergência na interpretação de lei ou na avaliação de fatos e provas não configura abuso de autoridade.**

Especial fim de agir: o § 1º do artigo 1º da Lei 13.869/19 reclama dolo específico para prática dos crimes tipificados no mandamento legal (finalidade específica de prejudicar outrem ou beneficiar a si mesmo ou a terceiro, ou, ainda, por mero capricho ou satisfação pessoal). Destarte, a peça ovo acusatória deve descrever claramente essa intenção ao imputar crime tipificado na Lei de Abuso de Autoridade (os crimes listados no mandamento legal são de tendência interna transcendente de resultado cortado).

O § 2º do artigo 1º do mandamento estudado, indica que a divergência na interpretação da lei ou na avaliação dos fatos e provas não configura crime de abuso de autoridade (o fato será atípico nesse caso, porquanto ausente o dolo desenhado no § 1º do mesmo artigo). Não se pune o chamado crime de hermenêutica.

Com o fito de afastar qualquer ilação acerca da finalidade para prática do ato, a autoridade precisa fundamentá-lo efetivamente.

Enunciados do CNPG e do GNCCRIM: eis os enunciados do Conselho Nacional de Procuradores-Gerais dos Ministérios Públicos dos estados e da

União (CNPG) e do Grupo Nacional de Coordenadores de Centro de Apoio Criminal (GNCCRIM):

> Enunciado 1 - Os tipos incriminadores da Lei de Abuso de Autoridade exigem elemento subjetivo diverso do mero dolo, restringindo o alcance da norma.
>
> Enunciado 2 - A divergência na interpretação de lei ou na avaliação de fatos e provas, salvo quando teratológica, não configura abuso de autoridade, ficando excluído o dolo.

5.2. Sujeitos do crime e ação penal

> **Art. 2º É sujeito ativo do crime de abuso de autoridade qualquer agente público, servidor ou não, da administração direta, indireta ou fundacional de qualquer dos Poderes da União, dos Estados, do Distrito Federal, dos Municípios e de Território, compreendendo, mas não se limitando a:**
>
> **I - servidores públicos e militares ou pessoas a eles equiparadas;**
>
> **II - membros do Poder Legislativo;**
>
> **III - membros do Poder Executivo;**
>
> **IV - membros do Poder Judiciário;**
>
> **V - membros do Ministério Público;**
>
> **VI - membros dos tribunais ou conselhos de contas.**
>
> **Parágrafo único. Reputa-se agente público, para os efeitos desta Lei, todo aquele que exerce, ainda que transitoriamente ou sem remuneração, por eleição, nomeação, designação, contratação ou qualquer outra forma de investidura ou vínculo, mandato, cargo, emprego ou função em órgão ou entidade abrangidos pelo caput deste artigo.**

Sujeito ativo: o artigo 2º da Lei 13.869/19 identifica o sujeito ativo da prática do crime de abuso de autoridade (trata-se de interpretação autêntica).

> **Art. 3º Os crimes previstos nesta Lei são de ação penal pública incondicionada.**
>
> **§ 1º Será admitida ação privada se a ação penal pública não for intentada no prazo legal, cabendo ao Ministério Público aditar a queixa, repudiá-la e oferecer denúncia substitutiva, intervir em todos os termos do processo, fornecer elementos de prova, interpor recurso e, a todo tempo, no caso de negligência do querelante, retomar a ação como parte principal.**

§ 2º A ação privada subsidiária será exercida no prazo de 6 (seis) meses, contado da data em que se esgotar o prazo para oferecimento da denúncia.

Ação penal: o artigo 3º havia sido vetado, mas o veto foi derrubado pelo Congresso Nacional.

O artigo é dispensável. Não é preciso afirmar textualmente que um crime é de ação penal pública incondicionada e que, se esta não for intentada no prazo legal pelo Ministério Público, abre-se a possibilidade de propositura de ação penal privada subsidiária da pública (decaindo a vítima do direito de oferecer queixa substitutiva no prazo de 6 meses), vez que quando a lei silencia acerca da natureza da ação penal é porque essa é pública incondicionada.

Enunciado do CNPG e do GNCCRIM: eis o enunciado do Conselho Nacional de Procuradores-Gerais dos Ministérios Públicos dos estados e da União (CNPG) e do Grupo Nacional de Coordenadores de Centro de Apoio Criminal (GNCCRIM):

> Enunciado 3 - Os crimes da Lei de Abuso de Autoridade são perseguidos mediante ação penal pública incondicionada. A queixa subsidiária pressupõe comprovada inércia do Ministério Público, caracterizada pela inexistência de qualquer manifestação ministerial.

5.3. Efeitos da condenação e penas restritivas de direitos

Art. 4º São efeitos da condenação:

I - tornar certa a obrigação de indenizar o dano causado pelo crime, devendo o juiz, a requerimento do ofendido, fixar na sentença o valor mínimo para reparação dos danos causados pela infração, considerando os prejuízos por ele sofridos;

II - a inabilitação para o exercício de cargo, mandato ou função pública, pelo período de 1 (um) a 5 (cinco) anos;

III - a perda do cargo, do mandato ou da função pública.

Parágrafo único. Os efeitos previstos nos incisos II e III do caput deste artigo são condicionados à ocorrência de reincidência em crime de abuso de autoridade e não são automáticos, devendo ser declarados motivadamente na sentença.

Efeitos da condenação: o artigo 4º trata dos efeitos da condenação. Saliento que a fixação, pelo juiz, do valor mínimo para reparação dos danos sofridos pelo ofendido demanda requerimento (que não ostenta rigor formal).

Doutra banda, importante ressaltar que os efeitos previstos nos incisos II e III não são automáticos (devem ser declarados motivadamente em sentença) e só são aplicáveis ao reincidente específico na prática de crime de abuso de autoridade (não é necessário, por óbvio, que o autor incida no mesmo tipo, bastando que pratique qualquer crime de abuso de autoridade depois de ter sido condenado com sentença transitada em julgado por crime de abuso de autoridade anterior).

Enunciado do CNPG e do GNCCRIM: eis enunciado do Conselho Nacional de Procuradores-Gerais dos Ministérios Públicos dos estados e da União (CNPG) e do Grupo Nacional de Coordenadores de Centro de Apoio Criminal (GNCCRIM):

> Enunciado 4 - O requerimento do ofendido para a reparação dos danos causados pela infração penal dispensa qualquer rigor formal.

> **Art. 5º As penas restritivas de direitos substitutivas das privativas de liberdade previstas nesta Lei são:**
>
> **I - prestação de serviços à comunidade ou a entidades públicas;**
>
> **II - suspensão do exercício do cargo, da função ou do mandato, pelo prazo de 1 (um) a 6 (seis) meses, com a perda dos vencimentos e das vantagens;**
>
> **III - (VETADO).**
>
> **Parágrafo único. As penas restritivas de direitos podem ser aplicadas autônoma ou cumulativamente.**

Penas restritivas de direito: o artigo 5º descreve as penas restritivas de direito aplicáveis em substituição às privativas de liberdade, quando há prática de crime de abuso de autoridade.

Saliento a gravidade da pena restritiva de direitos descrita no inciso II do artigo 5º da Lei 13.869/19. A suspensão do exercício do cargo, da função ou do mandato pelo prazo de 1 a 6 meses com perda dos vencimentos e das vantagens é reprimenda muito severa (e desproporcional).

A redação do dispositivo parece inibir a aplicação das penas restritivas de direito listadas no Código Penal (os requisitos para a substituição, conduto, em face do silêncio da lei, devem ser extraídos do 44 do Caderno Repressivo Pátrio[1]).

---

1 Art. 44. As penas restritivas de direitos são autônomas e substituem as privativas de liberdade, quando:
I – aplicada pena privativa de liberdade não superior a quatro anos e o crime não for cometido com violência ou grave ameaça à pessoa ou, qualquer que seja a pena aplicada, se o crime for culposo;

5.4. Sanções de natureza civil e administrativa

Art. 6º As penas previstas nesta Lei serão aplicadas independentemente das sanções de natureza civil ou administrativa cabíveis.

Parágrafo único. As notícias de crimes previstos nesta Lei que descreverem falta funcional serão informadas à autoridade competente com vistas à apuração.

Art. 7º As responsabilidades civil e administrativa são independentes da criminal, não se podendo mais questionar sobre a existência ou a autoria do fato quando essas questões tenham sido decididas no juízo criminal.

Art. 8º Faz coisa julgada em âmbito cível, assim como no administrativo-disciplinar, a sentença penal que reconhecer ter sido o ato praticado em estado de necessidade, em legítima defesa, em estrito cumprimento de dever legal ou no exercício regular de direito.

Sanções de natureza civil e administrativa: os artigos 6º, 7º e 8º tratam das sanções de natureza cível e administrativa (os dispositivos reafirmam a independência das instâncias penal, cível e administrativa – se o caso foi decidido no juízo criminal, contudo, não se pode mais questionar sobre existência ou autoria do fato, tampouco se restar decidido no processo penal que o fato foi praticado sob o manto de excludente de antijuridicidade).

II – o réu não for reincidente em crime doloso;

III – a culpabilidade, os antecedentes, a conduta social e a personalidade do condenado, bem como os motivos e as circunstâncias indicarem que essa substituição seja suficiente.

§ 1º (VETADO)

§ 2º Na condenação igual ou inferior a um ano, a substituição pode ser feita por multa ou por uma pena restritiva de direitos; se superior a um ano, a pena privativa de liberdade pode ser substituída por uma pena restritiva de direitos e multa ou por duas restritivas de direitos.

§ 3º Se o condenado for reincidente, o juiz poderá aplicar a substituição, desde que, em face de condenação anterior, a medida seja socialmente recomendável e a reincidência não se tenha operado em virtude da prática do mesmo crime.

§ 4º A pena restritiva de direitos converte-se em privativa de liberdade quando ocorrer o descumprimento injustificado da restrição imposta. No cálculo da pena privativa de liberdade a executar será deduzido o tempo cumprido da pena restritiva de direitos, respeitado o saldo mínimo de trinta dias de detenção ou reclusão.

§ 5º Sobrevindo condenação a pena privativa de liberdade, por outro crime, o juiz da execução penal decidirá sobre a conversão, podendo deixar de aplicá-la se for possível ao condenado cumprir a pena substitutiva anterior.

5.5. Crimes e penas

> **Art. 9º Decretar medida de privação da liberdade em manifesta desconformidade com as hipóteses legais:**
>
> **Pena - detenção, de 1 (um) a 4 (quatro) anos, e multa.**
>
> **Parágrafo único. Incorre na mesma pena a autoridade judiciária que, dentro de prazo razoável, deixar de:**
>
> **I - relaxar a prisão manifestamente ilegal;**
>
> **II - substituir a prisão preventiva por medida cautelar diversa ou de conceder liberdade provisória, quando manifestamente cabível;**
>
> **III - deferir liminar ou ordem de habeas corpus, quando manifestamente cabível.**

Veto derrubado: o artigo 9º havia sido vetado, mas o veto foi derrubado pelo Congresso Nacional.

Crime próprio de membros do Poder Judiciário: o crime acima transcrito só pode ser praticado por membro do Poder Judiciário (juiz, desembargador ou ministro).

Em tese, o delito resta perpetrado, por exemplo, quando o juiz decreta a prisão temporária em face da prática de crime que não está listado no inciso III do artigo 1º da Lei 7.960/89, que não é hediondo ou que não é equiparado a hediondo (com a presença do especial fim de agir reclamado no § 1º do artigo 1º da Lei 13.869/19).

Em sentido contrário (entendendo que o sujeito ativo do crime aqui estudado pode ser promotor de justiça ou delegado de polícia, por exemplo), Renato Brasileiro[2]. Explicarei abaixo, com mais vagar, meu pensar.

Consumação: como se trata de crime formal, a consumação ocorre com a decretação da prisão preventiva ou temporária (não é necessário o cumprimento efetivo da ordem).

Benefícios: o delito admite suspensão condicional do processo (artigo 89 da Lei 9.099/95) e acordo de não persecução penal (artigo 28-A do CPP).

Delegado de polícia como autor do delito (impossibilidade): não é possível, a priori, imputar o delito descrito no *caput* do artigo 9º da Lei de Abuso de Autoridade ao delegado de polícia, porque o dispositivo que puniria criminalmente a lavratura de auto de prisão em flagrante delito em desconformidade com as hipóteses legais (artigo 11 da Lei 13.869/19) foi vetado e o veto não foi derrubado pelo Congresso Nacional. Eis o dispositivo vetado:

2 LIMA, Renato Brasileiro de. **Nova Lei de Abuso de Autoridade**, Juspodivm, 2020, p. 81.

> Art. 11. Executar a captura, prisão ou busca e apreensão de pessoa que não esteja em situação de flagrante delito ou sem ordem escrita de autoridade judiciária, salvo nos casos de transgressão militar ou crime propriamente militar, definidos em lei, ou de condenado ou internado fugitivo:

Pena - detenção, de 1 (um) a 4 (quatro) anos, e multa.

É possível, contudo, pensar na imputação do delito aqui estudado (artigo 9º da Lei 13.869/19) ao delegado de polícia, quando este é partícipe do magistrado que decreta cárcere em manifesta desconformidade com as hipóteses legais (pode-se imaginar, de igual sorte, participação do membro do Ministério Público no crime praticado pelo magistrado). Exemplifico:

> **SITUAÇÃO HIPOTÉTICA:** PEDRO, delegado de polícia, em conluio com JOSÉ, promotor de justiça, e MARCOS, juiz, representa prisão preventiva em manifesta desconformidade com as hipóteses legais, com o fito de prejudicar JONAS. JOSÉ opina favoravelmente à decretação do cárcere, mesmo sabendo do atropelo às normas de regência e MARCOS determina o encarceramento indevido.
>
> **SOLUÇÃO:** MARCOS praticou o crime tipificado no artigo 9º da Lei 13.869/19. JOSÉ e PEDRO são partícipes do delito perpetrado pelo juiz.

Figura equiparada: há figura equiparada no parágrafo único. O legislador optou por termos muito abertos no tipo: "dentro de prazo razoável", "manifestamente ilegal" e "manifestamente cabível". Definitivamente andou mal o Congresso Nacional ao incluir expressões tão vagas em mandamento incriminador.

Enunciado do CNPG e do GNCCRIM: eis enunciado do Conselho Nacional de Procuradores-Gerais dos Ministérios Públicos dos estados e da União (CNPG) e do Grupo Nacional de Coordenadores de Centro de Apoio Criminal (GNCCRIM) sobre o artigo:

> Enunciado 5 - O sujeito ativo do art. 9º., "caput", da Lei de Abuso de Autoridade, diferentemente do parágrafo único, não alcança somente autoridade judiciária. O verbo nuclear "decretar" tem o sentido de determinar, decidir e ordenar medida de privação da liberdade em manifesta desconformidade com as hipóteses legais.

Nota-se que o CNPG e o GNCCRIM optaram por não limitar o alcance do artigo 9º da Lei 13.869/19 apenas a autoridades judiciárias (como fiz acima).

> **Art. 10. Decretar a condução coercitiva de testemunha ou investigado manifestamente descabida ou sem prévia intimação de comparecimento ao juízo:**
>
> **Pena - detenção, de 1 (um) a 4 (quatro) anos, e multa.**

Conduta proibida: a conduta proibida é decretar a condução coercitiva de testemunha ou investigado manifestamente descabida ou sem prévia intimação de comparecimento ao juízo.

O tipo é confuso e a primeira leitura leva a crer que há duas possibilidades de prática do delito: a) decretação de condução coercitiva manifestamente descabida de testemunha ou investigado no curso do inquérito policial; b) decretação de condução coercitiva de testemunha pelo juízo, no curso do processo, sem prévia intimação (concluo que o juiz não comete o delito estudado quando determina condução coercitiva do acusado, porquanto o tipo não faz menção à palavra "réu", apenas à expressão "investigado").

Consumação: o crime é formal e se consuma com a decretação da condução coercitiva fora dos parâmetros legalmente estabelecidos (ainda que a testemunha ou investigado não seja efetivamente conduzido).

Benefícios: o delito admite suspensão condicional do processo (artigo 89 da Lei 9.099/95) e acordo de não persecução penal (artigo 28-A do CPP).

Condução coercitiva permitida: é possível decretação de condução coercitiva do investigado/réu (artigo 260 do Código de Processo Penal[3]), de testemunha (artigo 218 do Código de Processo Penal[4]), de perito[5] e mesmo da vítima (§ 1º do artigo 201 do Código de Processo Penal[6]).

Saliento que a condução coercitiva do investigado ainda é possível mesmo depois do julgamento das ADPF 395 e 444 pelo Supremo Tribunal Federal:

> 1. Arguição de Descumprimento de Preceito Fundamental. Constitucional. Processo Penal. Direito à não autoincriminação. Direito ao tempo necessário à preparação da defesa. Direito à liberdade de locomoção. Direito à presunção de não culpabilidade. 2. Agravo Regimental contra decisão liminar.

---

3 Art. 260. Se o acusado não atender à intimação para o interrogatório, reconhecimento ou qualquer outro ato que, sem ele, não possa ser realizado, a autoridade poderá mandar conduzi-lo à sua presença.

Parágrafo único. O mandado conterá, além da ordem de condução, os requisitos mencionados no art. 352, no que lhe for aplicável.

4 Art. 218. Se, regularmente intimada, a testemunha deixar de comparecer sem motivo justificado, o juiz poderá requisitar à autoridade policial a sua apresentação ou determinar seja conduzida por oficial de justiça, que poderá solicitar o auxílio da força pública.

5 Art. 278. No caso de não-comparecimento do perito, sem justa causa, a autoridade poderá determinar a sua condução.

6 Art. 201. (...)

§ 1º Se, intimado para esse fim, deixar de comparecer sem motivo justo, o ofendido poderá ser conduzido à presença da autoridade.

Apresentação da decisão, de imediato, para referendo pelo Tribunal. Cognição completa da causa com a inclusão em pauta. Agravo prejudicado. 3. Cabimento da ADPF. Objeto: ato normativo pré-constitucional e conjunto de decisões judiciais. Princípio da subsidiariedade (art. 4º, §1º, da Lei nº 9.882/99): ausência de instrumento de controle objetivo de constitucionalidade apto a tutelar a situação. Alegação de falta de documento indispensável à propositura da ação, tendo em vista que a petição inicial não se fez acompanhar de cópia do dispositivo impugnado do Código de Processo Penal. Art. 3º, parágrafo único, da Lei 9.882/99. Precedentes desta Corte no sentido de dispensar a prova do direito, quando "transcrito literalmente o texto legal impugnado" e não houver dúvida relevante quanto ao seu teor ou vigência – ADI 1.991, Rel. Min. Eros Grau, julgada em 3.11.2004. A lei da ADPF deve ser lida em conjunto com o art. 376 do CPC, que confere ao alegante o ônus de provar o direito municipal, estadual, estrangeiro ou consuetudinário, se o juiz determinar. Contrario sensu, se impugnada lei federal, a prova do direito é desnecessária. Preliminar rejeitada. Ação conhecida. 4. Presunção de não culpabilidade. A condução coercitiva representa restrição temporária da liberdade de locomoção mediante condução sob custódia por forças policiais, em vias públicas, não sendo tratamento normalmente aplicado a pessoas inocentes. Violação. 5. Dignidade da pessoa humana (art. 1º, III, da CF/88). O indivíduo deve ser reconhecido como um membro da sociedade dotado de valor intrínseco, em condições de igualdade e com direitos iguais. Tornar o ser humano mero objeto no Estado, consequentemente, contraria a dignidade humana (NETO, João Costa. Dignidade Humana: São Paulo, Saraiva, 2014. p. 84). Na condução coercitiva, resta evidente que o investigado é conduzido para demonstrar sua submissão à força, o que desrespeita a dignidade da pessoa humana. 6. Liberdade de locomoção. A condução coercitiva representa uma supressão absoluta, ainda que temporária, da liberdade de locomoção. Há uma clara interferência na liberdade de locomoção, ainda que por período breve. 7. Potencial violação ao direito à não autoincriminação, na modalidade direito ao silêncio. Direito consistente na prerrogativa do implicado a recursar-se a depor em investigações ou ações penais contra si movimentadas, sem que o silêncio seja interpretado como admissão de responsabilidade. Art. 5º, LXIII, combinado com os arts. 1º, III; 5º, LIV, LV e LVII. O direito ao silêncio e o direito a ser advertido quanto ao seu exercício são previstos na legislação e aplicáveis à ação penal e ao interrogatório policial, tanto ao indivíduo preso quanto ao solto – art. 6º, V, e art. 186 do CPP. O conduzido é assistido pelo direito ao silêncio e pelo direito à respectiva advertência. Também é assistido pelo direito a fazer-se aconselhar por seu advogado. 8. Potencial violação à presunção de não culpabilidade. Aspecto relevante ao caso é a vedação de tratar pessoas não condenadas como culpadas – art. 5º, LVII. A restrição temporária da liberdade e a condução sob custódia por forças policiais em vias públicas não são tratamentos que normalmente possam ser aplicados a pessoas inocentes. O investigado é claramente tratado como culpado. 9. A legislação prevê o direito de ausência do investigado ou acusado ao interrogatório. O direito de ausência, por sua vez, afasta a possibilidade de condução coercitiva. 10. Arguição julgada procedente, para declarar a incompatibilidade com a Constituição Federal da condução coercitiva de investigados ou de réus para interrogatório, tendo em vista que o imputado não é legalmente obrigado a participar do ato, e pronunciar a não recepção da expressão "para o interrogatório", constante do art. 260 do CPP (ADPF 444, Relator(a): GILMAR MENDES, Tribunal Pleno, julgado em 14/06/2018, PROCESSO ELETRÔNICO DJe-107 DIVULG 21-05-2019 PUBLIC 22-05-2019).

É possível, por exemplo, decretação da condução coercitiva do investigado/réu para ato de reconhecimento de pessoa (artigo 226 do Código de Processo Penal). Isso porque quem produz a prova no reconhecimento pessoal não é o reconhecido e sim o reconhecedor (não há atropelo ao direito de não produzir prova contra si no ato).

Saliento, como dito supra, que a condução coercitiva, ainda que manifestamente descabida, de réu ou de vítima não tipificam o crime aqui estudado (fato formalmente atípico), em face da vedação do uso de analogia *in malam partem*.

Enunciados do CNPG e do GNCCRIM: eis os enunciados do Conselho Nacional de Procuradores-Gerais dos Ministérios Públicos dos estados e da União (CNPG) e do Grupo Nacional de Coordenadores de Centro de Apoio Criminal (GNCCRIM):

> Enunciado 6 - Os investigados e réus não podem ser conduzidos coercitivamente à presença da autoridade policial ou judicial para serem interrogados. Outras hipóteses de condução coercitiva, mesmo de investigados ou réus para atos diversos do interrogatório, são possíveis, observando-se as formalidades legais.
>
> Enunciado 7 - A condução coercitiva pressupõe motivação e descumprimento de prévia notificação.

Art. 11. Executar a captura, prisão ou busca e apreensão de pessoa que não esteja em situação de flagrante delito ou sem ordem escrita de autoridade judiciária, salvo nos casos de transgressão militar ou crime propriamente militar, definidos em lei, ou de condenado ou internado fugitivo:

Pena - detenção, de 1 (um) a 4 (quatro) anos, e multa.

Artigo vetado: o tipo do artigo 11 foi vetado (e o veto foi mantido).

Eis as razões do veto:

> A propositura legislativa, ao dispor sobre a criminalização de execução de captura, prisão ou busca e apreensão de pessoa que não esteja em situação de flagrante delito gera insegurança jurídica, notadamente aos agentes da segurança pública, tendo em vista que há situações que a flagrância pode se alongar no tempo e depende de análise do caso concreto. Ademais, a propositura viola o princípio da proporcionalidade entre o tipo penal descrito e a pena cominada.

O dispositivo vetado já foi comentado quando da análise do artigo 9º da Lei 13.869/19.

> **Art. 12. Deixar injustificadamente de comunicar prisão em flagrante à autoridade judiciária no prazo legal:**
>
> **Pena - detenção, de 6 (seis) meses a 2 (dois) anos, e multa.**
>
> **Parágrafo único. Incorre na mesma pena quem:**
>
> **I - deixa de comunicar, imediatamente, a execução de prisão temporária ou preventiva à autoridade judiciária que a decretou;**
>
> **II - deixa de comunicar, imediatamente, a prisão de qualquer pessoa e o local onde se encontra à sua família ou à pessoa por ela indicada;**
>
> **III - deixa de entregar ao preso, no prazo de 24 (vinte e quatro) horas, a nota de culpa, assinada pela autoridade, com o motivo da prisão e os nomes do condutor e das testemunhas;**
>
> **IV - prolonga a execução de pena privativa de liberdade, de prisão temporária, de prisão preventiva, de medida de segurança ou de internação, deixando, sem motivo justo e excepcionalíssimo, de executar o alvará de soltura imediatamente após recebido ou de promover a soltura do preso quando esgotado o prazo judicial ou legal.**

Introdução: o dever de comunicação da prisão (ao juiz competente, a familiar ou pessoa indicada pelo preso) está estampado no inciso LXII do artigo 5º da Constituição Federal[7]. Tal obrigação é repetida no *caput* do artigo 306 do Código de Processo Penal[8].

---

7 Art. 5º (...)

LXII - a prisão de qualquer pessoa e o local onde se encontre serão comunicados imediatamente ao juiz competente e à família do preso ou à pessoa por ele indicada.

8 Art. 306. A prisão de qualquer pessoa e o local onde se encontre serão comunicados imediatamente ao juiz competente, ao Ministério Público e à família do preso ou à pessoa por ele indicada.

O dever de entregar nota de culpa ao preso está grafado no § 2º do artigo 306 do Código de Processo Penal.

A prisão temporária, modalidade de cárcere provisório regulado pela Lei 7.960/89, é encarceramento com tempo determinado (5 dias prorrogáveis por igual período ou 30 dias prorrogáveis por igual período, caso se trate de crime hediondo ou equiparado). O escoamento do prazo de prisão temporária demanda libertação do detido, sem a necessidade de alvará de soltura, se não existir outro motivo para continuidade da privação da liberdade (§ 7º do artigo 2º da Lei 7.960/89):

> Art. 2º (...)
>
> § 7º Decorrido o prazo contido no mandado de prisão, a autoridade responsável pela custódia deverá, independentemente de nova ordem da autoridade judicial, pôr imediatamente o preso em liberdade, salvo se já tiver sido comunicada da prorrogação da prisão temporária ou da decretação da prisão preventiva.

Sujeito ativo: em relação aos crimes listados nos incisos II e III do artigo 12 da Lei 13.869/19, o sujeito ativo é o delegado de polícia (é quem tem atribuição legal para lavratura do auto de prisão em flagrante e, consequentemente, para comunicação imediata da prisão ao juízo competente e a familiar ou pessoa indicada pelo peso e para entrega, em 24 horas, da nota de culpa ao detido).

Os crimes listados nos incisos I e IV admitem outros sujeitos ativos (diretor do estabelecimento prisional, por exemplo, no que concerne ao inciso IV).

Condutas proibidas: o artigo 12 da Lei 13.869/19 criminalizou: a) a não comunicação injustificada da prisão em flagrante, temporária ou preventiva; b) a não comunicação imediata da prisão e o local onde ele se encontra à família ou pessoa indicada pelo preso; c) a não entrega de nota de culpa ao preso no prazo de 24 horas; d) o prolongamento indevido da execução de pena privativa de liberdade, prisão temporária, prisão preventiva, medida de segurança ou internação.

O crime é omissivo próprio e formal (consuma-se com a omissão intencional do agente em relação às comunicações imediatas, à entrega de nota de culpa no prazo de 24 horas ou ao prolongamento indevido do encarceramento da vítima, independentemente de efetivo prejuízo resultante dessas inações). Por óbvio, trata-se de delito doloso e que exige demonstração, na denúncia, de

---

§ 1º Em até 24 (vinte e quatro) horas após a realização da prisão, será encaminhado ao juiz competente o auto de prisão em flagrante e, caso o autuado não informe o nome de seu advogado, cópia integral para a Defensoria Pública.

§ 2º No mesmo prazo, será entregue ao preso, mediante recibo, a nota de culpa, assinada pela autoridade, com o motivo da prisão, o nome do condutor e os das testemunhas.

uma das finalidades específicas mencionadas no § 1º do artigo 1º da lei (caso a autoridade policial tenha deixado de fazer as comunicações referidas no tipo por negligência, o fato será atípico).

Antes de executar alvará de soltura, anote-se, a autoridade responsável pela custódia do detido deve checar a existência de outros mandados de prisão ainda válidos, para não cometer o equívoco de soltar aquele que deve continuar encarcerado (é o "motivo justo e excepcionalíssimo" descrito no inciso IV do artigo 12 da Lei 13.869/19).

Não comunicação da prisão em flagrante ao Ministério Público e/ou à Defensoria Pública: malgrado o Código de Processo Penal determine comunicação imediata da prisão flagrancial ao Ministério Público e encaminhamento do auto de prisão em flagrante em até 24 horas para Defensoria Pública caso o autuado não informe o nome de seu advogado, não há prática de crime de abuso de autoridade em face de omissão (mesmo que intencional), por ausência de previsão legal (fato formalmente atípico e vedação de analogia *in malam partem*).

Não comunicação da apreensão de adolescente ao juiz competente, a familiar ou pessoa indicada pelo apreendido: caso a omissão intencional seja relacionada à apreensão de adolescente, o crime perpetrado será o tipificado no artigo 231 do Estatuto da Criança e do Adolescente (princípio da especialidade):

> Art. 231. Deixar a autoridade policial responsável pela apreensão de criança ou adolescente de fazer imediata comunicação à autoridade judiciária competente e à família do apreendido ou à pessoa por ele indicada:
>
> Pena - detenção de seis meses a dois anos.

Enunciados do CNPG e do GNCCRIM: eis os enunciados do Conselho Nacional de Procuradores-Gerais dos Ministérios Públicos dos estados e da União (CNPG) e do Grupo Nacional de Coordenadores de Centro de Apoio Criminal (GNCCRIM):

> Enunciado 8 - Com o fim de preservar a sua identidade, imagem e dados pessoais, é possível, nas exceções legais, que da nota de culpa não conste o nome do condutor, das testemunhas e das vítimas.
>
> Enunciado 9 - A execução imediata do alvará de soltura deve ocorrer após o cumprimento dos procedimentos de segurança necessários, incluindo a checagem sobre a existência de outras ordens de prisão e da autenticidade do próprio alvará.

> **Art. 13. Constranger o preso ou o detento, mediante violência, grave ameaça ou redução de sua capacidade de resistência, a:**
>
> **I - exibir-se ou ter seu corpo ou parte dele exibido à curiosidade pública;**
>
> **II - submeter-se a situação vexatória ou a constrangimento não autorizado em lei;**

III - produzir prova contra si mesmo ou contra terceiro:

Pena - detenção, de 1 (um) a 4 (quatro) anos, e multa, sem prejuízo da pena cominada à violência.

Introdução: o aparelho policial deve evitar a exposição desnecessária do investigado/indiciado. O cuidado agora deve ser redobrado, vez que tal exibição pode constituir prática delitiva (crime de abuso de autoridade).

Conduta proibida: eis a síntese da conduta vedada pelo tipo:

<table>
<tr><th colspan="3">Artigo 13 da Lei 13.869/19</th></tr>
<tr><td rowspan="3">Constranger o preso ou detento</td><td>mediante violência</td><td>a exibir-se ou ter seu corpo ou parte dele exibido à curiosidade pública;</td></tr>
<tr><td>mediante grave ameaça</td><td>a submeter-se a situação vexatória ou a constrangimento não autorizado em lei;</td></tr>
<tr><td>mediante redução de sua capacidade de resistência</td><td>a produzir prova contra si mesmo ou contra terceiro.</td></tr>
</table>

O crime, como visto na tabela supra, pode ser perpetrado mediante emprego de violência (própria), grave ameaça ou redução da capacidade de resistência do preso ou detento (violência imprópria).

Penso que eventual exposição justificada da imagem do preso/detido para, por exemplo, oportunizar o reconhecimento do mesmo por mais vítimas não constitui prática do delito em questão. A leitura do parágrafo único do artigo 14[9] do projeto aprovado (que foi vetado) demonstra a correção desse entendimento. Para tanto, é conveniente que o delegado de polícia (ou policial) fundamente por escrito a decisão de expor a imagem do preso, para evitar ilações acerca dos motivos que o levaram a mostrar o rosto ou sinais característicos daquele.

Consumação: o crime é formal e se consuma com a prática da conduta proibida, ainda que não ocorra o resultado pretendido pelo agente.

9 Art. 14. Fotografar ou filmar, permitir que fotografem ou filmem, divulgar ou publicar fotografia ou filmagem de preso, internado, investigado, indiciado ou vítima, sem seu consentimento ou com autorização obtida mediante constrangimento ilegal, com o intuito de expor a pessoa a vexame ou execração pública:

Pena - detenção, de 6 (seis) meses a 2 (dois) anos, e multa.

Parágrafo único. Não haverá crime se o intuito da fotografia ou filmagem for o de produzir prova em investigação criminal ou processo penal ou o de documentar as condições de estabelecimento penal.

Benefício: o delito admite suspensão condicional do processo (artigo 89 da Lei 9.099/95).

Abuso de autoridade x tortura: havia falha gritante no veto presidencial ao inciso III do referido dispositivo: o preceito secundário havia sido também vetado. Ora, não se concebe crime sem sanção penal em abstrato. É teratológico. A falha foi corrigida pelo Congresso Nacional, que derrubou o veto do preceito secundário.

Ocorre que houve derrubada do veto também em relação ao inciso III do artigo 13. Há crime de abuso de autoridade, destarte, quando o agente constrange o preso ou detento, mediante violência, grave ameaça ou violência imprópria a produzir prova contra si mesmo ou contra terceiro. Nessa derrubada de veto o legislador passou perto de cometer grave equívoco. É que o dispositivo em comento pode ser entendido como *novatio legis in mellius* em relação ao crime de tortura-prova tipificado no artigo 1º, inciso I, alínea 'a', da Lei 9.455/97, quando esse tiver sido praticado contra preso ou detento com o fito de produzir prova contra si ou contra terceiro.

É preciso esforço interpretativo para manter hígido o crime de tortura-prova, quando praticado por autoridade contra preso ou detento. Deve ser construída gradação para que exista correto enquadramento típico, usando como baliza a existência ou não de sofrimento físico ou mental. Se a violência ou grave ameaça redunda em sofrimento físico ou mental para vítima e o objetivo da autoridade é a obtenção de confissão, declaração ou informação, tem-se crime de tortura. Caso a violência, a grave ameaça ou a violência imprópria perpetrada por autoridade não gere sofrimento físico ou mental, a vítima esteja presa ou detida, e o objetivo for a obtenção de prova em desfavor desta ou de terceiro, tem-se crime de abuso de autoridade.

A tortura-prova é o único crime possível quando a prática ilícita for perpetrada contra vítima que não esteja presa ou detida ou quando as elementares forem materializadas por particular.

Eis quadro comparativo dos tipos:

Lei de abuso de autoridade	Lei de tortura
Art. 13. Constranger o preso ou o detento, mediante violência, grave ameaça ou redução de sua capacidade de resistência, a: (...) III - produzir prova contra si mesmo ou contra terceiro:	Art. 1º Constitui crime de tortura: I - constranger alguém com emprego de violência ou grave ameaça, causando-lhe sofrimento físico ou mental: a) com o fim de obter informação, declaração ou confissão da vítima ou de terceira pessoa;

O mesmo raciocínio acima desenhado pode ser empregado em relação ao crime de tortura tipificado no artigo 1º, § 1º, da Lei 9.455/97 (se existir sofrimento físico ou mental, haverá tortura; caso contrário, tem-se abuso de autoridade). Eis quadro comparativo dos tipos:

Lei de abuso de autoridade	Lei de tortura
Art. 13. Constranger o preso ou o detento, mediante violência, grave ameaça ou redução de sua capacidade de resistência, a: (...) II - submeter-se a situação vexatória ou a constrangimento não autorizado em lei;	Art. 1º (...) (...) § 1º Na mesma pena incorre quem submete pessoa presa ou sujeita a medida de segurança a sofrimento físico ou mental, por intermédio da prática de ato não previsto em lei ou não resultante de medida legal.

Enunciado do CNPG e do GNCCRIM: eis o enunciado do Conselho Nacional de Procuradores-Gerais dos Ministérios Públicos dos estados e da União (CNPG) e do Grupo Nacional de Coordenadores de Centro de Apoio Criminal (GNCCRIM):

> Enunciado 10 - Constranger o preso ou o detento, mediante violência ou grave ameaça, a produzir prova contra si mesmo ou contra terceiro pode configurar delito de abuso de autoridade (Lei 13.869/19) ou crime de tortura (Lei 9.455/97), a depender das circunstâncias do caso concreto.

> **Art. 14. Fotografar ou filmar, permitir que fotografem ou filmem, divulgar ou publicar fotografia ou filmagem de preso, internado, investigado, indiciado ou vítima, sem seu consentimento ou com autorização obtida mediante constrangimento ilegal, com o intuito de expor a pessoa a vexame ou execração pública:**
>
> **Pena - detenção, de 6 (seis) meses a 2 (dois) anos, e multa.**
>
> **Parágrafo único. Não haverá crime se o intuito da fotografia ou filmagem for o de produzir prova em investigação criminal ou processo penal ou o de documentar as condições de estabelecimento penal.**

Artigo vetado: o artigo 14 foi vetado (e o veto não foi derrubado pelo Congresso Nacional).

Eis as razões do veto:

> A propositura legislativa, ao prever como elemento do tipo 'com o intuito de expor a pessoa a vexame ou execração pública', gera insegurança jurídica por

se tratar de tipo penal aberto e que comporta interpretação, notadamente aos agentes da segurança pública, tendo em vista que não se mostra possível o controle absoluto sobre a captação de imagens de indiciados, presos e detentos e sua divulgação ao público por parte de particulares ou mesma da imprensa, cuja responsabilidade criminal recairia sobre os agentes públicos. Por fim, o registro e a captação da imagem do preso, internado, investigado ou indiciado poderá servir no caso concreto ao interesse da própria persecução criminal, o que restaria prejudicado se subsistisse o dispositivo.

Art. 15. Constranger a depor, sob ameaça de prisão, pessoa que, em razão de função, ministério, ofício ou profissão, deva guardar segredo ou resguardar sigilo:

Pena - detenção, de 1 (um) a 4 (quatro) anos, e multa.

Parágrafo único. Incorre na mesma pena quem prossegue com o interrogatório:

I - de pessoa que tenha decidido exercer o direito ao silêncio; ou

II - de pessoa que tenha optado por ser assistida por advogado ou defensor público, sem a presença de seu patrono.

Pessoas proibidas de depor: o artigo 207 do Código de Processo Penal[10] dispõe que a pessoa que, em razão de função, ministério, ofício ou profissão, deva guardar segredo ou resguardar sigilo, só pode depor se for desobrigada pela parte interessada e quiser dar seu testemunho (elas são, a princípio, proibidas de depor). Se a autoridade (juiz, delegado de polícia ou membro do Ministério Público, por exemplo) constranger tais pessoas a depor sob ameaça de prisão, haverá prática do crime transcrito.

Destarte, para evitar prática do delito, é importante que a autoridade que preside o ato deixe claro na coleta do depoimento: a) que a parte interessada desobrigou a pessoa a ser ouvida; b) que o indivíduo, voluntariamente, deseja ser ouvido formalmente em prol da elucidação do fato investigado.

Benefícios: o delito admite suspensão condicional do processo (artigo 89 da Lei 9.099/95) e acordo de não persecução penal (artigo 28-A do CPP).

Veto derrubado (figuras equiparadas): o parágrafo único do artigo 15 havia sido vetado, mas o veto foi derrubado. O dispositivo traz duas figuras típicas.

Na primeira (digna de sonora crítica), incrimina-se a conduta do delegado (no curso do inquérito policial) ou do juiz (no processo) que prossiga com o

---

10 Art. 207. São proibidas de depor as pessoas que, em razão de função, ministério, ofício ou profissão, devam guardar segredo, salvo se, desobrigadas pela parte interessada, quiserem dar o seu testemunho.

interrogatório da pessoa que tenha decido exercer o direito ao silêncio. Sempre orientei a materialização de todas as perguntas imaginadas pela autoridade que preside o interrogatório (seja ele policial ou judicial) ao indiciado ou réu, justamente para que ele possa exercitar à completude o seu direito ao silêncio (ele responderá os questionamentos que desejar). O mandamento legal aqui analisado parece indicar que o caminho é finalizar o ato de interrogatório tão logo o indiciado ou réu faça sua opção pelo direito ao silêncio.

Uma sugestão plausível (e que passa longe da prática delitiva aqui estudada) é questionar ao investigado/réu e a seu advogado se o direito ao silêncio será exercido em bloco (em relação a todas as perguntas que vierem a ser feitas) ou se o interrogado prefere que todas as perguntas sejam feitas (para efetiva escolha dos questionamentos que serão respondidos).

O segundo crime só pode ser cometido na fase pré-processual (vez que nessa a participação de causídico é facultativa). O delegado de polícia comete o crime em testilha se prosseguir no interrogatório de investigado/indiciado que optou por ser ouvido na presença de advogado ou defensor público. Anote-se que o tipo não tornou obrigatória a participação de causídico no curso do inquérito policial (que continua a ter natureza investigativa). A presença de advogado continua sendo facultativa no bojo do apuratório. Contudo, se o indiciado deixar claro que quer ser ouvido apenas na presença de seu advogado ou de defensor público, a autoridade policial cometerá crime de abuso de autoridade se prosseguir no interrogatório.

O que deve então o delegado de polícia fazer diante das duas situações acima narradas? Penso que o termo de interrogatório deve ser confeccionado, ainda assim. Após a qualificação do interrogado (nesse momento não há que se falar em direito ao silêncio, sendo possível: a) prática de contravenção penal caso o investigado/indiciado se recuse a fornecer dados qualificativos[11]; b) prática de crime caso o investigado/indiciado use documento falso[12]; c) prática de crime

11 Art. 68. Recusar à autoridade, quando por esta, justificadamente solicitados ou exigidos, dados ou indicações concernentes à própria identidade, estado, profissão, domicílio e residência:

Pena – multa, de duzentos mil réis a dois contos de réis.

Parágrafo único. Incorre na pena de prisão simples, de um a seis meses, e multa, de duzentos mil réis a dois contos de réis, se o fato não constitue infração penal mais grave, quem, nas mesmas circunstâncias, f'az declarações inverídicas a respeito de sua identidade pessoal, estado, profissão, domicílio e residência.

12 Art. 304 - Fazer uso de qualquer dos papéis falsificados ou alterados, a que se referem os arts. 297 a 302:

Pena - a cominada à falsificação ou à alteração.

caso o investigado/indiciado diga ser quem não é[13]; d) prática de crime caso o investigado/indiciado forneça documento verdadeiro que não é seu[14]), caso ele decida permanecer em silêncio ou afirme que só quer ser ouvido na presença do seu advogado, o termo deve ser imediatamente encerrado, com a assinatura da autoridade e do investigado/indiciado.

> Art. 16. Deixar de identificar-se ou identificar-se falsamente ao preso por ocasião de sua captura ou quando deva fazê-lo durante sua detenção ou prisão:
>
> Pena - detenção, de 6 (seis) meses a 2 (dois) anos, e multa.
>
> Parágrafo único. Incorre na mesma pena quem, como responsável por interrogatório em sede de procedimento investigatório de infração penal, deixa de identificar-se ao preso ou atribui a si mesmo falsa identidade, cargo ou função.

Veto derrubado: o artigo 16 havia sido vetado, mas o veto foi derrubado.

Condutas proibidas: o tipo é misto, alternativo ou de conteúdo variado. Duas são as condutas vedadas no *caput*:

<table>
<tr><th colspan="3">Artigo 16 da Lei 13.869/19</th></tr>
<tr><td>Deixar de identificar-se</td><td rowspan="2">ao preso</td><td>por ocasião de sua captura</td></tr>
<tr><td>Identificar-se falsamente</td><td>quando deva fazê-lo durante sua detenção ou prisão</td></tr>
</table>

Em operações policiais voltadas à repressão de organizações criminosas violentas, é normal que policiais retirem suas identificações e atuem protegendo seus rostos (com máscaras chamadas de balaclavas), para evitar represálias por parte do consórcio criminoso desarticulado. Penso que nessa situação

---

13 Art. 307 - Atribuir-se ou atribuir a terceiro falsa identidade para obter vantagem, em proveito próprio ou alheio, ou para causar dano a outrem:

Pena - detenção, de três meses a um ano, ou multa, se o fato não constitui elemento de crime mais grave.

14 Art. 308 - Usar, como próprio, passaporte, título de eleitor, caderneta de reservista ou qualquer documento de identidade alheia ou ceder a outrem, para que dele se utilize, documento dessa natureza, próprio ou de terceiro:

Pena - detenção, de quatro meses a dois anos, e multa, se o fato não constitui elemento de crime mais grave.

excepcional, é possível levantar, em favor do policial, excludente de culpabilidade (inexigibilidade de conduta diversa).

Consumação: o crime é de mera conduta (omissivo próprio na conduta "deixar de identificar-se" e comisso na conduta "identificar-se falsamente"[15]) e se consuma no exato instante em que a autoridade pratica uma das condutas vedadas.

Figura equiparada: o parágrafo único do artigo 16 é tipo que só pode ser perpetrado por quem preside interrogatório em sede de procedimento investigatório criminal (delegado de polícia, membro do Ministério Público, oficial da Polícia Militar, por exemplo).

Há aqui, também, tipo misto, alternativo ou de conteúdo variado. O crime é de mera conduta.

Infração de menor potencial ofensivo: trata-se de infração de menor potencial ofensivo.

> **Art. 17. Submeter o preso, internado ou apreendido ao uso de algemas ou de qualquer outro objeto que lhe restrinja o movimento dos membros, quando manifestamente não houver resistência à prisão, internação ou apreensão, ameaça de fuga ou risco à integridade física do próprio preso, internado ou apreendido, da autoridade ou de terceiro:**
>
> **Pena - detenção, de 6 (seis) meses a 2 (dois) anos, e multa.**
>
> **Parágrafo único. A pena é aplicada em dobro se:**
>
> **I - o internado tem menos de 18 (dezoito) anos de idade;**
>
> **II - a presa, internada ou apreendida estiver grávida no momento da prisão, internação ou apreensão, com gravidez demonstrada por evidência ou informação;**
>
> **III - o fato ocorrer em penitenciária.**

Tipo vetado: o artigo 17 foi vetado e o veto não foi derrubado.

O tipo criminalizava o uso irregular de algemas, na esteira da Súmula Vinculante 11:

> Só é lícito o uso de algemas em casos de resistência e de fundado receio de fuga ou de perigo à integridade física própria ou alheia, por parte do preso ou de terceiros, justificada a excepcionalidade por escrito, sob pena de responsabilidade disciplinar, civil e penal do agente ou da autoridade e de nulidade da prisão ou do ato processual a que se refere, sem prejuízo da responsabilidade civil do Estado.

15 Trata-se de crime especial em relação ao delito tipificado no artigo 307 do Código Penal.

A causa de aumento foi pensada na proteção ao adolescente e à presa grávida (aquele protegido pelo Estatuto da Criança e do Adolescente e esta protegida pelo artigo 292 do Código de Processo Penal[16]).

Constrangimento ilegal: com o veto, penso que eventual uso indevido de algemas pode ser eventualmente (caso adimplidas as elementares) enquadrado no crime de constrangimento ilegal (artigo 146 do Código Penal[17]).

> **Art. 18. Submeter o preso a interrogatório policial durante o período de repouso noturno, salvo se capturado em flagrante delito ou se ele, devidamente assistido, consentir em prestar declarações:**
>
> **Pena - detenção, de 6 (seis) meses a 2 (dois) anos, e multa.**

Dia/noite e repouso noturno: a doutrina sempre apontou duas acepções para a palavra 'dia': a) o período compreendido entre as 06h e as 18h (conceito cronológico ou objetivo); ou b) o período que vai da aurora ao crepúsculo (critério natural ou físico-astronômico). Noite, a contrário senso, seria: a) o período compreendido entre as 18:01 e as 05:59; ou b) o período de crepúsculo (quando não há luz solar).

Acontece que, curiosamente, o artigo 22, § 1º, inciso III, da Lei 13.869/19 (estudaremos abaixo), afirma constituir crime de abuso de autoridade cumprir mandado de busca domiciliar após as 21h ou antes das 05h. O questionamento diante do dispositivo salta aos olhos: o conceito jurídico de dia teria sido ampliado pelo texto legal? Penso que não. Pelo menos em relação ao limite de 21h.

---

16 Art. 292. Se houver, ainda que por parte de terceiros, resistência à prisão em flagrante ou à determinada por autoridade competente, o executor e as pessoas que o auxiliarem poderão usar dos meios necessários para defender-se ou para vencer a resistência, do que tudo se lavrará auto subscrito também por duas testemunhas.
Parágrafo único. É vedado o uso de algemas em mulheres grávidas durante os atos médico-hospitalares preparatórios para a realização do parto e durante o trabalho de parto, bem como em mulheres durante o período de puerpério imediato.

17 Art. 146 - Constranger alguém, mediante violência ou grave ameaça, ou depois de lhe haver reduzido, por qualquer outro meio, a capacidade de resistência, a não fazer o que a lei permite, ou a fazer o que ela não manda:
Pena - detenção, de três meses a um ano, ou multa.
Aumento de pena
§ 1º - As penas aplicam-se cumulativamente e em dobro, quando, para a execução do crime, se reúnem mais de três pessoas, ou há emprego de armas.
§ 2º - Além das penas cominadas, aplicam-se as correspondentes à violência.
§ 3º - Não se compreendem na disposição deste artigo:
I - a intervenção médica ou cirúrgica, sem o consentimento do paciente ou de seu representante legal, se justificada por iminente perigo de vida;
II - a coação exercida para impedir suicídio.

Dizer que o dia começa às 05h é perfeitamente possível (aliás, em várias regiões do Brasil já há grande claridade nesse horário). Conduto, entender que o dia vai até as 20:59 não me parece razoável (a não ser que exista luz solar a essa hora).

A conclusão possível diante do texto legal é: há duas expressões diferentes: a) dia/noite; b) repouso noturno. Penso que dia é o período compreendido entre 05h (alargo aqui meu entendimento, em face do mandamento estudado) e 18h. Noite, ao revés, é o período compreendido entre 18:01 e 04:59. Repouso noturno é o lapso compreendido entre as 21h e as 04:59. Continuo ressalvando o entendimento dos que pensam que há dia enquanto houver luz solar (é uma interpretação perfeitamente defensável e que pode ser usada pelo aparelho policial a depender da situação concreta):

Conceitos de dia, noite e repouso noturno (Lei 13.869/19)	
Dia	05h às 18h (ou da aurora ao crepúsculo)
Noite	18:01 às 04:59 (ou no crepúsculo)
Repouso noturno	21h às 04:59

Nessa esteira, o crime do artigo 18 da Lei 13.869/19 é cometido quando a autoridade policial interroga o preso durante o repouso noturno (das 21:00 às 04:59), desde que presente o especial fim de agir reclamado pelo § 1º do artigo 1º do mesmo mandamento legal.

O delito não resta perpetrado se o interrogatório ocorrer no período noturno em duas situações: a) flagrante delito (prisão em flagrante materializada, por exemplo, na madrugada); b) se o preso estiver assistido por advogado e concordar com a materialização do seu interrogatório.

Infração de menor potencial ofensivo: trata-se de infração de menor potencial ofensivo.

Enunciado do CNPG e do GNCCRIM: eis o enunciado do Conselho Nacional de Procuradores-Gerais dos Ministérios Públicos dos estados e da União (CNPG) e do Grupo Nacional de Coordenadores de Centro de Apoio Criminal (GNCCRIM):

> Enunciado 11 - Para efeitos do artigo 18 da Lei de Abuso de Autoridade, compreende-se por repouso noturno o período de 21h00 a 5h00, nos termos do artigo 22, § 1°, III, da mesma Lei.

Art. 19. Impedir ou retardar, injustificadamente, o envio de pleito de preso à autoridade judiciária competente para a apreciação da legalidade de sua prisão ou das circunstâncias de sua custódia:

> **Pena - detenção, de 1 (um) a 4 (quatro) anos, e multa.**
>
> **Parágrafo único. Incorre na mesma pena o magistrado que, ciente do impedimento ou da demora, deixa de tomar as providências tendentes a saná-lo ou, não sendo competente para decidir sobre a prisão, deixa de enviar o pedido à autoridade judiciária que o seja.**

Conduta proibida: o crime do artigo 19 da Lei de Abuso de Autoridade pune quem impede ou retarda, injustificadamente, o envio de pleito de preso à autoridade judiciária competente para apreciação da legalidade da prisão ou das circunstâncias da custódia (tipo misto, alternativo ou de conteúdo variado).

O parágrafo único do artigo criminalizou, ainda, a conduta de magistrado que, ciente do impedimento ou demora, deixa de tomar providências tendentes a sanar a ilegalidade. O juiz também comete crime se, sendo incompetente para conhecer do pedido de liberdade, deixa de enviá-lo ao juízo que o seja.

Comete esse delito, por exemplo, o delegado de polícia que impede o envio, ao juízo competente, de *habeas corpus* elaborado por preso.

Benefícios: o crime admite suspensão condicional do processo (artigo 89 da Lei 9.099/95) e acordo de não persecução penal (artigo 28-A do CPP).

Consumação: trata-se de crime formal (consuma-se com a prática de uma das condutas proibidas, independentemente da ocorrência de prejuízo).

> **Art. 20. Impedir, sem justa causa, a entrevista pessoal e reservada do preso com seu advogado:**
>
> **Pena - detenção, de 6 (seis) meses a 2 (dois) anos, e multa.**
>
> **Parágrafo único. Incorre na mesma pena quem impede o preso, o réu solto ou o investigado de entrevistar-se pessoal e reservadamente com seu advogado ou defensor, por prazo razoável, antes de audiência judicial, e de sentar-se ao seu lado e com ele comunicar-se durante a audiência, salvo no curso de interrogatório ou no caso de audiência realizada por videoconferência.**

Veto derrubado: o artigo 20 foi vetado, mas o veto foi derrubado pelo Congresso Nacional.

Conduta proibida: o investigado/indiciado/réu tem direito a entrevista reservada com seu advogado. Negar esse direito ao preso passa agora a ser crime (infração de menor potencial ofensivo).

Penso que não é possível imputar o crime do *caput* do artigo 20 ao policial que não permite entrevista do detido com seu advogado no meio da rua, depois de captura em situação flagrancial (ou em cumprimento de mandado de prisão expedido por magistrado). Permitir tal contato pode significar risco de fuga, exposição desnecessária (curiosos podem se amontoar, fazer fotos/vídeos, etc), dentre outros inconvenientes. Penso que o melhor a fazer e comunicar ao advogado para qual unidade policial o detido está sendo conduzido e garantir o direito à entrevista pessoal e reservada na delegacia de polícia.

Figura equiparada: no parágrafo único há figura equiparada que demonstra que não só o direito de entrevista precisa ser observado. É preciso que ele seja garantido "por prazo razoável". Mais uma expressão imprecisa da lei (e por isso incompatível com o Direito Penal).

O tipo em testilha garante o direito do preso, réu ou investigado de sentar ao lado do seu advogado e com ele se comunicar durante a audiência (exceto se essa objetivar materialização de interrogatório ou for realizada por videoconferência).

> **Art. 21. Manter presos de ambos os sexos na mesma cela ou espaço de confinamento:**
>
> **Pena - detenção, de 1 (um) a 4 (quatro) anos, e multa.**
>
> **Parágrafo único. Incorre na mesma pena quem mantém, na mesma cela, criança ou adolescente na companhia de maior de idade ou em ambiente inadequado, observado o disposto na Lei nº 8.069, de 13 de julho de 1990 (Estatuto da Criança e do Adolescente).**

Introdução: o artigo 21 pune a autoridade que mantiver presos de ambos os sexos na mesma cela ou espaço de confinamento. O tipo nasceu para rechaçar casos absurdos, como o da adolescente que foi mantida encarcerada com cerca de 30 homens na cela de uma delegacia na cidade de Abaetetuba/PA[18].

Caso exista detenção de pessoas de sexos diferentes, é conveniente que os presos sejam separados no momento da condução (se possível for, efetuar a condução do homem no compartimento fechado e da mulher na parte interna do veículo ou pedir reforço de outra viatura para condução dos presos em carros separados).

Conduta proibida: a conduta vedada no tipo é manter presos de ambos os sexos na mesma cela ou espaço de confinamento.

O objetivo do tipo é evitar atentados contra a dignidade sexual de mulheres (ou pessoa transexual), quando mantidas confinadas no mesmo ambiente de homens (não é necessário nenhum resultado lesivo para a consumação do crime estudado, que se aperfeiçoa no momento da prática da conduta, presente o especial fim de agir descrito no § 1º do artigo 1º da Lei 13.869/19).

---

18 Sobre o tema, confira MS 34490/DF, julgado pela Primeira Turma do STF (que analisou punição imposta pelo CNJ à magistrada que atuou no caso).

Figura equiparada: incorre na mesma pena quem mantém, na mesma cela, criança ou adolescente na companhia de maior ou em ambiente inadequado.

Benefícios: o tipo admite suspensão condicional do processo (artigo 89 da Lei 9.099/95) e acordo de não persecução penal (artigo 28-A do CPP).

Prática de tortura: se a conduta gerar no vítima sofrimento físico ou mental, tem-se prática de tortura, nos exatos termos do § 1º do artigo 1º da Lei 9.455/97:

> Art. 1º (...)
>
> (...)
>
> § 1º Na mesma pena incorre quem submete pessoa presa ou sujeita a medida de segurança a sofrimento físico ou mental, por intermédio da prática de ato não previsto em lei ou não resultante de medida legal.

Prisão de travestis e transexuais: a Resolução Conjunta 1, de 15 de abril de 2014, do Conselho Nacional de Política Criminal e Penitenciária e do Conselho Nacional de Combate à Discriminação dispõe que à pessoa travesti[19] (e ao gay[20]) privados da liberdade em unidades prisionais masculinas deve ser oferecido espaço de vivência específicos:

> Art. 3º - Às travestis e aos gays privados de liberdade em unidades prisionais masculinas, considerando a sua segurança e especial vulnerabilidade, deverão ser oferecidos espaços de vivência específicos.
>
> § 1º - Os espaços para essa população não devem se destinar à aplicação de medida disciplinar ou de qualquer método coercitivo.
>
> § 2º - A transferência da pessoa presa para o espaço de vivência específico ficará condicionada à sua expressa manifestação de vontade.

No que toca à pessoa transexual[21] (seja masculina, seja feminina), a mesma Resolução determina seu encaminhamento a unidade prisional feminina:

> Art. 4º - As pessoas transexuais masculinas e femininas devem ser encaminhadas para as unidades prisionais femininas.
>
> Parágrafo único - Às mulheres transexuais deverá ser garantido tratamento isonômico ao das demais mulheres em privação de liberdade.

Importante, ainda, a leitura da Resolução 348/20 do Conselho Nacional de Justiça, que estabelece "procedimentos e diretrizes relacionados ao tratamento

---

19 Pessoas que pertencem ao sexo masculino na dimensão fisiológica, mas que socialmente se apresentam no gênero feminino, sem rejeitar o sexo biológico.

20 Denominação específica para homens que se relacionam afetiva e sexualmente com outros homens.

21 Pessoas que são psicologicamente de um sexo e anatomicamente de outro, rejeitando o próprio órgão sexual biológico.

da população lésbica, gay, bissexual, transexual, travesti e intersexo (LGBTI) que esteja custodiada, acusada, ré, condenada, privada de liberdade, em cumprimento de alternativas penais ou monitorada eletronicamente".

Enunciado do CNPG e do GNCCRIM: eis o enunciado do Conselho Nacional de Procuradores-Gerais dos Ministérios Públicos dos estados e da União (CNPG) e do Grupo Nacional de Coordenadores de Centro de Apoio Criminal (GNCCRIM):

> Enunciado 13 - A violação à regra de separação de custodiados, acompanhada de sofrimento físico ou mental do preso, conforme as circunstâncias do caso, não tipifica o crime do art. 21 da Lei de Abuso de Autoridade, mas o delito de tortura (art. 1º, caput, inciso I, da Lei nº 9.455/97), infração penal equiparada a hediondo, sofrendo os consectários da Lei 8.072/1990.

> **Art. 22. Invadir ou adentrar, clandestina ou astuciosamente, ou à revelia da vontade do ocupante, imóvel alheio ou suas dependências, ou nele permanecer nas mesmas condições, sem determinação judicial ou fora das condições estabelecidas em lei:**
>
> **Pena - detenção, de 1 (um) a 4 (quatro) anos, e multa.**
>
> **§ 1º Incorre na mesma pena, na forma prevista no caput deste artigo, quem:**
>
> **I - coage alguém, mediante violência ou grave ameaça, a franquear-lhe o acesso a imóvel ou suas dependências;**
>
> **II - (VETADO);**
>
> **III - cumpre mandado de busca e apreensão domiciliar após as 21h (vinte e uma horas) ou antes das 5h (cinco horas).**
>
> **§ 2º Não haverá crime se o ingresso for para prestar socorro, ou quando houver fundados indícios que indiquem a necessidade do ingresso em razão de situação de flagrante delito ou de desastre.**

Princípio da especialidade: o artigo 22 é especial em relação ao artigo 150 do Código Penal (o § 2º do artigo 150 do Caderno Repressivo pátrio foi revogado expressamente pela Lei 13.869/19).

Bem jurídico protegido: o tipo gira em torno de vilipêndios ao direito à inviolabilidade de domicílio (inciso XI do artigo 5º da Constituição Federal[22]).

Condutas proibidas: eis síntese das condutas vedadas:

22 Art. 5º (...)

XI - a casa é asilo inviolável do indivíduo, ninguém nela podendo penetrar sem consentimento do morador, salvo em caso de flagrante delito ou desastre, ou para prestar socorro, ou, durante o dia, por determinação judicial.

<table>
<tr><th colspan="4">Artigo 22 da Lei 13.869/19</th></tr>
<tr><td>Invadir</td><td>Clandestinamente</td><td rowspan="3">imóvel alheio ou suas dependências</td><td>sem determinação judicial</td></tr>
<tr><td>Adentrar</td><td>Astuciosamente</td><td rowspan="2">fora das condições estabelecidas em lei</td></tr>
<tr><td>Permanecer</td><td>à revelia da vontade do ocupante</td></tr>
</table>

O crime é de mera conduta e a consumação ocorre com a prática das condutas proibidas.

Figuras equiparadas: há crime, ainda: a) quando há coação, mediante violência ou grave ameaça, para seja franqueado acesso a imóvel ou suas dependências; b) quando há cumprimento de mandado de busca e apreensão domiciliar após as 21h ou antes das 5h.

Benefícios: o tipo admite suspensão condicional do processo (artigo 89 da Lei 9.099/95) e acordo de não persecução penal (artigo 28-A do CPP).

Exclusão da ilicitude: estudando o inciso XI do artigo 5º da Constituição Federal e o artigo 22 da Lei 13.869/19, é possível detectar que só é possível adentrar licitamente em casa alheia sem o consentimento do morador nas seguintes situações:

Entrada lícita em casa alheia (sem o consentimento do morador)
Desastre[23]
Para prestar socorro[24]
Em flagrante delito[25]
Em cumprimento a ordem judicial das 05h às 21h[26]

Com o fito de demonstrar a higidez da entrada em domicílio, o aparelho policial precisa documentar o ingresso (ainda que *a posteriori*).

23 Estado de necessidade.

24 Estado de necessidade.

25 Estrito cumprimento do dever legal (flagrante obrigatório) ou exercício regular de direito (flagrante facultativo).

26 Estrito cumprimento do dever legal.

O § 2º do artigo 22 deixa claro que só é possível entrar em casa alheia em face de situação flagrancial se o aparelho policial perceber indícios da prática delitiva antes do ingresso. O dispositivo legal segue entendimento do Supremo Tribunal Federal:

> Recurso extraordinário representativo da controvérsia. Repercussão geral. 2. Inviolabilidade de domicílio – art. 5º, XI, da CF. Busca e apreensão domiciliar sem mandado judicial em caso de crime permanente. Possibilidade. A Constituição dispensa o mandado judicial para ingresso forçado em residência em caso de flagrante delito. No crime permanente, a situação de flagrância se protrai no tempo. 3. Período noturno. A cláusula que limita o ingresso ao período do dia é aplicável apenas aos casos em que a busca é determinada por ordem judicial. Nos demais casos – flagrante delito, desastre ou para prestar socorro – a Constituição não faz exigência quanto ao período do dia. 4. Controle judicial a posteriori. Necessidade de preservação da inviolabilidade domiciliar. Interpretação da Constituição. Proteção contra ingerências arbitrárias no domicílio. Muito embora o flagrante delito legitime o ingresso forçado em casa sem determinação judicial, a medida deve ser controlada judicialmente. A inexistência de controle judicial, ainda que posterior à execução da medida, esvaziaria o núcleo fundamental da garantia contra a inviolabilidade da casa (art. 5, XI, da CF) e deixaria de proteger contra ingerências arbitrárias no domicílio (Pacto de São José da Costa Rica, artigo 11, 2, e Pacto Internacional sobre Direitos Civis e Políticos, artigo 17, 1). O controle judicial a posteriori decorre tanto da interpretação da Constituição, quanto da aplicação da proteção consagrada em tratados internacionais sobre direitos humanos incorporados ao ordenamento jurídico. Normas internacionais de caráter judicial que se incorporam à cláusula do devido processo legal. 5. Justa causa. A entrada forçada em domicílio, sem uma justificativa prévia conforme o direito, é arbitrária. Não será a constatação de situação de flagrância, posterior ao ingresso, que justificará a medida. Os agentes estatais devem demonstrar que havia elementos mínimos a caracterizar fundadas razões (justa causa) para a medida. 6. Fixada a interpretação de que a entrada forçada em domicílio sem mandado judicial só é lícita, mesmo em período noturno, quando amparada em fundadas razões, devidamente justificadas a posteriori, que indiquem que dentro da casa ocorre situação de flagrante delito, sob pena de responsabilidade disciplinar, civil e penal do agente ou da autoridade e de nulidade dos atos praticados. 7. Caso concreto. Existência de fundadas razões para suspeitar de flagrante de tráfico de drogas. Negativa de provimento ao recurso (RE 603616, Relator(a): Gilmar Mendes, Tribunal Pleno, julgado em 05/11/2015, ACÓRDÃO ELETRÔNICO REPERCUSSÃO GERAL - MÉRITO DJe-093 DIVULG 09-05-2016 PUBLIC 10-05-2016).

Prova ilícita x fato atípico: analisando o artigo 22 da Lei de Abuso de Autoridade, surge o seguinte questionamento: quais as consequências jurídicas de mandado de busca domiciliar cumprido pela polícia às 19h sem autorização do morador?

Como o mandado de busca deve ser cumprido durante o dia (na forma do artigo 5º, inciso XI, da Constituição Federal), conclui-se que as provas coligidas são ilícitas se não havia luz solar (atropelo ao direito à inviolabilidade de domicílio). Contudo, o fato não será criminoso, posto que o crime aqui analisado ocorre apenas quando o mandado é cumprido após as 21h ou antes das 5h.

Enunciados do CNPG e do GNCCRIM: eis os enunciados do Conselho Nacional de Procuradores-Gerais dos Ministérios Públicos dos estados e da União (CNPG) e do Grupo Nacional de Coordenadores de Centro de Apoio Criminal (GNCCRIM) sobre o artigo:

> Enunciado 14 - A elementar "imóvel" do artigo 22 da Lei de Abuso de Autoridade deve ser conceituada nos termos do artigo 79 do Código Civil.
>
> Enunciado 15 - O mandado de busca e apreensão deverá ser cumprido durante o dia (art. 5º., XI, CF/88). Mesmo havendo luz solar, veda-se seu cumprimento entre 21h00 e 5h00, sob pena de caracterizar abuso de autoridade (art. 22, §1º., inc. III).
>
> **Art. 23. Inovar artificiosamente, no curso de diligência, de investigação ou de processo, o estado de lugar, de coisa ou de pessoa, com o fim de eximir-se de responsabilidade ou de responsabilizar criminalmente alguém ou agravar-lhe a responsabilidade:**
>
> **Pena - detenção, de 1 (um) a 4 (quatro) anos, e multa.**
>
> **Parágrafo único. Incorre na mesma pena quem pratica a conduta com o intuito de:**
>
> **I - eximir-se de responsabilidade civil ou administrativa por excesso praticado no curso de diligência;**
>
> **II - omitir dados ou informações ou divulgar dados ou informações incompletos para desviar o curso da investigação, da diligência ou do processo.**

Princípio da especialidade: o artigo 23 da Lei de Abuso de Autoridade traz tipo especial de fraude processual (artigo 347 do Código Penal[27]).

---

27 Art. 347 - Inovar artificiosamente, na pendência de processo civil ou administrativo, o estado de lugar, de coisa ou de pessoa, com o fim de induzir a erro o juiz ou o perito:
Pena - detenção, de três meses a dois anos, e multa.
Parágrafo único - Se a inovação se destina a produzir efeito em processo penal, ainda que não iniciado, as penas aplicam-se em dobro.

Conduta proibida: eis a conduta vedada:

Artigo 23 da Lei 13.869/19			
Inovar artificiosamente	no curso de diligência	o estado de lugar	com o fim de eximir-se de responsabilidade.
	de investigação	o estado de coisa	com o fim de responsabilizar criminalmente alguém.
	de processo	o estado de pessoa	com o fim de agravar a responsabilidade de alguém.

O tipo tem o objetivo de reprimir condutas que visem encobrir abusos (principalmente praticados por forças policiais), maquiando teatros de operações para simular, por exemplo, resistência da vítima. Exemplifico:

> **SITUAÇÃO HIPOTÉTICA:** PEDRO, policial civil, atirou com a intenção de matar JOSÉ. A vítima veio a óbito. Com o fim de eximir-se de responsabilidade criminal, PEDRO inovou a cena do crime, colocando uma arma de fogo nas mãos do cadáver (para simular um confronto que, em verdade, inexistiu).
>
> **SOLUÇÃO:** PEDRO deve ser responsabilizado pelo homicídio por ele perpetrado e pelo crime de abuso de autoridade tipificado no artigo 23 da Lei 13.869/19 (em concurso material).

Figuras equiparadas: o parágrafo único do artigo 23 da Lei 13.869/19 traz em seu bojo figuras equiparadas, criminalizando quem pratica a conduta descrita no *caput* para: a) eximir-se de responsabilidade civil ou administrativa por excesso praticado no curso de diligência; b) omitir dados ou informações ou divulgar dados ou informações incompletos para desviar o curso da investigação, da diligência ou do processo.

Consumação: o crime é formal e se consuma com a prática a conduta descrita no tipo, objetivando uma das finalidades especiais nele enumeradas.

Benefícios: o tipo admite suspensão condicional do processo (artigo 89 da Lei 9.099/95) e acordo de não persecução penal (artigo 28-A do CPP).

> **Art. 24. Constranger, sob violência ou grave ameaça, funcionário ou empregado de instituição hospitalar pública ou privada a admitir para tratamento pessoa cujo óbito já tenha ocorrido, com o fim de alterar local ou momento de crime, prejudicando sua apuração:**
>
> **Pena - detenção, de 1 (um) a 4 (quatro) anos, e multa, além da pena correspondente à violência.**

Introdução: o artigo 24 complementa o crime do artigo 23. É infelizmente comum que policiais simulem socorro a vítimas já mortas, para retirar o corpo da cena do suposto confronto (dificultando materialização de perícia que elucide se houve resistência ou execução extrajudicial).

Conduta proibida: a conduta vedada no tipo é constranger, sob violência ou grave ameaça, funcionário ou empregado de instituição hospitalar pública ou privada a admitir para tratamento pessoa cujo óbito já tenha ocorrido, com o fim de alterar local ou momento de crime, prejudicando sua apuração.

O agente deve ser punido em concurso de crimes, caso empregue violência que ocasione lesão corporal à vítima (preceito secundário).

Consumação: o tipo exige especial fim de agir (alteração de local ou momento de crime, prejudicando sua apuração). Por ser delito formal, ocorrerá consumação mesmo que o objetivo do agente não se implemente.

Admite-se tentativa se a vítima não admitir a pessoa morta para tratamento.

Benefício: o crime admite suspensão condicional do processo (artigo 89 da Lei 9.099/95).

> **Art. 25. Proceder à obtenção de prova, em procedimento de investigação ou fiscalização, por meio manifestamente ilícito:**
>
> **Pena - detenção, de 1 (um) a 4 (quatro) anos, e multa.**
>
> **Parágrafo único. Incorre na mesma pena quem faz uso de prova, em desfavor do investigado ou fiscalizado, com prévio conhecimento de sua ilicitude.**

Conduta proibida: a coleta da prova manifestamente ilícita foi criminalizada. O tipo deve ser lido em cotejo com o artigo 157 do Código de Processo Penal[28].

---

28 Art. 157. São inadmissíveis, devendo ser desentranhadas do processo, as provas ilícitas, assim entendidas as obtidas em violação a normas constitucionais ou legais.

§ 1º São também inadmissíveis as provas derivadas das ilícitas, salvo quando não evidenciado o nexo de causalidade entre umas e outras, ou quando as derivadas puderem ser obtidas por uma fonte independente das primeiras.

§ 2º Considera-se fonte independente aquela que por si só, seguindo os trâmites típicos e de praxe, próprios da investigação ou instrução criminal, seria capaz de conduzir ao fato objeto da prova.

§ 3º Preclusa a decisão de desentranhamento da prova declarada inadmissível, esta será inutilizada por decisão judicial, facultado às partes acompanhar o incidente.

§ 4º (Vetado)

§ 5º O juiz que conhecer do conteúdo da prova declarada inadmissível não poderá proferir a sentença ou acórdão.

A conduta vedada é proceder à obtenção de prova, em procedimento de investigação ou fiscalização, por meio manifestamente ilícito.

O tipo é temerário, porque não há exata noção do que é meio "manifestamente ilícito" para coleta da prova. A análise da ilicitude da prova é materializada caso a caso e depende do entendimento doutrinário e jurisprudencial acerca do tema (é preciso interpretar o artigo estudado em cotejo com o artigo 1º, § 2º, da lei aqui estudada – não se criminalizou a hermenêutica).

Subsidiariedade implícita: o tipo é subsidiário em relação à prática do crime de tortura (artigo 1º, inciso I, alínea 'a', da Lei 9.455/97):

> Art. 1º Constitui crime de tortura:
>
> I - constranger alguém com emprego de violência ou grave ameaça, causando-lhe sofrimento físico ou mental:
>
> a) com o fim de obter informação, declaração ou confissão da vítima ou de terceira pessoa;

Figura equiparada: houve, ainda, criminalização da conduta de quem usa a prova ilícita em desfavor do investigado ou fiscalizado (a expressão "fiscalizado" indica que o crime pode ser praticado no âmbito de atuação estatal administrativa – ação fiscal da Receita Federal, por exemplo) com conhecimento prévio da sua ilicitude.

Benefícios: o crime admite suspensão condicional do processo (artigo 89 da Lei 9.099/95) e acordo de não persecução penal (artigo 28-A do CPP).

Enunciado do CNPG e do GNCCRIM: eis enunciado do Conselho Nacional de Procuradores-Gerais dos Ministérios Públicos dos estados e da União (CNPG) e do Grupo Nacional de Coordenadores de Centro de Apoio Criminal (GNCCRIM) sobre o artigo:

> Enunciado 16 - Ressalvadas situações excepcionais pacificadas, o uso da prova derivada da ilícita está abrangido pelo tipo penal incriminador do art. 25 da Lei de Abuso de Autoridade, devendo o agente ter conhecimento inequívoco da sua origem e do nexo de relação entre a prova ilícita e aquela dela derivada.

> **Art. 26. Induzir ou instigar pessoa a praticar infração penal com o fim de capturá-la em flagrante delito, fora das hipóteses previstas em lei:**
>
> **Pena - detenção, de 6 (seis) meses a 2 (anos) anos, e multa.**
>
> **§ 1º Se a vítima é capturada em flagrante delito, a pena é de detenção, de 1 (um) a 4 (quatro) anos, e multa.**
>
> **§ 2º Não configuram crime as situações de flagrante esperado, retardado, prorrogado ou diferido.**

Artigo vetado: o artigo 26 foi vetado. Ele criminalizaria o flagrante preparado ou provocado (crime impossível por obra do agente provocador, nos termos da Súmula 145 do Supremo Tribunal Federal[29]).

Eis as razões do veto:

> A propositura legislativa gera insegurança jurídica por indeterminação do tipo penal, e por ofensa ao princípio da intervenção mínima, para o qual o Direito Penal só deve ser aplicado quando estritamente necessário, tendo em vista que a criminalização da conduta pode afetar negatividade a atividade investigativa, ante a potencial incerteza de caracterização da conduta prevista no art. 26, pois não raras são as vezes que a constatação da espécie de flagrante, dada a natureza e circunstâncias do ilícito praticado, só é possível quando da análise do caso propriamente dito, conforme se pode inferir da jurisprudência do Supremo Tribunal Federal (v.g. HC 105.929, Rel. Min. Gilmar Mendes, 2ª T. j. 24/05/2011).
>
> **Art. 27. Requisitar instauração ou instaurar procedimento investigatório de infração penal ou administrativa, em desfavor de alguém, à falta de qualquer indício da prática de crime, de ilícito funcional ou de infração administrativa:**
>
> **Pena - detenção, de 6 (seis) meses a 2 (dois) anos, e multa.**
>
> **Parágrafo único. Não há crime quando se tratar de sindicância ou investigação preliminar sumária, devidamente justificada.**

Conduta proibida: o artigo 27 da Lei de Abuso de Autoridade pune a autoridade que requisita instauração de procedimento investigatório de infração penal ou administrativa sem indício da prática de crime, ilícito funcional ou infração administrativa.

Mais um tipo temerário. A interpretação acerca da existência ou não de indício suficiente para sustentar requisição ou instauração de procedimento apuratório obviamente varia caso a caso.

Não instauração de inquérito em face de requisição do Ministério Público: o tipo estudado reforça o entendimento de que o delegado de polícia não deve materializar pronta instauração de inquérito policial quando a requisição oriunda do Ministério Público não é calcada em elementos indiciários mínimos que indiquem prática delitiva (caso se perceba existência do especial fim de agir previsto no § 1º do artigo 1º da Lei 13.869/19, a autoridade policial deve encaminhar a requisição temerária à chefia do Ministério Público, para tomada das providências cabíveis contra o promotor de justiça que subscreveu a missiva).

29 Súmula 145/STF - Não há crime, quando a preparação do flagrante pela polícia torna impossível a sua consumação.

O delegado de polícia que não procede à instauração de inquérito policial em face de requisição temerária se esquiva da prática delitiva descrita no artigo 30 da Lei 13.869/19.

Infração de menor potencial ofensivo: trata-se de infração de menor potencial ofensivo.

Sindicância ou investigação preliminar sumária: o parágrafo único afirma que não há crime quando se tratar de sindicância ou investigação preliminar sumária, desde que a instauração seja justificada. A sindicância é procedimento afeto à seara disciplinar. A investigação preliminar é o levantamento de cunho criminal levado a efeito com fulcro no artigo 5º, § 3º, do Código de Processo Penal (diante de uma notícia anônima de crime, por exemplo).

Enunciado do CNPG e do GNCCRIM: eis enunciado do Conselho Nacional de Procuradores-Gerais dos Ministérios Públicos dos estados e da União (CNPG) e do Grupo Nacional de Coordenadores de Centro de Apoio Criminal (GNCCRIM) sobre o artigo:

> Enunciado 17 - A configuração do abuso de autoridade pela deflagração de investigação criminal com base em matéria jornalística, necessariamente, há de ser avaliada a partir dos critérios interpretativos trazidos pela Lei (art. 1º, § 1º) e da flagrante ausência de standard probatório mínimo que a justifique.

> **Art. 28. Divulgar gravação ou trecho de gravação sem relação com a prova que se pretenda produzir, expondo a intimidade ou a vida privada ou ferindo a honra ou a imagem do investigado ou acusado:**
>
> **Pena - detenção, de 1 (um) a 4 (quatro) anos, e multa.**

Conduta proibida: o tipo do artigo 28 proíbe a divulgação de gravação ou trecho de gravação sem relação com a prova que se pretenda produzir, expondo a intimidade ou vida privada ou ferindo a honra ou imagem do investigado ou acusado.

Penso que o tipo em testilha deve ser estudado ao lado dos crimes tipificados nos artigos 10[30] e 10-A[31] da Lei 9.296/96 (que tratam da interceptação telefônica

---

30 Art. 10. Constitui crime realizar interceptação de comunicações telefônicas, de informática ou telemática, promover escuta ambiental ou quebrar segredo da Justiça, sem autorização judicial ou com objetivos não autorizados em lei:
Pena - reclusão, de 2 (dois) a 4 (quatro) anos, e multa.
Parágrafo único. Incorre na mesma pena a autoridade judicial que determina a execução de conduta prevista no caput deste artigo com objetivo não autorizado em lei.

31 Art. 10-A. Realizar captação ambiental de sinais eletromagnéticos, ópticos ou acústicos para investigação ou instrução criminal sem autorização judicial, quando esta for exigida:
Pena - reclusão, de 2 (dois) a 4 (quatro) anos, e multa.

ou captação ambiental realizadas em autorização judicial e da quebra de sigilo em interceptação telefônica e em captação ambiental de sinais). Parece-me que se o "vazamento" for de ligação captada no âmbito de interceptação ou captação ambiental judicialmente determinadas que não guarda relação com a prova que se pretende obter (expondo a intimidade ou a vida privada ou ferindo a honra ou a imagem do investigado ou acusado), o crime perpetrado será o do artigo 28 da Lei 13.869/19. Se a interceptação for ilícita ou se a conversa gravada constituir prova efetiva da infração, o crime deve ser um dos listados na Lei 9.296/96.

Benefícios: o crime admite suspensão condicional do processo (artigo 89 da Lei 9.099/95) e acordo de não persecução penal (artigo 28-A do CPP).

Enunciado do CNPG e do GNCCRIM: eis enunciado do Conselho Nacional de Procuradores-Gerais dos Ministérios Públicos dos estados e da União (CNPG) e do Grupo Nacional de Coordenadores de Centro de Apoio Criminal (GNCCRIM) sobre o artigo:

> Enunciado 18 - O crime do art. 28 da Lei de Abuso de Autoridade (Divulgar gravação ou trecho de gravação sem relação com a prova que se pretenda produzir, expondo a intimidade ou a vida privada ou ferindo a honra ou a imagem do investigado ou acusado) pressupõe interceptação legal (legítima e lícita), ocorrendo abuso no manuseio do conteúdo obtido com a medida.

> **Art. 29. Prestar informação falsa sobre procedimento judicial, policial, fiscal ou administrativo com o fim de prejudicar interesse de investigado:**
>
> **Pena - detenção, de 6 (seis) meses a 2 (dois) anos, e multa.**
>
> **Parágrafo único. (VETADO).**

Conduta proibida: o crime em testilha pune a autoridade que presta informação falsa sobre procedimento judicial, policial, fiscal ou administrativo com o fito de prejudicar interesse do investigado.

Usualmente informações falsas são prestadas com o objetivo de preservar o sigilo da investigação e confundir o investigado. Contudo, em nome da lealdade processual restou criminalizada essa prática (trata-se de infração de menor potencial ofensivo).

Enunciado do CNPG e do GNCCRIM: eis enunciado do Conselho Nacional de Procuradores-Gerais dos Ministérios Públicos dos estados e da União (CNPG) e do Grupo Nacional de Coordenadores de Centro de Apoio Criminal (GNCCRIM) sobre o artigo:

---

§ 1º Não há crime se a captação é realizada por um dos interlocutores.

§ 2º A pena será aplicada em dobro ao funcionário público que descumprir determinação de sigilo das investigações que envolvam a captação ambiental ou revelar o conteúdo das gravações enquanto mantido o sigilo judicial.

> Enunciado 19 - O legislador, na tipificação do crime do art. 29 da Lei de Abuso de Autoridade, optou por restringir o alcance do tipo, pressupondo por parte do agente a finalidade única de prejudicar interesse de investigado. Agindo com a finalidade de beneficiar, pode responder por outro delito, como prevaricação (art. 319 do CP), a depender das circunstâncias do caso concreto.

> **Art. 30. Dar início ou proceder à persecução penal, civil ou administrativa sem justa causa fundamentada ou contra quem sabe inocente:**
>
> **Pena - detenção, de 1 (um) a 4 (quatro) anos, e multa.**

Veto derrubado: o artigo 30 foi vetado, mas o veto foi derrubado.

Conduta proibida: com o fito de proteger o cidadão contra persecução penal, civil ou administrativa temerária, o tipo proíbe o início de qualquer dessas vias persecutórias sem justa causa (expressão bastante vaga) fundamentada ou contra quem a autoridade sabe inocente.

Mover a pesada máquina de persecução estatal sem justa causa plausível ou para perseguir inocentes é absurdo e não pode ser tolerado.

Com o fito de deixar claro a existência de justa causa para início das investigações ou do processo (apenas para falar da persecução penal), o delegado de polícia ou membro do Ministério Público deve fundamentar suficientemente a peça ovo do procedimento (inquérito ou PIC) ou do processo.

Benefícios: o crime admite suspensão condicional do processo (artigo 89 da Lei 9.099/95) e acordo de não persecução penal (artigo 28-A do CPP).

Enunciado do CNPG e do GNCCRIM: eis enunciado do Conselho Nacional de Procuradores-Gerais dos Ministérios Públicos dos estados e da União (CNPG) e do Grupo Nacional de Coordenadores de Centro de Apoio Criminal (GNCCRIM) sobre o artigo:

> Enunciado 20 - O crime do art. 30 da Lei de Abuso de Autoridade deve ser declarado, incidentalmente, inconstitucional. Não apenas em razão da elementar "justa causa" ser expressão vaga e indeterminada, como também porque gera retrocesso na tutela dos bens jurídicos envolvidos, já protegidos pelo art. 339 do CP, punido, inclusive, com pena em dobro.

> **Art. 31. Estender injustificadamente a investigação, procrastinando-a em prejuízo do investigado ou fiscalizado:**
>
> **Pena - detenção, de 6 (seis) meses a 2 (dois) anos, e multa.**
>
> **Parágrafo único. Incorre na mesma pena quem, inexistindo prazo para execução ou conclusão de procedimento, o estende de forma imotivada, procrastinando-o em prejuízo do investigado ou do fiscalizado.**

Introdução: mais um tipo extremamente aberto e que objetiva atacar operações policiais de grande porte (que costumam se estender por vários meses, às vezes anos).

O cidadão brasileiro tem direito à razoável duração do processo, tal qual explicitado no inciso LXXVIII do artigo 5º da Carta Magna[32]. A demora na duração da investigação pode conduzir, caso o investigado esteja preso, ao relaxamento do cárcere. Eventualmente pode ser pleiteada ordem de *habeas corpus* com o fito de trancar o apuratório, demonstrando que não há justa causa para continuidade do procedimento. Agora chegamos ao extremo: prática de crime pela autoridade que o preside.

Decerto autoridades policiais responsáveis por investigações de grande monta (mormente as que apuram grandes desvios de verbas públicas) ficarão com receio de que seu trabalho apuratório seja confundido com inquérito cuja conclusão se estendeu além do razoável. Mais uma espada apontada para o pescoço dos delegados de polícia.

Conduta proibida: a conduta vedada no tipo é estender injustificadamente a investigação, procrastinando-a em prejuízo do investigado ou fiscalizado (a lei foi imprecisa e findou não estabelecendo por quanto tempo a investigação/fiscalização deve ser procrastinada para que se considere praticado o delito).

Isso demanda necessidade de constante fundamentação para as sucessivas prorrogações do prazo de conclusão do inquérito ou procedimento fiscal (as justificativas transmudarão eventual demora na conclusão do feito em fato atípico).

Se a demora na conclusão da investigação ocorre para beneficiar o investigado (para que ocorra, por exemplo, a prescrição) não é possível imputar o crime aqui estudado (pode-se pensar, por exemplo, na prática do crime de prevaricação - artigo 319 do Código Penal - desde que preenchidas as elementares do tipo).

Figura equiparada: o parágrafo único do artigo 31 da Lei 13.869/18 se refere a procedimento sem prazo legalmente estabelecido.

Pune-se quem, inexistindo prazo para execução ou conclusão de procedimento, o estende de forma imotivada, procrastinando-o em prejuízo do investigado ou do fiscalizado.

Consumação: o crime é formal (consuma-se mesmo que não exista efetivo prejuízo para o investigado/fiscalizado).

Infração de menor potencial ofensivo: trata-se de infração de menor potencial ofensivo.

---

32 Art. 5º (...)

LXXVIII - a todos, no âmbito judicial e administrativo, são assegurados a razoável duração do processo e os meios que garantam a celeridade de sua tramitação.

Enunciado do CNPG e do GNCCRIM: eis enunciado do Conselho Nacional de Procuradores-Gerais dos Ministérios Públicos dos estados e da União (CNPG) e do Grupo Nacional de Coordenadores de Centro de Apoio Criminal (GNCCRIM) sobre o artigo:

> Enunciado 21 - A elementar "injustificadamente" deve ser interpretada no sentido de que o excesso de prazo na instrução do procedimento investigatório não resultará de simples operação aritmética, impondo-se considerar a complexidade do feito, atos procrastinatórios não atribuíveis ao presidente da investigação e ao número de pessoas envolvidas na apuração. Todos fatores que, analisados em conjunto ou separadamente, indicam ser, ou não, razoável o prazo para o seu encerramento.
>
> **Art. 32. Negar ao interessado, seu defensor ou advogado acesso aos autos de investigação preliminar, ao termo circunstanciado, ao inquérito ou a qualquer outro procedimento investigatório de infração penal, civil ou administrativa, assim como impedir a obtenção de cópias, ressalvado o acesso a peças relativas a diligências em curso, ou que indiquem a realização de diligências futuras, cujo sigilo seja imprescindível:**
>
> **Pena - detenção, de 6 (seis) meses a 2 (dois) anos, e multa.**

Veto derrubado: o artigo 32 foi vetado, mas o veto foi derrubado.

Afronta ao EOAB e à Súmula Vinculante 14: o tipo transcrito criminaliza a afronta ao artigo 7º, inciso XIV, do EOAB[33] (Lei 8.906/94) e à Súmula Vinculante 14[34].

Anote-se que é possível negar ao advogado do investigado/indiciado o acesso a todo inquérito policial (desde a portaria), caso exista referência, na peça ovo e nos documentos já juntados ao feito, a diligências ainda não materializadas ou a medidas cautelares em curso ou ainda não cumpridas. Por óbvio, para evitar discussão acerca da eventual prática do delito, o delegado de polícia deverá fundamentar o despacho que negou vista do feito[35].

---

33 Art. 7º São direitos do advogado:
(...)
XIV - examinar, em qualquer instituição responsável por conduzir investigação, mesmo sem procuração, autos de flagrante e de investigações de qualquer natureza, findos ou em andamento, ainda que conclusos à autoridade, podendo copiar peças e tomar apontamentos, em meio físico ou digital.

34 Súmula Vinculante 14 - É direito do defensor, no interesse do representado, ter acesso amplo aos elementos de prova que, já documentados em procedimento investigatório realizado por órgão com competência de polícia judiciária, digam respeito ao exercício do direito de defesa.

35 SILVA, Márcio Alberto Gomes. **Inquérito Policial – Uma análise jurídica e prática da fase pré-processual**, editora Juspodivm, 2020, p. 41/42.

Conduta proibida: o tipo veda a conduta de negar ao interessado, seu defensor ou advogado acesso aos autos de investigação preliminar, ao termo circunstanciado, ao inquérito ou a qualquer outro procedimento investigatório de infração penal, civil ou administrativa, assim como impedir a obtenção de cópias, ressalvado o acesso a peças relativas a diligências em curso, ou que indiquem a realização de diligências futuras, cujo sigilo seja imprescindível.

Consumação: o crime se consuma com a negativa, não sendo necessário advento de prejuízo (crime formal).

Infração de menor potencial ofensivo: trata-se de infração de menor potencial ofensivo.

> **Art. 33. Exigir informação ou cumprimento de obrigação, inclusive o dever de fazer ou de não fazer, sem expresso amparo legal:**
>
> **Pena - detenção, de 6 (seis) meses a 2 (dois) anos, e multa.**
>
> **Parágrafo único. Incorre na mesma pena quem se utiliza de cargo ou função pública ou invoca a condição de agente público para se eximir de obrigação legal ou para obter vantagem ou privilégio indevido.**

Conduta proibida: no *caput*, veda-se a conduta de exigir informação ou cumprimento de obrigação, inclusive o dever de fazer ou de não fazer, sem expresso amparo legal. A atuação do servidor público deve ser sempre calcada na lei. Se o agente público age à revelia de lastro legal, exigindo da vítima conduta comissiva ou omissiva, há prática do crime aqui estudado.

Figura equiparada: o parágrafo único do artigo 33 da Lei 13.869/19 pune criminalmente a autoridade que se utiliza de cargo ou função pública ou invoca a condição de agente público para se eximir de obrigação legal ou para obter vantagem ou privilégio indevido.

A figura equiparada criminalizou a "carteirada" (antes entendida como infração disciplinar).

Infração de menor potencial ofensivo: trata-se de infração de menor potencial ofensivo.

Enunciado do CNPG e do GNCCRIM: eis enunciado do Conselho Nacional de Procuradores-Gerais dos Ministérios Públicos dos estados e da União (CNPG) e do Grupo Nacional de Coordenadores de Centro de Apoio Criminal (GNCCRIM) sobre o artigo:

> Enunciado 22 - Quem se utiliza de cargo ou função pública ou invoca a condição de agente público para se eximir de obrigação legal ou para obter vantagem ou privilégio indevido pratica abuso de autoridade (art. 33, parágrafo único) se o comportamento não estiver atrelado à finalidade de

contraprestação do agente ou autoridade. Caso contrário, outro será o crime, como corrupção passiva (art. 317 do CP).

Art. 34. Deixar de corrigir, de ofício ou mediante provocação, com competência para fazê-lo, erro relevante que sabe existir em processo ou procedimento:

Pena - detenção, de 3 (três) a 6 (seis) meses, e multa.

Artigo vetado: o artigo 34 foi vetado.

Eis as razões do veto:

A propositura legislativa, ao dispor que 'erro relevante' constitui requisito como condição da própria tipicidade, gera insegurança jurídica por encerrar tipo penal aberto e que comporta interpretação. Ademais, o dispositivo proposto contraria o interesse público ao disciplinar hipótese análoga ao crime de prevaricação, já previsto no art. 319 do Código Penal, ao qual é cominado pena de três meses a um ano, e multa, em ofensa ao inciso III do art. 7º da Lei Complementar nº 95 de 1998, que dispõe sobre a elaboração, a redação, a alteração e a consolidação das leis, em razão do inadequado tratamento do mesmo assunto em mais de um diploma legislativo.

Art. 35. Coibir, dificultar ou impedir, por qualquer meio, sem justa causa, a reunião, a associação ou o agrupamento pacífico de pessoas para fim legítimo:

Pena - detenção, de 3 (três) meses a 1 (um) ano, e multa.

Artigo vetado: o artigo 35 foi vetado.

Eis as razões do veto:

A propositura legislativa gera insegurança jurídica, tendo em vista a generalidade do dispositivo, que já encontra proteção no art. 5º, XVI, da Constituição da República, e que não se traduz em uma salvaguarda ilimitada do seu exercício, nos termos da jurisprudência do Supremo Tribunal Federal, cujo entendimento é no sentido de que o direito à liberdade de se reunir não se confunde com incitação à prática de delito nem se identifica com apologia de fato criminoso.

Art. 36. Decretar, em processo judicial, a indisponibilidade de ativos financeiros em quantia que extrapole exacerbadamente o valor estimado para a satisfação da dívida da parte e, ante a demonstração, pela parte, da excessividade da medida, deixar de corrigi-la:

Pena - detenção, de 1 (um) a 4 (quatro) anos, e multa.

Conduta proibida: pune-se o membro do Poder Judiciário (juiz, desembargador ou ministro) que decreta, em processo judicial, a indisponibilidade de ativos financeiros em quantia que extrapole exacerbadamente o valor estimado para a satisfação da dívida da parte e, ante a demonstração, pela parte, da excessividade da medida, deixar de corrigi-la.

Nota-se que há conduta comissiva (decretação da indisponibilidade de ativos financeiros em quantia que extrapole exacerbadamente o valor estimado para a satisfação da dívida da parte) e conduta ulterior omissiva (deixar de corrigir a falha, ante a demonstração, pela parte, da excessividade da medida).

Penso que, pela sua redação, não é possível aplicar o delito em testilha em face da decretação de medida assecuratória pelo juízo competente no curso do inquérito policial (sequestro deferido pelo juiz atendendo a representação do delegado, por exemplo). É que o dispositivo se limitou a punir a decretação de indisponibilidade de ativos financeiros em "processo judicial". Outro ponto que reforça meu pensar: o artigo se referiu à satisfação de "dívida da parte" (definitivamente não é a realidade observada no curso da investigação criminal).

Benefícios: o crime admite suspensão condicional do processo (artigo 89 da Lei 9.099/95) e acordo de não persecução penal (artigo 28-A do CPP).

Enunciado do CNPG e do GNCCRIM: eis enunciado do Conselho Nacional de Procuradores-Gerais dos Ministérios Públicos dos estados e da União (CNPG) e do Grupo Nacional de Coordenadores de Centro de Apoio Criminal (GNCCRIM) sobre o artigo:

> Enunciado 23 - O delito do art. 36 da Lei de Abuso de Autoridade (abusiva indisponibilidade de ativos financeiros) pressupõe, objetivamente, uma ação (decretar) seguida de uma omissão (deixar de corrigir).

> **Art. 37. Demorar demasiada e injustificadamente no exame de processo de que tenha requerido vista em órgão colegiado, com o intuito de procrastinar seu andamento ou retardar o julgamento:**
>
> **Pena - detenção, de 6 (seis) meses a 2 (dois) anos, e multa.**

Conduta proibida: o artigo 37 da Lei 13.869/19 criminaliza a demora demasiada e injustificada na análise de processo de que tenha requerido vista em órgão colegiado.

O tipo exige especial fim de agir: intuito de procrastinar o andamento do feito ou retardar o julgamento:

O crime é próprio de integrantes de órgãos colegiados (juízes, desembargadores, ministros e integrantes do CNPM, por exemplo) e reafirma a importância do direito à razoável duração do processo (inciso LXXVIII do artigo 5º da Constituição Federal).

Infração de menor potencial ofensivo: trata-se de infração de menor potencial ofensivo.

Art. 38. Antecipar o responsável pelas investigações, por meio de comunicação, inclusive rede social, atribuição de culpa, antes de concluídas as apurações e formalizada a acusação:

Pena - detenção, de 6 (seis) meses a 2 (dois) anos, e multa.

Veto derrubado: o artigo 38 foi vetado, mas o veto foi derrubado.

Direito à intimidade/vida privada x direito à informação: o crime em testilha precisa ser lido em consonância com o direito de informação da sociedade, que merece conhecer os atos ilícitos praticados por pessoas que cometem graves delitos (grandes desvios de verbas públicas, por exemplo). Nesta toada, devem ser refutadas interpretações que redundem na criminalização da exposição, sem paixões, dos trabalhos investigativos deflagrados, porque isso significaria mordaça injustificável.

Os delegados de polícia e membros do Ministério Público que estão à frente da grandes casos criminais devem tomar a cautela necessária, durante coletivas ou em notas à imprensa, de não antecipar atribuição de culpa. As autoridades devem expor o resultado do trabalho investigativo, caso seja detectado que o sigilo não é mais necessário ao bom andamento do apuratório, para que a população tenha garantido o seu direito à informação (mitigação do sigilo externo do procedimento).

Conduta proibida: o tipo veda a conduta de antecipar o responsável pelas investigações, por meio de comunicação, inclusive rede social, atribuição de culpa, antes de concluídas as apurações e formalizada a acusação.

Analisando o artigo, nota-se que se a investigação já tiver sido concluída e já tiver sido formalizada a acusação, eventual publicização do caso criminal não constituirá prática do crime aqui estudado.

Infração de menor potencial ofensivo: trata-se de infração de menor potencial ofensivo.

5.6. Procedimento e disposições finais

Art. 39. Aplicam-se ao processo e ao julgamento dos delitos previstos nesta Lei, no que couber, as disposições do Decreto-Lei nº 3.689, de 3 de outubro de 1941 (Código de Processo Penal), e da Lei nº 9.099, de 26 de setembro de 1995.

Aplicação de medidas despenalizadoras previstas na Lei 9.099/95: O artigo 39 deixa claro ser possível aplicação das medidas despenalizadoras da Lei 9.099/95 em relação aos crimes tipificados na Lei de Abuso de Autoridade que se traduzam em infrações de menor potencial ofensivo (artigo 61 da Lei 9.099/95[36]) – artigos 12, 16, 18, 20, 27, 29, 31, 32, 33, 37 e 38.

É possível, em relação aos outros crimes que não se traduzam em infração de menor potencial ofensivo, suspensão condicional do processo (já que os demais delitos têm pena mínima de 1 ano).

Acordo de não persecução penal: os crimes que não são praticados mediante violência ou grave ameaça, admitem, ainda, acordo de não persecução penal (artigo 28-A do CPP).

Nesse sentido, enunciado do CNPG e do GNCCRIM:

> Enunciado 28 - Crimes de abuso de autoridade, cometidos sem violência ou grave ameaça à pessoa, presentes os pressupostos do art. 18 da Res. 181/17 do CNMP, admitirão o acordo de não persecução penal, salvo se a sua celebração não atender ao que seja necessário e suficiente para a reprovação e prevenção do crime.

Lavratura de termo circunstanciado ou fiança arbitrada pela autoridade policial: analisando os preceitos secundários dos delitos, nota-se que ou o crime de abuso de autoridade se traduz em infração de menor potencial ofensivo (lavra-se termo circunstanciado, observando-se o artigo 69 da Lei 9.099/95) ou o delito é afiançável pelo delegado de polícia (já que nenhuma das penas máximas excede 4 anos – artigo 322 do Código de Processo Penal).

Procedimento dos crimes funcionais: o funcionário público que pratica crime de abuso de autoridade que não se traduza em infração de menor potencial ofensivo deve ser processado observando-se o procedimento descrito nos artigos 513 e seguintes do Código de Processo Penal (processo e julgamento de crimes de responsabilidade de funcionários públicos).

Cumpre chamar atenção para a Súmula 330/STJ - **É desnecessária a resposta preliminar de que trata o art. 514 do Código de Processo Penal - CPP, na ação penal instruída por inquérito policial.**

Enunciados do CNPG e do GNCCRIM: eis enunciados do Conselho Nacional de Procuradores-Gerais dos Ministérios Públicos dos estados e da União (CNPG) e do Grupo Nacional de Coordenadores de Centro de Apoio Criminal (GNCCRIM) sobre o artigo:

> Enunciado 24 - Os crimes de abuso de autoridade com pena máxima superior a dois anos, salvo no caso de foro por prerrogativa de função, são

36 Art. 61. Consideram-se infrações penais de menor potencial ofensivo, para os efeitos desta Lei, as contravenções penais e os crimes a que a lei comine pena máxima não superior a 2 (dois) anos, cumulada ou não com multa.

processados pelo rito dos crimes funcionais, observando-se a defesa preliminar do art. 514 do CPP.

Enunciado 25 - Por ser privativa do servidor público, o particular concorrente no crime de abuso de autoridade não faz jus à preliminar contestação prevista no art. 514 do CPP.

Enunciado 26 - A inobservância do disposto no artigo 514 do CPP é causa de nulidade relativa, devendo ser alegada no tempo oportuno, comprovando-se o prejuízo, sob pena de preclusão.

Enunciado 27 - A formalidade do art. 514 do CPP é dispensável quando a denúncia envolver, além do crime funcional, delito de outra natureza, ambos em concurso.

Art. 40. O art. 2º da Lei nº 7.960, de 21 de dezembro de 1989, passa a vigorar com a seguinte redação:

Art.2º (...)

§ 4º-A O mandado de prisão conterá necessariamente o período de duração da prisão temporária estabelecido no caput deste artigo, bem como o dia em que o preso deverá ser libertado.

(...)

§ 7º Decorrido o prazo contido no mandado de prisão, a autoridade responsável pela custódia deverá, independentemente de nova ordem da autoridade judicial, pôr imediatamente o preso em liberdade, salvo se já tiver sido comunicada da prorrogação da prisão temporária ou da decretação da prisão preventiva.

§ 8º Inclui-se o dia do cumprimento do mandado de prisão no cômputo do prazo de prisão temporária.

Mudanças na Lei 7.960/89: o artigo 40 da Lei de Abuso de Autoridade promoveu mudanças na Lei 7.960/89 (prisão temporária).

O novel § 4º-A do artigo 2º da Lei 7.960/89 determina que conste no mandado o período de duração da prisão temporária (5 ou 30 dias, a depender do delito investigado). Entendo que o dispositivo autoriza decretação de cárcere temporário por período inferior ao prescrito pela lei (penso que já era possível tal interpretação, mesmo antes da novidade legislativa, por ser favorável ao investigado).

O § 7º explicita algo que, a meu ver, já era suficientemente claro: finalizado o prazo de cárcere, caso não exista prorrogação da prisão temporária ou não tenha sido decretada a prisão preventiva, o investigado deve ser posto em liberdade independentemente da expedição de alvará de soltura (sob pena de eventual prática do crime de abuso de autoridade tipificado no inciso IV do artigo 12 da Lei 13.869/19).

O § 8º também afirma algo que já era pacífico na prática: o prazo da prisão começa a contar do dia em que foi materializada a privação da liberdade.

> **Art. 41. O art. 10 da Lei nº 9.296, de 24 de julho de 1996, passa a vigorar com a seguinte redação:**
>
> **Art. 10. Constitui crime realizar interceptação de comunicações telefônicas, de informática ou telemática, promover escuta ambiental ou quebrar segredo da Justiça, sem autorização judicial ou com objetivos não autorizados em lei:**
>
> **Pena - reclusão, de 2 (dois) a 4 (quatro) anos, e multa.**
>
> **Parágrafo único. Incorre na mesma pena a autoridade judicial que determina a execução de conduta prevista no caput deste artigo com objetivo não autorizado em lei.**

Mudança na Lei 9.296/96: o artigo 41 da Lei de Abuso de Autoridade modificou o artigo 10 da Lei 9.296/96, ampliando-o basicamente em dois aspectos: a) agora é punida a escuta ambiental executada sem autorização judicial (quando essa demandar ordem prévia de juiz) ou com objetivos não autorizados em lei; b) pune-se o juiz que determina a execução das medidas descritas no *caput* com objetivo não autorizado em lei.

> **Art. 42. A Lei nº 8.069, de 13 de julho de 1990 (Estatuto da Criança e do Adolescente), passa a vigorar acrescida do seguinte art. 227-A:**
>
> **Art. 227-A Os efeitos da condenação prevista no inciso I do caput do art. 92 do Decreto-Lei nº 2.848, de 7 de dezembro de 1940 (Código Penal), para os crimes previstos nesta Lei, praticados por servidores públicos com abuso de autoridade, são condicionados à ocorrência de reincidência.**
>
> **Parágrafo único. A perda do cargo, do mandato ou da função, nesse caso, independerá da pena aplicada na reincidência.**

Modificação no ECA: o artigo 42 da Lei 13.869/19 modificou o ECA (Lei 8.069/19), enxertando nele o artigo 227-A.

> **Art. 43. A Lei nº 8.906, de 4 de julho de 1994, passa a vigorar acrescida do seguinte art. 7º-B:**
>
> **Art. 7º-B Constitui crime violar direito ou prerrogativa de advogado previstos nos incisos II, III, IV e V do caput do art. 7º desta Lei:**
>
> **Pena - detenção, de 3 (três) meses a 1 (um) ano, e multa.**

Modificação no EOAB: o artigo 43 (o Congresso Nacional derrubou o veto) determina modificação no EOAB (inclui o artigo 7º-B na Lei 8.906/94).

Ele trata do crime de violação de prerrogativas de advogados. Eis as prerrogativas cuja violação importa em prática de crime de abuso de autoridade:

> Art. 7º São direitos dos advogados:
>
> (...)
>
> II – a inviolabilidade de seu escritório ou local de trabalho, bem como de seus instrumentos de trabalho, de sua correspondência escrita, eletrônica, telefônica e telemática, desde que relativas ao exercício da advocacia;
>
> III - comunicar-se com seus clientes, pessoal e reservadamente, mesmo sem procuração, quando estes se acharem presos, detidos ou recolhidos em estabelecimentos civis ou militares, ainda que considerados incomunicáveis;
>
> IV - ter a presença de representante da OAB, quando preso em flagrante, por motivo ligado ao exercício da advocacia, para lavratura do auto respectivo, sob pena de nulidade e, nos demais casos, a comunicação expressa à seccional da OAB;
>
> V - não ser recolhido preso, antes de sentença transitada em julgado, senão em sala de Estado Maior, com instalações e comodidades condignas, ~~assim reconhecidas pela OAB~~, e, na sua falta, em prisão domiciliar;
>
> **Art. 44. Revogam-se a Lei nº 4.898, de 9 de dezembro de 1965, e o § 2º do art. 150 e o art. 350, ambos do Decreto-Lei nº 2.848, de 7 de dezembro de 1940 (Código Penal).**
>
> **Art. 45. Esta Lei entra em vigor após decorridos 120 (cento e vinte) dias de sua publicação oficial.**

Revogação do § 2º do artigo 150 e do artigo 350 do Código Penal e *vacatio legis*: os artigos finais demandam mera leitura (revogação de dispositivos e *vacatio legis*).

Enunciados do CNPG e do GNCCRIM: eis os últimos enunciados do Conselho Nacional de Procuradores-Gerais dos Ministérios Públicos dos estados e da União (CNPG) e do Grupo Nacional de Coordenadores de Centro de Apoio Criminal (GNCCRIM) sobre a Lei 13.869/19:

> Enunciado 29 - Representações indevidas por abuso de autoridade podem, em tese, caracterizar crime de denunciação caluniosa (CP, art. 339), dano civil indenizável (CC, art. 953) e, caso o reclamante seja agente público, infração disciplinar ou político-administrativa.
>
> Enunciado 30 - A representação indevida por abuso de autoridade contra juiz, promotor de Justiça, delegados ou agentes públicos em geral, não enseja, por si só, a suspeição ante a aplicação da regra de que ninguém pode se beneficiar da própria torpeza, nos termos do que disposto, inclusive, no art. 256 do CPP.

Súmulas da Academia de Polícia Civil do Estado de São Paulo: eis súmulas da Academia de Polícia "Dr. Coriolano Nogueira Cobra", da Polícia Civil do Estado de São Paulo sobre a Lei 13.869/19:

> Súmula nº 1: Ao Delegado de Polícia é garantida autonomia intelectual para interpretar o ordenamento e decidir, de modo imparcial e fundamentado, quanto ao rumo das diligências adotadas e quanto aos juízos de tipicidade, ilicitude, culpabilidade e demais avaliações de caráter jurídico imanentes à presidência da investigação criminal.
>
> Súmula nº 2: A decretação da prisão em flagrante pelo Delegado de Polícia mediante lavratura de auto prisional, como espécie de decisão de indiciamento, demanda avaliação do requisito temporal, previsto nas hipóteses do artigo 302 do CPP, assim como do requisito probatório, consubstanciado na fundada suspeita do § 1º do artigo 304 do CPP, sem prejuízo da apuração dos fatos em sede de inquérito policial instaurado via portaria na ausência dos aludidos requisitos legais.
>
> Súmula nº 3: O Delegado de Polícia decretará o sigilo externo de procedimento investigatório, fundamentadamente, para a tutela da intimidade ou do interesse social e, do mesmo modo, determinará o sigilo interno quando houver risco de comprometimento da eficiência, da eficácia ou da finalidade das diligências a serem realizadas.
>
> Súmula nº 4: O vocábulo "preso", empregado no artigo 18 da Lei Federal 13.869/2019, abrange o custodiado temporário ou preventivo e não equivale ao mero investigado que, asseguradas as garantias fundamentais, sobretudo o direito de autodefesa e de acionar defesa técnica, poderá ser ouvido em declarações, sem prejuízo de pronta representação pela prisão provisória diante da suspeita de envolvimento em prática delitiva pretérita e do preenchimento dos requisitos legais.
>
> Súmula nº 5: A expressão "repouso noturno", do artigo 18 da Lei Federal 13.869/2019, abrange período em que as pessoas ordinariamente descansam e dormem, consubstanciando parâmetros desse elemento normativo, segundo juízo motivado do Delegado de Polícia responsável, os costumes e convenções locais, a vedação temporal entre 21 horas de um dia e 5 horas do dia seguinte para a execução de busca domiciliar prevista no inciso III do § 1º do artigo 22 do mesmo diploma legal, assim como o interstício entre o pôr do sol e a aurora do dia subsequente.
>
> Súmula nº 6: A obtenção e o uso de prova cuja licitude seja objeto de controvérsia jurisprudencial ou doutrinária estão albergados na ressalva de divergência na interpretação de lei ou na avaliação de fatos e provas do § 2º do artigo 1º da Lei Federal 13.869/2019.

Súmula nº 7: A exigência de informações ou obrigações com amparo nas prerrogativas ordinárias e de persecução atreladas ao poder-dever de presidência da investigação criminal dos Delegados de Polícia retrata medida legítima e eventual desatendimento injustificado pode ensejar responsabilização civil, administrativa e penal.

Súmula nº 8: A identificação formal de agente estatal quando as circunstâncias exigirem assim como a resposta cortês a ato voluntário e gratuito de particular motivado por respeito, educação ou gentileza não configura abuso de autoridade por ausência de dolo na conduta.

Súmula nº 9: A exposição dos fundamentos do juízo de probabilidade voltado a indicar autoria, materialidade e circunstâncias do fato apurado, inerente à decisão de indiciamento, ato privativo do Delegado de Polícia, não exprime prévia atribuição de culpa própria da acusação formal, porquanto decorrente de exigência legal e dos postulados da publicidade e da motivação dos atos estatais.

Súmula nº 10: Quando a notícia de fato não viabilizar instauração de procedimento investigatório, o Delegado de Polícia responsável determinará a verificação da procedência das informações a título de investigação preliminar sumária, em atenção ao artigo 5º, § 3º, do CPP, sem prejuízo de ulterior acautelamento fundamentado enquanto não obtidos elementos indiciários que denotem justa causa para deflagrar o procedimento legal cabível.

Capítulo 6

PACOTE ANTICRIME (LEI 13.964/19)

6.1. Alterações no Código Penal

A Lei 13.964/19, conhecida como Pacote Anticrime, foi criada com o fito de aperfeiçoar a legislação penal e processual penal, tal qual explicitado em sua ementa.

Cumpre destacar, inicialmente, que há Ações Diretas de Inconstitucionalidade propostas em face do Pacote Anticrime - ADIN 6.298, proposta Associação dos Magistrados Brasileiros (AMB) e pela Associação dos Juízes Federais do Brasil (AJUFE), 6.299, proposta pelo PODEMOS e pelo CIDADANIA, 6.300, proposta pelo Diretório Nacional do PSL, 6.305, proposta pela Associação Nacional dos Membros do Ministério Público (CONAMP), todas sob a relatoria do Ministro Luiz Fux. No bojo da ADIN 6.298, o Ministro Dias Toffoli concedeu liminar com o fito de:

> (i) suspender-se a eficácia dos arts. 3º-D, parágrafo único, e 157, § 5º, do Código de Processo Penal, incluídos pela Lei nº 13.964/19; (ii) suspender-se a eficácia dos arts. 3º-B, 3º-C, 3º-D, caput, 3º-E e 3º-F do CPP, inseridos pela Lei nº 13.964/2019, até a efetiva implementação do juiz das garantias pelos tribunais, o que deverá ocorrer no prazo máximo de 180 (cento e oitenta) dias, contados a partir da publicação desta decisão; (iii) conferir-se interpretação conforme às normas relativas ao juiz das garantias (arts. 3º-B a 3º-F do CPP), para esclarecer que não se aplicam às seguintes situações: (a) processos de competência originária dos tribunais, os quais são regidos pela Lei nº 8.038/1990; (b) processos de competência do Tribunal do Júri; (c) casos de violência doméstica e familiar; e (d) processos criminais de competência da Justiça Eleitoral. (iv) fixarem-se as seguintes regras de transição: (a) no tocante às ações penais que já tiverem sido instauradas no momento da efetiva implementação do juiz das garantias pelos tribunais (ou quando esgotado o prazo máximo de 180 dias), a eficácia da lei não acarretará qualquer modificação do juízo competente. O fato de o juiz da causa ter atuado na fase investigativa não implicará seu automático impedimento;

(b) quanto às investigações que estiverem em curso no momento da efetiva implementação do juiz das garantias pelos tribunais (ou quando esgotado o prazo máximo de 180 dias), o juiz da investigação tornar-se-á o juiz das garantias do caso específico. Nessa hipótese, cessada a competência do juiz das garantias, com o recebimento da denúncia ou queixa, o processo será enviado ao juiz competente para a instrução e o julgamento da causa.

O Ministro Luiz Fux findou cassando a decisão do Ministro Dias Toffoli e prolatando outra liminar (nas ADIN citadas supra), nos seguintes termos:

> DIREITO CONSTITUCIONAL. DIREITO PROCESSUAL PENAL. ART. 3º-A, 3º-B, 3º- C, 3º-D, 3º-E e 3º-F DO CPP. JUIZ DAS GARANTIAS. REGRA DE ORGANIZAÇÃO JUDICIÁRIA. INCONSTITUCIONALIDADE FORMAL. ARTIGO 96 DA CONSTITUIÇÃO. INCONSTITUCIONALIDADE MATERIAL. AUSÊNCIA DE DOTAÇÃO ORÇAMENTÁRIA PRÉVIA. ARTIGO 169 DA CONSTITUIÇÃO. AUTONOMIA FINANCEIRA DO PODER JUDICIÁRIO. ARTIGO 96 DA CONSTITUIÇÃO. IMPACTO SISTÊMICO. ARTIGO 28 DO CPP. ALTERAÇÃO REGRA ARQUIVAMENTO. ARTIGO 28-A DO CPP. ACORDO DE NÃO PERSECUÇÃO PENAL. SISTEMA DE FREIOS E CONTRAPESOS ENTRE ACUSAÇÃO, JUIZ E DEFESA. ARTIGO 310, §4º, DO CPP. RELAXAMENTO AUTOMÁTICO DA PRISÃO. AUDIÊNCIA DE CUSTÓDIA. PROPORCIONALIDADE. FUMUS BONI IURIS. PERICULUM IN MORA. MEDIDAS CAUTELARES PARCIALMENTE DEFERIDAS. 1. A jurisdição constitucional, como atividade típica deste Supremo Tribunal Federal, diferencia-se sobremaneira das funções legislativa e executiva, especialmente em relação ao seu escopo e aos seus limites institucionais. Ao contrário do Poder Legislativo e do Poder Executivo, não compete ao Supremo Tribunal Federal realizar um juízo eminentemente político do que é bom ou ruim, conveniente ou inconveniente, apropriado ou inapropriado. Ao revés, compete a este Tribunal afirmar o que é constitucional ou inconstitucional, invariavelmente sob a perspectiva da Carta da 1988. 2. A medida cautelar na ação direta de inconstitucionalidade tem escopo reduzido, sob pena de prejudicar a deliberação a ser realizada posteriormente pelo Plenário da corte. Consectariamente, salvo em hipóteses excepcionais, a medida cautelar deve ser reversível, não podendo produzir, ainda que despropositadamente, fato consumado que crie dificuldades de ordem prática para a implementação da futura decisão de mérito a ser adotada pelo Tribunal, qualquer que seja o teor. 3. Fixadas essas premissas, impende esclarecer que foram propostas as ADI 6.298, 6.299, 6.300 e 6305, cujo objeto de impugnação são os seguintes dispositivos: (a) Artigos 3º-A a 3º-F do Código de Processo Penal, na redação concedida pela Lei n. 13.964/2019 (Juiz das

garantias e normas correlatas): (a1) O juiz das garantias, embora formalmente concebido pela lei como norma processual geral, altera materialmente a divisão e a organização de serviços judiciários em nível tal que enseja completa reorganização da justiça criminal do país, de sorte que inafastável considerar que os artigos 3º-A a 3º-F consistem preponderantemente em normas de organização judiciária, sobre as quais o Poder Judiciário tem iniciativa legislativa própria (Art. 96 da Constituição); (a2) O juízo das garantias e sua implementação causam impacto financeiro relevante ao Poder Judiciário, especialmente com as necessárias reestruturações e redistribuições de recursos humanos e materiais, bem como com o incremento dos sistemas processuais e das soluções de tecnologia da informação correlatas; (a3) A ausência de prévia dotação orçamentária para a instituição de gastos por parte da União e dos Estados viola diretamente o artigo 169 da Constituição e prejudica a autonomia financeira do Poder Judiciário, assegurada pelo artigo 99 da Constituição; (a4) Deveras, o artigo 113 do Ato das Disposições Constitucionais Transitórias, acrescentado pela Emenda Constitucional n. 95/2016, determina que "[a] proposição legislativa que crie ou altere despesa obrigatória ou renúncia de receita deverá ser acompanhada da estimativa do seu impacto orçamentário e financeiro"; (a5) É cediço em abalizados estudos comportamentais que, mercê de os seres humanos desenvolverem vieses em seus processos decisórios, isso por si só não autoriza a aplicação automática dessa premissa ao sistema de justiça criminal brasileiro, criando-se uma presunção generalizada de que qualquer juiz criminal do país tem tendências que favoreçam a acusação, nem permite inferir, a partir dessa ideia geral, que a estratégia institucional mais eficiente para minimizar eventuais vieses cognitivos de juízes criminais seja repartir as funções entre o juiz das garantias e o juiz da instrução; (a6) A complexidade da matéria em análise reclama a reunião de melhores subsídios que indiquem, acima de qualquer dúvida razoável, os reais impactos do juízo das garantias para os diversos interesses tutelados pela Constituição Federal, incluídos o devido processo legal, a duração razoável do processo e a eficiência da justiça criminal; (a7) Medida cautelar concedida, para suspensão da eficácia dos artigos 3º-A a 3º-F do Código de Processo Penal (Inconstitucionalidades formal e material); (b) Artigo 157, §5º, CPP (Alteração do juiz natural que conheceu prova declarada inadmissível): (b1) Os princípios da legalidade, do juiz natural e da razoabilidade restam violados pela proibição de o juiz que conheceu a prova declarada inadmissível proferir sentença. A ausência de elementos claros e objetivos para a seleção do juiz sentenciante permite eventual manipulação da escolha do órgão julgador, conduzindo à inconstitucionalidade a técnica eleita legislativamente; (b2) Medida cautelar concedida, para suspensão da eficácia do artigo 157, §5º, do Código de Processo Penal (Inconstitucionalidade material); (c) Artigo 28, caput, Código de Processo (Alteração do procedimento de arquivamento do inquérito policial): (c1) Viola as cláusulas que exigem prévia dotação orçamentária para a realização de despesas (Artigo 169, Constituição), além da autonomia financeira dos Ministérios Públicos (Artigo 127, Constituição), a alteração promovida no rito de arquivamento do inquérito policial, máxime quando desconsidera os impactos sistêmicos e financeiros ao funcionamento dos órgãos do parquet; (c2) A previsão de o dispositivo ora impugnado entrar em vigor em 23.01.2020, sem que os Ministérios Públicos tivessem tido tempo hábil para se adaptar estruturalmente à nova competência estabelecida, revela a irrazoablidade da regra, inquinando-a com o vício da inconstitucionalidade. A vacatio legis da Lei n. 13.964/2019 transcorreu integralmente durante o período de recesso parlamentar federal e estadual, o que impediu qualquer tipo de mobilização dos Ministérios Públicos para a propositura de eventuais projetos de lei que venham a possibilitar a implementação adequada dessa nova sistemática; (c3) Medida cautelar deferida, para suspensão da eficácia do artigo 28, caput, do Código de Processo Penal; (d) Artigo 28-A, inciso III e IV, e §§§ 5°, 7°, 8º do Código de Processo Penal (Acordo de Não Persecução Penal): (d1) A possibilidade de o juiz controlar a legalidade do acordo de não persecução penal prestigia o sistema de "freios e contrapesos" no processo penal e não interfere na autonomia do membro do Ministério Público (órgão acusador, por essência); (d2) O magistrado não pode intervir na redação final da proposta de acordo de não persecução penal de modo a estabelecer as suas cláusulas. Ao revés, o juiz poderá (a) não homologar o acordo ou (b) devolver os autos para que o parquet – de fato, o legitimado constitucional para a elaboração do acordo – apresente nova proposta ou analise a necessidade de complementar as investigações ou de oferecer denúncia, se for o caso; (d3) Medida cautelar indeferida; (e) Artigo 310, §4°, Código de Processo Penal (Ilegalidade da prisão pela não realização da audiência de custódia no prazo de 24 horas): (e1) A ilegalidade da prisão como consequência jurídica para a não realização da audiência de custódia no prazo de 24 horas fere a razoabilidade, uma vez que desconsidera dificuldades práticas locais de várias regiões do país, bem como dificuldades logísticas decorrentes de operações policiais de considerável porte. A categoria aberta "motivação idônea", que excepciona a ilegalidade da prisão, é demasiadamente abstrata e não fornece baliza interpretativa segura para aplicação do dispositivo; (e2) Medida cautelar concedida, para suspensão da eficácia do artigo 310, §4°, do Código de Processo Penal (Inconstitucionalidade material). 4. Medidas cautelares concedidas para suspender sine die a eficácia: (a) Da implantação do juiz das garantias e seus consectários

> (Artigos 3º-A, 3º-B, 3º-C, 3º-D, 3ª-E, 3º-F, do Código de Processo Penal); (b) Da alteração do juiz sentenciante que conheceu de prova declarada inadmissível (157, §5º, do Código de Processo Penal); (c) Da alteração do procedimento de arquivamento do inquérito policial (28, caput, Código de Processo Penal); e (d) Da liberalização da prisão pela não realização da audiência de custodia no prazo de 24 horas (Artigo 310, §4°, do Código de Processo Penal); 5. A concessão desta medida cautelar não interfere nem suspende os inquéritos e os processos em curso na presente data.

Em síntese apertada, a decisão transcrita determinou: a) suspensão da eficácia do artigo 310, § 4°, do Código de Processo Penal (inconstitucionalidade material, no entendimento do Ministro Fux); b) suspensão, *sine die* da eficácia: 1) da implantação do juiz das garantias e seus consectários (artigos 3º-A, 3º-B, 3º-C, 3º-D, 3ª-E, 3º-F, do Código de Processo Penal); 2) da alteração do juiz sentenciante que conheceu de prova declarada inadmissível (artigo 157, § 5º, do Código de Processo Penal); 3) da alteração do procedimento de arquivamento do inquérito policial (artigo 28, *caput*, Código de Processo Penal); e 4) da liberalização da prisão pela não realização da audiência de custodia no prazo de 24 horas (artigo 310, § 4°, do Código de Processo Penal). O Ministro Fux deixou claro no comando que a concessão da medida cautelar não interfere nem suspende os inquéritos e os processos em curso na data da prolação da decisão.

O destino do Pacote Anticrime (nesses dispositivos específicos citados na decisão do Ministro Luiz Fux) depende agora de decisão do Plenário do Supremo Tribunal Federal (sendo certo que a leitura das duas decisões liminares até agora prolatadas revela clara divergência entre os posicionamentos dos Ministros Toffoli e Fux, especialmente no que toca à constitucionalidade da criação do juízo das garantias).

Feito esse introito, analisemos todas as modificações propostas pelo Pacote Anticrime.

Legítima defesa: O mandamento citado alterou o Código Penal, inserindo parágrafo único do artigo 25:

> Art. 25 (...)
>
> Parágrafo único. Observados os requisitos previstos no caput deste artigo, considera-se também em legítima defesa o agente de segurança pública que repele agressão ou risco de agressão a vítima mantida refém durante a prática de crimes.

O legislador espanca, com o dispositivo, as dúvidas relacionadas à excludente a ser aplicada em caso de disparos de comprometimento feitos por atiradores de elite das polícias ou grupos táticos de pronta intervenção, contra perpetradores de crises com reféns.

Em situações extremas envolvendo reféns, depois de esgotadas todas as linhas de negociação com o objetivo de libertar as vítimas e capturar o criminoso, a única alternativa estatal é disparar contra o perpetrador da crise. O disparo normalmente redunda na morte do autor do fato. A conduta materializada pelo policial que efetua o disparo é típica, mas não há ilicitude. Antes da inovação legislativa, era possível enquadrar a situação em duas das excludentes de antijuridicidade previstas no artigo 23 do Código Penal – legítima defesa (de terceiro) ou estrito cumprimento do dever legal.

Era possível entender existir legítima defesa porquanto a ação policial representava uso moderado dos meios necessários para repelir injusta agressão atual/iminente perpetrada contra terceiros (artigo 25 do Código Penal). Também me parecia possível interpretar existir estrito cumprimento do dever legal, porque o policial tem o dever de frear prática delitógena em curso e a lei autoriza uso progressivo da força com esse desiderato (que pode culminar com a morte do agressor, caso a resistência seja invencível).

O novel parágrafo único do artigo 25 do Código Penal findou colocando um ponto final nas dúvidas: o agente de segurança que abate perpetrador de crise com reféns age, caso presentes os requisitos presentes no *caput* do mesmo artigo (injusta agressão, atual ou iminente, uso moderado dos meios necessários), em legítima defesa.

Apesar do legislador ter limitado o alcance do parágrafo único do artigo 25 aos agentes de segurança pública (vide artigo 144 da Constituição Federal), penso ser possível, por analogia, estender o dispositivo a particulares em igual situação (imagine a situação de um pai que atire em criminoso que faz refém sua filha durante um roubo malsucedido). É possível, ainda, falar na excludente de antijuridicidade exercício regular de direito (já que o particular pode prender quem se ache em situação flagrancial e, para executar esse intento, é possível, eventualmente, uso progressivo da força) ou na incidência do *caput* do artigo 25 do Código Penal (legítima defesa de terceiro) – prefiro essa última possibilidade (legítima defesa de terceiro calcada no *caput* do artigo 25 do Código Penal).

Feita a análise do novel dispositivo, é preciso consignar crítica: o legislador não criou nova modalidade de legítima defesa (posto que reclamou a incidência de todos os requisitos avistáveis no *caput* do artigo 25 do Código Penal para reconhecimento da excludente). Destarte, apesar de parecer uma novidade, o dispositivo apenas exemplificou uma hipótese de excludente de ilicitude que sempre existiu.

Execução da pena de multa: A Lei 13.964/19 deu nova redação ao artigo 51 do Código Penal, deixando claro a competência do juízo das execuções penais para execução da pena de multa:

Art. 51. Transitada em julgado a sentença condenatória, a multa será executada perante o juiz da execução penal e será considerada dívida de valor, aplicáveis as normas relativas à dívida ativa da Fazenda Pública, inclusive no que concerne às causas interruptivas e suspensivas da prescrição.

A nova redação do dispositivo segue o quanto decidido pelo Supremo Tribunal Federal nos autos da ADIN 3150 (restando superada, desde então, a Súmula 521/STJ[1]):

> Execução penal. Constitucional. Ação direta de inconstitucionalidade. Pena de multa. Legitimidade prioritária do Ministério Público. Necessidade de interpretação conforme. Procedência parcial do pedido. 1. A Lei nº 9.268/1996, ao considerar a multa penal como dívida de valor, não retirou dela o caráter de sanção criminal, que lhe é inerente por força do art. 5º, XLVI, c, da Constituição Federal. 2. Como consequência, a legitimação prioritária para a execução da multa penal é do Ministério Público perante a Vara de Execuções Penais. 3. Por ser também dívida de valor em face do Poder Público, a multa pode ser subsidiariamente cobrada pela Fazenda Pública, na Vara de Execução Fiscal, se o Ministério Público não houver atuado em prazo razoável (90 dias). 4. Ação direta de inconstitucionalidade cujo pedido se julga parcialmente procedente para, conferindo interpretação conforme à Constituição ao art. 51 do Código Penal, explicitar que a expressão "aplicando-se-lhes as normas da legislação relativa à dívida ativa da Fazenda Pública, inclusive no que concerne às causas interruptivas e suspensivas da prescrição", não exclui a legitimação prioritária do Ministério Público para a cobrança da multa na Vara de Execução Penal. Fixação das seguintes teses: (i) O Ministério Público é o órgão legitimado para promover a execução da pena de multa, perante a Vara de Execução Criminal, observado o procedimento descrito pelos artigos 164 e seguintes da Lei de Execução Penal; (ii) Caso o titular da ação penal, devidamente intimado, não proponha a execução da multa no prazo de 90 (noventa) dias, o Juiz da execução criminal dará ciência do feito ao órgão competente da Fazenda Pública (Federal ou Estadual, conforme o caso) para a respectiva cobrança na própria Vara de Execução Fiscal, com a observância do rito da Lei 6.830/1980.

Assim, a atribuição para executar a pena de multa, na forma da nova redação do artigo 51 do Código Penal, é do Ministério Público, perante o juízo das execuções penais.

---

1 **Súmula 521/STJ** - *A legitimidade para execução fiscal de multa pendente de pagamento imposta em sentença condenatória é exclusiva da Procuradoria da Fazenda Pública.*

Importante salientar que o legislador não fez a ressalva determinada pelo Pretório Excelso em relação à inércia do *Parquet* - legitimidade da Procuradoria da Fazenda Pública para propor a execução da multa não paga perante a respectiva Vara de Execução Fiscal caso a execução não seja proposta em 90 dias pelo Ministério Público. Ainda assim, penso ser possível aplicar o quanto decidido pelo STF no bojo da ADIN 3150 à nova redação do artigo 51 do Código Penal determinada pela Lei 13.964/19.

Redação anterior	Redação determinada pelo Pacote Anticrime
Art. 51 - Transitada em julgado a sentença condenatória, a multa será considerada dívida de valor, aplicando-se-lhes as normas da legislação relativa à dívida ativa da Fazenda Pública, inclusive no que concerne às causas interruptivas e suspensivas da prescrição.	Art. 51. Transitada em julgado a sentença condenatória, a multa será executada perante o juiz da execução penal e será considerada dívida de valor, aplicáveis as normas relativas à dívida ativa da Fazenda Pública, inclusive no que concerne às causas interruptivas e suspensivas da prescrição.

Pena privativa de liberdade: Mais uma alteração operada pelo Pacote Anticrime: o tempo máximo de cumprimento de pena privativa de liberdade. O artigo 75 do Código Penal orça em 30 anos o tempo máximo de cumprimento de pena privativa de liberdade. Com a entrada em vigor da Lei 13.964/19 (foi determinada *vacatio legis* de 30 dias, a partir da publicação oficial - artigo 20), esse limite passou a ser de 40 anos:

> Art. 75. O tempo de cumprimento das penas privativas de liberdade não pode ser superior a 40 (quarenta) anos.
>
> § 1º Quando o agente for condenado a penas privativas de liberdade cuja soma seja superior a 40 (quarenta) anos, devem elas ser unificadas para atender ao limite máximo deste artigo.

Por óbvio, a análise, pelo juízo das execuções, de eventuais benefícios pleiteados pelo condenado durante a execução da pena continua sendo feita tomando por base o montante global de pena unificada, na forma da Súmula 715/STF[2].

2 Súmula 715/STF: A pena unificada para atender ao limite de trinta anos de cumprimento, determinado pelo art. 75 do Código Penal, não é considerada para a concessão de outros benefícios, como o livramento condicional ou regime mais favorável de execução.

Redação anterior	Redação determinada pelo Pacote Anticrime
Art. 75 - O tempo de cumprimento das penas privativas de liberdade não pode ser superior a 30 (trinta) anos. § 1º - Quando o agente for condenado a penas privativas de liberdade cuja soma seja superior a 30 (trinta) anos, devem elas ser unificadas para atender ao limite máximo deste artigo.	Art. 75. O tempo de cumprimento das penas privativas de liberdade não pode ser superior a 40 (quarenta) anos. § 1º Quando o agente for condenado a penas privativas de liberdade cuja soma seja superior a 40 (quarenta) anos, devem elas ser unificadas para atender ao limite máximo deste artigo.

Bom que se recorde que a alteração também reflete no tempo máximo de duração da medida de segurança. Explico. A medida de segurança, de acordo com o Código Penal, dura por tempo indeterminado. Já o STF, atento ao fato de que a Constituição Federal veda pena (na verdade a medida segurança tem natureza jurídica de sanção penal) de caráter perpétuo, entende que a sua duração máxima é o tempo máximo de cumprimento de pena privativa de liberdade (agora orçado em 40 anos), com aplicação, por analogia do artigo 75 à medida de segurança. Em arremate, cumpre deixar claro que o STJ editou a Súmula 527[3] sobre o tema.

Eis tabela que sintetiza o quanto desenhado supra:

Fonte	Duração da medida de segurança	Fundamento
Código Penal	Prazo indeterminado	Artigo 97, § 1º, do Código Penal
STF	No máximo 40 anos (em face de alteração operada pelo Pacote Anticrime)	HC 84219/SP
STJ	Não deve ultrapassar o máximo de pena em abstrato cominada ao delito praticado	Súmula 527

3 Súmula 527/STJ - O tempo de duração da medida de segurança não deve ultrapassar o limite máximo da pena abstratamente cominada ao delito praticado.

Proponho, entrementes, uma quarta via. Todas as trilhas acima expostas são injustas em relação ao inimputável. Tomemos como exemplo a prática de crime de roubo simples. Caso o agente seja imputável, primário e de bons antecedentes, a tendência é que ele seja condenado a pena privativa de liberdade mais próxima do mínimo que do máximo legal. Se o agente for reconhecido inimputável pela doença mental (artigo 26 do Código Penal), contudo, todas as alternativas acima desenhadas serão mais gravosas que a pena imposta ao imputável que comete o mesmo delito (medida de segurança por tempo indeterminado, na forma do Código Penal; medida de segurança com duração máxima de 40 anos, de acordo com entendimento do STF; medida de segurança com duração máxima de 10 anos, de acordo com entendimento do STJ, já que essa é a pena máxima do roubo simples). Minha proposta consiste na materialização de dosimetria de pena (mesmo sendo o agente inimputável), com o fito de aferir qual seria a pena concretamente aplicada, caso o réu fosse imputável. Feita a operação (e sabendo a pena concreta), o juiz absolveria o acusado, impondo medida de segurança cujo tempo máximo de duração será a pena concretamente orçada pelo magistrado na dosimetria virtual.

Livramento condicional: O Pacote Anticrime alterou, ainda, o livramento condicional. Foi incluído no inciso III do artigo 83 do Código Penal a necessidade de comprovação, pelo condenado, do não cometimento de falta grave nos últimos 12 meses para obtenção do benefício. A expressão "comportamento satisfatório" ou substituída por "bom comportamento durante a execução da pena".

É preciso que se diga que a inclusão do novo requisito objetivo para obtenção do livramento condicional não afeta a Súmula 441/STJ[4]. O fato do condenado só poder usufruir a benesse se não tiver praticado falta grave nos últimos 12 meses não quer dizer que a prática da falta interrompa o prazo para obtenção do livramento (a interrupção é apenas do prazo para obtenção da progressão de regime, na forma da Súmula 534/STJ[5]).

Eis tabela que analisa a benesse:

4 Súmula 441/STJ - A falta grave não interrompe o prazo para obtenção de livramento condicional.

5 Súmula 534/STJ - A prática de falta grave interrompe a contagem do prazo para a progressão de regime de cumprimento de pena, o qual se reinicia a partir do cometimento dessa infração.

Condenado	Quantidade de pena cumprida	Requisito subjetivo	Requisito objetivo	Requisito subjetivo adicional se o crime for doloso, cometido com violência ou grave ameaça à pessoa
Não reincidente em crime doloso	Mais de 1/3	Comprovado bom comportamento durante a execução da pena, não ter cometido falta grave nos últimos 12 meses, bom desempenho no trabalho que lhe foi atribuído e aptidão para prover à própria subsistência mediante trabalho honesto	Tenha reparado, salvo efetiva impossibilidade de fazê-lo, o dano causado pela infração.	Constatação de condições pessoais que façam presumir que o liberado não voltará a delinquir.
Reincidente em crime doloso	Mais da metade	Comprovado bom comportamento durante a execução da pena, não ter cometido falta grave nos últimos 12 meses, bom desempenho no trabalho que lhe foi atribuído e aptidão para prover à própria subsistência mediante trabalho honesto	Tenha reparado, salvo efetiva impossibilidade de fazê-lo, o dano causado pela infração.	Constatação de condições pessoais que façam presumir que o liberado não voltará a delinquir.
Pela prática de crime hediondo ou equiparado a hediondo	Mais de 2/3	Comprovado bom comportamento durante a execução da pena, não ter cometido falta grave nos últimos 12 meses, bom desempenho no trabalho que lhe foi atribuído e aptidão para prover à própria subsistência mediante trabalho honesto	Tenha reparado, salvo efetiva impossibilidade de fazê-lo, o dano causado pela infração.	Constatação de condições pessoais que façam presumir que o liberado não voltará a delinquir.

Condenado	Quantidade de pena cumprida	Requisito subjetivo	Requisito objetivo	Requisito subjetivo adicional se o crime for doloso, cometido com violência ou grave ameaça à pessoa
Reincidente específico em crime hediondo ou equiparado a hediondo ou condenado primário pela prática de crime hediondo ou equiparado, com resultado morte	Não faz jus ao benefício	-	-	-

Redação anterior	Redação determinada pelo Pacote Anticrime
Art. 83. (...) III - comprovado comportamento satisfatório durante a execução da pena, bom desempenho no trabalho que lhe foi atribuído e aptidão para prover à própria subsistência mediante trabalho honesto;	Art. 83. (...) III - comprovado: a) bom comportamento durante a execução da pena; b) não cometimento de falta grave nos últimos 12 (doze) meses; c) bom desempenho no trabalho que lhe foi atribuído; e d) aptidão para prover a própria subsistência mediante trabalho honesto;

Confisco alargado: O Pacote Anticrime inseriu o artigo 91-A no Código Repressivo Pátrio:

> Art. 91-A. Na hipótese de condenação por infrações às quais a lei comine pena máxima superior a 6 (seis) anos de reclusão, poderá ser decretada a perda, como produto ou proveito do crime, dos bens correspondentes à diferença entre o valor do patrimônio do condenado e aquele que seja compatível com o seu rendimento lícito.
>
> § 1º Para efeito da perda prevista no caput deste artigo, entende-se por patrimônio do condenado todos os bens:
>
> I - de sua titularidade, ou em relação aos quais ele tenha o domínio e o benefício direto ou indireto, na data da infração penal ou recebidos posteriormente; e
>
> II - transferidos a terceiros a título gratuito ou mediante contraprestação irrisória, a partir do início da atividade criminal.
>
> § 2º O condenado poderá demonstrar a inexistência da incompatibilidade ou a procedência lícita do patrimônio.
>
> § 3º A perda prevista neste artigo deverá ser requerida expressamente pelo Ministério Público, por ocasião do oferecimento da denúncia, com indicação da diferença apurada.
>
> § 4º Na sentença condenatória, o juiz deve declarar o valor da diferença apurada e especificar os bens cuja perda for decretada.
>
> § 5º Os instrumentos utilizados para a prática de crimes por organizações criminosas e milícias deverão ser declarados perdidos em favor da União ou do Estado, dependendo da Justiça onde tramita a ação penal, ainda que não ponham em perigo a segurança das pessoas, a moral ou a ordem pública, nem ofereçam sério risco de ser utilizados para o cometimento de novos crimes.

O dispositivo acrescentou efeito extrapenal de perda, como produto ou proveito do crime, dos bens correspondentes à diferença entre o valor do patrimônio do condenado e aquele que seja compatível com seu rendimento lícito, em relação a crimes cuja pena máxima seja superior a 6 anos (que depende de pedido expresso do Ministério Público a ser feito na exordial acusatória e decisão fundamentada do magistrado na sentença, que especificará o valor da diferença apurada e os bens cuja perda foi decretada). A decisão do juiz deverá analisar os seguintes aspectos: a) adimplemento do requisito objetivo atinente à pena do crime imputado ao réu (pena máxima em abstrato superior a 6 anos - para alcançar o limite imposto pela lei, penso ser possível operar soma de penas ou exasperação em caso de concurso de crimes, conforme o caso); b) identificação do patrimônio do condenado (bens da sua titularidade, ou em relação aos quais ele tenha o domínio e o benefício direito ou indireto, na data da infração penal ou recebidos posteriormente, ou que tenham sido transferidos a terceiros a título gratuito ou mediante contraprestação irrisória, a partir do início da atividade criminal); c) capacidade econômica do condenado, de acordo com seu rendimento lícito. A partir desse estudo, deve o juiz indicar os bens que serão perdidos.

Atento à inovação legislativa, o aparelho policial deve cuidar de levantar o patrimônio do investigado a partir da prática do delito, monitorando sua expansão ou a transferência graciosa e ilícita de bens, sem descurar da análise do rendimento lícito do suspeito. Como o pedido de perda deve ser feito pelo Ministério Público já na denúncia, esses dados, preferencialmente, devem ser colhidos pelo Estado-investigação no curso do inquérito policial.

O §5º do artigo 91-A do Código Penal indica que os instrumentos utilizados para a prática de crimes por organizações criminosas e milícias deverão ser declarados perdidos em favor da União ou do Estado, dependendo da Justiça onde tramita a ação penal, ainda que não ponham em perigo a segurança das pessoas, a moral ou a ordem pública, nem ofereçam sério risco de ser utilizados para o cometimento de novos crimes. O conceito de organização criminosa.

O conceito de organização criminosa é facilmente identificado pela análise do artigo 1º, § 1º, da Lei 12.850/13[6]. Contudo, o legislador tupiniquim ainda não cuidou de explicitar o exato significado da expressão "milícia", o que pode prejudicar sobremaneira a aplicação do dispositivo.

Prescrição: O Pacote Anticrime incluiu duas novas causas de suspensão do prazo prescricional no artigo 116 do Código Penal (o inciso II teve apenas sua redação alterada – sai a expressão "estrangeiro" e entra a palavra "exterior"):

> Art. 116 - Antes de passar em julgado a sentença final, a prescrição não corre:
>
> I - enquanto não resolvida, em outro processo, questão de que dependa o reconhecimento da existência do crime;
>
> II - enquanto o agente cumpre pena no exterior;
>
> III - na pendência de embargos de declaração ou de recursos aos Tribunais Superiores, quando inadmissíveis; e

---

6 § 1º Considera-se organização criminosa a associação de 4 (quatro) ou mais pessoas estruturalmente ordenada e caracterizada pela divisão de tarefas, ainda que informalmente, com objetivo de obter, direta ou indiretamente, vantagem de qualquer natureza, mediante a prática de infrações penais cujas penas máximas sejam superiores a 4 (quatro) anos, ou que sejam de caráter transnacional.

IV - enquanto não cumprido ou não rescindido o acordo de não persecução penal.

O dispositivo demanda mera leitura, sendo importante apenas frisar o dispositivo só pode ser aplicado a crimes praticados depois da entrada em vigor da Lei 13.964/19, por se tratar de lei penal mais gravosa (princípio da irretroatividade da lei penal).

Redação anterior	Redação determinada pelo Pacote Anticrime
Art. 116 - Antes de passar em julgado a sentença final, a prescrição não corre:	Art. 116 - Antes de passar em julgado a sentença final, a prescrição não corre:
I - enquanto não resolvida, em outro processo, questão de que dependa o reconhecimento da existência do crime;	I - enquanto não resolvida, em outro processo, questão de que dependa o reconhecimento da existência do crime;
II - enquanto o agente cumpre pena no estrangeiro.	II - enquanto o agente cumpre pena no exterior;
Parágrafo único - Depois de passada em julgado a sentença condenatória, a prescrição não corre durante o tempo em que o condenado está preso por outro motivo.	III - na pendência de embargos de declaração ou de recursos aos Tribunais Superiores, quando inadmissíveis; e
	IV - enquanto não cumprido ou não rescindido o acordo de não persecução penal.
	Parágrafo único - Depois de passada em julgado a sentença condenatória, a prescrição não corre durante o tempo em que o condenado está preso por outro motivo.

Qualificadora do crime de homicídio (vetada): O Presidente da República vetou novel qualificadora do homicídio (inclusão do inciso VIII ao § 2º do artigo 121 do Código Penal). O projeto aprovado pelo Congresso Nacional previa como qualificado o homicídio praticado "com emprego de arma de fogo de uso restrito ou proibido". Eis as razões do veto:

> A propositura legislativa, ao prever como qualificadora do crime de homicídio o emprego de arma de fogo de uso restrito ou proibido, sem qualquer ressalva, viola o princípio da proporcionalidade entre o tipo penal descrito e a pena cominada, além de gerar insegurança jurídica, notadamente aos agentes de segurança pública, tendo em vista que esses servidores poderão ser severamente processados ou condenados criminalmente por utilizarem suas armas, que são de uso restrito, no exercício de suas funções para defesa pessoal ou de terceiros ou, ainda, em situações extremas para a garantia da ordem pública, a exemplo de conflito armado contra facções criminosas.

As razões do veto presidencial, com a devida vênia, não se justificam.

Houve veto, de igual sorte, à criação do § 2º do artigo 141 do Código Penal. O dispositivo aprovado pelo Congresso Nacional previa majorante relacionada aos crimes contra honra, com a seguinte redação: "Se o crime é cometido ou divulgado em quaisquer modalidades das redes sociais da rede mundial de computadores, aplica-se em triplo a pena". Eis as razões do veto:

> A propositura legislativa, ao promover o incremento da pena no triplo quando o crime for cometido ou divulgado em quaisquer modalidades das redes sociais da rede mundial de computadores, viola o princípio da proporcionalidade entre o tipo penal descrito e a pena cominada, notadamente se considerarmos a existência da legislação atual que já tutela suficientemente os interesses protegidos pelo Projeto, ao permitir o agravamento da pena em um terço na hipótese de qualquer dos crimes contra a honra ser cometido por meio que facilite a sua divulgação. Ademais a substituição da lavratura de termo circunstanciado nesses crimes, em razão da pena máxima ser superior a dois anos, pela necessária abertura de inquérito policial, ensejaria, por conseguinte, superlotação das delegacias, e, com isso, redução do tempo e da força de trabalho para se dedicar ao combate de crimes graves, tais como homicídio e latrocínio.

Alterações no crime de roubo: A Lei 13.964/19 enxertou causa de aumento no crime de roubo. O crime tipificado no artigo 157 do Código Penal passa a ser majorado (aumento de 1/3 até metade) se for cometido com emprego de arma branca.

> Art. 157 (...)
>
> § 2º A pena aumenta-se de 1/3 (um terço) até metade:
>
> (...)
>
> VII - se a violência ou grave ameaça é exercida com emprego de arma branca;

Interessante notar que, com a edição da Lei 13.654/18, o roubo com uso de arma branca ou imprópria passou a ser tipificado como simples, em face da revogação do inciso I do § 2º do artigo 157 (o mandamento legal em testilha majorou a pena apenas do roubo com emprego de arma de fogo). A lei que objetivava recrudescer o tratamento imposto a roubadores, findou se transmudando em *novatio legis in mellius* (artigo 2º, parágrafo único, do Código Penal).

Agora, com a entrada em vigor do Pacote Anticrime, o roubo com emprego de arma branca volta a ser majorado. Por óbvio, como se trata de inovação legislativa mais gravosa, o aumento só pode ser imposto para o agente que cometer o delito (roubo com emprego de arma branca) após a entrada em vigor da Lei 13.964/19 (princípio da irretroatividade da lei penal).

O Pacote Anticrime enxertou, ainda, o § 2º-B no artigo 157 do Código Penal:

> Art. 157 (...)
>
> § 2º-B. Se a violência ou grave ameaça é exercida com emprego de arma de fogo de uso restrito ou proibido, aplica-se em dobro a pena prevista no caput deste artigo.

Trata-se de nova majorante aplicável ao crime de roubo, quando a violência ou grave ameaça é exercida com emprego de arma de fogo de uso restrito ou proibido (a pena do *caput* será dobrada). A Lei 13.964/19 transmudou, de igual sorte, dito crime majorado em crime hediondo (apenas para falar da hediondez do roubo, foram alçados à condição de crime hediondo o roubo majorado pela restrição da liberdade da vítima, o roubo majorado pelo emprego de arma de fogo, o roubo majorado pelo emprego de arma de fogo de uso restrito/proibido e o qualificado pelo resultado lesão corporal grave ou morte).

Ação penal do crime de estelionato: A Lei 13.964/19 também alterou a ação penal em relação ao crime de estelionato (que em regra passa a ser pública condicionada a representação, salvo nos casos listados no novel § 5º do artigo 171 – quando a ação será pública incondicionada):

> Art. 171 (...)
>
> § 5º Somente se procede mediante representação, salvo se a vítima for:
>
> I - a Administração Pública, direta ou indireta;
>
> II - criança ou adolescente;
>
> III - pessoa com deficiência mental; ou
>
> IV - maior de 70 (setenta) anos de idade ou incapaz.

Penso que essa alteração tem natureza híbrida. O conteúdo penal é representado pela possibilidade de incidência de causa de extinção da punibilidade (decadência). O conteúdo processual penal fica evidenciado pela alteração da natureza da ação penal (que passou a ser, em regra, pública condicionada a representação da vítima).

Como dito supra, com a entrada em vigor da Lei 13.964/19, as vítimas dos estelionatos que passaram a ser crimes de ação penal pública condicionada a representação devem ser convocadas para ofertá-la, no prazo de 6 meses contados do conhecimento da autoria delitiva[7], caso a denúncia ainda não tenha sido recebida (sob pena de implemento da decadência, causa extintiva da punibilidade). Se a exordial acusatória já tiver sido recebida, considerando que a representação tem natureza jurídica de condição de procedibilidade (e não de condição de prosseguibilidade), nada precisa ser feito, já que a lei não fez exigência expressa nesse sentido (como ocorreu no artigo 91 da Lei 9.099/95). Saliento, contudo, que há entendimento doutrinário no sentido de aplicar, por analogia, o artigo 91 da Lei 9.099/95 mesmo em relação a ações penais já iniciadas (conferindo à representação natureza, nesse caso, de condição de prosseguibilidade). A 5ª Turma do Superior Tribunal de Justiça[8] tem adotado o primeiro pensamento doutrinário (desnecessidade de intimação da vítima para oferta de representação depois do início da ação penal) e a 6ª Turma do mesmo Areópago[9] o segundo entendimento (necessidade de intimação da vítima para representar, mesmo depois do início da ação penal).

Pena do crime de concussão: Por fim, o legislador adequou parcialmente situação esdruxula, avistável no Código Penal, elevando a pena máxima do crime de concussão, que antes da nova lei tinha pena máxima menor que o delito de corrupção passiva. A partir da entrada em vigor da Lei 13.964/19, concussão e corrupção passiva terão a mesma pena em abstrato (reclusão, de 2 a 12 anos, e multa). Afirmei que a solução foi parcial, porque, indubitavelmente, o crime de concussão descreve conduta proibida mais agressiva (exigência de vantagem indevida) que as desenhadas no crime de corrupção passiva (solicitar, receber ou aceitar promessa de vantagem indevida). Destarte, a pena do crime de concussão deveria ser maior que a de corrupção passiva.

---

7 Em face da inexistência de determinação legal expressa indicando o prazo a ser observado, opto por interpretar que o prazo a ser seguido é o previsto no artigo 38 do Código de Processo Penal. É perfeitamente possível, contudo, pensar na aplicação, por analogia, do prazo indicado no artigo 91 da Lei 9.099/95 (30 dias).

8 HC 573.093/SC, Rel. Ministro Reynaldo Soares Da Fonseca, Quinta Turma, julgado em 09/06/2020, DJe 18/06/2020.

9 HC 583.837/SC, Rel. Ministro Sebastião Reis Júnior, Sexta Turma, julgado em 04/08/2020, DJe 12/08/2020.

6.2. Alterações no Código de Processo Penal

Juiz das garantias: O Pacote Anticrime enxertou, no bojo do Código de Processo Penal, o juiz das garantias. Trata-se de magistrado que atua apenas na fase pré-processual, recebendo a comunicação e o auto de prisão em flagrante com o fito de decidir acerca da libertação do detido, analisando pleitos cautelares formulados pelo delegado de polícia ou pelo Ministério Público e, ao fim, recebendo ou não a exordial acusatória.

Depois de recebida a inicial acusatória, o feito passa a tramitar perante outro juízo (o da instrução e julgamento), fazendo com que não exista "contaminação" deste com a atividade de coleta probante que teve palco na seara pré-processual.

A ideia do legislador tupiniquim é reafirmar a matriz acusatória[10] do nosso sistema processual penal, de forma que o magistrado se ocupe da sua função precípua – julgar (e decidir eventuais pleitos cautelares levados a efeito pela autoridade policial ou pelo acusador oficial), esquivando-se da iniciativa probante.

Eis o artigo 3º-A, incluído pela Lei 13.964/19 no Código de Processo Penal:

> Art. 3º-A. O processo penal terá estrutura acusatória, vedadas a iniciativa do juiz na fase de investigação e a substituição da atuação probatória do órgão de acusação[11].

Com a entrada em vigor do Pacote Anticrime, não será mais possível ao magistrado requisitar a instauração de inquérito policial, nem determinar medidas cautelares de ofício (como busca e apreensão e interceptação telefônica) – penso que, caso receba notícia de crime, o magistrado deve encaminhá-la ao Ministério Público ou ao delegado de polícia, esquivando-se de proceder análise jurídica/meritória acerca do caso criminal narrado, tudo com o fito de manter-se inerte em relação a esse.

É importante a analise detida do artigo 3º-B do Código de Processo Penal, com a redação determinada pela Lei 13.964/19. No dispositivo, fica claro que o juiz das garantias é o responsável pelo controle da legalidade da investigação

---

10 Nosso sistema acusatório contempla divisão das tarefas no sistema de persecução penal desde o pré-crime: a PM, a PFF e a PRF atuam preventivamente antes da prática do crime; a PC e a PF investigam o crime praticado; o MP é o órgão acusador oficial; a DPE e a DPU atuam defendendo o réu economicamente hipossuficiente; o Judiciário julga o caso criminal; o sistema de execução penal cumpre o comando condenatório transitado em julgado.

11 O artigo 3º-A do Código de Processo Penal teve sua eficácia suspensa *sine die*, em face de liminar concedida nos autos das ADIN 6.298, 6.299, 6.300 e 6.305 pelo Ministro Fux.

criminal e pela salvaguarda dos direitos individuais cuja franquia tenha sido reservada à autorização prévia do Poder Judiciário. Eis o dispositivo:

> Art. 3º-B. O juiz das garantias é responsável pelo controle da legalidade da investigação criminal e pela salvaguarda dos direitos individuais cuja franquia tenha sido reservada à autorização prévia do Poder Judiciário, competindo-lhe especialmente[12]:

A primeira competência do juiz das garantias é receber a comunicação imediata da prisão, nos termos do inciso LXII do *caput* do artigo 5º da Constituição Federal. O delegado de polícia, ao materializar a prisão em flagrante do conduzido, deve comunicá-la imediatamente ao juízo competente (a partir da entrada em vigor do Pacote Anticrime, essa comunicação será feita ao juízo das garantias competente):

> Art. 3º-B (...)
>
> I - receber a comunicação imediata da prisão, nos termos do inciso LXII do caput do art. 5º da Constituição Federal;

É importante salientar que quando da lavratura do auto de prisão em flagrante há dois momentos distintos: a) comunicação imediata da prisão; b) envio de cópia integral do auto de prisão em flagrante. A existência dos incisos I e II no novel artigo 3º-B do Código de Processo Penal demonstra a correção dessa assertiva.

O inciso II trata da competência do juiz das garantias de receber o auto de prisão em flagrante para controle da legalidade da prisão:

> Art. 3º-B (...)
>
> II - receber o auto da prisão em flagrante para o controle da legalidade da prisão, observado o disposto no art. 310 deste Código;

O magistrado, em um primeiro momento, deve analisar a legalidade da privação flagrancial (caso detecte que a prisão é ilegal, o caminho é seu relaxamento). Caso a prisão seja legal, o próximo passo é averiguar se sua manutenção é ou não necessária (se for, o caminho é a conversão da prisão flagrancial em prisão preventiva; se não for, deve o magistrado conceder liberdade provisória com ou sem fiança). Frise-se que, se o magistrado entender que o fato foi praticado sob o manto de excludente de antijuridicidade, deve ser concedida liberdade provisória, mediante termo de comparecimento aos atos do futuro processo.

Discute-se se a possibilidade de conversão de ofício da prisão em flagrante em prisão preventiva. Antes do Pacote Anticrime, o Superior Tribunal de Justiça

12 O artigo 3º-B do Código de Processo Penal teve sua eficácia suspensa *sine die*, em face de liminar concedida nos autos das ADIN 6.298, 6.299, 6.300 e 6.305 pelo Ministro Fux.

entendia pela possibilidade de conversão de ofício (independentemente da existência de representação do delegado de polícia ou requerimento do Ministério Público). Nesse sentido, tese 10 da edição 120 da jurisprudência em teses do STJ[13]. Em síntese, o Tribunal da Cidadania entendia que o juiz não estava decretando prisão de ofício, apenas modificando o rótulo de privação de liberdade já materializada. Com a entrada em vigor da Lei 13.964/19, tal entendimento tem sido paulatinamente modificado pelas Cortes Superiores – há precedentes da 5ª Turma do STJ (HC 590039, rel. Min. Ribeiro Dantas) e da 2ª Turma do STF (HC 188.888, rel. Min. Celso de Mello) entendendo não ser possível a conversão de ofício depois da entrada em vigor do Pacote Anticrime.

Saliento que o Pacote Anticrime regulamentou a audiência de custódia, antes regida pela Resolução 213 do CNJ (que passou a ser obrigatória a partir da entrada em vigor da Lei 13.964/19). Nela o juiz das garantias fará a análise do auto de prisão em flagrante em cotejo com o quanto desenhado no artigo 310 do Código de Processo Penal (que também ganhou nova redação com o novel mandamento legal):

> Art. 310. Após receber o auto de prisão em flagrante, no prazo máximo de até 24 (vinte e quatro) horas após a realização da prisão, o juiz deverá promover audiência de custódia com a presença do acusado, seu advogado constituído ou membro da Defensoria Pública e o membro do Ministério Público, e, nessa audiência, o juiz deverá, fundamentadamente:
>
> I – relaxar a prisão ilegal; ou
>
> II – converter a prisão em flagrante em preventiva, quando presentes os requisitos constantes do art. 312 deste Código, e se revelarem inadequadas ou insuficientes as medidas cautelares diversas da prisão; ou
>
> III – conceder liberdade provisória, com ou sem fiança.
>
> § 1º Se o juiz verificar, pelo auto de prisão em flagrante, que o agente praticou o fato em qualquer das condições constantes dos incisos I, II ou III do caput do art. 23 do Decreto-Lei nº 2.848, de 7 de dezembro de 1940 (Código Penal), poderá, fundamentadamente, conceder ao acusado liberdade provisória, mediante termo de comparecimento obrigatório a todos os atos processuais, sob pena de revogação.
>
> § 2º Se o juiz verificar que o agente é reincidente ou que integra organização criminosa armada ou milícia, ou que porta arma de fogo de uso restrito, deverá denegar a liberdade provisória, com ou sem medidas cautelares.

---

13 10) Não há nulidade na hipótese em que o magistrado, de ofício, sem prévia provocação da autoridade policial ou do órgão ministerial, converte a prisão em flagrante em preventiva, quando presentes os requisitos previstos no art. 312 do Código de Processo Penal - CPP.

> § 3º A autoridade que deu causa, sem motivação idônea, à não realização da audiência de custódia no prazo estabelecido no caput deste artigo responderá administrativa, civil e penalmente pela omissão.
>
> § 4º Transcorridas 24 (vinte e quatro) horas após o decurso do prazo estabelecido no caput deste artigo, a não realização de audiência de custódia sem motivação idônea ensejará também a ilegalidade da prisão, a ser relaxada pela autoridade competente, sem prejuízo da possibilidade de imediata decretação de prisão preventiva[14].

Uma vez mais o legislador insistiu na automaticidade da denegação da liberdade provisória em determinados casos (a impossibilidade de concessão de liberdade provisória já foi, mais de uma vez, rechaçada pelo Supremo Tribunal Federal em outras oportunidades). Nessa toada, o § 2º do artigo 310 do Código de Processo Penal proíbe a concessão de liberdade provisória ao agente reincidente, que integra organização criminosa armada ou milícia, ou que porta arma de fogo de uso restrito.

O atropelo à proporcionalidade é gritante. Imagine a prisão em flagrante de um reincidente na prática de furtos. Nos termos do novel texto legal, o juiz das garantias deve denegar a liberdade provisória, com ou sem medidas cautelares. Ele seguirá encarcerado. Já o indivíduo primário que é preso em flagrante pela prática de homicídio qualificado pode ter melhor sorte, já que em relação a este será possível a concessão da liberdade provisória sem fiança. Outro ponto digno de crítica: se a ideia era recrudescer o tratamento dispensado a quem integra organização criminosa, é injustificável que apenas o integrante de organização criminosa armada não faça jus à concessão de liberdade provisória (por vezes os consórcios criminosos que não disparam um tiro sequer são mais deletérios à sociedade – vide organizações que se ocupam de desviar recursos públicos, por exemplo).

Penso que o comando constante no § 2º do artigo 310 do Código de Processo Penal (com redação determinada pela Lei 13.964/19) é inconstitucional. A denegação da liberdade provisória, convertendo-se a prisão em flagrante em preventiva deve ser sempre ato fundamentado na necessidade concreta de manutenção do cárcere. Não pode haver automaticidade na denegação por simples imposição legal.

Anoto que o juiz das garantias, durante a audiência de custódia, pode praticar, eventualmente, o crime de abuso de autoridade tipificado no artigo 9º da Lei 13.869/19 (leia o capítulo anterior dessa obra).

14 O § 4º, do artigo 310, do Código de Processo Penal teve sua eficácia suspensa *sine die*, em face de liminar concedida nos autos das ADIN 6.298, 6.299, 6.300 e 6.305 pelo Ministro Fux.

Caso não realizada audiência de custódia, os §§ 3º e 4º prescrevem as seguintes consequências: a) responsabilidade administrativa, cível e penal da autoridade que deu causa a não realização da audiência; b) relaxamento da prisão em flagrante (sem prejuízo de eventual decretação da prisão preventiva do autor do fato).

Continuemos. O inciso seguinte do artigo 3º-B do Código de Processo Penal (com redação determinada pelo Pacote Anticrime) determina que o juiz das garantias zele pela observância dos direitos do preso, podendo determinar que este seja conduzido a sua presença, a qualquer tempo. Caso o vilipêndio a direito do preso constitua crime (tortura ou abuso de autoridade, por exemplo), deve o juiz das garantias noticiar o fato ao Ministério Público ou ao órgão policial com atribuição para proceder à investigação do fato. Eis o inciso:

> Art. 3º-B (...)
>
> III - zelar pela observância dos direitos do preso, podendo determinar que este seja conduzido à sua presença, a qualquer tempo;

O inciso IV do artigo 3º-B do Código de Processo Penal determina que o juiz das garantias seja informado sobre a instauração de qualquer investigação criminal, ainda que iniciada com investigado/indiciado solto (esteja ela a cargo da Polícia Investigativa ou do Ministério Público). Assim é que, instaurado inquérito policial (pelo delegado de polícia) ou PIC (pelo promotor ou procurador), deve o magistrado das garantias ser imediatamente comunicado (essa inovação é interessante, já que na sistemática anterior o juiz só tomava conhecimento acerca de investigação iniciada por portaria ao fim do prazo legal de conclusão do feito, em face de pedido prorrogação do mesmo – artigo 10, § 3º, do CPP):

> Art. 3º-B (...)
>
> IV - ser informado sobre a instauração de qualquer investigação criminal;

É o juiz das garantias quem decide pela decretação de prisão provisória (preventiva ou temporária) ou outra medida cautelar. Como dito supra, o Pacote Anticrime, velando pelo sistema processual penal acusatório, obstou decretação de medida cautelar de ofício pelo magistrado. Contudo, a Lei 13.964/19 não alterou o artigo 20 da Lei 11.340/06 (Lei Maria da Penha) que, para alguns, permite decretação de prisão preventiva de ofício pelo magistrado mesmo antes do início do processo. Penso que, mesmo sendo a Lei Maria da Penha uma lei especial, deve prevalecer o quanto determinado pelo Código de Processo Penal (critério temporal), sendo vedado ao magistrado decretar o cárcere provisório de ofício, mesmo diante de crime que envolva violência doméstica contra mulher (seja no curso do inquérito, seja no curso do processo). Eis o inciso V:

> Art. 3º-B (...)
>
> V - decidir sobre o requerimento de prisão provisória ou outra medida cautelar, observado o disposto no § 1º deste artigo;

O legislador decidiu construir inciso apartado para a prorrogação da prisão provisória (temporária, já que a prisão preventiva é prisão cautelar sem prazo fixado em lei) ou outra medida cautelar. No caso de prorrogação do cárcere, o Código de Processo Penal passa a exigir contraditório (parece reclamar, em verdade, prévia oitiva da defesa técnica do encarcerado), em audiência pública e oral. Mais uma audiência a ser materializada pelo juiz das garantias, quando diante de pleito de prorrogação de prisão feito pelo delegado de polícia ou pelo Ministério Público. Diante da efemeridade do prazo de cárcere temporário, o dispositivo exigirá grande agilidade do Poder Judiciário na designação da audiência, vez que se o lapso temporal se escoar, o encarcerado deve ser imediatamente posto em liberdade se não for prolatada ordem de prorrogação ou de conversão da temporária em preventiva (e a manutenção indevida do cárcere temporário configura crime de abuso de autoridade, na forma do artigo 12, parágrafo único, IV, da Lei 13.869/19 – leia o capítulo 5). Leia o inciso VI, do artigo 3º-B, do Código de Processo Penal:

> Art. 3º-B (...)
>
> VI - prorrogar a prisão provisória ou outra medida cautelar, bem como substituí-las ou revogá-las, assegurado, no primeiro caso, o exercício do contraditório em audiência pública e oral, na forma do disposto neste Código ou em legislação especial pertinente;

A prova antecipada é a prevista no artigo 156, inciso I, do Código de Processo Penal. É competência do juízo das garantias decidir acerca da produção de prova antecipada. Apesar de produzida na fase pré-processual, como há incidência de contraditório e ampla defesa, é possível que o juiz da instrução e julgamento fundamente ulterior decreto condenatório com base na prova antecipada (artigo 155 do Código de Processo Penal e tópico 4.13 da obra). Eis o inciso VII:

> Art. 3º-B (...)
>
> VII - decidir sobre o requerimento de produção antecipada de provas consideradas urgentes e não repetíveis, assegurados o contraditório e a ampla defesa em audiência pública e oral;

As alterações promovidas pela Lei 13.964/19 permitiram, dentre outras coisas, prorrogação do prazo de conclusão do inquérito policial com indiciado preso preventivamente. A leitura atenta do § 2º do artigo 3º-B do Código de Processo Penal revela que o prazo para conclusão do inquérito policial com indiciado preso (prisão em flagrante ou preventiva) passou a ser de 15 dias, admitida uma única prorrogação por até 15 dias (o Pacote Anticrime igualou os prazos de conclusão do apuratório que apura crime de competência da Justiça Estadual com indiciado preso em flagrante ou preventivamente à realidade já observada em relação aos crimes de competência da Justiça Federal – artigo 66 da Lei 5.010/66):

> Art. 3º-B (...)
>
> VIII - prorrogar o prazo de duração do inquérito, estando o investigado preso, em vista das razões apresentadas pela autoridade policial e observado o disposto no § 2º deste artigo;

Ocorre que, como o artigo 10 do Código de Processo Penal não foi alterado pela Lei 13.964/19, a conclusão acima desenhada não é tão simples. Explico. O artigo 10 determina prazo de conclusão do inquérito policial com indiciado preso em flagrante/preventivamente é de 10 dias. Lendo o quanto desenhado no novel § 2º do artigo 3º-B, é possível também concluir que o prazo total do inquérito com indiciado preso é de 25 dias (10 dias determinado pelo artigo 10, com uma prorrogação por 15 dias determinada pelo artigo 3º-B § 2º). Prefiro, contudo, entender que o legislador optou por aumentar o lapso temporal para 15 dias, admitida uma única prorrogação por até 15 dias (totalizando um máximo de 30 dias de prazo em relação ao inquérito com indiciado preso em flagrante ou preventivamente). Importa deixar claro que se houver necessidade de continuidade das investigações e o inquérito não for encerrado no prazo fatal, a prisão será relaxada.

Continuo firme no entendimento de que a prisão temporária não impacta no prazo para conclusão do inquérito policial.

Caso a investigação seja iniciada sem justa causa, a competência para determinar o trancamento do inquérito policial é do juízo das garantias. Da decisão que determina o trancamento do inquérito policial (materializada de ofício pelo magistrado das garantias), cabe recurso de ofício (artigo 574, I, do Código de Processo Penal) e recurso em sentido estrito (artigo 581, X, do Código de Processo Penal) – vez que a decisão tem natureza de habeas corpus deferido de ofício:

> Art. 3º-B (...)
>
> IX - determinar o trancamento do inquérito policial quando não houver fundamento razoável para sua instauração ou prosseguimento;

Anote-se que é possível cogitar prática do crime de abuso de autoridade capitulado no artigo 30 da Lei 13.869/19 pela autoridade policial ou membro do Ministério Público que der início ou proceder à persecução penal sem justa causa fundamentada ou contra quem sabe inocente.

Caso repute necessário, o juiz das garantias pode requisitar do delegado de polícia documentos, laudos e informações, acerca do andamento das investigações:

> Art. 3º-B (...)
>
> X - requisitar documentos, laudos e informações ao delegado de polícia sobre o andamento da investigação;

Compete ao juiz das garantias decidir sobre pleitos de interceptação telefônica, do fluxo de comunicações em sistema de informática e telemática, de afastamento dos sigilos fiscal, bancário, de dados e telefônico, busca e apreensão, dentre outros. Enfim, os pleitos que signifiquem cláusula de reserva de jurisdição são decididos na fase pré-processual pelo juízo das garantias:

> Art. 3º-B (...)
>
> XI - decidir sobre os requerimentos de:
>
> a) interceptação telefônica, do fluxo de comunicações em sistemas de informática e telemática ou de outras formas de comunicação;
>
> b) afastamento dos sigilos fiscal, bancário, de dados e telefônico;
>
> c) busca e apreensão domiciliar;
>
> d) acesso a informações sigilosas;
>
> e) outros meios de obtenção da prova que restrinjam direitos fundamentais do investigado;

O inciso XII do artigo 3º-B do Código de Processo Penal determina que o juízo das garantias é competente para julgar habeas corpus antes do oferecimento da denúncia (da decisão, cabe recurso em sentido estrito – artigo 581, X, do Código de Processo Penal):

> Art. 3º-B (...)
>
> XII - julgar o habeas corpus impetrado antes do oferecimento da denúncia;

Por óbvio, se o próprio juiz for a autoridade coatora (porque decretou a prisão preventiva do indiciado atendendo a representação do delegado de polícia, por exemplo), a competência para conhecer e julgar a ordem de habeas corpus será do TJ ou TRF, conforme o caso.

O juiz das garantias é competente para determinar a instauração do incidente de insanidade mental quando a dúvida sobre a integridade mental do autor do fato surgir na fase pré-processual (caso essa dúvida surja no curso do processo, o juiz da instrução e julgamento determinará a instauração do incidente):

> Art. 3º-B (...)
>
> XIII - determinar a instauração de incidente de insanidade mental;

É o juiz das garantias quem tem competência para receber o não a denúncia ou queixa (esse é o último ato praticado pelo magistrado das garantias em relação ao caso criminal). Recebida a denúncia/queixa e preclusa a decisão, o feito será remetido ao juiz da instrução e julgamento, a quem caberá prosseguir com o feito, na forma do artigo 3º-C do Código de Processo Penal.

Cumpre salientar que a referência ao artigo 399 do Código de Processo Penal foi equivocada. É que esse artigo se refere à designação de audiência de instrução e julgamento. Quando o juiz designa audiência, é porque recebeu a exordial acusatória, citou o réu para apresentação de defesa preliminar escrita e avaliou se era possível a absolvição sumária do acusado. Por óbvio não é do juízo das garantias essas competências. Cabe a ele apenas receber ou rejeitar a denúncia ou queixa. Caso receba, ele remeterá o processo ao juízo da instrução e julgamento, a quem caberá a citação do acusado e os demais termos do processo:

> Art. 3º-B (...)
>
> XIV - decidir sobre o recebimento da denúncia ou queixa, nos termos do art. 399 deste Código;

Caso o delegado de polícia não conceda vista dos autos do inquérito policial, na forma do artigo 7º, XIV, do EOAB (Lei 8.906/94) e da Súmula Vinculante 14, compete ao juízo de garantias determinar o acesso:

> Art. 3º-B (...)
>
> XV - assegurar prontamente, quando se fizer necessário, o direito outorgado ao investigado e ao seu defensor de acesso a todos os elementos informativos e provas produzidos no âmbito da investigação criminal, salvo no que concerne, estritamente, às diligências em andamento;

A negativa injustificada de acesso aos autos da investigação pode constituir crime de abuso de autoridade, nos termos do artigo 32 da Lei 13.869/19.

A leitura do artigo 159 do Código de Processo Penal sempre levou a crer que só seria admissível assistente técnico depois do início do processo. Contudo, como o juiz das garantias atua na fase pré-processual e o inciso XVI do artigo 3º-B do Código de Processo Penal afirmou ser competência deste deferir o pedido de admissão de assistente técnico para acompanhar a produção de perícia, o legislador parece ter admitido a participação deste profissional no curso do inquérito policial:

> Art. 3º-B (...)
>
> XVI - deferir pedido de admissão de assistente técnico para acompanhar a produção da perícia;

O Pacote Anticrime enxertou na legislação processual penal o acordo de não persecução penal (originalmente previsto na Resolução 181/17 do CNMP, agora regulamentado no artigo 28-A do Código de Processo Penal) e é do juiz das garantias a competência para sua homologação (bem como da colaboração premiada[15], quando formalizada no curso da investigação):

> Art. 3º-B (...)
>
> XVII - decidir sobre a homologação de acordo de não persecução penal ou os de colaboração premiada, quando formalizados durante a investigação;

O inciso XVIII é genérico:

> Art. 3º-B (...)
>
> XVIII - outras matérias inerentes às atribuições definidas no caput deste artigo.

O § 1º do artigo 3º-B do Código de Processo Penal foi vetado. Eis o dispositivo aprovado pelo Congresso Nacional e vetado pelo Presidente da República:

> Art. 3º-B (...)
>
> § 1º O preso em flagrante ou por força de mandado de prisão provisória será encaminhado à presença do juiz de garantias no prazo de 24 (vinte e quatro) horas, momento em que se realizará audiência com a presença do Ministério Público e da Defensoria Pública ou de advogado constituído, vedado o emprego de videoconferência.

Eis as razões do veto:

> A propositura legislativa, ao suprimir a possibilidade da realização da audiência por videoconferência, gera insegurança jurídica ao ser incongruente com outros dispositivos do mesmo código, a exemplo do art. 185 e 222 do Código de Processo Penal, os quais permitem a adoção do sistema de videoconferência em atos processuais de procedimentos e ações penais, além de dificultar a celeridade dos atos processuais e do regular funcionamento da justiça, em ofensa à garantia da razoável duração do processo, nos termos da jurisprudência do Superior Tribunal de Justiça (RHC 77580/RN, Quinta Turma, Rel. Min. Reynaldo Soares da Fonseca, DJe de 10/02/2017). Ademais, o dispositivo pode acarretar em aumento de despesa, notadamente nos casos de juiz em vara única, com apenas um magistrado, seja pela necessidade de pagamento de diárias e passagens a outros magistrados para a realização de uma única audiência, seja pela necessidade premente de realização de concurso para a contratação de novos magistrados, violando as regras do art. 113 do ADCT, bem como dos arts. 16 e 17 LRF e ainda do art. 114 da Lei de Diretrizes Orçamentárias para 2019 (Lei nº 13.707, de 2018).

O § 2º do artigo 3º-B já foi comentado supra (vide comentários sobre o inciso VIII):

15 Em relação a caso criminal que não conte com autoridade com prerrogativa de foro deletada.

> Art. 3º-B (...)
>
> § 2º Se o investigado estiver preso, o juiz das garantias poderá, mediante representação da autoridade policial e ouvido o Ministério Público, prorrogar, uma única vez, a duração do inquérito por até 15 (quinze) dias, após o que, se ainda assim a investigação não for concluída, a prisão será imediatamente relaxada.

A leitura do artigo 3º-C do Código de Processo Penal (incluído pela Lei 13.964/19) revela que a competência do juiz das garantias abrange todas as infrações penais, exceto as de menor potencial ofensivo (em face da menor complexidade nas investigações destas, o legislador preferiu não destacar juízo específico diferente do juízo de instrução e julgamento para acompanhar a tramitação de termos circunstanciados e inquéritos policiais que apurem contravenções penais e crimes cuja pena máxima não exceda dois anos).

Fica claro, ainda, que a competência do juiz das garantias se encerra com o recebimento da exordial acusatória (caso cumpridos os requisitos do artigo 41 e não se vislumbre nenhuma das hipóteses de rejeição listadas no artigo 395 do Código de Processo Penal), quando então o caso criminal será remetido ao juiz de instrução e julgamento (que decidirá, inclusive, qualquer questão pendente, na forma do § 1º do artigo 3º-C):

> Art. 3º-C. A competência do juiz das garantias abrange todas as infrações penais, exceto as de menor potencial ofensivo, e cessa com o recebimento da denúncia ou queixa na forma do art. 399 deste Código[16].
>
> § 1º Recebida a denúncia ou queixa, as questões pendentes serão decididas pelo juiz da instrução e julgamento.

O § 2º do artigo 3º-C do Código de Processo Penal deixa claro que o juiz da instrução e julgamento não fica vinculado às decisões proferidas pelo juiz das garantias. O dispositivo prescreve, ainda, que o primeiro reexamine a necessidade das medidas cautelares em curso, no prazo máximo de 10 dias. A ideia aqui não é correicionar a decisão do juiz das garantias, já que não há, em absoluto, nenhuma ascendência ou hierarquia entre o juiz da instrução e julgamento e aquele. O objetivo do legislador parece ter sido uma reanálise da conjuntura fática, para que se avalie a necessidade da manutenção de medida cautelar (prisão provisória, por exemplo). Não há no novel mandamento legal menção às consequências da não observância do prazo estipulado - penso que não há que se falar em ilegalidade capaz de redundar no relaxamento da prisão cautelar:

---

16 O artigo 3º-C do Código de Processo Penal teve sua eficácia suspensa *sine die*, em face de liminar concedida nos autos das ADIN 6.298, 6.299, 6.300 e 6.305 pelo Ministro Fux.

> Art. 3º-B (...)
>
> § 2º As decisões proferidas pelo juiz das garantias não vinculam o juiz da instrução e julgamento, que, após o recebimento da denúncia ou queixa, deverá reexaminar a necessidade das medidas cautelares em curso, no prazo máximo de 10 (dez) dias.

O § 3º do artigo 3º-C do Código de Processo Penal determina que os autos que compõem as matérias de competência do juiz das garantias ficarão acautelados na secretaria desse juízo, à disposição do Ministério Público e da defesa, e não serão apensados aos autos do processo enviados ao juiz da instrução e julgamento, ressalvados os documentos relativos às provas irrepetíveis, medidas de obtenção de provas ou de antecipação de provas, que deverão ser remetidos para apensamento em apartado.

Esse dispositivo precisa ser lido com muita cautela. Ele parece demonstrar que o inquérito policial (ou PIC presidido por membro do Ministério Público) não deve ser apensado ao processo (o dispositivo é contrário ao artigo 12 do Código de Processo Penal), quando o inquérito é usado como base para oferecimento da denúncia/queixa. A leitura açodada do novel texto legal pode induzir pensamentos teratológicos, como o de imaginar que o inquérito policial deve deixar de ser citado no curso do processo. Pretendo me fazer mais claro por meio de exemplo. Imaginemos inquérito policial que produziu apenas elementos informativos orais (oitiva da vítima, de testemunhas e interrogatório do indiciado). Observe que não houve, no exemplo citado, produção de prova não repetível ou antecipada. Os elementos informativos citados deverão ser necessariamente reproduzidos no juízo da instrução e julgamento (sob o crivo do contraditório e da ampla defesa). Ora, como a acusação, a defesa e mesmo o juiz de instrução e julgamento se guiarão em relação ao que foi falado pelos personagens oitivados no curso da fase pré-processual, se o que foi dito no curso do inquérito não chegar aos autos do processo nesse segundo momento (efetivo trâmite processual, perante o juiz de instrução e julgamento). Não é crível imaginar que o processo é "uma nova fase do jogo da persecução" que deve ser "jogada" totalmente às escuras. A própria decisão de recebimento da exordial acusatória (por mais que se diga que essa decisão deve ser "enxuta") precisa do mínimo de fundamentação com fulcro nos elementos coligidos na fase pré-processual. O caminho a ser trilhado para solver esse "problema" (proibição de apensamento do inquérito ao processo quando os elementos forem repetíveis) parece ser a juntada, nas peças das partes (mormente na denúncia/queixa e na defesa preliminar) de todas as oitivas, reconhecimentos, informações policiais, relatórios de vigilância, laudos, que forem reputadas importantes para demonstrar suas alegações (inclusive do relatório final produzido pelo delegado de polícia no curso do inquérito, vez que este traduz a trilha investigativa traçada pela autoridade policial). O elemento utilizado pela parte (acusação ou defesa, já que o inquérito policial não é unidirecional) pode obviamente ser elidido/contrariado no curso do processo quando da nova oitiva das pessoas ouvidas durante o inquérito (mas isso certamente trará consequências, inclusive no campo penal, como eventual prática de crime de falso testemunho ou denunciação caluniosa).

É preciso que se faça aqui sonora crítica ao legislador, posto que o inquérito policial não é procedimento que serve apenas à acusação (não é unidirecional). A defesa pode, tranquilamente, dele se utilizar, porquanto o objetivo do delegado de polícia à frente do apuratório é elucidar o fato supostamente criminoso (é possível que os elementos informativos e provas coligidas demonstrem, por exemplo, que não houve crime). O não apensamento do inquérito policial retira do juízo de instrução e julgamento a possibilidade de ter acesso a toda trilha investigativa traçada pelo delegado de polícia para elucidação do fato criminoso. Como as partes delimitam as peças do inquérito que vão integrar o futuro processo, é possível que elementos informativos relevantes possam ficar fora do feito (por equívoco ou intencionalmente).

A sugestão que fica para os delegados de polícia a partir da entrada em vigor da Lei 13.964/19 é produzir relatórios ainda mais minuciosos e com enfrentamento jurídico detido do caso investigado, de forma a permitir às futuras partes delimitar os elementos informativos a serem levados à fase processual e com vistas a permitir ao juízo das garantias decidir sem vacilar acerca do recebimento ou não da exordial acusatória (citei apenas elementos informativos, porque as provas serão apensadas ao futuro processo, na forma do dispositivo analisado).

Caso a prova seja irrepetível ou antecipada, todos os documentos a elas relativos serão remetidos para apensamento ao processo junto ao juízo da instrução e julgamento (todos os documentos que lastrearam uma interceptação telefônica e a prova dela resultante, por exemplo – penso que toda medida cautelar, desde a representação do delegado de polícia e dos documentos e elementos informativos usados como escora do pleito até as gravações e autos circunstanciados devem ser enviados ao juízo da instrução e julgamento para apensamento ao processo).

Eis os §§ 3º e 4º do artigo 3º-C do Código de Processo Penal:

> Art. 3º-C (...)
>
> § 3º Os autos que compõem as matérias de competência do juiz das garantias ficarão acautelados na secretaria desse juízo, à disposição do Ministério Público e da defesa, e não serão apensados aos autos do processo enviados ao juiz da instrução e julgamento, ressalvados os documentos relativos às provas irrepetíveis, medidas de obtenção de provas ou de antecipação de provas, que deverão ser remetidos para apensamento em apartado.

> § 4º Fica assegurado às partes o amplo acesso aos autos acautelados na secretaria do juízo das garantias.

O artigo 3º-D do Código de Processo Penal veda que o juiz das garantias atue no curso do processo (clara hipótese de impedimento). O dispositivo determine que os tribunais criem rodízio de magistrados para que seja implementado o comando nele inserido:

> Art. 3º-D. O juiz que, na fase de investigação, praticar qualquer ato incluído nas competências dos arts. 4º e 5º deste Código ficará impedido de funcionar no processo[17].
>
> Parágrafo único. Nas comarcas em que funcionar apenas um juiz, os tribunais criarão um sistema de rodízio de magistrados, a fim de atender às disposições deste Capítulo.

O artigo 3º-E do Código de Processo Penal dispõe sobre a designação do juiz das garantias:

> Art. 3º-E. O juiz das garantias será designado conforme as normas de organização judiciária da União, dos Estados e do Distrito Federal, observando critérios objetivos a serem periodicamente divulgados pelo respectivo tribunal[18].

O artigo 3º-F do Código de Processo Penal determina que o juiz das garantias assegure o cumprimento de regras para tratamento de presos, no que toca à exploração da imagem da pessoa submetida à prisão. Importante salientar que a exposição do alvo do sistema de persecução penal pode significar prática de crime de abuso de autoridade (artigo 13, I, da Lei 13.869/19):

> Art. 3º-F. O juiz das garantias deverá assegurar o cumprimento das regras para o tratamento dos presos, impedindo o acordo ou ajuste de qualquer autoridade com órgãos da imprensa para explorar a imagem da pessoa submetida à prisão, sob pena de responsabilidade civil, administrativa e penal[19].
>
> Parágrafo único. Por meio de regulamento, as autoridades deverão disciplinar, em 180 (cento e oitenta) dias, o modo pelo qual as informações sobre a realização da prisão e a identidade do preso serão, de modo padronizado e respeitada a programação normativa aludida no caput deste artigo,

---

17 O artigo 3º-D do Código de Processo Penal teve sua eficácia suspensa *sine die*, em face de liminar concedida nos autos das ADIN 6.298, 6.299, 6.300 e 6.305 pelo Ministro Fux.

18 O artigo 3º-E do Código de Processo Penal teve sua eficácia suspensa *sine die*, em face de liminar concedida nos autos das ADIN 6.298, 6.299, 6.300 e 6.305 pelo Ministro Fux.

19 O artigo 3º-F do Código de Processo Penal teve sua eficácia suspensa *sine die*, em face de liminar concedida nos autos das ADIN 6.298, 6.299, 6.300 e 6.305 pelo Ministro Fux.

transmitidas à imprensa, assegurados a efetividade da persecução penal, o direito à informação e a dignidade da pessoa submetida à prisão.

Sobre o relevantíssimo tema, transcrevo trecho de minha dissertação de mestrado[20]:

> Encontrar o meio termo entre dar publicidade ao caso (com o risco de assassinar reputações antes do pronunciamento final do Poder Judiciário) e deixar de publicar a notícia (correndo-se o risco de alijar a população de conhecer os detalhes de crimes graves) é tarefa árdua.
>
> A situação se agrava no Brasil, vez que nosso sistema de persecução penal parece ser mais efetivo com os menos afortunados, iletrados e incapazes de constituir causídicos que consigam frear o curso da marcha processual, identificar nulidades e procrastinar a manifestação definitiva do Estado.
>
> Se o olhar se voltar ao cárcere, como dito supra, essa situação fica ainda mais visível. É muito difícil encontrar pessoas com maior poder aquisitivo atrás das grades, ainda que o fato praticado seja extremamente deletério ao tecido social (como nos crimes relacionados ao desvio de verbas públicas, que findam atingindo muito mais pessoas que crimes cruentos individuais).
>
> Oscar Vilhena Vieira sintetiza muito bem essa realidade no texto A Desigualdade e a Subversão do Estado de Direito[21]:
>
> > O argumento central proposto aqui é que a exclusão social e econômica, oriunda de níveis extremos e persistentes de desigualdade, causa a invisibilidade daqueles submetidos à pobreza extrema, a demonização daqueles que desafiam o sistema e a imunidade dos privilegiados, minando a imparcialidade da lei. Em síntese, a desigualdade profunda e duradoura gera a erosão da integridade do Estado de Direito. A lei e os direitos sob essas circunstâncias podem, com frequência, ser vistos como uma farsa, como uma questão de poder, para que aqueles que estão entre os mais afortunados possam negociar os termos de suas relações com os excluídos.
>
> Em seu ensaio o autor fala de três figuras na sociedade: os invisíveis, os demonizados e os imunes. A respeito da invisibilidade, o autor afirma:
>
> > Invisibilidade significa aqui que o sofrimento humano de certos segmentos da sociedade não causa uma reação moral ou política

20 EFICIÊNCIA E RESPEITO A DIREITOS FUNDAMENTAIS NA ATIVIDADE INVESTIGATIVA - UM DISCURSO POSSÍVEL: Pela criação de axiomas que limitem a atuação estatal na busca de uma investigação criminal garantista, disponível em https://ri.ufs.br/bitstream/riufs/9295/2/MARCIO_ALBERTO_GOMES_SILVA.pdf.

21 VIEIRA, Oscar Vilhena. **A Desigualdade e a Subversão do Estado de Direito**. Revista Internacional de Direitos Humanos, número 6, ano 4, 2007, página 42.

por parte dos mais privilegiados e não desperta uma resposta adequada por parte dos agentes públicos. A perda de vidas humanas ou a ofensa à dignidade dos economicamente menos favorecidos, embora relatada e amplamente conhecida, é invisível no sentido de que não resulta em uma reação política e jurídica que gere uma mudança social.

O indivíduo invisível é o pobre, cujas agruras não são observadas, sentidas, nem objeto de preocupações pelo restante da população. Quando esse indivíduo, outrora invisível, comete crimes, ele se torna demonizado (a população se sente atacada e finda admitindo vilipêndio aos seus direitos). Ainda nas palavras de Oscar Vilhena (sobre o demonizado):

> Demonização, portanto, é o processo pelo qual a sociedade desconstrói a imagem humana de seus inimigos, que a partir desse momento não merecem ser incluídos sobre o domínio do Direito. Seguindo uma frase famosa de Grahan Greene, eles se tornam parte de uma "classe torturável". Qualquer esforço para eliminar ou causar danos aos demonizados é socialmente legitimado e juridicamente imune.

Finalmente chegamos aos imunes, assim definidos pelo citado autor:

> A imunidade perante a lei, para aqueles que ocupam uma posição extremamente privilegiada na sociedade, é a terceira consequência da desigualdade profunda que resta ser mencionada aqui. Numa sociedade altamente hierarquizada e desigual, os ricos e poderosos ou aqueles agindo em nome deles se vêem como seres acima da lei e imunes à obrigações correlatas aos direitos das demais pessoas. A ideia de imunidade pode ser entendida focando-se na impunidade dos violadores de direitos humanos ou daqueles envolvidos em corrupção, poderosos ou economicamente favorecidos.

Observando a publicação pela mídia de casos criminais, é interessante notar que, usualmente, só se fala em cautela na divulgação massiva pela imprensa de crimes praticados pelos indivíduos que se inserem nas castas mais abastadas (os imunes).

Não há grande preocupação da sociedade (e mesmo do meio jurídico) em discutir o direito à privacidade do pobre (invisíveis ou demonizados). Aqui parece haver apoio explícito à criação da imagem do criminoso cruel e sanguinário, sem qualquer reação social em sentido contrário. Pode-se divulgar o nome, filmar e fotografar o rosto, dizer onde mora, enfim, devassar a vida. Em regra, a sociedade se sente bem informada e satisfeita ao conhecer os detalhes de crimes cruentos praticados por desfavorecidos (é importante conhecer a fundo o "inimigo"). A mídia aqui não encontra grande oposição social diante de eventuais abusos.

> Já no que toca à categoria dos cidadãos de maior poder aquisitivo, a situação é diferente. Em regra, a divulgação de maiores detalhes da investigação ou do processo que envolve indivíduo com mais posses ou poder é vista como absurda e censurável.
>
> Importante notar que, diante da quase sempre lenta máquina estatal de persecução penal, o "linchamento midiático" finda sendo a única pena efetiva enfrentada pelo poderoso envolvido em grandes esquemas de corrupção (já que, como dito supra, a capacidade econômica de contratação de grandes advogados, a forte influência política e mesmo a redobrada cautela do Judiciário em avaliar o caso findam conduzindo à impunidade – ou pelo menos à demora excessiva do trâmite processual[22]).
>
> Seja em relação a desafortunados, seja em relação a poderosos, não há dúvida que os representantes do Estado (investigação, acusação e os julgadores) precisam ter bastante cautela no trato com o caro direito à intimidade/privacidade, sem, entretanto, descurar da necessidade de demonstrar à população que o trabalho vem sendo executado de maneira correta e que há provas efetivas do cometimento de determinado ilícito.

Em arremate, afirmo no texto:

> O tema, como visto supra, é extremamente complexo porque envolve direitos caros à sociedade. É preciso tempero e cautela na divulgação de casos criminais, principalmente quando ainda não há decisão judicial reconhecendo a culpa do envolvido, sob pena evitar o julgamento antecipado do caso pela sociedade (que pode influenciar de maneira perniciosa representantes de órgãos estatais de persecução).
>
> O Estado e a mídia precisam evitar a exibição tendenciosa do caso criminal, porque a mácula que a exposição produz no inocente é deletéria. É premente que as autoridades envolvidas em apurações de delitos se dispam do agouro justiceiro de se transmudarem em heróis.
>
> O que a sociedade precisa (e o ordenamento jurídico exige) é da correta colheita de provas (seja na fase pré-processual, seja no curso da ação penal) e do respeito à Constituição Federal e à legislação processual penal de regência, sem atropelos. A mídia e a pressão social pela rápida elucidação de eventual caso rumoroso não podem pautar a atuação dos órgãos de

22 Cesare Beccaria menciona a necessidade de presteza da pena em sua obra Dos Delitos e das Penas (citada supra). Diz o autor: "É, pois, de suma importância punir prontamente um crime, se se quiser que, no espírito rude do vulgo, a sedutora imagem das vantagens de uma ação criminosa desperte imediatamente a ideia de um castigo inevitável. Uma pena por demais retardada torna menos estreita a união dessas duas ideias.

persecução (o último tópico demonstrou duas situações pontuais em que tal realidade foi desastrosa).

Após o regular tramitar de investigação ou de processo, sem paixões e com a profícua análise dos elementos coligidos, é salutar (e é direito da corpo social) divulgar, também de forma técnica e sem espetáculo, o resultado da persecução, de forma a demonstrar que a lei penal deve ser aplicada indistintamente a todos os cidadãos brasileiros que optam pela prática de ilícitos (tanto o desfavorecido, usualmente envolvido na prática de crimes violentos individuais contra o patrimônio, quanto o abastado e poderoso, envolvido em intrincados esquemas de corrupção, por vezes muito mais deletérios ao tecido social).

Eventuais pontos fora da curva, que signifiquem abuso no direito de publicar e informar, devem ser corrigidos pelo Judiciário, na forma do artigo 5º, X, da Constituição Federal, indenizando-se os prejudicados.

Citação do investigado para constituição de advogado: O novel artigo 14-A do Código de Processo Penal informa que os servidores vinculados às instituições listadas no artigo 144 da Constituição Federal, quando investigados em procedimentos pré-processuais que girem em torno do uso de força letal no exercício profissional poderão constituir defensor (elaborei modelo de peça na obra sobre a investigação envolvendo uso de força legal em oposição à intervenção policial, confira supra). A redação do *caput* é truncada e desnecessária, posto que é direito de todo e qualquer investigado constituir causídico para acompanhar as investigações.

> Art. 14-A. Nos casos em que servidores vinculados às instituições dispostas no art. 144 da Constituição Federal figurarem como investigados em inquéritos policiais, inquéritos policiais militares e demais procedimentos extrajudiciais, cujo objeto for a investigação de fatos relacionados ao uso da força letal praticados no exercício profissional, de forma consumada ou tentada, incluindo as situações dispostas no art. 23 do Decreto-Lei nº 2.848, de 7 de dezembro de 1940 (Código Penal), o indiciado poderá constituir defensor.

O legislador, no afã de tentar proteger integrantes dos órgãos de segurança pública que se envolvem em eventos relacionados ao uso da força letal, criou novidade curiosa: a citação no âmbito do inquérito policial (ou procedimento investigativo correlato). O § 1º do artigo 14-A do Código de Processo Penal determina a citação[23] do investigado acerca da instauração do procedimento, com fixação

23 A própria nomenclatura usada na lei é equivocada. Citar significa cientificar alguém da existência de uma acusação formal, chamando-o a apresentar defesa. A expressão mais adequada, considerando a intenção do legislador, seria notificação.

do prazo de até 48 horas para constituição de advogado pelo investigado. Com a devida vênia, parece-me esdruxulo, diante do sigilo inerente às investigações pré-processuais (artigo 20 do Código de Processo Penal), instituir a necessidade de comunicação do investigado acerca do início do procedimento apuratório.

> Art. 14-A (...)
>
> § 1º Para os casos previstos no caput deste artigo, o investigado deverá ser citado da instauração do procedimento investigatório, podendo constituir defensor no prazo de até 48 (quarenta e oito) horas a contar do recebimento da citação.

O § 2º do artigo 14-A do Código de Processo Penal informa que, caso o investigado não indique defensor para acompanhar as investigações, a instituição a que ele estava vinculado à época dos fatos deve ser intimada para indicação de causídico. Mais um equívoco. A participação de advogado no curso do inquérito é facultativa. Só deve existir advogado no curso da fase pré-processual caso o investigado/indiciado deseje. Outrossim, o dispositivo parece indicar que haverá, necessariamente, advogado atuando na defesa do investigado integrante dos órgãos listados no artigo 144 da Constituição Federal, quando houver investigação relacionada ao uso da força letal. Os §§ 3º, 4º e 5º foram vetados e o § 6º estende o disposto no artigo aos integrantes das forças armadas que atuem em missões para Garantia da Lei e da Ordem - GLO:

> Art. 14-A (...)
>
> § 2º Esgotado o prazo disposto no § 1º deste artigo com ausência de nomeação de defensor pelo investigado, a autoridade responsável pela investigação deverá intimar a instituição a que estava vinculado o investigado à época da ocorrência dos fatos, para que essa, no prazo de 48 (quarenta e oito) horas, indique defensor para a representação do investigado.
>
> § 3º (VETADO).
>
> § 4º (VETADO).
>
> § 5º (VETADO).
>
> § 6º As disposições constantes deste artigo se aplicam aos servidores militares vinculados às instituições dispostas no art. 142 da Constituição Federal, desde que os fatos investigados digam respeito a missões para a Garantia da Lei e da Ordem.

Arquivamento do inquérito policial: O Pacote Anticrime outorgou ao Ministério Público a tarefa de arquivar os autos do inquérito policial (a tarefa antes era cometida ao Poder Judiciário, em face de pedido do *Parquet* - tratava-se de ato complexo). A nova redação do artigo 28 do Código de Processo Penal determina que, ao promover o arquivamento do feito, o Ministério

Público comunique a vítima, o investigado e ao delegado de polícia, encaminhando os autos à instância de revisão ministerial para fins de homologação (apesar da lei não mencionar, penso ser imprescindível a comunicação do juízo das garantias). O arquivamento do inquérito policial sempre foi uma promoção do Ministério Público, vez que a decisão final era do órgão (na sistemática anterior, caso o juiz discordasse do arquivamento, ele remetia o pedido à reanálise do Procurador-Geral e, caso esse insistisse no pleito de arquivamento, não havia outro caminho a ser trilhado pelo magistrado senão determinar o arquivamento).

> Art. 28. Ordenado o arquivamento do inquérito policial ou de quaisquer elementos informativos da mesma natureza, o órgão do Ministério Público comunicará à vítima, ao investigado e à autoridade policial e encaminhará os autos para a instância de revisão ministerial para fins de homologação, na forma da lei[24].

Caso a vítima ou seu representante legal não concorde com o arquivamento do inquérito policial, é possível manejo de pedido de revisão junto à instância competente do órgão ministerial, nos termos da respectiva lei orgânica. Nas ações penais atinentes a delitos cometidos contra a União, Estados e Municípios, a revisão do arquivamento pelo órgão ministerial competente pode ser provocada pela chefia do órgão a quem couber sua representação judicial. Não vejo óbice ao pedido de revisão feito pelo investigado ou pelo delegado de polícia. O primeiro porque pode ser do seu interesse modificar a motivação do arquivamento (para que o fundamento do arquivamento lhe seja mais favorável). O segundo porque ele pode, por exemplo, discordando do Ministério Público, enxergar trilha investigativa a ser seguida para elucidar o fato:

> Art. 28 (...)
>
> § 1º Se a vítima, ou seu representante legal, não concordar com o arquivamento do inquérito policial, poderá, no prazo de 30 (trinta) dias do recebimento da comunicação, submeter a matéria à revisão da instância competente do órgão ministerial, conforme dispuser a respectiva lei orgânica.
>
> § 2º Nas ações penais relativas a crimes praticados em detrimento da União, Estados e Municípios, a revisão do arquivamento do inquérito policial poderá ser provocada pela chefia do órgão a quem couber a sua representação judicial.

24 A nova redação do artigo 28 do Código de Processo Penal teve sua eficácia suspensa *sine die*, em face de liminar concedida nos autos das ADIN 6.298, 6.299, 6.300 e 6.305 pelo Ministro Fux.

Acordo de não persecução penal: O Pacote Anticrime enxertou no Código de Processo Penal o acordo de não persecução penal. A avença antes era regulamentada, à revelia da lei, no artigo 18 da Resolução 181/2017 do CNMP. Trata-se de exemplo claro de direito penal de segunda velocidade (mitigação de direitos fundamentais com aplicação de pena não privativa de liberdade) e de mitigação ao princípio da obrigatoriedade da ação penal pública.

Os requisitos da avença, que será firmada pelo Ministério Público e pelo investigado acompanhado de seu defensor, estão listados no artigo 28-A do Código de Processo Penal: a) não ser caso de arquivamento do inquérito policial; b) ter o investigado confessado formal e circunstancialmente a prática da infração penal; c) a infração cometida sem violência ou grave ameaça; d) pena mínima inferior a 4 anos; e) ser o acordo necessário e suficiente para reprovação e prevenção do crime:

> Art. 28-A. Não sendo caso de arquivamento e tendo o investigado confessado formal e circunstancialmente a prática de infração penal sem violência ou grave ameaça e com pena mínima inferior a 4 (quatro) anos, o Ministério Público poderá propor acordo de não persecução penal, desde que necessário e suficiente para reprovação e prevenção do crime, mediante as seguintes condições ajustadas cumulativa e alternativamente:

As condições do acordo de não-persecução penal estão listadas nos incisos do artigo citado e são alternativas (elas podem ser aplicadas cumulativamente se assim convencionarem as partes):

> Art. 28-A (...)
>
> I - reparar o dano ou restituir a coisa à vítima, exceto na impossibilidade de fazê-lo;
>
> II - renunciar voluntariamente a bens e direitos indicados pelo Ministério Público como instrumentos, produto ou proveito do crime;
>
> III - prestar serviço à comunidade ou a entidades públicas por período correspondente à pena mínima cominada ao delito diminuída de um a dois terços, em local a ser indicado pelo juízo da execução, na forma do art. 46 do Decreto-Lei nº 2.848, de 7 de dezembro de 1940 (Código Penal);
>
> IV - pagar prestação pecuniária, a ser estipulada nos termos do art. 45 do Decreto-Lei nº 2.848, de 7 de dezembro de 1940 (Código Penal), a entidade pública ou de interesse social, a ser indicada pelo juízo da execução, que tenha, preferencialmente, como função proteger bens jurídicos iguais ou semelhantes aos aparentemente lesados pelo delito; ou
>
> V - cumprir, por prazo determinado, outra condição indicada pelo Ministério Público, desde que proporcional e compatível com a infração penal imputada.

Caso exista concurso de crimes, as penas dos delitos praticados devem ser somadas (concurso material) ou exasperadas (concurso formal ou crime continuado), conforme o caso, para aferição do cabimento do acordo de não-persecução penal. Devem ser consideradas as causas de aumento/diminuição aplicáveis ao caso concreto (§ 1º do artigo 28-A do CPP):

> Art. 28-A (...)
>
> § 1º Para aferição da pena mínima cominada ao delito a que se refere o caput deste artigo, serão consideradas as causas de aumento e diminuição aplicáveis ao caso concreto.

O acordo de não persecução penal é subsidiário em relação à transação penal (menos complexa, por não exigir confissão da infração praticada, por exemplo) – caso seja possível transação, não se firma acordo de não persecução penal. Ademais, não é possível firmar o acordo: a) se o investigado for reincidente ou se houver elementos que indiquem conduta criminal habitual, reiterada ou profissional, exceto se insignificantes as infrações penais pretéritas (caso seja aplicável princípio da insignificância, os fatos sequer serão considerados típicos – atipicidade material); b) se o agente foi beneficiado nos 5 anos anteriores ao cometimento da infração (é preciso observar o tempo do crime – artigo 4º do Código Penal) em acordo de não persecução penal, transação penal ou suspensão condicional do processo; c) nos crimes praticados no âmbito de violência doméstica ou familiar ou praticados contra a mulher por razões da condição do sexo feminino[25], em favor do agressor (apesar da lei ter feito menção à expressão "crimes", penso que a impossibilidade de acordo deve se estender às contravenções penais praticadas no âmbito de violência doméstica ou familiar ou por razões da condição do sexo feminino, em favor do agressor – esse tem sido o entendimento do STJ e do STF):

> Art. 28-A (...)
>
> § 2º O disposto no caput deste artigo não se aplica nas seguintes hipóteses:
>
> I - se for cabível transação penal de competência dos Juizados Especiais Criminais, nos termos da lei;
>
> II - se o investigado for reincidente ou se houver elementos probatórios que indiquem conduta criminal habitual, reiterada ou profissional, exceto se insignificantes as infrações penais pretéritas;
>
> III - ter sido o agente beneficiado nos 5 (cinco) anos anteriores ao cometimento da infração, em acordo de não persecução penal, transação penal ou suspensão condicional do processo; e

25 Para descobrir o que é razão da condição do sexo feminino, o intérprete deve se socorrer do § 2º-A do artigo 121 do Código Penal – interpretação autêntica.

> IV - nos crimes praticados no âmbito de violência doméstica ou familiar, ou praticados contra a mulher por razões da condição de sexo feminino, em favor do agressor.

O acordo deve ser formalizado por escrito, de um lado pelo Ministério Público e de outro pelo investigado acompanhado por seu defensor. Anote-se que o legislador perdeu grande chance de agilizar a solução de casos criminais ao não outorgar ao delegado de polícia a atribuição para firmar acordo de não persecução penal. Explico: a autoridade policial é legitimada a firmar acordo de colaboração premiada que pode culminar, inclusive, com a concessão de perdão judicial. Essa legitimidade foi concedida pela Lei 12.850/13 e referendada pelo STF nos autos da ADIN 5508. Parece-me tranquilo, na mesma linha de intelecção, outorgar ao delegado de polícia a legitimidade para firmar avença que signifique ulterior extinção da punibilidade (acordo de não persecução penal). Infelizmente não foi a vontade do legislador.

> Art. 28-A (...)
>
> § 3º O acordo de não persecução penal será formalizado por escrito e será firmado pelo membro do Ministério Público, pelo investigado e por seu defensor.

Firmado o acordo e encaminhado ao juiz das garantias (a quem compete homologar ou não o mesmo – artigo 3º-B, inciso XVII, do Código de Processo Penal), este designará audiência para verificar a voluntariedade e a legalidade da avença:

> Art. 28-A (...)
>
> § 4º Para a homologação do acordo de não persecução penal, será realizada audiência na qual o juiz deverá verificar a sua voluntariedade, por meio da oitiva do investigado na presença do seu defensor, e sua legalidade.

Caso o juiz considere inadequadas, insuficientes ou abusivas as condições do acordo, o juiz das garantias deve devolver os autos ao Ministério Público, para que a proposta seja reformulada e novamente firmada entre as partes:

> Art. 28-A (...)
>
> § 5º Se o juiz considerar inadequadas, insuficientes ou abusivas as condições dispostas no acordo de não persecução penal, devolverá os autos ao Ministério Público para que seja reformulada a proposta de acordo, com concordância do investigado e seu defensor.

Caso o acordo seja homologado, o juiz das garantias deve remetê-lo ao Ministério Público, para que este o execute no juízo de execução penal:

> Art. 28-A (...)
>
> § 6º Homologado judicialmente o acordo de não persecução penal, o juiz devolverá os autos ao Ministério Público para que inicie sua execução perante o juízo de execução penal.

O juiz das garantias pode recusar a homologação do acordo de não persecução penal (a decisão que recursa a homologação do acordo de não persecução penal pode ser atacada por meio de recurso em sentido estrito - artigo 581, inciso XXV, do Código de Processo Penal):

> Art. 28-A (...)
>
> § 7º O juiz poderá recusar homologação à proposta que não atender aos requisitos legais ou quando não for realizada a adequação a que se refere o § 5º deste artigo.
>
> § 8º Recusada a homologação, o juiz devolverá os autos ao Ministério Público para a análise da necessidade de complementação das investigações ou o oferecimento da denúncia.

A vítima será intimada da homologação do acordo de não persecução penal e de seu eventual descumprimento:

> Art. 28-A (...)
>
> § 9º A vítima será intimada da homologação do acordo de não persecução penal e de seu descumprimento.

Caso as condições estipuladas sejam descumpridas, o acordo deve ser rescindido (pelo juízo das execuções penais, a pedido do Ministério Público) e será possível oferecimento de denúncia (a homologação do acordo de não persecução pelo juiz das garantias não inviabiliza ulterior oferecimento de denúncia em caso de descumprimento da avença – a decisão é *rebus sic stantibus* e faz coisa julgada meramente formal, tal qual a decisão que homologa transação penal[26]). O descumprimento do acordo de não persecução penal pode ser usado pelo Ministério Público, inclusive, como justificativa para eventual não oferecimento de suspensão condicional do processo (a redação enxertada pelo Pacote Anticrime no Código de Processo Penal deixa claro que é possível, mesmo com o descumprimento do acordo de não persecução penal, oferecimento de suspensão condicional do processo, nos termos do artigo 89 da Lei 9.099/95):

---

26 Vide Súmula Vinculante 35 - A homologação da transação penal prevista no artigo 76 da Lei 9.099/1995 não faz coisa julgada material e, descumpridas suas cláusulas, retoma-se a situação anterior, possibilitando-se ao Ministério Público a continuidade da persecução penal mediante oferecimento de denúncia ou requisição de inquérito policial.

Art. 28-A (...)

§ 10. Descumpridas quaisquer das condições estipuladas no acordo de não persecução penal, o Ministério Público deverá comunicar ao juízo, para fins de sua rescisão e posterior oferecimento de denúncia.

§ 11. O descumprimento do acordo de não persecução penal pelo investigado também poderá ser utilizado pelo Ministério Público como justificativa para o eventual não oferecimento de suspensão condicional do processo.

A decisão que homologa acordo de não persecução penal não tem natureza condenatória (tanto assim que o cumprimento das condições redundará na decretação da extinção da punibilidade pelo juízo das execuções penais) e por isso não induz reincidência (ocasiona apenas impossibilidade de nova oferta de acordo no prazo de 5 anos):

Art. 28-A (...)

§ 12. A celebração e o cumprimento do acordo de não persecução penal não constarão de certidão de antecedentes criminais, exceto para os fins previstos no inciso III do § 2º deste artigo.

§ 13. Cumprido integralmente o acordo de não persecução penal, o juízo competente decretará a extinção de punibilidade.

A oferta de acordo de não persecução penal não é direito subjetivo do investigado, mas se o Ministério Público não o oferecer, é possível ao investigado requerer a remessa dos autos ao órgão superior no âmbito do próprio *Parquet*, na forma prescrita na nova redação do artigo 28 do Código de Processo Penal:

Art. 28-A (...)

§ 14. No caso de recusa, por parte do Ministério Público, em propor o acordo de não persecução penal, o investigado poderá requerer a remessa dos autos a órgão superior, na forma do art. 28 deste Código.

Medidas assecuratórias: O Pacote Anticrime alterou o *caput* do artigo 122 e revogou seu parágrafo único:

Art. 122. Sem prejuízo do disposto no art. 120, as coisas apreendidas serão alienadas nos termos do disposto no art. 133 deste Código.

Parágrafo único. (Revogado).

Redação anterior	Redação determinada pelo Pacote Anticrime
Art. 122. Sem prejuízo do disposto nos arts. 120 e 133, decorrido o prazo de 90 dias, após transitar em julgado a sentença condenatória, o juiz decretará, se for caso, a perda, em favor da União, das coisas apreendidas (art. 74, II, a e b do Código Penal) e ordenará que sejam vendidas em leilão público. Parágrafo único. Do dinheiro apurado será recolhido ao Tesouro Nacional o que não couber ao lesado ou a terceiro de boa-fé.	Art. 122. Sem prejuízo do disposto no art. 120, as coisas apreendidas serão alienadas nos termos do disposto no art. 133 deste Código. Parágrafo único. (Revogado).

Foi enxertado no Código de Processo Penal o artigo 124-A, que trata da destinação de obras de arte ou outros bens de relevante valor cultural ou artístico a museus públicos, caso o crime não tenha vítima determinada, depois da decretação do perdimento destes bens:

> Art. 124-A. Na hipótese de decretação de perdimento de obras de arte ou de outros bens de relevante valor cultural ou artístico, se o crime não tiver vítima determinada, poderá haver destinação dos bens a museus públicos.

O artigo 133 do Código de Processo Penal determina que, transitada em julgado a sentença condenatória, o juiz, de ofício ou a requerimento do interessado ou do Ministério Público, determinará avaliação e venda dos bens cujo perdimento tenha sido decretado, em leilão público. A destinação do apurado será: a) o lesado pela prática delitiva; b) o terceiro de boa-fé; c) o Fundo Penitenciário Nacional, exceto se houver previsão diversa em lei especial (a redação anterior do CPP determinava que o que não coubesse ao lesado ou ao terceiro de boa-fé fosse destinado ao Tesouro Nacional):

> Art. 133. Transitada em julgado a sentença condenatória, o juiz, de ofício ou a requerimento do interessado ou do Ministério Público, determinará a avaliação e a venda dos bens em leilão público cujo perdimento tenha sido decretado.
>
> § 1º Do dinheiro apurado, será recolhido aos cofres públicos o que não couber ao lesado ou a terceiro de boa-fé.
>
> § 2º O valor apurado deverá ser recolhido ao Fundo Penitenciário Nacional, exceto se houver previsão diversa em lei especial.

Redação anterior	Redação determinada pelo Pacote Anticrime
Art. 133. Transitada em julgado a sentença condenatória, o juiz, de ofício ou a requerimento do interessado, determinará a avaliação e a venda dos bens em leilão público. Parágrafo único. Do dinheiro apurado, será recolhido ao Tesouro Nacional o que não couber ao lesado ou a terceiro de boa-fé.	Art. 133. Transitada em julgado a sentença condenatória, o juiz, de ofício ou a requerimento do interessado ou do Ministério Público, determinará a avaliação e a venda dos bens em leilão público cujo perdimento tenha sido decretado. § 1º Do dinheiro apurado, será recolhido aos cofres públicos o que não couber ao lesado ou a terceiro de boa-fé. § 2º O valor apurado deverá ser recolhido ao Fundo Penitenciário Nacional, exceto se houver previsão diversa em lei especial.

O novel artigo 133-A do Código de Processo Penal permitiu que o juiz autorize, constatado o interesse público, a utilização de bem sequestrado, apreendido ou sujeito a qualquer medida assecuratória pelos órgãos de segurança pública listados no artigo 144 da Constituição Federal, sistema prisional, sistema socioeducativo, Força Nacional de Segurança Pública e do Instituto Geral de Perícia, para o desempenho de suas atividades. Em boa hora a alteração legislativa. Previsão semelhante já existia no artigo 62 da Lei 11.343/06, em relação a bens apreendidos em casos criminais relacionados ao tráfico de drogas (a meu ver sempre foi possível aplicação, por analogia, do referido dispositivo a qualquer delito, mas é indubitável que é salutar a existência de texto expresso de lei nesse sentido).

A prioridade na utilização do em será do órgão de segurança pública que participou das ações de investigação ou repressão que culminaram com a constrição do bem.

Vale a pena ler todo artigo 133-A do Código de Processo Penal:

> Art. 133-A. O juiz poderá autorizar, constatado o interesse público, a utilização de bem sequestrado, apreendido ou sujeito a qualquer medida assecuratória pelos órgãos de segurança pública previstos no art. 144 da Constituição Federal, do sistema prisional, do sistema socioeducativo, da Força Nacional de Segurança Pública e do Instituto Geral de Perícia, para o desempenho de suas atividades.
>
> § 1º O órgão de segurança pública participante das ações de investigação ou repressão da infração penal que ensejou a constrição do bem terá prioridade na sua utilização.

§ 2º Fora das hipóteses anteriores, demonstrado o interesse público, o juiz poderá autorizar o uso do bem pelos demais órgãos públicos.

§ 3º Se o bem a que se refere o **caput** deste artigo for veículo, embarcação ou aeronave, o juiz ordenará à autoridade de trânsito ou ao órgão de registro e controle a expedição de certificado provisório de registro e licenciamento em favor do órgão público beneficiário, o qual estará isento do pagamento de multas, encargos e tributos anteriores à disponibilização do bem para a sua utilização, que deverão ser cobrados de seu responsável.

§ 4º Transitada em julgado a sentença penal condenatória com a decretação de perdimento dos bens, ressalvado o direito do lesado ou terceiro de boa-fé, o juiz poderá determinar a transferência definitiva da propriedade ao órgão público beneficiário ao qual foi custodiado o bem.

Impedimento do magistrado (afastamento do "juiz contaminado"): O artigo 157 do Código de Processo Penal passa a contar com o § 5º, que prescreve que o juiz que conhecer do conteúdo da prova declarada inadmissível (porque reconhecida ilícita ou ilegítima) não poderá proferir sentença ou acórdão (essa expressão faz com que o dispositivo seja aplicável a órgãos colegiados). Trata-se, a meu sentir, de hipótese de impedimento (situação objetiva ligada ao processo). O desrespeito ao comando constante no novel dispositivo legal deve induzir nulidade absoluta.

O legislador tencionou evitar a chamada síndrome de dom casmurro[27] (ou quadros mentais paranoicos). É óbvio que o juiz que tem acesso a determinada prova (ainda que ilícita ou ilegítima) pode se sentir por ela influenciado no momento de prolatar sua decisão final. Penso ser salutar a alteração legislativa, na medida em que objetiva que a decisão do julgador (seja ela condenatória ou absolutória) seja fruto da análise, tão somente, de provas reputadas lícitas.

Com o fito de dar efetividade ao comando, penso que, depois de preclusa a decisão que reconheceu que determinada prova foi obtida por meios ilícitos, o juiz deve determinar seu desentranhamento, reconhecendo-se, a seguir, impedido de prolatar sentença (com envio dos autos ao seu substituto legal). Eis o novel dispositivo:

---

27 A nomenclatura se refere à obra de Machado de Assis. Nela, Bentinho pré-concebe a ideia de que foi traído por sua amada Capitu e tenta, a todo custo, encontrar "provas" da traição. O mesmo acontece quando o magistrado desenvolve a ideia fixa de que um alvo da persecução penal é autor do fato apurado e passa a determinar produção de provas que confirmem seu raciocínio pré-concebido. É inegável que tal situação deve ser evitada, por se traduzir em afronta ao sistema acusatório (o juiz finda se imiscuindo na atribuição acusatória do Ministério Público).

> Art. 157 (...)
>
> § 5º O juiz que conhecer do conteúdo da prova declarada inadmissível não poderá proferir a sentença ou acórdão[28].

Cadeia de custódia: O Pacote Anticrime inseriu no Código de Processo Penal o conceito de cadeia de custódia (*caput*) e de vestígio (§ 3º) no artigo 158-A (mera leitura) – parece-me que o desrespeito à cadeia de custódia não induz necessariamente a nulidade da prova pericial:

> Art. 158-A. Considera-se cadeia de custódia o conjunto de todos os procedimentos utilizados para manter e documentar a história cronológica do vestígio coletado em locais ou em vítimas de crimes, para rastrear sua posse e manuseio a partir de seu reconhecimento até o descarte.
>
> § 1º O início da cadeia de custódia dá-se com a preservação do local de crime ou com procedimentos policiais ou periciais nos quais seja detectada a existência de vestígio.
>
> § 2º O agente público que reconhecer um elemento como de potencial interesse para a produção da prova pericial fica responsável por sua preservação.
>
> § 3º Vestígio é todo objeto ou material bruto, visível ou latente, constatado ou recolhido, que se relaciona à infração penal.

O artigo 158-B descreve as etapas da cadeia de custódia:

> Art. 158-B. A cadeia de custódia compreende o rastreamento do vestígio nas seguintes etapas:
>
> I - reconhecimento: ato de distinguir um elemento como de potencial interesse para a produção da prova pericial;
>
> II - isolamento: ato de evitar que se altere o estado das coisas, devendo isolar e preservar o ambiente imediato, mediato e relacionado aos vestígios e local de crime;
>
> III - fixação: descrição detalhada do vestígio conforme se encontra no local de crime ou no corpo de delito, e a sua posição na área de exames, podendo ser ilustrada por fotografias, filmagens ou croqui, sendo indispensável a sua descrição no laudo pericial produzido pelo perito responsável pelo atendimento;
>
> IV - coleta: ato de recolher o vestígio que será submetido à análise pericial, respeitando suas características e natureza;

---

28 O § 5º do artigo 157 do Código de Processo Penal teve sua eficácia suspensa *sine die*, em face de liminar concedida nos autos das ADIN 6.298, 6.299, 6.300 e 6.305 pelo Ministro Fux.

V - acondicionamento: procedimento por meio do qual cada vestígio coletado é embalado de forma individualizada, de acordo com suas características físicas, químicas e biológicas, para posterior análise, com anotação da data, hora e nome de quem realizou a coleta e o acondicionamento;

VI - transporte: ato de transferir o vestígio de um local para o outro, utilizando as condições adequadas (embalagens, veículos, temperatura, entre outras), de modo a garantir a manutenção de suas características originais, bem como o controle de sua posse;

VII - recebimento: ato formal de transferência da posse do vestígio, que deve ser documentado com, no mínimo, informações referentes ao número de procedimento e unidade de polícia judiciária relacionada, local de origem, nome de quem transportou o vestígio, código de rastreamento, natureza do exame, tipo do vestígio, protocolo, assinatura e identificação de quem o recebeu;

VIII - processamento: exame pericial em si, manipulação do vestígio de acordo com a metodologia adequada às suas características biológicas, físicas e químicas, a fim de se obter o resultado desejado, que deverá ser formalizado em laudo produzido por perito;

IX - armazenamento: procedimento referente à guarda, em condições adequadas, do material a ser processado, guardado para realização de contraperícia, descartado ou transportado, com vinculação ao número do laudo correspondente;

X - descarte: procedimento referente à liberação do vestígio, respeitando a legislação vigente e, quando pertinente, mediante autorização judicial.

Confira tabela para facilitar a memorização:

Etapa	Conceito
Reconhecimento	Ato de distinguir um elemento como de potencial interesse para a produção da prova pericial
Isolamento	Ato de evitar que se altere o estado das coisas, devendo isolar e preservar o ambiente imediato, mediato e relacionado aos vestígios e local de crime
Fixação	Descrição detalhada do vestígio conforme se encontra no local de crime ou no corpo de delito, e a sua posição na área de exames, podendo ser ilustrada por fotografias, filmagens ou croqui, sendo indispensável a sua descrição no laudo pericial produzido pelo perito responsável pelo atendimento

Etapa	Conceito
Coleta	Ato de recolher o vestígio que será submetido à análise pericial, respeitando suas características e natureza
Acondicionamento	Procedimento por meio do qual cada vestígio coletado é embalado de forma individualizada, de acordo com suas características físicas, químicas e biológicas, para posterior análise, com anotação da data, hora e nome de quem realizou a coleta e o acondicionamento
Transporte	Ato de transferir o vestígio de um local para o outro, utilizando as condições adequadas (embalagens, veículos, temperatura, entre outras), de modo a garantir a manutenção de suas características originais, bem como o controle de sua posse
Recebimento	Ato formal de transferência da posse do vestígio, que deve ser documentado com, no mínimo, informações referentes ao número de procedimento e unidade de polícia judiciária relacionada, local de origem, nome de quem transportou o vestígio, código de rastreamento, natureza do exame, tipo do vestígio, protocolo, assinatura e identificação de quem o recebeu
Processamento	Exame pericial em si, manipulação do vestígio de acordo com a metodologia adequada às suas características biológicas, físicas e químicas, a fim de se obter o resultado desejado, que deverá ser formalizado em laudo produzido por perito
Armazenamento	Procedimento referente à guarda, em condições adequadas, do material a ser processado, guardado para realização de contraperícia, descartado ou transportado, com vinculação ao número do laudo correspondente
Descarte	Procedimento referente à liberação do vestígio, respeitando a legislação vigente e, quando pertinente, mediante autorização judicial

Não é obrigatório que a coleta de vestígios seja feita por perito oficial (o legislador usou da expressão "preferencialmente" no *caput* do artigo 158-C).

Importante salientar que o § 2º do novel artigo 158-C do Código de Processo Penal proibiu a entrada em locais isolados e a remoção de quaisquer vestígios antes da liberação por parte do perito responsável. Temos aqui situação inusitada: o legislador taxou a conduta de entrar em local de crime isolado e remover vestígios antes da liberação do perito como crime de fraude processual sem, contudo, alterar o artigo 347 do Código Penal. O tipo mencionado reclama um especial fim de agir: "induzir a erro o juiz ou o perito". A norma processual penal não exige tal intenção especial. Imagine a seguinte situação: um repórter, ávido por um "furo", resolve adentrar em local isolado pelo aparelho policial sem autorização, com o fito de fotografar o cadáver. Sem alterar absolutamente nenhum elemento sensível importante, o incauto jornalista cruza o isolamento, fotografa a vítima morta e vai embora. Teria o agente praticado, nessa hipótese, o crime de fraude processual, tipificado no artigo 347 do Código Penal? Penso que não. Caso o legislador efetivamente quisesse alterar a estrutura típica do dispositivo citado, operaria modificação no mesmo, enxertando figura equiparada ou mesmo privilegiada sem exigência de especial fim de agir. A resposta ao caso hipotético, a mim me parece, seria: fato atípico.

Confira o artigo 158-C do Código de Processo Penal:

> Art. 158-C. A coleta dos vestígios deverá ser realizada preferencialmente por perito oficial, que dará o encaminhamento necessário para a central de custódia, mesmo quando for necessária a realização de exames complementares.
>
> § 1º Todos vestígios coletados no decurso do inquérito ou processo devem ser tratados como descrito nesta Lei, ficando órgão central de perícia oficial de natureza criminal responsável por detalhar a forma do seu cumprimento.
>
> § 2º É proibida a entrada em locais isolados bem como a remoção de quaisquer vestígios de locais de crime antes da liberação por parte do perito responsável, sendo tipificada como fraude processual a sua realização.

O artigo 158-D traz em seu bojo disposições acerca do recipiente para acondicionamento do vestígio e a exigência de que os mesmos sejam lacrados:

> Art. 158-D. O recipiente para acondicionamento do vestígio será determinado pela natureza do material.
>
> § 1º Todos os recipientes deverão ser selados com lacres, com numeração individualizada, de forma a garantir a inviolabilidade e a idoneidade do vestígio durante o transporte.
>
> § 2º O recipiente deverá individualizar o vestígio, preservar suas características, impedir contaminação e vazamento, ter grau de resistência adequado e espaço para registro de informações sobre seu conteúdo.
>
> § 3º O recipiente só poderá ser aberto pelo perito que vai proceder à análise e, motivadamente, por pessoa autorizada.

> § 4º Após cada rompimento de lacre, deve se fazer constar na ficha de acompanhamento de vestígio o nome e a matrícula do responsável, a data, o local, a finalidade, bem como as informações referentes ao novo lacre utilizado.
>
> § 5º O lacre rompido deverá ser acondicionado no interior do novo recipiente.

O artigo 158-E do Código de Processo Penal determina que os Institutos de Criminalística possuam uma central de custódia destinada à guarda e controle de vestígios:

> Art. 158-E. Todos os Institutos de Criminalística deverão ter uma central de custódia destinada à guarda e controle dos vestígios, e sua gestão deve ser vinculada diretamente ao órgão central de perícia oficial de natureza criminal.
>
> § 1º Toda central de custódia deve possuir os serviços de protocolo, com local para conferência, recepção, devolução de materiais e documentos, possibilitando a seleção, a classificação e a distribuição de materiais, devendo ser um espaço seguro e apresentar condições ambientais que não interfiram nas características do vestígio.
>
> § 2º Na central de custódia, a entrada e a saída de vestígio deverão ser protocoladas, consignando-se informações sobre a ocorrência no inquérito que a eles se relacionam.
>
> § 3º Todas as pessoas que tiverem acesso ao vestígio armazenado deverão ser identificadas e deverão ser registradas a data e a hora do acesso.
>
> § 4º Por ocasião da tramitação do vestígio armazenado, todas as ações deverão ser registradas, consignando-se a identificação do responsável pela tramitação, a destinação, a data e horário da ação.

O artigo 158-F do Código de Processo Penal determina a devolução do material periciado à central de custódia:

> Art. 158-F. Após a realização da perícia, o material deverá ser devolvido à central de custódia, devendo nela permanecer.
>
> Parágrafo único. Caso a central de custódia não possua espaço ou condições de armazenar determinado material, deverá a autoridade policial ou judiciária determinar as condições de depósito do referido material em local diverso, mediante requerimento do diretor do órgão central de perícia oficial de natureza criminal.

Prisão e medidas cautelares: A nova redação do § 2º do artigo 282 segue a linha das mudanças operadas pelo Pacote Anticrime, reafirmando a inércia do magistrado em relação à decretação de medidas cautelares. No caso, em relação a cautelares pessoais (prisão e medidas cautelares diversas da prisão). Foi retirado do dispositivo a possibilidade de decretação de cárcere provisório ou medida diversa de ofício pelo juiz:

> Art. 282. (...)
>
> § 2º As medidas cautelares serão decretadas pelo juiz a requerimento das partes ou, quando no curso da investigação criminal, por representação da autoridade policial ou mediante requerimento do Ministério Público.

Redação anterior	Redação determinada pelo Pacote Anticrime
§ 2º As medidas cautelares serão decretadas pelo juiz, de ofício ou a requerimento das partes ou, quando no curso da investigação criminal, por representação da autoridade policial ou mediante requerimento do Ministério Público.	§ 2º As medidas cautelares serão decretadas pelo juiz a requerimento das partes ou, quando no curso da investigação criminal, por representação da autoridade policial ou mediante requerimento do Ministério Público.

A Lei 13.964/19 determinou que, ressalvados casos de urgência ou de perigo da ineficácia da medida, o juiz deve determinar a intimação da parte contrária para se manifestar no prazo de 5 dias acerca do pedido de medida cautelar (não se concebe tal manifestação prévia em um pleito de prisão cautelar ou interceptação telefônica, por exemplo). Uma vez mais o legislador deixou claro a necessidade de fundamentação calcada em elementos concretos que justifiquem a medida extrema:

> Art. 282 (...)
>
> § 3º Ressalvados os casos de urgência ou de perigo de ineficácia da medida, o juiz, ao receber o pedido de medida cautelar, determinará a intimação da parte contrária, para se manifestar no prazo de 5 (cinco) dias, acompanhada de cópia do requerimento e das peças necessárias, permanecendo os autos em juízo, e os casos de urgência ou de perigo deverão ser justificados e fundamentados em decisão que contenha elementos do caso concreto que justifiquem essa medida excepcional.

Redação anterior	Redação determinada pelo Pacote Anticrime
§ 3º Ressalvados os casos de urgência ou de perigo de ineficácia da medida, o juiz, ao receber o pedido de medida cautelar, determinará a intimação da parte contrária, acompanhada de cópia do requerimento e das peças necessárias, permanecendo os autos em juízo.	§ 3º Ressalvados os casos de urgência ou de perigo de ineficácia da medida, o juiz, ao receber o pedido de medida cautelar, determinará a intimação da parte contrária, para se manifestar no prazo de 5 (cinco) dias, acompanhada de cópia do requerimento e das peças necessárias, permanecendo os autos em juízo, e os casos de urgência ou de perigo deverão ser justificados e fundamentados em decisão que contenha elementos do caso concreto que justifiquem essa medida excepcional.

O § 4º do artigo 282 foi modificado para, de igual sorte, proibir a substituição da medida anteriormente imposta, a imposição de medida cumulativa ou a decretação da prisão preventiva de ofício pelo magistrado, no caso de descumprimento injustificado das obrigações impostas:

> Art. 282 (...)
>
> § 4º No caso de descumprimento de qualquer das obrigações impostas, o juiz, mediante requerimento do Ministério Público, de seu assistente ou do querelante, poderá substituir a medida, impor outra em cumulação, ou, em último caso, decretar a prisão preventiva, nos termos do parágrafo único do art. 312 deste Código.

Redação anterior	Redação determinada pelo Pacote Anticrime
§ 4º No caso de descumprimento de qualquer das obrigações impostas, o juiz, de ofício ou mediante requerimento do Ministério Público, de seu assistente ou do querelante, poderá substituir a medida, impor outra em cumulação, ou, em último caso, decretar a prisão preventiva (art. 312, parágrafo único).	§ 4º No caso de descumprimento de qualquer das obrigações impostas, o juiz, mediante requerimento do Ministério Público, de seu assistente ou do querelante, poderá substituir a medida, impor outra em cumulação, ou, em último caso, decretar a prisão preventiva, nos termos do parágrafo único do art. 312 deste Código.

Em relação à revogação da medida imposta ou a substituição benéfica ao indiciado/réu, é possível que o juiz atue de ofício, na forma do § 5º do artigo 282. Interessante notar que o dispositivo pareceu permitir ao magistrado decretar de ofício a medida revogada, se perceber que há justo motivo para tanto. Em rápidas linhas: o juiz não pode mais decretar medida cautelar pessoal de ofício *a priori*. Contudo, tendo sido decretada a medida gravosa a pedido do Ministério Público, querelante, assistente ou atendendo a representação do delegado de polícia, o magistrado pode revoga-la de ofício (ou a pedido). Caso as razões subsistam, o juiz pode novamente decretar a medida outrora revogada (inclusive de ofício):

> Art. 282 (...)
>
> § 5º O juiz poderá, de ofício ou a pedido das partes, revogar a medida cautelar ou substituí-la quando verificar a falta de motivo para que subsista, bem como voltar a decretá-la, se sobrevierem razões que a justifiquem.

Redação anterior	Redação determinada pelo Pacote Anticrime
§ 5º O juiz poderá revogar a medida cautelar ou substituí-la quando verificar a falta de motivo para que subsista, bem como voltar a decretá-la, se sobrevierem razões que a justifiquem.	§ 5º O juiz poderá, de ofício ou a pedido das partes, revogar a medida cautelar ou substituí-la quando verificar a falta de motivo para que subsista, bem como voltar a decretá-la, se sobrevierem razões que a justifiquem.

As modificações operadas no Título IX do Código de Processo Penal vão no mesmo sentido: proibir o magistrado de decretar medida gravosa de ofício e exigir do juiz fundamentação idônea, baseada em elementos presentes no caso concreto. Eis o § 6º do artigo 282:

> Art. 282 (...)
>
> § 6º A prisão preventiva somente será determinada quando não for cabível a sua substituição por outra medida cautelar, observado o art. 319 deste Código, e o não cabimento da substituição por outra medida cautelar deverá ser justificado de forma fundamentada nos elementos presentes do caso concreto, de forma individualizada.

Redação anterior	Redação determinada pelo Pacote Anticrime
§ 6º A prisão preventiva será determinada quando não for cabível a sua substituição por outra medida cautelar (art. 319).	§ 6º A prisão preventiva somente será determinada quando não for cabível a sua substituição por outra medida cautelar, observado o art. 319 deste Código, e o não cabimento da substituição por outra medida cautelar deverá ser justificado de forma fundamentada nos elementos presentes do caso concreto, de forma individualizada.

O artigo 283 do Código de Processo Penal teve sua redação modificada (as alterações foram muito sutis):

> Art. 283. Ninguém poderá ser preso senão em flagrante delito ou por ordem escrita e fundamentada da autoridade judiciária competente, em decorrência de prisão cautelar ou em virtude de condenação criminal transitada em julgado.

O dispositivo deve ser lido em consonância com a decisão do Supremo Tribunal Federal nos autos das ADC 43, 44 e 54, que julgou, por maioria de votos (6 x 5), constitucional o artigo 283 do Código de Processo Penal (com a redação dada pela Lei 12.403/11) e proibiu a execução provisória de decisão condenatória com base em decisão proferida por tribunal de segunda instância (viragem jurisprudencial em relação ao quanto decidido pelo próprio Pretório Excelso nos autos do HC 126.292/SP, relatado pelo Ministro Teori Zavascki). Penso ser inconstitucional a execução provisória de comando condenatório recorrível e que, antes do trânsito em julgado de sentença penal condenatória só é possível encarcerar o acusado no curso do processo se houver justo motivo para tanto, por meio de decretação de prisão preventiva (entendia a decisão prolatada no bojo do citado HC 126.292/SP como uma mutação constitucional inconstitucional)[29].

Redação anterior	Redação determinada pelo Pacote Anticrime
Art. 283. Ninguém poderá ser preso senão em flagrante delito ou por ordem escrita e fundamentada da autoridade judiciária competente, em decorrência de sentença condenatória transitada em julgado ou, no curso da investigação ou do processo, em virtude de prisão temporária ou prisão preventiva.	Art. 283. Ninguém poderá ser preso senão em flagrante delito ou por ordem escrita e fundamentada da autoridade judiciária competente, em decorrência de prisão cautelar ou em virtude de condenação criminal transitada em julgado.

O artigo 287 permite prisão sem pronta exibição de mandado judicial, caso a infração seja inafiançável (vide artigos 323 e 324 do Código de Processo Penal). O dispositivo determina que o preso seja imediatamente apresentado ao juiz que tiver expedido o mandado, para realização de audiência de custódia (essa foi a modificação operada no dispositivo, já que a audiência de custódia foi enxertada em nossa legislação processual penal pelo Pacote Anticrime). Penso que, caso a prisão ocorra em comarca distinta, a apresentação imediata

29 SILVA, Márcio Alberto Gomes. **Inquérito Policial – Uma análise jurídica e prática da fase pré-processual**, Salvador, Juspodivm, 5ª edição, 2020, p. 492/496.

deve ser feita ao juízo plantonista, com comunicação ao juiz que decretou a medida extrema:

> Art. 287. Se a infração for inafiançável, a falta de exibição do mandado não obstará a prisão, e o preso, em tal caso, será imediatamente apresentado ao juiz que tiver expedido o mandado, para a realização de audiência de custódia.

Redação anterior	Redação determinada pelo Pacote Anticrime
Art. 287. Se a infração for inafiançável, a falta de exibição do mandado não obstará à prisão, e o preso, em tal caso, será imediatamente apresentado ao juiz que tiver expedido o mandado.	Art. 287. Se a infração for inafiançável, a falta de exibição do mandado não obstará a prisão, e o preso, em tal caso, será imediatamente apresentado ao juiz que tiver expedido o mandado, para a realização de audiência de custódia.

A nova redação do artigo 310 do Código de Processo Penal já foi analisada supra (quando do estudo do juiz das garantias) – o legislador findou enxertando no diploma a audiência de custódia, antes regulamentada apenas pela Resolução 213 do CNJ, tornando-a obrigatória. Limito-me a transcrever a nova redação e a demonstrar quadro comparativo em relação à redação anterior:

> Art. 310. Após receber o auto de prisão em flagrante, no prazo máximo de até 24 (vinte e quatro) horas após a realização da prisão, o juiz deverá promover audiência de custódia com a presença do acusado, seu advogado constituído ou membro da Defensoria Pública e o membro do Ministério Público, e, nessa audiência, o juiz deverá, fundamentadamente:
>
> (...)
>
> § 1º Se o juiz verificar, pelo auto de prisão em flagrante, que o agente praticou o fato em qualquer das condições constantes dos incisos I, II ou III do caput do art. 23 do Decreto-Lei nº 2.848, de 7 de dezembro de 1940 (Código Penal), poderá, fundamentadamente, conceder ao acusado liberdade provisória, mediante termo de comparecimento obrigatório a todos os atos processuais, sob pena de revogação.
>
> § 2º Se o juiz verificar que o agente é reincidente ou que integra organização criminosa armada ou milícia, ou que porta arma de fogo de uso restrito, deverá denegar a liberdade provisória, com ou sem medidas cautelares.
>
> § 3º A autoridade que deu causa, sem motivação idônea, à não realização da audiência de custódia no prazo estabelecido no caput deste artigo responderá administrativa, civil e penalmente pela omissão.

§ 4º Transcorridas 24 (vinte e quatro) horas após o decurso do prazo estabelecido no caput deste artigo, a não realização de audiência de custódia sem motivação idônea ensejará também a ilegalidade da prisão, a ser relaxada pela autoridade competente, sem prejuízo da possibilidade de imediata decretação de prisão preventiva.

Redação anterior	Redação determinada pelo Pacote Anticrime
Art. 310. Ao receber o auto de prisão em flagrante, o juiz deverá fundamentadamente:	Art. 310. Após receber o auto de prisão em flagrante, no prazo máximo de até 24 (vinte e quatro) horas após a realização da prisão, o juiz deverá promover audiência de custódia com a presença do acusado, seu advogado constituído ou membro da Defensoria Pública e o membro do Ministério Público, e, nessa audiência, o juiz deverá, fundamentadamente:
I - relaxar a prisão ilegal; ou	I - relaxar a prisão ilegal; ou
II - converter a prisão em flagrante em preventiva, quando presentes os requisitos constantes do art. 312 deste Código, e se revelarem inadequadas ou insuficientes as medidas cautelares diversas da prisão; ou	II - converter a prisão em flagrante em preventiva, quando presentes os requisitos constantes do art. 312 deste Código, e se revelarem inadequadas ou insuficientes as medidas cautelares diversas da prisão; ou
III - conceder liberdade provisória, com ou sem fiança	III - conceder liberdade provisória, com ou sem fiança.
Parágrafo único. Se o juiz verificar, pelo auto de prisão em flagrante, que o agente praticou o fato nas condições constantes dos incisos I a III do caput do art. 23 do Decreto-Lei nº 2.848, de 7 de dezembro de 1940 - Código Penal, poderá, fundamentadamente, conceder ao acusado liberdade provisória, mediante termo de comparecimento a todos os atos processuais, sob pena de revogação.	§ 1º Se o juiz verificar, pelo auto de prisão em flagrante, que o agente praticou o fato em qualquer das condições constantes dos incisos I, II ou III do caput do art. 23 do Decreto-Lei nº 2.848, de 7 de dezembro de 1940 (Código Penal), poderá, fundamentadamente, conceder ao acusado liberdade provisória, mediante termo de comparecimento obrigatório a todos os atos processuais, sob pena de revogação.
	§ 2º Se o juiz verificar que o agente é reincidente ou que integra organização criminosa armada ou milícia, ou que porta arma de fogo de uso restrito, deverá denegar a liberdade provisória, com ou sem medidas cautelares.
	§ 3º A autoridade que deu causa, sem motivação idônea, à não realização da audiência de custódia no prazo estabelecido no caput deste artigo responderá administrativa, civil e penalmente pela omissão.
	§ 4º Transcorridas 24 (vinte e quatro) horas após o decurso do prazo estabelecido no caput deste artigo, a não realização de audiência de custódia sem motivação idônea ensejará também a ilegalidade da prisão, a ser relaxada pela autoridade competente, sem prejuízo da possibilidade de imediata decretação de prisão preventiva.

Prisão preventiva: O artigo 311 do Código de Processo Penal agora proíbe decretação de prisão preventiva de ofício pelo magistrado (linha adotada pelo Pacote Anticrime, com o fito de garantir a inércia do magistrado e o sistema acusatório). A prisão preventiva antes admitia decretação de ofício pelo magistrado no curso do processo. Com a entrada em vigor da Lei 13.964/19 não mais (como dito supra, penso que mesmo a prisão preventiva regulada pelo artigo 20 da Lei 11.340/06 não pode mais ser decretada de ofício):

> Art. 311. Em qualquer fase da investigação policial ou do processo penal, caberá a prisão preventiva decretada pelo juiz, a requerimento do Ministério Público, do querelante ou do assistente, ou por representação da autoridade policial.

Redação anterior	Redação determinada pelo Pacote Anticrime
Art. 311. Em qualquer fase da investigação policial ou do processo penal, caberá a prisão preventiva decretada pelo juiz, de ofício, se no curso da ação penal, ou a requerimento do Ministério Público, do querelante ou do assistente, ou por representação da autoridade policial.	Art. 311. Em qualquer fase da investigação policial ou do processo penal, caberá a prisão preventiva decretada pelo juiz, a requerimento do Ministério Público, do querelante ou do assistente, ou por representação da autoridade policial.

O artigo 312 do Código de Processo Penal trouxe modificação pontual, reclamando, para decretação da prisão preventiva, "perigo gerado pelo estado de liberdade do imputado". Esse perigo se traduz na demonstração concreta da existência de um dos quatro fundamentos para decretação da medida extrema, quais sejam *(periculum libertatis)*: a) garantia da ordem pública; b) garantia da ordem econômica; c) conveniência da instrução criminal; d) assegurar a aplicação da lei penal. O delegado de polícia, Ministério Público, o querelante ou o assistente deverá demonstrar cabalmente a necessidade concreta da decretação da medida extrema, calcada em fatos novos ou contemporâneos (na forma determinada pela nova redação do § 2º do artigo 312):

> Art. 312. A prisão preventiva poderá ser decretada como garantia da ordem pública, da ordem econômica, por conveniência da instrução criminal ou para assegurar a aplicação da lei penal, quando houver prova da existência do crime e indício suficiente de autoria e de perigo gerado pelo estado de liberdade do imputado.
>
> (...)

§ 2º A decisão que decretar a prisão preventiva deve ser motivada e fundamentada em receio de perigo e existência concreta de fatos novos ou contemporâneos que justifiquem a aplicação da medida adotada.

Redação anterior	Redação determinada pelo Pacote Anticrime
Art. 312. A prisão preventiva poderá ser decretada como garantia da ordem pública, da ordem econômica, por conveniência da instrução criminal, ou para assegurar a aplicação da lei penal, quando houver prova da existência do crime e indício suficiente de autoria. Parágrafo único. A prisão preventiva também poderá ser decretada em caso de descumprimento de qualquer das obrigações impostas por força de outras medidas cautelares (art. 282, § 4º).	Art. 312. A prisão preventiva poderá ser decretada como garantia da ordem pública, da ordem econômica, por conveniência da instrução criminal ou para assegurar a aplicação da lei penal, quando houver prova da existência do crime e indício suficiente de autoria e de perigo gerado pelo estado de liberdade do imputado. § 1º A prisão preventiva também poderá ser decretada em caso de descumprimento de qualquer das obrigações impostas por força de outras medidas cautelares (art. 282, § 4º). § 2º A decisão que decretar a prisão preventiva deve ser motivada e fundamentada em receio de perigo e existência concreta de fatos novos ou contemporâneos que justifiquem a aplicação da medida adotada.

O artigo 313 do Código de Processo Penal traz em seu bojo os requisitos para decretação da prisão preventiva (que são alternativos). No novel § 2º, enxertado no artigo citado pelo Pacote Anticrime, o legislador deixa claro que não se pode decretar prisão preventiva com a finalidade de antecipação de cumprimento de pena ou em decorrência imediata da investigação criminal ou da apresentação ou recebimento da denúncia.

O dispositivo em análise acentua a natureza jurídica da prisão preventiva (prisão provisória, cautelar ou processual, que tem por objetivo acautelar o inquérito policial ou o processo). Reforça-se, ainda, a impossibilidade de decretação automática do cárcere provisório (quando há a proibição de decretação da medida extrema apenas porque há inquérito ou processo em curso, em desfavor do indiciado/réu):

> Art. 313. (...)
>
> § 1º (...)
>
> § 2º Não será admitida a decretação da prisão preventiva com a finalidade de antecipação de cumprimento de pena ou como decorrência imediata de investigação criminal ou da apresentação ou recebimento de denúncia.

Redação anterior	Redação determinada pelo Pacote Anticrime
Art. 313. Nos termos do art. 312 deste Código, será admitida a decretação da prisão preventiva: I - nos crimes dolosos punidos com pena privativa de liberdade máxima superior a 4 (quatro) anos; II - se tiver sido condenado por outro crime doloso, em sentença transitada em julgado, ressalvado o disposto no inciso I do caput do art. 64 do Decreto-Lei nº 2.848, de 7 de dezembro de 1940 - Código Penal; III - se o crime envolver violência doméstica e familiar contra a mulher, criança, adolescente, idoso, enfermo ou pessoa com deficiência, para garantir a execução das medidas protetivas de urgência; IV - (revogado) Parágrafo único. Também será admitida a prisão preventiva quando houver dúvida sobre a identidade civil da pessoa ou quando esta não fornecer elementos suficientes para esclarecê-la, devendo o preso ser colocado imediatamente em liberdade após a identificação, salvo se outra hipótese recomendar a manutenção da medida.	Art. 313. Nos termos do art. 312 deste Código, será admitida a decretação da prisão preventiva: I - nos crimes dolosos punidos com pena privativa de liberdade máxima superior a 4 (quatro) anos; II - se tiver sido condenado por outro crime doloso, em sentença transitada em julgado, ressalvado o disposto no inciso I do caput do art. 64 do Decreto-Lei nº 2.848, de 7 de dezembro de 1940 - Código Penal; III - se o crime envolver violência doméstica e familiar contra a mulher, criança, adolescente, idoso, enfermo ou pessoa com deficiência, para garantir a execução das medidas protetivas de urgência; IV - (revogado). § 1º Também será admitida a prisão preventiva quando houver dúvida sobre a identidade civil da pessoa ou quando esta não fornecer elementos suficientes para esclarecê-la, devendo o preso ser colocado imediatamente em liberdade após a identificação, salvo se outra hipótese recomendar a manutenção da medida. § 2º Não será admitida a decretação da prisão preventiva com a finalidade de antecipação de cumprimento de pena ou como decorrência imediata de investigação criminal ou da apresentação ou recebimento de denúncia.

O artigo 315 continua a exigir decisão fundamentada do magistrado para decretação da medida extrema. O § 1º explicita (uma vez mais) a necessidade de indicação concreta de fatos novos ou contemporâneos que autorizem a decretação da prisão preventiva. O § 2º em verdadeira interpretação autêntica, deixa claro que não se considera fundamentada a decisão judicial que determina cárcere preventivo que: a) limitar-se à indicação, à reprodução ou à paráfrase de ato normativo, sem explicar sua relação com a causa ou a questão decidida; b) empregar conceitos jurídicos indeterminados, sem explicar o motivo concreto de sua incidência no caso; c) invocar motivos que se prestariam a justificar qualquer outra decisão; d) não enfrentar todos os argumentos deduzidos no processo capazes de, em tese, infirmar a conclusão adotada pelo julgador; e) limitar-se a invocar precedente ou enunciado de súmula, sem identificar seus fundamentos determinantes nem demonstrar que o caso sob julgamento se ajusta àqueles fundamentos; f) deixar de seguir enunciado de súmula, jurisprudência ou precedente invocado pela parte, sem demonstrar a existência de distinção no caso em julgamento ou a superação do entendimento:

> Art. 315. A decisão que decretar, substituir ou denegar a prisão preventiva será sempre motivada e fundamentada.
>
> § 1º Na motivação da decretação da prisão preventiva ou de qualquer outra cautelar, o juiz deverá indicar concretamente a existência de fatos novos ou contemporâneos que justifiquem a aplicação da medida adotada.
>
> § 2º Não se considera fundamentada qualquer decisão judicial, seja ela interlocutória, sentença ou acórdão, que:
>
> I - limitar-se à indicação, à reprodução ou à paráfrase de ato normativo, sem explicar sua relação com a causa ou a questão decidida;
>
> II - empregar conceitos jurídicos indeterminados, sem explicar o motivo concreto de sua incidência no caso;
>
> III - invocar motivos que se prestariam a justificar qualquer outra decisão;
>
> IV - não enfrentar todos os argumentos deduzidos no processo capazes de, em tese, infirmar a conclusão adotada pelo julgador;
>
> V - limitar-se a invocar precedente ou enunciado de súmula, sem identificar seus fundamentos determinantes nem demonstrar que o caso sob julgamento se ajusta àqueles fundamentos;
>
> VI - deixar de seguir enunciado de súmula, jurisprudência ou precedente invocado pela parte, sem demonstrar a existência de distinção no caso em julgamento ou a superação do entendimento.

Redação anterior	Redação determinada pelo Pacote Anticrime
Art. 315. A decisão que decretar, substituir ou denegar a prisão preventiva será sempre motivada.	Art. 315. A decisão que decretar, substituir ou denegar a prisão preventiva será sempre motivada e fundamentada. § 1º Na motivação da decretação da prisão preventiva ou de qualquer outra cautelar, o juiz deverá indicar concretamente a existência de fatos novos ou contemporâneos que justifiquem a aplicação da medida adotada. § 2º Não se considera fundamentada qualquer decisão judicial, seja ela interlocutória, sentença ou acórdão, que: I - limitar-se à indicação, à reprodução ou à paráfrase de ato normativo, sem explicar sua relação com a causa ou a questão decidida; II - empregar conceitos jurídicos indeterminados, sem explicar o motivo concreto de sua incidência no caso; III - invocar motivos que se prestariam a justificar qualquer outra decisão; IV - não enfrentar todos os argumentos deduzidos no processo capazes de, em tese, infirmar a conclusão adotada pelo julgador; V - limitar-se a invocar precedente ou enunciado de súmula, sem identificar seus fundamentos determinantes nem demonstrar que o caso sob julgamento se ajusta àqueles fundamentos; VI - deixar de seguir enunciado de súmula, jurisprudência ou precedente invocado pela parte, sem demonstrar a existência de distinção no caso em julgamento ou a superação do entendimento.

O artigo 316 continua deixando claro que a prisão preventiva tem natureza *rebus sic stantibus* (caso não mais subsista o motivo que determinou o cárcere, impõe-se a revogação da medida extrema; caso volte a existir necessidade, a prisão pode ser novamente decretada). A novidade é a obrigatoriedade da revisão da necessidade do cárcere a cada 90 dias, por meio de decisão fundamentada, de ofício, sob pena de transmudar a prisão em detenção ilegal.

Importante que se diga que não houve fixação de prazo para prisão preventiva (que pode durar durante todo inquérito e todo processo), apenas que as razões que a determinaram deverão ser novamente analisadas a cada 90 dias, sob pena de nulidade, que redundará em possibilidade de relaxamento da custódia (penso que o relaxamento não deve ser automático – simplesmente porque a necessidade do cárcere não foi reanalisada no prazo prescrito pela lei).

Seguindo a linha defendida nessa obra, o Supremo Tribunal Federal decidiu, nos autos da SL 1395 (suspensão de medida liminar concedida pelo Ministro Marco Aurélio, ajuizada pela Procuradoria-Geral da República e deferida pelo presidente da Corte, Ministro Luiz Fux), que a inobservância do prazo para revisão da necessidade da manutenção da prisão preventiva não gera, automaticamente, ilegalidade do cárcere (esse foi o entendimento usado pelo Ministro Marco Aurélio para concessão da liminar nos autos do HC 191836, determinando a soltura do paciente). O Pretório Excelso estabeleceu que a suspensão de liminar concedida por Ministro pelo presidente é excepcional e que a decisão do Ministro Luiz Fux no caso concreto se justificava em face da periculosidade do paciente (membro do PCC) e pela gravidade concreta dos crimes por ele perpetrados (necessidade de manutenção da prisão preventiva para garantia da ordem pública). Restou consolidada a seguinte tese: **"A inobservância do prazo nonagesimal do artigo 316 do Código de Processo Penal não implica automática revogação da prisão preventiva, devendo o juízo competente ser instado a reavaliar a legalidade e a atualidade de seus fundamentos"**.

O Superior Tribunal de Justiça segue a mesma linha (entendendo que o prazo mencionado no parágrafo único do artigo 316 do CPP não é peremptório). O Tribunal da Cidadania afirma, ainda, que a competência para análise da necessidade de manutenção do cárcere é do juízo prolator da decisão (tal qual explicitado no dispositivo estudado):

> PROCESSO PENAL. AGRAVO REGIMENTAL NOS EMBARGOS DE DECLARAÇÃO EM HABEAS CORPUS. TRÁFICO DE DROGAS E ASSOCIAÇÃO PARA O TRÁFICO. PRISÃO PREVENTIVA. FUNDAMENTAÇÃO IDÔNEA. GARANTIA DA ORDEM PÚBLICA. REITERAÇÃO DELITIVA. REVISÃO DA PRISÃO. ART. 316 CPP. SUPRESSÃO DE INSTÂNCIAS. COMPETÊNCIA DO JUÍZO PROCESSANTE. PRAZO NÃO PEREMPTÓRIO. IMPOSSIBILIDADE DE RELAXAMENTO DA PRISÃO.

AUSÊNCIA DE CONSTRANGIMENTO ILEGAL. RECURSO NÃO PROVIDO, COM RECOMENDAÇÃO. 1. A defesa se insurge contra a decisão monocrática desta relatoria que não conheceu do habeas corpus, por inadequação da via eleita e no mérito, de ofício, afastou a existência de constrangimento ilegal hábil a permitir a concessão da ordem por esta Corte Superior. Recomendou-se, nos aclaratórios, ao Juízo processante, a reanálise da prisão cautelar. 2. No particular, o agravante foi preso em flagrante, convertida a custódia em preventiva, e condenado pela prática dos crimes de tráfico de drogas e associação para o tráfico à pena privativa de liberdade de 18 (dezoito), 04 (quatro) meses e 10 (dez) dias de reclusão, no regime inicial fechado, sendo mantida a sua custódia preventiva. A defesa apelou da sentença e questiona a ausência de reanálise da prisão, nos termos do art. 316 do CPP. 3. A prisão preventiva do agravante está fundamentada na garantia da ordem pública, tendo em vista a gravidade concreta do delito (o paciente foi apontado como um dos principais membros de organização criminosa, altamente estrutura e dedicada ao tráfico de drogas, sendo o réu apreendido na posse de 257kg de cocaína) e os dados da sua vida pregressa (possui condenação anterior pela prática de tráfico de drogas), que evidenciam possibilidade concreta de reiteração delitiva, justificando, assim, a manutenção da prisão. Ademais, o paciente respondeu preso à ação penal e foi condenado a elevada pena. Legalidade da manutenção da prisão preventiva. Adequação ao artigo 312 do Código de Processo Penal. 4. A questão da revisão da prisão, com espeque no art. 316 do Código de Processo Penal, não foi submetida à apreciação dos órgãos originários e sua análise, por esta Corte Superior, representaria indevida supressão de instâncias. 5. A alteração promovida pela Lei nº 13.964/2019 ao art. 316 do Código Penal estabeleceu que o magistrado revisará, a cada 90 dias, a necessidade da manutenção da prisão, mediante decisão fundamentada, sob pena de tornar a prisão ilegal. Não se trata, entretanto, de termo peremptório, isto é, eventual atraso na execução deste ato não implica automático reconhecimento da ilegalidade da prisão, tampouco a imediata colocação do custodiado cautelar em liberdade. 6. "Nos termos do parágrafo único do art. 316 do CPP, a revisão, de ofício, da necessidade de manutenção da prisão cautelar, a cada 90 dias, cabe tão somente ao órgão emissor da decisão (ou seja, ao julgador que a decretou inicialmente) [...] Portanto, a norma contida no parágrafo único do art. 316 do Código de Processo Penal não se aplica aos Tribunais de Justiça e Federais, quando em atuação como órgão revisor." (AgRg no HC 569.701/SP, Rel. Ministro RIBEIRO DANTAS, Quinta Turma, DJe 17/06/2020). 7. Agravo regimental conhecido e não provido, reiterada a recomendação ao Juízo processante de reanálise da prisão (AgRg nos EDcl no HC 605.590/MT, Rel. Ministro REYNALDO SOARES DA FONSECA, QUINTA TURMA, julgado em 06/10/2020, DJe 15/10/2020).

Assim como no § 5º do artigo 282, fica claro que, em relação à revogação da medida extrema, é possível que o juiz atue de ofício. Ressalto, uma vez mais, que o dispositivo parece permitir ao magistrado decretar de ofício a medida revogada, se perceber que há justo motivo para tanto. Reforçando o que foi dito supra: o juiz não pode mais decretar prisão preventiva de ofício *a priori*. Contudo, tendo sido decretada a medida extrema a pedido do Ministério Público, querelante, assistente ou atendendo a representação do delegado de polícia, o magistrado pode revoga-la de ofício (ou a pedido). Caso as razões subsistam, o juiz pode novamente decretar a medida outrora revogada (inclusive de ofício):

> Art. 316. O juiz poderá, de ofício ou a pedido das partes, revogar a prisão preventiva se, no correr da investigação ou do processo, verificar a falta de motivo para que ela subsista, bem como novamente decretá-la, se sobrevierem razões que a justifiquem.
>
> Parágrafo único. Decretada a prisão preventiva, deverá o órgão emissor da decisão revisar a necessidade de sua manutenção a cada 90 (noventa) dias, mediante decisão fundamentada, de ofício, sob pena de tornar a prisão ilegal.

Redação anterior	Redação determinada pelo Pacote Anticrime
Art. 316. O juiz poderá revogar a prisão preventiva se, no correr do processo, verificar a falta de motivo para que subsista, bem como de novo decretá-la, se sobrevierem razões que a justifiquem.	Art. 316. O juiz poderá, de ofício ou a pedido das partes, revogar a prisão preventiva se, no correr da investigação ou do processo, verificar a falta de motivo para que ela subsista, bem como novamente decretá-la, se sobrevierem razões que a justifiquem. Parágrafo único. Decretada a prisão preventiva, deverá o órgão emissor da decisão revisar a necessidade de sua manutenção a cada 90 (noventa) dias, mediante decisão fundamentada, de ofício, sob pena de tornar a prisão ilegal.

Execução provisória de sentença condenatória proferida pelo júri: Em que pese o artigo 283 do Código de Processo Penal deixar claro que a prisão pena só pode ser executada depois do trânsito em julgado da sentença condenatória e o Supremo Tribuenal Federal ter rechaçado a possibilidade de execução provisória do decreto condenatório em face de condenação prolatada por tribunal de segunda instância, o Pacote Anticrime autorizou a execução provisória da decisão condenatória prolatada pelo júri, nos termos do artigo 492, inciso I, alínea 'e', do Código de Processo Penal (quando o réu for condenado a pena igual ou superior a 15 anos).

Essa ressalva tem por base decisões do Pretório Excelso[30], que relativizam a necessidade trânsito em julgado da sentença condenatória para início do cumprimento da pena em processos da competência do tribunal do júri (em virtude do princípio da soberania dos veredictos):

> Direito Constitucional e Penal. Habeas Corpus. Duplo Homicídio, ambos qualificados. Condenação pelo Tribunal do Júri. Soberania dos veredictos. Início do cumprimento da pena. Possibilidade. 1. A Constituição Federal prevê a competência do Tribunal do Júri para o julgamento de crimes dolosos contra a vida (art. 5º, inciso XXXVIII, d). Prevê, ademais, a soberania dos veredictos (art. 5º, inciso XXXVIII, c), a significar que os tribunais não podem substituir a decisão proferida pelo júri popular. 2. Diante disso, não viola o princípio da presunção de inocência ou da não culpabilidade a execução da condenação pelo Tribunal do Júri, independentemente do julgamento da apelação ou de qualquer outro recurso. Essa decisão está em consonância com a lógica do precedente firmado em repercussão geral no ARE 964.246-RG, Rel. Min. Teori Zavascki, já que, também no caso de decisão do Júri, o Tribunal não poderá reapreciar os fatos e provas, na medida em que a responsabilidade penal do réu já foi assentada soberanamente pelo Júri. 3. Caso haja fortes indícios de nulidade ou de condenação manifestamente contrária à prova dos autos, hipóteses incomuns, o Tribunal poderá suspender a execução da decisão até o julgamento do recurso. 4. Habeas corpus não conhecido, ante a inadequação da via eleita. Não concessão da ordem de ofício. Tese de julgamento: "A prisão de réu condenado por decisão do Tribunal do Júri, ainda que sujeita a recurso, não viola o princípio constitucional da presunção de inocência ou não-culpabilidade.

Apesar da profundidade do *decisum*, não vejo porque entender que há diferença entre o processo que julga crime doloso contra vida e o processo que julga qualquer outro delito. Defendo a impossibilidade de cumprimento antecipado da pena em desfavor do réu (admitindo-a apenas quando for favorável ao condenado) em qualquer situação.

No § 3º do artigo 492, o legislador autoriza relativização da execução provisória da decisão condenatória proferida pelo tribunal do júri, se houver questão substancial cuja resolução pelo tribunal ao qual competir o julgamento possa plausivelmente levar à revisão da condenação.

---

30 HC 118770, Relator(a): Min. MARCO AURÉLIO, Relator(a) p/ Acórdão: Min. ROBERTO BARROSO, Primeira Turma, julgado em 07/03/2017, PROCESSO ELETRÔNICO DJe-082 DIVULG 20-04-2017 PUBLIC 24-04-2017.

O § 4º do artigo 492 deixa claro, por óbvio, que a apelação da sentença condenatória proferida pelo Tribunal do Júri com pena igual ou superior a 15 anos não terá efeito suspensivo (já que a regra, nesse tipo de situação, é a execução provisória do *decisum*).

O § 5º admite, excepcionalmente, concessão, pelo tribunal, de efeito suspensivo à apelação manejada em face de sentença que condenou o réu a pena igual ou superior a 15 anos, desde que o recurso: a) não tenha propósito meramente protelatório; e b) levante questão substancial e que pode resultar em absolvição, anulação da sentença, novo julgamento ou redução da pena para patamar inferior a 15 (quinze) anos de reclusão. Os requisitos para que o efeito suspensivo seja outorgado pelo tribunal são cumulativos.

O § 6º afirma que o pedido de efeito suspensivo em relação à apelação articulada contra sentença condenatória proferida no procedimento do júri (que condene o réu a pena igual ou superior a 15 anos) seja feito incidentalmente na apelação ou em petição apartada dirigida ao relator, instruída com cópias da sentença condenatória, das razões da apelação e de prova da tempestividade, das contrarrazões e das demais peças necessárias à compreensão da controvérsia.

> Art. 492. (...)
>
> I – (...)
>
> e) mandará o acusado recolher-se ou recomendá-lo-á à prisão em que se encontra, se presentes os requisitos da prisão preventiva, ou, no caso de condenação a uma pena igual ou superior a 15 (quinze) anos de reclusão, determinará a provisória das penas, com expedição do mandado de prisão, se for o caso, sem prejuízo do conhecimento de recursos que vierem a ser interpostos;
>
> (...)
>
> § 3º O presidente poderá, excepcionalmente, deixar de autorizar a execução provisória das penas de que trata a alínea *e* do inciso I do caput deste artigo, se houver questão substancial cuja resolução pelo tribunal ao qual competir o julgamento possa plausivelmente levar à revisão da condenação.
>
> § 4º A apelação interposta contra decisão condenatória do Tribunal do Júri a uma pena igual ou superior a 15 (quinze) anos de reclusão não terá efeito suspensivo.
>
> § 5º Excepcionalmente, poderá o tribunal atribuir efeito suspensivo à apelação de que trata o § 4º deste artigo, quando verificado cumulativamente que o recurso:
>
> I - não tem propósito meramente protelatório; e
>
> II - levanta questão substancial e que pode resultar em absolvição, anulação da sentença, novo julgamento ou redução da pena para patamar inferior a 15 (quinze) anos de reclusão.

§ 6º O pedido de concessão de efeito suspensivo poderá ser feito incidentemente na apelação ou por meio de petição em separado dirigida diretamente ao relator, instruída com cópias da sentença condenatória, das razões da apelação e de prova da tempestividade, das contrarrazões e das demais peças necessárias à compreensão da controvérsia.

Redação anterior	Redação determinada pelo Pacote Anticrime
Art. 492. Em seguida, o presidente proferirá sentença que: I – no caso de condenação: (...) e) mandará o acusado recolher-se ou recomendá-lo-á à prisão em que se encontra, se presentes os requisitos da prisão preventiva; (...)	Art. 492. Em seguida, o presidente proferirá sentença que: I – no caso de condenação: (...) e) mandará o acusado recolher-se ou recomendá-lo-á à prisão em que se encontra, se presentes os requisitos da prisão preventiva, ou, no caso de condenação a uma pena igual ou superior a 15 (quinze) anos de reclusão, determinará a provisória das penas, com expedição do mandado de prisão, se for o caso, sem prejuízo do conhecimento de recursos que vierem a ser interpostos; (...) § 3º O presidente poderá, excepcionalmente, deixar de autorizar a execução provisória das penas de que trata a alínea *e* do inciso I do **caput** deste artigo, se houver questão substancial cuja resolução pelo tribunal ao qual competir o julgamento possa plausivelmente levar à revisão da condenação. § 4º A apelação interposta contra decisão condenatória do Tribunal do Júri a uma pena igual ou superior a 15 (quinze) anos de reclusão não terá efeito suspensivo. § 5º Excepcionalmente, poderá o tribunal atribuir efeito suspensivo à apelação de que trata o § 4º deste artigo, quando verificado cumulativamente que o recurso: I - não tem propósito meramente protelatório; e II - levanta questão substancial e que pode resultar em absolvição, anulação da sentença, novo julgamento ou redução da pena para patamar inferior a 15 (quinze) anos de reclusão. § 6º O pedido de concessão de efeito suspensivo poderá ser feito incidentemente na apelação ou por meio de petição em separado dirigida diretamente ao relator, instruída com cópias da sentença condenatória, das razões da apelação e de prova da tempestividade, das contrarrazões e das demais peças necessárias à compreensão da controvérsia.

Nulidades: Ao artigo 564 do Código de Processo Penal foi enxertado o inciso V, afirmando existir nulidade em decorrência de decisão carente de fundamentação. Parece-me hipótese de nulidade absoluta – ofensa ao artigo 93, IX, da Constituição Federal. Apesar disso (entender que o novel dispositivo traduz hipótese de nulidade absoluta), ressalto que, cada vez mais, os tribunais dão ênfase ao princípio do prejuízo, grafado no artigo 563 do Código de Processo Penal, que reza que só deverá ser declarada nulidade se houver prejuízo efetivo para alguma das partes – *pas de nullité sans grief*.

> Art. 564. A nulidade ocorrerá nos seguintes casos:
>
> (...)
>
> V - em decorrência de decisão carente de fundamentação.

Recursos: O Pacote Anticrime acrescentou ao artigo 581 do Código de Processo Penal o inciso XXV. A decisão que recusa a homologação de proposta de acordo de não persecução penal (artigo 28-A do Código de Processo Penal) é atacável com recurso em sentido estrito.

> Art. 581. Caberá recurso, no sentido estrito, da decisão, despacho ou sentença:
>
> (...)
>
> XXV - que recusar homologação à proposta de acordo de não persecução penal, previsto no art. 28-A desta Lei.

O artigo 638 do Código de Processo Penal foi o último dispositivo alterado do Código de Processo Penal. Vale a pena a leitura:

Redação anterior	Redação determinada pelo Pacote Anticrime
Art. 638. O recurso extraordinário será processado e julgado no Supremo Tribunal Federal na forma estabelecida pelo respectivo regimento interno.	Art. 638. O recurso extraordinário e o recurso especial serão processados e julgados no Supremo Tribunal Federal e no Superior Tribunal de Justiça na forma estabelecida por leis especiais, pela lei processual civil e pelos respectivos regimentos internos.

6.3. Alterações na Lei 7.210/84 (Lei de Execução Penal)

Identificação do perfil genético de condenados: O Pacote Anticrime promoveu alterações na Lei de Execução Penal. O Congresso Nacional aprovou a modificação do artigo 9º-A, mas a alteração foi vetada pelo Presidente da República. Eis a redação aprovada pelo Parlamento:

> Art. 9º-A. O condenado por crime doloso praticado com violência grave contra a pessoa, bem como por crime contra a vida, contra a liberdade sexual ou por crime sexual contra vulnerável, será submetido, obrigatoriamente, à identificação do perfil genético, mediante extração de DNA (ácido desoxirribonucleico), por técnica adequada e indolor, por ocasião do ingresso no estabelecimento prisional.

Redação do artigo 9º-A da LEP	Redação vetada pelo Presidente da República
Art. 9º-A. Os condenados por crime praticado, dolosamente, com violência de natureza grave contra pessoa, ou por qualquer dos crimes previstos no art. 1º da Lei nº 8.072, de 25 de julho de 1990, serão submetidos, obrigatoriamente, à identificação do perfil genético, mediante extração de DNA - ácido desoxirribonucleico, por técnica adequada e indolor.	Art. 9º-A. O condenado por crime doloso praticado com violência grave contra a pessoa, bem como por crime contra a vida, contra a liberdade sexual ou por crime sexual contra vulnerável, será submetido, obrigatoriamente, à identificação do perfil genético, mediante extração de DNA (ácido desoxirribonucleico), por técnica adequada e indolor, por ocasião do ingresso no estabelecimento prisional.

Eis as razões do veto:

> A proposta legislativa, ao alterar o caput do art. 9º-A, suprimindo a menção expressa aos crimes hediondos, previstos na Lei nº 8.072, de 1990, em substituição somente a tipos penais específicos, contraria o interesse público, tendo em vista que a redação acaba por excluir alguns crimes hediondos considerados de alto potencial ofensivo, a exemplo do crime de genocídio e o de posse ou porte ilegal de arma de fogo de uso restrito, além daqueles que serão incluídos no rol de crimes hediondos com a sanção da presente proposta, tais como os crimes de comércio ilegal de armas, de tráfico internacional de arma e de organização criminosa.

Já que a alteração legislativa foi vetada, a redação atual do *caput* do artigo 9º-A da LEP continua em vigor. O Pacote Anticrime acrescentou no referido artigo o §§ 1º-A, 3º, 4º e 8º (os §§ 5º, 6º e 7º foram vetados pelo Presidente da República). Recomendo a leitura:

> Art. 9º-A. (...)
>
> § 1º-A. A regulamentação deverá fazer constar garantias mínimas de proteção de dados genéticos, observando as melhores práticas da genética forense.
>
> (...)

> § 3º Deve ser viabilizado ao titular de dados genéticos o acesso aos seus dados constantes nos bancos de perfis genéticos, bem como a todos os documentos da cadeia de custódia que gerou esse dado, de maneira que possa ser contraditado pela defesa.
>
> § 4º O condenado pelos crimes previstos no **caput** deste artigo que não tiver sido submetido à identificação do perfil genético por ocasião do ingresso no estabelecimento prisional deverá ser submetido ao procedimento durante o cumprimento da pena.
>
> § 5º (VETADO).
>
> § 6º (VETADO).
>
> § 7º (VETADO).
>
> § 8º Constitui falta grave a recusa do condenado em submeter-se ao procedimento de identificação do perfil genético.

O § 4º acima transcrito determina que os condenados pelos crimes previstos no *caput* (praticados, dolosamente, com violência de natureza grave contra pessoa, ou hediondos) que não tiverem sido submetidos a identificação do perfil genético por ocasião do ingresso no estabelecimento prisional sejam identificados durante o cumprimento da pena (isso reforça a necessidade incrementar o banco de dados de perfis genéticos, importante ferramenta para elucidação de delitos).

Defendo a plena constitucionalidade da identificação do perfil genético determinada pela lei, nos exatos termos do artigo 5º, inciso LVIII, da Constituição Federal (é preciso acompanhar o trâmite do RE 973837, que discute a constitucionalidade do referido artigo 9º-A da LEP).

A recusa do condenado em submeter-se ao procedimento de identificação do perfil genético constitui, agora, falta grave - § 8º do artigo 9º-A da LEP.

Em complemento ao quanto enxertado no dispositivo citado no parágrafo anterior, o Pacote Anticrime acrescentou o inciso VIII ao artigo 50 da LEP, listando como falta grave a recusa do condenado em submeter-se ao procedimento de identificação do perfil genético:

> Art. 50. Comete falta grave o condenado à pena privativa de liberdade que:
>
> (...)
>
> VIII - recusar submeter-se ao procedimento de identificação do perfil genético.

Regime disciplinar diferenciado: O regime disciplinar diferenciado – RDD foi recrudescido pelo Pacote Anticrime. Estudemos as alterações.

O legislador acrescentou no *caput* do artigo 52 da LEP que o RDD pode ser imposto tanto ao nacional quanto ao estrangeiro:

Redação anterior	Redação determinada pelo Pacote Anticrime
Art. 52. A prática de fato previsto como crime doloso constitui falta grave e, quando ocasione subversão da ordem ou disciplina internas, sujeita o preso provisório, ou condenado, sem prejuízo da sanção penal, ao regime disciplinar diferenciado, com as seguintes características:	Art. 52. A prática de fato previsto como crime doloso constitui falta grave e, quando ocasionar subversão da ordem ou disciplina internas, sujeitará o preso provisório, ou condenado, nacional ou estrangeiro, sem prejuízo da sanção penal, ao regime disciplinar diferenciado, com as seguintes características:

O RDD agora pode durar até 2 anos (antes a duração máxima era 360 dias), sem prejuízo de repetição pela prática de nova falta grave:

Redação anterior	Redação determinada pelo Pacote Anticrime
I - duração máxima de trezentos e sessenta dias, sem prejuízo de repetição da sanção por nova falta grave de mesma espécie, até o limite de um sexto da pena aplicada;	I - duração máxima de até 2 (dois) anos, sem prejuízo de repetição da sanção por nova falta grave de mesma espécie;

O inciso II permaneceu inalterado (o RDD impõe recolhimento em cela individual).

As visitas agora são quinzenais (eram semanais), limitadas a duas pessoas por vez (mesmo que sejam crianças – na redação anterior da LEP as crianças não entravam na conta dos dois visitantes) e não é permitido contato físico com o preso, nem que sejam passados objetos. Caso os visitantes sejam familiares, não há necessidade de autorização judicial prévia (se os visitantes não forem da família do preso, será preciso autorização prévia do juízo). A visita durará duas horas:

Redação anterior	Redação determinada pelo Pacote Anticrime
III - visitas semanais de duas pessoas, sem contar as crianças, com duração de duas horas;	III - visitas quinzenais, de 2 (duas) pessoas por vez, a serem realizadas em instalações equipadas para impedir o contato físico e a passagem de objetos, por pessoa da família ou, no caso de terceiro, autorizado judicialmente, com duração de 2 (duas) horas;

A saída para banho de sol (de 2 horas diárias) agora pode ser feita em grupos de até 4 presos, desde que eles não pertençam ao mesmo grupo criminoso:

Redação anterior	Redação determinada pelo Pacote Anticrime
IV - o preso terá direito à saída da cela por 2 horas diárias para banho de sol.	IV - direito do preso à saída da cela por 2 (duas) horas diárias para banho de sol, em grupos de até 4 (quatro) presos, desde que não haja contato com presos do mesmo grupo criminoso;

A Lei 13.964/19 acrescentou no artigo 52 da LEP os incisos V (monitoramento de entrevistas, exceto as com o defensor, sem contato físico e passagem de objetos, salvo expressa autorização judicial em contrário), VI (fiscalização do conteúdo da correspondência) e VII (participação em audiências judiciais preferencialmente por videoconferência, garantindo-se participação do defensor no mesmo ambiente do preso):

> Art. 52 (...)
>
> V - entrevistas sempre monitoradas, exceto aquelas com seu defensor, em instalações equipadas para impedir o contato físico e a passagem de objetos, salvo expressa autorização judicial em contrário;
>
> VI - fiscalização do conteúdo da correspondência;
>
> VII - participação em audiências judiciais preferencialmente por videoconferência, garantindo-se a participação do defensor no mesmo ambiente do preso.

Acerca da fiscalização da correspondência do preso, é importante destacar a constitucionalidade dessa providência, já genericamente autorizada pelo parágrafo único do artigo 41 da própria LEP. Nesse sentido julgado do Pretório Excelso[31] (grifo meu):

> HABEAS CORPUS - ESTRUTURA FORMAL DA SENTENÇA E DO ACÓRDÃO - OBSERVANCIA - ALEGAÇÃO DE INTERCEPTAÇÃO CRIMINOSA DE CARTA MISSIVA REMETIDA POR SENTENCIADO - UTILIZAÇÃO DE COPIAS XEROGRAFICAS NÃO AUTENTICADAS - PRETENDIDA ANALISE DA PROVA - PEDIDO INDEFERIDO. - A estrutura formal da sentença deriva da fiel observância das regras inscritas no

31 HC 70814, Relator(a): Min. CELSO DE MELLO, Primeira Turma, julgado em 01/03/1994, DJ 24-06-1994 PP-16649 EMENT VOL-01750-02 PP-00317 RTJ VOL-00176-01 PP-01136.

art. 381 do Código de Processo Penal. O ato sentencial que contem a exposição sucinta da acusação e da defesa e que indica os motivos em que se funda a decisão satisfaz, plenamente, as exigências impostas pela lei. - A eficácia probante das copias xerográficas resulta, em princípio, de sua formal autenticação por agente público competente (CPP, art. 232, paragrafo único). Pecas reprográficas não autenticadas, desde que possível a aferição de sua legitimidade por outro meio idôneo, podem ser validamente utilizadas em juízo penal. - A administração penitenciaria, com fundamento em razoes de segurança pública, de disciplina prisional ou de preservação da ordem jurídica, pode, sempre excepcionalmente, e desde que respeitada a norma inscrita no art. 41, paragrafo único, da Lei n. 7.210/84, proceder a interceptação da correspondência remetida pelos sentenciados, eis que a cláusula tutelar da inviolabilidade do sigilo epistolar não pode constituir instrumento de salvaguarda de praticas ilícitas. - O reexame da prova produzida no processo penal condenatório não tem lugar na ação sumaríssima de habeas corpus.

O § 2º do artigo 52 foi suprimido e § 1º do mesmo artigo foi ampliado (o RDD agora pode ser aplicado ao integrante de organização criminosa, associação criminosa ou milícia privada, independente da prática de falta grave – o legislador, a meu sentir, presume, em relação a estes, o alto risco para a ordem e a segurança do estabelecimento penal ou da sociedade):

Redação anterior	Redação determinada pelo Pacote Anticrime
§ 1º O regime disciplinar diferenciado também poderá abrigar presos provisórios ou condenados, nacionais ou estrangeiros, que apresentem alto risco para a ordem e a segurança do estabelecimento penal ou da sociedade. § 2º Estará igualmente sujeito ao regime disciplinar diferenciado o preso provisório ou o condenado sob o qual recaiam fundadas suspeitas de envolvimento ou participação, a qualquer título, em organizações criminosas, quadrilha ou bando.	§ 1º O regime disciplinar diferenciado também será aplicado aos presos provisórios ou condenados, nacionais ou estrangeiros: I - que apresentem alto risco para a ordem e a segurança do estabelecimento penal ou da sociedade; II - sob os quais recaiam fundadas suspeitas de envolvimento ou participação, a qualquer título, em organização criminosa, associação criminosa ou milícia privada, independentemente da prática de falta grave.

Os §§ 3º a 7º foram enxertados no artigo 52 pelo Pacote Anticrime. Sugestiono a leitura dos mesmos. Destes, os dispositivos mais polêmicos, indubitavelmente, são os §§ 6º e 7º. O primeiro afirma que as visitas aos presos em RDD (inciso III do artigo 52 da LEP) serão gravadas em sistema de áudio ou áudio e vídeo e, com autorização judicial, fiscalizada por agente penitenciário. O dispositivo parece determinar o seguinte: 1) todas as visitas devem ser gravadas (áudio ou áudio e vídeo); 2) caso haja necessidade de fiscalização das conversas gravadas por agente penitenciário, será necessária prévia ordem judicial.

Penso ser de duvidosa constitucionalidade a determinação legal de gravação de todas as conversas travadas entre o preso e seus visitantes (ainda que ele esteja em RDD) – violação do artigo 5º, incisos X e XII, da Constituição Federal. É que essa gravação tem a natureza de interceptação de sinais acústicos em ambiente fechado (gravação feita por terceiro sem autorização dos interlocutores), que demanda ordem judicial prévia e específica (que só é admitida com o fito de obtenção de prova em processo penal ou em investigação criminal, na forma do artigo 5º, XII, da Constituição Federal).

O mais correto, na minha leitura, é permitir a gravação das conversas apenas quando houver prévia e específica autorização judicial (obtida mediante representação do delegado de polícia ou requerimento do Ministério Público), no âmbito de investigação criminal em curso, até para que não exista ulterior discussão acerca da licitude da prova colhida.

O mesmo se diga em relação ao § 7º. A gravação indiscriminada de conversas telefônicas sem prévia autorização judicial me parece em descompasso com o artigo 5º, XII, da Carta da República – violação do direito ao sigilo das comunicações telefônicas.

> Art. 52 (...)
>
> § 3º Existindo indícios de que o preso exerce liderança em organização criminosa, associação criminosa ou milícia privada, ou que tenha atuação criminosa em 2 (dois) ou mais Estados da Federação, o regime disciplinar diferenciado será obrigatoriamente cumprido em estabelecimento prisional federal.
>
> § 4º Na hipótese dos parágrafos anteriores, o regime disciplinar diferenciado poderá ser prorrogado sucessivamente, por períodos de 1 (um) ano, existindo indícios de que o preso:
>
> I - continua apresentando alto risco para a ordem e a segurança do estabelecimento penal de origem ou da sociedade;
>
> II - mantém os vínculos com organização criminosa, associação criminosa ou milícia privada, considerados também o perfil criminal e a função desempenhada por ele no grupo criminoso, a operação duradoura do grupo, a superveniência de novos processos criminais e os resultados do tratamento penitenciário.

§ 5º Na hipótese prevista no § 3º deste artigo, o regime disciplinar diferenciado deverá contar com alta segurança interna e externa, principalmente no que diz respeito à necessidade de se evitar contato do preso com membros de sua organização criminosa, associação criminosa ou milícia privada, ou de grupos rivais.

§ 6º A visita de que trata o inciso III do caput deste artigo será gravada em sistema de áudio ou de áudio e vídeo e, com autorização judicial, fiscalizada por agente penitenciário.

§ 7º Após os primeiros 6 (seis) meses de regime disciplinar diferenciado, o preso que não receber a visita de que trata o inciso III do caput deste artigo poderá, após prévio agendamento, ter contato telefônico, que será gravado, com uma pessoa da família, 2 (duas) vezes por mês e por 10 (dez) minutos.

Progressão de regime de cumprimento de pena: O artigo 112 da LEP também foi modificado. A progressão de regime de cumprimento de pena (lembre que o Brasil adotou o sistema inglês ou progressivo) agora é feita com base em porcentagens (à exceção da progressão de mulher gestante ou que for mãe ou responsável por crianças ou pessoas com deficiência que, respeitados os requisitos cumulativos do § 3º do artigo 112 da LEP, progridem de regime depois do cumprimento de 1/8 da pena[32]).

Antes do Pacote Anticrime a progressão de regime podia ser assim resumida:

Progressão de regime antes do Pacote Anticrime	
1/8 da pena	Mulher gestante ou que for mãe ou responsável por crianças ou pessoas com deficiência, desde que cumpridos os requisitos cumulativos do § 3º do artigo 112 da LEP.
1/6 da pena	Regra geral de progressão de regime
2/5 da pena	Condenados por crimes hediondos
3/5 da pena	Condenados reincidentes em crimes hediondos

Agora, com a entrada em vigor da Lei 13.964/19, temos o seguinte panorama:

32 Apesar da revogação expressa do § 2º do artigo 2º da Lei 8.072/90 (artigo 19 da Lei 13.964/19), penso ser plenamente possível continuar a deferir a progressão diferenciada referida no § 3º do artigo 112 da Lei de Execuções Penais à mulher gestante ou que for mãe ou responsável por crianças ou pessoas com deficiência que praticar crime hediondo, desde que obedecidos todos os requisitos legalmente reclamados.

Progressão de regime depois do Pacote Anticrime	
16% da pena	Apenado for primário e o crime tiver sido cometido sem violência à pessoa ou grave ameaça
20% da pena	Apenado for reincidente em crime cometido sem violência à pessoa ou grave ameaça
25% da pena	Apenado for primário e o crime tiver sido cometido com violência à pessoa ou grave ameaça
30% da pena	Apenado for reincidente em crime cometido com violência à pessoa ou grave ameaça
40% da pena	Apenado for condenado pela prática de crime hediondo ou equiparado, se for primário
50% da pena	a) Condenado pela prática de crime hediondo ou equiparado, com resultado morte, se for primário, vedado o livramento condicional; b) condenado por exercer o comando, individual ou coletivo, de organização criminosa estruturada para a prática de crime hediondo ou equiparado; ou c) condenado pela prática do crime de constituição de milícia privada;
60% da pena	Apenado for reincidente na prática de crime hediondo ou equiparado
70% da pena	Apenado for reincidente em crime hediondo ou equiparado com resultado morte, vedado o livramento condicional

Nota-se que antes do Pacote Anticrime havia necessidade da memorização de apenas 4 situações. As possibilidades aumentaram – agora são 9 (as 8 presentes nos incisos do artigo 112 da LEP e a hipótese avistável no § 3º do mesmo artigo).

Os §§ 1º e 2º foram modificados:

Redação anterior	Redação determinada pelo Pacote Anticrime
§ 1º A decisão será sempre motivada e precedida de manifestação do Ministério Público e do defensor. § 2º Idêntico procedimento será adotado na concessão de livramento condicional, indulto e comutação de penas, respeitados os prazos previstos nas normas vigentes.	§ 1º Em todos os casos, o apenado só terá direito à progressão de regime se ostentar boa conduta carcerária, comprovada pelo diretor do estabelecimento, respeitadas as normas que vedam a progressão. § 2º A decisão do juiz que determinar a progressão de regime será sempre motivada e precedida de manifestação do Ministério Público e do defensor, procedimento que também será adotado na concessão de livramento condicional, indulto e comutação de penas, respeitados os prazos previstos nas normas vigentes.

Os §§ 5º e 6º foram inseridos no artigo 112 da LEP. O primeiro deixa claro que o tráfico privilegiado de drogas (artigo 33, § 4º, da Lei 11.343/06) não é crime equiparado a hediondo (nesse sentido STF e STJ[33]). O segundo afirma que a prática de falta grave interrompe o prazo para obtenção de progressão de regime e a recontagem do prazo terá por base a pena remanescente (vide Súmula 534/STJ[34]):

> Art. 112 (...)
>
> § 5º Não se considera hediondo ou equiparado, para os fins deste artigo, o crime de tráfico de drogas previsto no § 4º do art. 33 da Lei nº 11.343, de 23 de agosto de 2006.

33 Anoto que o STJ cancelou a Súmula 512, que afirmava que o crime de tráfico privilegiado era considerado equiparado a hediondo (Súmula 512/STJ - A aplicação da causa de diminuição de pena prevista no art. 33, § 4º, da Lei n. 11.343/2006 não afasta a hediondez do crime de tráfico de drogas).

34 Súmula 534/STJ - A prática de falta grave interrompe a contagem do prazo para a progressão de regime de cumprimento de pena, o qual se reinicia a partir do cometimento dessa infração.

> § 6º O cometimento de falta grave durante a execução da pena privativa de liberdade interrompe o prazo para a obtenção da progressão no regime de cumprimento da pena, caso em que o reinício da contagem do requisito objetivo terá como base a pena remanescente.

O § 7º do artigo 112 foi aprovado pelo Congresso Nacional, mas foi vetado pelo Presidente da República. Eis o dispositivo vetado:

> § 7º O bom comportamento é readquirido após 1 (um) ano da ocorrência do fato, ou antes, após o cumprimento do requisito temporal exigível para a obtenção do direito.

Eis as razões do veto:

> A propositura legislativa, ao dispor que o bom comportamento, para fins de progressão de regime, é readquirido após um ano da ocorrência do fato, ou antes, após o cumprimento do requisito temporal exigível para a obtenção do direito, contraria o interesse público, tendo em vista que a concessão da progressão de regime depende da satisfação de requisitos não apenas objetivos, mas, sobretudo de aspectos subjetivos, consistindo este em bom comportamento carcerário, a ser comprovado, a partir da análise de todo o período da execução da pena, pelo diretor do estabelecimento prisional. Assim, eventual pretensão de objetivação do requisito vai de encontro à própria natureza do instituto, já pré-concebida pela Lei nº 7.210, de 1984, além de poder gerar a percepção de impunidade com relação às faltas e ocasionar, em alguns casos, o cometimento de injustiças em relação à concessão de benesses aos custodiados.

O artigo 122 (que se refere à saída temporária, sem vigilância direta, do condenado que cumpre pena em regime semiaberto) ganhou o § 2º, que preceitua que:

> Art. 122 (...)
>
> § 2º Não terá direito à saída temporária a que se refere o caput deste artigo o condenado que cumpre pena por praticar crime hediondo com resultado morte.

A alteração recrudesceu o tratamento dispensado ao autor de crime hediondo com resultado morte. De acordo com a nova redação do artigo 112 da LEP, a progressão de regime para o primário que comete crime hediondo com resultado morte se dá depois do cumprimento de 50% da pena. Caso o apenado seja reincidente em crime hediondo com resultado morte, será necessário cumprimento de 70% da pena para progressão. Além de ter de cumprir considerável tempo de pena para obter progressão de regime, o Pacote Anticrime, como visto, impediu o benefício da saída temporária ao apenado que cumpre pena em regime semiaberto, caso tenha ele sido condenado pela prática de crime hediondo com resultado morte. A medida é controversa, porque, se por um lado endurece o tratamento de quem comete crimes violentos graves (e isso é defendido por grande parcela da população), por outro dificulta sobremaneira o processo de ressocialização (uma das finalidades da pena).

6.4. Alterações na Lei 8.072/90 (Lei de Crimes Hediondos)

Introdução: O sistema adotado pelo Brasil para aferição da hediondez de determinado delito foi o legal. Vale dizer, para que o crime seja considerado hediondo em terras tupiniquins, é preciso que ele esteja enumerado na lista fechada do artigo 1º da Lei 8.072/90.

O Pacote Anticrime ampliou a lista de crimes, operando as seguintes alterações (comentarei cada uma delas individualmente).

Homicídio (alteração vetada): A alteração operada no inciso I do artigo 1º da Lei 8.072/90 findou sendo inócua, vez que o inciso VIII § 2º do artigo 121 do Código Penal (homicídio qualificado com emprego de arma de fogo de uso restrito ou proibido) foi vetado pelo Presidente da República. A alteração só surtirá o efeito desejado se o veto for derrubado pelo Congresso Nacional:

> Art. 1º (...)
>
> I - homicídio (art. 121), quando praticado em atividade típica de grupo de extermínio, ainda que cometido por um só agente, e homicídio qualificado (art. 121, § 2º, incisos I, II, III, IV, V, VI, VII e VIII);

Roubo: O Pacote Anticrime inseriu novas modalidades de roubo na lista de crimes hediondos (antes dele, apenas o latrocínio figurava nesse rol). O legislador exagerou na dose. A partir da entrada em vigor da Lei 13.964/19, serão hediondos o roubo majorado pela restrição da liberdade da vítima, o roubo circunstanciado pelo emprego de arma de fogo, o roubo majorado pelo emprego de arma de fogo de uso proibido ou restrito, o roubo qualificado pelo resultado lesão grave e o roubo qualificado pela morte.

Parece-me desproporcional considerar hediondo o crime de roubo em face da restrição da liberdade da vítima ou pelo emprego de arma de fogo de uso permitido. O legislador tem verdadeira predileção por tratar de maneira mais gravosa o agente que pratica crimes violentos, mesmo que individuais. Ocorre que, por vezes, crimes praticados sem violência ou grave ameaça podem trazer grandes malefícios ao tecido social (desvio de verbas públicas, por exemplo). Anoto aqui crítica a tal opção legislativa. É preciso impor tratamento mais severo também a quem dilapida os cofres públicos e atravanca o crescimento do nosso país. É muito mais grave desviar milhares de reais das verbas saúde ou da educação que roubar uma carteira portando um revólver calibre .38:

> Art. 1º (...)
>
> II - roubo:
>
> a) circunstanciado pela restrição de liberdade da vítima (art. 157, § 2º, inciso V);
>
> b) circunstanciado pelo emprego de arma de fogo (art. 157, § 2º-A, inciso I) ou pelo emprego de arma de fogo de uso proibido ou restrito (art. 157, § 2º-B);
>
> c) qualificado pelo resultado lesão corporal grave ou morte (art. 157, § 3º);

Extorsão: Antes do Pacote Anticrime discutia-se se a extorsão qualificada pela restrição da liberdade da vítima com resultado morte constituía ou não crime hediondo. Explico. A Lei 8.072/90 considerava delito hediondo a extorsão qualificada pela morte, alocada no § 2º do artigo 158 do Código Penal. A Lei 11.923/09 acrescentou no artigo 158 do Código Penal o § 3º, que ficou conhecido como sequestro-relâmpago (em verdade crime de extorsão qualificada pela restrição da liberdade da vítima). No bojo do referido § 3º há também hipótese de aplicação de pena mais severa em face do resultado morte. Contudo, como a Lei 8.072/90 não havia sido modificada para afirmar expressamente que a extorsão qualificada pela morte tipificada no artigo 158 § 3º do Código Penal era crime hediondo, havia robusto entendimento doutrinário que afirmava que não era possível reconhecer a hediondez do sequestro relâmpago com resultado morte. Outra parte da doutrina, contudo, afirmava (a meu ver com razão) que a extorsão qualificada pela morte era crime hediondo onde quer se enquadrasse (seja no § 2º, seja no § 3º do artigo 158 do Código Penal).

Com o fito de solucionar o entrave, o Pacote Anticrime alterou o inciso III do artigo 1º da Lei 8.072/90 para considerar crime hediondo a extorsão qualificada pela restrição da liberdade da vítima, pela ocorrência de lesão corporal ou morte. Contudo, a celeuma vai continuar. É que o legislador não incluiu entre parênteses o § 2º do artigo 158 do Caderno Repressivo. Haverá quem interprete que a Lei 13.964/19 constitui *novatio legis in mellius* para quem cometeu crime de extorsão qualificada pela morte tipificada no referido dispositivo, porquanto ele desapareceu no inciso III do artigo 1º da Lei de Crimes Hediondos (com aplicação retroativa, mesmo que o caso criminal conte com sentença condenatória transitada em julgado – artigo 2º, parágrafo único, do Código Penal, com aplicação da Súmula 611/STF).

É preciso que se diga que o legislador findou considerando o roubo majorado pelo emprego de arma de fogo hediondo, mas não fez o mesmo em relação ao crime de extorsão. Ora, roubo e extorsão são delitos muito próximos (ambos são crimes patrimoniais que envolvem violência ou grave ameaça contra pessoa). Parece-me injustificável tal tratamento diferenciado. Imagine que A, com emprego de arma de fogo, subtrai o relógio de B. A conclusão será que A praticou crime de roubo majorado pelo emprego de arma de fogo, hediondo a partir da entrada em vigor do Pacote Anticrime. Suponha que C, com emprego de arma de fogo, obrigue D a entregar-lhe o cartão de débito e a respectiva senha para que aquela faça saques ilícitos na conta deste. Conclui-se que C praticou crime de extorsão majorada, mas o crime não será hediondo.

> Art. 1º (...)
>
> III - extorsão qualificada pela restrição da liberdade da vítima, ocorrência de lesão corporal ou morte (art. 158, § 3º);

Furto: Também foi alçado à condição de crime hediondo o furto qualificado pelo emprego de explosivo ou artefato análogo que cause perigo comum. O legislador já havia recrudescido o tratamento do autor do crime de furto com uso de explosivo ou artefato análogo por meio da Lei 13.654/18 (a conduta passou a constituir furto qualificado, com pena de 4 a 10 anos de reclusão).

Grupos criminosos que atacavam agências bancárias no estilo "novo cangaço" – roubos cometidos à luz do dia por indivíduos fortemente armados passaram a explodir caixas eletrônicos e cofres no calar da noite. Atento a essa "migração", o legislador, como dito, criou qualificadora no ano de 2018 e com o Pacote Anticrime considerou a prática crime hediondo:

> Art. 1º (...)
>
> IX - furto qualificado pelo emprego de explosivo ou de artefato análogo que cause perigo comum (art. 155, § 4º-A).

Parágrafo único do artigo 1º: Uma falha grave do Pacote Anticrime é percebida no novel inciso III, do parágrafo único, do artigo 1º da Lei 8.072/90. Explico. O crime de posse ou porte de arma de fogo de uso restrito ou proibido, tipificado no artigo 16 da Lei 10.826/03 passou a ser considerado hediondo a partir da entrada em vigor da Lei 13.497/17. Esse mandamento legal trouxe a seguinte dúvida: todo artigo 16 do Estatuto do Desarmamento passou a ser considerado crime hediondo ou apenas o *caput* do referido dispositivo? A resposta (a meu ver acertada) foi dada pelo Superior Tribunal de Justiça no bojo do HC 526916/SP (relator Ministro Nefi Cordeiro, julgado em 01/10/2019), deixando claro que todo artigo 16 do Estatuto do Desarmamento passou a ser considerado crime hediondo a partir da entrada em vigor da Lei 13.497/17. Agora o problema é outro (e bem mais grave). A Lei 13.964/19 afirmou ser crime hediondo "o crime de posse ou porte ilegal de arma de fogo de uso proibido" (grifo meu), tipificado pelo Pacote Anticrime no novel § 2º do artigo 16 da Lei 10.826/03 (porte/posse de arma de fogo de uso proibido virou figura qualificada, com pena orçada em 4 a 12 anos de reclusão). Ora, com a alteração da redação da Lei 8.072/90, o crime de posse ou porte ilegal de arma de fogo de uso restrito (tipificado no *caput* do artigo 16 da Lei 10.826/03) não será mais considerado hediondo (o que significará *novatio legis in mellius*, com óbvia aplicação retroativa). Isso me parece muito claro, considerando que arma de uso restrito e arma de uso proibido são conceitos distintos[35].

Também foram considerados crimes hediondos: o crime de comércio ilegal de armas de fogo (artigo 17 da Lei 10.826/03), o delito de tráfico internacional de arma de fogo (artigo 18 da Lei 10.826/03) e o crime de organização criminosa, quando direcionada à prática de crimes hediondos ou equiparados (artigo 2º da Lei 12.850/13):

> Art. 1º (...)
>
> Parágrafo único. Consideram-se também hediondos, tentados ou consumados:
>
> I - o crime de genocídio, previsto nos arts. 1º, 2º e 3º da Lei nº 2.889, de 1º de outubro de 1956;
>
> II - o crime de posse ou porte ilegal de arma de fogo de uso proibido, previsto no art. 16 da Lei nº 10.826, de 22 de dezembro de 2003;
>
> III - o crime de comércio ilegal de armas de fogo, previsto no art. 17 da Lei nº 10.826, de 22 de dezembro de 2003;
>
> IV - o crime de tráfico internacional de arma de fogo, acessório ou munição, previsto no art. 18 da Lei nº 10.826, de 22 de dezembro de 2003;
>
> V - o crime de organização criminosa, quando direcionado à prática de crime hediondo ou equiparado.

Revogação de dispositivo: Por fim, cumpre destacar que o § 2º do artigo 2º da Lei 8.072/90 foi revogado pelo artigo 19 da Lei 13.964/19 (já que agora a progressão de regime de cumprimento de pena se dará com base em percentuais de pena, tal qual declinado supra).

---

35 **Armas de fogo de uso restrito**, segundo os Decretos 9.845, 9.846 e 9.847, todos de 25 de junho de 2019, são as armas de fogo automáticas, semiautomáticas ou de repetição que sejam: a) não portáteis; b) de porte, cujo calibre nominal, com a utilização de munição comum, atinja, na saída do cano de prova, energia cinética superior a mil e duzentas libras-pé ou mil seiscentos e vinte joules; ou c) portáteis de alma raiada, cujo calibre nominal, com a utilização de munição comum, atinja, na saída do cano de prova, energia cinética superior a mil e duzentas libras-pé ou mil seiscentos e vinte joules. Já **armas de fogo de uso proibido** são: a) as armas de fogo classificadas de uso proibido em acordos e tratados internacionais dos quais a República Federativa do Brasil seja signatária; ou b) as armas de fogo dissimuladas, com aparência de objetos inofensivos.

6.5. Alterações na Lei 8.429/92 (Lei de Improbidade Administrativa)

O Pacote Anticrime alterou a Lei de Improbidade Administrativa, para permitir acordo de não persecução cível. Contudo, apesar de ter previsto dito acordo, o mesmo ainda não pode ser materializado porque sua regulamentação foi integralmente vetada (veto integral ao artigo 17-A da Lei 8.492/92).

Eis a previsão do acordo de não persecução cível (sancionada):

> Art. 17. (...)
>
> § 1º As ações de que trata este artigo admitem a celebração de acordo de não persecução cível, nos termos desta Lei.
>
> (...)
>
> § 10-A. Havendo a possibilidade de solução consensual, poderão as partes requerer ao juiz a interrupção do prazo para a contestação, por prazo não superior a 90 (noventa) dias.

Eis o dispositivo vetado:

> Art. 17-A. O Ministério Público poderá, conforme as circunstâncias do caso concreto, celebrar acordo de não persecução cível, desde que, ao menos, advenham os seguintes resultados:
>
> I - o integral ressarcimento do dano;
>
> II - a reversão, à pessoa jurídica lesada, da vantagem indevida obtida, ainda que oriunda de agentes privados;
>
> III - o pagamento de multa de até 20% (vinte por cento) do valor do dano ou da vantagem auferida, atendendo a situação econômica do agente."
>
> § 1º Em qualquer caso, a celebração do acordo levará em conta a personalidade do agente, a natureza, as circunstâncias, a gravidade e a repercussão social do ato de improbidade, bem como as vantagens, para o interesse público, na rápida solução do caso.
>
> § 2º O acordo também poderá ser celebrado no curso de ação de improbidade.
>
> § 3º As negociações para a celebração do acordo ocorrerão entre o Ministério Público e o investigado ou demandado e o seu defensor.
>
> § 4º O acordo celebrado pelo órgão do Ministério Público com atribuição, no plano judicial ou extrajudicial, deve ser objeto de aprovação, no prazo de até 60 (sessenta) dias, pelo órgão competente para apreciar as promoções de arquivamento do inquérito civil.
>
> § 5º Cumprido o disposto no § 4º deste artigo, o acordo será encaminhado ao juízo competente para fins de homologação.

As razões do veto (ao §2º do artigo 17-A):

> A propositura legislativa, ao determinar que o acordo também poderá ser celebrado no curso de ação de improbidade, contraria o interesse público por ir de encontro à garantia da efetividade da transação e do alcance de melhores resultados, comprometendo a própria eficiência da norma jurídica que assegura a sua realização, uma vez que o agente infrator estaria sendo incentivado a continuar no trâmite da ação judicial, visto que disporia, por lei, de um instrumento futuro com possibilidade de transação.

E as razões do veto do restante do artigo 17-A:

> A propositura legislativa, ao determinar que caberá ao Ministério Público a celebração de acordo de não persecução cível nas ações de improbidade administrativa, contraria o interesse público e gera insegurança jurídica ao ser incongruente com o art. 17 da própria Lei de Improbidade Administrativa, que se mantém inalterado, o qual dispõe que a ação judicial pela prática de ato de improbidade administrativa pode ser proposta pelo Ministério Público e/ou pessoa jurídica interessada leia-se, aqui, pessoa jurídica de direito público vítima do ato de improbidade. Assim, excluir o ente público lesado da possibilidade de celebração do acordo de não persecução cível representa retrocesso da matéria, haja vista se tratar de real interessado na finalização da demanda, além de não se apresentar harmônico com o sistema jurídico vigente.

6.6. Alterações na Lei 9.296/96 (Lei de Interceptação Telefônica)

O Pacote Anticrime alterou a Lei 9.296/96, para regulamentar a medida cautelar de captação ambiental de sinais eletromagnéticos, ópticos ou acústicos.

O meio de obtenção de prova em questão está genericamente previsto no artigo 3º, II, da Lei 12.850/13. Antes da regulamentação feita pelo Pacote Anticrime, eu defendia: a) que a captação ambiental, quando feita em local público, prescinde de autorização judicial; b) que quando se tenciona captar sinais em ambientes fechados, há a necessidade de prévia ordem judicial; c) que o meio de obtenção de prova em testilha podia ser utilizado na investigação de qualquer delito (e não apenas para apurar crimes praticados por organizações criminosas); e d) que seria oportuno usar, por analogia, a Lei 9.296/96 (em relação a requisitos autorizadores e prazo).

Pois bem, a Lei 13.964/19 seguiu as linhas desenhadas supra (todas sugestionadas na minha obra Inquérito Policial – Uma análise jurídica e prática da fase pré-processual), reclamando prévia autorização judicial para decretação da medida cautelar (quando se desejar captar sinais em ambientes não abertos ao público), atendendo a requerimento do delegado de polícia ou do Ministério Público, quando a prova não puder ser feita por outros meios disponíveis e igualmente eficazes e houver elementos probatórios razoáveis de autoria e participação em infrações criminais cujas penas máximas sejam superiores a 4 anos ou em infrações penais conexas.

O legislador reclamou que a autoridade policial ou o Ministério Público descreva o local e a forma de instalação do dispositivo de captação ambiental. O prazo da captação ambiental é de 15 dias, admitidas sucessivas prorrogações, desde que seja comprovada a indispensabilidade do meio de obtenção de prova e quando presente atividade criminal permanente, habitual ou continuada (os requisitos para as prorrogações são cumulativos).

Eis tabela que sintetiza a técnica:

Captação ambiental de sinais eletromagnéticos, ópticos ou acústicos em locais não abertos ao público	Cláusula de reserva de jurisdição (depende de prévia autorização judicial)
Legitimidade	Delegado de polícia ou Ministério Público
Requisitos	a) quando a prova não puder ser feita por outros meios disponíveis e igualmente eficazes; e b) houver elementos probatórios razoáveis de autoria e participação em infrações criminais cujas penas máximas sejam superiores a 4 anos ou em infrações penais conexas
Prazo	15 dias
Prorrogação do prazo	Possível sucessivas vezes, desde que seja comprovada a indispensabilidade do meio de obtenção de prova e quando presente atividade criminal permanente, habitual ou continuada

O § 2º do novel artigo 8º-A da Lei 9.296/96 foi aprovado pelo Congresso Nacional, mas vetado pelo Presidente da República. O dispositivo tinha a seguinte redação:

> § 2º A instalação do dispositivo de captação ambiental poderá ser realizada, quando necessária, por meio de operação policial disfarçada ou no período

> noturno, exceto na casa, nos termos do inciso XI do caput do art. 5º da Constituição Federal.

Eis as razões do veto:

> A propositura legislativa, gera insegurança jurídica, haja vista que, ao mesmo tempo em que admite a instalação de dispositivo de captação ambiental, esvazia o dispositivo ao retirar do seu alcance a 'casa', nos termos do inciso XI do art. 5º da Lei Maior. Segundo a doutrina e a jurisprudência do Supremo Tribunal Federal, o conceito de 'casa' deve ser entendido como qualquer compartimento habitado, até mesmo um aposento que não seja aberto ao público, utilizado para moradia, profissão ou atividades, nos termos do art. 150, § 4º, do Código Penal (v. g. HC 82788, Relator: Min. CELSO DE MELLO, Segunda Turma, julgado em 12/04/2005).

Defendo, excepcionalmente, a possibilidade de instalação de aparelho de captação ambiental em compartimento fechado à noite, tal qual verificado na Operação Hurricane - INQ 2424 (relator Ministro Cezar Peluso). Essa foi a linha do veto presidencial ao § 2º do artigo 8º-A da Lei 9.296/96.

De igual sorte, o § 4º do artigo 8º-A da Lei 9.296/96 foi vetado pelo Presidente da República. Eis o dispositivo:

> § 4º A captação ambiental feita por um dos interlocutores sem o prévio conhecimento da autoridade policial ou do Ministério Público poderá ser utilizada, em matéria de defesa, quando demonstrada a integridade da gravação.

Eis as razões do veto:

> A propositura legislativa, ao limitar o uso da prova obtida mediante a captação ambiental apenas pela defesa, contraria o interesse público uma vez que uma prova não deve ser considerada lícita ou ilícita unicamente em razão da parte que beneficiará, sob pena de ofensa ao princípio da lealdade, da boa-fé objetiva e da cooperação entre os sujeitos processuais, além de se representar um retrocesso legislativo no combate ao crime. Ademais, o dispositivo vai de encontro à jurisprudência do Supremo Tribunal Federal, que admite utilização como prova da infração criminal a captação ambiental feita por um dos interlocutores, sem o prévio conhecimento da autoridade policial ou do Ministério Público, quando demonstrada a integridade da gravação (v. g. Inq-QO 2116, Relator: Min. Marco Aurélio, Relator p/ Acórdão: Min. Ayres Britto, publicado em 29/02/2012, Tribunal Pleno).

Tem razão Sua Excelência, o Presidente da República, uma vez mais, ao vetar o Pacote Anticrime nesse particular (seguindo o quanto desenhado na obra). Explico. A gravação feita por um dos interlocutores sem a ciência do outro é conceituada doutrinariamente como gravação clandestina e é admitida (inclusive pelo Supremo Tribunal Federal) para demonstrar práticas ilícitas (nesse sentido INQ 4483, relatoria do Ministro Edson Fachin).

Eis o novel artigo 8º-A da Lei 9.296/96, com redação determinada pela Lei 13.964/19:

> Art. 8º-A. Para investigação ou instrução criminal, poderá ser autorizada pelo juiz, a requerimento da autoridade policial ou do Ministério Público, a captação ambiental de sinais eletromagnéticos, ópticos ou acústicos, quando:
>
> I - a prova não puder ser feita por outros meios disponíveis e igualmente eficazes; e
>
> II - houver elementos probatórios razoáveis de autoria e participação em infrações criminais cujas penas máximas sejam superiores a 4 (quatro) anos ou em infrações penais conexas.
>
> § 1º O requerimento deverá descrever circunstanciadamente o local e a forma de instalação do dispositivo de captação ambiental.
>
> § 2º (VETADO).
>
> § 3º A captação ambiental não poderá exceder o prazo de 15 (quinze) dias, renovável por decisão judicial por iguais períodos, se comprovada a indispensabilidade do meio de prova e quando presente atividade criminal permanente, habitual ou continuada.
>
> § 4º (VETADO).
>
> § 5º Aplicam-se subsidiariamente à captação ambiental as regras previstas na legislação específica para a interceptação telefônica e telemática.

O Pacote Anticrime enxertou, ainda, na Lei 9.296/96 a seguinte figura criminosa:

> Art. 10-A. Realizar captação ambiental de sinais eletromagnéticos, ópticos ou acústicos para investigação ou instrução criminal sem autorização judicial, quando esta for exigida:
>
> Pena - reclusão, de 2 (dois) a 4 (quatro) anos, e multa.
>
> § 1º Não há crime se a captação é realizada por um dos interlocutores.
>
> § 2º A pena será aplicada em dobro ao funcionário público que descumprir determinação de sigilo das investigações que envolvam a captação ambiental ou revelar o conteúdo das gravações enquanto mantido o sigilo judicial.

Por óbvio, só há crime quando a captação reclamar autorização judicial (quando feita em locais fechados, não abertos ao público) e for feita para fins de investigação ou instrução criminal sem dita ordem prévia.

O § 1º (que trata da gravação clandestina – feita por um dos interlocutores sem a ciência do outro) encerra causa excludente de ilicitude (exercício regular de direito).

6.7. Alterações na Lei 9.613/98 (Lei de Lavagem de Capitais)

O Pacote Anticrime enxertou na Lei 9.613/98 a possibilidade da utilização das técnicas de ação controlada e infiltração de agentes:

> Artigo 1º. (...)
>
> § 6º Para a apuração do crime de que trata este artigo, admite-se a utilização da ação controlada e da infiltração de agentes.

Penso que os requisitos e limites para materialização de ambas as técnicas devem ser extraídos da análise da Lei 12.850/13, já que o legislador não fez nenhuma especificação no bojo da Lei 9.613/98.

Cumpre deixar claro que já havia espécie de ação controlada no bojo do artigo 4º-B da Lei 9.613/98 (que permite a suspensão do cumprimento de ordem de prisão ou de medidas assecuratórias, quando a execução imediata das mesmas puder comprometer as investigações) – o Pacote Anticrime agora enxertou a possibilidade de não atuação policial diante de situação flagrancial ,para que a abordagem seja feita no melhor momento, sob o ponto de vista da coleta de provas ou identificação/prisão do maior número de envolvidos.

6.8. Alterações na Lei 10.826/03 (Estatuto do Desarmamento)

Figura qualificada: O Pacote Anticrime também alterou a Lei 10.826/03. Em primeiro lugar, como já mencionado supra, o crime de posse/porte de arma de fogo de uso proibido passou a ser uma qualificadora do delito tipificado no artigo 16 do Estatuto do Desarmamento (com pena orçada em 4 a 12 anos de reclusão):

> Art. 16. Possuir, deter, portar, adquirir, fornecer, receber, ter em depósito, transportar, ceder, ainda que gratuitamente, emprestar, remeter, empregar, manter sob sua guarda ou ocultar arma de fogo, acessório ou munição de uso restrito, sem autorização e em desacordo com determinação legal ou regulamentar:
>
> § 1º (...)
>
> § 2º Se as condutas descritas no caput e no § 1º deste artigo envolverem arma de fogo de uso proibido, a pena é de reclusão, de 4 (quatro) a 12 (doze) anos.

Já mencionei supra os conceitos de arma de fogo de uso restrito e arma de fogo de uso proibido, extraídos dos Decretos 9.845/19, 9.846/19 e 9.847/19. Acrescento aqui os conceitos de arma de fogo de uso permitido, munição de uso restrito e munição de uso proibido:

> Art. 2º Para fins do disposto neste Decreto, considera-se:
>
> I - arma de fogo de uso permitido - as armas de fogo semiautomáticas ou de repetição que sejam:

a) de porte, cujo calibre nominal, com a utilização de munição comum, não atinja, na saída do cano de prova, energia cinética superior a mil e duzentas libras-pé ou mil seiscentos e vinte joules;

b) portáteis de alma lisa; ou

c) portáteis de alma raiada, cujo calibre nominal, com a utilização de munição comum, não atinja, na saída do cano de prova, energia cinética superior a mil e duzentas libras-pé ou mil seiscentos e vinte joules;

II - arma de fogo de uso restrito - as armas de fogo automáticas e as semiautomáticas ou de repetição que sejam

a) não portáteis;

b) de porte, cujo calibre nominal, com a utilização de munição comum, atinja, na saída do cano de prova, energia cinética superior a mil e duzentas libras-pé ou mil seiscentos e vinte joules; ou

c) portáteis de alma raiada, cujo calibre nominal, com a utilização de munição comum, atinja, na saída do cano de prova, energia cinética superior a mil e duzentas libras-pé ou mil seiscentos e vinte joules;

III - arma de fogo de uso proibido:

a) as armas de fogo classificadas de uso proibido em acordos e tratados internacionais dos quais a República Federativa do Brasil seja signatária; ou

b) as armas de fogo dissimuladas, com aparência de objetos inofensivos;

IV - munição de uso restrito - as munições que:

a) atinjam, na saída do cano de prova de armas de porte ou portáteis de alma raiada, energia cinética superior a mil e duzentas libras-pé ou mil seiscentos e vinte joules;

b) sejam traçantes, perfurantes ou fumígenas;

c) sejam granadas de obuseiro, de canhão, de morteiro, de mão ou de bocal; ou

d) sejam rojões, foguetes, mísseis ou bombas de qualquer natureza;

V - munição de uso proibido - as munições que sejam assim definidas em acordo ou tratado internacional de que a República Federativa do Brasil seja signatária e as munições incendiárias ou químicas;

Agente policial disfarçado: A pena do crime de comércio ilegal de arma de fogo (alçado à categoria de crime hediondo) foi aumentada (agora vai de 6 a 12 anos de reclusão e multa) e foi enxertado no dispositivo o § 2º, com a seguinte redação:

Art. 17 (...)

§ 2º Incorre na mesma pena quem vende ou entrega arma de fogo, acessório ou munição, sem autorização ou em desacordo com a determinação legal ou regulamentar, a agente policial disfarçado, quando presentes elementos probatórios razoáveis de conduta criminal preexistente.

A alteração legislativa é muito relevante. Ela criou a figura do agente policial disfarçado. Observe que este não se confunde com agente policial infiltrado (artigos 10 e seguintes da Lei 12.850/13 e artigo 53, I, da Lei 11.343/06). O agente policial disfarçado é aquele que, por exemplo, se passa por pessoa interessada em comprar objeto ou substância ilícita oferecida pelo autor do fato e enceta negociação com vistas a adquirir tal produto (no caso do Estatuto do Desarmamento, arma de fogo, acessório ou munição).

Eis algumas diferenças:

Características	Agente infiltrado	Agente disfarçado
Necessidade de prévia autorização judicial	Sim	Não
Requisitos	Indícios de infração penal praticada por organização criminosa, tráfico de drogas ou lavagem de dinheiro e se a prova não puder ser produzida por outros meios disponíveis. A autoridade policial ou o Ministério Público deverá, ainda, demonstrar a necessidade da medida, o alcance das tarefas dos agentes e, quando possível, os nomes ou apelidos das pessoas investigadas e o local da infiltração	Elementos probatórios razoáveis de conduta criminal preexistente relacionada a comercio ilegal de arma de fogo, tráfico internacional de arma de fogo ou tráfico de drogas
Prazo	6 meses	Não há

Imaginemos exemplo. O delegado de polícia, percebendo indícios de que determinada pessoa comercializa ilegalmente armas de fogo, determina que policial da sua equipe se passe por comprador dos artefatos ilicitamente oferecidos. Depois de materializada negociação, o autor do fato comparece ao local marcado e entrega ao policial disfarçado uma arma de fogo em situação irregular. Com a entrada em vigor do Pacote Anticrime tal situação configurará prática do crime tipificado no § 2º do artigo 17 da Lei 10.826/03. Não haverá que se falar em crime impossível por obra do agente provocador, nos termos da Súmula 145 do Supremo Tribunal Federal.

Note que o novel dispositivo legal reclama presença de elementos probatórios razoáveis de conduta criminal preexistente. Assim, no exemplo acima desenhado, será preciso demonstrar indícios de que o agente já negociava armas de fogo ilicitamente. A operação que envolve agente policial disfarçado serve para demonstrar que efetivamente havia conduta ilícita anterior, independente da atuação do policial disfarçado.

Por óbvio, se restar demonstrado que a conduta ilícita do agente foi motivada apenas pela atuação do agente policial disfarçado, ter-se-á crime impossível (artigo 17 do Código Penal). Exemplifico. Um policial se faz passar por comprador de armas em situação irregular e pergunta a um indivíduo se ele conhece alguém que venda. Essa pessoa, com o fito de auferir lucro em operação única, adquire um revólver para logo em seguida vender ao policial disfarçado, objetivando perceber a diferença entre o valor da compra e o da venda. Parece-me que em tal situação, não há que se falar na prática do crime estudado (será imperioso reconhecer que o crime perpetrado é impossível porque a situação foi totalmente provocada pelo aparelho policial).

Saliento que se existir efetiva venda ou entrega de arma de fogo (ou de drogas, vez que a figura do agente policial disfarçado também foi enxertado na Lei 11.343/06) na casa do investigado, será possível adentrar no local com o fito de verificar se há mais armas ou drogas (mesmo sem mandado judicial de busca e apreensão), posto que há situação flagrancial (que redundará na confecção de auto de prisão em flagrante em desfavor do investigado), sem que se cogite prática de crime de abuso de autoridade.

Como dito, o crime em testilha (artigo 17 da Lei 10.826/03), passa a ser considerado hediondo com a entrada em vigor do Pacote Anticrime.

A Lei 13.964/19 aumentou a reprimenda do crime de tráfico internacional de armas de fogo (a pena ficou orçada em 8 a 16 anos de reclusão e multa). Tratar-se-á, ademais, de crime hediondo (com a entrada em vigor do Pacote Anticrime).

A figura do agente policial disfarçado também foi admitida em relação ao crime tipificado no artigo 18 do Estatuto do Desarmamento:

> Art. 18. (...)
>
> Pena - reclusão, de 8 (oito) a 16 (dezesseis) anos, e multa.
>
> Parágrafo único. Incorre na mesma pena quem vende ou entrega arma de fogo, acessório ou munição, em operação de importação, sem autorização

> da autoridade competente, a agente policial disfarçado, quando presentes elementos probatórios razoáveis de conduta criminal preexistente.

Causa de aumento de pena: O artigo 20 da Lei 10.826/03 foi alterado para incluir nova causa de aumento de pena (haverá majoração caso o agente seja reincidente específico):

> Art. 20. Nos crimes previstos nos arts. 14, 15, 16, 17 e 18, a pena é aumentada da metade se:
>
> I - forem praticados por integrante dos órgãos e empresas referidas nos arts. 6º, 7º e 8º desta Lei; ou
>
> II - o agente for reincidente específico em crimes dessa natureza.

A aplicação do novel inciso II do artigo 20 do Estatuto do Desarmamento trará, a meu ver, problemas. Explico. Imagine indivíduo que foi condenado com trânsito em julgado pela prática do crime de porte ilegal de arma de fogo (artigo 14 da Lei 10.826/03). Suponhamos que depois do trânsito em julgado dessa condenação, ele venha a praticar novo crime idêntico (sendo, assim, reincidente específico). Ora, essa circunstância (reincidência) deve ser sopesada na segunda fase da fixação da pena privativa de liberdade (por ter natureza jurídica de circunstância agravante), tal qual determinado pelo artigo 68 do Código Penal (critério trifásico de fixação de pena). Não me parece possível impor ao personagem do exemplo, em face da mesma circunstância (reincidência específica) um duplo incremento de pena, representado pela imposição da agravante da reincidência e da causa de aumento prescrita pelo artigo 20, II, da Lei 10.826/03, na terceira fase da fixação da pena. Seria evidente *bis in idem*.

Penso que, a depender do caso concreto analisado, há como "salvar" a majorante de duas formas: a) se o julgador considerar que a reincidência específica, nesse caso (artigo 20, II, do Estatuto do Desarmamento), perdeu a natureza jurídica de circunstância agravante e passar a considera-la apenas na terceira fase da fixação de pena, como causa de aumento; b) em situações pontuais nas quais o agente ostente mais de uma condenação com trânsito em julgado pela prática dos crimes tipificados nos artigos 14, 15, 16, 17 e 18 e cometa novo crime presente nessa lista (nessa linha de intelecção, a primeira condenação com trânsito em julgado servirá para incidência da agravante e a segunda para imposição da causa de aumento, quando do julgamento de terceiro delito de igual natureza).

Banco Nacional de Perfis Balísticos: Por fim, o Pacote Anticrime enxertou no Estatuto do Desarmamento o artigo 34-A, criando o Banco Nacional de Perfis Balísticos, destinado a cadastrar armas de fogo e armazenar características de classe e individualizadoras de projéteis e de estojos de munição deflagrados por arma de fogo.

A medida é extremamente interessante, na medida em que cria um banco de dados que possibilitará identificar, por exemplo, que um determinado lote de munições subtraídas da Polícia Militar do Estado do Rio de Janeiro foi utilizado em um homicídio no Ceará e em um roubo a banco no Maranhão. Eis o dispositivo:

> Art. 34-A. Os dados relacionados à coleta de registros balísticos serão armazenados no Banco Nacional de Perfis Balísticos.
>
> § 1º O Banco Nacional de Perfis Balísticos tem como objetivo cadastrar armas de fogo e armazenar características de classe e individualizadoras de projéteis e de estojos de munição deflagrados por arma de fogo.
>
> § 2º O Banco Nacional de Perfis Balísticos será constituído pelos registros de elementos de munição deflagrados por armas de fogo relacionados a crimes, para subsidiar ações destinadas às apurações criminais federais, estaduais e distritais.
>
> § 3º O Banco Nacional de Perfis Balísticos será gerido pela unidade oficial de perícia criminal.
>
> § 4º Os dados constantes do Banco Nacional de Perfis Balísticos terão caráter sigiloso, e aquele que permitir ou promover sua utilização para fins diversos dos previstos nesta Lei ou em decisão judicial responderá civil, penal e administrativamente.
>
> § 5º É vedada a comercialização, total ou parcial, da base de dados do Banco Nacional de Perfis Balísticos.
>
> § 6º A formação, a gestão e o acesso ao Banco Nacional de Perfis Balísticos serão regulamentados em ato do Poder Executivo federal.

6.9. Alterações na Lei 11.343/06 (Lei de Drogas)

Agente policial disfarçado: A alteração operada pelo Pacote Anticrime na Lei 11.343/06 foi semelhante à materializada no Estatuto do Desarmamento. O legislador admitiu, em relação ao crime de tráfico de drogas, a figura do agente policial disfarçado, criando figura típica relacionada com o uso da técnica:

> Art. 33. (...)
>
> § 1º (...)
>
> IV - vende ou entrega drogas ou matéria-prima, insumo ou produto químico destinado à preparação de drogas, sem autorização ou em desacordo com a determinação legal ou regulamentar, a agente policial disfarçado, quando presentes elementos probatórios razoáveis de conduta criminal preexistente.

Assim, caso estejam presentes elementos probatórios razoáveis de conduta criminal preexistente, o delegado de polícia poderá determinar que agente policial disfarçado proceda a operação de compra simulada de drogas, por exemplo. Penso ser possível, inclusive, concurso de crimes em relação ao novel tipo penal e o delito tipificado no *caput* do artigo 33 da Lei 11.343/06, se por acaso restar detectado que o traficante, por exemplo, tinha mais droga em depósito no momento da venda feita ao agente disfarçado (e que os contextos eram distintos).

Anoto, ainda, que o novo delito tem natureza de crime equiparado a hediondo, porquanto está localizado no § 1º do artigo 33 da Lei 11.343/06.

6.10. Alterações na Lei 11.671/08

O Pacote Anticrime alterou, também, a Lei 11.671/08, que dispõe sobre a transferência e inclusão de presos em estabelecimentos penais federais de segurança máxima e dá outras providências.

Foi incluído o parágrafo único no artigo 2º, outorgando competência ao juízo federal de execução penal para as ações de natureza penal que tenham por objeto fatos ou incidentes relacionados à execução da pena ou infrações penais ocorridas no estabelecimento penal federal:

> Art. 2º (...)
>
> Parágrafo único. O juízo federal de execução penal será competente para as ações de natureza penal que tenham por objeto fatos ou incidentes relacionados à execução da pena ou infrações penais ocorridas no estabelecimento penal federal.

O artigo 3º também foi ampliado. O dispositivo agora traz as características do recolhimento do detido em estabelecimento penal federal de segurança máxima.

O inciso IV do § 1º do artigo 3º traz em seu bojo dispositivo polêmico: "monitoramento de todos os meios de comunicação, inclusive de correspondência escrita". O § 2º do artigo 3º determina monitoramento (por sistema de áudio e vídeo) das conversas travadas no parlatório e áreas comuns, vedada a gravação das conversas travadas nas celas e com advogados, salvo determinação judicial prévia (o desrespeito ao quanto preceituado no dispositivo pode constituir prática do crime tipificado no artigo 325 do Código Penal). O § 3º do mesmo artigo encerra que as gravações das visitas não poderão ser utilizadas como meio de prova de infrações penais pretéritas ao ingresso do preso no estabelecimento (a contrário senso, o que foi falado e gravado pode ser usado contra o detido em relação a infrações penais perpetradas depois da entrada do mesmo no estabelecimento penal).

Repito o que foi explicitado quando teci comentários acerca das alterações operadas pelo Pacote Anticrime na LEP. Penso que o monitoramento indiscriminado das conversas travadas entre presos e seus visitantes sem prévia autorização judicial parece violar os incisos X e XII do artigo 5º da Constituição Federal, porquanto temos verdadeira interceptação de sinais.

Observo que a existência de sistema de câmeras que captem áudio e vídeo em áreas comuns não viola nenhum direito individual do detido. O problema, repito, é a gravação das conversas individualmente mantidas pelo preso com seus visitantes.

Certamente tais dispositivos (assim como algumas das alterações operadas na LEP) serão questionados judicialmente. Os tribunais superiores deverão, em breve, enfrentar os pontos polêmicos do Pacote Anticrime, para decidir acerca da constitucionalidade da novel legislação.

> Art. 3º Serão incluídos em estabelecimentos penais federais de segurança máxima aqueles para quem a medida se justifique no interesse da segurança pública ou do próprio preso, condenado ou provisório.
>
> § 1º A inclusão em estabelecimento penal federal de segurança máxima, no atendimento do interesse da segurança pública, será em regime fechado de segurança máxima, com as seguintes características:
>
> I - recolhimento em cela individual;
>
> II - visita do cônjuge, do companheiro, de parentes e de amigos somente em dias determinados, por meio virtual ou no parlatório, com o máximo de 2 (duas) pessoas por vez, além de eventuais crianças, separados por vidro e comunicação por meio de interfone, com filmagem e gravações;
>
> III - banho de sol de até 2 (duas) horas diárias; e
>
> IV - monitoramento de todos os meios de comunicação, inclusive de correspondência escrita.
>
> § 2º Os estabelecimentos penais federais de segurança máxima deverão dispor de monitoramento de áudio e vídeo no parlatório e nas áreas comuns, para fins de preservação da ordem interna e da segurança pública, vedado seu uso nas celas e no atendimento advocatício, salvo expressa autorização judicial em contrário.
>
> § 3º As gravações das visitas não poderão ser utilizadas como meio de prova de infrações penais pretéritas ao ingresso do preso no estabelecimento.
>
> § 4º Os diretores dos estabelecimentos penais federais de segurança máxima ou o Diretor do Sistema Penitenciário Federal poderão suspender e restringir o direito de visitas previsto no inciso II do § 1º deste artigo por meio de ato fundamentado.
>
> § 5º Configura o crime do art. 325 do Decreto-Lei nº 2.848, de 7 de dezembro de 1940 (Código Penal), a violação ao disposto no § 2º deste artigo.

Redação anterior	Redação determinada pelo Pacote Anticrime
Art. 3º Serão recolhidos em estabelecimentos penais federais de segurança máxima aqueles cuja medida se justifique no interesse da segurança pública ou do próprio preso, condenado ou provisório.	Art. 3º Serão incluídos em estabelecimentos penais federais de segurança máxima aqueles para quem a medida se justifique no interesse da segurança pública ou do próprio preso, condenado ou provisório. § 1º A inclusão em estabelecimento penal federal de segurança máxima, no atendimento do interesse da segurança pública, será em regime fechado de segurança máxima, com as seguintes características: I - recolhimento em cela individual; II - visita do cônjuge, do companheiro, de parentes e de amigos somente em dias determinados, por meio virtual ou no parlatório, com o máximo de 2 (duas) pessoas por vez, além de eventuais crianças, separados por vidro e comunicação por meio de interfone, com filmagem e gravações; III - banho de sol de até 2 (duas) horas diárias; e IV - monitoramento de todos os meios de comunicação, inclusive de correspondência escrita. § 2º Os estabelecimentos penais federais de segurança máxima deverão dispor de monitoramento de áudio e vídeo no parlatório e nas áreas comuns, para fins de preservação da ordem interna e da segurança pública, vedado seu uso nas celas e no atendimento advocatício, salvo expressa autorização judicial em contrário. § 3º As gravações das visitas não poderão ser utilizadas como meio de prova de infrações penais pretéritas ao ingresso do preso no estabelecimento. § 4º Os diretores dos estabelecimentos penais federais de segurança máxima ou o Diretor do Sistema Penitenciário Federal poderão suspender e restringir o direito de visitas previsto no inciso II do § 1º deste artigo por meio de ato fundamentado. § 5º Configura o crime do art. 325 do Decreto-Lei nº 2.848, de 7 de dezembro de 1940 (Código Penal), a violação ao disposto no § 2º deste artigo.

A Lei 13.964/19 ampliou o prazo de permanência do preso em estabelecimentos penais federais de segurança máxima (era de 360 dias, renovável, e passou a ser de até 3 anos, renovável por iguais períodos):

Redação anterior	Redação determinada pelo Pacote Anticrime
Art. 10. A inclusão de preso em estabelecimento penal federal de segurança máxima será excepcional e por prazo determinado. § 1º O período de permanência não poderá ser superior a 360 (trezentos e sessenta) dias, renovável, excepcionalmente, quando solicitado motivadamente pelo juízo de origem, observados os requisitos da transferência.	Art. 10. (...) § 1º O período de permanência será de até 3 (três) anos, renovável por iguais períodos, quando solicitado motivadamente pelo juízo de origem, observados os requisitos da transferência, e se persistirem os motivos que a determinaram.

Foram enxertados os artigos 11-A e 11-B na Lei 11.671/08. O primeiro dispositivo possibilita que as decisões atinentes a transferência ou à prorrogação da permanência do peso em estabelecimento penal federal de segurança máxima, concessão ou denegação de benefícios prisionais ou a imposição de sanções ao preso federal podem ser tomadas por órgão colegiado de juízes, na forma da organização interna dos tribunais. O segundo dispositivo permite que Estados e o Distrito Federal constituam estabelecimentos de segurança máxima (ou adaptar os já existentes), aos quais será aplicável, no que couber, o disposto na lei citada:

> Art. 11-A. As decisões relativas à transferência ou à prorrogação da permanência do preso em estabelecimento penal federal de segurança máxima, à concessão ou à denegação de benefícios prisionais ou à imposição de sanções ao preso federal poderão ser tomadas por órgão colegiado de juízes, na forma das normas de organização interna dos tribunais.
>
> Art. 11-B. Os Estados e o Distrito Federal poderão construir estabelecimentos penais de segurança máxima, ou adaptar os já existentes, aos quais será aplicável, no que couber, o disposto nesta Lei.

6.11. Alterações na Lei 12.037/09 (Lei da Identificação Criminal)

A Lei 13.964/19 alterou a Lei 12.037/09. O novel artigo 7º-A trata da exclusão do perfil genético dos bancos de dados. Uma das maiores polêmicas acerca do banco de dados de perfil genético é quanto tempo o perfil deve ficar armazenado à disposição do Estado. O ideal seria que a identificação civil de todo e qualquer cidadão brasileiro contemplasse o armazenamento do perfil genético (além das digitais e fotografias) e que esse banco de dados ficasse à disposição dos órgãos de persecução penal independente de ordem judicial prévia, com o fito de facilitar a elucidação de crimes. Não enxergo violação a direitos individuais nesse tipo de imposição estatal.

No Brasil, optou-se por restringir a identificação obrigatória de perfil genético (que alimenta banco de dados de perfis genéticos) apenas à seara da identificação criminal, nos termos dos artigos 5º-A da Lei 12.037/09 e 9º-A da Lei de Execuções Penais (e ainda assim há contestação acerca da constitucionalidade de tal providência nos autos do RE 973837, sob relatoria do Ministro Gilmar Mendes).

O perfil genético daquele que foi submetido à identificação criminal deve ser retirado do banco de dados, nos termos do Pacote Anticrime, no caso de: a) absolvição; ou b) condenação do acusado, mediante requerimento, após decorridos 20 anos do cumprimento da pena:

> Art. 7º-A. A exclusão dos perfis genéticos dos bancos de dados ocorrerá:
>
> I - no caso de absolvição do acusado; ou
>
> II - no caso de condenação do acusado, mediante requerimento, após decorridos 20 (vinte) anos do cumprimento da pena.

O artigo 7º-C, incluído da na Lei 12.037/09 pelo Pacote Anticrime, autoriza a criação, no âmbito do Ministério da Justiça e Segurança Pública, do Banco Nacional Multibiométrico e de Impressões digitais, a ser regulamentado via ato do Poder Executivo federal.

O objetivo do banco de dados é armazenar dados de registros biométricos, de impressões digitais e, quando possível, de íris, face e voz, para subsidiar investigações criminais federais, estaduais ou distritais. A coleta desses dados será feita por meio de identificações criminais e durante investigações criminais. Será possível a alimentação do Banco Nacional Multibiométrico e de Impressões Digitais com dados oriundos da identificação civil, administrativa ou eleitoral (limitado o compartilhamento às impressões digitais e os dados necessários à identificação do seu titular).

O legislador, a meu ver, criou cláusula de reserva de jurisdição desnecessária: o acesso ao Banco Nacional Multibiométrico e de Impressões Digitais só poderá ser realizado por meio de autorização judicial prévia, concedida pelo juízo competente (no caso de investigações criminais, o juízo das garantias será o competente para outorgar dito acesso) - § 11 do artigo 7º-C da Lei 12.037/09.

Caso reste constatada coincidência de dados biométricos no curso de investigação criminal, caberá a perito oficial a confecção de laudo pericial, na forma do § 9º do artigo 7º-C da lei 12.037/09.

As informações constantes no Banco Nacional Multibiométrico e de Impressões Digitais são sigilosas e não poderão ser comercializadas.

Eis o novel artigo 7º-C da Lei 12.037/09:

> Art. 7º-C. Fica autorizada a criação, no Ministério da Justiça e Segurança Pública, do Banco Nacional Multibiométrico e de Impressões Digitais.
>
> § 1º A formação, a gestão e o acesso ao Banco Nacional Multibiométrico e de Impressões Digitais serão regulamentados em ato do Poder Executivo federal.
>
> § 2º O Banco Nacional Multibiométrico e de Impressões Digitais tem como objetivo armazenar dados de registros biométricos, de impressões digitais e, quando possível, de íris, face e voz, para subsidiar investigações criminais federais, estaduais ou distritais.
>
> § 3º O Banco Nacional Multibiométrico e de Impressões Digitais será integrado pelos registros biométricos, de impressões digitais, de íris, face e voz colhidos em investigações criminais ou por ocasião da identificação criminal.
>
> § 4º Poderão ser colhidos os registros biométricos, de impressões digitais, de íris, face e voz dos presos provisórios ou definitivos quando não tiverem sido extraídos por ocasião da identificação criminal.
>
> § 5º Poderão integrar o Banco Nacional Multibiométrico e de Impressões Digitais, ou com ele interoperar, os dados de registros constantes em quaisquer bancos de dados geridos por órgãos dos Poderes Executivo, Legislativo e Judiciário das esferas federal, estadual e distrital, inclusive pelo Tribunal Superior Eleitoral e pelos Institutos de Identificação Civil.
>
> § 6º No caso de bancos de dados de identificação de natureza civil, administrativa ou eleitoral, a integração ou o compartilhamento dos registros do Banco Nacional Multibiométrico e de Impressões Digitais será limitado às impressões digitais e às informações necessárias para identificação do seu titular.
>
> § 7º A integração ou a interoperação dos dados de registros multibiométricos constantes de outros bancos de dados com o Banco Nacional Multibiométrico e de Impressões Digitais ocorrerá por meio de acordo ou convênio com a unidade gestora.
>
> § 8º Os dados constantes do Banco Nacional Multibiométrico e de Impressões Digitais terão caráter sigiloso, e aquele que permitir ou promover sua

utilização para fins diversos dos previstos nesta Lei ou em decisão judicial responderá civil, penal e administrativamente.

§ 9º As informações obtidas a partir da coincidência de registros biométricos relacionados a crimes deverão ser consignadas em laudo pericial firmado por perito oficial habilitado.

§ 10. É vedada a comercialização, total ou parcial, da base de dados do Banco Nacional Multibiométrico e de Impressões Digitais.

§ 11. A autoridade policial e o Ministério Público poderão requerer ao juiz competente, no caso de inquérito ou ação penal instaurados, o acesso ao Banco Nacional Multibiométrico e de Impressões Digitais.

6.12. Alterações na Lei 12.694/12

O Pacote Anticrime alterou a Lei 12.694/12 (que dispõe sobre o processo e o julgamento colegiado em primeiro grau de jurisdição de crimes praticados por organizações criminosas), permitindo a instalação, nas comarcas sedes de Circunscrição ou Seção Judiciária, mediante resolução, de Varas Criminais Colegiadas para processo e julgamento de: a) crimes de pertinência a organizações criminosas armadas ou que tenham armas à disposição; b) do crime do art. 288-A do Decreto-Lei nº 2.848, de 7 de dezembro de 1940 (Código Penal); e c) das infrações penais conexas aos crimes a que se referem os incisos I e II do *caput* deste artigo.

Mais uma vez o legislador reforça sua inclinação ao recrudescimento do tratamento dispensado ao envolvido com prática delitiva violenta, descurando da necessidade de endurecimento também em relação a quem pratica crimes não violentos que impactem consideravelmente a sociedade (como grandes esquemas de desvio de verbas públicas). Indubitavelmente a criação de Varas Criminais Colegiadas para processo e julgamento de esquemas complexos de corrupção e lavagem de dinheiro seria medida salutar para o enfrentamento dessa modalidade de criminalidade organizada. Não foi o querer do legislador.

Interessante notar que a referida vara colegiada terá competência inclusive no que toca a atos judiciais praticados no decorrer da investigação (e isso excepciona a competência do juízo das garantias), na forma do § 1º do artigo 1º-A da Lei 12.694/12. Fica, destarte, excepcionada a nova sistemática determinada pelo Pacote Anticrime que, em nome do sistema processual penal acusatório, criou o juízo das garantias e outorgou-lhe competência para prática de atos jurisdicionais no curso das investigações e o juízo da instrução e julgamento, para conduzir a fase processual propriamente dita.

Importante perceber que o legislador autorizou o declínio de competência materializado pelo juízo individual (seja das garantias, seja de instrução e julgamento) em favor das Varas Criminais Colegiadas, na forma do § 2º do artigo 1º-A da Lei 12.694/12.

> Art. 1º-A. Os Tribunais de Justiça e os Tribunais Regionais Federais poderão instalar, nas comarcas sedes de Circunscrição ou Seção Judiciária, mediante resolução, Varas Criminais Colegiadas com competência para o processo e julgamento:
>
> I - de crimes de pertinência a organizações criminosas armadas ou que tenham armas à disposição;
>
> II - do crime do art. 288-A do Decreto-Lei nº 2.848, de 7 de dezembro de 1940 (Código Penal); e
>
> III - das infrações penais conexas aos crimes a que se referem os incisos I e II do **caput** deste artigo.
>
> § 1º As Varas Criminais Colegiadas terão competência para todos os atos jurisdicionais no decorrer da investigação, da ação penal e da execução da pena, inclusive a transferência do preso para estabelecimento prisional de segurança máxima ou para regime disciplinar diferenciado.
>
> § 2º Ao receber, segundo as regras normais de distribuição, processos ou procedimentos que tenham por objeto os crimes mencionados no **caput** deste artigo, o juiz deverá declinar da competência e remeter os autos, em qualquer fase em que se encontrem, à Vara Criminal Colegiada de sua Circunscrição ou Seção Judiciária.
>
> § 3º Feita a remessa mencionada no § 2º deste artigo, a Vara Criminal Colegiada terá competência para todos os atos processuais posteriores, incluindo os da fase de execução.

Frise-se que a criação de juízo colegiado para prática de qualquer ato processual pontual relativo a casos criminais que envolvam organizações criminosas ainda é possível, na forma do artigo 1º da Lei 12.694/12:

> Art. 1º Em processos ou procedimentos que tenham por objeto crimes praticados por organizações criminosas, o juiz poderá decidir pela formação de colegiado para a prática de qualquer ato processual, especialmente:
>
> I - decretação de prisão ou de medidas assecuratórias;
>
> II - concessão de liberdade provisória ou revogação de prisão;
>
> III - sentença;
>
> IV - progressão ou regressão de regime de cumprimento de pena;
>
> V - concessão de liberdade condicional;
>
> VI - transferência de preso para estabelecimento prisional de segurança máxima; e

VII - inclusão do preso no regime disciplinar diferenciado.

§ 1º O juiz poderá instaurar o colegiado, indicando os motivos e as circunstâncias que acarretam risco à sua integridade física em decisão fundamentada, da qual será dado conhecimento ao órgão correicional.

§ 2º O colegiado será formado pelo juiz do processo e por 2 (dois) outros juízes escolhidos por sorteio eletrônico dentre aqueles de competência criminal em exercício no primeiro grau de jurisdição.

§ 3º A competência do colegiado limita-se ao ato para o qual foi convocado.

§ 4º As reuniões poderão ser sigilosas sempre que houver risco de que a publicidade resulte em prejuízo à eficácia da decisão judicial.

§ 5º A reunião do colegiado composto por juízes domiciliados em cidades diversas poderá ser feita pela via eletrônica.

§ 6º As decisões do colegiado, devidamente fundamentadas e firmadas, sem exceção, por todos os seus integrantes, serão publicadas sem qualquer referência a voto divergente de qualquer membro.

§ 7º Os tribunais, no âmbito de suas competências, expedirão normas regulamentando a composição do colegiado e os procedimentos a serem adotados para o seu funcionamento.

6.13. Alterações na Lei 12.850/13 (Lei das Organizações Criminosas)

Estudemos as alterações promovidas pelo Pacote Anticrime na Lei 12.850/13.

Novos dispositivos do artigo 2º: O artigo 2º da Lei de Combate às Organizações Criminosas ganhou mais dois parágrafos. O § 8º determina que as lideranças de organizações criminosas armadas ou que tenham armas à disposição deverão iniciar o cumprimento de pena em estabelecimentos penais de segurança máxima. Analisando a alínea 'a' **do § 1º** do artigo 33 do Código Penal, é possível detectar que o estabelecimento penal de segurança máxima é característico do cumprimento de pena no regime fechado:

Art. 33 (...)

§ 1º - Considera-se:

a) regime fechado a execução da pena em estabelecimento de segurança máxima ou média;

Reforçando tal entendimento, no próprio Pacote Anticrime, nas alterações determinadas no artigo 3º da Lei 11.671/08, nota-se a criação do "regime fechado de segurança máxima", com as seguintes características (já estudadas supra):

a) recolhimento em cela individual; b) visita do cônjuge, do companheiro, de parentes e de amigos somente em dias determinados, por meio virtual ou no parlatório, com o máximo de 2 (duas) pessoas por vez, além de eventuais crianças, separados por vidro e comunicação por meio de interfone, com filmagem e gravações; c) banho de sol de até 2 (duas) horas diárias; e d) monitoramento de todos os meios de comunicação, inclusive de correspondência escrita.

Usando de outras palavras, o legislador findou impondo regime incialmente fechado "de segurança máxima" ao condenado que for líder de organização criminosa armada ou que tenha arma à disposição, independentemente da quantidade de pena aplicada. Sabe-se que o regime inicial será o fechado quando a pena privativa de liberdade aplicada (sendo ela de reclusão) for superior a 8 anos ou o condenado for reincidente (qualquer que seja o montante de pena imposta na sentença condenatória). Outras tentativas do legislador de impor regime inicialmente fechado de cumprimento de pena independentemente da quantidade de pena determinada na sentença foram reputadas inconstitucionais pelo Supremo Tribunal Federal (Lei 8.072/90, por exemplo). Eis julgado que sintetiza o quanto decidido pelo Pretório Excelso nos autos do HC 111.840/ES, relatado pelo Ministro Dias Toffoli:

> Habeas corpus. Penal. Tráfico de entorpecentes. Crime praticado durante a vigência da Lei nº 11.464/07. Pena inferior a 8 anos de reclusão. Obrigatoriedade de imposição do regime inicial fechado. Declaração incidental de inconstitucionalidade do § 1º do art. 2º da Lei nº 8.072/90. Ofensa à garantia constitucional da individualização da pena (inciso XLVI do art. 5º da CF/88) . Fundamentação necessária (CP, art. 33, § 3º, c/c o art. 59). Possibilidade de fixação, no caso em exame, do regime semiaberto para o início de cumprimento da pena privativa de liberdade. Ordem concedida. 1. Verifica-se que o delito foi praticado em 10/10/09, já na vigência da Lei nº 11.464/07, a qual instituiu a obrigatoriedade da imposição do regime inicialmente fechado aos crimes hediondos e assemelhados. 2. Se a Constituição Federal menciona que a lei regulará a individualização da pena, é natural que ela exista. Do mesmo modo, os critérios para a fixação do regime prisional inicial devem-se harmonizar com as garantias constitucionais, sendo necessário exigir-se sempre a fundamentação do regime imposto, ainda que se trate de crime hediondo ou equiparado. 3. Na situação em análise, em que o paciente, condenado a cumprir pena de seis (6) anos de reclusão, ostenta circunstâncias subjetivas favoráveis, o regime prisional, à luz do art. 33, § 2º, alínea b, deve ser o semiaberto. 4. Tais circunstâncias não elidem a possibilidade de o magistrado, em eventual apreciação das condições subjetivas desfavoráveis, vir a estabelecer regime prisional mais severo, desde que o faça em razão de elementos concretos e individualizados, aptos

> a demonstrar a necessidade de maior rigor da medida privativa de liberdade do indivíduo, nos termos do § 3º do art. 33, c/c o art. 59, do Código Penal. 5. Ordem concedida tão somente para remover o óbice constante do § 1º do art. 2º da Lei nº 8.072/90, com a redação dada pela Lei nº 11.464/07, o qual determina que "[a] pena por crime previsto neste artigo será cumprida inicialmente em regime fechado". Declaração incidental de inconstitucionalidade, com efeito ex nunc, da obrigatoriedade de fixação do regime fechado para início do cumprimento de pena decorrente da condenação por crime hediondo ou equiparado.

Eis a tese fixada pelo Pretório Excelso em relação ao tema 972:

> É inconstitucional a fixação ex lege, com base no art. 2º, § 1º, da Lei 8.072/1990, do regime inicial fechado, devendo o julgador, quando da condenação, ater-se aos parâmetros previstos no artigo 33 do Código Penal.

Importante que se diga que não há óbice à imposição de regime inicial fechado para o primário condenado a pena inferior a 8 anos. O que os Pariatos Superiores exigem é que exista fundamentação concreta justificando a necessidade da imposição de regime mais severo que o determinado pelo montante de pena aplicado.

Penso que o novel dispositivo deve ser intensamente combatido, pelas mesmas razões que levaram o STF a entender pela impossibilidade de fixação de regime inicialmente fechado ao agente condenado pela prática de crime hediondo (ofensa ao princípio constitucional da individualização da pena):

> Art. 2º (...)
>
> § 8º As lideranças de organizações criminosas armadas ou que tenham armas à disposição deverão iniciar o cumprimento da pena em estabelecimentos penais de segurança máxima.

O novel § 9º do artigo 2º da Lei 12.850/13 também é extremamente polêmico. Ele veda a progressão de regime e a obtenção de livramento condicional ou outros benefícios prisionais se houver elementos probatórios que indiquem a manutenção do vínculo associativo do condenado que integre organização criminosa.

O sistema adotado no Brasil para cumprimento de pena foi o progressivo (também chamado de inglês). O condenado inicia o cumprimento de pena no regime mais rigoroso e, com o passar do tempo e em face de bom comportamento, progride para regimes menos rigorosos (artigo 33, § 2º, do Código Penal). A vedação de progressão de regime prisional foi reconhecida inconstitucional tanto pelo Supremo Tribunal Federal (desde o HC 82.959/SP, passando pela edição da Súmula Vinculante 26), quanto pelo Superior Tribunal de Justiça

– ofensa ao princípio da individualização da pena. Eis o quanto decidido pelo Pretório Excelso no bojo do citado remédio heroico:

> PENA - REGIME DE CUMPRIMENTO - PROGRESSÃO - RAZÃO DE SER. A progressão no regime de cumprimento da pena, nas espécies fechado, semi-aberto e aberto, tem como razão maior a ressocialização do preso que, mais dia ou menos dia, voltará ao convívio social.
>
> PENA - CRIMES HEDIONDOS - REGIME DE CUMPRIMENTO - PROGRESSÃO - ÓBICE - ARTIGO 2º, § 1º, DA LEI Nº 8.072/90 - INCONSTITUCIONALIDADE - EVOLUÇÃO JURISPRUDENCIAL. Conflita com a garantia da individualização da pena - artigo 5º, inciso XLVI, da Constituição Federal - a imposição, mediante norma, do cumprimento da pena em regime integralmente fechado. Nova inteligência do princípio da individualização da pena, em evolução jurisprudencial, assentada a inconstitucionalidade do artigo 2º, § 1º, da Lei nº 8.072/90.

Certamente o novel dispositivo será alvo de severas críticas e será centro de intensa discussão quanto a sua constitucionalidade (penso, contudo, que se trata de dispositivo constitucional, porquanto há atuação perniciosa do condenado, reatando os laços que foram cortados pela atuação estatal que culminou com a prolação de decreto condenatório):

> Art. 2º (...)
>
> § 9º O condenado expressamente em sentença por integrar organização criminosa ou por crime praticado por meio de organização criminosa não poderá progredir de regime de cumprimento de pena ou obter livramento condicional ou outros benefícios prisionais se houver elementos probatórios que indiquem a manutenção do vínculo associativo.

Natureza jurídica do acordo de colaboração premiada: O Pacote Anticrime inseriu na Lei 12.850/13 o artigo 3º-A, deixando claro a natureza dúplice do acordo de colaboração premiada (negócio jurídico processual e meio de obtenção de prova):

> Art. 3º-A. O acordo de colaboração premiada é negócio jurídico processual e meio de obtenção de prova, que pressupõe utilidade e interesse públicos.

Trata-se de meio de obtenção de prova porque a prova deve ser trazida ao feito pelo colaborador. A natureza jurídica de negócio jurídico processual em nada obsta a legitimidade do delegado de polícia para firmar a avença. Quer apenas dizer que os reflexos do acordo serão sentidos no curso do processo, quando da prolação da sentença.

Início das negociações: O artigo 3º-B também foi enxertado na Lei 12.850/13 e regulamenta o momento inicial das negociações travadas entre o

Estado (representado pelo delegado de polícia ou pelo Ministério Público) e o membro de organização criminosa assistido por seu advogado. A proposta para formalização do acordo constitui marco de confidencialidade, configurando violação de sigilo e quebra da confiança e da boa-fé a divulgação das tratativas iniciais ou de documento que as formalize, até o levantamento de sigilo por decisão judicial (a Lei 12.850/13 determinava, em sua redação original, que o sigilo da colaboração premiada era levantado com o recebimento da denúncia, mas o Supremo Tribunal Federal tem alguns precedentes determinado o levantamento do sigilo logo depois da homologação do acordo – como se verá adiante, o Pacote Anticrime vedou o levantamento do sigilo, ainda que por decisão judicial, antes do recebimento da exordial acusatória).

O Supremo Tribunal Federal decidiu, no bojo do MS 35693, que o membro de organização criminosa não tem direito líquido e certo à materialização de acordo de colaboração premiada e isso foi confirmado pelo legislador no § 1º do novo artigo 3º-B da Lei 12.850/13.

Se não houver indeferimento sumário da proposta de acordo, as partes firmarão Termo de Confidencialidade (delegado de polícia ou Ministério Público, membro da organização criminosa e seu advogado ou defensor público) para prosseguimento das tratativas e esse termo vinculará os órgãos envolvidos na negociação, impedindo indeferimento posterior sem justa causa (em respeito ao princípio da boa-fé).

A colaboração, para ser efetiva, precisa de corroboração e isso pode demandar instrução, na forma do § 4º do artigo 3º-B.

Se não for celebrado o acordo por iniciativa do delegado de polícia ou Ministério Público, esse não poderá se valer de nenhuma das informações ou provas apresentadas pelo colaborador, de boa-fé, para qualquer outra finalidade. A contrário senso, parece-me que se o pretenso colaborador tiver dado causa a não finalização da avença, será possível a utilização das informações ou provas apresentadas (ressalvadas as informações e provas autoincriminatórias). Eis o artigo 3º-B:

> Art. 3º-B. O recebimento da proposta para formalização de acordo de colaboração demarca o início das negociações e constitui também marco de confidencialidade, configurando violação de sigilo e quebra da confiança e da boa-fé a divulgação de tais tratativas iniciais ou de documento que as formalize, até o levantamento de sigilo por decisão judicial.
>
> § 1º A proposta de acordo de colaboração premiada poderá ser sumariamente indeferida, com a devida justificativa, cientificando-se o interessado.
>
> § 2º Caso não haja indeferimento sumário, as partes deverão firmar Termo de Confidencialidade para prosseguimento das tratativas, o que vinculará

os órgãos envolvidos na negociação e impedirá o indeferimento posterior sem justa causa.

§ 3º O recebimento de proposta de colaboração para análise ou o Termo de Confidencialidade não implica, por si só, a suspensão da investigação, ressalvado acordo em contrário quanto à propositura de medidas processuais penais cautelares e assecuratórias, bem como medidas processuais cíveis admitidas pela legislação processual civil em vigor.

§ 4º O acordo de colaboração premiada poderá ser precedido de instrução, quando houver necessidade de identificação ou complementação de seu objeto, dos fatos narrados, sua definição jurídica, relevância, utilidade e interesse público.

§ 5º Os termos de recebimento de proposta de colaboração e de confidencialidade serão elaborados pelo celebrante e assinados por ele, pelo colaborador e pelo advogado ou defensor público com poderes específicos.

§ 6º Na hipótese de não ser celebrado o acordo por iniciativa do celebrante, esse não poderá se valer de nenhuma das informações ou provas apresentadas pelo colaborador, de boa-fé, para qualquer outra finalidade.

Nos termos do novel artigo 3º-C, a proposta de colaboração premiada reclama outorga, pelo suposto membro de organização criminosa, de procuração com poderes específicos (tanto para o advogado, quanto para o defensor público). Todas as negociações, aliás, precisam ser realizadas com a presença da defesa técnica do futuro colaborador.

Se for detectado conflito de interesses entre o advogado e o colaborador (caso aquele defenda os interesses de mais de um investigado ou réu, por exemplo) ou de hipossuficiência, o delegado de polícia ou membro do Ministério Público deverá solicitar a presença de outro advogado ou participação da Defensoria Pública.

O primeiro passo para início das negociações é o pretenso colaborador admitir ser membro da organização criminosa investigada. Daí porque há a necessidade dele narrar todos os fatos ilícitos para os quais concorreu e que tenham relação direita com os fatos investigados (não será obrigatório/necessário a confissão de infrações penais absolutamente alheias às investigadas no bojo do feito, contudo, caso o investigado não admita, de logo, fatos criminosos já conhecidos e apurados ou crimes conexos, isso pode ser interpretado como quebra da boa-fé necessária ao prosseguimento das negociações, justificando indeferimento da avença ou mesmo retratação da colaboração).

O colaborador deve instruir a proposta de colaboração com todos os elementos probantes necessários à corroboração de suas alegações (isso é extremamente importante, considerando que não é possível condenação de réus com base exclusivamente nas declarações do colaborador).

Eis o artigo 3º-C:

> Art. 3º-C. A proposta de colaboração premiada deve estar instruída com procuração do interessado com poderes específicos para iniciar o procedimento de colaboração e suas tratativas, ou firmada pessoalmente pela parte que pretende a colaboração e seu advogado ou defensor público.
>
> § 1º Nenhuma tratativa sobre colaboração premiada deve ser realizada sem a presença de advogado constituído ou defensor público.
>
> § 2º Em caso de eventual conflito de interesses, ou de colaborador hipossuficiente, o celebrante deverá solicitar a presença de outro advogado ou a participação de defensor público.
>
> § 3º No acordo de colaboração premiada, o colaborador deve narrar todos os fatos ilícitos para os quais concorreu e que tenham relação direta com os fatos investigados.
>
> § 4º Incumbe à defesa instruir a proposta de colaboração e os anexos com os fatos adequadamente descritos, com todas as suas circunstâncias, indicando as provas e os elementos de corroboração.

Mitigação do princípio da obrigatoriedade: O § 4º do artigo 4º da Lei 12.850/13 foi alterado. Foi acrescentado novo requisito para o abrandamento do princípio da obrigatoriedade da ação penal pública (o dispositivo permite que o Ministério Público deixe de oferecer denúncia em face do colaborador). Agora, além dos requisitos presentes nos incisos I (não ser o colaborador o líder da organização criminosa) e II (ter sido o colaborador o primeiro a prestar efetiva colaboração) do § 4º, será preciso que a proposta de acordo de colaboração se refira a infração cuja existência não se tenha prévio conhecimento (será preciso, destarte, que o colaborador, para não ser denunciado, leve ao conhecimento das autoridades infração penal que sequer seja conhecida pelos órgãos de persecução penal):

Redação anterior	Redação determinada pelo Pacote Anticrime
Art. 4º (...) § 4º Nas mesmas hipóteses do caput, o Ministério Público poderá deixar de oferecer denúncia se o colaborador: I - não for o líder da organização criminosa; II - for o primeiro a prestar efetiva colaboração nos termos deste artigo.	Art. 4º (...) § 4º Nas mesmas hipóteses do caput deste artigo, o Ministério Público poderá deixar de oferecer denúncia se a proposta de acordo de colaboração referir-se a infração de cuja existência não tenha prévio conhecimento e o colaborador: I - não for o líder da organização criminosa; II - for o primeiro a prestar efetiva colaboração nos termos deste artigo.

O § 4º-A explicita o que significa conhecimento prévio da infração (interpretação autêntica):

> Art. 4º (...)
>
> § 4º-A. Considera-se existente o conhecimento prévio da infração quando o Ministério Público ou a autoridade policial competente tenha instaurado inquérito ou procedimento investigatório para apuração dos fatos apresentados pelo colaborador.

Homologação do acordo de colaboração: O § 7º do artigo 4º da Lei 12.850/13 tem nova redação. Antes do Pacote Anticrime, o juiz devia analisar, para homologação do acordo de colaboração premiada a regularidade, a legalidade e a voluntariedade da avença. Os requisitos reclamados pela lei para homologação do acordo foram ampliados.

Não será possível oferta de benesse que viole o regime inicial de cumprimento de pena determinado segundo os parâmetros delimitados pelo artigo 33 do Código Penal (uma cláusula que proponha que o colaborador inicie o cumprimento de pena no regime semiaberto, mesmo se a pena aplicada pelo magistrado for superior a 8 anos, por exemplo). Não é possível, de igual sorte, cláusula que viole as regras de cada um dos regimes de cumprimento de pena previstos no Código Penal e na LEP ou os requisitos de progressão de regime não abrangidos pelo § 5º do artigo 4º da Lei 12.850/13 (o mandamento legal só autoriza alteração nos requisitos objetivos da progressão, em avença firmada depois da sentença):

Redação anterior	Redação determinada pelo Pacote Anticrime
Art. 4º (...) § 7º Realizado o acordo na forma do § 6º , o respectivo termo, acompanhado das declarações do colaborador e de cópia da investigação, será remetido ao juiz para homologação, o qual deverá verificar sua regularidade, legalidade e voluntariedade, podendo para este fim, sigilosamente, ouvir o colaborador, na presença de seu defensor.	Art. 4º (...) § 7º Realizado o acordo na forma do § 6º deste artigo, serão remetidos ao juiz, para análise, o respectivo termo, as declarações do colaborador e cópia da investigação, devendo o juiz ouvir sigilosamente o colaborador, acompanhado de seu defensor, oportunidade em que analisará os seguintes aspectos na homologação: I - regularidade e legalidade; II - adequação dos benefícios pactuados àqueles previstos no caput e nos §§ 4º e 5º deste artigo, sendo nulas as cláusulas que violem o critério de definição do regime inicial de cumprimento de pena do art. 33 do Decreto-Lei nº 2.848, de 7 de dezembro de 1940 (Código Penal), as regras de cada um dos regimes previstos no Código Penal e na Lei nº 7.210, de 11 de julho de 1984 (Lei de Execução Penal) e os requisitos de progressão de regime não abrangidos pelo § 5º deste artigo; III - adequação dos resultados da colaboração aos resultados mínimos exigidos nos incisos I, II, III, IV e V do caput deste artigo; IV - voluntariedade da manifestação de vontade, especialmente nos casos em que o colaborador está ou esteve sob efeito de medidas cautelares.

Concessão dos benefícios pactuados: O novel § 7º-A do artigo 4º da Lei 12.850/13 determina que o juiz proceda à análise fundamentada do mérito da denúncia, do perdão judicial e das primeiras etapas da aplicação de pena antes de conceder os benefícios pactuados:

> Art. 4º (...)
>
> § 7º-A O juiz ou o tribunal deve proceder à análise fundamentada do mérito da denúncia, do perdão judicial e das primeiras etapas de aplicação da pena, nos termos do Decreto-Lei nº 2.848, de 7 de dezembro de 1940 (Código Penal) e do Decreto-Lei nº 3.689, de 3 de outubro de 1941 (Código de Processo Penal), antes de conceder os benefícios pactuados, exceto quando o acordo prever o não oferecimento da denúncia na forma dos §§ 4º e 4º-A deste artigo ou já tiver sido proferida sentença.

Não pode haver cláusula que impeça a impugnação da decisão homologatória do acordo (ela é nula de pleno direito):

> Art. 4º (...)
>
> § 7º-B. São nulas de pleno direito as previsões de renúncia ao direito de impugnar a decisão homologatória.

Devolução do acordo para adequação: Se a proposta não atender aos requisitos legais, o juiz deve recusar a homologação e remeter a mesma às partes, para as adequações necessárias (a redação anterior do dispositivo permitia ao juiz, de ofício, proceder às adequações que entendesse necessárias – a alteração foi oportuna, para garantir a inércia do magistrado e, consequentemente sua imparcialidade):

Redação anterior	Redação determinada pelo Pacote Anticrime
Art. 4º (...) § 8º O juiz poderá recusar homologação à proposta que não atender aos requisitos legais, ou adequá-la ao caso concreto.	Art. 4º (...) § 8º O juiz poderá recusar a homologação da proposta que não atender aos requisitos legais, devolvendo-a às partes para as adequações necessárias.

Direito do delatado de se manifestar por último: O novel § 10-A do artigo 4º da Lei 12.850/13 traduz adequação da legislação ao quanto decidido pelo Supremo Tribunal Federal nos autos do HC 157.627 (julgado pela 2ª Turma) e HC 166.373 (julgado pelo Plenário), ambos relatados pelo Ministro Edson Fachin (que restou vencido nas duas oportunidades). Em síntese, o Pretório Excelso decidiu que os réus delatados têm o direito de apresentar memoriais escritos (alegações finais) depois dos seus delatores (colaboradores premiados). Considero tais decisões verdadeiro superdimensionamento de direitos individuais (na época em que foram prolatadas não havia determinação legal para que tal providência fosse adotada)[36].

O dispositivo citado garantiu ao réu deletado a oportunidade de se manifestar após o decurso do prazo concedido ao réu que o deletou em todas as fases do processo:

> Art. 4º (...)
>
> § 10-A Em todas as fases do processo, deve-se garantir ao réu delatado a oportunidade de manifestar-se após o decurso do prazo concedido ao réu que o delatou.

Registro das tratativas: O § 13 do artigo 4º da Lei 12.850/13 tem nova redação. O registro das tratativas e dos atos de colaboração agora deve ser obrigatoriamente feito pelos meios ou recursos de gravação magnética, estenotipia, digital ou técnica similar, inclusive audiovisual, destinados a obter maior fidelidade das informações, garantindo-se disponibilização de cópia do material ao colaborador (antes a Lei 12.850/13 afirmava que a gravação das tratativas e da colaboração por sistema audiovisual devia ser materializada "sempre que possível" e não era outorgada cópia das gravações ao colaborador). Em boa hora a alteração:

Redação anterior	Redação determinada pelo Pacote Anticrime
Art. 4º (...) § 13. Sempre que possível, o registro dos atos de colaboração será feito pelos meios ou recursos de gravação magnética, estenotipia, digital ou técnica similar, inclusive audiovisual, destinados a obter maior fidelidade das informações.	Art. 4º (...) § 13. O registro das tratativas e dos atos de colaboração deverá ser feito pelos meios ou recursos de gravação magnética, estenotipia, digital ou técnica similar, inclusive audiovisual, destinados a obter maior fidelidade das informações, garantindo-se a disponibilização de cópia do material ao colaborador.

36 Sobre o tema, sugestiono leitura do meu já citado **Inquérito Policial – Uma análise jurídica e prática da fase pré-processual**, p. 258/259.

Decisão calcada apenas nas palavras do colaborado (impossibilidade): O § 16 do artigo 4º da Lei 12.850/13 proibia prolação de sentença condenatória com base exclusivamente nas declarações do colaborador (reclamava-se, e ainda se reclama, provas efetivas do quanto alegado, a chamada corroboração). O Pacote Anticrime ampliou o dispositivo. Agora não é possível decretar medidas cautelares reais ou pessoais, receber denúncia/queixa ou proferir sentença condenatória com base exclusivamente nas declarações do colaborador:

Redação anterior	Redação determinada pelo Pacote Anticrime
Art. 4º (...) § 16. Nenhuma sentença condenatória será proferida com fundamento apenas nas declarações de agente colaborador.	Art. 4º (...) § 16. Nenhuma das seguintes medidas será decretada ou proferida com fundamento apenas nas declarações do colaborador: I - medidas cautelares reais ou pessoais; II - recebimento de denúncia ou queixa-crime; III - sentença condenatória.

Rescisão da colaboração: O novel § 17 do artigo 4º da Lei 12.850/13, tal qual já mencionado supra, permite rescisão do acordo de colaboração caso o colaborador omita dolosamente fatos objeto da colaboração. Isso pode ser entendido como quebra da boa-fé. Frise-se que, em caso de rescisão, as provas autoincriminatórias produzidas pelo colaborador não poderão ser utilizadas exclusivamente em seu desfavor (na forma determinada pelo § 10 do artigo 4º da Lei 12.850/13). Por óbvio, será possível usar as provas e elementos trazidos pelo colaborador contra os outros membros da organização criminosa que se tenciona desarticular.

O § 18 do artigo 4º da Lei 12.850/13, também incluído pelo Pacote Anticrime traz outra hipótese de rescisão do acordo – caso o colaborador não cesse o envolvimento em conduta ilícita relacionada ao objeto da colaboração:

Art. 4º (...)

§ 17. O acordo homologado poderá ser rescindido em caso de omissão dolosa sobre os fatos objeto da colaboração.

§ 18. O acordo de colaboração premiada pressupõe que o colaborador cesse o envolvimento em conduta ilícita relacionada ao objeto da colaboração, sob pena de rescisão.

Direitos do colaborador: O Pacote Anticrime outorgou ao colaborador mais um direito (acrescentando o inciso VI ao artigo 5º da Lei 12.850/13) – cumprir pena ou prisão cautelar em estabelecimento penal diverso dos demais corréus ou condenados:

Art. 5º (...)

VI - cumprir pena ou prisão cautelar em estabelecimento penal diverso dos demais corréus ou condenados.

Levantamento do sigilo do acordo de colaboração premiada: Como já desenhado supra, apesar da Lei 12.850/13 afirmar que o acordo de colaboração premiada deve ser mantido em sigilo até o recebimento da denúncia (artigo 7º, § 3º, da Lei 12.850/13), o Pretório Excelso findava levantando o sigilo dos acordos logo depois da homologação das avenças (por exemplo, decisão da lavra do Ministro Edson Fachin na PET 7003). Com o fito de evitar decisões como essas, o legislador decidiu vedar expressamente o levantamento do sigilo do acordo em momento anterior qualquer que seja a hipótese fática:

Redação anterior	Redação determinada pelo Pacote Anticrime
Art. 7º (...) § 3º O acordo de colaboração premiada deixa de ser sigiloso assim que recebida a denúncia, observado o disposto no art. 5º.	Art. 7º (...) § 3º O acordo de colaboração premiada e os depoimentos do colaborador serão mantidos em sigilo até o recebimento da denúncia ou da queixa-crime, sendo vedado ao magistrado decidir por sua publicidade em qualquer hipótese.

Infiltração policial virtual: O Pacote Anticrime acrescentou na Lei 12.850/13 a técnica de infiltração policial virtual (antes prevista apenas na Lei 8.069/90 – ECA, para apurar os crimes listados no artigo 190-A do mandamento legal).

A infiltração depende de decisão judicial atendendo a representação do delegado de polícia (será preciso parecer prévio do *Parquet*) ou requerimento do membro do Ministério Público (não é possível decretação da medida de ofício, pelo magistrado).

Os requisitos legalmente reclamados são: a) indícios de infração penal praticada por organização criminosa; b) que as provas não possam ser produzidas por outros meios disponíveis.

O prazo é de até 6 meses (o prazo da infiltração virtual prevista no ECA é de 90 dias), admitidas sucessivas prorrogações, desde que não se ultrapasse o total de 720 dias.

Caso não seja obedecido o novel artigo 10-A da Lei 12.850/13, a prova obtida será nula (hipótese de prova ilegítima):

> Art. 10-A. Será admitida a ação de agentes de polícia infiltrados virtuais, obedecidos os requisitos do *caput* do art. 10, na internet, com o fim de investigar os crimes previstos nesta Lei e a eles conexos, praticados por organizações criminosas, desde que demonstrada sua necessidade e indicados o alcance das tarefas dos policiais, os nomes ou apelidos das pessoas investigadas e, quando possível, os dados de conexão ou cadastrais que permitam a identificação dessas pessoas.
>
> § 1º Para efeitos do disposto nesta Lei, consideram-se:
>
> I - dados de conexão: informações referentes a hora, data, início, término, duração, endereço de Protocolo de Internet (IP) utilizado e terminal de origem da conexão;
>
> II - dados cadastrais: informações referentes a nome e endereço de assinante ou de usuário registrado ou autenticado para a conexão a quem endereço de IP, identificação de usuário ou código de acesso tenha sido atribuído no momento da conexão.
>
> § 2º Na hipótese de representação do delegado de polícia, o juiz competente, antes de decidir, ouvirá o Ministério Público.
>
> § 3º Será admitida a infiltração se houver indícios de infração penal de que trata o art. 1º desta Lei e se as provas não puderem ser produzidas por outros meios disponíveis.
>
> § 4º A infiltração será autorizada pelo prazo de até 6 (seis) meses, sem prejuízo de eventuais renovações, mediante ordem judicial fundamentada e desde que o total não exceda a 720 (setecentos e vinte) dias e seja comprovada sua necessidade.
>
> § 5º Findo o prazo previsto no § 4º deste artigo, o relatório circunstanciado, juntamente com todos os atos eletrônicos praticados durante a operação,

> deverão ser registrados, gravados, armazenados e apresentados ao juiz competente, que imediatamente cientificará o Ministério Público.
>
> § 6º No curso do inquérito policial, o delegado de polícia poderá determinar aos seus agentes, e o Ministério Público e o juiz competente poderão requisitar, a qualquer tempo, relatório da atividade de infiltração.
>
> § 7º É nula a prova obtida sem a observância do disposto neste artigo.

As informações da operação de infiltração serão encaminhadas diretamente ao juiz responsável pela autorização da medida (caso decretada no curso da investigação, o juiz das garantias; caso decretada no curso do processo, o juiz da instrução e julgamento):

> Art. 10-B. As informações da operação de infiltração serão encaminhadas diretamente ao juiz responsável pela autorização da medida, que zelará por seu sigilo.
>
> Parágrafo único. Antes da conclusão da operação, o acesso aos autos será reservado ao juiz, ao Ministério Público e ao delegado de polícia responsável pela operação, com o objetivo de garantir o sigilo das investigações.

Não comete crime (estrito cumprimento do dever legal – exclusão da ilicitude) o policial que oculta sua identidade (ou crie nova identidade) para colher indícios de autoria e materialidade dos crimes praticados pela organização criminosa. O excesso é punível.

> Art. 10-C. Não comete crime o policial que oculta a sua identidade para, por meio da internet, colher indícios de autoria e materialidade dos crimes previstos no art. 1º desta Lei.
>
> Parágrafo único. O agente policial infiltrado que deixar de observar a estrita finalidade da investigação responderá pelos excessos praticados.

Concluída a investigação, os atos eletrônicos deverão ser registrados, gravados, armazenados e encaminhados ao juiz e ao Ministério Público, junto com o relatório circunstanciado. Esses atos serão apensados ao futuro processo criminal juntamente com o inquérito policial (o artigo 10-D excepciona o quanto determinado pelo § 3º do artigo 3º-C do do Código de Processo Penal, com redação também determinada pelo Pacote Anticrime, que afirma que o inquérito deva permanecer acautelado na secretaria do juízo das garantias):

> Art. 10-D. Concluída a investigação, todos os atos eletrônicos praticados durante a operação deverão ser registrados, gravados, armazenados e encaminhados ao juiz e ao Ministério Público, juntamente com relatório circunstanciado.
>
> Parágrafo único. Os atos eletrônicos registrados citados no caput deste artigo serão reunidos em autos apartados e apensados ao processo criminal

> juntamente com o inquérito policial, assegurando-se a preservação da identidade do agente policial infiltrado e a intimidade dos envolvidos.

O legislador permitiu expressamente inclusão em bancos de dados próprios dos órgãos de registro e cadastro público (mediante requisição judicial), informações necessárias à efetividade da identidade fictícia criada, para robustecer a infiltração policial virtual.

Penso que tal medida, com ainda mais razão, deve ser permitida na infiltração policial prevista no artigo 10 da Lei 12.850/13 (com o fito de emprestar mais verossimilhança à operação de infiltração e garantir a segurança do agente infiltrado).

Eis o novo dispositivo:

> Art. 11. (...)
>
> Parágrafo único. Os órgãos de registro e cadastro público poderão incluir nos bancos de dados próprios, mediante procedimento sigiloso e requisição da autoridade judicial, as informações necessárias à efetividade da identidade fictícia criada, nos casos de infiltração de agentes na internet.

6.14. Alterações na Lei 13.608/18

O Pacote Anticrime alterou a Lei 13.608/18, que inseriu no Brasil a figura do *whistleblower* (soprador de apito). O novel artigo 4º-A determina manutenção de unidade de ouvidoria ou correição no âmbito da União, Estados, Distrito Federal e Municípios, suas autarquias e fundações, empresas públicas e sociedades de economia mista, para assegurar a qualquer pessoa o direito de relatar informações sobre crimes contra a administração pública, ilícitos administrativos ou quaisquer ações ou omissões lesivas ao interesse público.

É muito importante esse canal de contato com o administrado, para que eventuais malfeitos sejam noticiados, resguardando o sigilo da fonte. Por óbvio, se se tratar de notícia de ilícito penal, o fato noticiado pelo soprador de apito será recebido como notícia anônima (apócrifa), caso ele opte por não se identificar (e a instauração de inquérito policial dependerá de levantamentos preliminares que confirmem a verossimilhança da notícia):

> Art. 4º-A. A União, os Estados, o Distrito Federal e os Municípios e suas autarquias e fundações, empresas públicas e sociedades de economia mista manterão unidade de ouvidoria ou correição, para assegurar a qualquer pessoa o direito de relatar informações sobre crimes contra a administração pública, ilícitos administrativos ou quaisquer ações ou omissões lesivas ao interesse público.

> Parágrafo único. Considerado razoável o relato pela unidade de ouvidoria ou correição e procedido o encaminhamento para apuração, ao informante serão asseguradas proteção integral contra retaliações e isenção de responsabilização civil ou penal em relação ao relato, exceto se o informante tiver apresentado, de modo consciente, informações ou provas falsas.

O artigo 4º-B deixa claro que o informante tem direito à preservação de sua identidade (que só será revelada em caso de relevante interesse público ou interesse concreto para apuração dos fatos e com sua concordância formal):

> Art. 4º-B. O informante terá direito à preservação de sua identidade, a qual apenas será revelada em caso de relevante interesse público ou interesse concreto para a apuração dos fatos.
> Parágrafo único. A revelação da identidade somente será efetivada mediante comunicação prévia ao informante e com sua concordância formal.

O soprador de apito passa a ter direito às medidas protetivas previstas na Lei 9.807/99, além de proteção contra ações ou omissões praticadas e retaliação ao exercício do direito de relatar - demissão arbitrária, alteração injustificada de funções ou atribuições, imposição de sanções, prejuízos remuneratórios ou materiais de qualquer espécie, retirada de benefícios diretos ou indiretos ou negativa de fornecimento de referências profissionais positivas.

Caso o funcionário público pratique retaliação contra o informante, tal ato constituirá falta disciplinar grave e sujeitará o agente à demissão a bem do serviço público.

O informante será ressarcido em dobro por eventuais danos materiais causados por ações ou omissões praticadas em retaliação, sem prejuízo de danos morais.

Por fim, será possível fixação de recompensa em favor do soprador de apito (até 5% do valor recuperado, caso as informações resultarem em recuperação de produto de crime contra a administração pública):

> Art. 4º-C. Além das medidas de proteção previstas na Lei nº 9.807, de 13 de julho de 1999, será assegurada ao informante proteção contra ações ou omissões praticadas em retaliação ao exercício do direito de relatar, tais como demissão arbitrária, alteração injustificada de funções ou atribuições, imposição de sanções, de prejuízos remuneratórios ou materiais de qualquer espécie, retirada de benefícios, diretos ou indiretos, ou negativa de fornecimento de referências profissionais positivas.
>
> § 1º A prática de ações ou omissões de retaliação ao informante configurará falta disciplinar grave e sujeitará o agente à demissão a bem do serviço público.

> § 2º O informante será ressarcido em dobro por eventuais danos materiais causados por ações ou omissões praticadas em retaliação, sem prejuízo de danos morais.
>
> § 3º Quando as informações disponibilizadas resultarem em recuperação de produto de crime contra a administração pública, poderá ser fixada recompensa em favor do informante em até 5% (cinco por cento) do valor recuperado.

6.15. Alterações na Lei 8.038/90

O acordo de não persecução penal (enxertado no Código de Processo Penal pelo Pacote Anticrime no artigo 28-A do Código de Processo Penal) também é possível perante tribunais superiores (ações penais originárias manejadas em face de autoridades com foro por prerrogativa de função):

> Art. 1º (...)
>
> § 3º Não sendo o caso de arquivamento e tendo o investigado confessado formal e circunstanciadamente a prática de infração penal sem violência ou grave ameaça e com pena mínima inferior a 4 (quatro) anos, o Ministério Público poderá propor acordo de não persecução penal, desde que necessário e suficiente para a reprovação e prevenção do crime, nos termos do art. 28-A do Decreto-Lei nº 3.689, de 3 de outubro de 1941 (Código de Processo Penal).

6.16. Alterações na Lei 13.756/18

O Pacote Anticrime alterou a Lei 13.756/18 (que dispõe sobre o Fundo Nacional de Segurança Pública) – acrescentando novas fontes de recursos:

> Art. 3º Constituem recursos do FNSP:
>
> (...)
>
> V - os recursos provenientes de convênios, contratos ou acordos firmados com entidades públicas ou privadas, nacionais, internacionais ou estrangeiras;
>
> VI - os recursos confiscados ou provenientes da alienação dos bens perdidos em favor da União Federal, nos termos da legislação penal ou processual penal;
>
> VII - as fianças quebradas ou perdidas, em conformidade com o disposto na lei processual penal;
>
> VIII - os rendimentos de qualquer natureza, auferidos como remuneração, decorrentes de aplicação do patrimônio do FNSP.

6.17. Alterações no Dec-Lei 1.002/69 (Código de Processo Penal Militar)

O Pacote Anticrime acrescentou no Código de Processo Penal Militar disposição idêntico ao enxertado no artigo 14-A do Código de Processo Penal. Repetindo o quanto afirmado supra, o legislador instituiu a obrigatoriedade de defesa técnica em investigações manejadas em face de servidores das polícias militares e corpos de bombeiros militares que usarem força letal no exercício profissional, de forma consumada ou tentada.

O novo dispositivo determina "citação" do investigado acerca da instauração do apuratório, podendo constituir defensor no prazo de 48 horas, a contar do recebimento da citação. Escoado o prazo sem indicação de defensor pelo investigado, a instituição a que estava vinculado o investigado deverá proceder à indicação de defensor no prazo de 48 horas.

Militares da União poderão ser beneficiados com o novel dispositivo, caso os fatos tenham ocorrido em operações de Garantia da Lei e da Ordem:

> Art. 16-A. Nos casos em que servidores das polícias militares e dos corpos de bombeiros militares figurarem como investigados em inquéritos policiais militares e demais procedimentos extrajudiciais, cujo objeto for a investigação de fatos relacionados ao uso da força letal praticados no exercício profissional, de forma consumada ou tentada, incluindo as situações dispostas nos arts. 42 a 47 do Decreto-Lei nº 1.001, de 21 de outubro de 1969 (Código Penal Militar), o indiciado poderá constituir defensor.
>
> § 1º Para os casos previstos no caput deste artigo, o investigado deverá ser citado da instauração do procedimento investigatório, podendo constituir defensor no prazo de até 48 (quarenta e oito) horas a contar do recebimento da citação.
>
> § 2º Esgotado o prazo disposto no § 1º com ausência de nomeação de defensor pelo investigado, a autoridade responsável pela investigação deverá intimar a instituição a que estava vinculado o investigado à época da ocorrência dos fatos, para que esta, no prazo de 48 (quarenta e oito) horas, indique defensor para a representação do investigado.
>
> § 3º (VETADO).
>
> § 4º (VETADO).
>
> § 5º (VETADO).
>
> § 6º As disposições constantes deste artigo aplicam-se aos servidores militares vinculados às instituições dispostas no art. 142 da Constituição Federal, desde que os fatos investigados digam respeito a missões para a Garantia da Lei e da Ordem.

ANOTAÇÕES

ANOTAÇÕES

ANOTAÇÕES

ANOTAÇÕES

ANOTAÇÕES

ANOTAÇÕES

ANOTAÇÕES

ANOTAÇÕES

ANOTAÇÕES

ANOTAÇÕES

ANOTAÇÕES

EDITORA
JusPODIVM
www.editorajuspodivm.com.br